JN301956

研究社 日本語教育事典

近藤安月子 + 小森和子 編
Kondoh Atsuko　Komori Kazuko

研究社

はしがき

本書は、日本語教育に関する学術書や論文を読む過程で、馴染みのない専門的な用語や概念に遭遇したとき、その意味を大まかにつかむための用語解説書です。主として、これから大学の学部や大学院などで日本語教育について専門的に学ぼうとしている方や、日本語教育の現場の経験のある方で自分なりのテーマで研究を始めたいと思っている方を対象に書かれていますが、専門が異なっても、ある用語や概念が日本語教育ではどのように議論されているのかに興味がある方にも、参照していただきたいと思っています。

本書では、言語学から、待遇表現、日本語教育文法、さらに、統計やテスティングまで、日本語教育や日本語教育研究にかかわる17の分野から重要な用語を選び出し、各用語の冒頭に簡潔な定義が示してあります。論文や専門書を読んでいるときは、未知の用語があったとしても、その用語の意味を深く知ることより、論文全体を理解することの方が大切だということが少なくありません。そのようなときには、情報が多すぎて、読み取ることに労力を要するような解説よりは、本書のように、まず、簡潔な定義が示されている方が、用語のおおよその意味や概念を短時間でつかむことができるので、思考が中断されずに、論文を読み進めることができると思います。

また、本書の執筆は、日本語教育に関連した17の分野において、それぞれ、その分野を専門とする者やその分野で第一線で研究を行っている者、総勢17名が担当しています。この17名は、担当分野の執筆を行うだけでなく、関連する他の分野の執筆者とお互いの記述を読み合い、意見や情報を交換しながら、作業を進めました。ですから、冒頭の定義だけでなく、さらに読み進めることによって、また、関連する用語も併せて参照することによって、現在、その用語に関する研究がどのように進んでいるのか、日本語教育においてどのような点が問題になるのか、今後どのような研究が期待されるのかなど、最新の情報や近年の研究動向についても、知ることができると思います。

ただし、本書は、事典という性質上、簡潔な定義を示すことを念頭に置き、各用語は一定の字数で解説されています。そのため、情報量が十分でない用語もあるかもしれません。もっと詳しく知りたい方は、巻末にそれぞれの分野の推薦文献を挙げましたので、ぜひ、そちらも併せて参照なさってください。

私たち執筆者は、本書の執筆にあたって、多くの先行研究や学説を参考にいたしました。そうした諸先輩方の研究成果があったからこそ、本書の執筆を進めることができたのだと思います。日本語教育研究の発展に尽くしてこられた多くの方々に敬意を表したいと思います。私たちは今後も努力を続け、少しでも、日本語教育研究に寄与できるよう、努めてまいりたいと思います。

また、執筆の過程では、甲田慶子氏、布尾勝一郎氏、武一美氏、大橋理枝氏に貴重なご助言をいただきました。ここに記して、お礼申し上げます。

最後に、編集作業にあたってくださいました研究社の佐藤陽二さんには、大変お世話になりました。心から感謝申し上げます。

2012年春
近藤安月子・小森和子

目次

1 言語学　1
2 音声学・音韻論　19
3 第二言語習得　43
4 学習者心理　81
5 読解　95
6 社会言語学・語用論　119
7 談話分析・会話分析　135
8 待遇表現・ポライトネス　161
9 日本語教育文法　181
10 表記・語彙　209
11 外国語教授法・コースデザイン　231
12 教育工学・教材教具　247
13 日本語教育政策・日本語教育史　259
14 日本語史　283
15 コーパス　303
16 統計　317
17 テスティング・評価　337

推薦文献　361
参考文献　371

索引　431

担当者一覧

編集・監修
近藤　安月子（東京大学大学院教授）
小森　和子（明治大学専任講師）

1 言語学　　　　　　　近藤　安月子
2 音声学・音韻論　　　渡辺　美知子
3 第二言語習得　　　　小柳　かおる
4 学習者心理　　　　　小森　和子・
　　　　　　　　　　　玉岡　賀津雄
5 読解　　　　　　　　柴崎　秀子
6 社会言語学・語用論
　　　　　　　　　　　高橋　圭子
7 談話分析・会話分析
　　　　　　　　　　　林　淑璋
8 待遇表現・ポライトネス
　　　　　　　　　　　伊集院　郁子
9 日本語教育文法
　　　　　　　　　　　加藤　陽子
10 表記・語彙　　　　三國　純子・
　　　　　　　　　　　小森　和子
11 外国語教授法・コースデザイン
　　　　　　　　　　　三國　純子
12 教育工学・教材教具
　　　　　　　　　　　加藤　由香里
13 日本語教育政策・日本語教育史
　　　　　　　　　　　高橋　圭子
14 日本語史　　　　　荻野　千砂子・
　　　　　　　　　　　佐藤　陽二
15 コーパス　　　　　李　在鎬
16 統計　　　　　　　玉岡賀　津雄
17 テスティング・評価
　　　　　　　　　　　野口　裕之・
　　　　　　　　　　　大隅　敦子

1 言語学

アスペクト／相（aspect）

ある現象がどのような局面の対立から捉えられるかを示す動詞の文法範疇（grammatical category）。テンス（tense）、モダリティ（modality）と共に、述語の文法範疇の TAM と称される。構文レベルの文法的アスペクトと語彙レベルの語彙的アスペクトがある。

文法的アスペクトは、動きや変化を構文レベルで時間的な側面を対立させて捉える。ある参照時点での動きや変化について、完了したかどうか（完了相 perfect／非完了相 imperfect）、継続する事態かどうか（継続相 durative／非継続相 non durative）、進行中の動きかどうか（進行相 progressive／非進行相 non progressive）等の対立は文法的アスペクトである。日本語では、文法的アスペクトを、動詞のル形、テイル形、タ形が担う。

語彙的アスペクトの基本的対立は、静態的（stative）か動態的（active／dynamic）かによって、動詞の意味を、時間経過による変化を伴わない状態と変化を伴う過程（活動、行動等）に分ける。また、動詞（動詞句）が表す動きや変化を、時間と関係ない1回限りの完結したまとまりかどうか（完結性、perfectiveness）、限界点があるかどうか（限界性、telicity）、瞬間的かどうか（瞬間性、punctuality）等によって分けることもできる。

動詞（句）は、状態性、限界性、瞬間性等の語彙的アスペクトに基づいて分類できる。英語の研究では、Vendler（1957）の ① 状態（State）動詞（know、have 等）、② 活動（Activity）動詞（run、play 等）、③ 達成（Accomplishment）動詞（make a chair 等）、④ 到達（Achievement）動詞（die、find 等）が知られている。日本語の代表的な研究には、金田一（1950）の ① 状態動詞（ある、できる等）、② 継続動詞（読む、書く等）、③ 瞬間動詞（変わる、死ぬ等）、④ 第四種の動詞（そびえる、すぐれる等）がある。日本語の複合動詞には、「し始める」「し続ける」「し終わる」のように、後項動詞が前項動詞の動きに開始や終結のアスペクト的意味を添えるものもある。

意味役割（semantic role／theta role／θ-role）

文の意味を分析するための概念で、述語（動詞、形容詞）によって表される出来事や状態に関与する項（argument）が文中で果たす意味上の機能のこと。Fillmore（1968）の格文法を基に、生成文法の統語論や語彙意味論（Jackendoff, 1972 等）に継承されてきた。意味役割には、動作主（agent）、対象（theme）、被動者（patient）、経験主（experiencer）、起点（source／origin）、着点（goal）、場所（location）、道具（instrument）が一般的に認められている。動作主は述語が表す出来事を意図的に引き起こすもの、対象は述語が表す出来事を直接受けるもの、被動者は述語が表す動作や変化の影響を受けるもの、経験主は述語が表す感覚や感情を知覚するもの、起点は述語が表す動作や変化が始まるところ、着点は述語が表す動きや変化が行きつくところ、といった意味を持つ。

例えば、日本語の「太郎が花子に本をあげた」という文では、「太郎」は動作主、「本」は対象、「花子」は「本」の移動の着点（goal）となる。動詞「あげる」の語彙的意味から、「花子」を受益者（benefactive）と分析することもある。「太郎が大学に来た」という文では、「太郎」は動作主でありかつ移動する対象でもある。「大学」は移動の着点となる。「太郎が次郎を素手で殴った」という文では、「太郎」は動作主、「次郎」は被動者、「素手」は道具となる。また、「太郎は悲しがっている」という文では、「太郎」は述語が表す状態の経

験主である。日本語では、動作主には格助詞「が」が、被動者または対象には格助詞「を」が対応するように見えるが、意味役割と格助詞が1対1で対応するとは限らない。このことは能動文の「太郎が次郎を殴った」とその受け身文の「次郎が太郎に殴られた」を比べるとわかる。能動文では「が」が動作主を、「を」が被動者を表示するが、受動文では「が」が被動者を、「に」が動作主を表示している。格の概念と名詞句の意味役割の概念は区別されなくてはならない。

外延（extension）
内包（intension）を参照のこと。

格（case）
名詞句が文中で述語や他の語に対してどのような関係にあるかを示す文法範疇（grammatical category）。屈折言語（inflectional language）では屈折接辞（inflection）で表示される。主格（nominative case）、対格（accusative case）、属格（genitive case）、与格（dative case）、奪格（ablative case）、処格（locative case）、具格（instrumental case）、呼格（vocative case）等がある。印欧語は基本的に屈折言語で、祖語やサンスクリットには8格（主格、対格、与格、奪格、属格、処格、具格、呼格）認められたが、歴史的に格のいくつかが融合し、現代語では少なくなっている。例えば、現代英語では、代名詞に he（主格）、him（対格）、his（属格）を残すのみである。

格は、文を構成する際、文中に名詞句が現れるための言語普遍的な条件でもある。現代英語では、主格名詞句と対格名詞句は形態的に同形で、出現位置が統語的に異なり、主格名詞句は動詞の前に、対格名詞句は動詞の直後に現れる。それ以外の格は基本的に前置詞で表示される。一方、日本語は、名詞句が文中で述語や他の語に対して担う関係は後置詞（格助詞）で表示される。ただし、格助詞「に」は「学校にいる」では処格、「太郎に渡す」では与格を表し、格助詞「を」は「本を読む」では「対格」、「電車を降りる」では「奪格」を表すとされる等、格助詞と格は1対1の対応にない。また、生成文法では、主格、対格、属格、与格を典型的な格（Case）とし、日本語の格助詞「が」「を」「の」「に」を格表示と認め、その他の格助詞を「後置詞」として区別する。格と後置詞の違いは、主題を表す「は」との共起関係にも認められる。典型的な格の「が」「を」「の」は、「*太郎がは読んだ」「*本をは読んだ」「*英語のは本を読んだ」のように主題を表す「は」と共起しないが、後置詞は「図書館では読んだ」、「3時には大学にいた」、「ペンでは書かなかった」のように「は」と共起しうる。「に」については、「僕は太郎には会った」となることから、格と認めるか後置詞とするかで分析の立場が分かれることがある。

機能範疇（functional category）
統語範疇（syntactic category）を参照のこと。

屈折（inflection）
派生（derivation）を参照のこと。

形態素（morpheme）
音素より大きく、それ自体で意味を担うことが可能な最小の言語単位であり、語を構成する要素。形態論（morphology）の用語。形

態素には、hon（本）、tsukue（机）のように、単独で語を形成することが可能なものと、utsukushisa（美しさ）の sa や、tabekata（食べ方）の kata のように、それ自体では語を構成することができず、必ずほかの形態素に付いて現れるものがある。前者を自由形態素（free morpheme）、後者を拘束型形態素（bound morpheme）と呼ぶ。拘束型形態素には、hi-jooshiki（非常識）の hi のような接頭辞（prefix）や上記 -sa のような接尾辞（suffix）がある。また、上記の -sa は形容詞に付いて名詞を作り、tabetai（食べたい）の -tai は、動詞に付いて全体を形容詞に変える。このような拘束型形態素は、派生形態素（derivational morpheme）と呼ばれる。さらに、英語の reads の -s のように、述語について、その品詞を変えず、時制や人称、数などを示す拘束型形態素は、屈折形態素（inflectional morpheme）と呼ばれる。

また、形態素の中には、現れる環境によって 2 つ以上の形になるものがある。例えば、「雨」は、niwaka-ame（にわか雨）、ama-guo（雨雲）、kiri-same（霧雨）のように、ame、ama-、-same の形で現れる。また、「木」は、ue-ki（植木）、yose-gi（寄木）、ko-dachi（木立）のように、ki、-gi、ko- の形で現れる。これらはそれぞれ同一の形態素の音声的異形で異形態（allomorph）と呼ばれる。形態素は、慣習的に / / の記号を用いて表す。「雨」の形態素は /ame 〜 ama 〜 same/、「木」の形態素は /ki 〜 -gi 〜 ko-/ と表記する。異形態がある形態素の場合は、もっとも一般的に用いられる異形態を基本的な形（基底形）とする。

言語運用（performance）

言語能力（competence）を参照のこと。

言語能力（competence）

生成文法（generative grammar）の概念で、ある言語の母語話者の脳に内在すると考えられる言語の産出に関わる能力のこと。人間には誰でも普遍文法（Universal Grammar, UG）が生得的に備わっており、言語獲得は、人間に共通の言語獲得装置（Language Acquisition Device, LAD）によって、ある人間にとって個別言語の獲得が可能になる。人間が LAD により獲得した個別言語の文法と言語機能を言語能力（competence）と呼ぶ。言語能力は、個別言語の文を生成する言語知識（knowledge of language）から成り立つもので、いわば個別言語に関する無意識的な知識であり、母語の直感を支える知識とも言える。初めて接する語や文の正誤や曖昧性、多義性等についての話者の判断はこの知識に依存する。これに対して、実際に言語を使って意思伝達を行う場合には、言語知識以外のさまざまな要因の影響により、産出される文はその人間の言語知識と必ずしも一致するものではないことが多い。このような実際の言語使用を、言語能力と区別して言語運用（linguistic performance）あるいは言語使用（linguistic use）と呼ぶ。

言語の類型論（linguistic typology）

世界の言語を類似点と相違点を基に類型する研究分野。類型の根拠は、①語構成、②語順、③格関係、④主題と主語等がある（角田、2009）。①の類型は、日本語、トルコ語、韓国語のように語基（word base）の形態素に時制や否定等を表す接辞を付けて語を構成する言語を膠着語（Agglutinative language）、印欧諸語のように、語の内部に性、数、人称、時制などを表す形態素が語形変化の形で組み込まれている言語を屈折語（Inflectional language)、中国語やタイ語のように語と形態素が1対1の対応をなす言語を孤立語（Isolating language）、アイヌ語のように動詞の語基に主語、目的語等を表す形態素が組み込まれ、1語で文相当の意味を構成する言語を抱合語（Incorporating language）と呼ぶ。

②は、Greenberg (1963) に代表される。他動詞文の構成要素として主語 (S) 目的語 (O) 他動詞 (V) を認め、その語順により、SOV型、SVO型、VSO型、VOS型、OVS型、OSV型に分類する。日本語や韓国語はSOV型、印欧諸語や中国語はSVO型である。

③には、格表示に基づいた対格型言語（Accusative language）と能格型言語（Ergative language）がある。自動詞文と他動詞文の主語が同じ格で、他動詞文の目的語が別の格になる言語を対格型言語、他動詞文の目的語と自動詞文の主語が同じ格で、他動詞文の主語が別の格になる言語を能格型言語と呼ぶ。対格型言語は印欧諸語や日本語等、能格型言語はエスキモー語やチベット語等がある。

④は、Li & Thompson (1976) が代表的である。題目関係の主題と主述関係の主語を比較し、統語的に主題を明示する要素があり、主題が主語より優勢である言語を主題優勢言語（Topic-prominent language）、主題を明示する要素がなく、主語が義務的で優勢である言語を主語優勢言語（Subject-prominent language）と呼ぶ。前者は日本語、韓国語、中国語等で、後者は印欧諸語がある。

語彙範疇（lexical category）

統語範疇（syntactic category）を参照のこと。

項（argument）

生成文法（Generative Grammar）の用語で、文を構成する際に、述語によって選択される要素のこと。動詞は単独で文の生成に機能するのではなく、人や物の性質や状態を表したり、人や物を含む出来事を表したりする要素を必要とする。通常は名詞句で現われる。

統語構造には文を構成する語、特に述語動詞の意味の特性が反映するとし、その動詞の意味の特性を項構造（argument structure）という概念で説明する。例えば、「食べる」という動詞は、人（食べる主体）と物（食べられる対象）とで文を形成する。「太郎がスパゲティを食べる」という文を例にすると、「太郎」と「スパゲティ」が動詞「食べる」の項である。項には、動詞から意味役割（semantic role／theta role／θ-role）が付与される。この例文の場合、「太郎」には「動作主 (agent)」が、「スパゲティ」には「対象 (theme)」が付与される。「食べる」等の他動詞の項構造は、動作主 (agent) と対象 (theme) から成る。

一方、「太郎がレストランで箸でスパゲティを食べる」という文では、「レストランで」と「箸で」は動詞「食べる」が基本的に要求する文の構成要素、すなわち項ではないため、これらの要素は動詞「食べる」の項構造に参与しない。このように、述語の項構造に参与しない要素を付加部（adjunct）と呼ぶ。付加部は基本的には述語の修飾部分であり、文の構成に不可欠な要素ではない。

語幹（word stem）

語構成（word formation）を参照のこと。

語基（word base）
　語構成（word formation）を参照のこと。

語構成（word formation）
　1つ以上の形態素から語を構成すること。2つの形態素の間に「−（ハイフン）」を用いて語の内部構造を明示することがある。語の中には、hon（本）、mizu（水）、hana（花）などのように自由形態素1つからなる単純語（simplex word）と、hon-bako（本箱）、nama-mizu（生水）、hana-taba（花束）などのように2つ以上の形態素が組み合わさって出来上がる合成語（complex word）がある。

　合成語の主な形成プロセスには、「本」と「棚」、「花」と「束」の2語からそれぞれ「本棚」、「花束」という1語を形成する複合（compounding）、「面白−み」、「お−酒」のように形態素のどちらか1語を基にして語を形成する派生（derivation）と、英語のwalks, walkedのように述語の活用などの語形変化に関わる屈折（inflection、活用）がある。

　語の合成過程で語の中心的な意味を担う形態素を語基（word base）と呼び、語基について初めて使われる拘束形態素を接辞（affix）と呼ぶ。例えば、utsukushi-sa（美しさ）の語基は「美し」で、接辞は「さ」である。

　接辞は語基に対してそれが現れる位置によって、接頭辞（prefix）、接中辞（infix）、接尾辞（suffix）に区別される。o-kashi（お菓子）のo、hu-kigen（不機嫌）のhu、ko-muzukashii（小難しい）のko等は接頭辞、utsukushi-sa（美しさ）のsa、tabe-kataのkata、omoshiromi（面白み）のmi、kodomo-tachi（子供たち）のtachi等は接尾辞である。接尾辞の中には、-sa, -kata, -miのように、語の品詞を変えるものと、-tachiのように変えないものがある。品詞を変えるものを派生接辞（derivational affix）と呼ぶ。また、活用語の語尾変化のように、語の品詞は変えずに、人称、時制などを変える接尾辞を屈折接辞（inflectional affix）と呼ぶ。一方、接中辞は語基の中に挿入される接辞だが、接頭辞や接尾辞ほど一般的ではない。

　語構成の分析に使われる用語に、語基（word base）、語幹（word stem）、語根（word root）等があるが、これらの使い分けは研究者によって異なりうる。この事典では、これらの用語を、田中等（1982: 98–99）を基に次のように記述する。① 語基（word base）は、語構成の基本的要素で、すべての接辞を取り除いた後に残る部分をさす。② 語幹（word stem）は、語の構成要素の1つで、合成語からすべての屈折接辞を除いたあとに残る部分をさす。語基と語幹の区別については、「語基があらゆる接辞との対比で考えられるのに対して、語幹は屈折接辞との関係で規定される」（田中等, 1982: 99）。また、③ 語根（word root）も、すべての接辞を除いたあとに残る語構造の部分であるという点では①と同一であるが、語形成上の概念であり、通常、共時論としての語構造の記述には使われない。

語根（word root）
　語構成（word formation）を参照のこと。

個別言語の文法（particular grammar）
　普遍文法（Universal Grammar）を参照のこと。

語用論的強化（pragmatic strengthening）
　ある語彙や表現が特定の文脈の中で使われ

ることによって生じた新しい意味解釈が、同じような文脈での慣習的な使用を通して強化され、最終的に1つの語義として確立する過程のこと。語用論的富化（pragmatic enrichment）と呼ばれることもある。

　文法化の誘因となる語彙の意味変化の1つと考えられている。例えば、英語の since の通時的変化を見ると、もとは「～以来」という意味だけで、2つの文を時系列的に並列につなぐ機能がもっぱらだった。しかし、それが特定の文脈で繰り返し使用される過程で、もとの並列接続の意味に加えて、語用論的推論をもとに2つの文の間に条件と帰結の解釈が読み込まれ、新しく「理由」という解釈が生じた。文法化が進み、もとの語彙的な意味が希薄化（漂白化）する傾向の中で、この新しい解釈である「理由」が慣習化され、その結果、もとの「並列」の解釈に加えて、あらたに1つの語義として定着する。大堀（2002）は、語用論的強化はモダリティや条件を表す文等のように解釈に推論を必要とする構文の歴史的な発達を論じる上で有効な概念だとする。

　日本語でも、同様の例が見られる。例えば、「のに」は、逆接の接続表現として使用されるうちに、後続節を伴わない中途終了の形でも逆接の機能を果たすようになり、最終的に「言えば手伝ったのに」「人が親切で言ってるのに」等のように、「期待破棄」を表す文末表現としての使用が定着した。同様に、接続助詞「から」や「ので」も、中途終了の形で順接の機能を果たすようになり、「明日お電話しますから」「のちほど伺いますので」等のように理由を表す文末表現としての使用が定着した。このように接続表現が後続の節なしで話し手の発話意図を表す形式として機能するようになる現象は語用論的強化の例と考えられる。新しい意味が慣習化されるきっかけとなる語用論的推論は、認知主体が行う読み込みあるいは解釈であるとされるため、この認知的な活動を主観化（主体化）（subjectification）と呼ぶことがある。

語用論的富化（pragmatic enrichment）
　語用論的強化（pragmatic strengthening）を参照のこと。

作用域／スコープ（scope）
　数量詞や否定や疑問の焦点、文の曖昧性の解釈などに用いられる概念。数量詞、否定辞、モダリティ、焦点化、疑問等の作用が及ぶ範囲を言う。

　否定辞を例にすると、「太郎が電車で新宿に行かなかった」という文の解釈は3通り考えられる。すなわち、「太郎が何らかの方法で新宿に行ったが、その方法が電車ではなかった」、「太郎が電車でどこかに行ったが、そこは新宿ではなかった」、「誰かが電車で新宿に行ったが、その人は太郎ではなかった」の3通りである。これらの解釈の違いは否定辞「ない」の焦点（focus）のとらえ方の違いに起因する。すなわち、否定辞「ない」の焦点は、1番目の解釈では移動手段の「電車」であり、2番目の解釈では移動の目的地の「新宿」であり、3番目の解釈では移動主の「太郎」となる。このような焦点の解釈を可能にする前提となる文「誰かが何かでどこかに行った」がこの文の否定辞の作用域となる。

　否定の作用域の解釈は曖昧であることもある。例えば、「天然記念物の保護のためにこの区域に立ち入らないこと」という文の否定辞の解釈は2通りある。「天然記念物の保護のために」が否定の作用域の中であれば、「天然記念物を保護することを目的とする作業でこの

区域に立ち入る」ことをするなという解釈になり、否定の作用域の外であれば、天然記念の保護をする目的のために「この区域に立ち入る」ことをするなという解釈になる。また、「天然記念物保護のためには」「天然記念物保護のためにも」のように、とりたて詞のハやモ等を付けると、「自然保護のため」が否定の作用域の外であることが明示され、作用域の解釈の曖昧性はなくなる。

シニフィアン／能記（signifiant）

　言語を言語記号（シーニュ、signe）の体系であると考える、言語学者フェルディナン・ド・ソシュール（Ferdinand de Sassure）の言語観に基づく用語。言語記号とは、語（単語）に相当するものである。ソシュールは、言語記号を、その表現と内容の２つを備えたものであると定義した。言語記号の表現をシニフィアン（signifiant）、その内容をシニフィエ（signifié）と呼ぶ。シニフィアンとシニフィエはフランス語の動詞 signifier（意味する）からの造語で、シニフィアンは「意味するもの」、シニフィエは「意味されるもの」である。

　シニフィアンは言語記号の音形、シニフィエは言語記号の意味に当たると考えてよい。例えば、日本語の「水」という言語記号は mizu というシニフィアンと「酸素と水素の化合物。分子記号 H_2O。純粋なものは無色・無味・無臭で、常温では液状をなす」等のシニフィエを併せ持つ。ただし、言語記号はシニフィアンとシニフィエからなるが、その結びつきに必然性はない。日本語の「水」と英語の water を比べてみる。日本語の「水」と英語の water が厳密に同一のシニフィエを有しているとは言えないが、仮に同じシニフィエを持つとしても、そのシニフィアンは日本語と英語で異なる。シニフィアンとシニフィエの間に見られる、相互のむすびつきが任意であるという性質を言語記号の恣意性（arbitrariness）と言う。いわゆる同音異義語は複数のシニフィエが１つのシニフィアンを共有している語、また、いわゆる同義語は複数のシニフィアンが１つのシニフィエを共有している語である。

シニフィエ／所記（signifié）

　シニフィアン／能記（signifiant）を参照のこと。

シンタグマティックな関係／統合(的)関係（syntagmatic relation）

　言語学者フェルディナン・ド・ソシュール（Ferdinand de Saussure）による構造主義において、文の構造をつかさどる概念を表す用語。言語記号、あるいは語は単独で現われることも２つ以上つながって現れることもある。例えば、「赤い花」は、修飾語の「赤い」と被修飾語の「花」が連なって１つのまとまりのある複合的な言語記号を成している。これを、順序を入れ替えて「花赤い」とすると、日本語では修飾語と被修飾語の関係が成り立たなくなり、結果として意味の通る言語記号にはならない。ソシュールは、線上に並べられた言語記号を入れ替えると意味をなさなくなる場合、そのような関係にある言語記号のまとまりをシンタグム（syntagm）と呼んだ。シンタグムを成す２つの要素間の関係はシンタグマティックな関係という。主語と述語、修飾語と被修飾語、連用修飾語（副詞など）と述語なども、それぞれシンタグマティックな関係にある。また、このような語と語の間の関係から成り立つ文もシンタグムである。

　シンタグマティックな関係と対照的な関係

はパラディグマティックな関係（選択(的)関係、paradigmatic relation）と呼ばれる。例えば、「赤い花を買う」というシンタグムで、「赤い」を「白い」に、「花」を「本」に、「買う」を「見る」に置き換えて「赤い本を買う」「白い花を買う」「赤い花を見る」等としても、はじめのシンタグムと同じタイプのシンタグム、すなわち文が成り立つ。このように、あるシンタグムにおいて、シンタグムのタイプを変えずに置き換えることができる場合、置き換えられる言語記号同士、つまり、「赤い」と「白い」、「花」と「本」、「買う」と「見る」はパラディグマティックな関係にある。

テンス／時制 (tense)

文が表す事態を時間軸上に位置づけ、基準となる時点と文の内容との時間的な関係の概念を示す述語の文法範疇（grammatical category）。時制は述語の形態に表示される。時制を表す形式をテンス形式と総称する。アスペクト（aspect）、モダリティ（modality）と共に、述語の文法範疇の TAM と称されることがある。

テンス形式が表す時の概念は、述語の種類により異なる。例えば、日本語の動きのある動詞の場合、「yom-u（読む）」「tabe-ru（食べる）」は「yon-da（読んだ）」「tabe-ta（食べた）」のように u/ru と da/ta との形態的な対立を成す。発話現在を基準とすると、「読む」「行く」は基準時より後に位置づけられ、「読んだ」「行った」は基準時より前に位置づけられる。一方、状態性述語の場合、例えば「いる」「わかる」は基準時より後の状態を表すのではなく、基準時に存在する状態を表し、「いた」「わかった」は、「読んだ」同様に基準時より前の状態を表す。また、形容詞や名詞述語の場合も、「よかった」「学生だった」は基準時より前の事態の状態を表すが、「よい」「学生だ」は基準時に存在する事態を表す。

以上から、発話時より前に位置づけられる事態を表すテンス形式を「過去形」、発話時と同時あるいはそれ以降に位置づけられる事態を表すテンス形式を、現在形ではなく「非過去形」と呼ぶ。

ただし、テンスを持たない文もある。例えば、日本語の「太郎は毎日本を読む」のような習慣を表す文、「まず野菜を刻む。次に、いためる。そして、塩をふる」のような手順を表す文の述語の非過去形はテンスを表さない。

また、日本語の従属節のテンスは発話時との関係で決定される場合と、主節のテンスとの関係で決定される場合がある。「今日、学校へ行くとき、友達に会う」では、発話時には「学校へ行く」という事態は未実現であり非過去形だが、「昨日学校へ行くとき、友達に会った」では、発話時に過去の事態である「学校へ行った」が「友達に会った」という主文のテンスとの関係では未実現の事態であるため非過去形を取ると分析される。発話時との関係で決定される場合を絶対的テンス、主節のテンスとの関係で決定される場合を相対的テンスと呼んで区別することがある。

統語範疇 (syntactic category)

句構造文法（phrase structure grammar）の用語で、直接構成素分析（immediate constituent analysis）に基づいて句構造標識（phrase structure marker）で示される文中の語の連鎖構造のこと。例えば、Mary read a book at the library という英語の文を直接構成素分析すると [[Mary] [[read] [[a] [book]] [[at] [[the] [library]]]]] が得られる。この [ ]で示される構成素に名称を与えると文の構造が明確になる。統語構造の構成

素に与える名称の総称が「統語範疇」である。英語の統語範疇は、名詞、動詞、形容詞、前置詞の4つで、日本語でそれらに該当するのは、名詞、動詞、形容詞（形容動詞を含む）、後置詞である。

統語範疇には、語彙範疇（lexical category）と機能範疇（functional category）がある。語彙範疇は、開いたクラス（open class）をなし、語彙自体に意味があり、文全体の意味に貢献する。機能範疇は、一般に閉じたクラス（closed class）をなし、語彙自体に固有の意味はないが、語彙範疇に属する語と語の間の関係を司る働きを持つ。英語には、限定詞（determiner）や補文標識（complementizer）等があるが、これらに相当する日本語については議論が分かれる。

上の英文では、Mary と book に「名詞」、bought に「動詞」、a に「限定詞」、a book に「名詞句」、bought a book に「動詞句」の範疇が付く。名詞句や動詞句のように「句」が付いた統語範疇は、それぞれ「名詞」「動詞」に何かしらの修飾部が伴うものと考えてよい。ただし、日本語の場合は、助詞をすべて後置詞とみなすか、一部を名詞の格（case）とみなすか、また日本語に動詞句があるとするかどうか等によって分析が異なる。例えば、「が」を後置詞とすれば、「花子が」の統語範疇は後置詞句に、名詞の格とすれば名詞（句）になる。なお、句構造文法の統語範疇に比べると、日本語学の品詞分類は日本語の記述文法に即した、より詳細な分類である。

内包（intension）

論理学の用語で、記号の意味にその記号の概念とその記号が具体的に指示する対象（指示対象）の2面性を認める場合の前者のこと。後者を外延（extension）と呼ぶ。記号の内包は、その記号と外延を結びつける関数とみなされる。

形式意味論では、自然言語の語の概念とその指示対象を、それぞれ内包と外延と呼び分ける。また、文の意味の場合も、命題とその命題を用いて決定する個別の真理値を、それぞれ内包と外延と呼び分ける。語は、事物や、事物と事物の関係、また事物の属性などを指示する。その語によって指示される対象（指示対象）の集合を外延という。内包は、語の指示対象の集合（外延）の成員が互いにどのような属性を共有しているか、またその集合外の事物とどのように異化されるかについての知識であると言える。

この概念は、母語獲得研究でも使われる。母語話者は、母語の語や文の意味（内包）を知っており、それらが与えられた状況に対応しているかどうか判断できるのは、その語や文の外延を認識できるからであるとする。外延は語の指示対象の集合からなる。子供は、母語を習得するとき、語や文の内包が与えられると、ある状況でのその語や文の外延を決定することができる。また、ある語の外延からその語の内包を帰納的に推論することもできる。つまり、内包は、外延を決定する一方で、外延に属する対象の共通性から帰納的に推論されうるものでもある。

派生（derivation）

語基に拘束形態素が付いて合成語を形成するプロセスの1つ。派生語は語に接頭辞や接尾辞が付いて合成された語。「ものさびしい」は接頭辞「もの」が形容詞「さびしい」についた派生語、「たのしさ」は接尾辞「さ」が形容詞の語基の「たのし」に付いた派生語である。

接辞によっては、語の品詞を変えることが

ある。例えば、上記の「さ」は形容詞「楽しい」の語基「たのし」に付いて「たのしさ」という名詞を派生する。また、「おもしろみ」の「み」も形容詞の語基「おもしろ」に付いて名詞を派生する。「さ」と「み」は名詞化の機能を持つ接尾辞である。また、形容詞「ほしい」の語基「ほし」に接尾辞「がる」が付くと「ほしがる」という動詞を派生する。「がる」は動詞化の機能を持つ。「食べたい、飲みたい」等のように、動詞の語幹に付いて願望を表す「たい」は形容詞化の機能を持つ。いずれも語の品詞を変える接尾辞である。

一方、語の語幹に付いて、その品詞は変えず、時制や数などの意味を添える拘束形態素がある。英語のdogsの複数を示すsやwritesの三人称単数現在を示すs、workedの過去を示すedなどは屈折接辞である。派生には、接頭辞も接尾辞もその合成プロセスに関わるが、屈折に関わるのは接尾辞のみである。

最後に、日本語の動詞の屈折について簡単に触れる。日本語の動詞は、不規則動詞「くる」「する」以外の動詞を「すべての接辞を除いたあとに残る語構造部分」に着目して「子音動詞」と「母音動詞」に分けることができる。母音動詞は、語基が母音で終わるもので、上述の「食べ-る」や「見-る」等がある。子音動詞は、語基が子音で終わるもので、「yom-u（読む）」や「kak-u（書く）」等がある。この事典では、日本語の動詞の語形変化を、語構成概念を使って次のように分析する。まず、日本語の動詞の屈折接辞が異形態を持つと考え、現在は「(r)u」、過去は「ta」、否定は「(a)na-i」受身は「(a)re」、使役は「(s)ase」等とする。

母音動詞については「食べる」を例にする。「食べる」の語基は「tabe」であり、屈折以外の接辞「-方」「-にくい」等が付く。また、「tabe」には屈折接辞の「ru」(現在)、「ta」

(過去)、「na-i」（否定）等が付くので、語幹でもある。つまり、母音動詞の場合は、語基と語幹は同一形態となる。

子音動詞については「読む」を例にする。「読む」の語基は「yom」である。「yom」には、屈折接辞「u」(現在)が直接付く。一方、「ta」(過去)が付くと、音韻変化を伴って「yoNda」となり、「ana-i」(否定)が付くと「yom-ana-i」に、「ase」(使役)が付くと「yom-ase-」となることから、yomは語幹としても機能する。また、「yom」に名詞化接辞「-i」が付くと、「yom-i」になる。「yom-i」は、「ます」「ながら」などの接辞が付くことから、語幹として機能し、また、「-方」「-にくい」「-たい」などの派生接辞が付くので語基でもある。

このように、語構成概念の語基、語幹を使って、日本語の動詞の語形変化を五十音図に則ることなく分析することが可能である。ただし、他の分析方法もあること、例えば、子音動詞の語基を語根と捉え、屈折接辞に異形態を認めない等の考え方もあることを追記しておく。

パラディグマティックな関係／選択(的)関係（paradigmatic relation）

シンタグマティックな関係／統合(的)関係（syntagmatic relation）を参照のこと。

パロール（la parole）

ラング（la langue）を参照のこと。

非対格動詞（unaccusative verb）

動詞分類の1つ。動詞は自動詞と他動詞に2分され、自動詞は非能格動詞（unergative

verb) と非対格動詞 (unaccusative verb) に区別される。自動詞には、「子供が遊ぶ」のように意図的に動作を行う動作主 (agent) を主語にとる自動詞文と、「おもちゃが壊れる」のように意図を持たずに受動的に事象に関わる対象 (theme) を主語にとるものがある。

　語の意味構造と統語構造の対応が任意なら幼児の言語習得の負担は大きいはずだが、実際にはそのような習得上の困難は認められない。それは、語の意味構造と統語構造の間の規則的な対応が習得を可能にするからである。基本的に、項が担う文法関係味は、① 動作主は基本的に主語として現われ（例、子供が遊んだ。子供がおもちゃを壊した）、② 対象は基本的に目的語として現われる（例　子供がおもちゃを壊した）という対応規則によって予測できる。しかし、「子供がおもちゃを壊した」と「おもちゃが壊れた」のように意味的対応関係にある他動詞文と自動詞文では、他動詞文は①②に適合するが、自動詞文は②に反して対象（おもちゃ）が主語である。

　そこで、格文法では「動作主＞対象」という意味役割の階層を想定し、文に動作主があればそれが主語になり、動作主がなく対象だけであればそれが主語になるとする。前者が他動詞文と非能格動詞文、後者が非対格動詞文である。

　また、生成文法では、意味構造はD構造という統語レベルを経て間接的に表層に投射される。①②の反例になる非対格動詞文には主語がなく対象（内項）のみであるようなD構造を想定し、対象を形式的な主語とする。一方、非能格動詞は、意味構造にある動作主（外項）を形式的な主語とする。例えば、「おもちゃが壊れる」と「子供がおもちゃを壊す」の「おもちゃ」はともに「対象」で、次のように分析される：　他動詞文：(Agent <Theme>)（例　子供がおもちゃを壊す）、非能格動詞文：(Agent <＿>)（例　子供が遊ぶ）、非対格動詞文：(＿<Theme>)（例　おもちゃが壊れる）。ただし、<＿> は、非能格動詞文では <Theme> が、非対格動詞文では <Agent> の項が存在しないことを表す。

非能格動詞 (unergative verb)

　非対格動詞 (unaccusative verb) を参照のこと。

付加部 (adjunct)

　項 (argument) を参照のこと。

普遍文法 (Universal Grammar, UG)

　生成文法 (Generative Grammar) の用語で、人間に生得的に備わっている普遍的な言語知識のこと。生成文法では、人間には、さまざまな認知的な機能と同様に言語を獲得する機能が生まれながらにして備わっているとし、これを言語の生得性 (innateness) と呼ぶ。この生得的な言語獲得機能がヒトという種を他の動物と区別する、ヒト特有の機能であるとする。この言語獲得機能は、初期状態ではすべての人間に共通の内容を有していると考えられることから、その内容を人間に普遍的な言語の知識であるとして、普遍文法 (Universal Grammar, UG) と呼ぶ。人間には誰でもこの普遍文法が生得的に備わっている。また、人間なら誰でも言語を獲得することができるのはこの普遍文法によるものであることから、人間に共通の言語獲得装置 (Language Acquisition Device, LAD) と呼ばれる。この装置は、言語機能の初期状態と考えられ、さまざまな言語に普遍的な原理と原則 (principles)、ある一定の数の媒介変数（パラメータ、parameters) から成り立つと考えられている。初期段階では、媒介変数の値は決定されておらず、その人間が生まれて以降の言語接触の経験により、徐々に決定され、最終的に、普遍文法 (UG) に対して、その人間の個別言語の文法 (grammar) を形成する。

文法化 (grammaticalization)

独立した語彙が徐々に付属的な文法的機能を獲得する過程。文法化は、本来歴史言語学の研究対象だが、語彙の意味の通時的変化に比喩 (metaphor) や主観化 (subjectification) などの認知的な側面があり、近年、認知言語学の研究対象となっている。何らかの意味を持った内容語が特定の言語的環境で使われることにより、その語彙的な意味が希薄になり、徐々に文法的な機能を担う語へと変化する通時的な過程を言う。この意味変化を意味の漂白化 (semantic bleaching／semantic attenuation) と呼ぶ。

何らかの意味を持つ内容語が、時間とともに語彙的な意味が漂白化し、徐々に助動詞や文の接続表現などの文法的な意味を担う機能語に変化する例が多い。例えば、現代英語の未来を表す助動詞 will は、もとは意志を表す一般動詞であったが、時とともに語彙的な自立性を弱め、その意味が漂白化し、徐々に未来を表す助動詞という機能語へと文法化した。また、例えば、日本語の補助動詞「てしまう」の使用も、「片付ける」意味を持つ内容語が動詞のテ形に後続する環境で「本を読んでしまう」の形で使われるようになり、「本を読んで(それを)しまう」という複合動詞の意味を介して内容語としての意味が希薄になり、最終的に「し終わる」のように、動きの完了というアスペクトを表す機能を獲得した。文法化が進み、内容語としての自立性が失われ、語彙の拘束性が増すと、「読んでしまう」が「読んじゃう」になるように音声的な縮約も起こりうる。

文法化には、意味の漂白化や音声的変化のほか、もとの語彙範疇の特徴の喪失、使用の義務化などの側面もある。文法化の分析では、語彙的要素が文法的要素へと変化する、また文法的要素がその文法的機能をさらに強める方向へと変化するというように、文法化の一定の方向への強い傾向が認められる。そこから文法化の過程は、一定の方向への変化であり、その逆の方向への変化は起こらないという仮説が導き出された。この仮説を「単方向性 (一方向性) (unidirectionality) の仮説」と呼ぶ。

文法関係 (grammatical relation)

文の必須成分とされる主語 (subject)、目的語 (object) 等の概念。一般に、意味に関わらず、純粋に統語的な概念と考えられている。意味的に定義できないというのは、主語や目的語が文中で担う意味役割 (semantic role, thematic role) が述語によって異なることによる。例えば、①「太郎が働いた」と②「太郎が感動した」では、どちらも主語は「太郎」である。しかし、①の「太郎」は動作主 (agent)、②の「太郎」は経験主 (experiencer) という意味役割を担っている。目的語についても、③「太郎が本を読んだ」と④「太郎が本を書いた」では、③の「本」は読む動作を受けるもの(対象)であり、④の「本」は動作の産物である。

言語の構造と意味を、それぞれ独立したユニット(モジュール)として扱う生成文法では、主語と目的語を文の階層的な構造の特定の位置に現れる名詞句の総称として使う。文の構造において、主語は文 (IP) に直接支配さ

れる名詞句、目的語は動詞句に支配され動詞の隣に位置する名詞句である。述語動詞から見て、主語は動詞の外項、目的語は他動詞の内項と呼ぶこともある。しかし、認知言語学では、「主語」「目的語」の文法上の区別を意味の側面から再定義している。「主語」「目的語」をカテゴリーとして捉え、いずれも典型的なものをプロトタイプとし、すべてに共通する性質をスキーマによって意味的に定義する。ただし、日本語学では、日本語の文の「主語」の捉え方についてさまざまな議論がある。

文法範疇（grammatical category）

言語単位としての語や文の形成に関わる原理のこと。統一的な定義はなく、実際には、個別言語、言語の記述レベル、使用する言語理論によって異なる。

一般的には、次のようなものが認められている。① 形態素レベルの文法範疇としては、伝統的な文法の品詞とその文法的な性質がある。例えば、名詞に関わるものとして、性（gender）、数（number）、人称（person）、格（case）等である。また、動詞に関わるものとしては、性、数、人称のほかに、テンス（時制、tense）、ヴォイス（態、voice）、アスペクト（相、aspect）、ムード（法性、mood）、肯否を表すポラリティ（極性、polarity）等がある。名詞と動詞の文法範疇は、性、数、人称、テンスに関して一致する傾向がある。② 文レベルの文法範疇としては、文の構成要素としての統語範疇（syntactic category）がある。統語範疇は、同様の性質を有する文の構成要素を指し、語彙レベルの名詞、形容詞、動詞等と句レベルの名詞句、形容詞句、動詞句等がある。

分裂文（cleft sentence）

文の情報構造を表示する文法的な手段の1つ。前提となる文からある要素Xをその焦点（focus）として強調する。焦点化の機能を持つため、強調構文とも呼ばれる。英語のIt is this book that John bought yesterday.のようなIt is X that... の構文がそれである。英語には、類似した構文にWhat John bought yesterday is this book.のようなWh-word... is Xの構文やA new car is what John wants to buy.のような文があるが、これらは疑似分裂文（pseudo-cleft sentence）と呼ばれる。

日本語には、英語のような分裂文はないが、疑似分裂文にあたる構造の「〜のはXだ」という形式の文がある。例えば、「太郎がその本を書いた」の動作主「太郎」を強調（焦点化）すると「その本を書いたのは太郎だ」となり、対象「その本」を強調（焦点化）すると「太郎が書いたのはその本だ」が得られる。

さらに、分裂文の焦点を疑問文の焦点とすることができる。例えば、誰かがある本を書いたことがわかっていて誰が書いたか聞きたいときに、書いた人を焦点とする分裂文「その本を書いたのは誰か」で問うこと、太郎が何かを書いたということがわかっていて何を書いたか聞きたいときに、書いたものを焦点とする分裂文「太郎が書いたのは何か」で問うことができる。

ムード／（叙）法（mood）

言語化する事態に対する話し手自身の心的態度を表す述語の文法範疇（grammatical category）。述語のテンス（tense）、アスペクト（aspect）とともに、述語の文法範疇のTAMと称されることがある。ムードは意味的範疇のモダリティと異なる。

ムードは事柄のあり方がどのようであるかを表す様式で、ある事柄が現実世界でどのようであるかを表すムードを realis mood（レアリス・ムード）、現実に起こったかどうかわからない、あるいは起こる可能性の少ない事態を表すムードを irrealis mood（イレアリス・ムード）として区別する。

Realis mood には、何かの動きや変化、状態などを現実世界存在する客観的な事柄として表す直説法（indicative mood, declarative mood）がある。ある事態を現実世界に存在する事柄として述べるための様式であり、ほとんどの言語に共通に見られるもので、文法的には無標のムードである。

Irrealis mood には、命令法（imperative mood）、仮定法（subjunctive mood）、条件法（conditional mood）、可能を表すムード（potential mood）、願望を表す希求法（optative mood）等がある。これらのムードは、必要性、可能性、話し手の欲求や願望、反事実仮想等、ある事態を仮想世界（反事実的世界）に存在する事柄として述べるための様式である。

ムードは一般的に、述語の屈折形式によって表示されるが、日本語の場合は形式的な区別が明確ではない。英語では、直説法、命令法、仮定法が認められている。

ムード形式は、意味範疇としてのモダリティ（modality）を担う言語形式の1つである。

無標（unmarked）
有標（marked）を参照のこと。

モダリティ（modality）
文に表される事態に対する話し手の態度を表す意味的範疇（semantic category）。文法範疇であるムード（mood）とは異なる。

モダリティの分析は研究者によって異なる。Palmer（2001）によれば、モダリティは、一般的に、直説法、仮定法などの述語の屈折変化によって形態的に表示されるムード（（叙）法、mood）だけでなく、可能や義務などを表す法助動詞（modal verb）、本動詞、形容詞、「幸いにも」のような話し手の心的態度を表す法副詞（modal adverb）やその他の語彙表現、また、音調やプロミネンス、それらが使われる文脈との関わり等によって表現される。モダリティを担う形式をモダリティ形式と呼ぶことがある。

可能性（possibility）や蓋然性（probability）を表す認識モダリティ（epistemic modality）、義務（obligation）や「するべきだ」等の当為を表す義務モダリティ（deontic modality／root modality）、話し手の願望・希望を表す願望のモダリティ（bouletic modality）、話し手が陳述する内容の証拠のあり方を表す証拠性のモダリティ（evidentiality）等がある。一般的なのは、認識モダリティと義務モダリティの2分類に基づく分析である。

また、モダリティを、表現される事態に対する心的態度を表すものと聞き手に対する心的態度を表すものに分け、前者を対事的モダリティ、後者を対人的モダリティとして区別することもある。日本語の場合、対事的モダリティには、「かもしれない、だろう、にちがいない」等の認識モダリティ形式、「なければならない、てもいい、てはいけない」等の義務モダリティ形式、「〜たい、〜てほしい」等の願望のモダリティ形式、「ようだ、そうだ、らしい」等の証拠性のモダリティ形式がある。一方、対人的モダリティ形式としては、聞き手に対する質問や誘い等を表すイントネーション、また、日本語の「ね、よ、か」等の終助詞がある。

有標（marked）

言語の要素の間や認知的な要素の間に観察される非対称的な特徴の対立的な捉え方。この概念は、ヤコブソン（R. Jakobson）とトルベツコイ（N. Trubetskoy）らによるプラーグ学派（Prague School of Linguistics）の構造主義言語学の音韻研究で、語気の有無、声帯の振動の有無などの音素の弁別的な特徴を二項対立として捉えたことに由来する。このような標識（marking）の概念は、音韻レベル、構文レベル、意味レベル等言語の諸側面で有効であるが、ここでは語彙レベルに焦点を当てる。

「均衡」と「不均衡」、「子供」と「子供たち」等のペアについて見ると、いずれも2番目の語には、1番目の語にない要素「不－」「－たち」がある。これらはいずれも語基に何がしかの意味を添える接辞で、それらが表す意味と機能の在／不在によって2つの語彙が区別できる。このように、何らかの意味や文法的な機能が特定の標識で形式的に示されているものを有標（marked）と呼び、そのような標識なしに使われるものを無標（unmarked）と呼ぶ。語彙レベルで有標なものは、基本的でないもの、派生や屈折等の接辞が付いたものということができる。

また、有標／無標の対立は、語の分布から捉えることもできる。有標の語彙は、無標の語彙に比べて、使用がより制限されている場合が多い。例えば、「大きい／小さい」「深い／浅い」「高い／低い」等の対立では、「大きさはどのくらいか」「深さはどのくらいか」「高さはどのくらいか」のように、一般的な質問で使われる方を無標とすることが多い。

また、「医者」と「女医」、「大学」と「女子大」等の対立では、この言語が使用される文化では男性の医者が一般的で無標であり、女性の医者は特別で有標であること、「大学」は無標で、女子だけが入れる大学が有標であることが「女－」という形式の有無で表される。

有標／無標の対立では、無標の要素はより一般的な概念を表す基本的なもの、有標の要素は一般的、基本的な特徴から逸脱したものと捉えることもできる。この概念を有標性（markedness）と呼ぶ。

ラング（la langue）

言語学者フェルディナン・ド・ソシュール（Ferdinand de Saussure）による構造主義言語学の用語。ソシュールは、言語共同体（language community）においてその構成員が行う、聞いたり話したりといった、言語を介した行為の総体を「言語活動（ランガージュ（langage）」とし、人類には自らと他の動物から弁別するような潜在的能力があるとした。

しかし、ある言語共同体の言語活動は、その特定の言語集団内であれば問題ないが、集団の外ではその限りではない。そこで、「言語活動」を、ある特定の民族の文化的な側面としてではなく、総合的に言語学の研究対象とするために、2つの側面から捉えなおす必要があるとした。第一の側面は、ランガージュは、特定の言語集団、社会の中で制度化され、その言語共同体の構成員によって共有されている社会的規約の体系であり、音声、語彙、文法規則の総体であるという視点である。ランガージュのこのような側面をラング（la langue）と呼ぶ。共同体の言語と言ってよい。

もう一方は、ある言語共同体の個々の構成員が、さまざまな場面でその言語共同体のラングを実践する具体的な発話行為の側面で、これをパロール（la parole）と呼ぶ。言語共同体の構成員による実際の発話である。

言い換えると、ある言語共同体の個々の構

成員による無数のパロールの生成を可能にするのが、その共同体において共有されているラングである。また、ラングは人間に生得的なものではなく、日常のパロールのやりとりを介して人間の心の中に形成されていくものである。日常のパロールはラングに基づいて行われるが、その反面、具体的なパロールによってラングが維持され、強化されることになる。パロールは、個人や場面により、言いよどみや言い間違いなども含むため、ソシュールは、言語学はパロールではなく、ラングを対象とするべきだとした。

ヴォイス／態（voice）

ある事態の参与者を指示する名詞句がどの格で表現されるかに関する動詞の文法範疇（grammatical category）。英語や日本語のように自動詞文の主語と他動詞文の主語が同一の格で、他動詞文の対象が別の格で示される対格言語では、一般的に事態を引き起こす側からの描写である能動態（active voice）と、事態の影響を受ける側からの描写である受動態（passive voice）が観察され、能動態を無標と捉え、有標の受動態は、述語動詞の形態や名詞句の格によって表示される。

ヴォイスの選択は、事態の参与者を指示する名詞句の意味役割と文法関係に依存する。例えば、John hit Bill. や「太郎が次郎を殴った」等の能動態の文では、事態を引き起こす動作主 John と「太郎」が主語に、事態を受ける被動者'Bill'と「次郎」が目的語となる。

一方、有標の受動態の文では、Bill was hit by John. や「次郎が太郎に殴られた」のように被動者 Bill と「次郎」が主語に、動作主 'John' と「太郎」が主語から主語以外の格の名詞句になる。格の序列階層（hierarchy）を前提にすると、受動文は能動文における被動者の主語への昇格及び動作主の主語以外の格への降格と一般化することができる。

このほかに、言語によっては This knife cuts well. や「この本はよく売れる」などの中間態（middle voice）と呼ばれるヴォイスもある。

日本語学では、受動態を受身と呼ぶことがある。また、ヴォイスを事態の参与者の関係としてより広く捉え、「太郎が次郎を働かせる」「太郎が次郎に勉強させる」等の使役文を使役態（causative voice）、その受動文「次郎が太郎に働かせられる」「次郎が太郎に勉強させられる」を使役受動態（passive-causative voice）とし、さらに、「子供が歩ける」等の可能文、「そのように思われる」等の自発文、「太郎が花子に手伝ってもらう」等の恩恵の授受文なども広くヴォイスとして認める。

ヴォイスを構文レベルではなく語彙レベルで捉えて、「売る」と「買う」、「教える」と「教わる」等の対を成す自他動詞（他動詞と非対格動詞）を語彙的ヴォイスと呼ぶ。

2 音声学・音韻論

アイピーエー（IPA）

国際音声記号／国際音声字母（International Phonetic Alphabet, IPA）を参照のこと。

アクセント（accent）

個々の言語や方言において社会慣習的に決まっている音の高さや強さの配置。日本語は語中の音の高低の配置は決まっているが、強さには特定の指定はないので「高低アクセント（pitch accent）」言語、英語やドイツ語などでは語中の音の強弱の配置は決まっているが、高さには特定の決まりはないので「強弱アクセント（stress accent）」言語と呼ばれている。スウェーデン語のように、高さと強さの両方に特定の決まりのある言語もある。アクセントには語の意味の違いを示す働きがある。たとえば、「あめ」を高→低のパターン（頭高型）で発音すると「雨」、低→高のパターン（平板型）で発音すると「飴」の意味になる。アクセントのこのような働きを「弁別機能」と呼ぶ。また、「にわにはにわとりがいる」という文は、下線部を頭高型で発音すると、「2羽、鳥がいる」の意味に、平板型で発音すると、「鶏がいる」の意味に聞こえる。このように、アクセントには、文の構造の違いを示す働きがある。アクセントのこのような働きを「統語機能」と呼ぶ。強弱アクセント言語の話者に日本語を教える場合、母語では音の高低には無関心なので、まずその点に注意を向けさせる必要がある。中国語も高低アクセント言語だが、日本語がモーラ単位で高低の配置が決まっているのに対し、中国語では音節単位で高低の変化パターンが決まっている点が異なる。

アクセント型（accent type）

言語や方言毎に慣習的に決まっている、語中の音の高低や強弱のパターン。日本語の東京方言では、1語につき多くて1ヶ所、音の高さが急に下がると感じられるモーラ境界がある。たとえば、「かみなり」だと3拍目の「な」の後で、「あさがお」だと2拍目の「さ」の後で音が下降する。このように、その直後で音の高さが急激に下がるモーラには「アクセント核がある」と言う。高さの下降が起きるモーラ境界を「アクセントの滝」と呼ぶ。語のアクセントは一度下がると再上昇することはない。一方、「いもうと」や「えんぴつ」には高さが急に下がると感じられる箇所はない。しかし、助詞の「が」を付けると、前者では「が」の前で下降が起きるが、後者では下降は起きない。助詞を付けるとその直前で下降が起きる語を「尾高型」、助詞を付けても下降の起きない語を「平板型」と呼ぶ。尾高型を含め、アクセント核のあるタイプを一括して「起伏式」、アクセント核のないタイプを「平板式」と大別することがある。起伏式のうち、「まいあさ」のように語頭モーラにアクセント核がある語は「頭高型」と呼ばれる。頭高型の語では最初のモーラの音が最も高いが、それ以外のアクセント型の語は2モーラ目で音が上昇する。起伏式のうち、語の中盤にアクセント核がある語は「中高型」と呼ばれている。語頭から何モーラ目にアクセント核があるかによって、「1型」、「2型」‥のように呼ぶ呼び方もある。この場合平板型は「0型」と呼ばれる。東京方言では、nモーラの語にn＋1通りのアクセント型がある。語の後ろから数えて何モーラ目にアクセント核があるかによって、「－1型」、「－2型」‥のように呼ぶ呼び方もある。名詞には全てのアクセント型が現われるが、動詞、形容詞の終止形、連

体形のアクセント型は、平板型か、−2型に限られる。上記をまとめると以下のようになる。アクセント核のあるモーラの右肩に「⌐」をつけてアクセント核の位置を示す。

① 平板式：アクセント核がない
- 平板型：（例：えんぴつ）

② 起伏式：アクセント核がある
- 頭高型：一モーラ目にアクセント核
  例：ま⌐いあさ
- 尾高型：語の最終モーラにアクセント核
  例：いもうと⌐
- 中高型：語頭、語末以外のモーラにアクセント核
  例：あさ⌐がお、かみな⌐り

異音 (allophone)

個別言語における、各音素の実現形態。たとえば、「私が」の「が」を [ga] と破裂音で発音しても、鼻にかかった声で [ŋa] と柔らかく発音しても、軟口蓋摩擦音の [ɣ] で発音しても、日本語母語話者の耳には全て助詞の /ga/ と聞こえ、意味に違いが生じることはない。このとき、日本語では [g] や [ŋ] や [ɣ] は音素 /g/ の異音ととらえる。一方、[ga] の代わりに [ka] と発音すると、意味が変わってくる。したがって、[k] は /g/ の異音ではなく、別の音素である。異音には以下のような2つの種類がある。

① 自由異音 (free variant)

日本語話者がラ行の子音を発音するとき、舌先が歯茎に触れたり触れなかったりする。前者ははじき音、後者は接近音と呼ばれ、IPA ではそれぞれ、[ɾ]、[ɹ] と記述される。どちらもラ行子音の異音だが、どちらが現れるかに明確な規則性は見いだせず、話者、発話速度、語中の位置などによって変わる。

このように、どのような音環境でどのタイプが現れるかが特定できないような異音を自由異音と呼ぶ。

② 条件異音 (conditioned allophone)

出現する音環境が特定できるような異音。たとえば、ハ行の子音 /h/ は、母音 /a/、/e/、/o/ の前では無声声門摩擦音 [h]、/i/ の前では無声硬口蓋摩擦音 [ç]、/u/ の前では無声両唇摩擦音 [ɸ] となる。「ハ、ヒ、フ、ヘ、ホ」と母音を出さずに言ってみよう。摩擦音を生じさせているせばめの位置が後続母音によって異なることに気付くはずである。このように、音環境によって分布がほぼ決まっているような異音を条件異音と呼ぶ。ハ行子音の異音のようにその分布に重なりがないとき、それらの異音は「相補(的)分布 (complementary distribution) をなしている」と言う。

イントネーション／音調 (intonation)

句や文や発話における、声の高さの時間的変化。狭義には、句末や文末の音調を指して用いられる場合もある。アクセントや声調の抑揚パターンは語や句ごとに決まっている。発話では、それらに、統語構造情報、発話意図、感情などを表わす抑揚が加味されて全体のイントネーションが形づくられる。たとえば、「青い」と「空」を個別に発音すると、どちらの語にも「ヘ」の字型の抑揚の高低変化が見られる。しかし、「青い空」と一続きの句として言うと、「空」の抑揚は小さく抑えられる。一方、「海と空」と言うときには「空」の抑揚はあまり抑制されない。一般に、前後の語句が修飾 − 被修飾の関係にあり、前の語にアクセント核がある場合、後ろの語の抑揚は抑えられる。一方、後者の例のように前後の語句が修飾 − 被修飾の関係にない場合には、

後ろの語の抑揚は保たれる傾向がある。このようにイントネーションには統語構造が反映される。また、質問の場合も肯定や断定の場合も、発話中の語句のアクセント型は保持されるが文末音調が異なり、質問のときは上昇調、肯定・断定の場合は下降調となる。たとえば「みかん食べる」という文は、文字からは質問か応答かがわからないが、実際の発話を聞けば、文末音調の違いによって区別は容易である。あるいは、「みかん食べて」と人にみかんを勧める意味で言う時には「て」が高く発音され、その後さらに発話を続ける意図のあるときには「て」の母音がいったん上昇して下降したりする。このように、句末や文末の音調には話者の発話意図が反映される。また、「りんご食べる？」「ううん、みかん食べる」と言うときのように「みかん」にフォーカスが置かれ、強調される場合は、アクセント核のある「み」と次の「か」の落差が大きくなり、後続語の抑揚は小さく抑えられる傾向がある。このように、発話の一部が際立つ現象はプロミネンスと呼ばれる。さらに、みかんを送られ、喜んで「みかん！」と言う場合は全般に高目の音調で、「なんだ、みかんか」と落胆した気持ちで言う場合は抑揚の少ない低めの音調で発音されることが多い。このように、イントネーションには話者の発話意図や感情を伝える情報が含まれており、コミュニケーションにおいて重要な役割を演じている。

韻律／プロソディー（prosody）

　複数の分節音にまたがる、高さ、強さ、長さ、速度などの音の時間的変化パターン。アクセント、イントネーション、リズム、ポーズなどが韻律の要素に含まれる。個々の母音や子音は単音または分節音と呼ばれ、音色に特色のある、時間的に短い音の単位である。これらに対し、韻律は複数の分節音の上にかぶさった要素であるため、超分節素またはかぶせ音素（suprasegmental）と呼ばれることもある。韻律の特徴は韻律素性（prosodic feature）または超分節的特徴（suprasegmental feature）と呼ばれる。分節的特徴が調音器官の運動によって作られる音色の特徴であるのに対し、韻律素性は声帯のコントロールによって生み出される音源の時間的変化の特徴で、話者の意図や感情についての情報を伝えるのに重要な役割を果たしている。また、「あめ（雨）」（1型）と「あめ（飴）」（平板型）が異なる意味を持つように、アクセントには語を区別する働きがあるため、韻律素性を弁別的素性としてとらえる立場もある。韻律は、通常、文字では表されない、音声言語固有の特徴である。学習者が自然な日本語を習得する上で、分節音だけでなく韻律の学習も不可欠である。

音／単音（phone）

　連続した音声を聞いて同定できる、知覚可能な音の最小単位。分節音の最小単位。一般には、個々の母音や子音のこと。母音を例に取ると、口を縦に大きく開けて声を出し、口の開きを徐々に縦方向から横方向に変えていくと、音色が「ア→エ→イ」のように変化する。この間に聞こえる全ての音声は「音」である。したがって、実際には音は無数に存在する。国際音声記号（IPA）は、言語音記述の便宜のために、英語などの音をベースに、無数にある音を有限個のカテゴリーに分けて表記している。単音は、大きく、母音（vowel）と子音（consonant）に分けられる。声帯振動によって作られた音が、声道でほとんど妨害されることなく共鳴して発せられる音が母音、

呼気が途中で閉鎖や狭めなどの障害を経て発せられる音が子音である。ある言語の話者には2つの異なる音と聞こえる音が別の言語の話者には同じ音と聞こえることがある。たとえば、[l] と [ɹ] は、前者は側面接近音（舌端は歯茎に接触し、舌の両脇から呼気が出る）、後者は接近音（舌端と歯茎の間から呼気が出る）と、調音様式が異なり、英語母語話者の耳には異なる音ととらえられるが、日本語母語話者の耳にはどちらもラ行の子音（に似た音）として知覚され、聞き分けが難しい。このように、ある言語の話者に異なる音としてとらえられる言語音の最小単位はその言語における音素（phoneme）と呼ばれる。

音声波形（speech waveform）

ある地点での音圧の変化を時間軸に沿って表わしたもの。音は、空気などの媒質に圧力の粗密が起きることによって生じる。したがって、媒質のない真空のところでは音は伝わらない。有声音は、声門の開閉によって呼気圧に粗密のくりかえしが起きることによって生じた音が声道の形状によって様々に変化した音で、異なる周波数や強さを持つ複数の成分音（純音）の組み合わせでできている。その成分音の特性と組み合わせの違いが、波形の違い、音色の違いとなる。図1に、日本語の5母音の音声波形を示す。縦軸が音圧、横軸が時間を表す。波の1つのパターンを生成するのにかかる時間が周期、1秒間に何周期くりかえされるかが、その波の基本周波数（単位ヘルツ Hz）となる。

音節（syllable）

母音を中心とした、音のまとまりの単位。語は1つ以上の音節からなる。音節は聞こえ度の大きい音が、それよりも聞こえ度の小さい隣接音に囲まれる形を取る。聞こえ度とは、同じ大きさ、高さ、長さで発したとき、人の耳に聞こえる主観的な音の大きさのことである。一般に、口の開きの大きい音の方が聞こえ度は大きい。子音よりも母音のほうが聞こえ度が大きいため、母音が音節の中心（核）となる。母音に次いで聞こえ度の大きい鼻音や

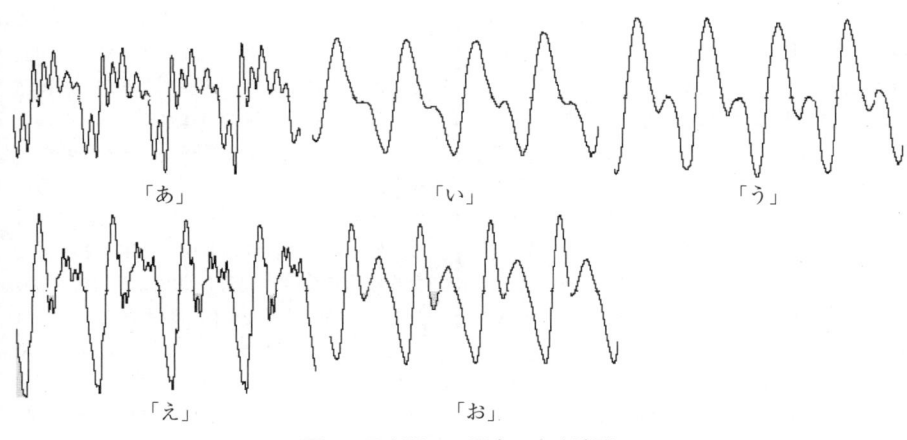

「あ」　「い」　「う」

「え」　「お」

図1　日本語の5母音の音声波形

接近音などが音節の核になることもある。母音では、[a] や [o] のような広母音のほうが [i] や [u] のような狭母音よりも聞こえ度は大きい。子音の中では、有声音のほうが無声音よりも聞こえ度は大きい。1つの音節が複数の子音を含む場合、聞こえ度の大きい子音は母音の近くに、小さい子音は周辺に配置される傾向がある。音節の構成には以下のようなパターンがある。

① 母音のみ
② 子音＋母音
③ 母音＋子音
④ 子音＋母音＋子音

どのパターンを基本とするかは言語に依存する。日本語の基本的な音節構造は2のタイプである。母音が最後に来る音節は開音節（open syllable）、子音が最後に来る音節は閉音節（closed syllable）と呼ばれる。日本語やフランス語は開音節中心の、英語やドイツ語は閉音節中心の言語である。音のまとまりの単位として、日本語には音節の他にモーラがある。モーラは音節と同じかそれよりも小さい、長さを基準とした単位で、上記1、2のパターンのうち、母音が短母音のケースである。したがって、[okinawa] のように、短母音音節のみから成る場合、音節境界とモーラ境界、音節数とモーラ数は一致する。しかし、語に長母音や特殊拍が含まれる場合、音節境界とモーラ境界が完全には一致せず、音節数のほうがモーラ数よりも少なくなる。たとえば「がっこう」[gakko:] という語は、モーラ数は4だが、音節数は母音の数に等しいので2となる（[gak]＋[ko:]）。音節という単位は一般的だが、モーラという単位を持つ言語は限られている。そのため、モーラに馴染みのない言語の話者にとっては、[gako]、[gakko]、[ga:ko]、[gakko:] などにおける音節の長さの違いに気付かないことが多い。

音素（phoneme）

個々の言語において、語の意味の区別に影響する音の最小単位。国際音声記号（IPA）では、単音と区別するため、音素は2本のスラッシュ / / にはさんで表記する。ある言語の音素を調べるときには、似ているが何らかの違いのある音を1箇所だけ含み、他は同じ音からなる語のペアを母語話者に聞かせ、それらが同じ意味の語かどうかを尋ねる。たとえば、[kiŋ] と [giŋ] は日本語母語話者の耳には「金」と「銀」という異なる語に聞こえる。したがって、日本語には /k/ と /g/ という独立した音素があると判断する。しかし、[k] の閉鎖解放後に吐く息の音（気息音）が聞こえるかどうかで意味に違いが生じることはない。したがって、/kʰ/（有気音：[ʰ] は気息を伴うことを示す）という音素は日本語には存在せず、[kʰ] と [k] は同じ音素のバリエーション（異音）ということになる。一方、中国語では、[kʰan]（康）と [kan]（剛）では意味が異なる。したがって、中国語には /kʰ/ と /k/ という音素が存在する。音素の数や、音のどのような特徴を音素区別の基準とするかは言語に依存する。上記の例で言うと、破裂音を区別するとき、調音位置と調音様式に加えて、日本語では声の有無が区別の基準になるが、中国語では気息の有無が区別の基準になる。このような、音素を区別する手がかりとなる特徴は弁別的素性と呼ばれる。学習言語における区別の基準が理解できていないと、母語における類似した音の区別の基準を援用することになり、聞き分けや発音に問題が生じやすい。多くの中国語話者や韓国語話者にとって、日本語の /t/ と /d/、/k/ と /g/ の聞き分けや発音の区別が難しい原因の一つは、母語における類似した音素の区別の基準を日本語に援用している点にあると考えられる。

音脱落 (loss)

本来あるべき音が省略され、発音されない現象。単に脱落とも言う。脱落の位置によって、語頭音脱落、語中音脱落、語末音脱落、と分類される。縮約の一形態。発音を容易にするために生じることが多い。脱落した発音が一般的になると、語形変化や文法変化につながることがある。日本語の和語中の母音連続の一部や、イ音便、ウ音便は子音の脱落によって生じたものである。脱落は日常会話では頻繁に観察される。

例：
- イ音便：書きて → 書いて、聞きて → 聞いて、楽しき → 楽しい（[k] の脱落）
- ウ音便：熱く → 熱う、高く → 高う（[k] の脱落）
- 母音の脱落：あらいそ → ありそ（荒磯）（[a] の脱落）、ふないで → ふなで（船出）（[i] の脱落）、なので → なんで（[o] の脱落）
- 音節の脱落：見られる → 見れる、来られる → 来れる（可能を表す助動詞「られ」の音節 [ra] の脱落）
- 長母音後半部の脱落： がっこう（学校）→ がっこ、せんせい（先生）→ せんせ
- 子音の脱落：すみません → すいません（[m] の脱落）、わたし → あたし（[w] の脱落）

カテゴリー(的)知覚

(categorical perception)

よく観察すると連続して変化している虹の色が7色に見えるように、刺激を有限個のカテゴリーに区切ってとらえるような知覚のし方。音声の分野では、カテゴリー知覚の実態を調べるのに、2つの音素に共通する要素の持続時間やフォルマント周波数などを一方のものから他方のものへと等間隔で徐々に変化させた音声刺激を用いて、ある音がどちらの音素かを判断させたり（同定試験）、2つの音が同じかどうかを判断させたり（識別試験）する実験がよく行なわれる。同定試験では、ほとんどの聞き手の判断が音素xから音素yに急激に変わる境界のあることが発見されている。たとえば、破裂音の有声か無声か（/b/ か /p/ か、/d/ か /t/ かなど）の区別には破裂（閉鎖の開放）から声立て（声帯振動の開始）までの時間が有力な手がかりとなっていることが知られており、この時間は VOT（voice onset time）と呼ばれている。英語の語頭における /d/ か /t/ かの判断では、VOT が +25ミリセカンドのところで、母語話者の判断が有声から無声（またはその逆）へと急激に変化することが実験で調べられている。そして、この値は言語によって異なることも知られている。一方、識別試験では、刺激の特徴量の客観的距離が同じでも、カテゴリー境界をまたぐ刺激同士の方がそうでない刺激同士よりも識別率が高いことが知られている。外国語の音素識別において、学習者の母語に類似した音素対立があるかどうかは習得に影響する。たとえば、英語の /r/ と /l/ は、第3フォルマント（F3）の遷移パターン（主に始点の高さ）を変えることによって、/r/ から /l/（またはその逆）へと聞こえを変化させることができる。F3 の遷移パターンを徐々に変えて /r/ か /l/ かを判断させると、英語母語話者ではカテゴリー知覚が起きるが、/r/ と /l/ の音素対立のない日本語母語話者ではカテゴリー知覚は観察されない。このことから、カテゴリー知覚は音素識別に重要な役割を演じていると考えられている。

基本周波数（fundamental frequency）
　ピッチ（pitch）を参照のこと。

基本母音（cardinal vowels）
　各言語における母音を記述するための基準となるように定められた計18の母音群。第一次基本母音（8）と第二次基本母音（10）からなる。イギリスの音声学者Daniel Jonesによって提案された。母音の音色は声道の形に依存し、声道の形は、唇の丸めの有無、舌の最高点の位置、口の開き具合によって決まるため、これら3つの要素を用いて基準となる母音群が作成された。まず、口をニッと横に開いて、舌のできるだけ前の部分を摩擦音が生じない程度に硬口蓋に近づけて発音した音声を［i］（非円唇前舌狭母音）と定めた。次に、あくびをするときのように口を大きく開けて舌をできるだけ低い位置に保ち、舌の最高点ができるだけ後ろに来るようにして発音した音声を［ɑ］（非円唇後舌広母音）と定めた。最後に、口笛を吹くときのように唇を丸めて口をすぼめ、舌の最高点ができるだけ後ろに来るようにして発音した音声を［u］（円唇後舌狭母音）と定めた。これら3つの母音を基点として、舌の最高点が前寄り（前舌）にあるものと後ろ寄り（後舌）にあるものそれぞれに、4段階の開口度の母音を定めた。これが第一次基本母音である（図2参照）。全ての前舌母音と［ɑ］は非円唇、それ以外の3つの後舌母音は円唇である。次に、第一次基本母音の舌の位置と開口度を保ったまま、非円唇母音（前舌母音＋［ɑ］）を円唇に、円唇母音（［u］、［o］、［ɔ］）を非円唇に入れ替えた8つの母音、さらに、舌の最高点が舌の中ほどに来る狭母音（非円唇［ɨ］と円唇［ʉ］）2つを加えたもの10母音を第二次基本母音とした。図2に、第一次、第二次基本母音の模式図と音声記号を示す。縦方向は、口の縦方向の開き具合（例：［i］は狭く、［a］は広い）、横方向は舌の最高点の位置（例：［i］は最高点が前舌、［u］は後舌にある）を示している。参考のため、第一次基本母音図上に日本語の5母音の概略的位置をカタカナで示す。基本母音は国際音声記号（IPA）の母音分類の基礎となっている。

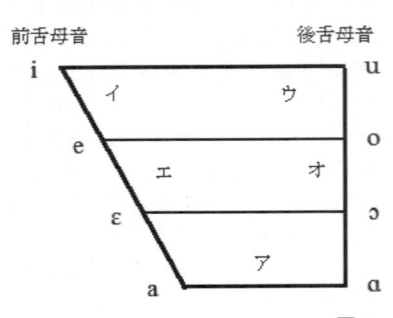

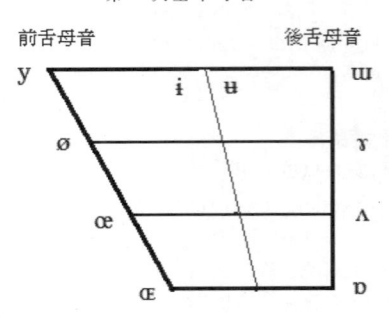

図2　基本母音

形態音素交替
（morphophonemic alternation）
　語または形態素中の音素が、文法的機能や派生的意味の違いなどに応じて他の音素と交替する現象。
　例：
- 自動詞と他動詞における母音 /a/ と /e/ の交替：上がる－上げる、下がる－下げる
- 数詞の子音交替：1本－2本－3本：/p/－/h/－/b/
- 複合語の一部になったときの母音の交替：
  - /e/ → /a/：あめ＋やどり → あまやどり、かぜ＋かみ → かざかみ、さけ＋や → さかや
  - /i/ → /o/：き＋かげ → こかげ
  - /o/ → /a/：しろ＋ゆり → しらゆり
- 複合語の一部になったときの子音の交替（連濁）
  - /k/ → /g/：やね＋かわら → やねがわら
  - /s/ → /z/：やま＋さくら → やまざくら
  - /h/ → /b/：ほん＋はこ → ほんばこ

硬口蓋化／口蓋化（palatalization）
　子音の調音の際、後続音の影響などによって前舌が持ち上がり、硬口蓋に近づく現象のこと。たとえば、子音は、[a]が続くときは[a]の調音に合わせて前舌は低い位置にあるが、[i]が続くときは[i]の調音準備のために前舌が硬口蓋に近づいている。このように、[i]が続くときの舌の位置で子音が発音される現象を硬口蓋化または単に口蓋化と呼び、[kʲ]のように補助記号[ʲ]を添えて表す。ヤ行子音[j]のように、そもそもの調音位置（狭めの作られる場所）が硬口蓋である音（硬口蓋音）には、「口蓋化」という表現は用いない。口蓋化は副次的な狭めが生じるという点で、2次的調音の一種である。また、後続音の準備のための運動である点で、調音結合（co-articulation）の1種である。

国際音声記号／国際音声字母
（International Phonetic Alphabet, IPA）
　世界の様々な言語の音声が統一的に表記できるよう、国際音声学会が作成している体系的表記法。ローマ字表記を基盤としている。改訂が繰り返されているが、2011年8月現在で2005年改訂版が最も新しい。本章の表記法もそれに従っている。音声記号は通常のアルファベットと区別するために[　]で囲んで表記する。音声記号が音素を表す場合は/　/で挟んで表記する。国際音声記号は、①肺気流を使う子音、②肺気流を使わない子音、③母音、④その他の記号、⑤補助記号、⑥超分節素、⑦声調と語アクセント、の一覧からなる。表記法には、基本的特徴を表記する簡略表記と補助記号などを使って詳しく表記する精密表記とがあり、目的に応じて使い分けられている。日本語の五十音とよく使われる外来語音を国際音声記号で簡略表記した表を示す。母音ウは[u]で音素表記されることが多いが、多くの場合、非円唇後舌狭母音[ɯ]である。[kʲ]などに見られる上付きの[ʲ]は、前舌が盛り上がり硬口蓋に近付いていることを示す補助記号である。サ行子音は[i]以外の母音の前では歯茎摩擦音[s]だが、[i]の前では歯茎硬口蓋摩擦音[ɕ]となる。[ɕ]は歯茎と硬口蓋の境界付近で舌端後部の平らな面によって狭めが作られる。[ɕ]の有声化したものが[ʑ]である。ザ行子音は破裂音の直後に同じ調音位置の摩擦音が続く破擦音で表記

表1　国際音声記号による日本語音の簡略表記

		清　音				濁　音　（パ行は半濁音）				
直音	あ a	い i	う ɯ	え e	お o					
	か ka	き kʲi	く kɯ	け ke	こ ko	が ga	ぎ gʲi	ぐ gɯ	げ ge	ご go
	さ sa	し ɕi	す sɯ	せ se	そ so	ざ dza	じ dʑi	ず dzɯ	ぜ dze	ぞ dzo
	た ta	ち tɕi	つ tsɯ	て te	と to	だ da	ぢ dʑi	づ dzɯ	で de	ど do
	な na	に nʲi	ぬ nɯ	ね ne	の no					
	は ha	ひ çi	ふ ɸɯ	へ he	ほ ho	ば ba	び bʲi	ぶ bɯ	べ be	ぼ bo
	ま ma	み mʲi	む mɯ	め me	も mo	ぱ pa	ぴ pʲi	ぷ pɯ	ぺ pe	ぽ po
	や ja		ゆ jɯ		よ jo					
	ら ɾa	り ɾʲi	る ɾɯ	れ ɾe	ろ ɾo					
	わ wa	ウィ wi		ウェ we	ウォ wo					
	ん N									
拗音	きゃ kʲa		きゅ kʲu		きょ kʲo	ぎゃ gʲa		ぎゅ gʲu	ギェ gʲe	ぎょ gʲo
	しゃ ɕa		しゅ ɕɯ	シェ ɕe	しょ ɕo	じゃ dʑa		じゅ dʑɯ	ジェ dʑe	じょ dʑo
	ちゃ tɕa		ちゅ tɕɯ	チェ tɕe	ちょ tɕo					
	にゃ nʲa		にゅ nʲɯ	ニェ nʲe	にょ nʲo					
	ひゃ ça		ひゅ çɯ	ヒェ çe	ひょ ço	びゃ bʲa		びゅ bʲɯ		びょ bʲo
	みゃ mʲa		みゅ mʲɯ		みょ mʲo	ぴゃ pʲa		ぴゅ pʲɯ		ぴょ pʲo
	りゃ ɾʲa		りゅ ɾʲɯ		りょ ɾʲo					

したが、歯茎摩擦音［z］（ジの場合は［ʑ］）で発音されることもある。チャ、チ、チュ、チェ、チョ、ジャ、ジ、ジュ、ジェ、ジョの子音も破擦音である。ハ行子音は、［a］、［e］、［o］の前では狭めが声門で作られる声門摩擦音［h］だが、［i］の前では狭めが硬口蓋の位置で作られる硬口蓋摩擦音［ç］、［ɯ］の前では狭めが両唇で作られる両唇摩擦音［ɸ］となる。ヤ、ユ、ヨの子音は硬口蓋の位置に緩やかな狭めを作る硬口蓋接近音［j］である。ラ行子音は舌先で歯茎を軽く弾く歯茎はじき音［ɾ］である。ワの子音は両唇と軟口蓋の2箇所で緩やかな狭めを作る両唇軟口蓋接近音［w］である。ンは後続音がないときには軟口蓋鼻音［ŋ］または口蓋垂鼻音［N］で発音される。後続音がある場合はその音の調音位置の影響を受けるが、代表として［N］で表記する。

子音（consonant）

呼気が、声道中に作られた狭めや一時的閉鎖を経て口や鼻から放出された音の総称。子音は、調音音声学では、① 声帯振動（声）の有無、② 狭めや閉鎖が起きる位置（調音位置）、③ 狭めを作る方法（調音様式）、の3つの視点から分類されている。表2に、これらの基準に沿った、日本語の子音の分類を示す。列に声帯振動の有無と調音位置、行に調音様式が示されている。各子音名は、上記の分類基準①、②、③ 中の該当するカテゴリーを組み合わせて、その順で呼ぶ。たとえば［p］の音（パ行の子音）であれば、該当するカテゴリーは、① 無声、② 両唇、③ 破裂音、なので、「無声 両唇 破裂音」となる。
IPAの子音一覧表に現れない日本語の子音として以下のものがある。
- ［w］有声両唇軟口蓋接近音（voiced labial-

表2 日本語の子音

調音位置		両唇 (bilabial)		歯茎 (alveolar)		歯茎 硬口蓋 (alveolopalatal)		硬口蓋 (palatal)		軟口蓋 (velar)		口蓋垂 (uvular)	声門 (glottis)
	声の有無	無声	有声	無声	有声	無声	有声	無声	有声	無声	有声	有声	無声
調音様式	破裂音 (plosive)	p	b	t	d					k	g		ʔ
	鼻音 (nasal)		m		n						ŋ	N	
	はじき音 (tap/flap)				ɾ								
	摩擦音 (fricative)	ɸ		s	z	ɕ	ʑ	ç					h
	接近音 (approximant)								j				
	破擦音 (affricate)			ts	dz	tɕ	dʑ						

velar approximant)：
ワの子音。両唇と軟口蓋の2箇所にゆるやかな狭めが作られる。
- [ɕ] 無声歯茎硬口蓋摩擦音（voiceless alveolo-palatal fricative）：
シャ、シ、シュ、シェ、ショの子音。IPAの子音一覧表にないため、無声後部歯茎摩擦音［ʃ］で代用されることが多いが、調音位置が後部歯茎よりやや奥。
- [ʑ] 有声歯茎硬口蓋摩擦音（voiced alveolo-palatal fricative）：
ジャ、ジ、ジュ、ジェ、ジョの子音が語頭以外の場所で用いられるときによく現れる。IPAの子音一覧表にないため、有声後部歯茎摩擦音［ʒ］で代用されることが多いが、調音位置が後部歯茎よりやや奥。
- 破擦音（affricate）：
破裂音の直後に、それと同じ調音位置の摩擦音が続く音。「破裂音」と「摩擦音」から1文字ずつ取って、このように呼ばれる。

縮約／縮合（contraction）

音や音節が脱落したり、連続する複数の音が融合したりすることによって、もとの形よりも簡略な音形で語や句が発音される現象。縮約された語形を縮約形（contracted form）と呼ぶ。話速や改まり度に関わりなく使われるものもあるが、一般に、話速が速いとき、改まり度が低いときの方が現れる頻度は高い。縮約形の中には、改まった場面では使用が不適切なものもある。以下に、よく用いられ、一般化した縮約形を挙げる。これら以外にも、音の脱落や融合は話し言葉では頻繁に観察される。

例：

- 知っている → 知ってる、食べている → 食べてる（［i］の脱落）
- 置いておく → 置いとく、読んであげる → 読んだげる（［e］の脱落）
- そうなのです → そうなんです（［o］の脱落）
- わからない → わかんない（［ɾa］ → ［n］）
- それで → そいで（［ɾe］ → [i]）、そんで（［ɾe］ → ［n］）、
- んで（［so］の脱落、［ɾe］ → ［n］）、で（［soɾe］の脱落）
- それは → そりゃ（［ɾewa］ → ［ɾʲa］：［w］の脱落、［ea］の融合）
- では → じゃ（［dewa］ → ［dza］：［w］の脱落、［ea］の融合）
- 書けば → 書きゃ（［keba］ → ［kʲa］：［b］の脱落、［ea］の融合）
- 行かなくては → 行かなくちゃ（［tewa］ → ［tɕa］：［w］の脱落、［ea］の融合）
- 行かなければ → 行かなきゃ（［keɾeba］ → ［kʲa］：［ɾeb］の脱落、［ea］の融合）

声帯（vocal c(h)ords／vocal folds）

肺からの呼気の通り道にあり、小刻みな開閉によって有声音の音源の役割を果たす器官。喉仏の位置に軟骨と筋肉でできた喉頭という器官があり、その中にある。左右一対の粘膜に覆われた筋肉で、前側を支点として開閉する。声帯が開いているときの空気の通り道を声門と言う。黙って静かに呼吸しているとき、声門は広く開いている。無声音を発しているときも、声門は開いている。一方、驚いて「アッ」と言うとき、アの前後で声門は閉じている。声門が閉じていると、空気の出入りはできない。声が出ているとき、軽く閉じられた声帯の左右の筋肉は、ちょうど唇をブルブル震わせているときのように、呼気によって

小刻みに振動し、開閉を繰り返している。これによって呼気流がせき止められたり押し出されたりするため、声帯より上の呼気圧に粗密の繰り返しが生じ、これが声の源となる。声門を通った直後の音は喉頭原音と呼ばれ、ブザーのような響きをしている。この音が体内の共鳴官である声道を通る過程で様々に変形され、多様な音色の有声音が生成される。声門の開き具合は声の質と関係する。風邪をひいたときのガラガラ声は、炎症のために声門がきちんと閉じなくなったためにおきる。ささやき声で話しているときは、声帯後方の軟骨の部分だけが開いている。声帯の振動数は声の高さと関係がある。振動数が多いほど高い声となる。声の高さの個人差は、声帯の質量、弾性、張力などの違いによって生じる。女性のほうが男性よりも一般に声が高いのは、女性の声帯長のほうが短く質量が小さいために声帯の振動が速いことと、声道長が短いことによる。弦楽器にたとえると、チェロよりもバイオリンの方が弦が短く共鳴するボディも小さいために音が高いのに似ている。

声調言語（tone language）

音節毎に、定められた高さの変化パターン（声調）を持ち、それが語や形態素の意味の区別に用いられているような言語。中国語、タイ語、ベトナム語、カンボジア語など。中国語（北京語）を例に取ると、四声と呼ばれる4つの型の声調がある。図3に、［ma:］という音節を四声で発音したときの基本周波数曲線（またはピッチ曲線：音の高さの変化パターン）とそれぞれの意味を示す。声調の数やパターンは方言や言語によって異なる。

促音（moraic obstruent／the first half of a geminate consonant）

日本語の平仮名表記で、小さい「っ」で表される音。／Q／と音素表記される。無声子音の前に現れる。後続子音と同じ調音位置で一拍待つ音で、その音価は後続子音に依存する。すなわち、後続子音が破裂音の場合は閉鎖の時間が長くなり、摩擦音の場合は摩擦の時間が長くなる。

例：いっぽん［ip:oN］（または［ippoN］）
　　（閉鎖の持続）
　　いっさい［is:ai］（または［issai］）
　　（摩擦音の持続）

後続子音と合わせて、重複子音と呼ばれることもある。外来語では、「ベッド」、「バッグ」などのように、有声子音の前でも現れる。単独でモーラを形成する特殊拍音素の一つである。拍という単位に馴染みのない多くの日本語学習者にとって、「きて」と「きって」の

基本周波数（Hz）　高／低

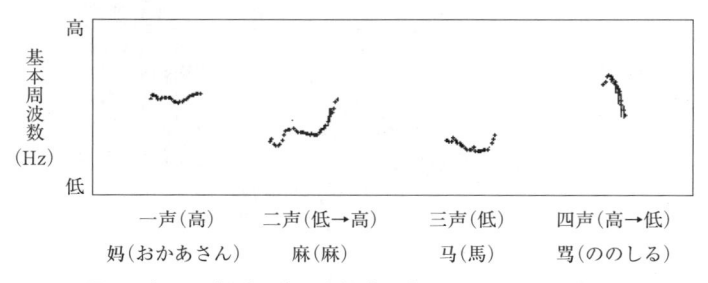

一声(高)　二声(低→高)　三声(低)　四声(高→低)
妈(おかあさん)　麻(麻)　马(馬)　骂(ののしる)

図3　中国語（北京語）の音節［ma:］の四つの声調と意味

ように、促音のない場合とある場合の聞き分けや発音の区別は難しいことが多い。日本語母語話者と日本語学習者による促音の生成と知覚の特性について、多くの研究が行なわれている。日本語では、重複子音の長さは単子音の約3倍と報告されている。ただし、子音の持続時間だけでなく、発話速度や先行母音の高さの変化なども知覚に影響することが知られている。

長音（long sound）

持続時間が相対的に長い音。長母音と長子音とがある。日本語では通常、長母音を長音、長子音を促音と呼ぶ。IPAでは長音は引き伸ばされる音素の後に [:] をつけて表す。母音の引き延ばされた部分は「引く音」とも呼ばれる。

例：「おばさん」[obasaɴ] の [a] は短音、「おばあさん」[obaːsaɴ] の [aː] は長音

この例のように、日本語では短音を含む場合と長音を含む場合とで語の意味に違いが生じる。日本語母語話者にとっては、短音は1拍、長音は2拍の長さと感じられ、両者の区別は容易だが、拍で音の長さを測る習慣のない多くの日本語学習者にとって、両者の区別は難しいことが多い。日本語母語話者と日本語学習者による長音の生成と知覚の特性について、多くの研究が行なわれている。長音の知覚には、持続時間だけでなく、音の高さの変化が影響することが知られている。

長母音（long vowel）

長音（long sound）を参照のこと。

調音／構音（articulation）

喉頭（larynx）より上にある複数の器官を用いて声道（vocal tract）の形状を変化させ、言

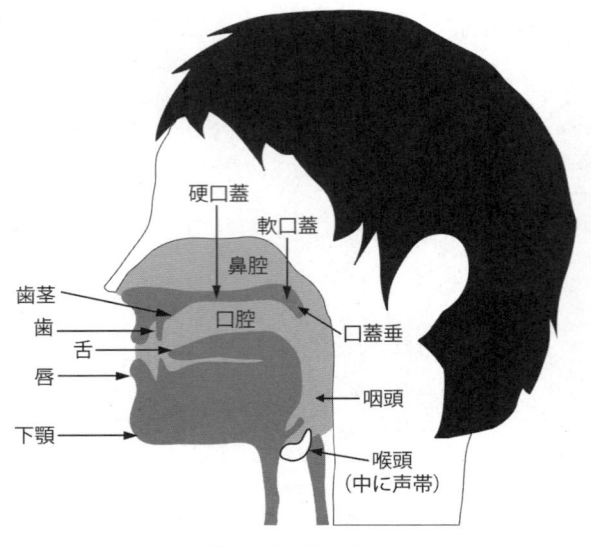

図4　主な調音器官

語音を生成する運動。医学分野では構音と呼ばれる。声道とは呼気の通り道のことで、喉奥の空間である咽頭（pharynx／pharyngeal cavity）、口の中の空間である口腔（oral cavity）、鼻の中の空間である鼻腔（nasal cavity）から成る。調音のために用いられる器官を調音器官（articulator／articulatory organ）と呼ぶ。主な調音器官は、両唇、舌、下顎、歯、歯茎、硬口蓋（口内上部の、歯茎より奥の固い部分）、軟口蓋（口内上部の、硬口蓋より奥の柔らかい部分）、口蓋垂（いわゆる「のどびこ」）などである。図4に主な調音器官を示す。調音器官の運動により声道の一部に狭めや閉鎖ができることによって子音が生成され、声道の形状が変化することによって母音などの有声音の音色の違いが生じる。子音の調音において、声道の2箇所で狭めや閉鎖が作られる場合は二重調音と呼ばれる。たとえばワの子音［w］は両唇と軟口蓋で狭めが作られるため、二重調音である。2箇所で狭めや閉鎖が作られるが、一方が主でもう一方の狭めの程度が弱い場合には、後者を二次的（副次的）調音と呼ぶ。音声は、文字のように個別に生成されるのではなく、連続して産出される。そのために、ある音が発音されているとき、先行音の調音の名残があったり、後続音の調音が既に始まっていたりする。複数の調音器官が、複数の隣接音の調音を同時並行的に行う現象は調音結合と呼ばれる。

調音位置／調音点（place of articulation／point of articulation）

音声生成の際、舌や唇などによって主要な狭めや閉鎖の作られる場所。たとえば［p］、［b］やフの子音［ɸ］は、両唇で閉鎖や狭めが作られるので、調音位置は両唇となる。［t］、［d］、［s］、［z］などは、（上部）歯茎の位置で舌端によって閉鎖または狭めが作られるので、調音位置は歯茎となる。シの子音［ɕ］の狭め

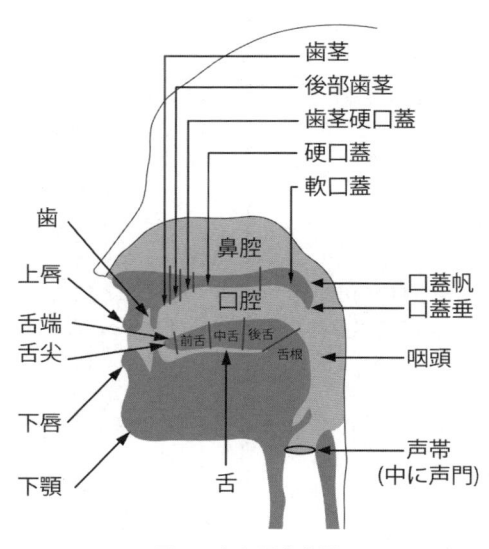

図5　主な調音位置

の作られる箇所が歯茎硬口蓋、ヒの子音 [ç] の摩擦の生じる箇所が硬口蓋、[k] や [g] の閉鎖の作られる位置が軟口蓋である。図5に主な調音位置を示す。軟口蓋奥の口蓋帆（こうがいはん）は鼻腔への空気の抜け道を開閉する役割を果たしている。鼻腔への道は、図のように口蓋帆（こうがいはん）が下がっているときは開いており、上がると栓となり閉ざされる。調音位置は調音様式とならんで子音分類の重要な基準の一つである。

調音様式／調音法（manner of articulation）
肺から送り出された呼気流を、舌や顎や唇などの調音器官を用いて変化させる方法。調音様式は調音位置とならんで子音分類の重要な基準の一つである。以下に、調音様式による音声の分類を示す。

① 破裂音（plosive）：呼気の流れを一旦完全に止めた後、急速に閉鎖を開放することによって作り出される音。[p]、[t]、[k]、[b]、[d]、[g] など。
② 鼻音（nasal）：口から呼気が出ないように口腔のどこかに閉鎖を作り、鼻からのみ呼気を出すことによって作られる音。[m]、[n]、[ŋ]、[ɴ] など。
③ ふるえ音（trill）：2つの調音器官が、くりかえし何度も素早く軽く触れ合うことによって生じる音。調音器官の一方または両方が震えるように動くことからこう呼ばれる。[ʙ]（両唇の震え）、[r]（舌先の震え）、[ʀ]（口蓋垂の震え）など。
④ はじき音（tap／flap）：一つの調音器官がもう一つの調音器官を、一回だけ、たたくようにはじくことによって作られる音。日本語では、舌先で歯茎をはじくラ行の子音 [ɾ] がこれに当たる。
⑤ 摩擦音（fricative）：呼気の通り道に狭めを作ることによって生じる、摩擦のような雑音。日本語では、[ɸ]、[s]、[z]、[ɕ]、[ʑ]、[h] など。
⑥ 側面音（lateral）：舌端または前舌の中央部分が歯茎または硬口蓋に接して閉鎖を作っているために、呼気が舌の両脇または片脇を通って出される音。英語の [l] など。
⑦ 接近音（approximant）：摩擦の生じない、緩やかな狭めを通って出される有声音。[w]、[y]、[l]、[ɹ] など。[l] は側面接近音と呼ばれる。

超分節素／かぶせ音素（suprasegmental）
韻律／プロソディ（prosody）を参照のこと。

同化（assimilation）
ある音の調音が、近接する音の生成に影響され、それらの音と同じまたは近い調音位置や調音様式で発音されること。たとえば日本語の「ン」の音は、単独では口蓋垂鼻音 [ɴ] または軟口蓋鼻音 [ŋ] で発音されるが、両唇音の前では両唇鼻音 [m]、歯茎音の前では歯茎鼻音 [n]、軟口蓋音の前では軟口蓋鼻音 [ŋ] となることが多い。これらの現象は後続音への調音位置の同化である。先行音が後続音に影響されるため、逆行同化と呼ばれる。

- 両唇音へ同化　　[ɴ] + [p] → [mp]
  例：[kampai] 乾杯
- 歯茎音へ同化　　[ɴ] + [t] → [nt]
  例：[kantaɴ] 簡単
- 軟口蓋音へ同化　[ɴ] + [g] → [ŋg]
  例：[kaŋgae] 考え

また、東京方言では、狭母音 [i] や [ɯ] は前後を無声子音にはさまれると、それらの影響で声帯振動が起きず無声音になることが多

い。この現象は母音の無声化と呼ばれているが、これも同化の一種である。また、母音の無声化とは対照的に、連濁は複合語後部要素語頭の無声子音が有声化する現象だが、これも同化の一種である。

特殊拍／特殊拍音素 (special moras/moraic phonemes)

単独で一拍を形成するが、音節頭には来ることのできない音素。長音（引く音）の後半部、促音（つまる音）、撥音（はねる音）の総称。長母音の後半部は、単独では音価が決まらず、その前の母音に依存する。促音は無声子音の前に現われ、その音価は後続子音に依存する。すなわち、後続子音が破裂音のときは1拍の長さに感じられるポーズ（無音）、摩擦音のときはその音自体が長く発音される。平仮名で小さい「っ」で表され、/Q/と音素表記される。撥音は、平仮名で「ん」で表され、/N/と音素表記される。これら3種類の音素はアクセント核を担うことができない。アクセント規則によって核が来るべき位置に特殊拍がある場合、核の位置は原則として1拍前に移動する。たとえば、国名に「人」が付く場合、通常、国名（先行要素）最終モーラにアクセント核が来る（例：カ￣ナダ＋じん→カナダ￣じん、イギリス＋じん→イギリス￣じん）。しかし、たとえば国名が撥音で終わる「スペ￣イン」の場合は「スペイン￣じん」ではなく、「スペイ￣ンじん」となる（￣は、その左のモーラにアクセント核があることを示す）。拍の感覚のない多くの日本語学習者にとって、長音と短音の区別（例：「地図」と「チーズ」）、促音の有無の区別（例：「来て」と「切って」）は難しいが、語の意味の違いに関わるため、指導が必要である。

撥音 (はつおん) (moraic nasal)

日本語の平仮名表記で「ん」で表される音。「はねる音」とも呼ばれる。子音だが、母音を伴わず単独で一拍を成すため、特殊拍音素と呼ばれ、/N/と音素表記される。語頭には現れない。調音音声学的には、後続音がないときには軟口蓋鼻音 [ŋ] または口蓋垂鼻音 [N] で発音されるが、後続音があるときにはその音の調音位置の影響を受ける。すなわち、後続音が [p]、[b]、[m] などの両唇音のときには両唇鼻音 [m]、後続音が [t]、[d]、[n] などの歯茎音のときには歯茎鼻音 [n]、後続音が [k]、[g]、[ŋ] などの軟口蓋音のときには軟口蓋鼻音 [ŋ] として発音されることが多い。また、母音が続くときには、撥音の前の母音が鼻音化した（鼻にかかった）音として発音されることもある。学習者の発音には、「ほんを」[hoNo]（3拍）を「ほの」[hono]（2拍）、「げんいん」[geniŋ]（4拍）を「げにん」[geniŋ]（3拍）と発音するような誤りが観察される。これらは、撥音が [n]（歯茎鼻音）として発音されていることに起因するので、前舌を口内の低い位置に置いたまま「ンー」と言う練習をさせる必要がある。

/N/ の異音の例：
- 後続音がないとき [ŋ] または [N]：[eŋ] 円、[hoN] 本
- 両唇音の前 [m]：[sampo] 散歩、[tombo] トンボ、[samma] サンマ
- 歯茎音の前 [n]：[santa] サンタ、[panda] パンダ、[onna] 女
- 軟口蓋音の前 [ŋ]：[keŋka] けんか、[neŋga] 年賀、[hoŋga] 本が
- 母音の前で鼻音化：[reẽai] 恋愛（上付きの～は鼻音化を示す補助記号）

パラ言語情報（paralinguistic information）

音声が伝達する情報を、言語情報、パラ言語情報、非言語情報、の三種類に分類することができる。言語情報は主として分節音によって伝達される。文字でも表される離散的な情報である。ただし、アクセントや声調を含んだ語彙情報は韻律によって伝えられる。パラ言語情報は、意図や態度などについての、言語情報と密接に関連した情報で、話者が意識的に制御することができる。たとえば、「ほんとう」は、文字を見ただけでは、「本当だ」と断定しているのか、「本当か？」と冷静に聞いているのか、「信じられない」と疑っているのか、その知らせに喜んでいるのか、あるいは相槌を打っているのかわからないが、母語話者なら、音声を聞けばたいていの場合、容易に識別できる。このような、文字では表されない情報がパラ言語情報で、主に韻律によって伝達される。携帯電話のメールなどで絵文字が良く使われるのは、文字だけでは伝えきれないこのようなパラ言語情報や非言語情報を絵文字によって補完しようとしているためと考えられる。非言語情報は、性別・年齢などの話者特性や発話時の心理的・肉体的状態など、話者が意識的に制御できないことがらについての情報である。たとえば、話者の性別やおおよその年齢、体や心の調子（起きたばかり、風邪をひいている、悲しんでいるなど）は声質に現れる非言語情報である。

半母音（semivowel）

子音の一種。声道の中の狭めを経て発せられるが、狭めの程度が緩やかなため、母音に近い音色を持った有声音。ただし、母音とは違って音節の中心となることができないため、半母音と呼ばれる。半母音は、調音器官が一定の位置に止まることなく、すぐに次の母音の位置に移動するため、わたり音（glide）とも呼ばれる。[w]、[j] など。日本語では、ワの子音、ヤ行子音、拗音の子音から母音へのわたりの部分が半母音を含む。

鼻音（nasal）

調音様式／調音法（manner of articulation）を参照のこと。

ピッチ（pitch）

ヒトの耳に感じられる音の高さの知覚。単位はメル（mel）。物理的な音の高さは、基本周波数（fundamental frequency）、すなわち、音を生じさせている物質の振動周期によって客観的に決まる。音声の場合、基本周波数（F0 とも呼ばれる）は声帯が1秒間に開閉する回数のことで、単位は Hz（ヘルツ）。基本周波数が高いと高い音になり、低いと低い音になる。ピッチは、声の高さを表す概念として基本周波数と同じ意味で用いられることも多いが、両者は厳密には同じものではない。すなわち、基本周波数が客観的に計測可能な物理量なのに対し、ピッチは心理量、つまり主観的属性で、両者の間に厳密な相関関係が成り立つわけではない。たとえば、1,000 Hz の音の半分の高さに感じられる音は 500 Hz 音ではなく、400 Hz 音である。また、1,000 Hz の音が2倍に高くなったように聞こえさせるためには、基本周波数を2倍ではなく、約4倍にする必要がある。さらに、音の高さの知覚は、音の大きさや前後の音の高さの影響なども受ける。

フォルマント／ホルマント（formant）

　声帯を音源とする有声音の成分波のうち、共鳴官である声道の共鳴特性によって強められた成分波。有声音は、基本周波数（声帯の1秒当たりの振動数）の音とその整数倍の周波数を持った複数の音が合成された音である。基本周波数の整数倍の周波数を持つ音の成分は倍音と呼ばれる。声道は、笛の筒部分のような共鳴管の役割を果たし、その形は舌やあごなどの調音器官の動きによって変形する。声帯で作られた音は、声道を通過するとき、その形状によって特定の倍音（成分波）が強められたり弱められたりして変形される。強められた倍音成分をフォルマント、その周波数をフォルマント周波数と呼ぶ。フォルマントは複数個発生し、周波数の低い方から順に、第1フォルマント（F1）、第2フォルマント（F2）、第3フォルマント（F3）…と呼ばれる。これら複数のフォルマントによって有声音の音色が決まる。母音の音色の決定に強く影響しているのは第1フォルマントと第2フォルマントである。図6に、複数の男女によって発声された日本語の5母音の分布（横軸にF1、縦軸にF2）を示す。母音の種類はF1とF2の値によってある程度グループ化できる。舌の最高点より前の口腔の広さがF2に、後の口腔の広さがF1に関連している。たとえば［i］のような舌の最高点が前寄りの母音は、舌の前方の口腔が狭いために高い周波数の倍音が共鳴してF2は高く、舌の後方の口腔が広いために低い周波数の倍音が共鳴してF1は低い傾向がある。舌の前方の口腔が広がるにつれて、F2は下降し、F1は上昇する傾向がある。

複合語アクセント規則
（compound accent rule）

　複数の語が結合して複合語が形成される際のアクセント生成規則。複合語では後部要素のアクセントの性質によって全体のアクセント型が決まる。後続要素が接尾辞の場合は、先行語の最終音節にアクセント核が来るか

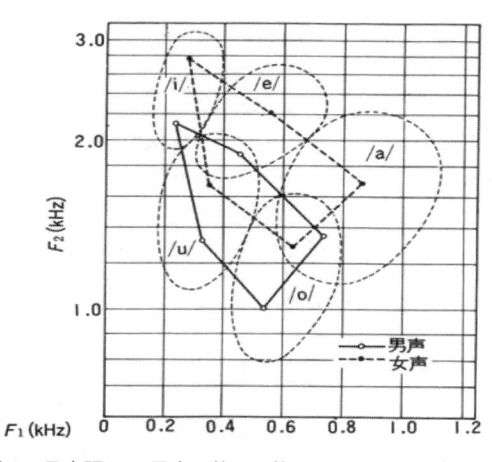

図6　日本語の5母音の第1、第2フォルマントの分布
（伊福部, 1983: 23, 図1.13を転載）

（例：〜員、〜学、〜人）、複合語を平板型にするか（例：〜化、〜語、〜的）のどちらかである。複数の自立語が複合語を形成する場合、後部要素が平板型か尾高型のときは、後部要素の第一モーラにアクセント核が来る（例：けいたい（平板）＋でんわ（平板）→けいたいで ̚んわ）。後部要素が頭高型か中高型のときは、後部要素のアクセント核の位置がそのまま複合語のアクセント核の位置になる（例：やきゅう（平板）＋せ ̚んしゅ（1型）→やきゅうせ ̚んしゅ）。ただし、これらの規則によってアクセント核が来るべき位置に特殊拍や無声化した母音がある場合は、原則としてアクセント核は1つ前のモーラに移る。たとえば「〜職」は先行語の最終音節にアクセント核が来るが（例：かんり ̚しょく、そうご ̚うしょく）、この位置に無声化母音があると、「とくべ ̚つしょく」（ツの母音が無声化）のようにアクセント核が1つ前のモーラに移る。複合語アクセントは、語の構成要素の音韻、品詞、拍数、音節数、語種（和語か漢語か外来語か）、語構造などの影響も受けることが知られているが、その全貌についてはまだ解明されていない点も多い。

プロソディー（prosody）

韻律（prosody）を参照のこと。

プロミネンス／卓立（prominence）

メッセージの中で話者が一番伝えたい要素が聞き手によく伝わるように、その部分を聞こえの上で目立たせること。目立った部分に「プロミネンスがある」という言い方をする。目立たせるための要素として、音の長さ、高さ、大きさ、速度、前後のポーズなどがあるが、日本語では特に音の高さが重要な役割を果たす。たとえば、筆者が前の文を音読する場合、2回目の「高さ」（下線部）を強調して読むだろう。その場合、この語の基本周波数の変動幅が1回目の「高さ」よりも大きくなり、声も少し大きくなるだろう。このようにして、2回目の「高さ」にプロミネンスが置かれる。プロミネンスの現れ方は、語のアクセント型や統語構造の影響を受ける。また、当該箇所だけではなく、発話全体のイントネーションに影響する。「プロミネンス」という語は、音または音節の際立ちという意味に限定して用いられることもある。また、プロミネンスと類似の概念に「フォーカス／焦点（focus）」がある。フォーカスは「メッセージの中で話者が一番伝えたい要素」であり、その音声的実現がプロミネンスとなる。

分節／分節音（segment）

連続した音声を何らかの特徴をもとに区切って得られる単位。聴覚的あるいは調音的に変化する箇所がその境界となる。単音は分節音の最小単位である。分節音は、舌や唇などの喉頭よりも上の調音器官の運動によって生み出されるが、その音色についての特徴を分節的特徴または分節素性と呼ぶ。分節的特徴は言語情報を担っており、文字で表記される情報のほとんどは分節的特徴によって表される。分節的特徴に対し、アクセント、リズム、イントネーションなどのように複数の分節音にまたがる特徴は、超分節的特徴または韻律素性と呼ばれる。

弁別的素性／弁別的特徴（distinctive feature）

ある音素を別の音素から区別する特徴。たとえば /p/（パ行の子音）と /b/（バ行の子音）

は、調音位置（両唇）も調音様式（破裂音）も同じだが、声帯振動の有無が異なり、それによって両者が区別される。したがって、有声か無声かが両者の弁別的特徴となる。素性の記述は＋か－の二者択一で行われる。/p/ と /b/ の場合、「有声性」という素性が、/p/ で－、/b/ で＋となる。ある言語における音素の区別は、複数の素性を組み合わせることによって可能になると考える。表3に、日本語の子音 /p, b, m, n/ の弁別的素性を示す。素性の立て方には、音響的特徴や聴覚印象を重視する立場と調音の特徴を重視する立場とがあり、議論が分かれている。

表3　日本語の子音 /p, b, m, n/ の弁別的素性

	有声性	鼻音性	唇音性
/p/	－	－	＋
/b/	＋	－	＋
/m/	＋	＋	＋
/n/	＋	＋	－

母音（vowel）

音／単音（phone）、基本母音（cardinal vowels）を参照のこと。

ホルマント（formant）

フォルマント／ホルマント（formant）を参照のこと。

ミニマル・ペア／最小対語（minimal pair）

各言語において、1つの音素だけが異なる語のペア。たとえば日本語において、[teŋki]（てんき）と [deŋki]（でんき）は語頭の子音が異なるミニマル・ペア、[teŋki]（てんき）と [taŋki]（たんき）は最初の母音が異なるミニマル・ペアである。[teŋki]（てんき）と [teŋgu]（てんぐ）は語末の子音と母音の2箇所が異なるのでミニマル・ペアではない。ミニマル・ペアは、ある言語において、2つの音の違いが意味の違いに影響するかどうか、つまり、2つの音が独立した音素であるかどうかを調べるために用いられる。たとえば、[rait] と [lait] は、英語母語話者の耳には、"right" と "light" という2つの異なった語に聞こえるが、多くの日本語母語話者の耳にはどちらも「ライト」としか聞こえない。このことから、[r] と [l] は英語では独立した2つの音素だが、日本語では、1つの音素（ラ行の子音）であることがわかる。ミニマル・ペアは、学習言語における音素の区別を学習者に意識させるための練習にも広く用いられている。以下に、日本語のミニマル・ペアの例を示す。

- 有声破裂音と無声破裂音：けんこう－げんこう　かたい－かだい　パン－ばん
- 特殊拍：いた－いった　ちず－チーズ　おばさん－おばあさん　かじ－かんじ
- 拗音：ひょう－ひよう　びょういん－びよういん　りゅう－りゆう

無気音（unaspirated）

有気音（aspirate）を参照のこと。

無声音（voiceless）

有声音（voiced）を参照のこと。

無声化（devocalization／devoicing）

前後の音やポーズなどの影響によって声帯の振動が起こらず、有声音が無声音として発音される現象。同化の一種。国際音声記号

(IPA) では、無声化した音の記号の下に小さな丸を付けて表記する。日本語（東京方言）では、狭母音 /i/、/u/ が無声子音の間に挟まれたときや、無声子音とポーズに挟まれたとき、これらの母音はよく無声化する。とりわけ、前後の無声子音の少なくとも一方が破裂音か破擦音のとき、これらの母音はほぼ例外なく無声化する。前後双方の子音が無声摩擦音の場合、無声化の頻度は下がる。/i/、/u/ 以外の母音も無声化することがある。無声化の頻度は母音の高さや長さの影響も受ける。ピッチの高い母音やアクセント核のある母音、持続時間の長い母音は無声化しにくい。また、話速が速いほうが無声化しやすい。さらに、母音の無声化の生起率には地域差がある。東日本（北海道を除く）と九州で高く、西日本（九州を除く）と北海道で低い。以下に、日本語における母音の無声化の典型例を挙げる。

① /i/ の無声化例：
切符 [kippɯ] → [kippɯ]、起きて [okite] → [okite]、あした [aɕita] → [aɕita]

② /u/ の無声化例：
5日 [itsɯka] → [itsɯka]、学生 [gakɯseː] → [gakɯseː]、行きます [ikimasɯ] → [ikimasɯ]

アクセント核の来るべき位置に無声化母音がある場合、核の位置が1つ前のモーラにずれることがある。たとえば、「〜県」は通常、前部要素の最終モーラにアクセント核が来るが（例：あおもり⌐けん、あきた⌐けん）、無声化母音で終わる「長崎」は、「ながさき⌐けん」だけでなく、「ながさ⌐きけん」とも発音される。

モーラ／拍（mora）

「子音＋短母音」または単独の短母音の長さを基準とした単位。連続した音声を、拍子をとって数えることのできるような小さな単位に区切ろうとするとき、その基準単位は言語によって異なり、以下のような3通りがある。① ストレスの間隔、② 音節長、③「子音＋短母音」または単独の短母音の長さ。①のタイプは強勢基準的、② は音節基準的、③ はモーラ基準的と呼ばれる。どのタイプにおいても、それぞれの母語話者にはその基準単位の持続時間が等しいと感じられる。これらのうち、③ のタイプの基準単位をモーラまたは拍と呼ぶ。日本語はこのタイプである。1モーラは仮名1文字分の音の長さと言うことができる。ただし、拗音（小さい「ゃ、ゅ、ょ」を含む音）は例外で、2文字で1拍となる。また、「ん」で表される撥音、小さい「っ」で表される促音は子音だが、例外的に単独で1拍の持続時間を持つ。長音は2拍と数えられる。俳句の「5・7・5」、短歌の「5・7・5・7・7」は拍数を示しており、これらの形式は日本語がモーラ基準的であることを示している。連続音声を音節で区切ることはどの言語でも可能だが、モーラで区切る習慣のある言語は限られる。モーラは音節よりも小さい単位である。すなわち、CVV や CVC の音連続（C は子音、V は母音）は、音節数は1だが、モーラ数は2となる。「おばさん」と「おばあさん」は、音節数では両者とも3だが、モーラ数では前者は4、後者は5となる。モーラでリズムを取る習慣のない言語の話者にとって、モーラ数が音節数と異なるとき、正しい拍数を維持して発音するのが困難なことが多い（誤りの例：チーズ → 地図）。以下に、音節数とモーラ数が一致する例としない例を挙げる。

- 一致する例：千葉 [tɕiba]（2音節2モーラ）、栃木 [totɕigi]（3音節3モーラ）、神奈川 [kanagawa]（4音節4モーラ）
- 一致しない例：群馬 [gɯnma]（2音節3モーラ）、東京 [toːkjo]（2音節4モーラ）、

北海道［hokkaido:］（3音節6モーラ）

有気音（aspirate）

　息を伴った音。/p, t, k/ のような無声破裂音を発音するとき、強い勢いで閉鎖を開放すると、［h］の音に似た息の出る音が聞こえる。そのような、気息を伴った音を有気音と呼び、［pʰ］のように右肩に小さいhをつけて表記する。有気音に対し、気息を伴わない音は無気音と呼ばれる。［p］の音が有気音か無気音かを判断するには、口の前にティッシュのような軽い紙切れを垂らして発音してみるとわかる。息で紙が揺れれば有気音、揺れなければ無気音である。中国語の破裂音には有気と無気の対立がある。すなわち、調音位置が同じでも、有気か無気かによって、語の意味に違いが生じる（例：［pʰan］判－［pan］半、［tʰai］太－［tai］待、いずれも四声）。しかし、中国語の破裂音には日本語のような有声・無声の対立はなく、ほとんどの場合無声である。一方、日本語の破裂音には、有気と無気の対立はない。すなわち、日本語の破裂音では、気息の有無によって意味に違いが生じることはない。日本語の無声破裂音は、語における位置や前後の音環境によって、気息が聞こえたり聞こえなかったりする。語頭では有気になることが多いが、中国語の有気音に比べると気息は弱い。日本語の有声破裂音 /b, d, g/ には、通常、気息は伴わない。中国語話者が日本語の無声破裂音を聞くとき、気息を伴う場合は正しく無声破裂音と判断できるが、気息を伴わないか気息の弱いとき、有声破裂音との区別が難しいことが多い。また、中国語話者は日本語の有声破裂音を無気破裂音で代用して発音することがある。その音が日本語話者には無声破裂音と聞こえるため、発音誤り、または外国語訛りと感じられる。これらは対照的に、日本語話者が中国語を学習するときには、日本語にはない無気破裂音の発音の習得が容易ではないことが多い。

有声音（voiced）

　声帯振動によって生じる音源を用いて生み出される音声。有声音に対して、声帯振動を伴わずに発せられる音は無声音（voiceless）と呼ばれる。声が出ているときは、軽く閉じた声門が、呼気の勢いで生じる声帯振動によって小刻みな開閉を繰り返すことよって音が生じている。無声のときには声門は開いているため、そこから呼気が遮られることなく押し出されている。有声音には声帯という音源があるが、無声音にはなく、音は、呼気が声道中の狭めや一時的閉鎖などを通り抜ける過程で作られる。ある音が有声か無声かは、発音するとき、のど仏の位置に指を両側からはさむように当ててみるとわかる。指に振動が感じられれば有声音、感じられなければ無声音である。声帯の1秒あたりの振動数を基本周波数と言う。有声音は、基本周波数が高ければ高い声、低ければ低い声になる。母音は、無声化する場合を除いて、有声音である。日本語の子音には有声と無声の対立がある。すなわち、清音と濁音のペアのように、調音位置と調音様式が同じでも、その音が有声か無声かによって語の意味に違いが生じる。たとえば、［kaki］（柿）と［kagi］（鍵）では意味が異なる。ただし、ハ行については、［h］と［b］ではなく、半濁音の［p］と［b］が声の有無によって対立している。日本語の子音では、清音［k, kʲ, s, ɕ, t, tɕ, ts, h, ç, ɸ, p, pʲ］が無声音、濁音［g, gʲ, d, dz, dʑ, b, bʲ］と［n, nʲ, m, mʲ, j, ɾ, ɾʲ, w, ɴ］が有声音である。

拗音 (palatalized sound)

　母音イが続く時の口の形で発音された子音に続けて、母音 /a/、/u/、/o/ が一拍で発音された音。「キャ」、「キュ」、「キョ」のように、イ段の音を表わす文字に小さい「ャ、ュ、ョ」を付けて表記する。日本語のカナ表記では1モーラを1文字で表わすのが原則だが、拗音は例外で、2文字で1モーラとなる。小さい「ャ、ュ、ョ」が付かず、カナ文字1文字で表わされる音は、拗音に対し直音と呼ばれる。「しゅじゅつ（手術）」が「しじつ」と発音される場合のように、本来拗音であるべき音が直音として発音される現象のことを拗音の直音化と呼ぶ。拗音は、調音音声学的には口蓋化した各子音に母音 /a/、/u/、/o/ が続いたときのわたり音（glide）と記述できる。

リズム (rhythm)

　心音のように、高さや強さの一定した音が等時間隔でくりかえされるとき、人はリズムを感じる。英語話者は強勢の置かれる音節が等時間隔で現れると感じるため、英語は強勢基準的言語（stress-timed language）と呼ばれる。強勢と強勢の間の音節数は均一ではない。そのため、英語話者は音節数が多いときは速く、少ないときはゆっくり発音することによって強勢の間隔を一定に保とうとする。日本語話者はモーラが等時間隔で発せられると感じるため、日本語はモーラ基準的言語（mora-timed language）と呼ばれる。各モーラの持続時間がほぼ一定しているため、語句のモーラ数とその長さがほぼ比例する。たとえば4モーラ語は2モーラ語の約2倍の長さとなる。さらに、フランス語話者は音節が等時間隔で発せられると感じるため、フランス語は音節基準的言語（syllable-timed language）と呼ばれている。

連濁 (sequential voicing)

　2つの語が結合して複合語を形成する際、後要素語頭の無声子音 /k/、/s/、/t/、/h/ が濁音化（有声化）して、それぞれ /g/、/z/、/d/、/b/ になる現象。これらの子音を語頭に持つ語が全て連濁する訳ではない。和語のうち、よく使われる語は連濁しやすい。漢語は連濁しにくく、外来語はほとんど連濁しない。たとえば、「酒」は「甘酒」、「向かい酒」、「菓子」は「和菓子」、「お茶菓子」のように連濁するが、「ケーキ」は「チーズケーキ」、「チョコレートケーキ」のように連濁しない。始めから濁音を含む語は後続語になっても連濁しない。たとえば、「釜」は「風呂釜」、「電気釜」などのように連濁するが、濁音を含む「壁」は「土壁」、「板壁」のように、複合語になっても連濁しない。また、複合語では、前の語が後ろの語を修飾しているのが一般的だが、両者が並列関係の場合、連濁は起こらない。たとえば、「買って（すぐ）食べる」の意味の「買い食い」は連濁するが、「飲んだり食べたり」することを表わす「飲み食い」は連濁しない。同じ語が、連濁したりしなかったりするケースもある。たとえば、「落ち葉」は連濁するが、「枯れ葉」は連濁しない。また、複合語が3つ以上の構成要素からなるとき、前部要素の係先が隣接していない場合は連濁しない。たとえば、ホオジロ（頬が白い鳥）の「白」は連濁するが、紋白蝶（もんしろちょう：紋のある白い蝶。紋が白い蝶ではない）は連濁しない。このように、連濁現象には複合語の語としてのまとまりや構成要素間の関係を示す働きがあると考えられている。

3 第二言語習得

アウェアネス (awareness)

　人間が自分が学習していること、経験していることについて認識しているという心理的特性のこと。第二言語習得過程の認知面において「意識」「アウェアネス」「注意」「記憶」がしばしば論じられる。これらは相互に関連し合う心理的特性である。意識は、Krashen (1985) が、意識的 (conscious) に文法を学ぶ教室における学習と、インプットを理解するだけで無意識的 (unconscious) に起きる習得とは全く異なると主張した「習得／学習仮説」に端を発し、「意識的／無意識的」とは何かが論争となった。意識は生物学的な覚醒状態の意識から哲学的な思索をめぐらす意識までを含む幅の広い心理的特性 (苧坂 (直), 2002) で、第二言語習得の心理的特性として定義をするのが難しい。Schmidt (1990) は、Krashen の「無意識的」は、意図なしの学習、明示的なメタ言語的知識なしの学習、アウェアネスなしの学習の3つが混同されていると指摘している。そして、習得の第一段階として、学習者は言語形式に気づくことが重要で、そのためには高次レベルのアウェアネスが必要だと主張した。Schmidt は、意識的な内省を伴い、学習したという経験を言語報告できるという明示的な意味でアウェアネスを定義していた。よって、いかにも文法に気づいて、規則が言えることが重要であるかのような誤解を与えた。しかし、学習したという認識がなくても何かに気づいているということが現実にはあり、暗示的な意味でのアウェアネスも存在すると言われている。Schmidt (2001) は、後に、アウェアネスがあるというのは、インプット中のある表現や動詞の活用部分などの言語的側面に選択的に注意が向くことだと言い換えている。習得において言語形式に「注意」を向けることが重要だという考え方は広く受け入れられている。アウェアネスのレベルが高いほど、注意が多く向けられ学習が起きると考えられている。さらに、最近は、習得過程を「記憶」の枠組みでとらえることも多くなっている。注意をどこに配分するかを制御しているのは、情報の保持と処理を同時に行う能動的な短期記憶である作動記憶の働きであり、注意と記憶も関連し合った心理的特性である。さらに、記憶から見ると、どんなタイプの学習でも、第二言語習得の第一段階として重要な「気づき」には、作動記憶上で学習のターゲットとなる言語形式を検出し、長期記憶に統合するために心的リハーサル (復唱) を行うというメカニズムが関わっていて、リハーサルをするところにアウェアネスが生じると考えられている (Robinson, 2003)。

アウトプット仮説 (Output Hypothesis)

　第二言語習得において、インターアクションの対話相手に理解可能なアウトプットを出すことが習得を促進するという考え方。この仮説を提案した Swain (1985, 1995) は、カナダのイマージョン・プログラムの調査から、12年ものイマージョン教育を受けて、理解力や発話の流暢さにおいては母語話者並みのレベルに達するのに、文法的な正確さにおいては母語話者にほど遠い学習者が多いという問題点を指摘した。そして、それは、イマージョンの教室では理解可能なインプットは十分にあるが、言語産出の機会が限られていることに起因するものだと考えた。実証研究では、対話相手に発話意図や意味が不明または曖昧な箇所をはっきりさせるよう明確化要求をされると、学習者は前の発話を修正して文法的に正確なアウトプットを出すことが多いことが明らかになった (Pica et al., 1989)。このようなアウトプットを「強要アウトプット

（pushed output）」といい、インターアクションで強要アウトプットを出す機会が多いほど習得が促進されると考えられている。Swainは、アウトプットには以下のような4つの機能があるとしている。第一の機能は「気づき」である。学習者は何かを伝えようとして初めて、その時点の自分の言語で言えることと言えないことのギャップに気づくことができる。第二の機能は「仮説検証」の機能である。学習者は言語を使ってみることにより、発話の適切さに関する自分なりの仮説を常に試している。相手に通じれば仮説は正しいと判断し、相手に理解されない場合は、発話の不適切さに気づいたり相手からのフィードバックを引き出したりすることができる。第三の機能は、メタ言語的（内省的）な機能である。言語産出の機会は、学習者が自らの言語使用を内省的に見つめ直すきっかけとなる。そして、それが言語的な規則性を内在化することにつながる。さらに、第四の機能として、言語産出の機会を繰り返し得ることにより流暢さが高まることがあげられる。アウトプット仮説はインプット仮説に相反するものではなく、相互に補完する仮説だと考えられている。

足場かけ （scaffolding）

大人や教師など能力の高い者が能力の低い者の学習や問題解決を促すために、ことばを用いて支援するプロセスのこと。足場かけというのは、工事現場などで作業の足場となるような台が設置され、作業員の仕事を支えることに由来する用語で、言語習得でも言語能力が高い者が、言語学習の足場を作って補助的な役割を果たすことをさす。第一言語習得では、大人が、言語発達が不十分な子どもに対してことばを補って会話を進めることが足場かけであり、言語発達や会話のルールを学ぶための重要なプロセスだと考えられている。第二言語習得においても同様に、学習者が言語学習課題を遂行する際に、あるいはインターアクションにおいて言いたいことが十分伝えられないときや、相手の言っていることがうまく理解できないときに、教師やクラスメートが学習者を支援するようなプロセスが起きる。この足場かけのプロセスが第二言語習得においても重要だと考えられている。最近、言語は頭の中の思考が表出したものだととらえるロシアのヴィゴツキー派の心理学が第二言語習得研究にも影響を与え、社会文化理論というアプローチを形成しているが、そこでも足場かけのプロセスは学習において重要だと考えられている。現在の発達段階から他者の支援により課題遂行が可能な本人の潜在能力の上限レベル、すなわち「最近接発達領域（zone of proximal development）」に達すると、学習者の言語がより上の段階へと引き上げられる。そこで足場かけが重要な働きをするのである。

アップテイク （uptake）

インターアクションにおいて、教師や能力が高い学習者から受けたインプットのある部分に気づいたこと示す学習者の何らかの反応のこと。教師に訂正された発話をそのまま繰り返したり、「ああ」と短く反応したりする場合もあるし、うなずくなど非言語的な行動により、気づいたという何らかのシグナルを送る場合も含まれる。第二言語習得研究では、教師の誤りの訂正などのフィードバックに学習者が気づいたかどうかを調べるために、アップテイクがあるかどうかを観察することがある。アップテイクはインテイク（intake）と対比させてとらえることができる。インテイクは、学習者がインプットを理解し、何ら

かの言語的側面に気づいて頭の中に実際に取り込んだもので、習得のデータとして用いられるインプットである。外から見えないので、インテイクがあったかどうかは、調査方法を工夫しない限り、簡単には証明できない。一方、アップテイクは、外から観察可能な学習者の反応行動であるが、反応を示したことが本当に気づいたということなのか、また反対に、何も反応がないから気づいていないのかは必ずしも明確ではないという批判（Oliver, 2000 など）がある。

暗示的学習 (implicit learning)

具体的に何を学んでいるかという認識のない学習。用例や事例に多く出会うことにより何らかの規則性を抽出する帰納的な学習であることが多い。暗示的学習は、最初に規則が提示され、メタ言語的内省を行いながら学習する明示的学習と比較される。例えば、動作が進行している様子が描かれた絵と共に、それを描写する文をたくさん聞かされるのは、暗示的学習である。一方、辞書形からテ形への変換規則を教えられ、動詞の辞書形から「〜テイル」の形を作るよう指示されるのは、明示的学習である。

教室志向の研究（classroom-oriented research）で「明示的／暗示的」の対比は、指導技術をさすことが多い。明示的指導とは「規則説明をする、または言語形式に注意を向け規則にたどりつくように指示する」ことであり、暗示的指導とは「規則説明をしない、または言語形式に注意を向けるよう指示しない」ことと定義される（Doughty, 2003）。明示的／暗示的指導が、必ずしも明示的／暗示的学習に対応するとは限らないことには注意が必要である。明示的な指導であっても、規則が複雑で、混乱し、学習者にとっては暗示的学習になることがあり得る。また、暗示的な指導であっても規則が簡単で、学習者自らが規則を発見した場合、その時点から明示的学習になることもあり得る。よって、実証研究では、教師が意図した指導の通りに学習が起きたか追跡調査をする必要性も問われている。教室志向の研究は、実際の教室に近いという利点があるが、実験条件の統制が厳密にできないという弱点がある。一方、認知心理学の実験や、その手法を応用した第二言語習得のコンピューターによる人工言語などの実験室研究（laboratory studies）では、具体的に何かを学習したとのアウェアネスを報告した被験者を暗示的学習のデータから削除するなどして、もっと厳密に明示的／暗示的学習の効果を測っている。

暗示的学習は、意味あるコンテクストの中で行うことが鍵となるが、習得に多少時間がかかるものの、特に複雑な認知スキルの学習には持続効果があり、正確さと流暢さが培われると考えられている。実際に頭の中で学習が生じる場合には、明示的か暗示的かの二者択一というより、2つのタイプの学習は、それぞれを両極端として連続体をなすもので、与えられた学習課題が認知的に何を要求するかにより、連続体のどこに位置するか、つまり、どちらの学習モードがより強いかが決定されると考えられている（Robinson, 2003）。

暗示的知識 (implicit knowledge)

母語話者が母語に対して持っているような言語に対する直観的、感覚的な知識。母語について、多くの場合、言語運用の根底にある規則を言葉にして説明することはできない。母語話者の言語運用、また第二言語でも、正確で流暢な言語運用は暗示的知識に基づいて起きる。暗示的知識の形成においては、脳に

課題遂行に必要な情報が連なった形の神経回路が形成され、練習を積むことにより自動化される。さらに言語運用においてその知識を検索する際には、事例として一度に検索できるので、流暢さを生み出す源である。事例というのは、ある場面や状況における発話行為やタスクに相当するもので、必要な語彙や表現などがパッケージになったようなものだと考えられる。対照的に、明示的知識は規則を出発点として形成され、アウェアネス（自覚的な認識）を伴った言語の分析的な知識である。暗示的知識は暗示的学習としばしば同一視され混同されるが、暗示的知識が暗示的学習のみで習得されるとは必ずしも言えない。もし明示的知識が暗示的知識に変換されるという研究立場（インターフェース仮説）を取るなら、明示的知識が練習により暗示的知識に転じる可能性もある。（ただし、最近の脳科学の研究から、脳の活性化領域や神経回路で見る限り、明示的知識と暗示的知識は分離しているとされている。）第二言語習得研究でも、文法説明の形で与えられた明示的知識そのものが習得にインパクトがあったという実証は出ていない。文法説明は、その後に入ってくるインプット中の気づきの可能性を高めるという点で、間接的な役割がある（Tomlin & Villa, 1994）と考えられる。Hulstijn (2002) は文法の詳細な説明は不要で、概念的な説明を簡潔にするだけでよいとしている。どんな明示的知識をどの程度与えるか、また、暗示的知識を習得するためにどんな練習をするかということがより重要になる（DeKeyser, 2007）。

表1　「暗示的」「明示的」の区別（Doughty & Williams, 1998: 230（筆者訳））

領域	暗示的	明示的
中間言語知識 　（心的表象）	・生得的（普遍的） ・直観的 ・凡例ベース	・明示的（分析された 　　言語固有の知識） ・規則ベース
中間言語知識へのアクセス 及び／又は使用	・自動的（努力を要しない） ・流暢、熟練	・故意的（努力を要する） ・流暢さを欠く
学習 　分析 　　仮説検証 　　認知比較 　　ギャップ、穴に気付く 　再構築	・帰納的 ・偶発的 ・内在的 ・アウェアネスなし ・知覚できない	・演繹的 ・意図的 ・アウェアネスあり ・気付く
注意	・誘引される（attract） ・無意識	・向けられる（direct） ・意識的
言語コントロールの発達	・経験的 ・自動化される	・練習による ・手続化される
教育的介入	・介入が自然、又はなし	・顕著 ・介入的 ・メタ言語的

明示的知識／暗示的知識の対比は宣言的知識／手続き的知識の対比と同義語のように扱われることが多いが、前者は明示的なアウェアネスを伴うどうかで区別したもの、後者は知識の形態（出来事や概念の記憶か、スキルや手順の記憶か）で区別したものなので、根本のとらえ方は異なる。

意識化 (consciousness raising)

学習者にある特定の言語形式に注意を向けさせ、気づかせることが教育文法の役割だとして、Sharwood Smith (1981) が提唱した概念。Krashen のモニター理論以来、「意識」をどう定義するかは第二言語習得研究において常に議論の的であった。学習者の内面にある意識は教師の手により操作できるものではないことから、Sharwood Smith (1993) 自身が「意識化」を「インプット強化」という用語に改めている。「インプット強化」においては、学習者の注意が言語形式に向かうようにインプットの質を高めるための何らかの操作や工夫を行うという教師側の試みの側面を強調している。学習者に規則に明確に気づかせるように導くメタ言語的な文法指導のことを「意識化タスク」と称する研究者 (Fotos & R. Ellis, 1991) もいる。

意味交渉 (negotiation of meaning)

インターアクションにおいて、お互いの意思疎通がなされるまで発話意図やメッセージの意味を明確にしようとして起きる、会話に参加している者同士のやりとりのプロセスのこと。思うように自分の伝達意図を伝えられなかったり、対話相手の発話の意味が理解できなくなったりしてコミュニケーションの挫折が生じると、それを修復するためにさまざまなコミュニケーション・ストラテジーが用いられる。例えば、相手の言ったことがよくわからない場合は、もう一度言ってもらうよう促す反復要求 (repetition request) をしたり、相手の発話意図をはっきりさせようとして明確化要求 (clarification request) を行う。また、互いの理解が不確かな場合には、相手に正しく理解されたかを確認する理解チェック (comprehension check) や、自分の理解が正しいかどうかを相手に確かめる確認チェック (confirmation check) も頻繁に起きる。さらに、自分の意図することを伝えるために、同じことを反復したり拡張、パラフレーズをしたりして発話の修正を行う。このような会話的調整 (conversational adjustment/interactional adjustment) の特徴が多く現れると、相手から受けたインプットが理解可能になったり、相手に理解可能なアウトプットを出すことにつながり、これが第二言語習得を促進すると考えられている。

インターアクション仮説／インタラクション仮説 (Interaction Hypothesis)

インターアクションにおいて、お互いの意思疎通がなされるまで意味交渉を行うプロセスによって理解可能になったインプットが習得を促進するという考え方。Long (1980, 1981) は、母語話者同士のインターアクションと母語話者と非母語話者とのインターアクションを比較して、後者のインターアクションに顕著な特徴として、反復要求や明確化要求、理解チェックなど会話的調整が頻繁に現れることを見いだした。会話的調整の特徴が現れるということは、すなわち意味交渉が頻繁に起きていることを意味している。Krashen (1985) の主張のように、母語話者同士が用いる言語使用域を簡略化して学習者に与えられ

たインプットではなくて、インターアクションにおける意味交渉によって理解可能になったインプットの方が習得を促進する役割があるとLongは考えた。よって、母語話者など言語能力が高い者から、簡略化したインプットを学習者が受身的に受けるのではなく、学習者側が積極的に働きかけて意味交渉に参加することが習得過程では重要になる。特に80年代の教室習得研究は、このインターアクション仮説の実証に関心が向けられた。インターアクションを行うと意味交渉が起きること、意味交渉が起きれば理解が促進されること、理解が進めば習得も促進されることを証明しようとしたのである。

この路線の研究では、インターアクションの必然性を作り出すために、インフォメーション・ギャップのあるタスクがしばしば使用された。タスクの特徴を操作することで、どのような特徴を備えたタスクが意味交渉をより多く引き出すかが研究された。また、その応用としてタスク中心の教授法（Task-Based Language Teaching, TBLT）も提唱されるようになった（Long, 1985a）。この仮説は後にLong（1996）により再概念化され、「新インターアクション仮説」は、インターアクションにおけるインプット、およびアウトプット、さらにはインプットを受け取りアウトプットを表出させる学習者の内面の認知的なメカニズムとの相互作用も含んだ包括的な仮説になっている。

インターフェース仮説
（Interface Hypothesis）
　第二言語習得において、意識的な文法学習により得られた明示的知識が、流暢な言語運用を生み出す暗示的知識につながるとする仮説。これは、Krashen（1985）の習得／学習仮説（ノン・インターフェース仮説）に対抗して出てきた考え方で、強いインターフェースと弱いインターフェースの2つの立場がある。強いインターフェースの立場では、意識的に学んで得られた文法知識である明示的知識が直接習得につながり、暗示的知識として言語運用に用いられると考える。弱いインターフェースの立場では、明示的知識が直接、暗示的知識に変換されないとしても、明示的知識が習得に何らかの促進的な影響をもたらしていると考える。

インテイク（intake）
　学習者がインプットのある部分に注意を向けて、頭の中に取り込んだもの。言語習得にはインプットが必要だが、学習者はインプットの全てを取り込むわけではない。インプットの中で学習者が注意を向け、何らかの新奇性に気づき、意味交渉などにより理解して取り込んだインプットをインテイクという（Gass, 1997）。インテイクは、学習者が習得するために用いる言語データとなる。また、インテイクをプロセスとしてとらえる考え方もある（Chaudron, 1985）。学習者は、中間言語知識に統合する前に、既存の言語知識に基づき、言語規則に関して何らかの仮説を立て、それが正しいかどうかを検証したり、取り込んだインプットのパターンと中間言語知識にあるパターンを比較したりしている。このような仮説検証や認知比較のプロセスをインテイクと見る。

インプット仮説（Input Hypothesis）
　Krashenが唱えたモニター理論の5つの仮説の中の1つで、学習者の現在のレベルより少し上の言語項目が含まれた「理解可能なイ

ンプット」、つまり「i+1」のインプットを受けることで習得が進むとする仮説。Krashenは子どもが母語を習得する際に、大人の言語使用域から簡略化されたインプットを多く受けながら言語を習得していくことに着目し、第二言語の習得においても簡略化による理解可能なインプットを十分に受けることが必要だと考えた。「i+1」は、特別に操作しなくてもコミュニケーションがうまくいけば自動的に調整され、学習者がそれを理解することで習得が進むとされる。この仮説の「i+1」を支持する証拠としてKrashenがあげたのは、英語の形態素に存在する習得順序に関する研究である。その習得順序に基づき、習得した形態素の次の段階のものを1つインプットに含めれば「i+1」になる。しかしKrashenが提示したのは英語の形態素のみで、実際には「i+1」の定義が曖昧だということで批判を受けた。

日本語教育においては、国内で一般的に用いられる直接法が、それまでに習ったことを使って次の新しい文型を導入していく積み上げ式であることから、「i+1」を実践する教授法だと誤解されることがある。しかし、教室で教える順序と学習者が習得する順序は必ずしも一致しない (Pica, 1984) こともわかっており、何が学習者のその時点の習得レベルなのかを判断するのは難しい。教科書で導入済みだからといって、学習者がそれら全てを習得しているとは限らないからである。ただ、習得にインプットが必要であることは、どんな習得理論の立場をとっていても程度の差こそあれ広く認められており、インプット仮説は特に80年代以降に教室習得研究が盛んになるきっかけとなった。

インプット強化／インプット補強法
(input enhancement)

学習者の注意が目標言語形式に向かうように、教師側で何らかの工夫をする試みをほどこし、インプットの質を高めること。この概念を提唱したSharwood Smith (1993) は、それまで「意識化 (Sharwood Smith, 1981)」という語を使用していた。しかし、その後の意識の定義の難しさに関わる論争を受け、用語を転換したものである。意識は学習者の内面にあり教師が操作できるものではないので、教師が外から操作できるインプットに焦点をあてて言い換えたものである。類似する概念に「Focus on Form (FonF)」(Doughty & Williams, 1998; Long, 1991) があるが、FonFは「学習者の注意を言語形式に向けさせる」だけではなくて、「コミュニカティブなコンテクストにおいて意味を処理する中で」という前提条件が加わっている。その意味で、FonFの方が教授法やシラバス・デザインまでも示唆しており、インプット強化より意味が広い概念だと考えられている。「インプット強化」が提唱された当初は、現在FonFの指導技術として論じられる、フィードバックなどさまざまな指導技術がインプット強化の範疇で論じられたこともあったが、今ではインプット強化はFonFの下位概念として組み込まれている。特にインプット中のどこかを強調して目立たせる指導技術をさしてこの用語が用いられる。例えば、書かれたテキストにおいて強調したい言語形式のフォントを拡大したり下線を引いたりすることで、視覚的に際立たせたり、インターアクションにおいてはイントネーションやしかめっ面、ジェスチャーなどにより言語形式を強調することが含まれる。

インプット処理 (input processing)

習得に必要なインプットを受けて、それを頭の中で認知的に分析し、中間言語知識として統合していくプロセスのこと。VanPatten (1996) は、学習者には、言語形式よりも意味を優先させて処理する傾向があること、文のはじめにある要素には注意を向けるが、それ以外の位置にある要素、特に意味的に重要でない要素は見落とされがちであるというような「インプット処理の原則 (Principles of Input Processing)」があることを指摘している。そして、言語形式に注意が向けられるように学習者のインプット処理のプロセスに介入する「インプット処理指導（Processing Instruction)」も提唱している。今までの教室指導は、言語形式の説明や導入の後、機械的なドリルにしろ、コミュニカティブな活動にしろ、すぐに口頭練習を行う傾向があった。習得の第一歩は、インプット中のある言語形式に注意を向けて、それをインテイクとして取り込むことなのに、そのプロセスに時間が割かれていないのは問題である。インテイクになっていないところで、どんなにアウトプット練習を行っても、習得にはなかなか結びつかないことになる。そこで、特定の言語形式を含む理解優先のタスクを行うことで、そのプロセスを強化して習得を促進しようという指導である。Krashen (1985) 以来、インプットに関する多くの研究があるにも関わらず、学習者がインプットをどう処理するかは未解明の分野とされており (Doughty, 2003)、そのインプット処理を扱った理論としてなおも関心を集めている。

演繹的学習 (deductive learning)

一般的な規則を個別の事例にあてはめて知識を形成していくタイプの学習のこと。これとは対照的に、多くの事例から一般的な規則を導き出すタイプの学習を帰納的学習 (inductive learning) という。演繹的／帰納的、および明示的／暗示的の対比は重なり合う部分が大きいが、前者は学習において先に規則ありきか否か、後者は具体的に何かを学習しているという認識があるかないかを区別したものである。厳密にいうと、図1のような違いがある (DeKeyser, 2003)。伝統的な外国語教授法である文法訳読法の授業で言語を学習する場合は、規則を提示され、それを適用して訳したり文法問題を解いたりするので演繹的であり、学習者も文法を学習しているという認識があるので明示的でもある。それから、学習者が規則やパターンを見つけ出すように促される場合は、明示的かつ帰納的な学習である。オーディオリンガルの教授法はこれにあたり、代入練習や変換練習などの機械的なドリルを通して文型のパターンを帰納的に導き出すことが求められる。また、機械的なドリルを繰り返す中で、学習者にはどの文法のパターンを学ぶべきなのかが認識されており、その意味では明示的でもある。一方、第一言語習得のように、規則など意識せずにインプットから学んでいくのは暗示的、かつ帰納的な学習である。第一言語習得の子どもはどんな文法や規則を学んでいるか認識していないという意味で暗示的であり、インプットが蓄積されると、子どもは何らかの規則性を抽出してことばが創造的に使えるようになるので、帰納的な学習でもある。この場合、子どもの言語行動には規則性が見られるが、その言語行動の基になるものは必ずしも記述できるような規則の形をとるとは限らない (Tomasello, 1999)。第一言語習得と同様の環境でインプットを多く与えることにより習得を促進しようというナチュラル・アプローチで第二

言語を学ぶ場合も、暗示的かつ帰納的な学習である。DeKeyser は暗示的かつ演繹的な学習はあまり明白ではないとしながらも、1つだけ例をあげている。第一言語習得で普遍文法のパラメータ設定が行われるとすれば、パラメータの規則は一斉に適用されるので演繹的であり、そこで何か特定の規則を学んでいるという認識はないので暗示的な学習と考えることができる。第二言語習得において暗示的かつ演繹的な学習というのは考えにくい。

	演繹的	帰納的
明示的	伝統的教授法	規則発見
暗示的	パラメータ使用	インプットからの第一言語学習

図1　帰納的／演繹的と暗示的／明示的の区別（DeKeyser, 2003: 314（筆者訳））

外国語環境（foreign language environment）
　目標言語が話されていない環境、つまり海外で学習する場合のこと。これに対して、目標言語が話されている環境を第二言語環境という。この区別は、外国語環境は目標言語の母語話者との接触がほとんどなく、第二言語環境は母語話者との接触があるということを前提としてなされたものである。日本語教育でいう JFL（Japanese as a foreign language）は外国語環境、JSL（Japanese as a second language）は第二言語環境に相当する。「第二言語習得」という場合、通常は両者を区別しないが、研究の目的によりこのように区別することがある。例えば、教室学習の機会がある海外の大学の学習者と日本の大学で学ぶ学習者の習得を比べるというような場合である。外国語環境と第二言語環境の区別は、研究者側から見た便宜的な区別だが、実際の学習状況や、学習者の目標言語のとらえ方とは必ずしも一致しないと言われる。目標言語が話されている国にいれば第二言語環境と見なすことができるが、第一言語を共有するグループで強いコミュニティが形成されていて、母語話者との接触がほとんどなければ外国語環境に近い状況にあることが多い。また、半年や一年の短期の留学においてはすぐに帰国することが明白なので、学習者自身に目標言語が第二言語であるという自覚はなく、あくまで外国語として目標言語を見ていることが多いとも言われる。

回避（avoidance）
　コミュニケーション・ストラテジーの1つで、学習者が言いたいことを表現しようとする際に、自信がなくて難しい言語形式の使用を避け、簡単な言語形式で済ませたり、言いたい内容を一部省略して表現したりすること。学習者の回避行動の問題を指摘したのが Schachter（1974）の研究である。母語の異なる学習者の作文データについて、英語の関係代名詞の使用を調べたところ、日本人学習者は一見誤用が少ないように見えたのだが、実は関係代名詞そのものを使用していなかったことが明らかにされた。当時盛んだった対照分析や誤用分析のように、学習者の産出データの誤用のみに着目すると、学習者が回避ストラテジーを使った場合に誤用として現れない。それで、この研究以降は、学習者の誤用のみを研究対象にするのではなく、正用も含め学習者の言語産出の全体像を見ていかなくてはいけないとして、本格的な第二言語習得研究が盛んになった。

過剰般化／過剰一般化（overgeneralization）

学習者が言語形式の規則の適用範囲を広げ、使用すべき義務的文脈（obligatory context）以外の箇所でも使用してしまう現象のこと。過剰般化の典型的な例は、第一言語としての英語の過去形の習得過程で、子どもが規則動詞の"-ed"を不規則動詞にまで適用して"goed"と言ってしまうという事例である。第二言語でも同様の現象が起きる。学習者は自らの限られた言語知識を駆使して創造的に言語を使おうとするので、このような現象が起きると考えられている。Selinker（1972）は、第二言語の学習者の発達途上の言語である中間言語の形成過程に影響を及ぼす要因の1つとして過剰般化をあげている。第二言語習得においては、自然習得より文法重視の教室指導で過剰般化の誤りが生じやすいと考えられている。

過剰学習（overlearning）

学習者がある言語形式を習った際に、その直後にその言語形式ばかりを使ってしまう現象のこと。Lightbown（1983）は、集中練習を行うオーディオリンガルのような教授法の教室で、英語のある形態素が導入されると学習者はそればかり使用する傾向が見られることを指摘した。そして、新たな言語形式が導入されると、それまで過剰に使用された言語形式はあまり使われなくなり、また次の言語形式ばかり使用するという現象が起きることもわかった。つまり、一時的な過剰学習が起きていたのである。しかし、自発的な言語産出を見る限り、結局は普遍的だと言われる英語の形態素の習得順序は変わらなかったという。Pica（1984）も自然習得と教室習得を比較して、教室習得では過剰般化だけでなく過剰学習の現象が見られ、これは自然習得には見られなかったことだとしている。

化石化（fossilization）

「中間言語」という語を作ったSelinker（1972）が同時に提唱した概念で、学習者の不完全な発音や文法の誤りがそのまま定着し、言語習得が停滞してそれ以上の改善が見られない状態のこと。化石化がなぜ起きるのか、どのような言語項目に起きやすいのか、どのような条件下で起きやすいのか、など研究上の関心は尽きないが、そもそも「化石化」をどう証明するかというのは難しい問題である。学習者に執拗に見られる誤りをさして「化石化」したと安易にこの用語を使いがちだが、Long（2003）は、化石化が起きていることの証明には、その学習者がすでに上級レベルにあり、その上で、ある言語形式に関する誤りが10年、20年たっても消滅しなかったという事実を示す必要があるとしている。最近は証明が難しい「化石化」に代わり「定着化（stabilization）」という語が用いられることもある。定着化は化石化が始まる兆候である。そして、教室指導の役割は、定着化した誤りに対して訂正フィードバックなどを与えることにより、誤りの「脱定着化(destabilization)」を図ることである。

仮説検証（hypothesis testing）

学習者が目標言語の言語形式の規則について立てた仮説が正しいかどうかを確認するプロセスのこと。言語を発達させる過程において、学習者は第一言語の言語知識やそれまでに習得した中間言語知識などに基づいて、自分なりの仮説を立てて創造的に言語を使っている。目標言語形式を使いながらその仮説の正否を確かめているのである。仮説検証は言

語の理解においても産出においても、また個人的な内省においてもインターアクションにおいても起きる（Faerch & Kasper, 1983）。Swain（1985, 1995）は仮説検証をアウトプットの機能の1つと見ている。アウトプットを出して相手に通じれば仮説は正しかったことになるし、通じなければ仮説は間違っていたことになる。また、誤った仮説に基づき産出された発話に訂正フィードバックが得られれば、仮説を修正することもできる。このプロセスは一度もしくは数度の機会で完結するのではなく、学習者は絶えず仮説検証を繰り返し、より分析的な中間言語知識を形成していく。仮説検証において学習者に必要なのは、目標言語で文法的に何が可能かという情報である肯定証拠（positive evidence）と、目標言語で文法的に何ができないかという情報である否定証拠（negative evidence）である。肯定証拠や否定証拠に基づき正しいと確認された仮説は、中間言語知識として内在化される。

可変性（variability）
　第二言語学習者はコンテクストにより言語形式にどれだけ注意を向けられるかが異なり、ある特定の言語形式の使用に変化やゆれが見られること。そもそも可変性は、同一個人内でも言語形式の使用にゆれが見られる（Labov, 1970）という社会言語学から来た概念である。それを Tarone（1988）が第二言語習得研究にも応用したのである。Tarone は、学習者の発話のスピーチスタイルも、言語形式より内容に注意が向けられ、モニターが働いていない日常的な発話（vernacular speech）から、言語形式に注意が向けられ言葉を選んで慎重に話す発話（careful cpeech）までの間で連続体をなすものだとしている。どんな場面の発話データかによって学習者の言語も変わってくると考えられるので、学習者の言語を分析する場合には場面や状況を考慮する必要がある。モニター理論を唱える Krashen は、モニター機能が働かない日常的な発話こそが真の習得の成果が現れたものだと考えた。学習者の可変性を示す例として、ポルトガル語を母語とする11歳男児が "No look my card." と "Don't look my card." という2つの否定形を使用していたことが報告されている（Ellis, 1984）。習得の初期段階では異なる2つの形式が混在することが多いが、習得が進むにつれ誤用は正用に転じ、複数の形式を使い分けるにしても系統だった使用が見られるようになると考えられている。

干渉（interference）
　言語転移（language transfer）を参照のこと。

記憶（memory）
　新情報を頭の中に取り込んで覚え、保存したり、保存された既知情報を取り出して使うというような情報処理を行う認知システムのこと。第二言語習得では心理学の影響を受け「意識」「アウェアネス」「注意」などの概念が導入され、その定義問題が物議をかもしてきた。学習とは記憶を形成するプロセスであり、言語を産出するということは記憶からの検索のプロセスでもあるので、最近は「記憶」を論じることも多くなってきた。従来の記憶のとらえ方では、短期記憶（short-term memory）と長期記憶（long-term memory）の二重貯蔵モデル（Atkinson & Shiffrin, 1968）が一般的であった。短期記憶から情報を一方的に長期記憶に転送すると見ている点で、短期記憶は受身的な記憶であった。近年は Baddeley

(1986, 1999)などの提案の作動記憶（working memory）という概念が導入されている。作動記憶は、情報を一時的に保持する機能だけでなく、長期記憶から情報処理に必要な関連情報を呼び出し、新情報と既知情報を照らし合わせて処理を行う認知的な作業場としてとらえられている。第二言語習得においても、新情報（インプット）と既存の情報（それまでに習得した中間言語知識）を結びつけ、新たに言語を構築していく場として作動記憶の役割が重要視されている。作動記憶は短期記憶の拡大概念であり、情報の保持と処理を同時に行う能動的な記憶である。習得には言語形式に注意を向けることが重要だと言われているが、作動記憶にはどこに注意を配分するかを決める制御機能があるので、記憶は注意と関連づけてとらえることができる。

長期記憶は大きく分けると、宣言的記憶（declarative memory）と手続き的記憶（procedural memory）に分けられる。宣言的記憶は「何？」という情報に関する記憶で、手続き的記憶は「どのように？」という情報に関する記憶である。宣言的記憶には、さらに意味記憶（semantic memory）とエピソード記憶（episodic memory）がある。意味記憶は、言語を使用するために必要な記憶で、言語の形式、意味、指示、使用の規則などが含まれる。この他にも、四則演算法、化学式、一般常識などのような時間的、空間的に規定されない知識は意味記憶に含まれる。一方、エピソード記憶は、ある一時期に起こった、個人の自伝的な出来事に関する記憶で、時間や空間などの文脈に依存する。宣言的記憶は言語化が可能な記憶であるが、手続き的記憶はスキルや物事の手順に関する記憶のことをさす。長期記憶の分類は研究者間で多少の見解の相違があり、長期記憶は宣言的記憶と手続き的記憶の区別だけでなく、アウェアネスの有無から見て顕在記憶（explicit memory）と潜在記憶（implicit memory）に分けることもある。宣言的な記憶は、記憶にあるかどうかが意識にのぼる記憶なので顕在記憶（explicit memory）に近く、手続き的記憶は、記憶にあるかどうか意識しないので潜在記憶（implicit memory）に近いものである。

言語に関しては、心内辞書（mental lexicon）に含まれる意味情報は宣言的記憶にあるとされるが、言語の理解や産出を行う言語処理のスキルは手続き的記憶によるものである。第二言語習得では明示的な学習／知識 vs. 暗示的学習／知識が議論の的となるが、記憶のしくみから見ると、両者のメカニズムは同じだという考え方（Robinson, 2003）もある。明示的学習は概念駆動の学習（＝概念や規則から始まる学習）で、項目同士を結びつけたり関連づけたりする精緻化リハーサル（elaborative rehearsal）が起きる。一方、暗示的学習はデータ駆動の学習（概念や規則は提示されず、まず用例や事例にあたることから始まる学習）で、忘れないように項目を何度も反復する維持リハーサル（maintenance rehearsal）が必要である。しかし、どちらも作動記憶上で学習のターゲットを検出し、リハーサル（心的な反復復唱）を伴うという意味では、同じメカニズムが関わっていることになる。学習は、2つのタイプの学習の連続体のどこかに位置するもので、それは課題が認知的に何を要求するかにより決定される。

また、心理学の転移適切性処理の原理（Principle of Transfer Appropriate Processing）（Morris, Bransford & Franks, 1977）が第二言語習得にも適用されている。これは覚えるときの記憶素材の処理方法とテスト時の記憶素材の想起方法が一致しているほど成績がよくなるというものである。これによると、明示的学習は個別項目文法（discrete point grammar）のペーパーテストに強く、暗示的学習は自発的な言語産出に強いと考えられる。しかし、現在の第二言語習得研究では、暗示的学習に関する研究自体が少なく、また暗示的学習の効果が適切に測定されていないという問題がある。

気づき（noticing）

インプット中のある言語形式に選択的に注意を向けて知覚するという第二言語習得における重要なプロセスのこと。注意を向けて取り込んだインプットが習得に使われる重要なデータ、つまりインテイクになると考えられている。Schmidt（1990）は自らのポルトガル語学習体験を日記や録音により詳細に記録し、それらを第三者と共に分析して、習得には気づきが重要であるという「気づき仮説（Noticing Hypothesis）」を提案した。そして、気づきに影響する要因として①期待感②頻度③知覚的卓立性④処理能力の自動性を含むスキル・レベル⑤タスクの認知的要求度をあげている。

当初この仮説は、気づきには言語報告が可能な高次レベルのアウェアネスが必要だとしたため、一部に混乱を招いた。言語報告ができることが気づきであるとしたために、気づきが起きたことの証明に、言語形式や規則に気づいたかという質問をしたり、内省報告をさせてそれを分析するといった研究方法が用いられたからである。さらに、気づいた規則はどんなものかを問うこともあった。それで、いかにも規則に気づいたり言えたりすることが重要であるかのような誤解を与えた。今では、Schmidt（2001）自身が、気づきの対象は普遍文法（Universal Grammar）の原理や文法の規則ではなく、言語の表層構造（特定の形態素や表現構造）であるべきだとして、「気づき仮説」の再概念化を行っている。つまり、インプットのある部分に集中的に注意を向けて、認知的に取り込むことが気づきなのである。

Robinson（1995）は記憶の観点から、気づきを「短期記憶における検出とアウェアネスを伴うリハーサル（心的な反復復唱）」と定義している。アウェアネスには、言語報告ができるほどの認識がある明示的なアウェアネスもあるが、何かを具体的に覚えたと自覚していないが実は気づいていたという暗示的な意味でのアウェアネスもあり、第二言語習得においては後者の方がむしろ真の気づきとして重要だとされている（Robinson, 2003）が、今まであまり検証されてこなかったものである。

帰納的学習（inductive learning）

演繹的学習（deductive learning）を参照のこと。

競合モデル／コンペティション・モデル（Competition Model）

習得とは、目標言語において特徴的なキュー（手がかり）を見つけ出していくプロセスだとする第一言語および第二言語の習得モデル。このモデルでは、言語にはまず機能（意味）があり、それが表層の言語形式として表出するものだととらえ、言語習得を機能と言語形式のマッピングのプロセスだとみなす。そして、学習者がインプットを受け、それを理解しようとする際に、文中には語順や格、主語と動詞の一致、名詞の有生性など、理解を促進するさまざまなキューがあって、その中で目標言語で何が特徴的で重要なキューかを見いだしていく。そのプロセスを習得だと考えている。キューが競合（compete）し合っ

ていることから、「競合モデル／コンペティションモデル」と呼ばれる。これは、言語理解における文の解析過程をうまく説明できるモデルだと考えられている。第二言語の学習者は、第一言語の文の処理ストラテジーに依存し、第二言語にも転移させる傾向があるので、第二言語と第一言語のキューが異なる場合は習得が難しくなるだろうという予測が成り立つ。例えば、語順が重要なキューである英語の母語話者は、第二言語としての日本語の習得において格助詞が重要なキューだと認識して文を正しく理解できるようになるのに時間がかかることがわかっている。

教室習得環境
（classroom acquisition environment）

教室において教師の指導を受けながら言語を学ぶ環境のこと。教室指導を受けずに、生活の中で目標言語を使うことを余儀なくされる環境である「自然習得環境（naturalistic acquisition enironment）に対比する語として用いられる。日本に住み学校で日本語を学びながら、教室の外で母語話者と日本語を話す機会がある場合は、教室習得と自然習得の両方の要素があるので、そのような環境を混合環境（mixed environment）という。

自然習得環境はインプット量が豊富で、接触する談話の種類も多様だが、教室習得には自然習得にはない強みもあると考えられている。例えば、学習者のレベルに合わせて言語学習がステップ・バイ・ステップで進められることや、誤りの訂正の機会があることなどは、自然習得にはない教室習得の利点である。教室習得の利点を見いだそうとする研究は、Krashenが「習得／学習仮説（ノン・インターフェース仮説）」で、従来の教室学習は真の意味での習得につながらないと主張したことへ

の批判や反論から生まれた。現在では教授法は多様化しており、自然習得と同様の環境を作り出そうとするナチュラル・アプローチのような教授法が存在する。また、自然習得といっても個人学習用の辞書や教材の入手が容易になり、教室習得の要素も入っている。さらに、人生のある時期は教室習得でも、所定のコースを終えた後は、職場や学校、日常生活における実践の中で自然習得のように学習を継続するケースもある。よって、今では教室習得と自然習得を明確に分けることは難しくなっている。そこで、代わりにFocus on Formなどの言語処理モードで厳密に区別して論じることが多くなった。教室におけるインターアクションや、教師や教材による学習過程への介入の効果などを扱った研究分野を教室第二言語習得研究（classroom/instructed second language acquisition）という。

教授可能性（teachability）

第二言語習得において、いつ、どんな言語形式を教えれば、その効果を引き出すことができるかという概念。この概念は、Pienemannとその同僚達（Pienemann et al., 1988など）が、70年代以降、英語やドイツ語などの語順、否定文、疑問文の習得研究により、統語にある一定の発達段階が存在することを見いだした一連の研究を基に提案されたものである。彼らが見いだした発達段階は、第一言語習得においても第二言語習得においても、また第二言語習得の自然習得でも教室習得でも共通して現れるほど強固なものであった。発達段階が存在するのは、言語処理のプロセスにおいて文の構成要素をどれだけ自由に動かせるかという能力に、記憶などの認知資源の制約が関わっているからである。統語の発達段階は、①語彙、きまり文句が言える、②標準的

な語順の文が作れる、③文末の要素を文頭に置くなど文の要素を動かすことができる、④文の構成要素に対する認識ができ、文中の要素を前や後ろに動かすことができる、⑤単文構造の中で様々な要素を自由に動かすことができる、⑥複文構造の中で要素を動かすことができる、という段階を経る。Pienemann & Johnston (1987) は、このような認知的制約を受ける言語形式と制約を受けない言語形式があるとして「多次元モデル (Multi-dimentional Model)」を提案し、これを基にPienemann (1989) は、どんな教室指導をもってしても普遍の発達段階を変えることはできないが、認知的制約を受ける言語形式において発達段階のタイミングが合致した場合、つまり発達的レディネスのある言語形式を教えると教室指導はより効果的になると考えた。また認知的制約を受けない言語形式に関してはいつでも教えられるとしている。このような考え方を「教授可能性仮説 (Teachability Hypothesis)」という。Pienemann (1998) はさらにこの考え方を発展させて、より包括的な処理可能性理論 (Processability Theory) を展開している。

形式発話 (formulaic expressions／formulaic sequence)

チャンク (chunk) を参照のこと。

言語維持 (language maintenance)

言語喪失 (language attrition) を参照のこと。

言語間の誤り (interlingual error)

誤用分析 (error analysis) を参照のこと。

言語習得装置

(Language Acquisition Device, LAD)

子どもは生得的に母語の習得がプログラミングされていると考えるChomsky (1959) が、そのメカニズムを仮定して提案した用語。20世紀半ばに盛んだった行動主義心理学においては、刺激と反応による習慣形成により言語行動が形づくられるとされ、生まれてからの後天的な環境を重要視していた。これに対し、Chomskyは、子どもが周囲のインプットから聞いたことがない文まで生成できることから、子どもの言語の創造性を説明するには、生得的な言語習得装置の存在を仮定しないと説明不可能だと考えた。また、大人の発話には言いよどみや言い間違いが多く含まれ、必ずしも文法的な完全文を生成しているわけではない。よって、行動主義のように環境のみで言語行動が形成されると考えるには、周囲のインプットはあまりにも貧弱であること。つまり、行動主義の「刺激の貧困 (poverty of stimulus)」の問題を指摘したのである。

言語習得装置の中身は普遍文法 (Universal Grammar, UG) であり、それは、どの言語にもあてはまる核文法である「原理」と、言語により設定が異なる「パラメータ」から成る。Chomskyのように、言語習得を生得的なものだととらえる立場において、環境は、言語習得装置を活性化させるための刺激を提供する手段にすぎない。最小限のインプットがあれば言語習得装置の引き金 (trigger) が引かれ、言語習得装置が動き出すと考えている。第二言語習得では、普遍文法にアクセスが可能であるかが研究の焦点となる。第一言語を通じて間接的に普遍文法にアクセスが可能だと考えると、第二言語習得において必要なのはパラメータの再設定である。第二言語習得においては普遍文法以外の一般的な学習能力が関

わっているのではないかという考え方もあり、論争は続いている。

言語処理 (language processing)

言語産出や理解のプロセスを認知的な情報処理のメカニズムでとらえた用語。言語産出においては、頭の中に何かメッセージが浮かぶと、メッセージの概念や意味に相当する語彙が心内辞書から呼び出され、文法的な配列が決められ、音韻形式が作られ、さらに構音器官に指令が送られて発話として外に出る。言語理解においては、産出とは逆の流れで、インプットの音声から音韻形式が解析され、音韻形式と一致する語彙を心内辞書から探し出し、文法的な解析を経てメッセージが解読される。また、言語理解では音声の解析から始まるボトムアップの処理と、コンテクストや背景知識などに基づき理解を補うトップダウンの処理の両方が働く（Levelt, 1989, 1993）。第一言語でも第二言語でも言語処理の基本的なメカニズムは同じだが、第二言語においては心内辞書の語彙数が不十分で、また、文法処理も第一言語のようには自動化されていない。よって、第二言語では、言語処理を行いながら、頭の中で同時に言語学習のプロセスも起きている。知らない単語があれば心内辞書に新しい見出し語を作ったり、ある言語形式に注意を向けて、記憶に蓄積した過去のデータと照らし合わせて分析したりしている。

Doughty (2003) は、言語処理モードを言語学習に関連づけてとらえている。人間は通常、対話相手の発話の意味を理解したり、自分の伝えたいメッセージの意味を伝えるために産出を行うので、言語処理モードの初期設定は Focus on Meaning になっている。言語学習を促進させるには、そこに教師が介入して、学習者の注意が言語形式にも向くように言語処理モードを Focus on Meaning から Focus on Form にシフトさせる必要がある。意味を処理することなく言語形式にのみ注意が向いている言語処理モードは Focus on FormS である。習得を言語形式と意味／機能のマッピング（結びつけ）と見ると、Focus on FormS では習得に必要な意味や機能が欠落していることになり問題である。その他に、VanPatten (1996, 2004) が提唱する「インプット処理の原則」も、言語処理からとらえた第二言語習得理論である。さらに、Pienemann (1998) が提唱する処理可能性理論（Processability Theory）は、言語処理スキルの自動化は言語の下位レベル（語 → 句 → 単文 → 複文）から進むので、表出する学習者の言語の発達段階も、自動化される順序通りに下位レベルからの階層が見られるとするものである。

言語喪失 (language attrition)

異なる言語環境に移り住んだことにより、それまで使えていた言語を忘れていく現象。例えば、日本人家族の場合、父親の仕事の関係で英語圏に移住すると、低年齢の子どもが日本語を忘れていくことがある。反対に、海外で長く過ごした子どもが日本に戻った場合は、海外で身につけた英語を忘れていくこともある。日本語教育においても日本に住む外国人子弟が多くなっているが、そのような学習者は第一言語を忘れていく可能性がある。それで、第一言語および第二言語をどれだけ維持できるか、または忘れていくかということが研究されている。言語習得とは反対の順序で忘れていくとも言われている。言語喪失の問題は、一度身につけた第一言語または第二言語能力をどうやって保持するかという言語維持 (language maintenance) の問題とも関わっている。

言語適性 (language aptitude)

　言語学習の個人差要因の1つで、言語学習に向いた潜在能力のようなもの。言語適性の定義はいくつかあるが、最もよく使用されている現代言語適性テスト（Modern Language Aptitude Test, MLAT）（Carroll & Sapon, 1959）を開発した Carroll（1990）は、言語学習の速度を予測するものだとしている。また、言語適性テストは、言語学習からどれだけ恩恵を受けるかを測るものだという考え方もある（Sternberg & Grigorenko, 2002）。MLATでは音の区切りを見つける音声符号化能力、文法に対する感受性、音と意味を連想させて覚える暗記学習能力、規則を導き出す帰納的学習能力などが測定される。日本語教育でも筑波大学や名古屋大学などで MLAT に倣って日本語習得適性テストを作成し利用されていたことが報告されている（日本語教育学会, 1991）。日本語独自のものとして、漢字の習得を想定して、図形や実在の漢字から、へんやつくりのようなパターン認識ができるかどうかを見る問題が含まれている。

　MLAT は今でも研究目的で使用され、ある程度の予測妥当性はあるとされるが、コミュニカティブ・アプローチが広まり、オーディオリンガル全盛の開発当時とは言語能力の構成概念がずいぶん変化したことから、言語適性の再概念化が必要とされている。今やインプットからアウトプットにいたる情報処理のメカニズムで習得をとらえることが多くなり、認知的な作業場である作動記憶の容量や情報の処理速度などが新たな言語適性として注目されている。さらに、心理学の適性処遇交互作用（Aptitude-Treatment Interaction）（Cronbach & Snow 1977）という考え方が言語習得にも応用されている。これは、適性に合った処遇（教え方）をした場合は効果が最大限になるが、逆に適性に合っていなければ処遇の効果は出ないというものである。Robinson（2002）は、言語適性はさまざまな構成要素の複合体から成り、学習者はそれぞれ言語適性のプロフィールを持っていると見ている。例えば、口頭のフィードバックから多くを学び取る学習者と、文字言語のインプットから多くを吸収できる学習者とでは、言語適性のプロフィールが異なると考えられる。よって、第二言語習得においては、学習者の言語適性のプロフィールの強みに合致した教室指導を行ったときに、指導の効果が最大限に現れるという予測が成り立つ。

言語転移 (linguistic transfer)

　第一言語を習得した後に、第二言語、さらに複数の言語を学習していく場合に、既習の言語と新しい言語の間で音声や形態、意味などが相互に影響を及ぼすこと。行動主義心理学と構造主義言語学全盛の時代に行われた対照分析では、第一言語から第二言語への影響を言語間の距離でとらえ、言語間の距離が遠ければ遠いほど習得が困難になると考えた。第一言語の特徴をそのまま第二言語に持ち込んでよい場合は正の転移（positive transfer）が起きる。反対に、第一言語と第二言語の特徴が異なる場合に、第一言語の特徴がそのまま第二言語に持ち込まれることを負の転移（negative transfer）または母語の干渉（interference）という。対照分析や誤用分析に対する批判から出た研究では、学習者のおかす誤りには第一言語を習得する子どもにも見られるものや、第一言語が異なるにも関わらず、どの学習者にも共通して現れる誤りも多いことなどが明らかになった。今では学習者の誤りが、第一言語からの負の転移のみを原因とするとは考えなくなった。しかし、第二言語

習得理論によって、第一言語からの転移が生じる言語領域をある程度予測することができる。また、転移が生じる際には、学習者の主観的な判断なども加わり、いくつかの要因が複合的に絡まって第一言語の影響が及ぶと考えられている。さらに、言語間の影響は常に第一言語から第二言語という一方通行ではなく、両者には相互作用があり、さらに第三言語を学ぶ際には第一言語のみならず第二言語からの相互作用の影響もあり得る。

言語と脳 (language and the brain)

言語の生物的基盤は脳であるという関係性。20世紀初めにブロードマンが脳地図を描き、脳領域の区分を示したが、今でも全ての領域の機能が明らかになったわけではない。しかし、左脳の言語中枢は比較的早くから特定されていた。前頭葉下後部のブローカ野が発話の産出の中枢であることと、側頭葉上後部のウェルニッケ野が言語理解の中枢であることはよく知られている。言語発話においては、おおよそのメッセージはウェルニッケ野で生成され、ブローカ野に送られ、そこで発話に必要な語彙が心内辞書から呼び出されて文構造を作り上げ、語彙に対応する音韻イメージ（音韻に関する心的表象）を呼び出し、音声に変換する指令が出される。言語理解においては、聴覚情報が側頭葉の聴覚野に入り、そこからウェルニッケ野に送られ全体的な意味が理解され、さらに文構造が解析されて正確な意味にたどりつく。また、文字の場合は視覚情報を音韻イメージに変換して理解するプロセスがあり、それに関わるのが角回と呼ばれる領域である。言語処理の機能は特定の脳領域にモジュール化されているのではなく、さまざまな領域が神経ネットワークで結ばれ、その連係により言語処理が行われている。

第二言語習得のメカニズムを探る上で認知心理面がしばしば論じられるが、最近はそこに脳科学が加わってきた。近年、fMRI（機能的磁気共鳴画像）、PET（ポジトロン断層撮影法）、光トポグラフィなどの非侵襲的な高次脳機能測定装置が開発され、健常者の課題遂行中の脳の状態を観察することが可能になってきたからである。認知心理面について論じられる抽象的な特性やメカニズムが頭の中に実際に存在しているものなのかどうか、つまり心理的実在性を伴ったものかどうかを、より具体的に議論することが可能になっている。ただし、測定装置が発達したといっても、その性能にはまだ制約があり、脳が見られれば第二言語習得の全ての問題が解決するわけではない。また、学習が起きてスキルが自動化されると脳の活性化領域は狭まると言われており、活性化していればいいというものでもない。第二言語習得研究では学習者の言語運用を観察、記述し、脳科学から得られる脳のメカニズムに関する情報とを密に突き合わせて、言語習得のさまざまな現象を解釈していく必要がある。

言語内の誤り (intraligual error)

誤用分析 (error analysis) を参照のこと。

言語不安 (language anxiety)

言語学習において生じる学習者の落ち着かない心理状態。言語学習においては、人前でパフォーマンスをしたり口頭試験を受けたりするというような場面で、何かと心配や恐れがつきまとう。これを、MacIntyre & Gardner (1991) が、言語学習特有の不安として導入した概念である。Krashen (1982) の情意フィルター仮説でも、不安な状態にあると心理的な

障壁ができてインプットが浸透しないため、習得が進まないと考えられていた、第二言語習得に影響を及ぼす個人差要因の一つである。不安の中には、生まれながらの性格として常に不安な「習性不安（trait anxiety）」と、ある状況においてのみ不安になる「状態不安（state anxiety）」がある。また、言語運用に弊害となる「抑制的不安（debilitative anxiety）」と、よい結果をもたらす適度の緊張感をさす「促進的不安（facilitative anxiety）」とに分けることもある。

肯定証拠 （positive evidence）

言語習得過程において学習者が受けるインプットに含まれる、目標言語で文法的に何が可能かということに関する情報のこと。一方、目標言語で文法的に何が不可能かということに関する情報は否定証拠（negative evidence）という。学習者は自分なりに目標言語の規則に関する仮説を立てていて、それが正しいかどうかを確認するために、仮説検証（hypothesis testing）を行う。その際に必要なのが、肯定証拠と否定証拠である。母語話者が使用しているのを耳にしたというのは、肯定証拠にあたる。学習者が使用してみて相手に通じたというのも一種の肯定証拠である。一方、母語話者が使用している事実がないというのは否定証拠になるが、間接的で、学習者には気づかれにくい。直接的な否定証拠になるのは、文法指導において、目標言語でできないことや間違いやすいことをあらかじめ説明したり、誤りの訂正の形で学習者の使い方が間違っていることを知らせたりすることである。否定証拠の中で、特に誤りの訂正のことを否定的フィードバック（negative feedback）ということもある。教室習得研究では、否定的フィードバックの役割がよく研究されている。

「肯定証拠」と「否定証拠」という用語は、普遍文法の立場に基づく習得研究においてよく用いられる。習得研究では、肯定証拠のみで習得が可能か、否定証拠も必要かというようなことが議論になる。White（1990）は普遍文法におけるパラメータの再設定において、第一言語から第二言語へ規則の適応領域を狭めるには肯定証拠のみでは不十分で、否定証拠が必要だとしている。肯定証拠のみでは学べない言語形式があるので、否定証拠を提供できることは教室習得の強みだと考えられている。

行動主義心理学 （Behaviorism）

20世紀初頭から北米で提唱された、学習とは刺激と反応の繰り返しによる習慣形成（habit formation）であるという心理学の考え方。当時は「心」のような目に見えないものは非科学的で、外から観察可能な行動こそが科学の対象だと考えられた。Skinner（1957）は、人間の言語学習も、動物の行動学習も何ら変わることなく、同様のメカニズムで起きるものだと主張した。そして、言語運用ではなく「言語行動（Verbal Behavior）」という語を用い、言語学習とは刺激と反応を連想的に結びつけて言語行動を形成していくことだと考えた。当時、第一言語習得において、子どもはまっさらな状態で生まれるものだと信じられていて、生後、環境での経験により言語行動が形成されると考えられた。行動主義の学習のタイプには3つあり、1つ目は「古典的条件づけ」と呼ばれる刺激と反応の連想学習である。2つ目は「オペラント条件づけ」と呼ばれるもので、連想学習において罰を受けた行動は消滅していくが、ご褒美を受けて強化された行動は高い頻度で現れるようになる。3つ目は「模倣」による習慣形成である。

行動主義心理学は言語学にも影響を与え、行動主義が、観察可能な行動のみが科学の対象になり得るとしたように、言語学でも、社会的な文脈を排除して形式的な言語の分析を行おうという構造主義が生まれた。構造主義言語学においては、二言語間の対照分析が盛んになった。そして、第一言語と第二言語の言語的距離が遠ければ遠いほど第二言語の習得が難しくなるという「対照分析仮説（Contrastive Analysis Hypothesis）」が提唱され、学習者の誤りは母語の干渉によるものだと考えられた。行動主義心理学と構造主義言語学を基にして、外国語教育においてはオーディオリンガルという教授法も生まれ、特に北米で用いられた。しかし、大人のインプットだけでは、それまでに聞いたことがない文をも生成する子どもの言語の創造性を説明できないとして、行動主義の言語習得観は Chomsky (1959) に激しく批判された。Chomsky の主張は、子どもは言語習得装置を持って生まれ、習得は生得的にプログラミングされたものだというものである。行動主義心理学は 20 世紀後半に勢力を失い、認知心理学に取って代わられることになる。

コネクショニズム（Connectionism）

情報処理を脳の神経回路網の形成過程ととらえて Rumelhart & McClelland (1986) などが提唱した認知モデルで、言語習得にも応用されるようになったもの。神経回路網（Neural Network）または並列分散モデル（Parallel Distribution Processing Model, PDP）という語が用いられることもある。脳の中で、知識や概念は相互に連結したユニットとして存在する。言語学習においては、あるパターンの刺激が繰り返しインプットされると、複数のユニットが活性化され、そのユニット同士の結合が強化されて、結合パターンが形成される。情報を検索するときは、連結したユニットが一度に活性化されるので、情報へのアクセスが自動化されていく。また、一方で強化されない結合パターンは消滅してくと考える。コネクショニズムの立場では、学習を脳の神経回路が形成されていくプロセスととらえるので、言語知識は規則という形では存在しないと考えている。また、情報処理は直列的に進行するのではなくて、同時に並行して進むと考えるので「並列分散モデル」とも呼ばれる。N. Ellis (1996) はコネクショニスト的な立場で第二言語習得を見ている研究者で、言語習得をシークエンス学習ととらえ、抽象的な文法知識というのはシークエンス情報の分析から抽出されたものだとしている。第二言語習得において、学習者は、語彙をチャンクでとらえ語彙の音韻的特徴を学び、語彙が並んだフレーズやコロケーションなどのチャンクから文法的な規則性を学ぶという二重のシークエンス学習を行っている。チャンクの中の細部の規則性に関する分析は進むが、言語をより大きな単位で一度に検索できるようになるので流暢な言語運用が見込まれる。

誤用分析（error analysis）

学習者の誤りは習得過程において必然的に出てくるものだと肯定的にとらえて、70 年代前後から盛んになった学習者の言語の分析方法。それまで盛んだった行動主義のように、誤りは母語の干渉から来るものだと決めつけるのではなく、学習者の言語運用をもっと観察して誤りを分析しようという動きが起きた。そして、作文や発話など自発的な産出のデータを集めて、誤りを分析するようになった。Corder (1967) は、繰り返し生じる「誤り（error）」と、母語話者でもおかす 1 回きりの

「間違い(mistake)」を区別して、分析すべきは「誤り」の方だとした。誤りは、学習者が自分なりに作り上げた体系的な規則に基づいて言語を使った結果と見なし、それを前もって設定した基準により分類し、誤りの原因を説明しようとしたのである。誤りの原因は大きく分けて2つある。1つは言語間の誤り(interlingual error)で、もう1つは言語内の誤り(intralingual error)である。前者は第一言語からの負の転移によって起きるものである。後者は、第一言語に関わらず目標言語の発達過程で起きる発達途上の誤りで、過剰般化(overgeneralization)や教師の教え方から来る混乱で生じたものなどが含まれる。また、誤りを全体的な誤り(global error)と局部的な誤り(local error)に分けることもある。全体的な誤りとは、全体の意味が曖昧な文や発話のことで、局部的な誤りとは、全体の意味は通じるが文の一部に問題がある場合である。誤用分析は、行動主義が勢力のあった時代に盛んだった対照分析に代わるものとして、一時期盛んになった。しかし、実際には「誤り」と「間違い」の区別や、誤りの原因の分類はそれほど容易にはいかなかった。また、誤りのみに着目すると、学習者が回避のストラテジーを使った場合にデータに現れないというような問題も指摘された(Schachter, 1974)。その後は、誤りのみならず、正用も含めて習得の全体像を見る必要があると考えられるようになり、多種多様な方法で第二言語習得が研究されるようになった。

最近接発達領域

(zone of proximal development, ZPD)

社会文化理論(Sociocultural Theory)を参照のこと。

再構築 (restructuring)

新しい学習が起きて、新しい文法知識を長期記憶に統合する際に、既存の知識に新しい知識を足し合わせて再編成するプロセスのこと。第二言語習得を情報処理のメカニズムでとらえ、言語運用のスキルの習得を重視する見解において、習得に重要な役割を果たすと考えられているのが「再構築」と「自動化(automatization)」である。再構築のプロセスはU字型発達曲線と結びつけてしばしば解釈される。学習者が習得初期に丸暗記して正しく使えていた言語形式が、ある時期を境に過剰般化による誤用に転じたり使用が消滅したりする。しかし、その時期を過ぎると、また正しく使えるようになる。U字型の底にあたる時期は後退したかのように見えるが、頭の中では分析が進んでいて認知的には前進していると考える。新しい情報を既知の知識構造に取り込み再編成することで、何らかの質的な変化がもたらされるのが「再構築」である。学習者の認知的な処理資源には制約があるので、情報を統合したり関連づけたりして内的な知識構造をいったん整理することで、必要なときに効率よく取り出せるようになる。再構築された知識は、さらに練習を積むことで、必要なとき、その知識を取り出して使用するプロセスが自動化される。

指示質問 (referenitial question)

教師が学習者の答えを知らない質問のこと。「週末何をしましたか。」のように、教師が知らない学習者の個人的なことを聞くのは指示質問にあたる。対照的に、教師が答えを知っている質問を「提示質問(display question)」という。第二言語習得では、対話相手とお互いの意思疎通が図れるまで意味交渉を行うこ

とが重要なので、教師が指示質問をして、その答えをはっきりと理解しようとするとき、教師側からの意味交渉の必然性が生まれると考えられる。しかし、教室の現場では、教育という性格上、教師が答えを知っている提示質問をすることが多い。例えば、教室の壁の時計を指して「あれは何ですか。」と質問するような場合である。実際、自然習得環境で母語話者が非母語話者に対して用いるフォーリナートークと教室のティーチャートークを比較すると、教師には提示質問が多かったことが示されている（Long & Sato, 1983; Pica & Long, 1986）。教室内でこのような提示質問ばかり行うと、外国人学習者のアクセントや発音、文法的な誤りに慣れている教師は、学習者の発話がたとえ不明瞭でも、それ以上に学習者に正確に言い直してもらおうとせずに済ませがちである。このような教師主導の教室では、習得に必要な意味交渉の機会が少なくなってしまう。ただし、教師は訓練次第では、指示質問を増やすことが可能であることも報告されている（Brock, 1986）。また、インフォメーション・ギャップを利用したタスクを行うグループワークやペアワークを取り入れて、学習者間の意味交渉の機会を増やすことにより、指示質問が多くなりがちな教師主導の教室活動を補うことができる。

自然習得環境（naturalistic acquisition environment／natural acquisition environment）

教室習得環境（classroom acquisition environment）を参照のこと。

自然習得順序仮説

（Natural Order Hypothesis）

Krashen (1985) のモニター理論の5つの仮説の中の1つで、大人でも子どもでも、どんな環境にあっても、言語形式は決まった順序で習得されるという考え方。第一言語習得においては、英語の形態素の習得順序に関する研究が盛んで、-ing, -s, -ed, be 動詞などに決まった習得順序があることが見いだされていた。それに影響を受け、Dulay, et al. (1982) は第二言語についても研究を行い、おおむね予測可能な順序で習得されると主張した。そして、その順序は自然習得環境では自然に表出するが、教室習得でもこの順序を変えることができないので、教室における意識的な従来型の文法学習は意味がないとしたものである。Krashen は普遍の習得順序として英語の形態素しか示さなかったため批判されたが、今では、習得に普遍的な発達段階や順序が存在するという考え方は、一般に受け入れられている。また、英語の形態素の習得順序に関しても、習得順序を決定する要因は何かなど今も関心を集めている。（例 Goldschneider & DeKeyser, 2005）

失語症（aphasia）

脳の言語領域に損傷を受けたことにより生じる、言語の理解や発話における障害。感覚器官に問題がなくても腫瘍や梗塞、事故による外傷などで脳の言語野に損傷を受けると、さまざまな障害の症状が現れる。中でも前頭葉下後部のブローカ野とその近接領域に損傷を受けると、発話に障害が見られる。これをブローカ失語症という。発話を理解することはできるが、発話する能力（発声・構音器官による運動）が失われるので、運動性失語とも呼ばれる。対照的に、左側頭葉上後部のウェルニッケ野とその近接領域に損傷を受けると、発話の意味を理解する能力が失われる。また、発話は可能でも単語の羅列で意味をな

さなくなることが多い。ブローカ野で言語を表出できてもウェルニッケ野で音声言語を受容できなくなるのでウェルニッケ失語症、または感覚性失語と呼ばれる。失語症は狭義には音声言語の理解と発話に関する障害をさすが、広義には失読症（alexia）や失書症（agraphia）を含む。特に、失読失書症と呼ばれる障害は日本人にのみ生じる。漢字は正しく書けても仮名が書けなくなったり、漢字は読めないが仮名なら読めるというように漢字と仮名のどちらかに問題が起きるので、漢字と仮名では異なった処理を行っているためではないかと考えられている。それから、視力は正常でも文章を正確に読めないという読字障害（dyslexia）も学習障害の1つとして認知されるようになった。第一言語の読みに支障をきたす子どもは、文字を音韻情報に変換するプロセスに何らかの問題があるのではないかと言われている。日本語は音韻情報に変換しなくても直接文字から情報を取れる漢字があるからか、日本では欧米ほど読字障害は少ないとされてきた。しかし、実際には日本の小学校でも読字障害に悩む子どもがかなりの数いることがわかってきている。近年、読字障害の非効率的な音韻処理が、外国語学習においても口頭能力や読み書きに影響を及ぼし続けることが指摘されている（Ganschow & Sparks, 2001）。

自動化 (automatization)

課題遂行における認知的処理が迅速によどみなく行なわれる状態に至ること、または、そのプロセス。自動化を説明する理論はいくつか存在する。第一に、「注意」(Schiffrin & Scheneider, 1977) から自動化を見ると、スキルの発達は、心的努力（mental effort）を伴う「統制的処理（controlled processing）」の段階から、心的努力を必要としない「自動的処理（automatic processing）」の段階へと移行していく（McLaughlin, 1990）。第二に、Anderson (1983) のスキル習得論を基に、自動化が説明されている。習得は、言語化されたメタ文法的知識である宣言的知識（declarative knowledge）から始まり、宣言的知識は、練習によりスキルである手続き的知識（procedural knowledge）に変換される。これを手続き化（proceduralization）という。そして、さらなる練習の後、スキルが自動化されると考えられている（DeKeyser, 2001）。自動化は自動性（automaticity）に至るプロセスだと考えられるが、実は、自動性とはどんな状態なのか、自動化はどのように進むのかは未解明な部分が多いとされている（Segalowitz, 2003）。第三の理論として、近年は、記憶のシステムから見た自動化のとらえ方もある。Robinson (2003) は Logan (1988) の記憶ベースの事例理論（instance theory）を第二言語習得にも応用している。事例理論では、課題遂行においてアクセスする知識は規則ではなく、過去に遭遇した事例（instance）である。また、事例とは共起するイベントの表象である。言語でいう事例とは、実生活で出会うタスクのような単位のもので、共起するイベントというのは、タスク遂行において必要になる言語形式や表現、語彙などである。同じようなタスクを繰り返しているうちに、いつも共起して使用される言語形式などがひとまとまりの事例として記憶されている。自動化されたパフォーマンスでは、過去の解決策である事例がそのまま検索、活性化されるので、流暢さの源になると考えられる。ただ、言語理解のように、過去の事例と異なるケースが無限にある場合もあるので、過去の事例との類似性に基づく検索が行なわれる（Palmeri, 1997）と考えると、言語運用の自動化を説明できる。最近の脳科学では、スキルが自動化されると

脳の活性化領域は狭まるとされ、スキルの自動化は新たな学習の認知的スペースを作り出していると言える。

自動的処理 (automatic processing)

心的努力を伴わずに迅速に行われる情報処理のこと。認知心理学のShiffrin & Schneider (1977) の理論を第二言語習得に応用したMcLaughlin (1987, 1990) が、言語スキルの発達段階を説明するために導入した用語である。言語スキルの発達の初期段階では、意識的に注意を注いで言語課題を遂行しなくてはならない。このような心的努力を要する段階の情報処理を「統制的処理（controlled processing）」という。言語スキルの発達段階が進むと、次第に、意識的に注意を向けなくても流暢な言語運用が可能になる。このような処理が「自動的処理」である。統制的処理から自動的処理に至る過程では、意味あるコンテクストにおける練習を通して、注意を向けて取り込んだ言語形式のみが中間言語知識として組み込まれ、知識の統合や再構築を繰り返す。そして、さらなる練習により言語処理の流暢さを増しながら、言語スキルは自動的処理の段階に至る。McLaughlinはKrashen (1985) のモニター理論を激しく批判したことでも有名だが、このような情報処理の立場から見ると、言語スキルの発達は、統制的処理から自動的処理へと連続的に進むものなので、その意味ではKrashenのいう「学習」と「習得」を区別する必要はないということになる。

社会文化理論 (Sociocultural Theory)

学習は学習者の内面の認知的活動と社会文化的な環境との相互作用だと考えるロシアの心理学者ヴィゴツキー学派の影響を受けた習得理論。第二言語習得とは言語を媒介として新しい思考やインターアクションの方法を学ぶプロセスだと考える。90年代には、第二言語習得におけるインターアクションの重要性を提唱する相互交流論者（Interactionist）が、インターアクションにおける意味交渉の頻度を数え、高頻度の意味交渉が習得につながるというような実証研究を行っていた。それに対し、社会文化理論の研究者（Brooks & Donate, 1994; Platt & Brooks, 1994）が、目標言語による意味交渉の頻度だけではインターアクションの本質をとらえられないと主張して、論争を巻き起こした。社会文化理論においては、言語は内面の思考が表出したものだと見なすので、外に現れる意味交渉だけではなくて、学習者のプライベート・スピーチやインナー・スピーチも重視している。また、学習者が母語を使用したとしても、それは第二言語能力に制約がある学習者にとって母語は思考のツールでもあるので、母語使用を肯定的にとらえている。発達に関する1つの重要な概念は最近接発達領域（zone of proximal development, ZPD）である。学習者の現在の能力レベルと仲間の助けによって引き出される潜在能力との間の距離を示したものである。与えられた課題の問題解決をを行う中で、教師や仲間によって支援され、問題解決の足場を作ってもらう（足場かけ）。こうして、その時点で学習者が持っている潜在能力が最大限に引き出され、言語習得も1つ上の段階に押し上げられると考える。社会文化理論は、教育界においてその考え方が受け入れられているものの、研究に対しては批判もある。社会文化理論の研究手法は、インターアクションにおけるプライベート・スピーチやインナー・スピーチを観察する記述的研究である。よって、実証研究が主流の今の第二言語習得研究においては、社会文化理論の研究が習得

の証拠を何も提示していないと批判されることがある。

習得／学習仮説（Acquisition／Learning Hypothesis）

Krashen（1980, 1985）は、大人が第二言語を発達させる方法には「習得」と「学習」の二種類あるとして、その2つを区別した仮説。「習得」とは、子どもが第一言語を習得するようにインプットの意味を理解するだけで無意識的、潜在意識的に起きるもので、第二言語も本来は第一言語と同様に学ぶべきものだと考えていた。一方、「学習」とは従来の学校の文法教育のように意識的に言語の規則を学ぶことで、学習は本当の意味での習得にはつながらないと見ていた。学習と習得を完全に切り離し、学習によって得られた明示的知識と習得によって得られた暗示的知識にインターフェース（接点）はないとしている点で、この仮説を「ノン・インターフェース仮説（Non-Interface Hypothesis）」と呼ぶこともある。この仮説で第二言語習得理論で初めて「意識」という語が用いられたが、何をさして意識的、無意識的というのか定義が曖昧であることが批判の的になった。また、教室で第二言語を学習しても、実際には言語運用ができるようになる学習者が存在しており、そのような教師や研究者の実感とも相容れなかった。それで、この仮説がきっかけとなり、「教室指導は習得に違いをもたらすか」が80年代の教室習得研究のテーマとなり、教室指導の第二言語習得に対するインパクトなどが研究されるようになった。

情意フィルター仮説
（Affective Filter Hypothesis）

Krashen（1980, 1985）のモニター理論の5つの仮説の1つで、「理解可能なインプット」が学習者の中に浸透するためには、学習者に強い動機づけがあり不安や恐れのない状態で言語学習を行うことが重要だという考え方。Krashen は、言語学習における心理的な障壁のことを「情意フィルター」と呼び、情意フィルターが下がっているときにインプットが入りやすく習得も進むと考えた。よって、Krashen の提唱するナチュラルアプローチという教授法では、習得初期段階での言語産出の強要や、厳しい誤りの訂正など、情意フィルターが上がるようなことは行われない。確かに、言語不安があれば習得の妨げになることは事実であるが、情意フィルターというのは抽象的な概念なので、実際にどのように情意フィルターが働くかは科学的な説明がなされなかったという批判がある。

処理可能性理論（Processability Theory）

言語習得に発達段階が存在するのは、認知的にどれだけ言語を処理できるかという制約があるからだとする Pienemann（1998）の習得理論。Pienemann は80年代からさまざまな言語の疑問文や否定文などの習得過程を調べ、統語に普遍の発達段階が存在することを見いだしていた。それを基に「教授可能性仮説」（Pienemann, 1989）を示し、教室指導を持ってしても変えることができない普遍の発達段階が存在するが、学習者のその時点の発達段階より1つ上の段階の言語形式を指導の対象にすると、短期間で1つ上の段階に引き上げられるとしていた。この仮説をさらに発展させて、言語処理のメカニズムから習得を

説明しようとしているのが、この理論である。Pienemann (1998) は、Levelt (1989) の第一言語の言語産出モデルを援用し、言語産出における文法符号化のプロセスにおいて、見出し語を心内辞書から呼び出し、語に文法範疇を与え、句、文、さらに従属節へと構文を組み立てていくという段階があることを想定している。これは言語産出のプロセスであると同時に、認知的な処理能力が発達する段階でもあると見ている。言語産出において語彙、句構造、文構造の処理へと進む中で、各レベルの情報（語彙と語彙、句と句など）が交換され、複数の処理が並行して累加的になされる。また、習得において自動化されるのは下位レベルの言語処理スキルからである。語彙レベルの処理を自由にできなければ、句や単文は処理できないということになる。例えば、英語の複数形のsは名詞句内の処理でsをつければよいが、三人称単数の動詞のsは、動詞句をこえて主語である名詞句と情報を交換しなくては付加できないので、複数のsよりも処理が複雑で、習得も遅れると解釈することができる。処理可能性理論のそれまでの研究は、欧米語の否定文や疑問文など統語が中心だったが、形態素のプロセスも組み込めるとしているので、形態素が豊富な日本語へのさらなる応用（Kawaguchi, 2010）も期待される。また、処理可能性理論では、習得の発達段階が普遍であることが強調されるが、習得の道筋は第一言語が何であっても変えられないが、ある段階からその次の段階に進むのにどのぐらいの時間を要するかという習得のスピードにおいて、第一言語の影響が出ると考えられている（Spada & Lightbown, 1999）。

心的表象（mental representation）
　抽象レベルの心理的な知識構造のこと。経験や知識が概念として頭の中に内在化したものである。認知心理学の用語だが、第二言語習得においても習得の認知的側面を論じることが多くなったので、しばしば用いられるようになってきた。例えば、他者が発した音声を意味ある単位の音として認識できるのは、自分の頭の中に他者と同じ音韻的イメージを思い浮かべるからである。文を理解したり作り出したりすることができるのは、同じ言語を共有する人達の間で心的文法という何らかの共通の文法の知識構造を有しているからである。談話レベルでコミュニケーションができるのは、自己の心的表象（思考）をことばという記号を用いて発信し、相手も同じ心的表象を思い浮かべるので意思疎通ができるのである。第二言語習得理論は、習得過程におけるそれぞれの段階の言語の特徴、つまり心的表象がいかなるものか、および、ある心的表象から次の心的表象にどのように変化するのかを説明することが必要だと考えられている。

スキル習得論（Skill Acquisition Theory）
　認知心理学の Anderson (1983) が提唱した理論（Adaptive Control of Thought* Theory, ACT* theory）（ACT* は "act star" と読む）を第二言語習得にも応用した（DeKeyser, 1998, 2001）もので、言語スキルの発達過程を説明する理論。
　長期記憶には、言葉にして説明することが可能な宣言的知識と、物事の手順やスキルに関わる手続き的知識の2種類がある。言語学習における宣言的知識とは文法規則として与えられるメタ言語的知識（metalinguistic knowledge）のことである。言語スキルが自動化されるには、まず宣言的知識を習得することから始まり、その宣言的知識を練習で使うことにより、宣言的知識が手続き化（proce-

duralization)される。つまり、宣言的知識が手続き的知識に変換される。そして、さらに練習を積むと、手続き的知識が自動化されると考えられた。これは、Krashen のノン・インターフェース仮説に対抗する強いインターフェースを主張する立場を支える理論である。しかし、スキルの習得が必ず宣言的知識から始まると見なしたことで批判を受けた。目下のところ、文法規則によるメタ言語的知識が直接習得に結びついたというような実証はなされていない (Doughty, 2003)。その後、Anderson はスキルの習得の出発点が宣言的知識でない場合もあり得ることを認めており、数度の改訂を経て、最新のものは ACT-R 理論 (Anderson & Lebiere, 1998) と呼ばれる。この中では、個別の宣言的知識が手続き化される中でチャンクとなり、プロダクション・ルールを形成する。長期記憶から検索する際には、宣言的知識に直接アクセスすることなくプロダクション・ルールにより課題を遂行する。しかし、プロダクション・ルールは宣言的知識が集まったものなので、やはり規則ベースの知識にアクセスしていると見なしている。DeKeyser (2001) は、第二言語習得においてスキル習得論を応用しているが、規則ベースの宣言的知識から学習が始まるとしても、練習は意味あるコンテクストで行なうことの重要性を強調している。

正の転移 (positive transfer)
言語転移 (language transfer) を参照のこと。

宣言的知識 (declarative knowledge)
スキル習得論 (Skill Acquisition Theory) を参照のこと。

第二言語環境
(second language environment)
外国語環境 (foreign language environment) を参照のこと。

タスク (task)
問題解決の学習課題として、もしくは学習者間のコミュニケーションを促す手段として用いる活動のこと。一般には学習において課される認知的な課題全般のことをさすが、言語教育においては特に、インターアクションを促進する伝達的な言語活動のことをタスクと呼んでいる。第二言語習得研究では、80年代のインターアクション仮説の実証研究にタスクがしばしば用いられた。そのような路線の研究から、意味交渉の頻度を高め、習得を促進するタスクの要素が特定されている。まず、インターアクションの必然性として、参加者が情報の異なる部分を保持していて、それを交換するか操作しなくてはタスク達成ができないようにすることが必要である。次に、参加者双方が相互に情報を要求し、提供し合う必要がある。また、参加者が同一あるいは収束的なゴールを目ざしている必要がある。その上で、タスクのゴールを達成しようとする際に出て来た結果がただ一つであるというようにデザインされたものが、意味交渉の機会を増やし習得を促進すると考えられた (Pica, Kanagy, & Falodun, 1993)。近年は、インターアクションにおけるインプットとアウトプットの役割だけでなく、その中でインプット中のある言語形式に注意を向ける学習者の認知的な働きも重視されている。よって、90年代以降も引き続きタスクが研究に使用され、第二言語習得研究の成果を反映させた教授法としてタスク中心の教授法 (Task-Based Lan-

guage Teaching, TBLT) が提唱されている。TBLT は外国語教育の教師教育に関わる研究者 (R. Ellis, 2003; Nunan, 2004) や語彙シラバスの提唱者からの提案 (Willis, 1996) などもあるが、Long (1985b) や Doughty & Long (1993) は、習得研究の成果を最大限に生かそうとしている。TBLT では、正確さ、流暢さ、複雑さ（言語構造の従属度や語彙の豊かさなど）の三拍子そろったコミュニケーション能力の習得を目ざしている。TBLT の研究では、プランニング時間の有無や、同一または類似するタスクの繰り返し、タスクの認知的な複雑さなどを操作して、どのような配列、手順でタスクを行えば言語形式にも注意が向くか、正確さ、流暢さ、複雑さのどの部分を伸ばせるか、また、どのようなシラバス・デザインにより最終的に 3 つのバランスが整った言語運用能力が習得できるかというようなことが研究されている（例 Robinson, 2001, 2011）。

チャンク／かたまり（chunk）

言語学的には、単語や文法などの細部にこだわらず、言語をあるひとかたまりの表現として覚えたもの。形式発話 (formulaic expressions, formulaic sequence, formulaic language, formulaic speech)、コロケーション (collocation) なども同様の意味を表す。難しい文法項目が含まれていたとしても、それを大きなフレーズとして覚えているので、チャンクの使用は学習者の言語運用を実際の能力以上にうまく見せるストラテジーでもある。実際には学習者の発話データから何をチャンクとするかを特定するのは難しいとされる。一方、チャンクは、認知心理学においては記憶のメカニズムとしてとらえられる。チャンクとは記憶を構成する単位、つまり抽象レベルの心的表象をさし、個々の情報をより大きなユニットに統合していくプロセスをチャンキングという (Newell, 1990)。チャンキングという語は、そもそも、短期記憶に入る情報が 7±2 項目であることを発見した Miller (1956) が命名したもので、当時は、情報をひとかたまりにして覚えるという記憶ストラテジーをさしていた。現在の記憶理論では、脳内メカニズムとして心理的実存性がある概念としてチャンクやチャンキングがとらえられている (Lee, 2004)。

第二言語習得では、特に、習得を脳の神経回路網の形成ととらえるコネクショニズムの立場をとる N. Ellis (1996) が、早くからチャンクの重要性を指摘していた。チャンク学習の観点から見ると、言語習得とは、長期記憶に貯蔵された未分析のチャンク（複数の音の並びや複数の語の並び）から規則性を抽出するプロセスである。語彙レベルのチャンクから、音節構造や音素の配列などの音韻的特徴の規則性を学び、複数の語が連なったチャンクから、統語や形態素の規則性を学んでいく。規則性が抽出されると記憶の心的表象はより分析的になるが、コネクショニズムでは、それが、記述できるような規則の形をとるとは考えない。また、小さい単位のチャンクの処理が自動化されると、さらに大きなチャンクに統合されていく。長期記憶から検索する際は大きなチャンクでパターン認知をするので、言語処理の流暢さにつながると考えられる (N. Ellis, 2001)。また、言語の創造性は、既存のチャンク同士の今までにない組み合わせにより生み出されるということで説明する。チャンクは、学習者がかたまりで覚えたもので、本来の文法の習得を反映したものではないという否定的な考え方もあったが、最近の第二言語習得研究では、チャンクやチャンク学習の役割が見直されている。

注意 (attention)

学習が起きるために必要とされる心理的特性のこと。習得が起きるためには、インプットに注意を向け、その中の言語形式に気づくことが重要だという「気づき仮説 (Noticing Hypothesis)」(Schmidt, 1990) や、意味あるコンテクストにおいて伝達活動を行う中で、適切なタイミングで言語形式に注意を向けることが習得を促進するという Focus on Form (Long, 1991) が提唱され、心理的特性としての「注意」が第二言語習得研究において注目されるようになった。「注意」の観点から習得のメカニズムを見ると、言語スキルの学習は、意識的に注意を向けるなど心的努力を要する「統制的処理」から、心的努力を必要としない「自動的処理」の段階へと進む。認知心理学では長い間、注意には容量制限があるので、入って来る情報の中から必要情報を選択して注意を向ける必要があるとされていた。しかし、情報の多くは、いったん知覚的に処理されるが、その中から情報を選択するのではなくて、課題遂行に不必要な情報が、むしろ、活性化されるのを抑制、もしくは排除されると考えられている。「注意」は刺激に対してただ注意を向けているというような受動的なものとして考えられてきたが、最近はもっと能動的なものとして、とらえられるようになっている。

また、「注意」は、情報処理の枠組みでとらえると、記憶の働きと結びつけて理解することができる。最近は、情報処理の認知的な作業スペースとして作動記憶が第二言語習得にも重要だとされている (Doughty, 2001)。作動記憶の働きの1つとして、認知課題の遂行において注意をどこに配分するかを制御するという機能がある。よって、今では、注意の認知的な制約は、課題における注意配分のプランニングや課題遂行を管理する際の時間的な制約と考えるのが妥当だとされている (Robinson, 2003)。例えば、語順や格助詞など文を処理する際の手がかりが複数ある場合に、どこに注意を向けるか迷っている間に、注意が散漫になり時間切れになってしまうと考えられる。

中間言語 (Interlanguage)

第一言語でもなく目標言語の第二言語にもまだ遠い、学習者の発達途上の言語体系のこと。第一言語と第二言語の違いこそが誤りの源だと考える行動主義および構造主義言語学の言語学習観が批判を受けるようになり、学習者はもっと創造的に自分なりの言語を形成する存在だと考えられるようになった。その学習者の言語のことを Selinker (1972) が「中間言語」と名付けた。学習者は周囲の環境からインプットを受けながら、第一言語の知識やそれまでに習得した第二言語の知識を最大限に活用しながら、言語規則についての仮説を立て、それが正しいかどうか創造的に使ってみることで自らの言語体系を作り上げていく。Selinker は中間言語の構築に影響を及ぼす要因として、① 第一言語からの転移、② 言語規則の過剰般化、③ 訓練の転移の可能性、④ コミュニケーション・ストラテジーの使用、⑤ 第二言語の学習ストラテジーをあげていた。これらの要因が絡み合って学習者の言語が作られると考えたのである。Selinker が「中間言語」の概念を提案した当時は「個人特有の方言 (idiosyncratic dialects) (Corder, 1971)」「近似体系 (approximative systems) (Nemser (1971) など、類似する概念の用語が提案された。しかし、「中間言語」という語が最も広まり定着した。最近はより一般的な用語として「学習者言語 (learner language)」

という語も使用されている。

提示質問（display question）
指示質問（referential question）を参照のこと。

定着化（stabilization）
化石化（fossilization）を参照のこと。

ティーチャートーク（teacher talk）
教室で教師から学習者へ語りかけるスピーチのこと。言語学習の教室では、教師は学習者とのコミュニケーションを円滑に進めるために、簡略化した言語を用いたり時には誇張したりして、通常と異なる話し方をしている。教室外において母語話者が非母語話者に用いる言語をフォーリナートークというが、ティーチャートークはフォーリナートークと同様の特徴を有している。ティーチャートークでは、フォーリナートークと異なり、答えがわかっている提示質問（display question）を多用することが知られている。また、教室談話はIRF 構造で特徴づけられ、教師が質問などにより先導（Initiate）し、学習者が反応（Reaction）し、それに対して教師が何らかのフィードバック（Feedback）をするというパターンで進むことが多い。このような教室談話では真の情報のやりとりの機会が少ないので、習得に必要な意味交渉は起こりにくい。教室では、文法的に正確なインプットを提供するティーチャートークの役割を維持しつつ、グループワークを取り入れるなど、インターアクションの質を高める工夫が必要になる。

訂正フィードバック（corrective feedback）
フィードバック（feedback）を参照のこと。

手続き化（proceduralization）
スキル習得論（Skill Acquisition Theory）を参照のこと。

手続き的知識（procedural knowledge）
スキル習得論（Skill Acquisition Theory）を参照のこと。

統制的処理（controlled processing）
自動的処理（automatic processing）を参照のこと。

ノン・インターフェース仮説（Non-Interface Hypothesis）
習得／学習仮説（Acquisition/Learning Hypothesis）を参照のこと。

バイリンガリズム（Biligualism）
一人の人が二言語を使用すること、または、ある共同体社会が二言語使用の状態にあること。第二言語習得においては個人レベルの二言語使用を研究対象にするが、「バイリンガル」であることを厳密に定義するのは難しい。よって、さまざまな定義や分類が存在する。発達過程からは、同時発達バイリンガル（simultaneous bilingualism）と継起発達バイリンガル（sequential bilingualism）に分類することができる。前者は同時に二言語を発達させる場合で、両親の母語が異なり父母のそ

れぞれが異なる言語で子どもに語りかけ、バイリンガルになるのが典型的な例である。3歳までに第二言語を始めれば同時発達と見なされる。それ以降に第二言語を始めた場合は、継起発達バイリンガルと呼ばれる。二言語の能力の到達度から見ると、完全バイリンガル (proficient bilingual)、部分的バイリンガル (partial bilingual)、制限的バイリンガル (limited bilingual) に分類できる。この分類における言語能力とは同世代のモノリンガルのレベルを基準とし、両言語とも年齢相応であれば完全バイリンガルである。どちらか1つの言語のみが年齢相応のレベルに達している場合は、部分的バイリンガルである。二言語共年齢相応のレベルに到達していない場合は、制限的バイリンガルと呼ばれる。さらに、二言語使用の状況から加算的バイリンガル (additive bilingualism) と減算的バイリンガル (substractive bilingualism) に分けられる。第一言語が確立しているところに第二言語が加わるのは加算的バイリンガルであるが、言語環境によって、第一言語が失われてしまう場合は減算的バイリンガルになる。後者の場合は、第一言語を失うことで、アイデンティティーまで失われる危険性がある。その他、バイリンガルの能力を区別して、基本的対人伝達能力 (Basic Interpersonal Communicative Skills, BICS) と認知的学習言語能力 (Cognitive Academic Language Proficiency, CALP) に分けることがある。日常会話に支障がないというBICSは両言語で年齢相応のレベルに達していても、学業における読み書き能力を含むCALPで両言語共、年齢相応のレベルに達するのは容易なことではない。

バイリンガリズムについて、研究初期のカナダなどでは否定的な見解がなされていた。例えば、バイリンガルは二言語を天秤にかけているので、モノリンガルより言語能力は劣るという均衡理論 (Balance Theory) で、バイリンガリズムが説明された。また、分離基底言語能力モデル (Separate Underlying Proficiency Model) では、頭の中の容量は一定で、その中でどちらかの言語が優勢になると、もう一方は劣勢になるしかなく、よって、バイリンガルの子どもはモノリンガルより不利だと考えられた。しかし、今では完全バイリンガルになるとメタ言語的アウェアネスが発達したり、抽象的、論理的思考に優れるとされ、利点があると考えられるようになっている。Cummins (1980, 1981) は、氷山のように表面に現れる言語能力は2つの言語で異なるが、根底にはどちらの言語においても利用可能な共通の土台があるという共通基底言語能力モデル (Common Underlying Proficiency Model) を提案している。また、それと同時に認知能力とも関連づけた発達相互依存仮説 (Developmental Interdependence Hypothesis) を提案している。第一言語の発達が不十分な段階でバイリンガルを強要すると言語だけでなく認知的な発達にも負の影響をもたらすが、第一言語が十分発達した段階で二言語目を始めると完全バイリンガルに近づくというものである。よって、バイリンガルになるには第一言語の閾値 (threshold level)、すなわち、ある一定の言語能力の基礎が必要で、その基礎があると第二言語にも認知能力の発達にも良い影響が及ぶと考えられている。

発達順序 (developmental order／sequence)
　学習者が言語を発達させていく過程で見られる、ある言語形式に関する習得の順番のこと。厳密に英語で区別すると、異なる言語形式の習得に見られる順序を developmental order という。例えば、英語の形態素に(進行形、複数のs、冠詞、過去形など)に見いださ

れた習得順序（Dulay et al., 1982）が有名である。一方、同一の文法形式内で発達の階層が見られる場合をdevelopmental sequenceという。例えば、疑問文や否定文（Miesel, et al., 1981）の発達階層があげられる。後者は発達段階（developmental stages）と呼ぶこともある。

母語（native language）
子どもが生後最初に学び始めた言語のこと。第二言語習得研究では、一般に使われる「母国語（mother tongue）」ではなく「母語（または第一言語）」という語を用いる。なぜなら、国と国の紛争などで国籍と言語が必ずしも一致しなかったり、移住や国際結婚なども多い多文化社会では、どこを母国とするかというような状況が複雑になっているからである。第二言語習得において母語の影響を論じるが、その際に問題とされる母語というのは、学習者が最初に習得した強い言語のことをさす。通常は母親が子どもに語りかけていた言語を母語とする。

ピジン化仮説（Pidginization Hypothesis）
自然習得の初期段階はピジン言語と同様の発達過程をたどるという考え方。Schumann (1976) が、70年代前半のハーバード・プロジェクトにおいて6人のスペイン語話者の英語の習得過程を追跡調査した結果、導き出された仮説である。ピジン言語とは、植民地などで2つ以上の言語グループが接触した際にできる簡略化した共通言語のことである。最低限の意思疎通のためにしか言語使用は必要とされず、正確に共通言語を使用する必然性もないため、不完全な言語体系のままになってしまう。ハーバード・プロジェクトの中にも、ピジン化した英語さながらに、否定には何でも"no"を付加して表現する、疑問文に主語と動詞の倒置がない、動詞の時制の変化がない、三単現-sが欠如している、などの特徴が見られ、言語発達がほとんど見られない男性が存在した。この男性の自然習得の環境は、非母語話者の多い工場で単純労働に就き、同様のエスニックグループの居住区で生活していたため、情報伝達に必要な最低限の英語しか必要としていなかった。よって、ピジン言語のような不完全な言語体系のまま、進歩が見られなかったと考えられる。

否定証拠（negative evidence）
肯定証拠（positive evidence）を参照のこと。

否定的フィードバック（negative feedback）
フィードバック（feedback）、否定／肯定証拠（negative/positive evidence）を参照のこと。

フィードバック（feedback）
他者の行動に対する何らかの反応のこと。第二言語習得では主として教師が学習者の発話に対して何らかの反応をすることをいう。「よくできました。」「そうです。」のように学習者の発話を肯定するフィードバックもあるが、第二言語習得研究の関心事は、むしろ誤りの訂正を含む否定的フィードバックである。（言語教育においては「誤りの訂正（error correction）」や「訂正フィードバック（corrective feedback）」という語がよく用いられる。）また、特に普遍文法に基づく生成アプローチの習得研究では、否定証拠という語がよく用いられる。否定証拠とは目標言語で何が文法的

に不可能かという情報である。学習者の誤りを訂正して、目標言語でそれはできないとを知らせる否定的フィードバックも、否定証拠の一部と考えられる。第二言語習得研究では、否定的フィードバックが習得を促進するか、促進するとすれば、どんなタイプ（明示的 vs. 暗示的）の否定的フィードバックが最も効果があるかということが、議論の対象になる。モニター理論の Krashen (1982) は、否定的フィードバックを受けると、情意フィルターという学習者の心理的障壁ができるので、第二言語習得には弊害になると考えていた。しかし、第二言語習得が言語形式の規則に関する仮説形成とその検証のプロセスであるという見解においては、学習者が誤った仮説を立てた場合に、それを解除するために否定的フィードバックは必須だと考えられている (Bley-Vroman, 1986)。先行研究では、学習課題がメタ言語的である場合は、はっきりと誤りを指摘し、場合によっては文法説明まで与えるような明示的なフィードバックの方が、暗示的フィードバックより効果があるという研究結果が多い。しかし、学習課題が意味あるコンテクストにおける伝達活動である場合は、暗示的フィードバックの方が効果的ではないかとされ、近年は、学習者の発話意図を維持しながら、誤った部分のみ訂正して繰り返す「リキャスト（recast）」という否定的フィードバックに関心が集まっている。

フォーカス・オン・フォーム／言語形式の焦点化 (Focus on Form)

意味あるコンテクストにおいて言語の伝達活動を行う中で、必要が生じた際に適宜言語形式にも注意を向けさせる指導技術のこと。また、認知的には言語形式と意味／機能を同時に処理する言語処理モードをさす。これは、Long (1991) が、教授法という大雑把な単位ではなく、もっと小単位の指導技術レベルで教室指導の効果を比較するために提唱した概念である。Focus on Form (FonF) の代表的な指導技術の1つとして否定的フィードバックのリキャストがある。FonF と対比させるため、構造シラバスの教授法のように、言語形式のみに注意が向かう指導である Focus on FormS (FonFS) と、ナチュラル・アプローチのように意味重視で言語形式に注意を向けることのない指導である Focus on Meaning (FonM) とを区別している。FonFS は言語形式を一つ一つ学び、実際の言語使用場面では学習者がそれらを足し合わせてパフォーマンスすることが期待されるので、習得は統合的に進む。しかし、学習者は教えられたときに即習得するわけではないので、足し算のように統合しながら習得は進まない。一方、FonF と FonM はコミュニカティブなコンテクストの中で一定のまとまりのある言語が先に提示され、それを構成する個々の言語形式を学習者が自分で分析していくことが期待されるので、習得は分析的に進む。FonM には、意味のみに注意を向けていたのでは正確さが身につかないというような SLA の実証があり、FonM もまた問題である。そこで、言語形式と意味／機能を統合した FonF が習得を最も促進すると考えられている。FonF ではなく、Form-Focused Instruction (FFI) という用語を好む研究者 (R. Ellis, 2001) もいるが、FFI は FonF と FonFS を区別せず両方を含む概念として用いられている (Doughty & Williams, 1998)。近年は、FonF は指導技術としてだけではなく、むしろ言語処理モードを表す概念として用いられるようになった (Doughty, 2001)。人は意味を理解し、意味を伝えるために言語を産出するので、言語処理モードの初期設定は FonM に設定されている。SLA を促

進するにはFonMのモードを適宜FonFに変換させることが重要である。学習者は文法書を読む、文法の練習問題を解くなどのFonFSに自らを切り換えるのは容易だが、学習者自身がFonFに切り換えるのはそれほど容易なことではない。そこで、FonFへのシフトを促す教師の役割が重要となるのである。FonF自体は教授法ではないので、FonFを実現する教授法として、タスク中心の教授法（TBLT）も提案されている（Long, 2000）。

フォーリナートーク（foreigner talk）

母語話者が非母語話者に語りかけるスピーチのこと。第一言語習得では大人から子どもへの語りかけが重要だとされ、それは養育者言葉（caretaker speech）、母親語（motherese）、子どもに向けられたスピーチ（child-directed speech）などと呼ばれる。第二言語習得において、そのような大人からの語りかけに相当するのが、フォーリナートークだとされた。フォーリナートークは、第一言語習得で大人から子どもに向けられるスピーチと共通する特徴が見られる。スピーチの速度が遅い、ポーズが頻繁で長め、発音は誇張あるいは簡略化する、使用語彙に基本的なものが多い、文法的に単純な構文を用いる、などの特徴が共通している。また、フォーリナートークを母語話者同士の会話と比較すると、お互いの意思疎通を図るための意味交渉を促す会話的調整が多く現れる。例えば、非母語話者がよく理解できるように反復したりパラフレーズしたり、相手の発話を補ったりして会話を円滑に進めようとする。このようなフォーリナートークの会話的調整が、言語習得を促進すると考えられている。教室における教師の発話はティーチャートークといい、やはりフォーリナートークと同様の特徴を有する。

しかし、フォーリナートークでは、母語話者が非母語話者との会話に慣れていない場合は、学習者につられて非文法的な文を発するということがある。それは、ティーチャートークには見られない特徴である。

負の転移（negative transfer）

言語転移（language transfer）を参照のこと。

文化変容モデル（Acculturation Model）

第二言語習得は新たな文化との接触の中で、個人が文化的に変化していくプロセスの一部と見なし、学習者が目標言語の集団の文化にどれだけ同化しようとするかで目標言語のレベルが決まるという考え方。ピジン化仮説を提示したSchumann（1976, 1978）が、それをさらに発展させて理論化したものである。このモデルでは、まず集団レベルで感じる社会的距離で第二言語習得を説明し、それだけで説明がつかない場合は個人レベルの情意面の心理的距離も加味して、文化変容の度合いを見ようとしている。社会的距離の観点から見ると、①第二言語集団と目標言語集団が政治的、経済的、文化的、技術的に同じレベルにあること、②第二言語集団が自らの価値観や生活様式を放棄して、目標言語集団に溶け込もうとしていること、③第二言語集団の結束力が弱く、規模としても小さいこと、④両方の文化が似ていること、⑤お互いのイメージが肯定的であり、目標言語の集団に長く滞在しようとしていること、の条件を満たすほど、第二言語習得は円滑に進むと考えられる。しかし、社会的距離だけで習得レベルの説明がつかないこともあり、その場合は個人が目標言語集団に抱く心理的距離も考慮する。例え

ば、第一言語ならできるのに第二言語で言いたいことが十分に言えないというような言語ショックや、文化的になじめないというカルチャーショックなどである。心理的距離ができれば、学習への動機づけが持ちにくくなる。社会的距離、心理的距離が小さいほど、目標言語の集団に溶け込もうとし、第二言語習得も進むと考えられる。

明示的学習（explicit learning）

暗示的学習（implicit learning）を参照のこと。

明示的知識（explicit knowledge）

暗示的知識（implicit knowledge）を参照のこと。

メタ言語的知識（metalinguistic knowledge）

スキル習得論（Skill Acquisition Theory）を参照のこと。

モニター仮説（Monitor Hypothesis）

Krashen（1982, 1985）の提示した仮説の1つで、意識的な「学習」によって得られた明示的知識は、言語産出のモニター、つまり文法的な正確さをチェックする編集機能としてのみ働くという考え方。モニターが働くには、発話において十分な時間があり、文法的な正確さに注意を向けられる状況にあり、文法規則をすでに知っているというような条件が整っていることが必要だと考えられた。Krashenのいう「習得」された暗示的知識により言語が産出される場合は、このモニターがオフになっており、モニターオフの状態でこそ自然習得順序が表出するとされた。この仮説は、モニターが実際に習得過程でどのように働くのか、科学的な説明が不十分だとの批判を受けた。

モニター理論／モニターモデル
（Monitor Theory／Monitor Model）

Krashenの5つの仮説、「習得／学習仮説（ノン・インターフェース仮説）」「自然習得順序仮説」「モニター仮説」「インプット仮説」「情意フィルター仮説」の総称。Krashen（1982, 1985）は第一言語で親から多くのインプットを受けるのと同様の環境で第二言語も学ぶべきだと考え、第二言語習得も言語習得装置を活性化して起きる生得的なものだという立場をとっていた。そして、そのような言語習得観を基に五つの仮説を提示したのである。これらの仮説は、無意識的に起きる「習得」と意識的な教室の文法学習である「学習」を切り離して接点がないと考えたこと、習得／学習仮説の「意識」やインプット仮説の「理解可能なインプット」、すなわち「i+1」などの用語の定義が曖昧なこと、「モニター」や「情意フィルター」が実際の言語習得過程でどのように機能するのか不明、というような問題が指摘され、批判の的となった（Gregg, 1984; McLaughlin, 1978, 1987 など）。よって、理論自体が不完全なので、実証も不可能だとされた。しかし、Krashenの考え方は、今でも第二言語習得研究の原点となっているアイデアを提供している。例えば、インプット仮説はその後のインターアクション研究につながっているし、ノン・インターフェース仮説は教室指導の効果を調べる研究につながり、インターフェースがあるか否かは未だに議論の絶えない研究課題である。また、Krashenは自らの理論を基にナチュラル・アプローチとい

う教授法も提案しており、教授法としては北米で広く受け入れられた。目標言語で教科学習を行うイマージョン教育もナチュラル・アプローチの考え方に基づくものである。

リキャスト（recast）

相手の発話に対して、その発話意図や意味を維持しながら、誤った部分のみ訂正して文を繰り返す否定的フィードバックの一種。リキャストは、第一言語習得研究の成果を受けて、第二言語習得においても関心を集めるようになった。第一言語では、親は子どもの発話の文法的な誤りは訂正しないというのが定説（Brown & Hanlon, 1970）だったが、その後、確かに明示的に誤りを指摘したり訂正したりすることはないが、リキャストにより誤りがあるというサインを暗示的に出しているということがわかってきたのである（Bohannon & Stanowicz, 1988; Farrar, 1992）。第一言語でリキャストが有効なら、第二言語でも暗示的な否定的フィードバックが効果があるのではないかということになった。教室ではインターアクション重視の伝達活動が多く取り入れられているので、コミュニケーションの流れを遮断しない形で自然に反応するリキャストは、否定的フィードバックとして期待ができる。それで、伝達活動の中で言語形式にも注意を向けさせるFocus on Formの一つの手法として、リキャストの実証研究が盛んになっている。ただ、リキャストは、あまりにも暗示的で、誤りの訂正としては曖昧なので、学習者には否定的フィードバックとして認識されないのではないかという批判がある。実際、学習者がリキャストの直後に示す何らかの反応（例：繰り返す、「ああ」とつぶやく）であるアップテイクを用いて調べると、学習者にリキャストはあまり気づかれていないという結果になった（Lyster & Ranta, 1997）。第一言語習得では、子どもは親のリキャストを模倣する傾向が強く、リキャストを受ける頻度が高い子どもは言語発達が早いと言われている。しかし、コミュニケーションが目的の大人のインターアクションでは、リキャストに即座に反応するのが不自然、不適切な状況もあり得るし、大人であれば黙って心の中で反応している可能性もある。リキャストのような暗示的な指導の効果は、指導直後より時間が経過してからの方が顕著に現れる（Mackey & Philp, 1999）という研究もあり、直後の反応だけでは効果の有無についての判断は難しい。インターアクションにおいてリキャストを受けて何度か話順交替をした後に、少し前にリキャストされた言語形式が現れることも示されている。よって、このように、前に受けた刺激の影響が後の情報処理に現れるという心理学のプライミングの効果を第二言語習得においても見るべきだ（McDonough & Trofimovich, 2008）という提案もなされている。

臨界期（critical period）

ある能力が発達する時期に適切な刺激を与えられないと、その後の発達に大きな影響がでるという重要な時期のこと。人間以外の動物の能力の発達についても臨界期があると言われている。第一言語習得では、Lenneberg (1967)が後天的に失語症になった子どもの症例データを基に、言語習得にも臨界期があるのではないかと考え「臨界期仮説（Critical Period Hypothesis）」を提示した。彼のデータでは12〜3歳を過ぎると言語の回復が著しく難しくなることから、人間にはことばを学ぶのに最適な時期があると考えたのである。第二言語習得においても、何歳から言語学習

を始めるべきかなど、年齢は関心の深い問題である。臨界期は第二言語にもおおむね存在するが、言語領域により異なる臨界期が存在するのではないかと言われている。特に発音の臨界期は比較的早く、6歳とも言われている。ただ、高い年齢で言語学習を始めても母語話者並みの言語能力を身につける学習者もいるので、臨界期は絶対的なものではない。また、臨界期というからには明確な始まりと終わりがあるべきだが、人間の能力はもっと緩やかに衰退するものだという考え方もある。よって、最近では「臨界期」よりは意味合いの弱い「敏感期／感受期（sensitive period）」という語を好む研究者もいる。言語学習を始めるのは早ければ早いほどいいとは一概には言えず、習得によい環境において適切な学習方法で、ある時期集中して学習することの方が重要だという考え方もある。また、年齢と最終的に到達するレベルの関係には個人差も大きい。

U字型発達 (U-shaped development／U-shaped behavior)

学習者の言語の発達曲線がアルファベットのU字の形を成していること。このような現象は言語のみならず、子どものさまざまな行動や認知の発達過程でも見られる。発達過程において、何かをきっかけにある行動が表出するが、その後いったん消滅または減少し、その下降期を経て再び増加に転じることがよくある。その発達曲線がグラフ上でまさにU字型を示すのである。第一言語習得でよく取り上げられるのは英語の不規則動詞の習得である。子どもは、初期段階で動詞「go」の過去形を「went」と正しく使っているが、ある時期から「goed」と言い始めることがある。過去形に"-ed"をつけることを学ぶと不規則動詞にまで適用するという過剰般化の誤りをおかすからである。しかし、やがて、子どもは規則動詞と不規則動詞を正確に区別するようになり、再び「went」と正しく使えるようになる。第二言語習得の事例としては、Kellerman (1985) が、オランダ語を母語とする英語学習者の自動詞と他動詞の習得のパターンにU字型発達曲線を見いだしている。英語の動詞は同一の動詞が自動詞としても他動詞としても使えることが多い。オランダ語話者は17歳頃までは1つの動詞を自動詞としても他動詞としても正しく使えているのだが、18～20歳あたりで自動詞としての使用が減少するという。そして20歳を過ぎると再び自動詞としての使用が増加するというものである。最初正しく使えていたのは、丸暗記したまま使用していたと考えられる。使用が減少する時期は、一見発達が後退しているように見えるが、それは頭の中で言語の分析が進んでいる証で、認知的には前進していると見る。このように、学習者の言語は右肩上がりに一直線に発達していくのではなく、ある時期には後退することもあり、言語習得は複雑なプロセスを経ると考えられている。

4 学習者心理

オフライン法 (off-line method)

オンライン法 (on-line method) を参照のこと。

オンライン法 (on-line method)

心理言語学で使われる進行中の言語の処理過程を観察するための実験手法の1つ。最も一般的なのものとして、コンピュータを用いて行う反応時間パラダイムの実験がある。コンピュータの画面に提示されるターゲット刺激（文字、単語、文、または談話などの言語材料）に対して、被験者は実験者から教示された課題を遂行する。この間に被験者の脳内ではターゲット刺激に関わる様々な情報が活性化されると考えられ、刺激提示から反応までの時間の長さ（反応時間）は、課題が達成されるまでの脳内での処理を反映すると仮定する。この他に、アイカメラを用いた眼球運動 (eye movement) や脳波を測定する ERP (event related potentials) の分析も、オンライン法に基づく研究である。また、第二言語習得や日本語教育等の読解研究などで用いられる発話思考法 (think-aloud method) もオンライン法に分類されることがある。発話思考法は、読解等の文章理解の過程で、頭の中で何が起こっているかを検討するために、被験者に、読解をしながら、思いつくことを発話してもらう。発話思考法で得られた発話を分析することで、読みがどのように進んでいるか、どのようなストラテジーが使用されているかなど、読解過程を垣間見ることができる。

一方、既に処理が終わった結果を分析する手法は、オフライン法 (off-line method) と呼ばれる。オフライン法は、現在進行中の過程ではなく、既に処理が終わった結果に注目しているため、心理言語学では、オンライン法のような速さではなく、再生の効率性、すなわち、再生率 (recall rate) が分析の対象となる。第二言語習得や日本語教育では、筆記テストの得点や読解や聴解などの再生テスト (recall test) のアイディアユニット (idea unit) の数などが、再生率に相当する。

外国語副作用／外国語効果
(foreign language side effect)

第二言語や外国語を用いながら、何らかの課題（数字の計算をする、図形を照合させるなど）を遂行している時、思考力が一時的に低下してしまい、課題の達成レベルが低くなること。数字や図形の処理のような言語を用いない実験課題だけを行う場合と、実験課題に併行して言語の課題を行う場合とを比較すると、言語課題を併行して行う場合の方が、実験課題の成績が下がるという現象が起こる。さらに、言語課題を、第一言語で行った場合と第二言語で行った場合とを比較すると、第二言語の場合の方が、実験課題の成績はさらに低くなる。こうした背景には、課題を達成するのに必要な認知資源 (cognitive resources) が、その人の持っている認知資源の限界を超えていることが考えられる。課題の遂行と言語の処理という2つの作業に、限界以上の認知資源が必要となった場合、第一言語で同じ課題を遂行するよりも、第二言語で行った場合の方が、認知資源をより多く使うため、課題の達成レベルが下がってしまうのである。ただし、第二言語の習熟度が高くなり、言語処理の自動化 (automatization) が進めば、消費される資源が少なくて済むようになる。そうなると、課題の達成レベルも上がり、結果として外国語副作用はあまり起こらなくなる（高野, 2002）。また、第一言語と第二言語の言語間距離が小さければ小さいほど、外国語副作用の影響も小さくなると言われている

(Takano & Noda, 1995)。

関わり度仮説
(involvement load hypothesis)

語彙の付随的学習（incidental learning）において、語を処理するタスク（task）への関わりの程度が強ければ、記憶の保持（retention）が良くなるという仮説。処理水準説（level-of-processing theory）に依拠した仮説で、Laufer & Hulstijn（2001）が提唱した。involvement（関わり度）は、動機的要素の need（必要性）、認知的要素の search（検索）、および evaluation（評価）という3つの構成要素から成る。必要性は、タスクの遂行において、語彙知識が不可欠か否かに関わる。検索は、タスクの遂行において、語彙（の意味や形式）を探す必要があるか否かのことである。評価は、手元にある語彙に関する情報に対して、それが求めていた情報であるか否かを判断することである。この3つの要素には、関わりの有無に加えて、関わりの強さを決定する指標が設定されており、タスクに緩やかに関与する場合は「1」、強く関与する場合は「2」となる。なお、タスクに関与しない要素は「0」で、関わり度の算出には寄与しない。

例えば、学習者が適切な語が思いつかないと作文が書けないと認識し、語を調べることを動機づけられた場合は、必要性が関与する。検索は、読解の過程で未知語に遭遇し、辞書を引くという活動をすれば、関与する。しかし、未知語があっても、語注などで意味が与えられている場合には、検索は関わらない。ただし、与えられた意味が複数あった場合、それらを比較検討し、最終的にどの意味が文脈に合うかを判断しなければならないという場合には、評価が必要となる。

タスクの遂行に、いずれの構成要素が、どの程度の強度で関わったかを計算することで、当該タスクへの関わり度が求められる。先行研究では、関わり度が大きくなれば、語彙の学習は進むという報告が多数ある（Hulstijn & Laufer, 2001; Keating, 2008; Kim, 2008）。しかし、構成要素の検索と評価は必要性を伴うものであり、独立した構成概念として認めにくいことや、関わり度がタスクの遂行や達成をどの程度決定づけているのかが、十分に検討されていないとの指摘もある（吉澤, 2010）。

学習スタイル (learning styles)

新しい知識や技能を学ぶ際に学習者が使う方法のこと。学習者は、個々に馴染みのある方法や得意な方法で学習を進めることが多いが、その傾向を知ることで教授や学習の効果が高まると考えられている。そのため、学習スタイルは学習者の個人差（individual differences）の1つとして、言語習得との関係から検討されることが多い。なお、「学習スタイル」は、「認知スタイル（cognitive styles）」と互換的に用いられることが少なくない（Erhman et al., 2003）。「認知スタイル」は1950年代から用いられるようになった用語で、情報処理の方法に影響を及ぼす個人の一般的な特性を指すのに対し、情報処理の中でも学習活動に焦点を当てて、学習者の特性傾向を説明するのが「学習スタイル」であると言われている（Riding & Cheema, 1991）。

Kolb（1984）は、思考が具体的か抽象的か、情報処理が能動的か内観的かという2つの軸の組み合わせによって、発散型（diverger）、収束型（converger）、吸収型（assimilator）および適応型（accommodator）の4つの学習スタイルを提示している。発散型は、アイディアの生成を促してくれる具体的な設定を求めるタイプで、ブレーンストーミングなどの活

動を好む。収束型は理論を構築する抽象的な思考が得意で、実験や理論の実践を好む。吸収型は広範な情報を簡潔に論理的にまとめるタイプで、実践的な価値より論理的な堅実性が重要だと考える。適応型は、具体的で能動的な活動が得意で、プロジェクトやフィールドワークを好む。この4タイプは Kolb (1999) の Learning Style Inventory というテストで自己診断できる。

このほかにも、学習スタイルの診断テストには、Reid (1995) の Perceptual Learning Style Preference、Ehrman & Leaver (2003) の Learning Style Questionnaire などがある。これらは、情報の認知や処理の仕方、学習環境に対する好み、記憶の方法、思考の傾向（演繹的か帰納的か、直感的か内省的か）など、様々な観点から、学習スタイルの傾向が分析できるように作られている。

学習ストラテジー

(learner strategies／learning strategies)

言語学習を効果的に進めるために学習者がとる方略のこと。Oxford (1990, 1999) は、学習ストラテジーとは、知識の獲得、蓄積、想起、情報の使用を助けるために学習者が使う操作で、学習者の自律性を高める道具であるとしている。学習ストラテジーに関する研究は、1970年代以降盛んに行われた「良い言語学習者 (good language learner)」に関する研究に端を発する。良い言語学習者には、動機付けの他に、学習の方法やコツに共通した傾向が認められたという知見 (Wenden & Rubin, 1987) を基にして、Oxford (1990) や O'Malley & Chamot (1990) によって、学習ストラテジーの分類と記述が示された。

Oxford (1990) では、記憶ストラテジー (mnemonic strategies)、認知ストラテジー (cognitive strategies)、補償ストラテジー (compensatory strategies)、メタ認知ストラテジー (metacognitive strategies)、情意ストラテジー (affective strategies)、社会的ストラテジー (social strategies) の6つが挙げられている。記憶ストラテジーには、連想する、イメージを使うなど、語彙や文法形式の学習項目を覚えるための具体的な方法が含まれる。認知ストラテジーは、反復する、分析や推論をするなど、学習項目を知識体系に取り込んでいくのを助ける道具である。補償ストラテジーは、言語使用に困難が生じたときの対処法で、母語に変換する、身振り手振りを使う、などがある。メタ認知ストラテジーは、言語学習について調べる、実践の機会を求めるなど、学習を管理する方略である。情意ストラテジーは学習過程における情意面を調整する方法で、自分をほめる、リラックス法を活用するなどがある。社会的ストラテジーは、文化を理解する力を高める、学習者同士で協力するなど、他者との関わりの中で効果的に学習を進めるための方略である。

O'Malley & Chamot (1990) は、認知ストラテジー、メタ認知ストラテジー、社会・情意ストラテジーの3分類を提示しているが、内容的には Oxford (1990) と近似している。認知ストラテジーは、Oxford (1990) の認知ストラテジーと記憶ストラテジーを含み、社会・情意ストラテジーは、Oxford (1990) の補償ストラテジー、情意ストラテジー、社会的ストラテジーに対応しており、メタ認知は両者ともに同じものを指している。

また、ストラテジーの調査票には Oxford (1990) の Strategy Inventory for Language Learning (SILL) や Cohen & Chi (2002) の Language Strategy Use Inventory and Index (LSUII) がある。SILL は上記6つのストラテジーについて、5段階評定尺度で自己評価す

る形式である。また、LSUIIは、4技能に関するストラテジー、語彙学習ストラテジー、翻訳ストラテジーについて、使用感を4つのカテゴリー「このストラテジーは良く使うし、好きだ」「このストラテジーは使ったことがあり、また使うと思う」「このストラテジーは使ったことがないが、興味がある」「このストラテジーは自分には合わない」から選ぶ形式である。このほかに、特定の技能に焦点を当てたストラテジー調査票などもある（Cohen & Macaro, 2007）。

ただし、良い言語学習者が好んで使うストラテジーが明らかになったとしても、それが万人にとって効果的であるとは言えない。学習者にストラテジーを紹介し、指導することは教育的ではあるものの、どのストラテジーが有効なのかは、学習内容、学習者の学習スタイル（learning styles）や認知スタイル（cognitive styles）、学習に対するビリーフ（beliefs）、学習言語と母語との言語間距離などの様々な要因によって異なるという指摘がある（大関, 2010; Erhman, Leaver & Oxford, 2003）。また、言語学習が苦手な学習者に対して、ストラテジー教育をしても言語習得が必ずしも進むとは言い難く、学習ストラテジー研究は第二言語習得にインパクトを与えるほどの確立された知見は今のところ示されていないという指摘もある（小柳, 2004）。

キーワード法 (keyword method)

第二言語の語の記憶方法の1つ。Atkinson (1975) により提案された。新しい語を学習する場合には、語の形式（書字や音韻）と意味を結び付けて記憶していくが、この時、記憶を助けるためにイメージを心の中に刷り込むというのが、キーワード法である。具体的には、第二言語で新たに語を覚えようとしているき、その新規の語と音韻的に類似している既知の他の語（多くは第一言語の語で、これをキーワードと呼ぶ）を探す。それから、新規の語と既知のキーワードのそれぞれのイメージを思い浮かべ、その2つのイメージを合体させたイメージを作る。例えば、日本語の「混む」を覚える際、英語で近い音を持つキーワードとして「comb」を探し当て、混んだ電車の乗客の頭に、くし（comb）がたくさん刺さっているイメージを作る、というような方法である。なお、キーワード法の有効性については、異なる言語では音韻構造が違うため、誤った発音を定着させる可能性がある、言語適性の低い学習者にはうまく利用できない、イメージを探し当てるのに時間がかかり、効率的でないなどの指摘もあるが、長期的な保持には一定の有効性があることや、入門期の学習者には特に効果的であることなど、有効性も示されている（松見, 2002; Nation, 2001）。

機能的磁気共鳴画像法／fMRI (functional magnetic resonance imaging, fMRI)

脳の活動パターンを画像化するための脳機能イメージングの主要な手法。もともと腫瘍、出血、梗塞といった脳の病変の検査に使われてきたものであるが、ヒトの各種の活動に関連した脳の働きを検査することもできるようになった。脳が活動すると、局所的に脳の血流量が増加して磁気的な性質が変わり、fMRIの信号が増えると考えられている。そのfMRIの信号を手がかりとして、特定の課題に関連した脳の場所を検出することができる。fMRIを使った研究によって、前頭葉下後部のブローカ野の領域で、言語の発話の産出や統語の処理が行われていることも明らかになった。fMRIは、信号の感度が高く放射線の被爆もない点で優れているが、機器が高価で重いた

め、簡便に設置できるものではない。fMRIと類似した手法に、PET（position emission tomography、ポジトロン（陽電子）断層撮影法）や、最近注目を集めはじめている光トポグラフィ（optical topography）がある。これら一連の手法を用いた言語研究の主な成果として、発話に対応する領域は一時運動野（両側）とブローカ野などであり、意味上の連想に対応する領域は左脳の前頭葉と右の小脳などであることが明らかになりつつある。

参与観察法

（participant observation method）

被観察者に対して観察者がその存在を明示しながら直接観察する方法。観察対象となっている集団の一員としての役割を演じながら、そこで起こる現象を総合的に長期にわたって観察することになる。もともと、異文化でのフィールドワークを行い、その集団内の行動様式を民族誌（ethnography）として記述する文化人類学（cultural anthropology）の領域で用いられてきた手法である。その後、社会学、心理学、教育学などの分野でも適用されるようになった。観察者自身の体験に基づくこと、聞き取りやインタビュー、文書等、多角的なアプローチで現象の理解に努めることが求められる。

事象関連電位／ERP

（event related potentials, ERP）

ある特定の出来事に反応して観察される脳電位。ヒトには絶え間なく自発的に脳波（electroencephalogram, EEG）が出現しているが、ERPは、このEEGに重なって生じる電気活動である。特定の課題や刺激に対して観測されるERPは、陽性（positivity: P）と陰性（negativity: N）の極（成分）を持ち、課題の種類によって各成分が出現するまでの時間（潜時）と場所（脳部位）が異なってくる。脳神経言語学で蓄積されてきた数多くの先行研究から、言語処理に関連する成分が存在することがわかってきている。

ERPを測定する言語実験研究では、主に、意味および統語逸脱の振る舞いやそれらの相互の関連性が議論される。統語的な逸脱文（「太郎が花子に殴った」など）には600ミリ秒をピークとする陽性電位（P600）が観察され、意味的な逸脱文（「ベッドが花子を殴った」など）には400ミリ秒前後で陰性電位（N400）が観察される。さらに近年の研究では、これら2つに留まらず、他の成分（N100, N200, P300, LAN: left anterior negativity, LRP: lateralized readiness potential など）の言語に関連した働きも注目されつつある。ERPは、振幅が小さいために、多数の試行で得られたデータを事象の生起時点にそろえて加算平均する必要がある。この手続きによって、事象とは無関係な背景脳波（background EEG）と相殺して事象に関連した電位を抽出できる。このようにして得られたERPは、事象に関連して新しく生じた電位ではなくEEGから抽出されたものであるため、EEGのあり方を考慮に入れながらデータを検討することが望ましい。

付随的学習／偶発的学習

（incidental learning）

読解や伝達活動を行う中で、学習者が意図していないにも関わらず、語彙や文法などの言語項目の学習が進むこと。反対に、学習者が明確な目標を認識した上で行う学習は、意図的学習（intentional learning）と呼ばれる。第二言語習得研究では、フォーカス・オン・

フォーム（Focus on Form）による指導を用いることで、学習者の注意が偶発的に言語形式に向かい、習得が進むと考えられており、付随的学習が推奨されている。

第二言語習得においては、語彙習得が付随的学習の研究対象となることが多い。読解や聴解などの内容理解が主たる活動である時、学習者が読解や聴解のテキストの中で遭遇した新出語について、その形式と意味を、一定期間、保持（retention）できることを指す。語彙の学習はあくまでも副次的であり、学習者が語を意図的に学ぼうとしたわけではないのに、記憶（memory）に保持されているという点が、付随的（偶発的）だと称される理由である。なお、心理学の分野では、厳密に統制された実験を行う際に、被験者に刺激語を記憶するように教示しない場合に起こる学習のことを、偶発（的）学習と呼ぶことが多い。

付随的語彙学習に関する研究は、どのような文脈がどの程度与えられれば、その語の意味をどのぐらいの期間、保持しておけるか、どのような情報源（語注、辞書など）を用いれば、その保持は長くなるか、どの程度のL2習熟度があれば、意味推測や保持が進むのか、などの観点から行われている。また、文脈情報から未知語の意味が正しく推測でき、その意味の保持を検討するという、未知語の意味推測と組み合わせた研究も行われている。付随的語彙学習は、Craik & Lockhart (1972) の処理水準説（levels-of-processing theory）や、関わり度説（involvement load theory）を理論的枠組みとして、学習活動の処理の深さと記憶の保持の関係を検討する研究が多い。

処理水準モデル／処理水準説

（level-of-processing model／
level-of-processing theory）

人間が新しい情報を記憶する際、処理が深くなればなるほど、記憶痕跡が強固になり、忘れにくくなるという仮説。Craik & Lockhart (1972) によって提唱された。Atkinson & Shiffrin (1968) の二重貯蔵モデルでは、短期記憶に保持された情報のうち、精緻化リハーサル（elaborative rehearsal）が行われたものが長期記憶に移行すると説明されるが、処理水準モデルでは、人間の知覚処理には、形態的処理、音韻的処理、意味的処理と深さの違う処理過程が複数あり、深い処理が強固な記憶痕跡を形成することにより、長期記憶に保持されると考える。Craik & Tulving (1975) では、語彙の付随的学習（incidental learning）における処理水準と語の保持の関係を検討したところ、形態的処理課題（対象語が大文字で書かれていたか否かを問う）、音韻的処理課題（対象語と同じ韻を踏むか否かを問う）、意味的処理課題（対象語が文の空所に当てはまるか否かを問う）では、対象語の再認率は、処理水準が深くなるにつれて、高くなり、意味的処理を課す課題が最高の再認率であることが実証された。ただし、処理水準には客観的な指標がないため、処理の深さの定義が示されていない。そのため、実験結果が示すことは、意味的処理が形態的処理より再認に効果的であるということに過ぎず、意味的処理が深い処理であることを実証したとは言えないという批判もある（Baddeley, 1978; Nelson, 1977）。

第二言語習得研究においては、語の学習や保持にどのようなタスクが有効であるか、とりわけ、偶発的な学習におけるタスクの有効性を検討する際に参照される理論で、Laufer

& Hulstijn (2001) は処理水準モデルに基づき、関わり度仮説 (involvement load hypothesis) を提唱した。

心内辞書／メンタルレキシコン
（mental lexicon）

人間の脳（意味記憶）の中に想定されている、語に関する知識の総体のこと。心的辞書とも呼ばれる。心内辞書がどのような構造をしているか、言語の処理の過程で人間が心内辞書にどのようにアクセスしているか、という点が研究対象となる。心内辞書の構造やアクセスの過程については諸説あるが、見出し語ごとに書字的情報、音韻的情報、意味的情報、統語的情報などの情報が記載されており、書字や音韻などの形式的情報が入力されると、その情報を基に、心内辞書が検索され、どの語であるかが同定され、意味や統語の情報が取り出されると考えられている。発話のモデルを提示した Levelt (1989) では、心内辞書は lemma と lexeme から成り、lemma には意味と統語、lexeme には形態素と書字の情報が含まれるとされ、発話の産出や理解の過程で

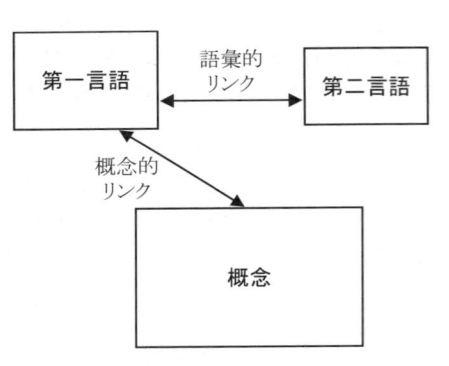

図1　語彙連合モデル
（Kroll & de Groot, 1997: 172（筆者訳））

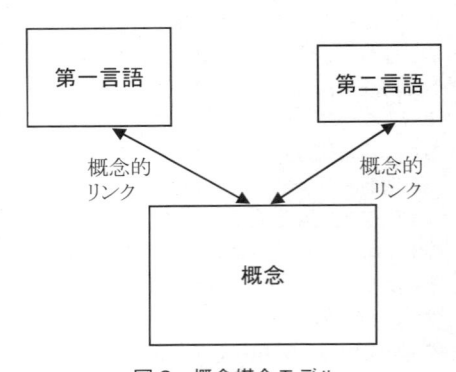

図2　概念媒介モデル
（Kroll & de Groot, 1997: 172（筆者訳））

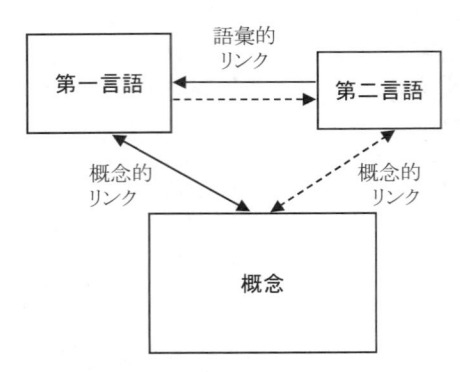

図3　改訂階層モデル（Kroll & Stewart, 1994: 158（筆者訳））

アクセスされると説明されている。

心理学の分野では、心内辞書へのアクセスモデルが多数提示されているが、代表的なものとして、Morton (1969, 1979) のロゴジェンモデル (logogen model) や McClleland & Rumelhart (1981) 相互活性化モデル (interactive activation model) などがある。ロゴジェンモデルでは、音韻や書字などの形式的な情報が入力されると、感覚器官による分析と認知システムによる予測（知識や文脈に基づいた予測）によって、関連のある複数のロゴジェン（語）が活性化 (activation) し、活性値が一定の値（閾値、threshold）を越えた時、語が同定されると説明される。また、相互活性化モデルでは、語の形式的な情報が入力されると、物理的特徴ユニット、文字ユニット、単語ユニットの、3層のユニット（処理単位）で処理が行われ、処理の間に、活性化レベルが下がったり、上がったりしながら、最後まで活性値が高かった語が、最終的に同定されると考えられている。

一方、バイリンガル話者については、第一言語と第二言語の2つの辞書が想定されている。音韻や書字などの形式については、第一言語と第二言語のそれぞれの辞書に独立して情報が記載されているが、概念は共有しているという立場を支持する研究者が多い。代表的なモデルとしては、Potter et al. (1984) の語彙連合モデル (word association model) や概念媒介モデル (concept mediation model)、Kroll & Stewart (1994) の改訂階層モデル (revised hierarchy model) などがある。語彙連合モデル（図1）は、第一言語の形式と第二言語の形式は結合しているが、意味や概念と結びついているのは第一言語の形式のみで、第二言語の形式から直接、意味概念を取り出すことができないとするモデルである。概念媒介モデル（図2）は、第一言語も第二言語も意味概念と結合しており、それぞれの形式から直接アクセスできるというモデルである。改訂階層モデルは、この2つのモデルを融合させたものである（図3）。改訂階層モデルでは、具象的な語や親近性の高い語、あるいは、第二言語の習熟度が高ければ、第二言語からも意味概念に直接アクセスできるが、抽象的な語や、第二言語の習熟度が低い場合は、第一言語を経由して、意味にアクセスすると説明されている。なお、第一言語より第二言語の方が習得されている語彙数が少ないため、いずれのモデルでも第二言語の方が第一言語より小さく図示されている。

動機づけ／動機 (motivation)

言語を学ぼうとする意欲のこと。第二言語の学習が成功するか否かに影響を及ぼす個人差 (individual differences) の1つ。第二言語の動機研究は社会心理学的研究に端を発する。Gardner & Lambert (1972) は、第二言語の学習動機は外国や外国人に対する態度 (attitudes)、および学習課題に対する志向 (orientation) によって決まり、その志向には道具的 (instrumental) なものと統合的 (integrative) なものがあるとしている。道具的志向とは、言語学習の目標が実利的価値に結びついており、統合的志向は、目標言語集団の一員になりたいなどの社会文化的な理由に基づく。また、Gardner (1985) の社会教育モデルでは、（目標言語社会への）統合性と学習環境への態度が動機に影響を与え、統合性、学習環境への態度、および動機の3要素で統合的動機が形成されるとしている。

また、教育心理学の立場からは、学習者はどのようにして動機づけられるか、が議論されてきた。代表的な知見として、内発的 (intrinsic) 動機づけと外発的 (extrinsic) 動機

づけがある (Deci, 1975)。内発的動機づけは、学習者の内面から出てくる動機によって学習が誘発される状態で、学習者は学習すること自体に満足する。外発的動機づけは、外からの刺激（賞罰や報酬など）や、自分の価値観によって、学習が誘発される。ただし、Deci & Ryan (1985) の自己決定理論 (self-determination theory) では、学習者が自律的に学習を決定すると、内発的動機が高まるとし、自己決定の程度によって、内発的か外発的かが段階的に変化すると説明する。また、近年の研究では、動機づけは一定でなく、学習の段階により変化するとして、長期的な観察研究もあり、個人差要因の中でも重要な側面であるという見方もある。

なお、動機と言語習得の関係を実証した研究では、Attitude/Motivation Test Battery (AMTB, Gardner, 1985) が良く用いられる。これは、動機、統合性、学習状況に対する態度、言語不安 (language anxiety)、その他の5つのカテゴリーの、130強の項目から成る質問紙である。

第二言語コミュニケーション意欲

（willingness to communicate in a L2, WTC）
第二言語で人と会話しようとする意欲のこと。英語の頭文字からWTCと略称されることが多い。もともとは、第一言語のコミュニケーション研究において形成された概念で (Burgoon, 1976)、第一言語ではコミュニケーション不安 (communication apprehension) と認知能力 (perceived competence) に強く影響を受けて形成される個人の特性であると言われている (McCroskey & Richmond, 1991)。

第二言語WTCの理論的枠組みには、MacIntyre, Clément, Dörnyei, & Noel (1998) のモデルがある（図4）。このモデルは、言語

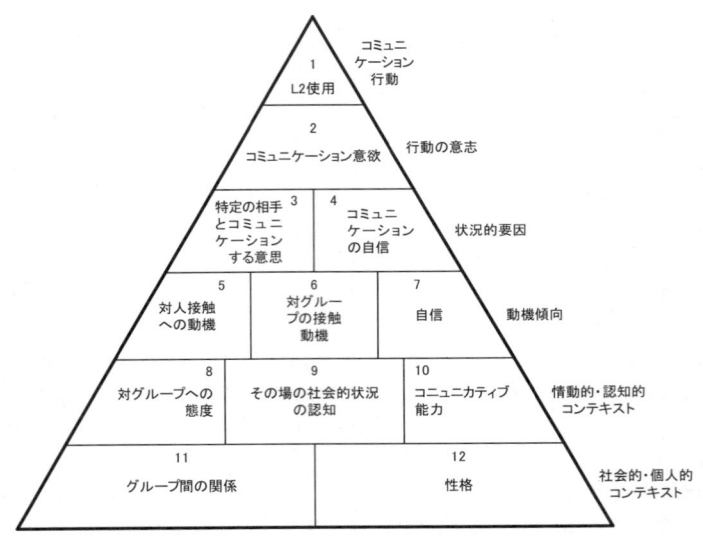

図4　WTCモデル (MacIntyre et al., 1998: 89（筆者訳))

的、心理的な変数による6層のピラミッド型を成している。ピラミッドの頂点（第1層）には第二言語の使用が置かれ、第2層にコミュニケーション意欲がある。この構造は、第二言語を使用することが第二言語教育のゴールであり、言語の使用はコミュニケーション意欲によって影響を受けることを表している。第3層以下は、コミュニケーションの自信や欲求、対人関係に関する動機や態度、対グループへの態度やグループ間の関係、性格などから成っており、状況的、情意的、社会的、個人的な様々な要因が第二言語においてコミュニケーションする意欲に影響を及ぼすことを表している。

2000年頃から、WTCと第二言語習得との関係に関する研究成果が報告されるようになったが、英語教育においては、第二言語によるコミュニケーションの自信や国際的志向性がWTCに影響していること（Yashima, 2002）、イマーションプログラムの経験がWTCを高めること（MacIntyre, Baker, Clément & Donovan, 2003）が示されている。日本語教育においては、学習に対する興味だけでなく、道具的な志向（日本企業への就職や起業）が、第二言語としての日本語のWTCを高める可能性があることが示唆されている（小林, 2008; 小林・八杉・麦田, 2007）。なお、第二言語WTCの質問紙としては、McCroskey（1992）の12項目の質問紙（8項目のダミーを加えた全20項目）が使用されることが多い。

認知資源／処理資源

　（cognitive resources/processing resources）
　情報を処理するために消費される心的なエネルギー資源のこと。人間が情報を認識し、処理する過程では、活動の様々な側面に対して、意識的にせよ、無意識的にせよ、注意（attention）が向くが、認知資源は有限であると考えられており（Kahneman, 1973）、処理が複雑で困難になればなるほど、認知資源は多く消費されるため、低次の処理だけで認知資源の多くを消費してしまい、高次の処理が遂行できないことがある。例えば、第二言語の文章理解において、内容が十分につかめないという現象が起こるのは、第二言語の習熟度が不十分な場合は、語や文法の解析に資源が多く使われてしまうからだと説明される。外国語副作用（foreign language side effect）も、認知資源の制約による現象として解釈されている。

認知資源は個人によってある程度固定的で、一定年齢を超えると増大しないとも言われており、そのため、限られた資源で複雑な処理を行うためには、下位や低次の処理については、自動化（automatization）されている必要がある。第一言語では、低次の言語解析は処理が自動化されているため、資源を内容理解により多く配分することができるが、第二言語において内容理解を促進するためには、言語知識を増やし、下位処理で資源を消費しないようにしなければならない。

認知スタイル（cognitive styles）

　情報を知覚し、処理する方法のこと。個人の習慣や好みなどの影響を受けるもので、人により一貫した傾向があると言われる。認知スタイルは、複数の分類があるが、代表的なものに、Witkin et al.（1954）の場独立型（field-independent）と場依存型（field-dependent）がある。場独立型は、全体から細部を切り分けて分析的に情報を処理するのが得意だと言われるが、「木を見て森を見ず」になりやすいとも言われる。場依存型は、物事を全体像か

ら知覚するため、詳細な観察は不十分だが、社会的文脈における問題解決に優れているとも言われる。なお、場独立型の程度を測るのに、埋め込み図形テストを用いることがあるが、言語の認知スタイルを測るのに図形のテストは妥当でないという指摘もある。

このほかに、Kagan et al. (1964) の熟慮型 (reflectivity) と衝動型 (impulsivity) という分類もある。答えが明確に分からないような状況において、じっくりと情報を収集して答えを導くか、それとも、素早く判断するかという、課題の取り組み方の違いで、これは、図形照合テスト (matching familiar figure test) が用いられる。さらに、Brown (2000) では、認知スタイルの1つとして、曖昧さに対する寛容度 (tolerance/intolerance of ambiguity) も挙げられている。自分の知識や信念にそぐわない情報を与えられた時の寛容度は、非文法的な自然発話や規則に合わない例外のある言語習得と無関係でないと考えられている。

認知スタイルの分類は30余りあると言われているが、Riding & Cheema (1991) は、全体論的・分析的 (wholist-analytic dimension)、および言語的・画像的 (verbal-imagery dimension) の2つに集約できるとしている。前者は情報を全体の中で捉えるか、細部に焦点を当てるかに関する次元で、場依存型・場独立型、衝動型・熟慮型、合理的・直感的などの9つの分類が含まれ、後者は、記憶の形式に関するもので、抽象的・具体的、言語的・視覚的の2つの分類が含まれている (Riding & Rayner, 1998)。

反応時間パラダイム

(reaction time paradigm)

オンライン法 (on-line method) の1つ。コンピュータなどを用いて、実験者が被験者に刺激となる文字、単語、文などの言語材料を、視覚的に、あるいは聴覚的に提示する。被験者は提示された刺激に対して、設定された課題を遂行する。刺激が提示されてから、課題が遂行されるまでの時間は、脳内でターゲット (target) の刺激が活性化され、課題が達成されるまでの一連の活動を反映していると仮定している。それで、特定の刺激に対する課題遂行に要した時間を反応時間 (reaction time) として、また、課題遂行の正確さを誤答率 (error rate) として測定し、分析する。

実験で用いられる課題としては、語彙性判断課題 (lexical decision task) や文正誤判断課題 (sentence correctness decision task)、音読課題 (naming task)、単語探知課題 (word search task) などがあるが、広く用いられるのが語彙性判断課題である。語彙性判断課題では、実験者はある単語を提示し、被験者にそれが正しい語であるかどうかの判断を要求する。被験者は、正しい語であると判断すれば「はい」、正しくないと判断すれば「いいえ」の反応キーをできるだけ速く、正確に、押す。刺激提示から反応キーを押すまでの時間が反応時間であり、その判断がどれくらい正確に行われたかが誤答率である。心内辞書 (mental lexicon) にあるターゲット語は時間と共に活性値が上がり、やがて閾値 (threshold) を越えるとターゲット語に要求された課題に応じて、書字、意味、発音が意識化され、課題遂行に使用される。例えば、使用頻度の高い語は閾値が低く、活性化が起こってから短い時間で閾値を越えるため、反応時間は短くなる。逆に、使用頻度の低い語は、閾値が高く、活性値がそのレベルに達するまでに長い時間を要する。時間と共に活性値が上がり、閾値を越えると、ターゲット語が理解されるが、閾値を越えるまでは、ターゲット語は意

識に上ってこない。したがって、閾値を越えるまでのターゲット語の活性化に要した時間を反映したのが反応時間であり、ターゲット語が脳内で活性化されるまでの指標と考えることができる。

ビリーフ／信念（beliefs）

　学習者や教師が言語や言語学習に関して抱いている個人的な信念や見解のこと。ビリーフは個人の経験に基づく価値観や評価によって形成されることが多いため、その内容は必ずしも真実でなく、思い込みや偏った考えの場合もある。

　学習者のビリーフの調査には、Horwitz（1987）の Beliefs About Language Learning Inventory（BALLI）が用いられることが多い。BALLI は、①言語学習の難しさ、②外国語の才能、③言語学習の特質、④ストラテジー、⑤動機と期待、の5分野に関する全34項目から成る。例えば、「ある言語は他の言語に比べて学習しやすい」「大人より子供の方が楽に外国語を学べる」「外国語学習の大半は多くの語を覚えることである」「分からない語は推測すれば良い」「外国語が上手になれば、良い仕事に就きやすくなる」などである。このように、ビリーフは学習に関して学習者が持っている知識であるため、メタ認知的知識の1つであるとも言われる（Wenden, 1999）。なお、学習者がとる行動の背景には学習者のビリーフが大きく関わることが多いと考えられる一方で、ビリーフは理想主義的信念であって、実際の行動とは全く異なっている場合も少なくない。また、Horwitz（1999）では、母語グループによるビリーフの違いがあるか否かを調査しているが、顕著な違いは見出されておらず、ビリーフは個人の性格や経験に大きく関わるものであると結論づけられている。

　一方、教師の側にもビリーフがあると言われる。何を教えるべきか、どのような指導方法が有効か、どのような教師が理想的な教師か、教師とはどのような役割を担うべき存在かなど、具体的な教授方法から理想的な教師像に至るまで、様々な側面について、信念を持っていると言われている。ビリーフは個人的な見解であるため、人それぞれ異なるものであるが、教育年数の違い、母語話者教師か非母語話者教師か、教師自身のビリーフへの気づきの有無などが、実際の教育に影響を与えたり、教師の成長に関わる可能性があることなどが示唆されている（岡崎, 2001; 小澤・嶽肩・坪根, 2005; 金田, 2006; 久保田, 2006; 坪根・小澤・嶽肩, 2005; 松田, 2005）。

プライミング実験／プライミング効果
（priming experiment/priming effect）

　オンライン法（on-line method）の実験の一種。ターゲット（target）となる刺激を提示する前に、文字、絵、音声などの刺激を先行提示することで、ターゲットの処理に影響する背景要因を調べる。なお、先行提示される刺激のことを、プライム（prime）刺激と呼ぶ。

　例えば、図5のように、「医者」という単語が実在する単語か否かを判断（語彙性判断）する場合、意味的に関連のある「患者」をプライム刺激として先行提示した場合（患者→医者）の方が、意味的に関連のない「地図」を先行提示した場合（地図→医者）よりも迅速に判断されることが知られている。これは、プライミング効果（priming effect）と呼ばれる。通常は、無意味な記号「＋＋」を先行提示して、統制条件とする。そして、「患者」と「地図」を先行提示した場合と比較して、プライム効果を算出する。このような意味的に関

連した語彙のプライミング効果が観測されたことで、脳内には、語彙の意味的なネットワーク（semantic network）が構築されていることが分かる。ただし、第二言語でこのようなプライミング実験を行った場合、第二言語の習熟度が低い学習者は、意味ネットワークが十分に構築されておらず、プライミング効果が認められないことがある。また、統語レベルのプライミング実験では、ある統語構造をもつ文を先行提示すると同じ統語構造を持つターゲット文の方が、異なる統語構造を持つ文よりも迅速に文の正誤判断が達成されたり、同じ統語構造を持つ文が頻繁に生成されたりすることが知られている。

凝視点を 600 ミリ秒間提示

＊　　凝視点

プライム刺激の「患者」を 80 ミリ秒間提示（統制条件は＋＋を提示）してから、ターゲット刺激の「医者」を提示する。

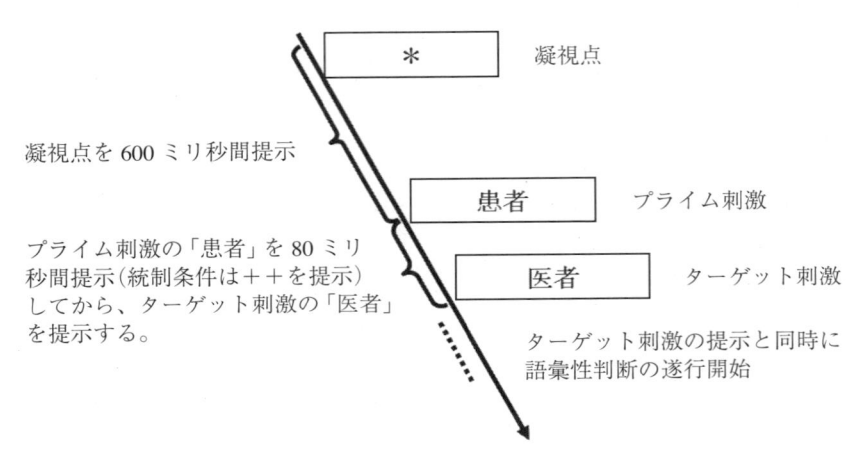

患者　　プライム刺激

医者　　ターゲット刺激

ターゲット刺激の提示と同時に語彙性判断の遂行開始

図5　プライミング実験の刺激提示例

5 読解

アイディアユニット（idea unit）

テキストに書かれた内容を分析したり、再生テストなどで読み手の記憶に残った内容を分析したりするときに用いる単位。IUと省略して書かれることが多い。通常、アイディアユニットは1つの述語と1つ以上の項から成るとされ、研究者によって命題と同一のものを指す場合もある。しかし、一般に語学教育の研究分野ではアイディアユニット、心理学では命題という用語を用いることが多いようである。英語のアイディアユニットの数え方には、Carrell (1985) とCarrell (1992) がしばしば引用される。Carrell (1985) は英語の節（主節、従属節、関係節、副詞節）と不定詞構造を持つもの、動名詞句、接続詞、命題を持つ句をアイディアユニットとしている。Carrell (1992) は、アイディアユニットの質は同レベルではなく、テキスト内容に関わる主要なもの (main idea) とそれ以外のもの (supporting idea) に分けている。それゆえ、Carrell (1985) とCarrell (1992) を引用した論文は、アイディアユニットの量だけでなく、その中身の検討も含めて分析している研究が多い（例えばIkeno, 1996）。

日本語のアイディアユニットの数え方は邑本 (1998) がしばしば引用される（例えば柴崎, 2006; 大関, 2008）。邑本 (1998) では、① 基本的に1つの単文を1アイディアユニットとする。複文に関しては、従属節が時間的前後関係を表す場合以外は1つのアイディアユニットとして数える。② 連用修飾の句や節は原則として独立したアイディアユニットとはしない。③ 連体修飾の句や節は、その修飾部分を取り除いた部分の意味が変化しなければ、その部分を独立したアイディアユニットとする。など7種類に分類しており、質的には、同一、類似、言い換え、脱特定化、抽象化、具体化、合成、統一、推論、個性的、物語外、誤りの12種類に分類している。鶴見 (2011) で行った再生テストでは、読み手から再生されたアイディアユニットを ① 文章中にある単語が使われ内容と合致しているもの、② 内容と合致しているが文章中の単語とは異なるもの、③ 再生したが内容と合致しないものの3種類に分けて分析を行っている。アイディアユニットを数える際には複数名で行い、どの程度一致しているかを観察し、一致率を報告することが通例になっている。

音読（oral reading）

声を出してテキストを読むこと。これに対し、声を出さずにテキストを読むことを黙読という。さらに田中 (1983) では、周囲に聞こえないぐらいの声で唇を動かしながら読む読み手をツブヤキ群 (whispering-to-oneself) と呼んでいる。英語の学習指導要領には、「読むこと」の一つとして「書かれた内容を考えながら黙読したり、その内容が表現されるように音読すること。」（『中学校学習指導要領』第9節外国語）という項目があるが、日本語教育においても学習者にテキストを音読させることが多い。その目的は、学習者が文字や単語の正しい読み方を知り聞き取りやすい発音ができているかどうかを確認し、指導するということが考えられる。読解と音読の関係について、Levin (1979) は音読が読解を促進させると述べている一方、Coady (1979)、Pehrsson (1974) は音読が読解を妨げるとしている。門田 (2007) は音読が単語認知の自動化を促進させると述べているが、読解の下位プロセスがスムーズになることで、読解の促進につながることがあると考えられる。日本語母語話者の小学校低学年を読み手とする実験では音読が読解を促進するという報告がある一方、

大学生を読み手とする実験では音読と黙読による理解の差はないという報告もあり、読み手の年齢によって効果が異なる可能性があることが指摘されている（高橋,2007）が、第二言語学習者では習熟度により効果が異なることが予想される。人は何かを読む時、内的プロセスにおいて文字を音韻変換させているという考え方があり、これを内言（inner speech）と言う。高橋（2004）では、認知処理に必要な心的エネルギーである注意資源に着目し、①内的な音韻変化をさせない条件、②黙読で注意資源を奪う条件、③黙読で注意資源が奪われない条件、④音読で注意資源を奪う条件、⑤音読で注意資源が奪われない条件という５つの条件で文正誤判断課題を行った。その結果、黙読で音韻変化があり注意資源が奪われない条件群の正答率が最も高いことが示された。日本語教育では、鶴見（2011）が中国語と韓国語を母語とする日本語学習者を習熟度別に２群に分け、音読、黙読、つぶやき読みの３つの読み方による実験を行った結果、習熟度の上位群が黙読において、下位群がつぶやき読みにおいて、内容理解の促進に効果があることが示された。

眼球運動 (eye movement)

人間の眼球の運動のこと。人が何かを見ている時、その眼球の動き方には、左右互いに逆方向に動く運動、ある一点を見ている時に生じる微細な動き、見ている対象が動いている時に生じるなめらかな動き、跳躍するように視点を移動する動き（サッカードと呼ばれる）など、様々な動きがある。このような動きはアイカメラという特殊なカメラで観察することができる。眼球運動の観察は読解研究にも用いられており、人は必ずしも左から右、あるいは右から左、上から下へと文字列に従って読んでいるわけでなく、停留（ある点に注視すること）とサッカードを繰り返しながら読むことがわかっている。アイカメラは日進月歩で改良が進んでいるが、停留位置、停留回数、停留時間、サッカード距離、サッカード回数、サッカード時間、視線の移動などを観察し記録することができる。眼球運動の観察によるこれまでの研究の知見として、「母語話者は成長するに従い、読みの停留時間は減少し、知覚範囲は広くなり、サッカードは大きくなる」（Taylor, 1957）、「日本人は文字の種類や形状によらず、発話単位で意味をとる」（大伴, 1933）ということがわかっている。凝視時に必要な情報を拾うことができる範囲を有効視野といい、有効視野は凝視点を中心にした12文字前後（苧阪, 1998）と言われている。しかし、読み方には速読、熟読、探し読みなど様々な方法があるので、有効視野にはそれぞれに求められる処理範囲が反映することが予測される（浅野・横澤, 2006）。また、横書きの漢字仮名まじり文を読む時の平均停留時間は190ミリ秒（Osaka, 1992）と言われている。中條・中尾（2005）では日本人大学生を被験者に作動記憶容量の大小による２つのグループの読み方の差異をアイカメラで観察した。その結果、作動記憶容量の小さい読み手は容量の大きい読み手と比較して平均停留時間は短く、反対に平均逆行生起率は高いことが観察され、分析の結果、どちらも有意差が示された。このことは、作動記憶容量の小さい読み手は凝視点周辺の文字列の処理を行いながら、１文あるいは文間のような短い単位で首尾一貫した意味を形成しつつ読み進み、この方略で少ない処理資源を節約していることが示唆されたと言える。

既知語率(ratio of familiar words in a text)

テキストの総異なり語数に対する読み手が知っている単語数の割合。語彙知識が読解の強い要因であることは多くの研究者に指摘されているが、どのぐらいの単語を知っていればテキストの内容が理解できるかということが既知語率の研究である。島本(1998)は読み手の語彙サイズ(知っている語彙の量)とTOEFLの読解テストの成績との相関は0.7であったと報告している。Laufer(1992)はテキスト内の95%の語彙を知っていればテキストの相当な理解ができると報告し、さらに、未知語の割合が2%以下であれば文脈からその未知語の意味を推測できる(Laufer, 2000)と報告している。Liu & Nation(1985)は既知語率が95%以上であれば未知語の意味の推測は十分可能であると述べている。また、Nation(1990)は高頻度語彙2000語と大学の授業を受けるのに必要な800語の合計2,800語を知っていれば、大学生が読む教科書の中にある語彙の95%をカバーできると報告している。Grabe(2009)は最高頻度の見出し語40,000語を知っていれば、学習者用に加工していない英文テキストの98%を辞書なしで読むことができ、さらに、10,000語で95%、5,000語で86%、1,700語で71%を読むことができると述べている。日本語教育における読解と既知語率の研究では小森等(2004)がある。これは日本語学習者61名を被験者に行った実験で、既知語率と文章理解課題の間には強い相関($r=.70, p<.01$)が見られ、文章理解を促進する既知語率の閾値として、文章理解課題の8割以上を正答するには96%程度の既知語率が必要であると述べている。さらに小森等(2005)では、日本語学習者を被験者に聴解と既知語率に関する実験が行われ、聴解における既知語率の閾値は約93%であることが示され、回帰分析の結果、聴解よりも読解において語彙知識が強い独立変数であることが示唆された。既知語率の研究は語彙知識の量(語彙の広さ:breadth of vocabulary)に焦点を当てた研究であるが、語彙知識の内容(語彙の深さ:depth of vocabulary)のほうがテキスト理解に重要な要素であるという指摘(Quan, 1999)もある。さらに、単語の知識以外にも、統語知識、世界知識など読解に必要な知識があり、Quan(2002)は語彙知識で読解力を説明できるのは67%であると述べている。

クリティカル・リーディング／批評読み
(critical reading)

テキストを批評的に読むこと。批判的読書とも呼ばれる。読み手をテキストと関わる積極的な存在であるととらえ、テキストの内容を鵜呑みにするのではなく、批判や評価ができるようになることが重要であるという考え方だと言えよう。具体的には、疑問点をメモしながら読む、テキスト内容に賛成の部分と反対の部分を書きだす、キーワード、キーセンテンスと思われるところを抜き出す、著者の考えに対する意見を書く、著者の考えについて話し合うなど様々な方法がある。クリティカル・リーディングの定義は研究者によって若干異なるが、例えば、Burmeister(1978)は、クリティカル・リーディングには情報源は信頼できるかどうか、書かれている内容は事実か意見か、表現に誇張はないか、論理的であるか、感情的になっていないかという基準が必要であると述べている。和歌山県教育委員会では、OECD(経済協力開発機構)が行なっているPISA(Programme for International Student Assessment: 生徒の学習到達度調査)の読解問題を検討した結果、クリティカル・リーディングの定義を「テキス

ト（文章や図表）を読んで、正確に理解した上で、その文章の表現は本当に価値の高いものか、その物語の構成や終わり方は本当にそれでよいのか、作者の意見は本当に正しいのかなどと分析し、評価したり批判したりして課題を見つけること」としている。この定義の根拠となった PISA では、クリティカル・リーディングをテキストの形式や表現、信頼性や客観性、引用や数値の正当性、論理的な思考の確かさを建設的に評価するという意味で用いられている。語学教育においては、横谷（2009）がクリティカル・リーディングは文法訳読と対極にあるものとしてとらえ、①言語学習を通してテキストの概略を把握する、②文章構造を理解する、③自分の意見を持つ、④内容理解を目的として読む、⑤テキストを評価する、という具体的な活動を提案している。また、中野（1987）では、①事実を読み取らせる発問をする、②理由を考えさせる発問をする、③内容を統合させる発問をする、④批判的に読ませる発問をする、⑤情報を応用させる発問をする、⑥読後感を述べさせる発問をする、⑦題材内容を発展させるという活動を紹介している。しかし、日本語教育ではクリティカル・リーディングの具体的な指導や成果はまだ見られない。

言語閾値仮説

（the language threshold hypothesis）

母語による読解能力と第二言語の読解能力の関係を説明する仮説の１つ。母語の読解能力を持つ学習者が第二言語で読解能力をつけるには、まず、第二言語の知識が重要であり、それが一定のレベルを超えないと母語の読解力が第二言語の読解力に転移しないという考え方である。Clark（1980）と Cziko（1980）は、第二言語の習熟度が未熟なゆえに第二言語読解力が制限されている場合、母語から第二言語への読解技能の転移が妨げられる可能性があると述べている。さらに、Clark は第二言語能力が十分でない場合に起こる読解障害をショートサーキット仮説として提示し、第二言語学習者が母語の読解技能を転移させるためには、第二言語の習熟度を高めることが重要であると述べた。Alderson（1984）は、第二言語読解の困難さは読解そのものが困難だからなのか、それとも言語の問題なのかと述べたが、"a reading problem or a language problem?" はこの問題を象徴するフレーズとなった。この仮説を支持する研究としては Perkins et al.（1989）があり、第二言語習熟度と第二言語読解テストの成績の相関は強いが、母語の読解テストと第二言語読解テストの成績の相関は弱いと報告している。Carrell（1991）では、スペイン語を母語とする英語学習者と英語を母語とするスペイン語学習者を被験者に読解の実験を行った。その結果、第二言語読解能力を従属変数とした場合、独立変数としての母語の読解力と第二言語習熟度は第二言語読解能力を予測する変数であること、スペイン語母語話者の英語学習者に母語の読解力は強い予測力を持つことが示された。さらに第二言語習熟度（この場合スペイン語）の低い英語母語話者にとって、習熟度は予測力の強い変数であったと述べている。母語の読解力と第二言語の読解力に共通するものがあるとする言語相互依存仮説と対立しているように見えるが、どちらも母語の読解力と第二言語の読解力との間に強い関係があるととらえている点では共通している。

言語相互依存仮説

（the interdependence hypothesis）

母語の読解能力と第二言語の読解能力の関

係を説明する仮説の1つで、共通基礎能力仮説（the Common Underlying Proficiency Hypothesis）と呼ばれることもある。この仮説を最初に唱えたのはCummins (1979)で、母語の読解能力と第二言語の読解能力の間には共通する潜在能力（common underlying）があると述べた。Cummins (1991) は、母語において、抽象概念の処理などの言語情報による意味形成能力（decontextualized language proficiency）が一定のレベルに達すると、この潜在的な能力が第二言語に転移するので、第二言語学習者は第二言語の単語と文を学習すれば第二言語テキストが読めるようになると述べた。しかし、2000年以降の研究では、この共通能力と呼ばれるものの中にどのような能力があるのかという点が議論されており、それは未だ明確にはなっていない。Cummins (2000) は、この能力は作動記憶や音韻認識などの認知能力よりも、学校教育で得る読み書き能力に関係があると述べているが、Genesee (2006) ら多くの研究者は母語と第二言語における読解能力に共通する能力は潜在的な認知能力である（中央処理仮説、the Central Processing Hypothesis）と主張している。

記憶研究の分野では、日本人大学生におけるリーディングスパンテストのESL版と日本語版の成績に強い相関が示されたという報告 (Osaka & Osaka, 1992) があり、母語の作動記憶と第二言語の作動記憶は共有部分が大きいことが示唆される。言語相互依存仮説に対して比較されるのが言語閾値仮説であり、これは第二言語の習熟が一定のレベル（閾値）を超えないと、二言語併用からの認知的な利益がないという考え方であるが、どちらの仮説も母語の読解力と第二言語の読解力との間に強い関係があるととらえている点では共通している。

再生テスト（recall test）

再認テストと並び、実験心理学の記憶や理解の研究でよく用いられる手法の1つ。被験者は刺激材料を与えられた後、それを見ないで、出来る限り多く思い出す課題を与えられる。この時、刺激材料に関する何らかの手がかりを与えられる場合もある。例えば、実験者は被験者に「後でこの文章について質問がありますから、よく読んでください」などの教示をし、被験者に文章を読んでもらい、後で覚えていることをできる限り多く書き出したり、話したりしてもらう。これによって得られた結果は顕在記憶の処理機構を知るための重要な手がかりとなる。得られたデータは被験者の言語プロトコルであるが、第二言語のテキストでは読み手の習熟度によって、再生の量も内容も異なる (Connor, 1984)。記憶研究では、被験者の再生項目数を学習項目数で割った再生率で成績を評価することが多いが、読解研究では再生率だけでなく、この再生プロトコルをアイディアユニットに分割し、その量や内容を観察することが多い。その場合、あらかじめテキストを命題やアイディアユニットなどの単位に分けておき、被験者から再生された内容と照らし合わせ、一致していれば1点、一致していなければ0点として合計することが多い。再生された言語表現が刺激材料にある言語表現とは異なるが、意味は一致している場合もある。そのようなアイディアユニットまたは命題にどのような評点を与えるかは、研究の目的により実験者が判断するが、評点を与える際は通常実験者を含む複数人で行い、その一致率を見る。第二言語習得研究においては、Lee (1986) が再生方法を母語で行うか目標言語で行うかによって、結果に差異が生じると報告しており、実験者はこの点について慎重に検討する必要があろ

う。刺激材料の呈示後、直ちに再生テストを行う場合は直後再生と呼ばれ、一定の時間が経過してから行なう場合は遅延再生と呼ばれ、直後再生の結果と遅延再生の結果の差異を比較することもある。Kintsch (1996) は、テキストの明示情報に関するプロトコルは再生産 (reproduction) であるが、非明示情報から推論が行なわれたプロトコルは再構成 (reconstruction) であるとして、両者を区別している。日本語教育でこの手法を用いた研究は少ないが、鶴見 (2011) に再生テストが用いられている。

再認テスト (recognition test)

再生テストと並び心理実験でよく用いられる実験手法の1つで、短期の顕在記憶を対象とする。再認記憶は再生記憶と多くの面で共通するが、再生記憶は再認記憶よりも、想起における記憶の構造化や組織化の中心となる (Kintsch, 1977) と言われている。再認テストでは、被験者は刺激材料である学習リストの単語や文字などを学習した後、リストを見ないで、コンピュータ画面などを使って呈示された項目が、学習した項目であるか、そうでないかを答える。評価方法は再認成績と再認に要した反応時間である。再認成績は以下のように測定される。再認テストに呈示される項目のうち、学習リストにあった項目をターゲット (target)、なかった項目をディストラクター (distractor) と言い、成績の評価にはヒット (hit) 率と虚再認 (false alarm) 率を使う。ヒット率とは、正しく再認できた項目数をターゲット総数で割った数値である。虚再認率とは、被験者が誤って再認した数をディストラクターの総数で割った数値である。再認テストの評価は、ヒット率から虚再認率を引いた数値で表し、これを修正再認率という。

被験者の中には、判断に慎重な被験者もいれば、比較的安直に判断する被験者もいることが想定されるため、この修正再認率が必要である。呈示された項目が学習リストにあったかなかったかのいずれかを選ぶ方法 (強制選択法) と、呈示項目が学習リストにあった確信度を7段階、または5段階評価で答えさせる方法 (再認確信度評定法) がある。再認記憶は他の記憶よりも持続時間が長いと言われているが、古典的な研究の1つである Shepard (1967) に驚くべき結果が報告されている。単語再認テストにおいて被験者は540語のうち88%にのぼる475語において正答し、文再認テストでは612文のうち89%が正当であった。さらに、612の絵の再認テストにおいては、直後、3日後、1週間後における再認テストでも87%以上の正答率を示し、4か月後になってチャンスレベルに落ちた。Walker & Yekovich (1984) は、母語話者の文再認はテキスト構造における文の位置に依ることがあり、微細な命題よりも重要な命題のほうが再認は容易であるとしている。日本語教育では平塚・副田 (2005)、松本 (2002) が再認テストを用いた実験を行っている。

識字率／リテラシー (literacy rate)

識字とは文字言語を理解し書く能力があること。識字率とはある国や一定の地域における日常の読み書きができる人の割合を言う。これに対し、文字の読み書きができないことを非識字と言う。ユネスコでは、15歳以上人口に対する、日常生活の簡単な内容についての読み書きができる人口の割合と定義している。しかし、非識字ではないがごく初歩的な読み書きはできるという人もいる。そのため Gray&Staiger (1969) は、まったく読み書きができない段階を非識字 (illiteracy)、流暢で

はないが、初歩的な読み書きができる段階を機能的非識字（functional literacy）として区別している。ユネスコが2009年に発表した世界の識字率調査には93カ国の識字率が掲載されている。この調査データによると、男女合わせて最も識字率が高い国はキューバ（99.8％）であり、最も低い国はアフガニスタン（28.0％）である。しかし、国によって識字の定義が異なっており、調査した年も異なるので、この資料の利用には注意を要する。また、日本はこの調査表に含まれていない。

日本では「日本人の読み書き能力」（1951）において、全国の15歳から64歳までの男女約2万人を対象に識字調査が行なわれた結果が報告されているが、近年、識字率の調査は行なわれていない。「日本人の読み書き能力」の中で、かな文字の読み書きはできても漢字の読み書きはできない人がいたことが報告されている。日本語は漢字、ひらがな、カタカナ、ローマ字の4種類の文字を持つという特徴があるため、文字種によって識字の状況は異なり、このことが識字調査を困難にしている原因の一つと考えられる。

状況モデル（situation model）

テキストベース（textbase）と並んで、理解を命題表象で説明する際の2つの水準の1つ。読み手の心内で知識や体験をもとに構築される状況表現のこと。心内モデルと呼ぶこともある。Kintsch（1994: 294）は以下のような例で状況モデルとテキストベースを説明している。When a baby has a septal defect, the blood cannot get rid of enough carbon dioxidethrough the lung. Therefore, it looks purple. 「赤ん坊が中隔欠損症を持っているとき、血液は肺を通して十分な二酸化炭素の除去ができない。そのため、血液は黒ずんでいる（筆者訳）」という2文は、持つ［赤ん坊、中隔欠損症］、除去できない［血液、二酸化炭素］、黒ずむ［血液］という命題から成り立つ。「赤ん坊が中隔欠損症を持っていると、なぜ、血液は黒ずむのか」という質問をした場合、統語知識により「二酸化炭素を除去できないから」と答えることができる。しかし、「なぜ、二酸化炭素を除去できないのか」という質問に答えるには、中隔欠損症の知識がなければ答えることができない。すなわち、中隔欠損症と

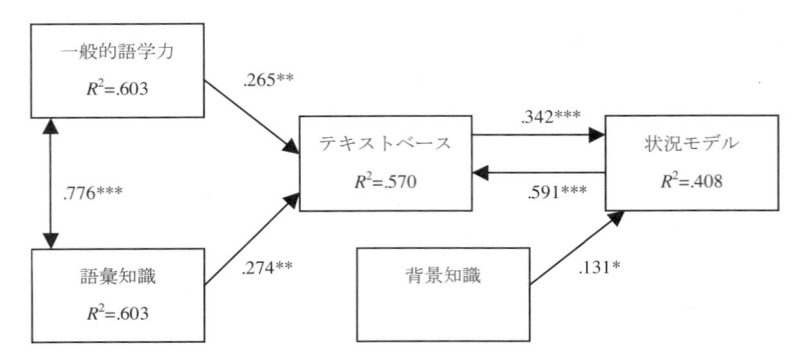

図1　第二言語読解における知識と理解の因果関係を表現したパス図（柴崎, 2005）
注1: 数値は重回帰分析の標準偏回帰係数である.
注2: $n=175$.　*$p<.05$. **$p<.01$. ***$p<.001$.

いう背景知識によって構築された状況モデルが心内に必要である。Kintsch (1998) は、状況モデルとテキストベースに明確な境界があるわけではないが、測定方法によってどちらかを強く反映させることができると述べている。そして、もし、完全に明示的なテキストが存在するのであれば、そこには完全な状況モデルが記述されているのであって、この場合、テキストベースと状況モデルは同一のものであるが、現実には、大抵のテキストは不完全なものであるとも述べている。柴崎 (2005) は、日本人高校生を被験者に心臓の機能と血液循環について書かれた英文テキストを読んでもらい、明示情報を問う課題と問題解決課題を行なった。一般的英語力、語彙知識、背景知識を独立変数に、明示情報課題と問題解決課題の成績を従属変数に分析したところ、語学力と語彙知識はテキストベースに対し、背景知識は状況モデルに対し説明力を持つものであること、テキストベースと状況モデルの間にも強い因果関係があることが示された（図1参照）。

推論 (inference)

既知の事柄を元にして、未知の事柄を推し量ること。読解研究においてはテキストに明示された情報から明示されていない事柄を推し量るという意味で使われる。人は何かを読んでいる時、様々な推論を使って読んでいることがわかっており、推論ができることは良い読み手 (good reader) の条件の1つであると考えられている (Yuill & Oakihill, 1988; Oakhill & Garnham, 1988)。読解における推論には、読みながらオンラインで推論する橋渡し推論 (bridging inferences) と、読んだ後、オフラインで推論する精緻化推論 (elaborative inferences) がある。例えば、指示詞や代名詞が何を意味しているのかを探し、首尾一貫した意味を形成することは、「現在処理中の命題とすでに処理されてしまっている命題とをつなぐために行われる推論」(邑本, 1998:47) なので、橋渡し推論と呼ばれる。一方、人物の心情や作者の意図などを推し量るような「文章の意味表象に付加的な詳細な情報を付け加えるために行われる推論」(邑本, 1998:47) は精緻化推論と呼ばれる。また、前向き推論 (forward inference) と逆向き推論 (backward inference) という推論の時間軸による分類もある。van den Broek (1994) には、方向性、連想、背景知識、テキスト表象、精緻化などの推論が行われる要因の関係を示したモデルが提示されている。

Grasser et al. (1994) は、読解における推論を以下の13種類に分けている。① 照応関係 (referential)、② 文法上の格を判別する (case structure role assignment)、③ 原因を見出す (causal antecedent)、④ 登場人物の究極の目的、動機、意図を探す (superordinate)、⑤ 主題を見出す (thematic)、⑥ 登場人物の心情理解 (character emotional reaction)、⑦ 事柄の原因を探す (causal consequence)、⑧ 名詞句の内容の具体化 (instantiation of noun category)、⑨ 道具・手段に関する推論 (instrument)、⑩ 登場人物の目的行為 (subordinate goal & action)、⑪ 現在の状況 (state)、⑫ 読み手の感情 (emotion of reader)、⑬ 作者の意図 (author's intent) である。

スキミング／走り読み (skimming)

文章を素早く読む方法の1つ。スキム (skim) とは「すくいとる」という意味であるが、文章の読み方として用いる場合は、すくい読み、走り読み、斜め読み、飛ばし読み、大意読みなど様々な呼び方がある。読み手は

文章に書かれたすべてを理解する必要が常にあるわけではない。どのようなことが書かれた文章なのか大まかに把握すれば事足りる場合もあれば、文章全体を理解するのに重要な部分かそうでないか、事実を述べた文か意見文なのかを見分けながら読んだほうが効率が良い場合もある。このような時、人は文章全体の流れをざっと追う、見出しを見て大意をつかみ細部は無視するなどの読み方を行なっており、このような読み方をスキミングと呼ぶ。例えば、新聞を読むとき人は自然にスキミングを行なっていることが多いと思われる。これは文章を読むのに必要なスキルの1つであり、特に外国語で書かれた文章を読む場合、逐語読みは効率が悪いので、スキミングはスキャニングと並んで必要なスキルである。Carver (2000) は読解の目的によって読み方を変えることを読み手に意識させることも読解指導の重要な点であると述べているが、読解指導の立場からは、文章の種類によって体裁や形式が異なることを読み手に意識させる、事実の言い方と意見の言い方の違いを教えるなどの教示をし、その知識を使って素早く情報を読み取らせるという方法があろう。しかし、日本語教育において、これまでスキミング指導についての報告や観察を調査した研究などは管見の限り見当たらない。教科書としては『中・上級者のための速読の日本語』(三浦・岡, 1998) がある。

スキャニング／探し読み (scanning)

文章の中から必要な情報を探すための素早い読み方の1つ。スキャン (scan) とは「探し出す」という意味であり、探し読みと訳されているが、厳密な定義はない。我々の日常は大量の情報にあふれており、そのすべてを受け取ることはできない。文章を読む時も同様で、読み手は文章に書かれたすべてを理解する必要が常にあるわけではない。そこで、文章の中から必要な事項のみを探す読み方が必要である。例えば、電話帳の中から必要な電話番号を探す、名簿から特定の人名を探す、原稿の誤植を見つける、広告から自分がほしいものを見つける、新聞記事の中から関心のある記事を見つける、論文から実験結果のみを探して読むなどであり、このような技能を我々は自然に用いている。このような方法は読み手のストラテジーでもあり、スキルとも言えるが、探し読みを特定した研究は管見の限り見当たらない。外国語で書かれた文章を読む場合も読み手は探し読みをする場合が多いが、どの程度目標言語に習熟していれば、どの程度の探し読みが可能になるのかということは明らかではない。日本語教育の教科書としては『中・上級者のための速読の日本語』(三浦・岡, 1998) がある。

スキーマ (schema／schemata)

人が持つ構造化された知識、あるいは知識の枠組みのこと。シェマとも呼ばれる。心理学者 Bartlett (1932) は、イギリス人大学生にアメリカインディアンの伝説の再生テストを行ったが、被験者にとって非合理的な内容やなじみのない言葉には省略や変容が生じていることが観察された。これに対し Bartlett は、記憶は入力情報の単なるコピーではなく、枠組みを持った知識の中で再構成されたものではないかと述べ、このような構造を持つ知識をスキーマと呼んだ。当時、Bartlett の主張は注目されなかったが、1970年代にスキーマ理論は着目され、フレーム、スクリプト、物語文法など様々な言い方で、人工知能、認知心理学、言語の分野における研究対象となった。今日では読解研究においてスキーマは無

視することのできないキーワードの一つである。Rumelhart (1980) によると、人のあらゆる知識は単位化されて記憶にしまいこまれており、スキーマはあらゆる過去の知識を構造化し、ステレオタイプ化したものであるという。その特徴として、① 事柄や物体についてのスキーマには、その定義以上の情報が含まれている、② スキーマは変数と定数からなる、③ スキーマは埋め込み構造を持ち、一つのスキーマの中に、下位のスキーマが埋め込まれている、④ スキーマには、一般性や抽象性のレベルがあり、一般から特殊、抽象から具体への階層がある、ということが挙げられる。Carrell (1983) は、第二言語読解研究において、スキーマを形式スキーマと内容スキーマの2つに分類し、前者をテキスト形式、修辞、構造に関する知識とし、後者をテキスト内容の背景知識とし、テキストを理解するにはどちらも必要であると述べた。そして、読み手に背景知識を与え内容スキーマを活性化することで読解が促進されると主張したが、この考え方は1980年代以降、第二言語読解研究の分野において強く支持されている。柴崎 (2006) には、このような主張を持つ研究が総覧されているが、同時にそれらの研究で行われた実験計画や分析方法の問題点が指摘されている。また、内容スキーマ、背景知識、先行知識、既有知識などの用語の定義が明確でないことも指摘されている。しかし、知識を構造としてとらえ、人の読解過程をシステムとして説明したことは、読解研究にとって前進であったと言える。

スクリプト (script)

特定の状況と行動系列に対する知識の構造。スキーマ理論では、人は日常の経験から出来事の典型的な順序や流れの構造を知識として持っていると考えられている。例えば、朝起きて学校へ行く、レストランで食事をする、病院へ行って医者の診察を受ける、というような行動についての知識は個人的文化的な多少の差はあるものの、ステレオタイプ化されており、Schank & Abelson (1977) はこのような知識をスクリプトと呼んだ。人が2歳ごろから、過去の出来事について話すことができるようになるのは、この頃にスクリプトの土台が出来上がるためであると言われている。スキーマ理論は知識を変数と定数で説明するが、例えば、レストランで食事をするという行動の場合、定数は食事に共通する事柄や物体を意味し、変数とは変動しうる事柄や物体のことである。以下にレストランスクリプトの例を記述したが、〈 〉の部分はデフォルトである。すなわち〈客〉には若者、女性、外国人、〈レストラン〉には食堂、カフェ、〈ウエイター〉にはウエイトレス、店員、〈料理〉には中華料理、和食など、様々な変数に置き換えることができる。

第1場：入店
　行為1：〈客〉は〈レストラン〉に入る。
　行為2：〈客〉は着席する。
第2場：注文
　行為3：〈客〉は〈メニュー〉を見る。
　行為4：〈客〉は〈ウエイター〉に〈料理〉を注文する。
第3場：食事
　行為5：〈ウエイター〉は〈客〉に〈料理〉を持ってくる。
　行為6：〈客〉は〈料理〉を食べる。
第4場：退店
　行為7：〈客〉は〈レストラン〉にお金を払う。
　行為8：〈客〉は〈レストラン〉を出る。

Bower et al. (1979) は、講義に出席する、医者に行くなどの状況を設定し、被験者にそれ

ぞれの状況で行う行動を20項目記述するよう指示した。その結果、講義に出席する状況では、「入室する」「座席を見つける」「ノートを取り出す」などが55-75％の高い出現頻度を示し、「質問をする」「空想にふける」「他の学生を見る」などは25％以下の低い出現頻度であった。2つのグループ間で出現頻度の相関を分析すると0.8という高い数値が示されたが、これは人の知識の中に行動系列の典型的なパターンがあることを示すものであると言えよう。

相互作用モデル（the interaction model）
　認知心理学者 Rumelhart（1977a）がスキーマ理論に基づいて発表した読解のモデル。トップダウン処理とボトムアップ処理の相互作用で読解が可能になるメカニズムを説明している。このモデルによると読解は以下のような過程で行なわれる。まず、読み手はテキストから文字を認知し、文字は視覚情報貯蔵庫（Visual Information Store, VIS）に入る。次に、特徴抽出装置（Feature Extraction Device）に統語知識、意味的知識、語彙知識、正書法知識が作用することで、文字の特徴を抽出し、単語の意味を同定し、語と語の関係を決め、整合性のある意味を形成する。さらに、パターン統合装置（Pattern Synthesizer）に送り、最も適切な解釈が行われる。そして、それは一方向ではなく、視覚情報貯蔵庫、特徴抽出装置、パターン統合装置の間で絶えず行きつ戻りつしながら、一貫性のある意味を形成していく。このように文字認識から最終的な解釈までの過程が双方向で行われるというのがこのモデルの特徴であり、Cough（1972）が読解過程を文字認識から音韻変換までの一方向で説明したモデルと大きく異なる。さらに、Rumelhart（1977b: 265）では以下のような説明がある。Mary heard the ice cream man coming down the street. She remembered her birthday money and rushed into the house. という2つの文を読んだ場合、読み手は「Maryはアイスクリーム売りが来る音を聞いた」「彼女が誕生日に貰ったお金があることを思い出した」「そして急いで家に入った」などの情報をテキストからのボトムアップ処理によって得る。すると、「アイスクリームを買うスキーマ」が活性化し、トップダウン処理で「メアリーはアイスクリームを買うためのお金を取りに家に入った」、「メアリーはアイスクリームが大好きだ」などの推論を行う。しかし、次に "and locked the door" の文が続いたら、直ちにこの推論を破棄し、ボトムアップ処理で得られた情報に整合性があるように修正を行う。例えば、「メアリーはアイスクリーム屋にお金を取られないようにしようとしている」のような解釈に変更する。このようにして読みが進められていくというのが、このモデルである。現在では、読解にはボトムアップ処理とトップダウン処理の双方向で処理が行われるという考え方に合意が得られていると言えよう。

速読（speed reading）
　テキストを素早く読むこと。人が何かを読むときは、必ずしもテキストに書かれたすべてを知る必要があるわけではなく、特定の情報のみが必要な場合や、何について書かれたテキストなのか大雑把にわかれば事足りる場合もある。このような時に行われる素早い読み方を速読という。一方、テキストに書かれていることをもれなく理解するために丁寧に読むことを精読（intensive reading）という。テキスト内の特定のものを探す読み方は探し読み（scanning）と呼ばれ、テキスト内容を大

雑把に知るために速く読むことを走り読み（skimming）と呼んでいる。

　速読をトレーニングするための本は多く出版されているが、トレーニング効果に対する評価は一定していない。英語教育では、Jensen (1986) が米国の大学の授業についていくためには毎分300語の速度が必要であると述べているが、日本人の大学2年生は英語のテキストを毎分85語で読む（佐藤, 1970）と報告されている。また、日本人学生は英語テキストを毎分100語の速さで読んだ場合、内容の60%を理解する（安藤, 1979）という報告もあるが、いずれも観察方法が十分とは言えず、入念な計画に基づく実験が必要であろう。速読の具体的な訓練方法としては、文字認知訓練、単語認知訓練、フレーズ読み訓練、有効視野を広げる訓練等がある。文字認知訓練とは似ている文字（例：禄、碌、録、緑）、単語認知訓練とは形の似ている単語（例：class, close, clash, crash, cloze）を瞬時に見分ける訓練である。フレーズ読み訓練とは、句単位で形が似ているもの（例：to have lunch, to make lunch, to have brunch）を瞬時に見分ける訓練である。しかし、これらの訓練の効果はまだ検証されていない。日本語教育においては、速読の訓練、指導、効果について研究されたものは管見の限り見当たらないが、教科書として『中・上級者のための速読の日本語』（三浦・岡, 1998）がある。

素朴概念／誤概念（naive conception）

　自然現象や社会現象に対して、人が日常の経験から作り上げ保持している誤った概念。主に教育学や心理学で用いられる用語。系統的な科学教育から得た知識と異なり、自然発生的に形成された概念であり、実証や根拠となるものがないにも関わらず、変えることが困難であると言われている。素朴理論、日常知とも呼ばれる。例えば、「複数の物体を落下させた時、重いものほど速く落ちる」「色鮮やかな花びらがあるところが花である」というような概念である。麻柄（1990）は、大学生にチューリップにも種ができることについて説明した文章を読ませた直後に、どのようなことが書いてあったかと質問したところ、「種のことは書いてなかった」「チューリップに種はできないと書いてあった」と回答したものが存在したと報告している。ひまわりは太陽に向かって花を回転させると信じられていることが多いが、工藤（1993）では、専門学校生にひまわりが太陽の動きに応じて回転することはないと説明された文章を読ませた後でさえも、ひまわりが回転するという考えを変えることができなかった被験者がいたと報告している。吉野・小山（2007）では、素朴概念の修正が難しい理由として、以下の2点をあげている。第一に、素朴概念は日常生活の知覚・認知体験の中でゆっくりと形成されたものであり、きわめて強固である。第二に、学校の授業などで、正しい概念が導入されても、強固な素朴概念を持っている人には、相反するはずの正しい概念と誤った概念がそれぞれ独立した知識として存在し続ける。吉野・小山（2007）では、素朴概念への気づきが修正につながるという仮説のもとに実験を行ったが、気づきのためのテキストを学習した後もその効果は見られなかったと報告している。

多読（extensive reading）

　文字通り多くの文章を読むこと。読解教育では、読み手の読解レベルよりやや易しい文章で書かれた作品を数多く読むことが読解能力を養うという考え方がある。外国語教授法の中で最初に extensive reading という言い

方をしたのはPalmar (1917)であるが、Day & Bamford (1998)では、多読の意義、重要性、認知的効果について述べている他、多読指導に使う教材や実践方法について詳しく紹介されている。Mason & Krashen (1997)では、英語読解が比較的苦手な日本人大学生に1学期間多読指導を行い、読んだ作品の要約やコメントを書く課題を行った結果、学期末のクローズテストの成績において、優秀なクラスとほぼ同程度になったと報告されている。多読の方法としては、作品の原作を読みやすく書き直した抄訳本 (graded readers) が使われることが多い。日本語教育の分野ではNPO法人日本語多読研究会 (http://www.nihongo-yomu.jp/) が日本語学習者のための読み物リストを公開している。その中には、やさしいレベルから読む、辞書を引かないで読む、わからないところは飛ばして読む、進まなくなったら他の本を読むという多読のルールが書かれている。

日本では「朝の読書運動」という名称で、授業前に生徒に好きな本を読ませるという活動が広がっており、2011年1月現在、全国の26,872校が実施し、その効果も報告されている（例えば、船橋学園読書教育研究会, 1993; 山崎, 2008）。「読むこと自体が読解力を促進させる」(Atwell, 1998) という考え方は読解教育に携わる者に広く支持されており、多読が読解力向上の有力な方法の1つであることは否定できない。しかし、その効果を実証するには長期に渡る観察が必要であり、多読の何が読解力の何をどのように向上させていくのかという点を明らかにするのは容易ではない。

逐語読み（word-to-word reading）
テキストを文字列に従って、文字や単語を1つ1つ追いながら読むこと。第二言語習得研究においては、習熟度の低い読み手はテキストを逐語読みする傾向があり、理解を促進させることが難しいと言われている。人はテキストを読むとき、まず視覚情報から文字を識別し、語の意味を心内辞書から同定する。次に、統語知識を使って語と語のつながりを判断し、意味的に整合性のある命題を抽出する。それから、テキストにない情報を読み手の知識の中から推論によって選び、テキスト内の情報と照合し、首尾一貫した意味のまとまりを形成し理解が成立する。これが大まかな読解のメカニズムであるが、このような処理過程は作動記憶の中で行われる (Just & Carpenter, 1992) と言われている。作動記憶容量には限界があるので、習熟度の低い読み手は1つ1つの文字を認識したり単語の意味を考えたりすることに処理資源を使い果たしてしまい、長期記憶の中からテキスト内容に関する知識を想起させ推論を行うというような高次の処理は難しいと考えられる。反対に、語彙知識や統語知識が豊富で、文字の認識や単語の意味の同定が素早くでき、統語関係の処理も円滑に進めることができれば、このような下位レベルの処理に資源を使い果たすことなく、高次の認知処理が可能になる。

柴崎 (2006) は、心臓の働きと血液循環に関する英語テキストを高校2年生と大学2年生に読んでもらい、自由にメモを取るように指示した。英語テキストの文章難易度はReading Ease Scoreで77.6であった。その結果、大学生は内臓や血管の図を描いた者が多かったのに比べ、高校生は文中の1語1語に日本語訳をつけている者が多いことが観察された。このことは大学生と高校生の英語の習熟度に差があり、高校生は逐語読みをした者が多かった可能性が高いと報告している。逐語読みをすることで文字や単語にとらわれて、テキスト全体が理解できない読み手を未熟な読み手

(poor reader) という。

テキストベース（textbase）

心理学者の van Dijk と Kintsch による理論で、読解の場合は（聴解でも同様のメカニズムがあるとされる）、理解を読み手の心内に構築される意味という言い方で説明した。その意味を説明するものは命題表象であり、この表象には2つの水準があるとされる。1つはテキストベース、1つは状況モデル（研究者によってはメンタルモデルと呼ぶ人もいる。）である。二人の理論によると、読解過程は命題を用いて以下のように説明される。読み手はまず、文章の文字を知覚分析し、知覚コードか語音コードで符号化し、単語の意味を長期記憶内の心内辞書で同定するが、この段階で形成されるものは原子命題（atomic proposition）と呼ばれる最小単位の命題である。次に、長期記憶内の文法知識を使って統語的分析を行い、原子命題どうしの関係を構築する。それから、句や文の単位で意味分析を行うが、この時点で心内に形成されている表象をミクロ命題（micro proposition）と呼ぶ。その後、言語外の文脈や知識を使って語用論的な分析を行い、マクロルール（van Dijk 1980）に従って複数のミクロ命題を統合し、マクロ命題（macro proposition）が形成される。この時、テキスト内要素に直接結びつく心内表象の要素はテキストベースを形成するが、テキスト外要素、例えば読み手が持つ背景知識によって形成される現実的想像的状況は状況モデルと呼び、異なる水準として区別される。

Kintsch (1998) は、テキストベースと状況モデルの明確な境界はないが、どちらかをより強く反映させることは実験によって可能であると述べている。例えば、Schmalhofer & Glavanov (1986) では、テキストを要約するつもりで読むように教示された場合とテキストから知識を得るつもりで読むように教示された場合とでは、前者は再認課題において明示的な情報の成績が良かった．それに対して、後者はテキスト中にないことでもテキストで表されている状況と一致する内容を検索でき、この結果は前者の理解にテキストベースを、後者の理解に状況モデルがより強く反映したことが示唆される。学習という観点からは、テキストベースはテキストの記憶であり、「テキストの学習」の際に構築される表象であるが、状況モデルは「テキストからの学習」の際に構築される表象と言える。

テキスト要因（text factors）

読解を説明する様々な要因のうち、テキストに関する要因のこと。人が何かを読んでわかったと思ったとき、その理解度や理解された内容を知るためには、テキストが持つ要因と読み手自身にある要因との2つの面からのアプローチが必要であると言われている。テキスト要因（text factors）とは、テキストの中にある文字の種類や量、文の長さ、統語構造、文と文や段落と段落の接続関係、語彙の種類や難易、照応関係、文中あるいはテキスト全体の命題の量、トピックの親近性、概念の複雑さなどである。1960年代初頭までの読解研究ではテキストそのものが研究対象であった。しかし、1970年代頃から心理学の分野で、知識、推論、メタ認知、記憶、ストラテジーなど、読み手の認知能力に関する研究が始まり、外国語教育の分野にも強い影響を与えることとなった。読解研究の分野にテキストの内容は読み手の内部で構築されるという考え方がもたらされ、読み手の認知能力に関する要因を読み手要因（reader factors）と呼んだことから、テキストを構成する要素で

ある文字、統語関係などは、テキスト要因（text factors）と呼ばれるようになった。今日の読解研究では、テキストの中の新しい情報が読み手の知識と相互作用したときに読解が可能になる（Anderson & Peason, 1984; Smith, 1994）という捉え方に合意が得られていると言ってよいだろう。

テキスト要因の研究例としては、テキストの結束性についての研究（例えば、Kintsch et al., 1993）、命題の数と複雑さについての研究（例えば、Kintsch, 1998）、内容についての研究（例えば、Beck, 1991）、書かれた目的と重要性についての研究（例えば、Crismore, 1991）などがある。テキスト要因と読解の重要な知見としては、文の長さが同じである場合（ここで言う文の長さとは単語数のこと）、命題が多いほうが読み時間がかかるという実験結果（Goetz et al., 1981）がある。

読解（reading comprehension）

文字通り、読んで理解すること。読解研究は句や文の単位の読解から始まったが、テキスト全体の理解に発展させたのは心理学者のKintschであると言われている。構造主義言語学が支持されていた1960年代まで、読むことは音素と書記素を対応させるオーラルスキルの付随的なものであり（会話優先の原理、speech primacy）、「人間の個体の中で行われる文字によって表されたものを解読する作業である」（Weaver, 1977: 9）というように、読み手を受動的な存在として捉えていた。当時の代表的な読解モデルとしてMackworth（1972）、Masssaro（1975）、Gough（1972）がある。これらのモデルによる読解の説明は、まず、テキストに書かれた文字を認識し、次に、文字と文字をつなぎ合わせて単語を認識し、それから、単語と単語をつないで文や句を理解するというものであり、テキストの細部をつないでいくことで全体の意味が理解できるというとらえ方であった。しかし、心理言語学者Goodman（1975）の「読みの予測修正モデル」（The Revised Model）では、読み手はテキストと主体的に関わる存在であるというとらえ、読解研究や教育に強い影響を与えた。この頃、人工知能の研究が活発になるとともに、人の知識を構造的にとらえるスキーマ理論が登場し、読解研究においても読み手の知識が重視されるようになった。その後、認知心理学、脳科学、神経科学などの発展により、読解のメカニズムは徐々に明らかにされてきた。Abbott & Black（1986）は、心理学や人工知能の分野で行われている読解研究の目的は、文の連鎖を統一性のある記憶表象へと変換する記憶構造と認知過程を明らかにすることであると述べているが、読解における認知過程は以下のように説明される。まず、読み手が視覚によって文字を認識し、文字の組み合わせによる単語認識を経て、長期記憶の心内辞書から単語の意味を同定する。次に、統語知識を使って語と語の関係、すなわち文構造を理解し、文と文、段落と段落をつなぎ合わせ、首尾一貫した意味を形成する。さらに、テキストに書かれていない情報を長期記憶から想起させ、テキスト全体の首尾一貫した意味を構築する。今日の読解研究分野においては、以上のような捉え方に合意が得られていると言えよう。

読解ストラテジー／読解方略
（reading strategy）

読み手がテキストを理解するために用いる効果的な方略のこと。Barnett（1988）は読解ストラテジーを、読み手がテキストと効果的に関わり、読んでいるものの意味を形成しよ

うとする際に行なっている精神的な作業であると述べている。また Flippo (1997) は、何かを読もうとする時に、読み手は理解したいことを理解するための方略を使うと述べている。具体的な方略としては、文脈から未知語の意味を推測する、文構造を理解する、文と文の接続関係や段落と段落の接続関係を理解する、指示語の示す内容を推論する、キーワードやキーセンテンスやトピックセンテンスを見つける、テキストの内容に関連のある世界知識を想起する、読んでいる部分の先にある内容を予測する、テキストに明示されていない内容を推論するなどがあるが、このような方法が使えることをスキル (skill) と呼ぶこともあり、ストラテジーとスキルの厳密な区別は難しい。適切な方略を使える読み手を良い読み手 (good reader) といい、反対に、適切な方略を使えない読み手を未熟な読み手 (poor reader) と呼ぶ。読解ストラテジー研究は語学教育に学習者中心主義の考え方が支持された1980年代に盛んになった。研究方法としては、テキストを読みながら読み手が思っていることを記述 (プロトコル) してもらい、その記述内容を分析する方法や、読解中の読み手の眼球運動をアイカメラで観察し分析するなどの方法がある。読み手自身を読解研究の中心に据えるという考え方が最も反映した研究分野であると言えるが、ストラテジーは指導できる性質のものであるかどうかという点については議論の余地がある。

母語の読解ストラテジーと第二言語の読解ストラテジーの関係は明らかになっていない部分が多いが、Block (1986) は、母語の読解ストラテジーが第二言語の読解ストラテジーに転移する可能性があると述べている。

読解の評価

(evaluation of reading comprehension)

読み手がテキスト内容をどのぐらい理解できたかということを測定すること。具体的には読解問題、読解テストで行なわれる。方法としては、クローズテスト、再認テスト、再生テスト、多肢選択問題、自由記述問題などがある。クローズテストは目標言語の習熟度を評価する際に用いられることが多いが、読解テストとして用いられることもある。その方法はテキストを読んだ後、同じテキストが数語ごとに空白になった状態で呈示され、その空白部分を埋めるが、採点方法には正語法と適語法がある。正語法とはテキストと同一の単語のみを正解として加点する方法で、適語法とはテキストと同一でなくとも文の意味が通る単語が用いられているなら加点するという方法である。再認テストはテキストを読んだ後、呈示された事項がテキストに書かれていたかどうかを問うものであり、短期記憶からの検索を測定できると言われている。再生テストは、テキストを読んだ後、覚えていることをできるだけ多く記述させる方法で、直後再生であれば短期記憶から検索であり、遅延再生であれば知識との相互作用によって再構成されたものを測定することになる (Kintsch, 1998) と言われている。多肢選択問題はテキストを読んだ後、内容に基づく適切な答えを選択させる形式であり、日本語能力試験を始め多くの試験でこの形式が採用されている。自由記述式問題はテキストの続きを書かせたり、登場人物の心情や行動の理由について記述させたりする形式であるが、産出能力も必要であり、読解能力のみを評価しているとは言えない面もある。いずれの方法にも長短の特徴があり、実験で読解テストを行う際には、どの方法が実験の目的に最適であ

るか、十分な検討が必要である。

トップダウン処理（top-down processing）

　人間の情報処理の仕組みの1つ。概念駆動型処理とも呼ばれる。読解におけるトップダウン処理とは高次の概念から下位のデータを推測することであり、例えば、読み手が題名やキーワードやトピックセンテンスからテキストの内容を予測したり、意味を知らない単語があった場合、前後の文脈から意味を推論したりすることである。また、テキストの中で理解が困難な部分があった場合、理解が容易な部分の内容をつなぎ合わせたり、世界知識からテキスト内容に関連のある知識を想起させたりして、整合性のある意味を形成することもこれに当たる。すなわち、トップダウン処理は読み手の知識と推論に依存することが大きいと言える。テキストを読む前に行なうプレリーディング活動は、スキーマを活性化させ、トップダウン処理を促すものであると考えられている。

　トップダウン処理に基づく代表的な読解モデルはGoodman（1975）の「読みの予測修正モデル」（The Revised Model）である。読むことはテキストの全ての要素を認知した結果ではなく、正しい予測を生む生産的な技能の結果だとするGoodmanの考え方はトップダウン処理を中心にする捉え方であった。しかし、第二言語学習者の読みをトップダウン処理だけで説明することは難しく、後にこのモデルはCoady（1979）によって再解釈され、Coadyは背景知識、概念能力（知的能力）、処理ストラテジーの三つの要素から成る第二言語の読解モデルを提示した。　同時期に、Rumelhart（1977）は読みの相互作用モデルを示し、テキストの中の文字から来る情報と長期記憶から来る情報が相互作用して理解が成立するとして、その過程を相互作用モデルとして表した。今日の読解研究では、データ駆動型のボトムアップ処理と概念駆動型のトップダウン処理が相互作用することで読解が成立するという考え方に合意が得られていると言えよう。

背景知識（background knowledge）

　テキストの内容に関連のある知識のこと。ある領域固有の知識を指すことが多い。例えば、医学専門書であれば医学に関する知識が、工学系論文であれば工学に関する知識がこれにあたるが、特定の専門知識だけではなく、ある出来事が起きた背景に関する知識もこれに当たる。スキーマ理論が読解研究に強い影響を与えるようになった1970年代から背景知識という言い方は頻繁に登場するようになったが、この用語の定義を試みたものは少ない。塚田（1990: 105）は、「背景的知識はテキストに直接表現されている知識（テクスト内情報）に対する背景となる知識（テクスト外情報）」であり、「超個人的・客観的なものである」としている。研究者間で合意に達している定義はないが、柴崎（2006: 38）では実験における背景知識の操作的定義を「テキストの外にありながらテキストに関係のある知識で、テキストを理解するのに必要な知識」としている。

　背景知識は、先行知識、既有知識、先行オーガナイザー、内容スキーマとしばしば混同されて使われることが多いが、この点については柴崎（2006）で整理されている。1980年代から2000年にかけて、第二言語読解研究においては語彙知識と背景知識が対立して論じられることが多かった。単語の意味を教えることよりも背景知識を教えることが読解を促進すると主張する論文が数多く発表され、Hauptman（2000）は過去20年間の第二言語

読解研究を総括し、第二言語の読みを容易にする最も主たる要因は背景知識であるという仮説を立てた。これに対し、柴崎（2005）は、語彙知識と背景知識がテキスト理解に貢献する水準が異なることを2つの実験によって明らかにした。さらに、読み手の習熟度語彙知識、背景知識を独立変数に、理解の2水準（状況モデル、テキストベース）を従属変数として、全体をパスモデルで示している。

プレリーディング活動
（pre-reading activity）

読解を促進するためにテキストを読む前に行なう活動のこと。テキストを読む前に、題名や挿絵から内容を予測する、重要な単語の意味を確認する、読む目的を考える、作者について知っていることを話す、テキスト内容に関連のある話題について討論するなど様々な方法がある。この指導法の理論的根拠となっているのはスキーマ理論であり、テキストを読む前にこのような活動を行うことは読み手のスキーマを活性化させ、理解を促進する効果があると考えられている。Carrell (1983) は具体的な活動方法として、テキスト内容に関連する映画、スライド、絵などを見せる、フィールドトリップ、実演、実体験を行なうなどの12例を紹介している。これらの活動の中には LEA (the language experience approach)、ECOLA (extending concepts through language activities)、DRTA (directed reading-thinking activity) などの名称で呼ばれているものもある。1970年代に読解教育分野で注目されたスキーマ理論の強い影響を受け、英語教育では1980年代から2000年にかけて、プレリーディング活動の効果を主張する研究が数多く発表された。現在でも英語や日本語の読解教科書には、「読む前に」というような名称でプレリーディング活動が提示されているものが多い。

教育現場ではプレリーディング活動の効果に一定の評価があるものの、どのような活動が読解のどの部分をどの程度促進するのかという点は明らかになっていない。またこのような活動を教師が教室で行うことが自立した読み手を育てることにつながるかどうか、という疑問も投げかけられている（例えば、静, 1994）。柴崎（2006）にはプレリーディング活動を行った22の研究が紹介されており、それぞれの実験方法、分析方法、考察について総覧している。

ボトムアップ処理 (bottom-up processing)

人間の情報処理の仕組みの1つで、データ駆動処理とも言われる。読解におけるボトムアップ処理とは、文字認識、単語認識、文や句の単位の理解というように認知処理がテキストの最小単位の処理から順々にテキストの上位概念へと進むとする捉え方である。ボトムアップ処理を重視した読解モデルとしては、Mackworth (1972)、Masssaro (1975)、Gough (1972) などがあるが、ここでは最も典型的なボトムアップ処理のモデルとして Gough の「読みのモデル」（A Model of Reading）を紹介する。このモデルは、眼球が視覚情報を捉えるところから音読するまでを説明している。視覚システムにより捉えた情報はアイコンを通過した後、パターン認識ルーティーンを参照しながらスキャナーにかけられ、文字認識が行われる。次に、コードブックを参照しながら、複合器の中で音素－書記素対応規則に基づいて音韻に変換される。その後、心内辞書の中の語彙から単語を検索し、ライブラリアンの中で意味が同定され、一次記憶に保持される。いくつかの単語が保持されると、マー

リンという統語的意味的処理器でそれらを繋ぎ合わせ、TPWSGWTAU (the place where sentences go when they are understood) と呼ばれる文レベルで保持される部分に送られる。最後に、音韻規則に従って編集器の中で音声化され、人間の音声システムを通って音読が実現するというものである。読解指導においては、一時期、トップダウン処理を促す指導が奨励される傾向が強かったが、「読解指導はトップダウンの技法や方略の訓練が重視され、速く、正しく単語を認識し、語彙にアクセスするというボトムアップ技能が軽視されている」(野呂, 2001) という指摘もある。

物語文法 (story grammar)

小説、民話、神話、伝説などの物語には、時代や地域に関わらず、出来事の要素や順序に共通性や規則性を見出すことがあるが、我々の知識の中にも物語の典型的な構造があると言われている。Rumelhart (1975) と Thorndyke (1977) はこれを物語文法と呼び、人は物語を読むとき、この知識を使いながら次に起こる出来事を予測しつつ読むと述べた。物語スキーマと同じ意味で用いられることもあるが、川崎 (2000) は、物語文法は「物語構造のもつ規則性を記述するルール」であり、物語スキーマは「典型的な物語の構成要素とそれらの間の関係についての内的表現」であるとして区別している。

以下は Rumelhart (1975: 211) が説明した単純な物語の構造である。例えば、"Margie was holding tightly to the string of her beautiful new balloon. Suddenly, a gust of wind caught it and carried it into a tree. It hits a branch and burst. (Sadness) Margie cried and cried." というテキストは、① 状況：マージはきれいな新しい風船をしっかりと持っていた、② 事件：突然風が吹いて風船を飛ばした、③ 事件：そして風船は木にひっかかった、④ 事件：風船は枝にぶつかり、⑤ 状況の変化：はじけてしまった、⑥ 内的反応：(悲しみ)、⑦ 外的反応：マージは大泣きした、という 7 つの単位から成る。このように、物語には状況、エピソード、事件、状況の変化、それに対する反応などの単位があり、それは階層的な構造を持つと言われる。同じ時期、Thorndyke (1977) は、物語文法を ① 設定 (登場人物、場所、時間)、② テーマ (事件、目標)、③ プロット (エピソード)、④ 試み (事件、エピソード)、⑤ 結果 (事件、状態) ⑥ 解決という構造で示した。また、Schank & Abelson (1977) は、日常の経験や出来事の状況で典型的に起きる順序や流れをスクリプトと呼んだ。物語文法とスクリプトはスキーマ理論を説明する強い理論として支持されているが、スキーマ理論を支持する研究者はこれらが普遍的な原理であると主張している。

読み手要因 (reader factors)

読解を説明する様々な要因のうち、読み手に関する要因のこと。読解を明らかにするには、読み手要因 (reader factors) とテキスト要因 (text factors) の 2 つの要因からのアプローチが必要であるとされているが、読み手要因は、読み手が読解に必要な何を持っていて、読解という処理過程において何を行なっているかということである。具体的には、読み手にどのような経験や知識があり、どのようなストラテジーが使え、どの程度の作動記憶容量を持ち、メタ認知能力を生かしているかどうか、ということなどが挙げられる。第二言語学習者の場合、読み手の母語、目標言語の習熟度、文化背景なども強い読み手要因となる。読解研究に読み手要因が意識された

のは、1970年代に読み手の知識が研究の重要な対象（例えば、Spilich et al., 1976）となってからだと考えられる。その後、1980年代から認知心理学の急速な発展に伴い、様々な側面から読み手の研究が行われてきた。記憶の研究分野では、短期記憶、長期記憶の他に作動記憶の存在が明らかになり、リーディングスパンテストにより作動記憶容量についての多くの研究がなされてきた（例えば、Daneman & Carpenter, 1980; Just & Carpenter, 1987）。また、読み手は自分の読みをモニターするメタ認知能力がある（Pressley & Chatala, 1990）ことや、推論能力がある（Yuill & Oakihill, 1988）こと、様々なストラテジーを使って読んでいる（Bereiter & Scardamalia, 1989）ことも明らかになった。読み手要因を対象とする研究分野は主として認知心理学であるが、近年、日本語教育でも心理学の実験手法を用いて読み手要因を変数とする研究が見られるようになっている。

読みの予測修正モデル
（the Revised Model／the Psycholinguistic Guessing Game Model）

心理言語学者Goodmanが"Language & Literacy"（Gollasch, 1975）の中で示した読解モデルの1つ。Goodmanは子どもの読み誤り分析（miscue analysis）から、読み誤りは偶発的に起こることではなく、読み手は内容を予測しながら読むために、予測とテキストの言語情報との間にギャップが生じた時に起こる意味のある行為であると述べた。例えば、小学4年生に6年生のテキストを音読させた際、冠詞や主語や時制の読み間違いがあったものの、間違った読み方の中に一貫した意味が形成されていたという。これは単なるmistakeではなく、有意味な間違いであるということ

から、Goodmanはmiscueという言い方をした。Goodmanによると、読みの過程は次の5段階で説明される。すなわち、①文字で表記されたものを認識し初期化する（Recognition-Initiation）。②インプットされたものの意味を常に予測する（Prediction）。③予測が正しいかどうかを確認する（Confirmation）。④予測の修正をする（Correction）。⑤読みのタスクが完了したら、読みは破棄される（Termination）、ということであり、読み手はこれを繰り返しながら意味を生成していくというものである。これが「読みの予測修正モデル」（the Revised Model）の基本であり、論文の題名となった"Reading is a psycholinguistic-guessing game."（筆者訳：読みとは心理言語学的な予測ゲームである）（Goodman, 1967: 127）というフレーズはこのモデルの名称でもあり、Goodmanの考えを象徴するものであった。このモデルは読解処理過程におけるトップダウン処理を支持するものであり、多くの読解研究者や教育者に強い影響を与えた。このモデルの提示により、読み手はテキストを逐語的に解釈する受動的な存在ではなく、テキストと主体的な関わる存在であるという新しい考え方が読解の概念にもたらされたと言えよう。しかしながら、熟達した読み手が次に来る単語を予測し内容を生成するという明確な証明はなく、さらに、このモデルがもたらした教育への示唆が様々な問題を起こしたことも指摘されている（Grabe, 2009）。

リーダビリティ（readability）

文章の読みやすさのこと。米国では1920年代に公教育の場に英語を母語としない移民児童が増加したことから、文章の読みやすさに目安を作り、図書の学年配当を決定する指標が必要になった。このような背景から生まれ

たのがリーダビリティの研究である。英語では1930年代以降、様々なリーダビリティの公式が発表され、今日までに200以上ある。その代表的なものとして、Gunning Fog index、Coleman Liau index、Flesh Kincaid Grade level、Flesch Reading Easeなどがあるが、これらの式を応用したツールが無償・有償でインターネットで利用できる。また、英語だけでなく、デンマーク語、スウェーデン語、ドイツ語、フランス語、スペイン語、ヘブライ語、韓国語、中国語、ベトナム語など、様々な言語においてリーダビリティ研究は進んでいる。リーダビリティを決定するには、尺度と変数が必要である。尺度は当該言語の使用されている国の学年や0から100までの数値（0に近づくほど難しく100に近いほど易しい）が使われ、「とても難しい」「難しい」「やや難しい」「易しい」のような段階で判定するものもある。最も多いリーダビリティ公式は、1文の単語数や文字数、1語の音節数、文字種、語彙の難易度などを独立変数とし、学年を従属変数とする回帰式からなるものである。

日本語では、1950年代に芝祐順と阪本一郎によってリーダビリティ研究が始まったが、最近の研究としては以下のものがある。建石等（1988）の式の変数は、1文の平均長、文字種の中の連続する同一文字種の相対頻度、文字種ごとの連続の平均の長さ、読点の数の句点の数に対する比である。Sato et al.（2008）は文字の生起確率で文字モデルを構築し、テキストを13レベルに分類する。柴崎・玉岡（2010）では、文章中の平仮名の割合と1文の平均述語数を変数とする9学年の判定式が示されている。また、柴崎・原（2010）では、テキスト全体の平仮名の割合、1文の平均文字数、1文の平均文節数、文の平均述語数を独立変数、12学年を従属変数としている。建石等（1988）はTxReadability、Sato et al.（2008）は「ことば不思議箱」、柴崎・玉岡（2010）はReadability Research Laboratoryのそれぞれのウェブで無償で利用できる。

リーディングスパンテスト
（reading span test）

個人の作動記憶容量を測定するためのテスト。人が文や文章を読む時、処理した内容は活性化状態のまま保持され、同時に次の情報処理も行われているという知見が記憶研究の分野で明らかになっている（Daneman & Carpenter, 1980）。この二つの作業は並列して行われるが、そこに必要な作動記憶の処理資源（Baddeley & Hitch, 1974）には限界があり、資源を処理に向けるか、保持に向けるかをめぐってトレードオフの関係が生まれる。また、作動記憶の容量には個人差があり、この個人差を測定するために、Daneman & Carpenter（1980）はリーディングスパンテストを考案した。その方法は、次々と短文を提示し、それを読み手に声に出して読ませ、各文の最後の単語を保持させるという二重課題である。2文の組み合わせから6文までの組み合わせまで、それぞれ5試行ずつ行われるが、文の数が増えれば増えるほど、保持しなければならない単語の数も増えて難しくなる。成績は3試行以上正解だった場合の文の数である。例えば、3文が呈示される課題で3試行以上正解であれば、成績は3.0となる。3文課題で3試行以上正解だが、4文課題で2試行のみ正解だった場合は3.5となる。

日本語のリーディングスパンテストでは苧坂・苧坂（1994）がある。日本語の場合は文末の単語の保持ではなく、文中の下線を引いた単語を保持することが求められる。苧阪・苧阪（1994）の日本語リーディングスパンテストは1998年、2002年に改訂され、さらに大塚・

宮谷（2007）はターゲット語と刺激文の検討を提案している。第二言語習得に関連する研究では Osaka & Osaka (1992) があり、日本人大学生におけるリーディングスパンテストのESL版と日本語版の成績には強い正の相関が示された報告されている。

明示情報 (explicit information)
　テキストに明らかに記述されている情報のこと。逆に、テキストに書かれておらず推論によって導き出される情報を非明示情報と言う。読み手はテキストから明示情報を得るが、明示情報だけでは首尾一貫した意味を形成しにくいことがある。例えば「心臓は動脈につながっている。」「大動脈の中の血液は赤い。」という2つの文を読んだ場合、この2つの文には直接的なつながりがなく、首尾一貫した意味を形成することは難しい。しかし、この2つの文の間に「大動脈は心臓から体内へ血液を運ぶ」という情報を補えば、「心臓は動脈につながっているが、大動脈は心臓から体内へ血液を運ぶので、大動脈の中の血液は赤い。」というように全体がつながり、読み手の心内に何らかの状況が構築される。この場合「大動脈は心臓から体内へ血液を運ぶ」という情報はテキストに書かれていないので、非明示情報であり、読み手の世界知識から導き出されたものである。非明示情報は読み手の推論によって導き出されるものであるため、読み手がテキストの内容に関しての十分な知識（背景知識）を持っていれば推論は容易であるが、逆の場合は困難である。推論は上記の例のような説明文においてのみ行なわれるものではなく、韻文においても重要な役割を果たす。例えば、短歌や俳句はきわめて限られた文字数で作られるものであるが、読み手はその少ない文字から様々な情景や感情を想起さ

せ、豊かな想像的世界を描きだすことができる。ここで想起されるものは非明示情報であり、その内容は読み手の体験や知識によって異なる。
　Kintsch (1998) によると、テキストは通常不完全なものであり、完璧に明示的なテキストというものは存在しないという。さらに、読むということは、読み手が明示されていない部分に自分の知識を使って内容を補うという主体的な行為であり、もし、完全に明示的なテキストであれば、読み手は退屈してしまうとも述べている。

命題表象 (propositional representation)
　理解を表象で説明する際に使われる単位。理解を説明する方法として、認知心理学の分野では理解を意味の表象と捉え、この意味を命題という単位で表すことが多い。ここでいう命題とは真偽を問う倫理学の命題とは異なり、1つの項と1つの述語からなる単位である。人が文や文章を読んだ時、その表現は忘れてしまうが、意味内容は記憶に残る。その意味内容を記述する方法が命題である。Sachs (1967) の実験では、以下の①と同じ文が朗読され、次に①、②、③、④の各文の再認課題を行なったところ、被験者は②と③もあったと答えた。これを命題で表すならば、①も②も③も、述語は［送った］であり、項は［彼、手紙、ガリレオ－偉大なイタリアの学者］となる。（命題の記述方法は研究者によって異なるが、ここでは柴崎(2006)に従った。）

① 彼は、その手紙を偉大なイタリアの科学者であるガリレオに送った。
② 彼は、偉大なイタリアの科学者であるガリレオにその手紙を送った。
③ その手紙は、偉大なイタリアの科学者

であるガリレオに送られた。
④ 偉大なイタリアの科学者であるガリレオは、その手紙を彼に送った。

　van Dijk (1987) は命題表象を用いて、読みのメカニズムを以下のように説明している。読み手は文章と文脈情報から表層構造を符号化し、小さな命題を抽出し、これはミクロ命題と呼ばれる。次に、複数のミクロ命題を統合し、マクロルールに則って短期記憶の中でマクロ命題を形成する。マクロルールとは ① 省略（一連の命題から他の命題の解釈に不要な命題を削除する）、② 一般化（一連の命題をより一般的な命題表現へと置き換える）、③ 構成（複数の命題を結合させて新しい命題を構成する）である。その後、長期記憶の中からテキスト内容と関連のある知識を想起し、談話レベルの命題表象を構築するが、読み進むにつれて、心内に表象される状況は刻々と変化する。

　読解分野で命題表象を用いて説明した研究の知見としては、命題の同じ項にあるものは再生しやすいが、異なる項にあるものは再生しにくい（Wanner, 1975）、単語数が同じ文でも命題が多いと読み時間が長くなり、再生が難しい（Kintsch &Keenan, 1973）、文の難しさは長さではなく命題の数と複雑さで決まる（Goets et al, 1981）などがある。

6 社会言語学・語用論

関連性理論（relevance theory, RT）

Sperber & Wilson（1986）により提唱された、発話の解釈の理論。基本原則は次の2つである。

① 認知の関連性の原則（cognitive principle of relevance）：人間の認知は関連性を最大にするように調整される。

② 伝達の関連性の原則（communicative principle of relevance）：すべての意図明示的な伝達行為は、最適な関連性が当然備わっていることを伝達する。

人間は、記憶、一般常識、知識、信念などさまざまな想定（assumption）に基づき推論（inference）を行い、発話を解釈する。しかし、想定には不確かなものや誤っているものもある。人間は、自分の認知環境（cognitive environment）を最小の処理コストで最大に改善しようとするものであり、そのような効果があることを最適な関連性（optimal relevance）を持つ、という。聞き手は、発話が最適な関連性を持つよう解釈を行う。例えば、

夫：おい、今日は土曜日だ！
妻：ほんと！　大変！

上の会話において、夫の「おい」という呼びかけは、これからの自分の発話が相手にとって認知環境の改善につながるという注意喚起である。続く「今日は土曜日だ」という発話は、双方にとって既知の事実であり、文字通りの意味では何の認知効果も持たない。そこで妻は、伝達の関連性の原則に則り、夫の発話が最適な関連性を持つよう自分の想定を検索し、「土曜日の昼は芝居を見に行く予定である」という記憶にたどり着く。妻の発話は、夫の発話の解釈に成功したうえでのものである（今井, 2000）。

語用論（pragmatics）の中でも認知的アプローチをとる関連性理論は、近年最も注目を集めている理論の1つである。これに基づき、日本語においてはノダの解釈（近藤, 2002a; 名嶋, 2007）などが行われている。

協調の原則／協調の原理

（cooperative principle, CP）

Grice（1975）により提唱された、会話の基本的な原則。円滑なコミュニケーションの成立のため、話し手と聞き手は、協調的かつ適切にやりとりを行うよう誠実に努力している、というもの。

この原則を成立させる具体的な下位規則を、会話の公理という。また、一見したところ会話の公理への違反（flouting）と思われるような発話の実際に意図された意味を、会話の含意という。

●会話の公理／会話の格率

（conversational maxims）

協調の原則を成立させる具体的な下位規則。「会話の公準」、「会話の行動指針」などとも訳される。Grice（1975）は、哲学者カント（Kant, I., 1724-1804）による認識判断の4つのカテゴリーにならい、次の4種類を提唱した。

① 量の公理（maxim of quantity）：必要量の情報を過不足なく伝えよ。

② 質の公理（maxim of quality）：偽（false）であると思うことや、適切な根拠に欠けることを言うな。

③ 関係の公理（maxim of relation）：関連性のある発話をせよ。

④ 様態の公理（maxim of manner）：曖昧な表現、解釈の分かれる言い方、冗長さを避け、簡潔に順序立てて話せ。

●会話の含意／会話の推意
（conversational implicature）
発話の実際に意図された意味。文字通りの意味（literal meaning）以上の言外の意味（unsaid meaning）。例えば、

　A： X先生の授業、いつも退屈だね。
　B： 雨降りそうだよ。傘持ってる？

上の会話において、Bの発話は関係の公理に違反しているようである。しかし、協調の原則に基づきBの発話の理由を推論（inference）すると、近くにX先生がいるなどの理由により話題を他に変えようという意味を含意していると解釈できる。

但し、異文化間コミュニケーション（cross-cultural communication）では含意の推論が異なることがある。例えば、依頼や勧誘への返答（例：「考えておきます」）に断りが含意されているかどうかなど、誤解が生じることがあるので、日本語教育においても注意が必要である。

共通語（common language）
異なる言語、または言語変種の話者の間で共通に用いられる言葉。国際共通語、国内共通語、地域内共通語などがある。国際共通語としては、中世地中海沿岸のリンガ・フランカ（Lingua Franca）、マレー半島周辺におけるマレー語（Bahasa Malay）、現代の英語などがある。地域内共通語は、地域共通語、地方共通語などとも呼ばれ、全国的ではないが比較的広い地域で用いられるもの、例えば、北海道共通語、西日本共通語などをいう。

また、「共通語」という語は狭義では、日本の国内共通語（全国共通語）のみを指す。1949年、国立国語研究所が地方で用いられている東京方言に近い変種を称したのが初例とされ、以前の標準語（standard language）のような強制性を持たない用語として広く用いられるようになった。文部省も1951年からの学習指導要領において「標準語」の代わりに「共通語」を用いるようになった。

しかし、現在、日本の国内共通語として用いられている変種の呼称については議論がある。一般的には、標準語は理想、共通語は実在とする立場から、「共通語」の呼称が用いられている。一方、構造的概念（structural concept）と機能的概念（functional concept）の区別の重要性を説き、共通語は機能面からの用語であり言語としての構造や体系を表すわけではないとする立場（真田信治等）は、変種名としては「標準語」が適切であると主張している。

クレオール（creole）
ピジン（pidgin）を参照のこと。

言語行動
（language behavior, verbal behavior）
人が言葉を用いて行う行動。言葉は単独で存在するものではなく、具体的な場面における人と人のコミュニケーション活動で使用されるものである、という言語観に基づく用語である。

日本語教育でよく取り上げられる言語行動には、例えば、次のようなものがある。
① 実質的な事実や情報の叙述や伝達：自己紹介、情報の提供、情景の描写、事実経過の説明、意見の主張、発表など。
② 人への働きかけとその応答：質問、提案、説得、勧誘、要求、応答、承諾、拒否など。
③ 人の気持ちへの働きかけ：感謝、慰め、励まし、ほめ、詫び、叱責など。

④ 話し手の感情や感覚の表出：喜び、悲しみ、怒りの表出、祝辞、弔辞など。
⑤ 人間関係の調節：挨拶、敬語行動、配慮言語行動など。

言語行動に関連するものとして、非言語行動（nonverbal behavior）やパラ言語行動（paralinguistic behavior）がある。非言語行動には、表情、視線、うなずき、身振り（gesture, body language）、姿勢（posture）、距離（proximity）などが、パラ言語行動には、笑い、ポーズ、速度、ピッチ、声量、声質（quality）などがある。パラ言語行動を非言語行動に含む場合もある。

また、さまざまな言語行動の総体としての、言葉を用いて営まれる人の生活を「言語生活」という。言語生活に関する科学的調査研究のため、1948年に国立国語研究所が設置され、国立国語研究所（1951, 1953, 1974, 1981）などの大規模調査を行い、さまざまな研究の基礎的データを提供している。日本の言語生活研究は、欧米の社会言語学（sociolinguistics）の先駆として評価されている。

言語生活 (language life)

言語行動（language behavior, verbal behavior）を参照のこと。

言語接触 (language contact)

2つ以上の言語、または言語変種が接触すること。社会、個人の両レベルがある。接触による影響は、次のように整理される（真田編, 2006）。

① すみ分け：両方の言葉が意味や機能を異にしてともに使われること
② 取り替え：それまでの言葉を捨てて新しい言葉にシフトすること
③ 混交：両方の言葉が組み合わされ、新しい言葉が生じること
④ 別の第3の言葉の採用：標準語や共通語が選ばれることが多い
⑤ 維持：新しい言葉を受け入れずもとの言葉を保持すること

①によって起こるのが、コード・スイッチング（code-switching）やバイリンガリズム（bilingualism）である。また、語彙の借用や外来語の導入により、従来の語との①や②が発生する。日本語においては「やどや／旅館／ホテル」がよく挙げられる例である。

最もよく見られるケースは③であり、接触言語（contact language）と呼ばれる新しい言語が誕生することがある。ピジン（pidgin）やクレオール（creole）がその代表例である。また、複数の変種が接触する中で新たに形成された、当該の集団や地域の共通語をコイネー（koiné）という。

日本語においては、国内共通語／標準語と地域方言の接触によりネオ方言（真田, 1990）などの新しい変種が生まれている。また、方言接触によるニュータウンでのコイネーの発生も報告されている（朝日, 2008）。ポルトガル語と日本語の接触による日系ブラジル人のコロニア語の研究（工藤等, 2009）や、英語、ポルトガル語、太平洋諸語、日本語諸方言の接触による小笠原諸島のクレオール英語やコイネー日本語の研究（ロング, 2002; 阿部, 2006）もあり、第二言語学習者の中間言語（interlanguage）研究にも示唆を与えている。

言語変異／バリエーション
(language variation)

意味や機能を同じくする、複数の異なる言語形式。日本語の広義の例としては、次のようなものが挙げられる。

① 音声的変異：ガ行子音の鼻音と非鼻音
② 文法的変異：「行きません」と「行かないです」、「着られる」と「着れる」
③ 語用論的変異：誘いの断りという機能で、「いやだ」と「今ちょっと…」

社会言語学（sociolinguistics）で変異という場合には、狭義で①②のみを指すのが一般的である。

変異の現象における個々の具体的な言語形式を「変異形／変異体／変項（variant）」といい、変異の要因を「変数（variable）」という。変数には、音韻、語彙、統語などの言語的変数と、性差（gender）、年齢、階級、信念といった社会的変数がある。

Labov（1963, 1966）は、英語の音声的変異を階級や信念を変数として分析し、社会言語学における変異理論（variation theory）の基盤を築いた。

日本語の変異の研究としては、① ガ行子音については Hibiya（1995）、② ら抜き言葉については Matsuda（1993）などがあり、言語的変数、社会的変数の両面から分析が行われている。

また、③については語用論（pragmatics）において、会話の含意やポライトネスの観点から研究が進められている。

日本語教育においては、学習者の多様化とともに学習者の接する日本語も多様化しており、これをどのように教育に取り入れ扱っていくかが議論されている。

言語変種／バラエティ（language varieties）

ある言語の中で多様な現れ方をするそれぞれの体系。標準語、方言、レジスター、スタイル（文体）などは、いずれも言語変種である。社会的力（power）や威信（prestige）と結びついた変種が規範化され国語（national language）や標準語とされることが多い。

言語と言語変種の境界は曖昧であり、言語以外の要因で分けられることも多い。地域方言の例を挙げると、中国語の方言間とヨーロッパの言語間の言語的差異は前者のほうが大きいが、北京語、福建語、広東語などが方言、スウェーデン語、デンマーク語、ノルウェー語などが言語とされているのは、言語的差異より国家の枠組みが優先された区分のためである。琉球語／琉球方言も、言語とする立場と方言とする立場とがある。また、方言とレジスターの境界も曖昧であり、集団語（米川, 2000, 2009）、業界用語（米川, 2001）、専門用語（国立国語研究所編, 2009）などは特定の社会集団に用いられる社会方言であるとともに、特定の場面で用いられるレジスターでもある。

日本語教育においては、学習者の多様化とともに学習者の接する日本語も多様化しており、さまざまな言語変種のうちどれをどのように教育に取り入れ扱っていくかが議論の的になっている。

コード・スイッチング／コード切り替え
（code-switching）

コミュニケーションにおいて、複数のコード（code）が意識的あるいは無意識的に切り替えられて用いられること。コードとは、言語や言語変種、また、それらのフォーマル、インフォーマルといったスタイル（文体）の体系をいう。

コミュニケーションにおいて、話し手は場面や人間関係などさまざまな要因に応じ、複数のコードの中から適切なものを選択して使用する。例えば、私的な場での親しい友人との雑談では方言コード、職場の会議では共通語コードが選択されることが多い。

コード・スイッチングの種類には、次のようなものがある。
① 状況的 (situational) コード・スイッチング：状況や場面の変化に応じたコード・スイッチング。日本在住の外国につながる子どもが、学校では日本語を、家庭では母語を用いる、といった場合など。切り替えの理由には、社会でのルール化、相手の言語能力に合わせる必要性、などがある。
② 隠喩的 (metaphorical) コード・スイッチング：話題に応じて、親密さや共通の価値観などの心理的意味を隠喩的に伝えるコード・スイッチング。実際のことばで表現される内容以上の情報やニュアンスが付与される。例えば、アメリカ駐在の日本人家族の子供同士が親に内緒の話題を話す際に英語の若者言葉に切り替えると、兄弟間の親密度を高めると同時に親を疎外する機能も果たす。また、複数の言語共同体 (speech community) に所属しているという自分たちの複合的なアイデンティティ (identity) を象徴し、連帯感 (solidarity) を強める機能を果たす場合、象徴的 (emblematic) コード・スイッチングとも呼ばれる。
③ 会話的 (conversational) コード・スイッチング：会話の流れを維持しながら行われるコード・スイッチング。会話のストラテジー (strategy) の1つとして、新しい話題の導入、引用、対比、内容の繰り返しや明確化、などの機能を果たす。

日本語においては、方言と共通語の切り替えや、学習者の母語と日本語の切り替え（国立国語研究所, 2000）などの研究が進められている。

語用論的転移 (pragmatic transfer)

言語転移 (linguistic transfer) の1つ。学習者が目標言語 (target language, TL) で語用論的知識 (pragmatic knowledge) を理解、産出、学習する際、目標言語以外の言語（第一言語、または既習言語）の語用論的知識が影響を与えること。中間言語語用論 (interlanguage pragmatics) において盛んに研究されている。

日本語教育においては、発話行為理論やポライトネス理論などに基づく、詫び、感謝、依頼、断りなどの語用論的転移の研究が盛んである。先駆的、且つ代表的研究の1つである生駒・志村 (1993) は、日本語母語話者、アメリカ英語母語話者、アメリカ英語を第一言語とする日本語学習者各10名から談話完成テスト (discourse completion test, DCT) により断りの発話データを収集し、使われている意味公式 (semantic formula) を分析した。その結果、代案提示の不使用や直接的表現の使用、感謝の使用などの点で、学習者の産出する日本語に第一言語であるアメリカ英語からの転移が見られたという。

これにならい、以後も多くの研究が進められている。被験者の条件統制やデータ収集方法、データ数や統計処理など、研究方法にも改善が重ねられている。

語用論における推論 (pragmatic inference)

言語形式、文脈、背景知識などに基づき、発話の意図された意味 (intended meaning) を導き出す心的操作。例えば、次のようなものがある。
① 言語内や言語外の文脈に基づき、指示表現の対象を同定する。指示表現には、指示詞（コソア）、代用表現（「もの」

「の」)、ゼロ代名詞（zero pronoun, φ）／省略（ellipsis）などがある。
（例）A：消しゴム忘れちゃった。
　　　B：使ってない<u>の</u>があるからφ貸してあげる。
② 言語形式に基づき、慣習的／規約的含意（conventional implicature）を理解する。
（例）A：太郎は日本人だ。<u>しかし</u>、怠け者だなあ。　（日本人は勤勉だ）
　　　B：太郎は日本人だ。<u>だから</u>、怠け者なんだ。　（日本人は怠け者だ）
③ 協調の原則に基づき、会話の含意を理解する。例えば、比喩は質の公理への違反だが、推論により理解が可能になる。比喩には、次のようなものがある。
- 隠喩（metaphor）：概念の類似性に基づく比喩。直喩（simile）と異なり、「〜のようだ」といった比喩を表す形式を用いない。(例) 君は僕の太陽だ：太陽＝輝き、エネルギーや明るさの源
- 換喩（metonymy）：概念の隣接性（contiguity）に基づく比喩。(例) 漱石は書棚の1番上だ：漱石＝漱石の書いた本
- 提喩（synecdoche）：上位概念を下位概念で、または下位概念を上位概念で表す比喩。(例) 人はパンのみで生くるにあらず：パン＝食べ物、物質的充足
④ 関連性理論に基づき、発話が最適な関連性（optimal relevance）を持つよう解釈する。
　語用論における推論の重要性については、認知的アプローチからさまざまに研究が進められている。

■ **制限コード／限定コード**（restricted code）
　精密コード／洗練コード（elaborated code）を参照のこと。

■ **性差／ジェンダー**（gender）
　生物的性差（sex）に対する、社会文化的な役割に基づく性差のこと。言葉に関しては次の2つの論点がある。
① 話し手の性差による言語変種
　それぞれの言語変種を「男言葉／男性語」「女言葉／女性語」という。例えば、終助詞では「ぜ」「ぞ」は男性語、「わ」「の」は女性語、自称詞では「ぼく」「おれ」は男性語とされている。
　また、会話のスタイル（conversational style）にも性差が見られ、男性は情報中心のレポート・トーク（report talk）、女性は心理的つながり中心のラポート・トーク（rapport talk）を用いる傾向にある。発話順番（turn）の取り方や割り込み（interruption）などはいずれも女性より男性のほうが頻度が高く、男女の社会的力（power）関係を反映している（Tannen, 1986, 1990）。
　近年、言葉の性差は縮小方向にあり、日本語教科書の会話で使用されている女性の言葉は規範的ステレオタイプ（stereotype）で母語話者の使用実態と異なる、という批判がある。確かに一方の性専用（gender-exclusive）の言葉は減少したが、傾向的性差（gender-preferential）を持つ言葉まで消失したわけではない。日本語教育ではどこまで言葉の性差を組み入れるか議論になっている。
② 性差を固定する表現
　俳優／女優、医者／女医、作家／女流作家、のように、無標形（unmarked）で男

性を表し、女性には有標形（marked）を用いる場合がある。また、看護婦、保母、スチュワーデスなど、ある職業を一方の性に限定する呼称もある。これらの表現は、性に関わらず無標形を用いたり、看護師、保育士、客室乗務員などと言い換えられたりしている。

主人、家内、という配偶者の呼称も、妻は夫に従属する意や家の中にいる意を含むとして、政治的公正さ（political correctness, PC）の観点から性差別的（sexist）と批判されている。

精密コード／洗練コード（elaborated code）

言語外要素への依存度が小さく、言語形式は複雑で、多様な表現が可能なコード（code）。教育などの場で用いられる。これに対して、制限コード／限定コード（restricted code）は、言語外要素への依存度が大きく、言語形式は単純で決まりきった表現が多いコードで、家庭など日常生活の場で用いられる。コードとは、言語や言語変種、また、それらのフォーマル、インフォーマルといったスタイル（文体）の体系をいう。

Bernstein（1970）はこの2種類のコードを社会階級（social class）と結び付けて論じた。学校教育の場で用いられるコードは精密コードであり、これを身につけている中産階級の子どもと比べ、身につけていない労働者階級の子どもは不利な立場に置かれる、両者の学力差とされているものは使用コードの相違に起因する、という論である。

この論は、階級、言語、教育に関するその後の研究に大きな影響を与えたが、コード、階級、精密、といった概念の定義が曖昧であるなどとの批判もある。

近年では、子どもの学力差という現象について、書き言葉と話し言葉の相違、認知学習能力（cognitive academic language proficiency, CALP）と基本的対人伝達能力（basic interpersonal communicative skills, BICS）の相違など、使用言語能力と関連づけて考え、Bernsteinの論を部分的に再評価する動きもある。

ダイグロシア（diglossia）

2つの言語あるいは言語変種が、1つの社会で互いに機能や評価を異にしながら同時に使用されている状況。二言語並存、社会的バイリンガリズムなどとも呼ばれる。

Ferguson（1959）は、ダイグロシアにおける言語を次の2種類に分けた。

① 高位言語（H）：社会的な威信（prestige）が高く、行政、司法、教育、マスコミなど公的な場で用いられる
② 低位言語（L）：社会的威信が低く主に家庭や地域で用いられる

そして、ダイグロシアの例として、アラビア語圏における古典アラビア語（H）と口語アラビア語（L）、スイスにおける標準ドイツ語（H）とスイス・ドイツ語（L）、ハイチにおけるフランス語（H）とハイチ・クレオール（L）を挙げ、これらの使い分けは安定的であるとした。

ダイグロシアの概念は多言語社会の研究に大きな影響を及ぼしたが、実際の言語使用はFerguson（1959）のように安定した静的（static）なものではなく、コード・スイッチング（code-switching）などに見られるように動的（dynamic）なものである、という批判を浴びている。

なお、3つ以上の言語あるいは言語変種が1つの社会で異なる機能と評価のもとで使用されている状況は、ポリグロシア（polyglossia）と呼ばれる。その例として、シンガポー

ルの、英語と北京語（H）、広東語とインフォーマルなシンガポール英語（L）の並存状況が挙げられている。

中間言語語用論（interlanguage pragmatics）

学習者の中間言語（interlanguage）における語用論的能力（pragmatic competence）について研究する分野。語用論的能力とはコミュニケーション能力（communicative competence）の一部で、会話の含意を伝えたり理解したりできる能力、人間関係や場面などに応じて適切な表現を用いることができる能力などをいう。異なる言語の母語話者の言語使用からそれぞれの言語の語用論的特徴の解明を目指す、異文化間語用論（cross-cultural pragmatics）の知見も応用されている。

日本語教育においては、発話行為理論やポライトネス理論などに基づく、詫び、感謝、依頼、断り、ほめなどについての研究が盛んである。生駒・志村（1993）は、断りの発話の語用論的転移（pragmatic transfer）の分析である。また、横田（1986）はほめに対する返答、西村（1998）、ボイクマン・宇佐美（2005）は詫び、施（2005）は依頼、初鹿野等（1996）、李（2004, 2006）は不満表明の発話の研究である。

ドメイン（domain）

ある言語または言語変種が用いられる領域。参加者、場所、話題の3要素によって複合的に構成される。

Fishman（1972）は、①家庭、②友人関係、③宗教、④教育、⑤雇用関係、の5つのドメインを挙げ、多言語社会において選択される言語はドメインという変数（variable）により決定される、例えば、家庭内では地域方言が、職場では共通語が選択されると予測できる、と主張した。

しかし、実際の言語使用はそのように静的（static）なものではなく、同じドメインでもコード・スイッチング（code-switching）など複数の言語または言語変種が用いられるという動的（dynamic）な面を説明できない、という批判もある。

日本人論／日本文化論

日本人や日本文化の特質についての論。ステレオタイプ（stereotype）の危険性に注意する必要があるが、日本事情の理解に有益に活用できる。日本人論／日本文化論隆盛の背景には、日本の持つ東洋的伝統と西洋的近代化の二面性の追究がある。

明治期には、ラフカディオ・ハーン（1894）『知られざる日本の面影』など西洋人から見た論や、内村鑑三（1894）『代表的日本人』、新渡戸稲造（にとべいなぞう）（1899）『武士道』、岡倉天心（1906）『茶の本』など日本人が西洋に向け英語で発信した論が著された。昭和初期の九鬼周造（くきしゅうぞう）（1930）『「いき」の構造』、和辻哲郎（わつじてつろう）（1935）『風土』などは、西洋に比肩し得る近代化の要因を日本の伝統や独自性に求めた。ブルーノ・タウト（1939）『日本美の再発見』は、伊勢神宮や桂離宮を称賛した。

アメリカの文化人類学者ルース・ベネディクト（1946）『菊と刀』は、西洋を「罪の文化」、日本を「恥の文化」と特徴づけた。これは、神という絶対的存在と自己が対峙する西洋と、世間における自分の位置や行動が適切かどうかを重視する日本の相対的価値観を端的に捉えたものである。「分相応」「分をわきまえる」といった言葉に象徴される日本のこのような価値観は、丸山真男（1961）『日本の思想』、阿部謹也（1995）『「世間」とは何か』

などでも描かれている。

　戦後の復興から高度成長期には、それを支える日本の特質が探究された。社会人類学の方法による中根千枝(1967)『タテ社会の人間関係』は、所属集団の場が重視される日本をタテ社会、個人の資格が重視されるインドをヨコ社会として対比し、タテ社会ではヨコ方向のつながりが弱いためセクト主義に陥りやすい弱点はあるが、リーダーを頂点とした成員の序列が整っているためタテ方向の情報伝達と指揮系統に強く、集団として優れた力を発揮できると分析した。エズラ・ヴォーゲル(1979)『ジャパン・アズ・ナンバーワン』は、経済大国日本を肯定的に捉えている。

　以上の他、イザヤ・ベンダサン(1970)『日本人とユダヤ人』、土居健郎(1971)『「甘え」の構造』、李御寧(1982)『縮み志向の日本人』、ジョン・ダワー(1999)『敗北を抱きしめて』なども著名である。

発話行為／スピーチ・アクト（speech act）

　発話により遂行される行為。「言語行為」とも訳される。理論として、Austin (1962) が提唱し、Searle (1969, 1975, 1976) が継承、発展させた。

　Austinは、「約束する」「詫びる」「宣告する」「命名する」のようにそれ自体が約束、詫び、宣告、命名という行為になる動詞を遂行動詞（performative verb）、これを用いた発話を遂行文（performatives）と呼んだ。そして、「水は摂氏100度で沸騰する」のように真偽の値を持つ事実確認文（constatives）も陳述もしくは主張という行為を遂行しているとして、何かを言うことは何かをすることである（to say something is to do something）と主張した。

　また、Austinは発話行為を次のように下位区分した。

① 発語行為 (locutionary act)：何らかの言語表現を発する行為
② 発語内行為 (illocutionary act)：発語行為を介して意図を遂行する行為
③ 発語媒介行為 (perlocutionary act)：発語内行為を介して聞き手にある効力を及ぼす行為

例えば、教師から学生への「これ以上欠席すると単位は認められません」という発話において、①は意味のある音声を発する行為、②はこれ以上欠席しないようにという警告、③は授業に出席しようと聞き手に思わせる行為である。

　このうち最も重視されるのは②で、Searleは②が遂行されるための適切性条件を考察し、間接発話行為のしくみを説明した。

　発話行為理論は、ポライトネス理論などにも大きな影響を及ぼしている。近年は単独の発話から談話レベルに研究が進展し、日本語教科書の会話などにもその成果が取り入れられている。

●発語内行為（illocutionary act）

　発話行為の下位区分の1つで、発語行為を介して発話の意図を伝達する行為。Searleは次の5種類に分類した。

① 陳述表示型（representatives）／断定型（assertives）：世界の状態や出来事を真偽の判定が可能な命題として述べる行為。陳述、主張、断定など。（例）「日本で1番高い山は富士山だ」
② 行為指示型（directives）：話し手が聞き手にある行為をさせようとする行為。命令、依頼、提案など。（例）「来週までにレポートを提出すること」
③ 行為拘束型（commissives）：話し手自身の将来の行為の実行を言明する行為。約

束、申し出、警告、宣誓など。(例)「明日5時までにレポートを提出します」
④ 宣言型 (declaratives)：現実の世界に変化や修正をもたらす行為。任命、命名、判決、布告など。(例)「被告を懲役10年とする」
⑤ 態度表明型 (expressives)：話し手の感情や態度を表明する行為。感謝、哀悼、ほめ、祝福、詫びなど。(例)「心からお詫びします」

異言語間では字義的に対応する表現が同じ発語内行為に対応するとは限らない (例えば、「すみません／Excuse me」) ので、日本語教育においても注意が必要である。

●**適切性条件** (felicity condition)
発話行為を適切に遂行するための条件。Searleは次の4つを挙げている。
① 命題内容条件 (propositional content condition)
　当該発話の命題内容が満たすべき条件。(例) 依頼の場合、聞き手による未来の行為を示すこと。
② 準備条件 (preparatory condition)
　話し手、聞き手、場面、状況設定に関する条件。(例) 依頼の場合、話し手は聞き手にその行為ができると信じているが、実行するかどうかは自明でないこと。
③ 誠実性条件 (sincerity condition)
　話し手の意図に関する条件。「誠実条件」とも訳される。(例) 依頼の場合、話し手が聞き手によるその行為の実行を望んでいること。
④ 本質条件 (essential condition)
　当該の行為を行う義務に関する条件。話し手と聞き手のいずれが負うかということ。(例) 依頼の場合、聞き手がその行為の実行の義務を負う。

●**間接発話行為** (indirect speech act)
発話の文字通りの意味とは異なる意図を間接的に伝達する行為。Searleは、適切性条件のいずれかを断定あるいは疑問の形で表現することで遂行されると説明した。例えば、「あそこの棚届く？」という発話は、準備条件を問うことで、棚の上の物をとってほしいという間接的依頼になる。

ピジン (pidgin)
言語接触 (language contact) により誕生した接触言語 (contact language) の1つで、異なる言語の話者の間の共通語として用いられるもの。限られた場面で使用され、語彙数は少なく、文法は簡略化されている。

表1 主なピジン・クレオール

ピジン・クレオール	使用地域	基盤言語	位置
カメルーン・ピジン	カメルーン（西アフリカ）	英語	−
クリオ語	シエラレオネ（西アフリカ）	英語	−
セーシェル・クレオール	セーシェル（インド洋）	フランス語	公用語
スラナン語	スリナム（南アメリカ）	オランダ語	−
ハイチ・クレオール	ハイチ（カリブ海）	フランス語	公用語
ジャマイカ・クレオール	ジャマイカ（カリブ海）	英語	−
トク・ピシン	パプア・ニューギニア（太平洋）	英語	公用語

歴史的には、植民地で現地語とヨーロッパ系言語の接触により発生し、語彙や文法の基盤はヨーロッパ系言語で、現地語の発音の影響を受け、商用やプランテーション生活の場面で使用された例が多い。「ピジン」という語の由来は英語の"business"が中国語風に変化したものと言われているが、他の説もある。

ピジンが母語話者を持つようになったものをクレオール（creole）という。クレオールは、語彙数も多く、文法も複雑で、あらゆる場面の使用にかなう、1つの言語体系である。「クレオール」という語は、スペイン語の"criollo"、ポルトガル語の"crioulo"、フランス語の"créole"に由来し、現地土着のもの → 植民地で生まれたヨーロッパの血をひく者 → 植民地で用いられているヨーロッパ言語起源の言語の意になった。

但し、ピジンとクレオールの言語的な境界線の設定は難しく、連続体（continuum）として「ピジン・クレオール」と称されることも多い。トク・ピシン（Tok Pisin < Talk Pidgin）のように、名称はピジンでもクレオール化しているものもある。

現在までに記述されているピジン・クレオールは100以上にのぼるが、その大半はアフリカや中南米の沿岸地域、カリブ海や太平洋の島々のものである（表1）。

ピジン・クレオールには、使用地域や基盤になった言語の相違に関わらず共通する特徴が見出されることが多く、言語普遍性や言語習得への示唆が注目されている。

方言 (dialect)

話し手の属性による言語変種。地域方言と社会方言があるが、一般的には地域方言を指す。

●地域方言 (regional dialect)

地域差に基づく言語変種。明治以降は標準語普及のため方言撲滅運動が展開され、戦後はテレビ放送の普及などによって国内共通語が浸透し、伝統方言は衰退した。しかし近年は地域方言の価値を見直す動きも起こっている。生活日本語支援でも地域方言の重要性が主張され、方言教材も作成されている（髙木・丸山, 2007）。

地域方言の全国的記述は、国立国語研究所（1967-75, 1989-91）にまとめられている。方言語彙（徳川, 1979）、方言文法（工藤, 2006; 工藤・八亀, 2008; 日高, 2007）、方言敬語（辻, 2009）、方言談話（沖, 2010）などの研究も進められている。

日本語の地域方言に関する主要概念には次のようなものがある。

◆**方言区画** 方言の使用地域の区分。細部についてはさまざまな議論があるが、東条操（1953）『日本方言学』による次のような区画が基本になっている。

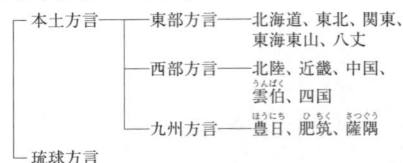

```
┌本土方言──┬東部方言──北海道、東北、関東、
│          │          東海東山、八丈
│          ├西部方言──北陸、近畿、中国、
│          │          雲伯、四国
│          └九州方言──豊日、肥筑、薩隅
└琉球方言
```

◆**方言の東西対立** 音韻、語彙、文法など多面にわたって西日本と東日本に言葉の相違があること。文法面では次のような相違がある。
- 打消　西：知らぬ、知らん　東：知らない
- 断定　西：山ぢゃ、山や　東：山だ
- 命令　西：見よ、見い　東：見ろ
- 音便　西：買うた、白う　東：買った、白く

東西の境界線は、事例により相違はあるが、糸魚川・浜名湖線（新潟県糸魚川市と静岡県の浜名湖を結ぶ線）が1つの目安となっている。

◆**方言周圏論** 言葉の地域差は中央語が地方

に伝播した時期の差であり、中央から遠い地域の言葉ほど古い時代の中央語の形態を残している、とする論。柳田国男（1930）『蝸牛考』が、蝸牛を表す俚言（方言語彙）にはナメクジ、ツブリ、カタツムリ、マイマイ、デデムシの5系統があり、中央（京都）を中心に同心円状に分布していることから提唱した。このような分布を、周圏分布、ABA型分布などという。国立国語研究所（1967–75）の調査語彙の約27％や松本（1996）にも周圏分布が見られている。

◆**ネオ方言** 国内共通語／標準語との接触により生まれた中間的な新しい地域方言。真田信治の提唱による。標準語「来ない」と伝統的関西方言「ケーヘン」「キーヘン」の混合による新しい「コーヘン」などがその例である。

◆**新方言** 共通語とも伝統方言とも異なる新しい地域方言。井上史雄の提唱による。例として、青森で「くすぐったい」の意として従来の「モチョコイ」と異なる「モチョカリ」という語が出現していることなどが挙げられる。あらたまった場面よりくだけた場面で用いられ、話し手たちによっても非標準形と意識されている。地域集団への帰属意識や連帯感（solidarity）を表す。

◆**気づかない方言／気づかれにくい方言** 当該地域では共通語と意識されている地域方言。概ね次のようなものを指す。
① 共通語にはない形式だがその地域では共通語と思われているもの。使用地域が広範であるため方言と意識されにくい。（例）「こずむ」：沈殿するの意（山梨、長野、静岡、愛知）
② 共通語と形式は同じだがその地域では異なる意味で使われているもの。
（例）「先生、家までつんでいきましょうか」：「つむ」は、物や人を車や船に乗せるの意（高知）
③ 共通語形のゆれが地域的な分布をもって表れているもの。
（例）「交通事故をなくしよう」（青森）、「昨日は楽しいでした」（鹿児島）

◆**システムからスタイルへ** 従来、地域方言は共通語と異なるシステム（体系）とされていた。しかし近年は方言と共通語の二方言使用（bidialectal）が一般的になり、場面に応じてコード・スイッチング（code-switching）が行われるなどスタイル（文体）の差として捉えられている。また、小林（1996, 2004）は、若者の言葉の骨組みは共通語で、方言は文末詞、程度副詞、感情語彙など一部であることから、現代方言の機能を対人関係上の心理的効果を狙うアクセサリーであるとしている。

●**社会方言**（social dialect）
年齢、性差（gender）、職業、階級など社会的な属性に基づく言語変種。年齢に基づくものには、幼児語、若者言葉、老人語などがある。また、ある集団の特徴的な言葉を集団語といい、専門用語や隠語などがある。

役割語（role language）
「よろしくってよ（お嬢様言葉）」、「そうじゃ、すべてわしの仕組んだことじゃ（老博士言葉）」など、特定の人物像（年齢、性別、職業、階級、時代、容姿・風貌、性格等）を思い浮かべることができるような、ある特定の話し方（語彙、語法、言い回し、イントネーション等）。また、ある特定の人物像を提示されると、その人物がいかにも使用しそうな話し方を思い浮かべることができる時の、その話し方をもいう。
実在の「お嬢様」や「老博士」などがそのような話し方をしているとは限らないのに、人物像と話し方がいかにもそれらしく結びつ

いて存在しているという点で「バーチャル（仮想現実の）日本語」であり、ステレオタイプ（stereotype）の言語的側面を捉えたものといえる。

金水 敏の提唱以来、さまざまな言語現象を役割語の観点からとらえようとする研究が現在盛んに行われている。日本語教育においては、マンガやアニメ、テレビ・ドラマや映画などの登場人物の話し方に役割語が多く用いられている点に十分注意を払ったうえで利用する必要がある。

なお、「ぼくらはイタチ科だひょーん」「くりでございますぷう」など、特定のキャラクターを表現するため用いられる終助詞を、定延（2005）は「キャラ助詞」と呼んでいる。

リンガ・フランカ（lingua franca）

異なる言語の話者の間で、コミュニケーションのために共通語（common language）として用いられる言葉。

イタリア語で「フランク人の言語」の意の、"Lingua Franca" に由来する。これは、中世の地中海沿岸で、フランス語やスペイン語などロマンス諸語を話す商人や十字軍兵士たちと、トルコ語やギリシャ語など非ロマンス諸語の話者たちとの共通語として広く用いられたもので、イタリア語を基礎として地中海沿岸諸語の借用語を加えたサビール語（Sabir）と呼ばれる言語である。

のちに、普通名詞化して国際共通語の意となった。「現代のリンガ・フランカは英語である」のように用いられる。

レジスター／言語使用域（register）

状況（situation）による言語変種。
Halliday & Hasan（1976, 1985）による選択体系機能文法（systemic functional grammar, SFG）は、言語使用に関わる状況のコンテクスト（context of situation）には次の3種類がある、とする。
① 活動領域（field）：談話の活動や主題
② 役割関係（tenor）：談話参加者の関係
③ 伝達様式（mode）：媒体やジャンル

例えば、①によるレジスターには、法律、医療、ビジネスなどの専門用語や、祝辞、弔辞などがある。②によるレジスターには、乳幼児に対するベビー・トーク（baby talk）、学習者に対するティーチャー・トーク（teacher talk）、非母語話者に対するフォリナー・トーク（foreigner talk）などがある。③によるレジスターには、話し言葉、書き言葉、電報に用いられる電文などがある。

これらの中で、電文、ベビー・トーク、ティーチャー・トーク、フォリナー・トークは、限られた語彙や文法構造によることから、簡略化レジスター（simplified register）と称される。ベビー・トークは、母親語（motherese）、育児語（caretaker talk）、子ども向け発話（child-directed speech, CDS）などとも呼ばれ、第一言語獲得との関係が研究されている。

ベビー・トーク、ティーチャー・トーク、フォリナー・トークといった相手に合わせる簡略化レジスターは、アコモデーション理論（accommodation theory）では相手の言語に歩み寄る言語的収束（convergence）として説明される。

日本語教師の学習者への発話は、ティーチャー・トークでもフォリナー・トークでもあり、過度に不自然にならないよう注意する必要がある。

若者言葉／若者語（youth dialect）

年齢に基づく社会方言（social dialect）の1つで、10〜20代を中心とする若者に使用される言語変種。

表2は、広義の若者言葉を分類、整理したものである。このうち、狭義の若者言葉は一時的流行語と若者世代語を指す。若者世代語は、学生だけでなく20代前後の社会人の言葉を含む場合もある。

若者言葉は、乱れとして非難されることも多いが、「ら抜き言葉」のように長期的言語変化の一環であるものも少なくない（井上, 1998）。

また、「とか」「みたいな」「たりして」などのように、断定を回避して曖昧化、ソフト化する「ぼかし表現」の多用も指摘されている。これは、人との直接的接触により傷つくことをおそれる心情の反映と分析されている（佐竹, 1995）。また、近年はケータイ・メールの隆盛による絵文字や顔文字（emoticon, smiley）の多用、「メール文体」「新言文一致体」などと呼ばれる新たなスタイル（文体）が注目され（橋元編, 2005）、対面とケータイ・メールのコミュニケーションの対比を通した若者の対人関係配慮の言語行動の研究（三宅, 2011）も進んでいる。

表2　広義の若者言葉（井上, 1994: 4に基づく）

		若者が老いて（若者でなくなったとき）	
		不使用	使用
後の（世代の）若者	不使用	一時的流行語 新語・時事用語 はやりことば	コーホート語（同世代語） 生き残った流行語 世相語
	使用	若者世代語 キャンパス用語 学生用語	言語変化 新方言 確立した新語

7 談話分析・会話分析

相づち／バックチャネル（back channel）

会話において、発話の中でターンを取らず、話し手の発話に対して「聞いている」「分かった」あるいは「話を続けてください」といった意味を持つ短い表現（非言語行動を含む）。バックチャネルとも訳されている。

相づちは、話し手が発話権を行使している間に聞き手が送る短い表現で、ターンを取得しようとするものではなく、聞き手が聞き手として相手の発話に反応するものである。具体的には、「はい」「うん」「ええ」「そうそう」や「へえ」「なるほど」「本当」といった短い言語行動と、うなずき、視線、表情、ジェスチャー等の非言語行動がある。それらは、話し手が話しやすいように、話の進行を助ける機能を持つ。相づちという行動は、話し手と聞き手の二人で発話を作っていくという「共話」の形態をとる日本語会話にとって重要である（水谷, 1983）。日本の日常会話では、聞き手が相づちを打つことで、話し手は話を進展しやすくなる。だが、使用する相づちの種類とタイミングが適切でない場合は、相手の話の流れを遮ることになってしまう。相づちはその表現や使用頻度が人によって異なり、人が話すときの心理や人間関係、場面、話の内容等と深い関係を持っている。なお、日本語と外国語の相づちの使用（特に頻度）は、言語文化の違いにより異なることが研究によって明らかになっている。日本語教育にそれらの研究結果を取り入れることにより、学習者の会話がよりスムーズなやりとりに近づくことが期待されている。

相づちの研究は、主に形式、頻度、機能の側面から分析されている。これまでの研究では、主に発話権を取得しない短い表現を相づちととらえてきたが、それをさらに広げて「繰り返し」や「言い換え」等も相づちとして扱う研究もある（堀口, 1997）。近年、相づちを観察するとき、音声によるパラ言語的側面（イントネーション、強さ、長さ、高さ、ポーズ、タイミング等）も重要な要素と考えられている。

移行適格場所

（transition relevance place, TRP）

現在の話し手のターンが終了し、次の話し手のターンに移行が起こりうる場所。文、節、句、単語等の構文的要因や、イントネーションの下降等の音声的要因、現在の話し手と次の話者になる聞き手との視線交差等の非言語的要因、特定のコンテクストで完了された発話行為といった語用論的要因等がTRPを認識するのに重要である。

しかし、実際の会話では以下の例のように、TRPでも話者交替が起こらないことがある。例えば、AがBに実際の会話例を集めて分析データにしたほうがいいというアドバイスをしている場面で、

(例) 1A: <u>データをとることは、大変ですけど、とらなければいけない。</u>
　　 2A: 例を作るとなると、ただ誰かの頭の中の、やっぱり、フィクションですよね。
　　 3B: はい。
　　 4A: <u>自分自身を含めたデータはどうでしょう。</u>
　　 5A: 自分と、誰かの発話があって―
　　 6B: あ、それはいいじゃないですか。

1Aと4Aの発話のあと、それぞれにポーズがあり文が完結していることから、TRPとなるが、上の例のように、現在の話し手が話し続けるという自己選択が起こる可能性もある。その場合は、相手が次のTRPを待つことになる。また、TRPではターン完了の可能性の

解釈のずれによる発話の重なりや、割り込み等の現象が生じることも多い。

話し手はTRPを使って話者交替を促す機会を作ることができ、聞き手はそのTRPで次の話し手になる選択をすることができる。日本語会話は、状況によって、TRPで話者交替せず相づちを打つ場合と、話者交替を頻繁に起こし互いに相手の発話を補いながら会話を構築していく場合がある。これらは日本語会話の特徴である共話スタイルを表しており、TRPを理解することで学習者はより積極的に日本語会話に参加することができると考えられる。

一貫性／整合性（coherence）

談話における個々の発話と文脈を関係づけることによって作り出される解釈可能な意味的まとまりのこと。首尾一貫性とも言う。結束性等をもたらす言語的な要素だけでなく、話し手と聞き手、書き手と読み手が共有する常識や推論、また連想等の非言語的要素等も含めた談話の意味的なつながりの善し悪しのことを言う（亀山、1999）。

談話全体の意味は、その構成要素としての言語単位である個々の発話や個々の文の意味の単なる集合ではない。談話の理解には、それらの単位の間にある関係的意味（relational meaning）がとらえられなければならない。Grosz & Sidner（1986）では、談話を言語構造（linguistic structure）、意図構造（intentional structure）、注意構造（attentional state）という、相互に関連する成分の合成として構造化されるとする。また、Hobbs（1990）等で様々な連接関係（情報の間の意味的な関係）が提案されている。例えば、2つの情報の間に認められる関係として、機会誘因関係、因果関係、評価関係、背景関係、説明関係、展開関係等

を提案している。加えて、物語文や解説文に特有の連接関係の分析もある。さらに、テクストの修辞関係（rhetorical relation）に基づくMann & Thompson（1988）では、談話を、スキーマを利用して階層的に分析し、例えば、説明の文章については、解答、証拠、正当化、動機、理由、条件、契機などの関係を提案している（阿部等、1994）。

発話と発話、文と文の連鎖自体に結束性を含む言語的つながりや連接関係が認められない場合には、聞き手／読み手は常識や推論を利用して談話の一貫性をとらえようとする。そこで、談話の一貫性の度合いを、聞き手／読み手に課される推論の量で測ろうとする提案もある（Josh & Weinstein, 1988）。すなわち、聞き手／読み手が談話の理解に至る推論の量が多ければ多いほど、その談話の一貫性の度合いは低いとする考え方である（亀山、1999）。

談話に現れる個々の事象を関係づける推論を支える知識には、談話に言語的手段によって表された情報に関する知識のほかに、談話に現れていないが、聞き手／読み手が持つ百科事典的知識、常識、スキーマ（scheme）やスクリプト（script）等の知識がある。

インターアクション（interaction）

会話参加者同士が共に働きかけ、お互いに影響を与える関わり合い。（社会的）相互作用、（言語的）相互行為ともいう。

インターアクションは、一人の話者による表現や行動ではなく、参加者によって交わされる表現や行動間の相互関係を指す。発話と発話との関係や発話と文脈との関係の中で、時間軸に沿って意味のある行動を生起する過程である。

（例）1A：ちょっと時間ない？

2B: あるけど、どうしたの？
3A: 買い物に行きたいんだけど、車出してくれない？
4B: いいよ。

例えば、依頼をする場面で、話者Aが「車を出してくれない？」という依頼を起こし、Bが承諾することで「依頼−承諾」というインターアクションが成立する。下線部の依頼発話がない場合は、文脈から「誘い−承諾」というインターアクションが想定される。インターアクションを理解するためには、隣接する発話間同士を見るだけでなく、全体にわたるプロセスのやりとりを知る必要がある。一人の話者が発した依頼や誘いという行為の後に、相手が承諾あるいは拒否という反応を続けることによって成り立つのである。インターアクションにおける会話参加者は、互いに相手の行動を理解して予測し、それによって自分の次の行動を判断し調整している。

インターアクションにおいては言語表現のみならず、視線、うなずき、表情、ジェスチャー等の非言語情報も使うことで会話をダイナミックに構築できるため、これらの非言語情報も重要な役割を果たしている。

インターアクションの概念は、社会言語学における「相互行為分析」に取り入れられている。社会的コンテクストによって、インターアクションにおける言葉の解釈が異なり、表現の意味づけが行われるという点が大きな特徴であり、会話や談話の分析等によく用いられる。

会話管理 (conversation management)

会話参加者が協同して会話の進行を管理していくこと。

会話管理において、話し手の行動のみならず聞き手の行動も同様に重要である。日常会話に見られる会話管理の項目や行動としては、① 会話全体構造（開始、終結）、② 会話進行（話者交替システム、話し手・聞き手といった役割の割り当て、円滑な会話進行が含まれる）、③ 話題展開（新しい話題の提示・別の話題への変換・話題の終了、話題の階層的構成、話題間関係と話題変化の関連性、話題を進める話し手の役割等が含まれる）、④ 情報管理（新情報、旧情報、関連情報の添加）、⑤ 相づちやフィードバック等の聞き手行動、⑥ 会話参加者の頭の動きやジェスチャー等の非言語行動、等が挙げられ、これらは会話参加者の間に現れるインターアクションと深く関わる行動といえる。それぞれの行動が実際に行われるとき、例えば、ターン取得のタイミング、相づちやうなずきの頻度、求められた情報以上の関連情報の提供等に注意を払うことで、会話を円滑に進めることができる。学習者にとって、会話管理に関する知識及びストラテジーは会話を円滑に行うために重要であるといえる。

会話構造 (conversation structure)

会話は、少なくとも2つの関連する発話のペアからなる会話参加者の共同行為によって開始され、展開を経て、終了するという構造を持っている。

会話の開始部 (opening) は、「挨拶／挨拶への返答」等の隣接ペアによって構成されていることが多い。Schegloff (1968, 1979) は、会話の開始部について、英語での電話会話は、「呼び出し−応答」、「相互認識」、「挨拶−挨拶」等のペアによるインターアクションの基盤が作られた後に、本題に入るというプロセスがあることを示した。会話の終結部 (closing) は、会話参加者が話者交替のプロセスを通して協同で会話を終結状態に持ちこむ部分

である。Shegloff & Sacks (1973) は、会話の終了部について「終結的やりとり」(terminal exchange) という構造があり、会話を終了する方向に向かう「前終結」(pre-closing) や会話が終了する「終結」(closing) を形成する慣用的な隣接ペアからなると述べた。

会話の開始部分や終了部分だけでなく、本題のある主要部分も同様に、話者の一存で実行するものではなく、会話参加者の合意の上に立って、一定の話者交替のプロセスを経て行うという技術的・対人的手立てが必要である。

電話会話による研究で会話の開始と終了が明確に示され、一般の会話にも類似した構造があることが明らかになってきた。また、日本語の会話にこれらの開始部や終了部を照らし合わせてみると、開始部においては、前回のコミュニケーションで行われたやりとりを引き継ぐ形で相手の心情を問うことから会話を始める場合がある。終了部に関しては、岡本・吉野 (1997) は前終結から終結を達成するために「じゃ」を出すだけでなく、お互いに慣習的な発話を何度も出し合って終結への意向を確認し、最終の別れの挨拶ペアが出るまで時間がかかるという特徴があると指摘している。

日本語会話の構造には、特に開始部や終結部におけるプロセスに他の文化と差があり、学習者は唐突な感じを相手に与えてしまう恐れがあるため、会話の開始や終了の仕方の差を認識する必要がある。

会話参加者 (conversation participants)

会話において、言葉を介し情報のやりとりを前提として関わり合った者。会話参加者は、情報を発信する話し手と、情報を受信する聞き手に分けられる。聞き手については、「まともの聞き手」（直接の相手となる聞き手）と「脇の聞き手」（会話の場面に同席する傍観者）とを区別する考え方もある（国立国語研究所, 1987）。会話に参加している以上、話し手と聞き手にはそれぞれの権利と義務があり、会話を構築していく上で、話し手はターンを能動的に活用し、聞き手はターンを取らずに反応を示す役割を担う。日本語の会話においては、話し相手によって会話の進め方や表現に変化がよく現れるため、聞き手あっての話し手という特徴が見られる。話し手は反応を確認しながら聞き手を巻き込み、聞き手は相づちやうなずきによって「共話」という行動をとることが不可欠であるといえる。会話には、円滑な話者交替だけでなく、同時発話や沈黙もありうる。

Goffman (1981) は会話の聞き手の立場は同質ではないことに注目し、聞き手の参与役割 (participation status) の区別を提案し、さまざまな参与役割を含む相互行為の構造を参与枠組み (participation framework) と呼んだ。また、話し手、聞き手あるいは傍観者が複数かどうかで、1対1、1対複数（特定複数、不特定複数）、複数対1、複数対複数に分けられる。例えば、日常会話や教室場面のように話し相手が特定される場合や、集会でのスピーチ、テレビニュース等のように、話し手が特定で聞き手は不特定複数となる場合もある。参加者の人数や特定か不特定かによって会話の構成や性質も影響を受ける。

なお、参加者同士の人間関係（上下、親疎）や属性といった社会的要因は、会話の参加者の役割分担や情報のやりとりの仕方に影響する重要な要素といえる。

会話スタイル (conversationalstyle)

話し手が会話で選択する話し方の特徴。会

話スタイルの選択要因としては、話し手の文化的背景、社会的属性、相手との関係、会話の状況等が挙げられる。

会話のスタイルは、話し手の次のような点から特徴づけられる（Tannen, 1984）。
① 会話参加の熱心さ、話題への集中度
② スピード、笑い、ポーズ（pause）、声の大きさ・高さ・質・調子
③ 繰り返しや質問の表現の仕方、使用頻度
④ 話題の結束性（cohesion）
⑤ 異なる多数の話題、雑音、聞き手の沈黙に対する寛容度

Tannen（1984）は、会話スタイルにおける文化的背景について分析し、ニューヨーク出身のユダヤ系アメリカ人とカリフォルニア出身のアメリカ人の会話スタイルを、それぞれ「熱中スタイル（high-involvement style）」と「思いやりスタイル（high-considerateness style）」とした。また、Tannen（1986）は、社会的属性と会話スタイルの関係を分析し、男性は一般的に情報伝達中心の話し方（report talk）をするのに対して、女性は人間関係を重視する話し方（rapport talk）をすることが多いと述べている。

Clancy（1986）は、ある文化において人との関わり方に関する信条は共有されており、それが、言語の使用や理解に影響を及ぼすとし、文化により異なる会話スタイルをコミュニケーション・スタイルと呼んでいる。Clancy（1986）は、会話参加者間にコミュニケーション・スタイルの違いがあると、異文化間コミュニケーション摩擦の原因の1つとなりうると指摘している。また、水谷（1983）は、日本語の会話において、聞き手が相づちを打ったり、相手の話を引き取って代わりに自分がものを言ったりすることを共話スタイルと名付け、聞き手と話し手と二人がかりで話を完結させていくという共話スタイルは、相手の話を最後まで聞くアメリカ人には、心理的抵抗を感じる場合が多いと指摘している。

文化によって、それぞれ好まれる会話スタイルがあり、その違いがあることで、コミュニケーションに摩擦が生じていることも確認されている。よって、会話スタイルを理解することは、異なった文化を持つ人たち同士の会話をスムーズにする手助けになるといえる。

会話ストラテジー（conversation strategy）
会話を円滑に行うための方略。会話ストラテジーは、会話を進めるためのストラテジーと、会話の進行に生じた支障を解消するためのストラテジーとに大別される。会話ストラテジーは、話し手の行動と聞き手の行動の両者に深く関わるものであるが、言語行動だけでなく、ジェスチャーや表情等の非言語行動も含まれる。

会話を進めるためのストラテジーには、会話の構造に関連するものと、話者交替に関連するものが挙げられる。会話の構造については、会話の開始や終結、話題の導入や転換に関わるストラテジーがあり、話し手の行動が中心となっている。話者交替については、話し手と聞き手の両方の行動に関わるストラテジーとして、相づち、割り込み、オーバーラップ、フィラー、スモールトーク（small talk）等がある（林, 2008）。

会話の進行に生じた支障を解消するためのストラテジーとしては、例えば、質問、確認、聞き返し、言い直し、言い換え、言い淀み、回避、話題転換、レジスターの変化、スタイルの変化等がある（サヴィニョン, 2009）。これらのストラテジーは、第二言語や外国語の学習者がコミュニケーション上の問題を処理するための方略として機能すると考えられて

おり、コミュニケーション・ストラテジー（communicaion strategy）として、取り上げられている（Tarone, 1983; Celce-Murcia et al., 1995）。例えば、言語行動として、新しい言葉の創造、回りくどい表現等の言い換え、話題の回避等のストラテジーや、非言語行動として、顔の表情やジェスチャー等を駆使しコミュニケーションをはかり、考える時間を稼ごうとするストラテジー等がある。そのほかにも、話し手と聞き手の間で起こる支援の要求、明確化の要求、確認の要求等がコミュニケーション・ストラテジーに含まれる（橋内, 1999; 畑佐, 2008）。なお、ザトラウスキー（1993）は談話のやりとりの中で、「勧誘」や「謝罪」、「依頼」等の発話行為の遂行を達成しようとする方略を談話ストラテジー（discourse strategy）と呼んでいる。

会話分析 （Conversation Analysis, CA）

会話を詳細に記述し分析して、そこで行われていることを明らかにしようとする手法及びその手法を用いた研究のこと。本来、エスノメソドロジー（ethnomethodology）によって提唱、開発された、会話を手がかりとして社会のしくみを明らかにしようとする研究をいう。エスノメソドロジーとは、一般の人々が社会の成員（member=ethno）として日常生活の秩序を作り上げていく方法（method）を探求しようとする社会学の一派である。

会話分析は、直観的な判断や恣意性を排除し、会話データの中の諸現象を忠実に記録して繰り返し起こるパターンを発見しその意味と機能を考察する、という徹底して帰納的な方法をとる。そして、会話における話者交替（turn-taking）、隣接ペア（adjacency pair）、優先応答体系（preference organization）等のしくみを見出し、会話が秩序あるシステムであることを明らかにしている。

会話分析の成果は言語学にも応用され、Gumperz（1982）、Tannen（1984）等により「インターアクションの社会言語学（interactional sociolinguistics）」と呼ばれる研究領域が開拓された。日本語については、メイナード（1993）、ザトラウスキー（1993）、堀口（1997）、Usami（2002）等が代表的研究として挙げられる。言語学的分析の場合は「会話の分析（conversational analysis）」等と呼んで本来のCAとは区別するのが望ましいという主張もあるが、現状では混用例が少なくない。

会話(の)分析の研究成果は言語教育にも取り入れられ、日本語教科書の会話練習においても自然に近いやりとりが学べるよう工夫されている。

書き言葉 （written language）

文字を媒介にした言語。書き言葉とは、主に情報伝達や意思疎通のための１つの手段として、文字により表出された言葉である。文字の性質上、書き言葉には、統合性（integration）と超然性という特徴が挙げられる。

まず、「統合性」（integration）はChafe（1982）の概念である。書き言葉は、媒体を介して文字という形で残るため、情報が書き手の手を離れて永久的に存在しうる。また、書き手は考えを言語化するのに、全体の構想を練り、推敲に十分な時間をかけ、結束性のある整えた情報内容を構成することができる。このような書き言葉の性質を、統合性と呼ぶ。なお、Ochs（1979）は「計画された談話」（planned discourse）と称している。

また、超然性は、時代や空間に関わらず、言葉の意味を伝えられるということである。書き言葉は、相手の存在に縛られることなく、生成されるものである。そのため、書き言葉

の情報は人の目に触れるまで、その言葉の生成過程を見ることができない。書き手は、読み手から離れているため、話し言葉とは違って、時間や状況を相手と共有することなく、読み手を巻き込む仕掛けとして、感情を移入して、様々な言語的手段をとる。そのため、どの時代のどの空間に存在する読み手にでも、言葉の意味を伝えることができる。なお、Chafe (1982) では、このような書き言葉の超然性を「分離」(detachment) という概念でとらえられている。

書き言葉は、考えを言語化する時間の余裕があり、読み手とじかに接しないという特徴から、より規範的であることが求められる。したがって、書き手は、読み手に対して、的確に情報を伝えるため、文同士の関係を明確にし、助詞の省略を避けるといったように、文を正しく表現するという性質がある。

聞き手行動 (hearer behavior)

会話において、聞き手が話し手の発話に対して示した反応のこと。言語的行動、非言語的行動の両方を含む。

聞き手は、話し手の発話に対して、① 相づち、② 聞き返し、③ オーバーラップ、④ 割り込み、⑤ フィードバック等という聞き手行動をとる。① 相づちは、話し手の話を聞きながら、「聞いている」「話を続けてください」という反応を示すときに用いられる。② 聞き返しは、話し手の発話内容が聞き取れないときや、十分に理解できないとき、また、自分の理解が正しいかを確認するときに、直前の発話を繰り返したり、上昇イントネーションを用いて、相手にもう一度言ってもらうように促す。③ オーバーラップは、相づちのようにターンを取らず、話し手と同時に発話をして、会話における熱心さを伝えたり、相手と

の協力や連帯感を強める機能として働く。また、④ 割り込みは、聞き手が話したくなったときに、移行適格場所 (transition relevance place, TRP) で発話権を取ったり、状況によって話し手が発話権を行使している途中に割り込んで、強制的にターンを取って発話する。⑤ フィードバックは、聞き手が TRP を予測して、ターンを取り、相手の発話内容に対して、アドバイスやコメントを与えたり、指摘や批評をする。なお、フィードバックは肯定的なものばかりではなく、指摘や注意、反対等といった否定的フィードバックもある。

日本語教育の観点からでは、学習者の聞き手行動に関する学習は、① 相づちや、③ オーバーラップのような協調的なものから、④ 割り込みや、⑤ フィードバックのように、話を始める機能を持つものまで総合的に扱う必要がある。それらを理解し、習得することによって、会話の進行をスムーズに発展させることができる。

教室談話 (classroom discourse)

教室内で、教師と学習者との間に生じる、話し言葉によるやりとりのこと。医療現場や裁判と同様に、制度的談話に分類される。

教室談話は、教師と学習者という分担された役割に基づいて、学校教育という社会的制度の中で目的に沿って行われる。そのやりとりは、役割による不均衡な力関係に基づいて、談話の構造が形成される。

Sinclair & Coulthard (1975) や Mehan (1979) は、伝統的な授業における談話の過程を分析し、教室談話の構造を IRF／IRE 連鎖 (IRF／IRE sequence) によって示した。

Sinclair & Coulthard (1975) は教室談話の中に、① 交渉 (授業中の諸活動、transaction)、② 交換 (活動の中のやりとり、exchange)、

③手番（やりとりの中の発話、move）、④行為（発話の中の最小機能単位、act）、という階層的構造を見出した。なお、②の交換には、IRF という内部構造があるとしている。IRF は、教師による開始（I: Initiation）、生徒による反応（R: Response）、その反応に対する教師のフォローアップ（F: Follow-up）という3つのムーブから構成されている。以下は IRF の一例である。

　（例）教師（I）：「七夕」はなんと読むでしょうか。
　　　　学習者（R）：「ななばた」です。
　　　　教師（F）：1つ字が違いますね。答えは「たなばた」です。

　また、Mehan (1979) は教師中心の授業について、開始連鎖（opening sequence）、教授連鎖（teaching sequence）、終結連鎖（closing sequence）を区別し、教授連鎖の中に IRE という内部構造があるとしている。IRE とは、教師による開始（Initiation）、学習者による応答（Reply）、教師による評価（Evaluation）からなる連鎖である。以下にその一例を示す。

　（例）教師（I）：「五月蠅い」はなんと読むでしょうか。
　　　　学習者（R）：「うるさい」です。
　　　　教師（E）：よくできました。

　IRF も IRE も、最後に見られる F や E がないと、学習者は学習が達成できたかどうか確認ができない。そのため、力関係に差がある教室談話の IRF や IRE では、F や E が特に重要な役割を果たすことになる。

　近年、教師主導でなく、学習者中心、または協働学習という授業の方法が取り入れられており、教室談話の構造も変化してきている。よって、今後の教室談話の研究では、役割変化によるさまざまな言語現象に着目する必要がある。

結束性 (cohesion)

　談話における個々の発話が、互いの文法、語彙的関係によってテキストのまとまりを作り出す意味的なつながり。話し手（書き手）は、談話における個々の発話がばらばらのものの集まりでないことを保証するために、様々な言語手段を使って結束性を作り出す。結束性には文法上の結束性と語彙上の結束性がある（Halliday & Hasan, 1976）。以下に日本語の結束性を作り出す言語手段の例を挙げる。

① 指示：指示語の「こそあ」と人称詞が用いられる。指示語は、基本的に、遠近という対立によって構成され、現場指示用法と文脈指示用法がある。人称詞には、基本的に、話し手（私等の一人称）、聞き手（あなた等の二人称）、その他（彼／彼女等の三人称）の対立関係がある。

② 省略：談話の流れの中で、文脈や場面から理解できる部分、または既知の情報は省略される。例えば、「は」等で示されるテーマを持つ文と、その後に続く文が同じテーマである場合、テーマは繰り返さずに省略することが多い。例えば、「メロスには父も、母もない。（メロスには）女房もない。（メロスは）十六の、内気な妹と二人ぐらしだ。」のように、既知情報のメロスは省略できる。

③ 語彙的手段による結束性：先行文脈中の語（句）の繰り返しや、上位語・下位語や類義語といった関連語句が用いられる。例えば、「昔々、あるところに兄弟が二人住んでいました。兄は働き者ですが、弟は大変な怠け者でした。」のように、兄弟という上位語と兄と弟という下位語の使用が、前後の文の結束性を示している。

④ 接続：発話（文）と発話（文）の間での前後関

係や談話全体との関連性を明示するための言語表現が用いられる。接続の表現には、「そして」「しかし」「だって」等の接続詞や、「〜て」「〜ので」「〜のに」等の接続助詞のほかに、「だからといって」「話が変わりますが」のような節になるものもある。それらは、文法関係に基づく前件と後件の意味的関係により、順接、逆接、添加、対比、転換、同列、補足に分けられるもの（市川1978）と、前後の文脈的解釈に依存し談話管理の機能により、全体構成をマークするもの、部分のまとめ、換言する表現、結論（メイナード, 2005）等があり、接続の関係は文法的観点や文脈的観点から分類することができる。

自然会話 (natural conversation)

人為的操作がされていない会話のこと。自然に生じた会話は、予め何を話すか、どのように話すかが決められているのではなく、実際の発話の場でやりとりの進行を委ねられた参加者同士の相互作用によって生み出された会話である。自然会話においては、相づちやフィラー等もありのままに表されるのが特徴である。これは、意図的に下書きされ、編集された映画やドラマ等のシナリオに基づく会話や研究者自身の内省により作られた会話等とは大きく異なる。

自然会話は、日常会話のように話の内容や参加者の役割、話の進め方の自由度が高いものもあれば、会議、面接、インタビュー等のように限定されるものもある。また、参加者の性別、年齢等の属性や親密度、人数及び会話の話題等といった条件が統制されているものでも、参加者が自発的に行った会話は自然会話といえる。ACTFL (American Council on the Teaching of Foreign Languages) のOPI (Oral Proficiency Interview) やロールプレイのように、参加者の役割が決まっていても、話の内容や流れが参加者に任されている場合は、自然会話とみなされる。

また、トーク番組やラジオ相談のように、話の内容が発話現場で会話当事者に委ねられる場合は、自然会話に準ずるという考えもあるが、一方で、発話が自発的か、編集されているのかといった基本的な情報が得られない等の問題により、安易に自然会話として扱わないほうがいいという意見もある。

自然会話の研究は、実際の日本語教育においても重要視されるようになってきた。例えば、前置き表現やフィラー、リペア等が教材に取り入れられるようになっており、無味乾燥で不自然な、作られた会話ではなく、自然会話に近い会話文の必要性が論じられるようになっている。

ターン／発話権 ((speaker-)turn)

会話において一人の話者が次の話者に代わるまで発話し続けること。発話順番と呼ばれることもある。

会話において参加者の一人がターンを取ると、その人が話し手になる。話し手は、ターンを持続することもあれば、他の参加者に譲ることもあり、話者間でターンの交替が何度も起こりうる。日常会話では、だれもが自由にターンを取り、話し手になることができる。一方、授業やインタビュー等といった、ある特定の社会制度を背景とした場面では、談話の参加者の役割により、ターンの交替は制限を受ける。

日常的場面でも制度的場面でも、通常、ターン交替は大きなトラブルもなく、スムーズに行われる。それは、ターン・テーキングという発話の順番の規則が働いているからで

ある。その規則とは、会話における最も基本的なシステムの1つで、会話の参加者が、話し手と聞き手の役を受け持ち、それぞれの権利を行使し、義務を果たし、会話に参加することを指す (Sacks et al., 1974)。

ターン・テーキングは他者選択と自己選択の2つに大きく分けられる。つまり、次に話す人が他の話し手によって選ばれる場合と、次の話し手が自分から話し出す（自己を次の話し手として選択する）場合である。また、会話における話者の交替は、むやみに行われるわけではなく、移行適格場所 (transition relevance place, TRP) が存在する。会話における話者交替は、TRP で次のようなターン・テーキング規則が適用されることによって、達成される。

C (urrent)：現在の話者、N (ext)：次の話者、TRP：移行適格場所

① 最初の TRP でまず適用されるルール
　イ．他者選択：C が N を選ぶ場合、C は話すのをやめ、N は話す権利を得て、次に話す義務を負う。
　ロ．自己選択：C が N を選ばない場合、他の誰もが名乗りをあげることができる。最初に口を開いた者が話す権利を得る。
　ハ．C が N を選ばない場合で、かつ誰も名乗りをあげなかった場合、必ずではないが、C が話し続けることができる。
② 二番目以降の TRP で適用されるルール
　最初の TRP で、①-イの他者選択も、①-ロの自己選択も起こらなかった場合、ルール①-ハによって C が話し続けるが、イ、ロ、ハというルール①のセットは、次の TRP で再び適用され、話者が実際に交替するまで繰り返される。

談話／ディスコース (discourse)

相手に伝えたい内容を表す1つの言語単位で、文または発話より大きいまとまり。書かれたもの、話されたものの両者を含む。談話、ディスコース、テクスト、会話、対話といった用語があるが、いずれが用いられるかは、その学問領域や研究目的による。

談話は、単に文や発話を並べた集合体ではなく、コミュニケーションを行うときに産出する実際の言語活動である。例えば、「病気になったんだ。食欲がないんだ」という2つの文から成る発話は、2つの文がともに話し手の身体について負の感情を表すことで伝えたい内容に因果関係が認められるため、談話として成立する。一方、「病気になったんだ。猫がいるんだ」のように話し手を主体とした文で負の感情を表した後に、猫が存在するという事象を説明することには、論理的な前後関係を見出せないため、何か言葉を補足しない限り、談話として成立しない。談話は表現形式の羅列ではなく、それらの表現形式が談話の要素として談話のどの部分にどのように現れるかといった、前後の文脈に結束性が観察でき、全体として一貫性のある内容と認められるものでなければならない。

談話のデータの種類はさまざまある。書かれたもの（新聞、雑誌、説明書、書評等）、話されたもの（インタビュー、会議、講演等）のほかに、日常生活の場面で起こる談話、制度的及び専門的な場面（教室、法廷、医療等）の談話等もある。メディアによる談話（メール、チャット、ブログ等）もデータとして認められている。また、性別、年齢、地域等の言語主体の属性によっても異なり、例えば、女性語、若者言葉、方言等が挙げられる。

談話は、研究者の立場によってさまざまに解釈される。構造主義の観点からは、言語行

動を断片化することで、あるべき構造によって支えられ、一貫性を伴った言語行動の記録となる。機能論からみると、談話はコミュニケーション上の機能を果たす言語表現である。社会学からみると、談話は社会問題を明らかにし解決への道具となる（メイナード, 1997）。談話に対する関心や方法によって、談話分析、会話分析、インターアクション分析、認知的エスノグラフィー等があり（茂呂, 1997）、その研究は多岐にわたる。

談話標識／ディスコース・マーカー
（discourse marker）

談話の境界、あるいは談話単位間の関係を示すことを主な機能とする表現のこと。discourse particle（談話辞）、pragmatic marker（語用論的標識）等の用語もある。

談話標識は、発話（文）間や段落間といった言語的情報の関係だけでなく、談話の場面や目的といった非言語的情報の文脈関係も示す。例えば、「しかし」の場合は、「一生懸命に勉強した。しかし、合格できなかった。」のように、前後の文が逆接関係であることを示すことも、真冬の寒い日に、出会った友人に対して、「しかし、今日は寒いね。」のように、先行発話なしに談話の冒頭で使われることもある。また、談話標識は、話者交替や話題の変化を示すといった働きもある。談話標識とはいわば談話の交通標識である。話者は談話の目的や道筋を予めある程度考えながら、伝えたい内容や方向を予告するために、談話標識を使うのである。

談話標識は、単一の品詞ではなく、談話単位の冒頭や境目に現れるという性質がある（Schiffrin, 1987）。例えば、英語では、but、and、so 等の接続詞のほかに、oh、well、you know、I mean 等の表現が挙げられる。日本語では、「だから」「でも」等の接続詞や、「やっぱり」「とにかく」等の副詞、「まあ」「なんか」等の間投詞、「ということで」「別の話ですが」等の慣用的な表現が含まれる。また、日本語の場合は、接続詞と意味と機能の点で重なっているため、接続助詞も談話標識とみなされることもある。さらに、発話末表現としての「ね」や「のだ」、発話中に出現する「えーと」「あの」といったフィラー（filler）等も、談話標識としての機能を持っているとされる。談話標識の定義や表現、機能については、分析の観点によって様々な記述が見られる。これは談話標識が多様性に富むことの現れでもある。

談話標識は、話し手または書き手が談話を構築していく過程のみでなく、聞き手または読み手として談話の内容を理解する際に重要な手がかりとなる。例えば、日本語学習者は談話標識を理解することで日本語能力を更に高めることができる。

談話分析／ディスコース分析
（Discourse Analysis, DA）

文より大きな言語単位である「談話」を分析する手法及びその手法を用いた研究のこと。言語使用の諸現象を対象とし、言語とその使用文脈の関係、そしてその構造、表現や制約・規則を明らかにする。書かれたものについての研究はテクスト言語学あるいは文章論、話されたものについては会話分析と同義に使われることもある。

談話分析は、言語とその言語使用に関わる社会的、文化的ルール、言語表現の意味、言語行為、言語に現れる人間関係等を研究する分野で、言語学だけでなく、哲学、記号学、心理学、社会学、文化人類学、コンピュータ言語学にも関わる学際的研究分野といえる

(Brown & Yule, 1983; マッカーシー, 1995)。

談話分析には大きく2つの傾向がある。1つは、談話の情報構造に注目する研究である。談話の構造的な単位である文（発話）がどのように有意義に組み合わされて文脈を構築するかに焦点を置く研究である（久野, 1978; 牧野, 1980）。例えば、「コソアド」の指示機能、主題の省略、「は」と「が」の卓立性、文法と談話の関連性等が研究の対象になる。もう1つは、人が言葉を用いてどのような伝達行動を行うかという語用論や社会言語学の領域につながっていく研究で、言語表現、使用者、場面の要因を含め、対人関係の言語運用に注目したものである（メイナード, 1993; ザトラウスキー, 1993）。例えば「お腹すいた？」という疑問文は、談話の中では勧誘という機能を持ちうる。「ポーズ」「イントネーション」「隣接ペア」「話者交替」のような談話展開のしくみも分析されている。ただし、研究のこの2つの流れは、理論的に対立しているわけではない。

談話分析は言語テクストに関わる文法論や音韻論のほかにも、参加者の役割、場面、人間関係等の多くの要因にも関心を寄せており、例えば、言語を社会的行為としてとらえ、社会における権力関係を含む談話を批判的に分析するという、批判的談話分析（critical discourse analysis, CDA）等の研究もある。

談話管理理論

（discourse management theory）

談話における諸現象を、話し手の心的操作による談話の管理という観点から説明しようとする理論。田窪行則等により提唱されている。

談話管理理論は、従来の談話モデルで用いられていた「（話し手が想定する）聞き手の知識」という説明装置を「共有知識のパラドクス」を引き起こすものとして廃棄し、話し手が自分自身の知識のみに基づいて談話を管理、進行させる、と主張する。そして、話し手の談話領域（discourse domain）をD領域とI領域に分け、①D領域には直接経験等に基づくすでに検証された情報が、I領域には推論・伝聞・仮定等による間接的で未検証の情報が格納される、②談話において新しく導入された要素はI領域に設定され、その談話セッションの間はD領域に移転できない、③D領域内の要素に対しては直示的な指示ができるが、I領域内の要素に対してはできず、記述等の間接的な指示が行われる、といった特徴を設定する。談話における諸現象は、例えば、次のように説明される。

① 指示詞：「ア」系列は話し手がD領域内の要素を、「ソ系列」はI領域内の要素を指示しているというマーカーである。
　（例）昨日神田で火事があったよ。{あの／*その} 火事のことだから、人が何人も死んだと思うよ。

② 終助詞：「よ」は命題内容をI領域に書き込み、その内容に関与する知識を付け加え、聞き手に対してそこから適切な推論を行えというマーカーであり、「ね」は命題内容の妥当性を計算中であるというマーカーである。「よね」は、この2つがつながったものである。
　（例）A：あなたのおうちは、たしか船場の旧家ですよね。
　　　　B：ええ、でも、戦後のどさくさにまぎれて土地を全部他人に取られてしまったんですよ。

指示詞や終助詞といった、従来個別に説明されていた日本語談話の諸現象を、統一的に説明できる理論として、近年注目を浴びている。

談話(分析の)単位

(unit for discourse analysis)

談話データの文字化や考察に必要な単位。発話単位ともいう。

談話分析において、書かれたものであっても、話されたものであっても、研究データとして処理するには分析の単位が必要となる。書き言葉の単位には文や段落があるが、話し言葉においては省略や倒置等が多いため談話単位の認定は難しい。談話の分析単位には主に次のようなものがある。

① 発話文：書き言葉における「文」に相当するもの。但し、話し言葉における「発話文」の認定は、意味的に完結していることだけではなく、イントネーション等の音声が重要な手がかりとなる。また、構造的に完結していない「中途終了型」と言われる発話の場合は、発話文の認定には話者交替やポーズ(pause)が重要な要素となる(宇佐美, 2005)。

② PPU (Pause-bounded Phrasal Unit)：会話において、ポーズによって区切られる単位。ポーズによる音声の区切りがはっきりしているため、確認方法が客観的であり、信頼性が高いとされている。日本語のPPUの特徴は、ポーズの前に助詞が出現することが多いことである。よく出てくる助詞として、ネ(エ)、サ(ア)、ノ(格助詞、準体助詞以外)、カナ、ヨナ、ヨ(他の助詞が先行する場合も含む)、カ、ワ、ゼ等が挙げられる(メイナード, 1993)。

③ イントネーション・ユニット (Intonation Unit, IU)：ポーズ、音の高低の変化(ピッチ)、イントネーションの上昇や下降によって区切られる記述単位。話者が自分の思考を言語化するために用いる発話単位でもある。Chafe (1980) は初め、口頭による談話において、文末のイントネーションと統語構造の関係が1つの区切りになりうると考え、アイディア・ユニット(idea unit)と名付けたが、後に、韻律的要素が強いため、イントネーション・ユニットと改称した (Chafe, 1987, 1988)。

④ 節単位 (Clause Unit, CU)：話者が一定の伝達内容を節(clause)の統語的な境界で区切ったもの。伝えたい情報の量が多い場合には、1つの大きな塊として一度に話さず、聞き手に分かりやすいように小さく区切るため、1つの情報が2つ以上の節に分けられることもある。節単位は、主に言語の形態統語論的特徴、すなわち語と文法の関係を利用して、1つ以上の節を含む発話部分を区分するために用いられる単位の1つである(坊農・高梨, 2009)。

⑤ 話段：文章の段落に相当する談話の単位。市川 (1978) のいう書き言葉の「文段」に当たる話し言葉の単位を佐久間 (1987) は「話段」と呼び、「談話」と「発話」の中間に位置するとした。また、ザトラウスキー (1993) は、談話の内部の発話の集合体(もしくは一発話)が、相対的に他と区分される部分として、参加者の談話の目的によって作り上げられる発話内容上のつながりを、「話段」とみなしている。

談話の分析単位にはほかに、話者交替のあるターンや隣接ペア、また、行為的機能が決まるムーブ(move)等がある。

談話文法 (discourse grammar)

談話(discourse)における文の成り立ちに関わる制約。従来、文文法(sentence grammar)で論じられてきた省略(ellipsis)や主題(テーマ)等を談話レベルで考察するもので、限られたデータから仮説を立て、文脈により

検証するという演繹的方法をとる。
　談話文法の研究では久野の研究が有名である。久野（1978）は、機能的な文の見方に基づき談話における省略や視点（viewpoint）を分析する。
　久野は、省略可能な情報は言語的、非言語的文脈から復元可能でなければならず、古い情報を残してより新しい情報を省略することができないと論じる。例えば、「花子は何をしているか」の答えに①「書いている」ではなく②「手紙を書いている」が適切であるのは、①で省略された情報（「書く」動作の対象）が文脈から復元不可能であり、新情報であるためであるとする。
　また、受身文、授受文等に基づいて視点を論じる。例えば、日本語の受け身で「太郎が次郎に殴られた」と「次郎が太郎に殴られた」はどちらも適切だが、話し手が事態に参与すると、「私が太郎に殴られた」は適切だが「太郎が私に殴られた」は不適切となる。これは、話し手は受身文の使用に際して主語寄りの視点をとらなくてはならないという制約があるからであるとする。
　談話文法は、文の情報構造（information structure）も明らかにしようとする。既知（旧情報）と未知（新情報）、主題（テーマ）と題述（レーマ）等の対概念を用いて情報の流れを分析し、「は」と「が」の使い分けや指示詞の用法を説明する。例えば、「鈴木さんの予定は」という質問に「鈴木さんは明日来る予定です」と答えると、既知情報（鈴木さん）に新情報（明日来る予定です）が加えられることで情報の流れが成立する。一方、「鈴木さんが明日来る予定です」は、非文ではないが当該の質問に対する答えとして不適切になる。「が」の使用により文全体が新情報となり、この文脈で要求される情報構造にそぐわないからである。
　談話文法は、基本的に文の間に見出される制約であるが、文と文脈は相互に関連しあうため、文脈によって支えられる。談話の観点から文法をとらえ直すと、文レベルでは気付かない文法の姿が見えてくる。文を超えた談話レベルの文法は日本語教育や日本語研究の関心の対象となっている。

テーマ（theme）

　文や談話において、現在話されている内容の情報の出発点。文にしても談話にしても、テーマとは、何について述べるかの部分である。そして、テーマの後に、それについて述べる内容が続く。日本語のテーマは、文や談話の冒頭に置かれることが多い。冒頭の部分は、情報を伝達する際に、重要な役割を果たす位置である。話し手が何かを伝達するとき、いきなり切り出したりすると聞き手は混乱する。そこで、冒頭部分にテーマを提示することで、伝達内容に方向づけをするのである。日本語では、テーマは典型的には「〜は」の形で示されるが、そのほかに「も」「こそ」「なんか」「とは」「なら」「たら」「と言えば」を伴って示されることがある（日向・日比谷, 1988）。例えば、「私は、日本文学専攻です」、「真夏日って、何度なの？」の下線の部分は、テーマにあたる。
　文を情報伝達機能の観点から分析する時、テーマは、すでに知られているか、またはその場で共有している部分の情報である。テーマは文中の概念としてだけでなく、文の枠組を越えて談話の概念として使われることも多い。談話において、既知情報であるテーマの提示により、ほかの部分がそれについて話され、談話に結束性をもたらし、コミュニケーションの進展に寄与する。談話構造の観点からはテーマは重要な役割を果たしている。
　また、既知情報のテーマについて談話のほ

かの部分が話される。ほかの部分は普通新しい情報である。談話レベルにおいて、新しい情報は「レーマ」(rheme)という。テーマはレーマに支えられ、そしてテーマに関連づけられることでレーマは新しい情報を提供している。両者は相互依存的な関係にある。

「テーマ」は「主題」「題目」「トピック」、「レーマ」は「題述」「解説」「述部」「コメント」等とも呼ばれており、訳語は定まっていない。

ナラティブ／語り（narrative）

会話において、話し手が過去の経験や出来事、見聞きしたことについて話し聞かせること。語りとも言う。また、"story"(Sacks, 1972; Ryave, 1978; Polanyi, 1985)、"story round"(Tannen, 1984)、「会話物語」(メイナード, 1993)、「物語」(李, 2000)等の用語もある。

ナラティブの話し手を「語り手」と呼ぶ。ナラティブには、「開始－持続－終了」という構造がある。語り手はまず、「昨日さぁ」「ねぇ、聞いてよ」といった前置き表現を使い、ナラティブを始める意志を示し、ターンを確保する。聞き手の同意を得たら、ナラティブが始まる。そして、場面設定に必要な情報、つまり、いつ、どこで、だれが、何を、どうした、という情報が語り手から提供される。ナラティブの内部構造について、Labov(1972)は、要約(abstract)、方向づけ(orientation)、詳説(complicating action)、評価(evaluation)、結果(result or resolution)、終結(coda)といった6つの要素から成り立っていることを示した。特に、評価は随時挿入され、ナラティブという行為自体の意味づけをするという重要な役割を果たす。評価はまた、ナラティブに聞き手を巻き込む役割を持っており、聞き手は必要に応じて語り手に働きかけ、ナラティブの展開を促す。ナラティブの終わりには、語り手は終わりの合図を出し、聞き手は了解の合図を送る。実際には、中断や再開、補足といった複雑な展開を見せる場合もある。

このように、ナラティブが会話の中で成立するには、会話参加者の協力が必要である。ナラティブは、過去の体験をそのまま客観的事実として報告する行為ではなく、インターアクションによる社会行為としての言語行動であり、体験の主観的意味を会話参加者と協同で新たに構築していく実践的な過程であると考えられている。

日本語教育においても、「経験を語る」「本や映画の筋を順序だてて話し、それに対する自分の考えを述べることができる」といった力が求められ、指導と練習が取り入れられるようになっている。

バックチャンネル（back channel）

相づち（back channel）を参照のこと。

発話（utterance）

話し言葉において話し手が発するひとまとまりの音声。談話（discourse）を構成する最小の単位である。

発話は、話された談話において、前後をポーズ（間・沈黙）で区切られた一続きの短い発言のまとまりを指す。この短い発言は、文法でいう文に相当するものもあれば、それより短い、節や句や語、あるいは言いさしや相づちといったものもある。独語的な「痛えっ」等も発話といえるし、「お名前は」という質問や「食事にいかない？」という誘い等、インターアクションの観点からの発話もある。

発話の定義については、以下のような説が

ある。杉戸（1987）は、「発話」を「一人の参加者のひとまとまりの音声言語連続（笑い声や短い相づちも含む）で、他の参加者の音声言語連続（同上）とかポーズ（空白時間）によって区切られる」と、音声を中心にした定義をしている。茂呂（1997）は、「ある一人の〈話し手〉が〈聞き手〉に向けて発するひとまとまりのことば」を「発話」と呼び、話者交替の観点を中心に区切ることで、話し手と聞き手の協同行為に依存していると述べている。これらを使うことで区切られた発話を1つの機能としてとらえることもできる。

なお、発話は、メッセージの形式や内容、場面、送り手、受け手、目的、調子等といった要素で構成されている（Hymes, 1972; 杉戸, 1983）。発話の種類には「相づち的な発話」と「実質的な発話」がある（杉戸, 1987）。

発話機能（speech function）

コミュニケーションにおいて、発話が果たす役割のこと。

話し手は、人間関係や場面、状況等の要因を考慮した上で適切な言語形式を選択し、聞き手に伝達するために発話する。発話機能は、話し手の意図により発せられる言葉をもとに、聞き手が理解し、受け答えをした場合にはじめて認識される。

発話機能の種類として、注目要求、談話表示、情報提供、意志表示、同意要求、情報要求、共同行為要求、単独行為要求、言い直し要求、言い直し、関係作り・礼儀、注目表示がある（国立国語研究所, 1994、ザトラウスキー, 1993）。例えば、次の会話の発話機能は（　）のようになる。

（例）兄：散らかした部屋、ちゃんと片付けろよ。（単独行為要求）
　　　弟：後じゃ駄目？（情報要求）
　　　兄：駄目。（情報提供）

発話機能を果たすための言語形式は、人間関係や用件、場面等さまざまな要因によって使い分けられる。例えば、単独行為要求という発話機能を表す発話には、命令の「送れよ」、指示の「送ってください」、丁寧な依頼の「送っていただけませんか」等がある。

発話権（(speaker-)turn）

ターン（(speaker-)turn）を参照のこと。

話し言葉（spoken language）

主に情報伝達や意思疎通のための手段として、音声として表出され媒介される言語のこと。音声の性質上の制約から、話し言葉の特徴として次のようなものが挙げられる。

① 断片性：音声による話し言葉は、現れてはすぐ消えてしまうものであり、考えを言語化するのに要する時間は短く、生成される言葉同士の関係を整える時間は限られている。そのため、表現が断片的になりやすい。このような話し言葉の性質を、Ochs（1979）は「計画されない談話（unplanned discourse）」、Chafe（1982）は「断片的な性格（fragmentation）」と定義している。例として、うまく言葉が出てこないときの言い淀みや繰り返し、頭に浮かんだ順で考えを言葉にした結果に起こる倒置、前に話したことを訂正するときの言い直しや言い換え等がある。

② 相互作用性：話し言葉は、現場の状況や脈絡、相手の反応に大きく依存している。話し手は、聞き手と同じ会話の状況とそれに関する知識を共有し、聞き手の反応をじかにモニターし、自分の発話に反映することができる。こうした、聞き手を巻き込み、

話し手の「思い入れ」を多分に含んだ話し言葉の性質を、Chafe (1982) は「かかわり (involvement)」という概念で説明している。例えば、「それ＿ここへ持ってきて」、「(写真を指して) この人＿誰」といったように既知の情報を代名詞に変えることや、「を」「は」等の助詞を使わない無助詞が起こり、発話時に話し手と聞き手がいる場所と関連させない限り、解釈できないものがある。また、「てしまう」と「ちゃう」等の縮約形の使い分けは、聞き手等との人間関係に深く関わる。

③ マルチモーダル性：音声による話し言葉は、ポーズ、イントネーション、リズム、声質といった韻律特徴が伴う。声の強さや高さ、テンポの変化、種々の音声表情の加え方、適当な間の取り方等を工夫して、さまざまな効果をあげることができる (水谷編, 1983)。また、対面の場合では、音声による発話にパラ言語情報を加えるだけでなく、ジェスチャーや視線・表情・身体接触等、視覚・触覚を含む複数の非言語情報を含むことで、言葉をより豊かに伝達することができる (前川, 2008; 伝, 2008)。

批判的談話分析

(critical discourse analysis, CDA)

談話分析 (discourse analysis) の一分野。談話 (discourse) に含まれるイデオロギー (ideology) や社会における力 (power) 関係について批判的な分析を行う。批判的とは、あたりまえのように見過ごされている物事の意味や価値、常識等を厳密に問い直すという意味である。代表的研究として、Fowler et al. (1979)、Kress & Hodge (1979) 等の批判的言語学 (critical language, CL)、社会学的アプローチをとる Faircough (1989)、認知心理学的アプローチをとる van Dijk (1995) 等がある。

CDA は、談話を歴史や力関係が内包された社会的実践 (social practice) であると見る。そして、一見何気ないような談話に埋め込まれている社会的な歴史や力関係を明らかにする。社会的な歴史や力関係は、政治家やマス・メディア等、社会で力を持つ者の談話に潜みやすい。したがって、CDA はこれらの談話を分析対象とすることが多くなる。また、法廷、医療、教室等の制度的談話 (institutional discourse) の分析にも応用される。

教育においては、隠れたカリキュラム (hidden curriculum)、すなわち、暗黙のうちに学習者に刷り込まれる力ある側の価値観が分析され、批判されている。日本語教育関連では、教科書に潜むジェンダー (gender) の問題、母語話者と非母語話者の正誤や優劣についての固定観念、地域日本語活動等における「教える」側と「教わる」側といった立場の固定化等への批判がある。

フィラー (filler／filled pause)

日本語の「エー」や「エート」、英語の "uh" や "um" 等のように、それらがなくても、発話の意味に影響しないような音声。日本語では「言いよどみ」「場つなぎ言葉」、英語では "filled pause"、"hesitation" 等と呼ばれることもある。話者が、後続発話の内容や表現を考えているときに、「今、次に言うことを考えているところだから、ちょっと待ってくれ」というメッセージを聞き手に伝える働きがあると考えられている。ニュースのように予め原稿が準備された音声には稀で、自発発話 (前もって原稿等を準備せず、即興で行う発話) で頻繁に観察される。そのため、オンライン発話生成に関連した現象ととらえられている。

どのような音声をフィラーの範疇に入れる

か、研究者によって違いがあるが、ほとんどの研究で日本語のフィラーとみなされているのは、以下のような音声が間を埋める働きをしていると考えられる場合である。「アー」、「エー」のような母音、「ンー」のような鼻音、「アノ（ー）」「ソノ（ー）」のような指示詞を起源とするもの、「エート」「マ（ー）」等。これら以外に、「ナンカ」「そうですね」等をフィラーに含めている研究もある。

フィラーは、無駄なもの、コミュニケーションの妨げになるものという見方もあったが、近年では円滑なコミュニケーションのための方策という視点からの研究が行われるようになってきている。例えば、「アノー、すみませんが・・・」の例のような発話冒頭のフィラーによって、話しかける相手の注意を確保したり、相手への配慮を示したりできること、あるいは、言いにくいことを言う前にフィラーを発することによって、聞き手に、後続発話の方向性を予測させたりしている可能性のあること等が指摘されている。

フィラー研究は歴史が浅く、音形の違いによって機能に違いがあるのか、あるとしたらどのように違うのか、外国語のフィラーは聞き手の理解を助けるのか、それとも妨げるのか、フィラーを学習項目に入れるべきか否か、入れるとしたらどのような形で入れるのが望ましいか等、実証的に研究されるべき課題は多い。

フォローアップ・インタビュー
（follow-up interview）

録音や録画による一次調査の終了後、被調査者の一次調査時の行動に伴う意識や考えを明らかにしようとするインタビューのこと。

フォローアップ・インタビューは、内省的データ収集法の1つである。被調査者が、暗黙の内に自分の行動をモニターや評価をして、適切でないと認識した箇所を自分で訂正すれば、そのプロセスは行動の表層からはわからないことも多い。このように録画や録音では記録できない行為を補完するために、フォローアップ・インタビューは有効である。

フォローアップ・インタビューの手順は、次の通りである。① ウォーミング・アップ：被調査者の最大限の協力を得られるように、被調査者が安心できるインタビュー環境を整える。② 一次調査前の意識確認：一次調査前に、被調査者に自分の役割への期待や考え、他の参加者へのイメージ等を質問する。③ 一次調査時の意識確認：被調査者自身の行動についての意識の有無、行動のもとになった規範、逸脱した行動、否定的に評価した行動、相手の行動等について、録音や録画データを用いてコメントを求める。④ 一次調査後の意識変化についての確認。⑤ 各段階の意識調査結果の確認、調査者の仮説の説明、調査者の分析予定の告知、被調査者の意見収集。

録音・録画データ再生時のインタビューにおいて、次の点には特に注意が必要である。① 研究者の意識や解釈を加えないこと、② 内容確認だけで終わらないこと、③ 機械的に予定の質問を全部こなそうとせず、被調査者の表現力や気持ちに配慮し、柔軟性を持つこと。

なお、フォローアップ・インタビュー全体に関する注意事項は次の通りである。① 可能な限り一次調査の直後に行う、② 被調査者へのインタビューは個別に行う、③ 平易な言葉を使ってインタビューを行い、被験者の発話を統制しない。

フォローアップ・インタビューは、被調査者の感想や態度を確かめる程度のものから、研究の仮説等にまで質問する場合まである。その目的は主に、録音や録画に際しての具体的な行動に伴う意識を言語化させ、内省的

データを得て、一次調査のデータの分析結果と照合する等して、相互検証を可能にすることにある。

フレーム (frame)

ある特定の文化・社会の中で各人が経験に基づいて構築した知識の構造のこと。新しい情報や出来事について解釈したり予測を立てたりするのに用いられる。

社会学分野で、Goffman (1974) は相互行為秩序に関心を抱き、話者の意図に応じた発話の解釈のための手段として、文化的要因としてフレームの概念を提唱した。それを受けて、談話研究分野でGumperz (1982) が、言語と社会構造の相関関係を探るために、Goffmanのフレームの概念を導入した。相互作用における会話は刻々と変化するものであるという観点を加えた上で、コンテクストや相互行為の目的、対人関係等に関する背景知識を前提として、会話参加者がその場面で起こっていることを認識（フレーミング）すると主張した。Gumperzの方法論をより日常的なやりとりの場に応用したTannen (1993) は、フレームを人・物・イベント・状況・相互行為の仕方等について、参加者の期待が集まり、構造化したものを「期待の構造 (power of expectation)」と名付けた。参加者の「期待」は、文化・社会的な背景に影響を受けた個々人の知識体系の産物である。例えば、デス・マス体を基調としたスピーチの中で、ダ・デアル体を用いて講演者が自身のエピソード盛り込む場合である。スピーチに対する期待のフレームとして「フォーマルな文体やエピソードを盛り込んだスピーチの構成」についての認識を聴衆と共有していれば、スピーチ・スタイルの一時的な変化を、逸脱ではなく現在のフレームの一部と見なせるので、スピーチにダイナミックな効果をもたらしうる。また、社会文化的環境によっては、フレームに違いが出てくる場合がある。例えば、日本社会には何度もお辞儀をし、見えなくなるまで見送り続けるという別れのマナーに関するフレームがあり、日本人同士はその行為の意義を共有できるが、同様のフレームがない社会ではそういった行為の意義は共有されない。

フレームは、会話参加者が現在携わっている行為が何なのかについて認識し解釈するための知識の構造である。談話分析では、医師と患者の談話、店員と客のやりとり、グループ討論、会議等さまざまな場面でフレームを用いた研究が行われている。

フロア (floor)

話者が話す権利のこと。発言権とも言う。「ターン」を超えて継続しうるものと見なされ、話者が持つ会話の主導権に関わる概念である。

会話のやりとりで、現在の話し手がある話題を提供している間に、別の参加者がその話題について質問や意見を述べたりすることがある。その場合、話者が代わったという観点からは、ターンが入れ替わったと見なせるが、話題については同一のものが続いているため、会話の主導権、すなわちフロアの所有者は変化していない。それに対して、別の話者が別の話題を提供すれば、ターンの交替が起こるとともに、フロアの所有権も次の話題提供者に移る。

例えば、話者Aがある映画ついて話し始め、その話題で会話が続けば、その周りにいる会話の参加者BやCはその話者Aが所有しているフロアの中で、ターンを交替しながら話していることになる。その後、話に参加しているBが新たに食事の話題を導入した場合、

今までAが所有していたフロアの主導権がBに移る。そのまま食事の話題が続けば、Bの持つフロアの中で参加者同士のターンを交換し合うことになる。

このような会話の現象をターンだけでは説明できないので、新たに「フロア」という概念が提案された（Edelsky, 1981）。フロアはターンよりも上層に位置する概念である。話題を継続させる目的で会話参加者がターンを取るが、ターン毎にフロアの所有権が変わるわけではない。

フロアの研究では、会話参加者の社会的属性や話題の内容によって、参加者間でターンを取る機会の頻度に差が現れることが明らかになっている。会話、特に異文化間コミュニケーションにおいて、話者のターンの交替だけでなく、話題の進行を円滑するために、話題を取り戻したり変えたりするという、話の主導権に関わるフロアの概念を理解する必要がある。

ヘッジ／垣根表現 (hedge)

命題に対する話し手の態度を伝達するための言語表現の一つ。

英語におけるヘッジの研究において、Lakoff (1973) はヘッジを「暗黙のうちにその意味が曖昧さに関与するような語、事柄をより曖昧にする、もしくはより曖昧でなくするといった機能を有する語」と定義している。つまり、命題内容の解釈を強める（intensifier）、あるいは弱める（deintensifier）という機能を有する表現のことである。また、House & Kasper (1981) はヘッジを、相手の気分を害してしまう可能性があるUpgradersと、その可能性を回避しようとするDowngradersに下位区分している。

日本語におけるヘッジは、主に発話の意味を柔らかく婉曲に表現する機能が取り上げられ、談話における対人関係調整のための機能が注目されている。用語も、「婉曲表現／ぼかし表現／あいまい表現／やわらげの表現／緩和表現／気配り表現／垣根表現」等となっている。また、日本語におけるヘッジの研究は、移り変わりが激しい若者言葉の特徴として行われたものが多い（村田, 1994; 佐竹, 1995; 辻, 1996, 1999; Lauwereyns, 2000）。例えば、「最近暇ないんだって」「うん、仕事で忙しいし」では、「忙しい」と言い切ってしまうと、理由を断定し、話が続けにくいといった印象を相手に与えてしまう。文尾に「し」を使うことによって言い切りを避け、発言を曖昧にすることで、相手に与える印象を和らげることができる。「～だし」のほかに、文末によく現れている「～とか」「～したりして」「～みたいな」「～じゃないですか」等の表現がある。文末以外では「名詞の／動詞＋ほう」「意外と」「けっこう」「どうやら」「なんか」等の表現がある。これらの表現はヘッジとして、話し手の発話の確信度や認識のあり方を意図的に曖昧にして、断定・限定・個別化を避けることによって発話を和らげている。

対人関係を重んじる日本社会では、意見の衝突や相手の気分を害するというリスクを避けるために、ヘッジが用いられる傾向がある。そのため、日本語教育においても、ヘッジの使用を積極的に導入する必要があると考えられる。

ポーズ (pause)

発話の中で音声の途切れる区間のこと。「間（ま）」とも言う。

何ミリセカンド以上の無音区間を「ポーズ」とするかは、研究者や研究目的によって異なるので、ポーズの定義や長さの設定には注意

が必要である。ポーズがあるととらえるかどうかは、無音区間の客観的な長さだけでなく、発話速度や前後の音調にも左右される。

発声には呼気が必要なため、話者は息を吸うために定期的に発話を中断しなければならない。しかし、そのような中断は、一定時間毎にというよりは、文境界、節境界等の文法的な切れ目に対応して行なわれている。ポーズで区切られる文法的なまとまりは意味のまとまりに対応している。境界に置かれるポーズによって、話し手はその先の発話を考えることができ、聞き手はそれまでの発話を咀嚼したり先を予測したりすることが可能になる。

談話分析において、ポーズは発話単位を区切るための基準の1つであり、応答や相づち、発話交替等のタイミングに関わっている。会話の盛り上がりは、ポーズの長さや頻度によっても印象が変わることもある。発話終了後のポーズの時間長は、話し手と聞き手の人間関係、性別、年齢、場面等によって変わることが知られている。

日本語学習者への音声指導に関する研究では、談話におけるポーズの重要性が取り上げられている。例えば、日本語の朗読における学習者のポーズの置き方の特徴や、それに対する日本語母語話者の評価についての研究等が行われている。

ムーブ（move）

談話において話し手が発する発話の最小の機能的単位のこと。

元来 move は、チェス等の駒の動きを意味する語である。それが談話分析に応用されて、どういった「手」を指すか、つまり相手に対してどのような働きをするかという観点から、質問、陳述、要求等の機能を担う最小単位として用いられるようになった。複数のムーブが結合すると、交換構造が形成される。

教室談話の研究において分析単位としてムーブが使われている。ムーブは、相手の反応によって引き起こされ、かつ相手の反応を引き起こす、といったインターアクションの社会的行為であり、2つ以上の発話もあれば、1つで成立する発話もある。

Sinclair & Coulthard (1975) は、教室談話の交換構造の下層部において、その内部に3種のムーブを設定した。それぞれ「開始（Initiation）－反応（Response）－フォローアップ（Follow-Up）」と呼び分け、それぞれの頭文字を取って IRF という内部構造を提案している。交換構造を構成する単位をターンではなくムーブとしたのは、1つのターンに別の発話者が介入することによって、発話行為が強制的に終了され、また新たに発話行為が開始される場合があるためである。分析にムーブを用いることによって、IRF 内部の3番目のターンを無理なく説明することができる。このように、ムーブを教室談話の分析単位として用いることで、教室における制度的談話の特徴を示すことができる。

文字化（transcription）

談話や会話の分析を行うために、自然会話の録音音声ないし録画映像データを、分析の目的に基づいて、文字や記号の原則を立て、一貫した記述をすること。録音された音声や録画された映像データだけでなく、その参加者と場面、状況についてもできるだけ記述したほうがよいとされる。

音声データを文字や記号にする際は、分析の目的や談話の種類に応じて用いる記号の定義づけをし、記述の方法を十分に検討しておく必要がある。文字化データには、データを忠実に書き起こすだけでなく、正確で読みや

すくするための通用性と、発話の特徴をとらえやすくするための経済性が求められるためである。

　文字については、漢字仮名まじりで表記するのを基本とする。改行をしない文字化の仕方もあるが、一般的には話者交替が認定される箇所で改行する。記述方法は研究の目的によって異なるが、同時発話やオーバーラップ、発話の中断やポーズ、発話の音量やスピード、イントネーション等に関する情報等も、記号を用いて文字化する。また、笑いや表情、ジェスチャー等についても記録することがある。人名や機関組織名等の個人情報については、記号化して伏せるのが通例である。

　日本語の文字化の原則に関しては、ザトラウスキー（1993）、宇佐美（2007）等がある。

優先的応答体系／選好応答体系
（preference organization）

　隣接ペアにおいて、後続発話がそれに先行する発話の期待に沿うような、単純で短い反応。

　隣接ペアにおける先行発話は、その発話に対する後続発話の反応への期待があり、後続発話はその先行発話によって、好まれるものと好まれないものとに大別される。これらの言語形式には違いがある。例えば、誘いというのは、誘う人が相手に喜んで受け入れられること期待し、誘われた人はその誘いを喜んで受け入れるという発話行為である。受諾は誘う行為への基本的な反応であり、受諾の言語形式は、即座に単純な言葉で返事を返すことである。こうした特徴を持つ応答の体系を「優先的応答体系」と呼ぶ。一方、先行発話の期待に反する場合は非優先的応答（dispreferred responses、長くて複雑な応答）となる。例えば、「拒否」の場合は、露骨に一言で駄目だと断ると反感を招いてしまうため、より念入りな応答が求められる。そのため、応答までに時間を要するような、言い遅れ、前置き、言い淀み、拒否の理由、遺憾の言葉、誘いに対する謝意等の種々の和らげ表現が付加され、結果として、長い言語形式になる、ということが多くなるのである。このようにして、好ましくない応答は複雑な構成になりやすい。

　一般的に、相手の期待に沿えない場合は、相手との人間関係を考慮し、明確な意思を伝えることを避ける傾向にある。優先的応答体系と非優先的応答体系を知ることは、学習者が日常生活においてフェイスの保持、丁寧さといったポライトネスを理解し、良好な人間関係を築く上での助けとなる。

リペア／修復（repair）

　発話の途中で、すでに述べた発言を修復する行動。日常の会話では予め発話計画が明確でないのが普通であるため、発話の最中に言い間違ったり、不十分であることがしばしばある。そうした会話を立て直すために、発言を修復する行動がリペアである。

　Schegloff et al. (1977) は、話すこと、聞くこと、理解することにおいて生じるトラブルに対処するあらゆる営みをリペアと呼んでおり、誤り（エラー）の訂正（correction）に限定せず、より広い修復活動概念として位置づけた。リペアという行動は主に2つある。1つは誤りの修復（error repair）で、語彙や文法、音韻上等の誤りを正しく直すものである。もう1つは適切性の修復（appropriateness repair）で、発話の中で不適切な表現が用いられた時、より適切な表現に言い換えるものである。リペアは、発話直後あるいは少し時間が立ってから行われる場合がある。

　リペアのパターンとしては自己修復と他者

修復に大きく分けられる。自己修復には、話し手自身が気付き、話し手自らリペアするものと、聞き手が気付いて指摘し、話し手がリペアするものがある。他者修復には、聞き手が気付き、そのまま聞き手がリペアしてくれるものと、話し手自身も気付いているが、聞き手が先にリペアしてくれるものがある。下記の例①では、話者は最初「お茶は」と発話したが、話の方向性のリペアが必要であることに気付き、「お茶が」とすぐに言い直すというリペアを行っている。例②は、母語話者が学習者の時制の誤りに気付き、学習者の発話を繰り返して注意を喚起したため、学習者が自ら文法の誤りのリペアを行っている。下線の部分がリペアの行われた箇所である。

例① あでも、ジャスミンティーとかも好きだから、やっぱりお茶は、やっぱり<u>お茶が</u>好きなんだよね。

例② 学習者：昨日、映画見る。
　　 日本人：昨日、見る？
　　 学習者：あっ、昨日、映画見<u>た</u>。
　　 日本人：どんな映画を見たの？

リペアは、母語話者同士の会話でも頻繁に行われ、発話内容をより適切に伝達でき、会話を立て直す作用がある。また、言語使用の誤りを修復できることは学習者の目標言語の習得プロセスにおいて大いに貢献するため、リペアはコミュニケーション・ストラテジーの学習項目として重要な役割を担っている。

隣接ペア／応答ペア（adjacency pair）

会話において、異なる話者によって発せられた隣接している2つの発話のこと。会話の基本構成単位であり、会話分析における分析単位である。

先行発話が次の発話を条件的に関連するような、2つ以上の発話のつながりは、「発話連鎖（sequence）」と呼ばれ、会話分析において、会話の流れの規則性を発見するための上位概念とされる。発話連鎖は、話者Aが話者Bに対して発した一連の発話のことを指すものもあれば、話者AとBが協同で作り上げた連鎖もある。後者のような連鎖を隣接ペアと呼ぶ。

隣接ペアは、先行する発話がある特定の後続発話を引き起こす、1つの完結した行為をなす発話の組み合わせである。その組み合わせのうち、先行する発話を「第1部分（first pair part）」、後続する発話を「第2部分（second pair part）」と呼ぶ。日本語において、典型的な隣接ペアとしては、「挨拶－挨拶」、「問い－返答」、「誘い－受諾・拒否」、「陳謝－軽減」、「文句－否定・詫び」、「要請－許可」等がある。一般に、「こんばんは」と「挨拶」したら、相手からも「こんばんは」という「挨拶」の言葉が期待される。また「誘い」には「受諾」か「拒否」という反応がある。このような2つの発話が密接に結びつくのは、会話参加者が前後の発話を1つのペアにすることに対して共通の認識を持っているからである。

実際の発話のやりとりでは、第2部分の発話は特定の発話に限定されているわけではない。ザトラウスキー（1993）は、たとえその反応が第1部分の発話と離れていたとしても、1つの完結をなす発話連鎖は、「応答ペア」と呼んでいる。例えば、話者AがBに「車を借りたいんですが」と依頼の発話をした後は、Bが「いいですよ」と即座に受諾せず、「いつですか」と聞く。そして、Bの質問に対して、Aが「来週ですけど」と答える。このように、第1部分の依頼発話と従来隣接ペアと考えられる第2部分の受諾発話の間に、依頼に関連する質問と応答が埋め込まれるケースもある。また、隣接ペアの形成は、必ずしも言語表現の発話によらず、非言語行動（ジェスチャー、

笑い）等が第２部分の発話の機能を果たす場合もある。

　日本語教育で、依頼や謝罪等の典型的な隣接ペアを学習することは、学習者が日常生活や仕事等の公的な場面においてコミュニケーションを図る上で、不可欠なものだといえる。

レーマ（rheme）
　テーマ（theme）を参照のこと。

話題／トピック（topic）
　談話において、参加者の共通認識によって言及された特定の事柄。

　参加者のやりとりの中から、内容的に共通性が認められる事柄を話題としてとらえることができる。談話分析においてはどのように話題を認定し、区切り方を決めるかが難しいため、その認定にぶれが生じることがある。研究目的によって区切り方に違いが出てきてしまうため、まとまった内容を見出そうとするあまり、主観的なとらえ方に流れやすくなる。そこで、南（1981）は客観的な基準を用いて会話の話題を判定するために、ポーズ、内部の連続性、参加者、コミュニケーション上の機能（用談、雑談）、言葉の調子（改まった調子、くだけた調子）、話題の性格（世間話、うわさ）等の観点を用いることを提案した。

　話題は談話レベルにおける概念であり、談話を構成する要素でもある。談話が続く限り、話題が設定され、導入、展開、終了、転換等が繰り返され、話題の推移に関するパターンが観察されている（南, 1981; 村上・熊取谷, 1995）。また、話題は、上位話題－下位話題、大話題－小話題といった階層的な関係をもち、1つの構造として談話を形成する。会話の場合は、会話参加者は原則として、雑談や相談といったある目的をもって会話に臨んでいる。目的が途中で修正されたり、挫折したり、逸脱する場合もある。また、いくつかの話題が相互に関連し合って会話が進められるため、話題の移り変わりは必ずしも明瞭ではない。そのため、会話における話題の階層が整然と構築されていないこともある。

　談話分析においては、会話参加者がどのように話題を導入し、推移させていくかという相互作用に注目する立場と、何が話題として言及されているかという談話内容に注目する立場がある。また、話題の推移や選択に影響する要因も注目されている。しかし、話題とは何かという定義の問題もしばしば議論されており、研究方法の目的によっては話題の区分けが多岐にわたるため、未だに明確な結論には達していない。

　日本語教育においては、会話における話題の選択、展開、転換の表現に関する分析結果が会話を円滑に行うために必要であると考えられ、会話のストラテジーの教育にそれらを応用した形で、学習項目として取り入れられることが期待されている。

8 待遇表現・ポライトネス

挨拶（greetings）

社交的、儀礼的に交わされる定型化された言葉。実質的な内容を伝達する機能ではなく、交話機能（phatic function）を担う。広義には、言葉だけでなくお辞儀や会釈、握手などの動作も含まれる。

挨拶はどの社会にも見られるが、文化や習慣によって運用の方法が異なるため、学習者にとって注意が必要となる場合もある。日本語の挨拶の中で注意を要するものに、次のようなものがある。

① どうも
人と会った時、別れる時、感謝や謝罪を表す時など、さまざまな場面で使用される表現。「この間はどうも（ありがとうございました／すみませんでした）」という挨拶は、恩を受けた人や迷惑をかけた人に再会した際に、改めて感謝や謝罪の意を伝えるものである。

② こんにちは／こんばんは／さようなら
人と会った時や別れる時の典型的な挨拶として、学習者が早い段階で覚える表現であるが、通常はソト（soto／out-group）の人に向けられ、家族内や職場内では使われにくい。また、目上の人には「さようなら」ではなく「失礼します」が使われるという制約もある。これらに対し「おはよう（ございます）」はウチ（uchi／in-group）に対しても使うことができる。

③ どうぞよろしく（お願いします）
依頼場面で使われる際は、特別な配慮を期待する、頼りにしているという意味合いで用いられる。しかし、初対面場面など、具体的に何かを依頼するわけではなく、単に「あなたと良好な関係を築いていきたい」という気持ちで用いられる場合も多い。

④ お世話になっております
特にビジネス場面で使われる挨拶で、日頃の良好な関係に感謝を示す表現。実際にはビジネス上の取引関係がなくとも、習慣化した決まり文句として、電話やメールの冒頭部分で用いられることも多い。

⑤ ご苦労さま／お疲れさま
「ご苦労さま（でした）」は、自分のために仕事をしてくれた人をねぎらう表現であり、日本では「ねぎらい」は上の人から下の人に向けられるため、本来、目上の人に対しては用いない方がよいとされる。一方、「お疲れさま（でした）」もねぎらい表現の一種であるが、仕事を終えた後など共に何かをやり遂げた際に、上下関係の区別なく互いにかけ合う挨拶として定着しつつある。

ウチ（uchi／in-group）

日本社会における人間関係を捉える際に重要な概念で、自分と同じグループに属すると考える場合の関係。グループ外であると考えれば「ソト（soto／out-group）」の関係となる。上下関係が縦の関係であるのに対し、ウチ・ソトの関係は横の距離的な関係である。

牧野（1996: 11）は、「ウチの概念をひと言で言うと、『かかわりの空間: space of involvement』ではないか」と述べ、その例として家族が集まる空間、知識が共有されてくつろぎの生理・心理のある空間、仲間意識・領分意識を与える空間、を挙げている。血縁関係にある家族や仲間意識で結ばれている友人だけでなく、同じ組織や集団のメンバーも「ウチ」とみなされ得るが、常に固定したものではなく、話し手が状況に応じて判断する、流動的な概念である。

現代の日本語では、ウチ・ソトの関係は上下関係より優先し、その判断が待遇表現の選

択に大きく関わる。例えば、社内の人と上司について話す時は、上下関係が考慮されるため、「山田部長は会議室にいらっしゃいます」のように上司を高く位置付ける表現を用いるが、同じ内容を「ソト」である社外の人に伝える時は、「(部長の)山田は会議室におります」のように言うのが通例である。後者の発話では、「山田部長」のかわりに「(部長の)山田」が、「いらっしゃる」のかわりに「おる」が使われている。「山田部長」のように、名前に役職をそえて呼ぶ場合は敬称となるため、「ソト」の人(=社外の人)に対しては、上司であっても「ウチ」の人(=社内の人)に敬称を用いるべきではないとされている。また、「いらっしゃる」は「いる」の尊敬語、「おる」は謙譲語Ⅱ(丁重語)に当たる。

婉曲表現／間接的表現（euphemism／indirect expressions）

直接的な言い方を避け、遠まわしに言い表したもの。人の死や病気、排泄、性などに関する露骨な言い方をやわらげた表現が多い。「死ぬ」のかわりに「亡くなる」「他界する」「永眠する」などを用いる例や、「便所」にかわって「手洗い」「洗面所」「化粧室」など間接的な表現を用いるようになった例がある。

Brown & Levinson（1987）のポライトネス・ストラテジー（politeness strategy）のネガティブ・ポライトネス（negative politeness）に当たるもので、「ヘッジ（hedge）」「ぼかし言葉」「あいまい表現」などと呼ばれるものも、これに含まれる。

① 「りんごを3つほどください」「明日とか、時間ない？」「時計なんか、買っちゃった」
② 「もし無理そうだったら、遠慮なく言ってね」「田中さんは少し遅れるようなので、先に会議を始めましょう」
③ 「(明日は)ちょっと…」「結構です」「考えておきます」

上に挙げた例はそれぞれ、① 個数や日時や事物の限定、② 状況の断定、③ 否定的回答の断言、を回避することを目的に婉曲表現が用いられている。

若者言葉としてしばしば話題になる「~みたいな」「~たりして」なども同様に、断言を避ける言い方である。

さらに広義に解釈すれば、あからさまに希望や要求を伝えるのを避け、「もしこちらにお越しいただければ大変有り難いのですが…」のように間接的な言い回しをする例も、一種の婉曲表現だと考えられる。

敬意低減の法則／敬意逓減の法則
（law of diminishing honorification）

「ことばの丁寧さの度合いが、使われているうちに以前より下がり、乱暴に感じられる傾向（井上, 1999: 62）」のこと。例えば、「貴様」「御前（お前）」は、その漢字表記が表す通り、かつては尊称として使われていたが、現在では相手を罵る時に用いられるほど、待遇価値が落ちている。同様に、「あなた」という呼称（address terms）も、「語源からいえば『あちらのほう』で、相手を直接指さない点で、ぼかした丁寧な言い方だった（同上: 64）」が、現在では上位者に対しては使われない。

また、「あげる」は「物の位置を下から上へ移動する」意味であり、もともとは謙譲語として使われていた。しかし最近では、「猫にミルクをあげる」「花に水をあげる」「弟に勉強を教えてあげる」のように、動植物や目下の子供にまで使用されるようになった。これも丁寧さの度合いが下がって、使用範囲が下の方にまで広がった1例と考えられる。また、現在では「あげる」が美化語のように使われ

ているという指摘もある。

言葉の丁寧さの度合いが低下すると、人は、低下した分を補う話し方をしようとする。「お聞きになる」だけでは十分ではないと感じ、「？お聞きになられる」という二重敬語にしてしまうのも、これを補強するための手段である。また、近年、「当社は××に移転させていただきました」「新商品のご案内を同封させていただきます」といった用法が拡大しているが、この形式は本来、自分が行うことを、相手の許可を受けて行い、そのことで恩恵を受けるという場合に使われるものである。これらの例では、謙譲語Ⅱを用いて「移転いたしました」「同封いたします」とするのが正用とされるが、それだけでは丁寧さが足りないと感じ、恩恵の表現によってそれを補おうとしたものと考えられる。

ある言葉の丁寧さの度合いがどの程度低下しているかは、地域によっても差があるが、都市より周辺の方が高く維持される傾向にある。

敬意表現

1998年の第21期国語審議会（National Committee of Japanese Language）の報告書で用いられ、2000年に第22期国語審議会が答申した「現代社会における敬意表現」の中で広く提唱された概念。この答申で、「敬意表現とは、コミュニケーションにおいて、相互尊重の精神に基づき、相手や場面に配慮して使い分けている言葉遣いを意味する。それらは話し手が相手の人格や立場を尊重し、敬語や敬語以外のさまざまな表現からその時々にふさわしいものを自己表現として選択するものである」と説明されている。この「相互尊重」と「自己表現」の考え方は、2007年の文化審議会答申「敬語の指針」に受け継がれ、現代の敬語を考える上で重要な概念となっている。

「現代社会における敬意表現（答申）」の説明によれば、敬意表現は、「人間関係に対する配慮」、「場面に対する配慮」、「伝える内容に関する配慮」、「相手の気持ちや状況に対する配慮」、「自分らしさを表すための配慮」に基づいて選択される言葉遣いである。この「配慮」には、伝統的な日本語が重んじてきた、他者との間に距離を置きたいというネガティブ・フェイス（negative face）への配慮だけでなく、他者と近づきたいというポジティブ・フェイス（positive face）への配慮も含まれる。

敬意表現という概念は、コミュニケーションを円滑に行うための言葉遣いとして示されたもので、敬語に限定されたものではない。例えば、ペンを借りたいとき、親しい人に対しては「悪いけど、ちょっと貸してくれない？」のように、「悪いけど」という前置き表現や恩恵を表す「～てくれる」、否定疑問文「～ない？」を用いることによって、敬語を用いなくとも十分に相手への配慮を示すことができる。また、「このクッキーすごくおいしいね。作り方、教えて！」という発話は、クッキーを作ってきた友人を褒めることで、相手のポジティブ・フェイスに配慮したものと言える。

敬意表現は、待遇表現と似た概念であるが、『敬意表現』は『待遇表現』の中の考え方としてプラスの方向のものに限定し、それを推奨するという立場から提唱されたもの（坂本, 2001: 19）」であり、いわゆるマイナスの敬語は含まれない。

なお、宇佐美（2001a）、滝沢（2001）では、「敬意表現」の「敬意」という用語をめぐり、「ポライトネス（politeness）」の観点から批判的検討がなされている。

敬語（keigo／honorific expressions）

待遇表現、敬意表現の一部で、会話・文章の相手（聞き手・読み手）や話題の人物との関係を表す働きをもち、言語形式の上で法則性を備えたもの。一般的には文法と語彙の範疇で示されるもので、従来の学校教育などでは、「尊敬語」「謙譲語」「丁寧語」の3種類に分類されてきた。しかし、2007年2月に文化審議会国語分科会が答申した「敬語の指針」により、従来の「謙譲語」が「謙譲語Ⅰ」と「謙譲語Ⅱ（丁重語）」に、「丁寧語」が「丁寧語」と「美化語」に区分けされ、5分類となった。

敬語には、話題の人物を「立てる」ものと、会話・文章の相手（聞き手・読み手）を「立てる」ものがあり、前者は素材敬語（referent honorifics）、後者は対者敬語（addressee honorifics）と呼ばれる。表1は、文化審議会（2007: 13）の表に「素材敬語」と「対者敬語」の分類を加えたものである。

「立てる」という用語は、「『言葉の上で人物を高く位置付けて述べる』という意味で用いるもの（文化審議会, 2007: 4）」である。敬語は、必ずしも「敬い」や「へりくだり」の気持ちを伴うものではなく、「相互尊重」の気持ちを基盤とし「自己表現」として主体的に用いられるものである。従来、敬語の使用は「敬い」や「へりくだり」の概念で説明されることが多かったが、本事典では文化審議会（2007）の方針に従い、「立てる」「高く位置付ける」という用語を用いて解説する。

現在の日本語は相対敬語（relative honorifics）的傾向が強く、話し手と、聞き手や話題の人物との関係（上下関係、親疎関係など）に応じて敬語の使い方が変わる。それに対し、韓国の敬語は絶対敬語（absolute honorifics）的傾向が強く、話し手と話題の人物との上下関係が敬語の絶対的選択基準であり、話題の人物が目上であれば、ウチ・ソトの概念とは無関係に敬語が使用される。

日本語の敬語は、歴史の中で社会制度の変化とともに、絶対敬語から相対敬語へと変化した。また、古代の敬語は、素材敬語のみであったが、後に対者敬語である丁寧語が現れ、現在の敬語の体系となった。

●**素材敬語**（referent honorifics）

素材敬語は話題の人物を高く位置付けるものであり、尊敬語と謙譲語Ⅰがある。一方、対者敬語（addressee honorifics）は会話や文章の相手を立てて丁寧に述べるものであり、謙譲語Ⅱ（丁重語）と丁寧語がある。素材敬語は「話題（の）敬語」、対者敬語は「対話（の）敬語」「聞き手敬語」と呼ばれることもある。

素材敬語と対者敬語は次のように、さまざまに組み合わされる。

① （あなたは）明日もいらっしゃいますか？
　　　　　　［＋尊敬語　　　　　＋丁寧語］
② （あなたは）明日も来ますか？
　　　　　　［－尊敬語／－謙譲語　＋丁寧語］

表1　敬語の分類（文化審議会, 2007: 13に基づく）

5種類			3種類
尊敬語	「いらっしゃる・おっしゃる型」	素材敬語	尊敬語
謙譲語Ⅰ	「伺う・申し上げる」型		謙譲語
謙譲語Ⅱ（丁重語）	「参る・申す」型	対者敬語	
丁寧語	「です・ます」型		丁寧語
美化語	「お酒・お料理」型		

③（わたしは）明日も（あなたの所に）伺います。
　　　　　　　[＋謙譲語　　　　　＋丁寧語]
④（あなたは）明日もいらっしゃる？
　　　　　　　[＋尊敬語　　　　　－丁寧語]
⑤（あなたは）明日も来る？
　　　　　　　[－尊敬語／－謙譲語　－丁寧語]
⑥（わたしは）明日も（あなたの所に）伺う。
　　　　　　　[＋謙譲語　　　　　－丁寧語]

①と③は、会話相手であると同時に話題の人物である「あなた」を高く位置付け、素材敬語と対者敬語の両者を用いた例である。この場合の「あなた」は、指導教員や上司など、目上の人物であることが想定される。②も対者敬語を使用し丁寧に述べているが、素材敬語を使用するほど畏まる必要はない会話相手が想定される。⑤は、相手を立てる必要がないウチ（uchi／in-group）の関係における話し方である。④と⑥はやや特殊な組み合わせで、素材敬語のみが用いられている。目上の人に対して使うと失礼になるため、注意を要する組み合わせであるが、次の⑦のような場合は、会話の相手と話題の人物が異なるため問題のない発話となる。

⑦　田中さん、先生がいらっしゃったよ。
　　　　　　　[＋尊敬語　　　　　－丁寧語]

これは、友人である田中さん（＝会話の相手）に対して、「先生（＝話題の人物）がいらっしゃった」ことを素材敬語のみを用いて報告する例である。

対者敬語は素材敬語より遅れて誕生したが、現在では対者敬語の方が重視されるようになり、「田中さん、先生が来たよ」のように、対者敬語を使う必要のない相手に対しては素材敬語も使わずに話す傾向も見られる。

●対者敬語（addressee honorifics）
　素材敬語（referent honorifics）を参照のこと。

●尊敬語
　敬語の1つで、話題の人物の行為・ものごと・状態などについて、その人物を高く位置付けて述べるもの。例えば、次の文はそれぞれ、①先生の行為、②先生に関するものごとや状態について、先生を立てて述べたものである。
①「先生は明日も大学にいらっしゃいますか」
　「先生はもうお帰りになりました」
②「先生のお名前／ご住所」「先生からのお手紙」「先生はお忙しいです」

動詞の尊敬語の主な形式には、次の①「特定形」、②「お（ご）〜になる」、③「〜（ら）れる」、④「（ご）〜なさる」、⑤「お（ご）〜だ」、⑥「お（ご）〜くださる」などがある。
①「いらっしゃる（行く／来る／いる）」「おっしゃる（言う）」「なさる（する）」「召し上がる（食べる／飲む）」「くださる（くれる）」「見える（来る）」
②「お読みになる」「ご出席になる」
　※変則的な形式として、「ご覧になる（見る）」「おいでになる（行く／来る／いる）」「お休みになる（寝る）」「お召しになる（着る）」がある。
③「読まれる」「出席される」
④「（ご）利用なさる」「（ご）出席なさる」
　※「？先生が拝見なさる」「？社長が申された」のように、謙譲語を尊敬語化して用いるのは誤用とされる。
　※「（ご）〜なさる」の「〜」にはサ変動詞の語幹の漢語名詞が入る。
⑤「お待ちだ」「お急ぎだ」「ご出席だ」「ご在宅だ」
⑥「お読みくださる」「ご出席くださる」
　※「〜てくださる」（例：「読んでくださる」）の形式より、相手をさらに高く位置付ける形式。「くださる」は、基本的な尊敬語の機能に加え、相手の行為に

よって恩恵を受けることも表す。命令形である「お(ご)〜ください」(例：「ご出席ください」)の形式はビジネス場面など、改まり度の高い場面で用いられる。

名詞、形容詞、形容動詞の場合は、語によっては、接頭辞「お」または「ご」をつけて尊敬語にすることができる。「お」と「ご」の使い分けは、通常、「お＋和語」(例：「お名前」「お休み」「お顔」「お美しい」)、「ご＋漢語」(例：「ご家族」「ご住所」「ご出身」「ご立派」)となるが、「お電話番号」「お元気」「お食事」など、漢語の前でも「お」が好まれる例も多い。また、「○○様でいらっしゃいますか」「ご立派でいらっしゃいますね」「お若くていらっしゃいますね」のように「(名詞・形容動詞)でいらっしゃる」「(形容詞)くていらっしゃる」の形式もある。

●謙譲語Ⅰ

敬語の1つで、自分側から話題の人物に向かう行為・ものごとなどについて、向かう先の人物を高く位置付けて述べるもの。自分側は高くしないことが前提となる。例えば、次の文はそれぞれ、①先生に向かう行為、②先生に向かうものごとについて、先生を立てて述べたものである。
① 「明日の5時に先生の研究室に伺います」
② 「先生へのお手紙」「先生へのご連絡」

謙譲語Ⅰは、向かう先の人物の存在が前提条件となる。「*お風呂にお入りする」「*電車にご乗車する」が誤用となるのは、向かう先の人物が想定できないためである。

動詞の謙譲語Ⅰの主な形式には、次の①「特定形」、②「お(ご)〜する」、③「お(ご)〜いただく」などがある。
① 「伺う(訪ねる／聞く)」「申し上げる(言う)」「存じ上げる(知る)」「差し上げる(あげる)」「いただく(もらう)」「拝見する(見る)」

※「拝〜」の形式をとる謙譲の動詞には、「拝見する(見る)」のほかに「拝読する(読む)」「拝借する(借りる)」「拝察する(察する)」などがある。
② 「お届けする」「お伝えする」「ご報告する」「ご案内する」

※「？ご利用される」のように、「お(ご)〜する」という謙譲語Ⅰに尊敬語の「〜(ら)れる」を組み合わせた形は誤用とされる。「利用する」を尊敬語にする場合は、「ご利用になる／利用される／利用なさる／ご利用なさる」が適切となる。

※同様に、乗客に対する「？ご乗車できません」というアナウンスも適切な形式とは言えない。乗客(＝高く位置付ける人物)の行為に言及しているので、謙譲語Ⅰではなく尊敬語の形を用いて「ご乗車になれません」とするか、「ご乗車」という名詞の尊敬語を用いて、「ご乗車はできません」とするのが適切である。なお、「お(ご)〜できる」(例：「商品は明日お届けできます」)は、謙譲語Ⅰに可能の意味を添えた形式である。
③ 「お読みいただく」「ご出席いただく」

※「〜ていただく」(例：「読んでいただく」)の形式より、相手をさらに高く位置付ける形式。「いただく」は、基本的な謙譲語Ⅰの機能に加え、相手の行為によって恩恵を受けることも表す。

名詞の場合は、語によっては、「(お客様への)お手紙」「(社長への)ご説明」のように、接頭辞「お」または「ご」をつけて謙譲語Ⅰにすることができる。

●謙譲語Ⅱ／丁重語

敬語の1つで、自分側の行為・ものごとなどを、聞き手に対して丁重に述べるもの。聞

き手に対して改まった述べ方をすることにより、丁重さをもたらす。聞き手に対して丁重に述べるという性格上、普通体では現れず、丁寧語の「～ます」を伴って使われる。

例えば、次の文はそれぞれ、①飛行機で乗務員が乗客に対して、②面接で受験者が面接官に対して、丁重に述べたものである。
①「当機はまもなく着陸いたします」
②「田中明子と申します。大阪から参りました」

動詞の謙譲語Ⅱの形式には、次の①「特定形」、②「～いたす」がある。
①「参る（行く／来る）」「申す（言う）」「いたす（する）」「おる（いる）」「存じる（知る／思う）」
②「出発いたします」「報告いたします」
　※「～いたす」の「～」にはサ変動詞の語幹の漢語名詞が入る。

名詞の場合は、「拙著」「愚作」「小社」「弊社」「粗茶」など、語によっては「拙」「愚」「小」「弊」「粗」をつけて謙譲語Ⅱにすることがある。

行為の向かう先の人物に対する敬語は謙譲語Ⅰ、聞き手に対する敬語は謙譲語Ⅱ（丁重語）と区別されるため、「先生のお宅に伺います」と「先生のお宅に参ります」とでは、敬語の性質が異なる。前者は謙譲語Ⅰで「先生」を高く位置付けて述べたものであるが、後者は謙譲語Ⅱで、聞き手に丁重に述べただけで「先生」を立てているわけではない。「京都に参ります」とは言えるが、「？京都に伺います」が誤用となるのは、前者が聞き手に対して丁重に述べる文であるのに対し、後者は向かう先の「京都」を高めてしまうことになるからである。

なお、謙譲語Ⅰと謙譲語Ⅱの両方を兼ね備えた形式に、「お(ご)～いたす」がある。例えば、「部長、私がお客様にご説明いたします」は、説明という行為の向かう先であるお客様を立てると同時に、会話の相手である部長に対して丁重に述べる働きをしている。

●丁寧語

敬語の１つで、聞き手に対して丁寧に述べるもの。「～です」「～ます」などの形。

さらに丁寧さの度合いが高い形式に、「(で)ございます」があり、次のように使われる。
①「お手洗いは階段の右手にございます」
②「(電話対応で)こちらは××デパートでございます」
　※「～でございます」は丁寧語であるため、相手を高く位置付ける機能はもたない。そのため、尊敬語を用いるべき相手にむかって「？田中様でございますか」のように尋ねるのは適切ではない。この場合は「田中様でいらっしゃいますか」とするのが正用である。
③「大変おいしゅうございます」「お暑うございますね」
　※「形容詞＋ございます」の形式は、現在では、限られた場面でしか用いられず、「形容詞＋です」の形（例：「おいしいです」「暑いですね」）が一般的に使われる。「形容詞＋です」の形式は、昭和27年に国語審議会（National Committee of Japanese Language）で建議された「これからの敬語」で、「これまで久しく問題となっていた形容詞の結び方――たとえば、「大きいです」「小さいです」などは、平明簡素な形として認めてよい」という見解が出され、正しい用法と認められた経緯があるが、年配者の中には違和感をもつ人もいる。

このほかに「～であります」があるが、これは演説などの特殊な場面でのみ用いられるものである。

丁寧語は、謙譲語Ⅱと似たような機能をもつが、謙譲語Ⅱは基本的には「自分側」のことを述べる場合に使い、丁寧語よりも丁重で改まった表現である。それに対し、丁寧語は広くさまざまな内容を述べるのに用いられる。

●美化語

　敬語の１つで、話題のものごとを美化して述べるもの。そのほかの敬語（尊敬語、謙譲語Ⅰ、謙譲語Ⅱ、丁寧語）とは性質が異なり、立てるべき人物の存在とは直接的には関係なく用いられる。話し手の品格を保つ上品な言い方とされるが、使用には個人差がある。

　「お水」「お菓子」「お弁当」「お店」「お化粧」のように、「接頭辞「お」＋名詞」の形式をとる。「ご祝儀」「ご褒美」のように、漢語には「接頭辞「ご」＋名詞」の形式をとるものもある。また、「おやつ」「おにぎり」「ごちそう」「ごはん」のように、「お／ご」が切り離せなくなり、１語として確立された言葉もある。

　なお、高く位置付ける人物に関するものごとにつく「お(ご)」は尊敬語、高く位置付ける人物に向かう「お(ご)」は謙譲語Ⅰであるため、形は同じでも、次のように敬語の種類が異なる。
① 「先生からお手紙をいただいた。」〔尊敬語〕
② 「先生にお手紙をお送りした。」〔謙譲語〕
③ 「手書きのお手紙の方がメールより気持ちが伝わる。」〔美化語〕

●絶対敬語（absolute honorifics）

　敬語は、どのように適用されるかによって、絶対敬語と相対敬語（relative honorifics）に分けられる。自分より上か下かという絶対的基準をもとに、ウチ（*uchi*／in-group）の人でも目上であれば敬語を用いる場合は絶対敬語、話し手と、聞き手と話題の人物とがどのような人間関係にあるかによって敬語の使用・不使用が変わる場合は相対敬語と呼ばれる。

　現代の日本語は、一般的に、ウチ・ソトの関係によって使い方が変化する相対敬語である。一方、韓国語は絶対敬語の傾向が強く、話題の人物が目上であれば敬語が必要で、身内に対してもこのルールが適用される。すなわち、韓国では、会話相手がウチであろうとソトであろうと、「お父様は今外出なさっています」という身内敬語が可能となる。

　歴史的に見れば、日本語も上代は絶対敬語の時代であった。古事記や万葉集などに見られる自敬表現は、絶対敬語の時代の典型的な現象として挙げられる。また、現代でも、西日本を中心とする広い地域の方言敬語に、絶対敬語的な用法である身内敬語が残っている。

●相対敬語（relative honorifics）

　絶対敬語（absolute honorifics）を参照のこと。

呼称（address terms）

　人の呼び方。待遇表現の１つで、場面や相手との人間関係によって変化する。「わたし」「ぼく」「おれ」など、話し手が自分自身を指す言葉は自称詞、「あなた」「そちらさま」「きみ」など、相手を指す言葉は対称詞とも呼ばれる。また、対称詞には、直接相手に呼びかける用法と、話題の人物として言及する用法がある。「田中さん、急いでください」は前者の例、「田中さんのご出身はどちらですか」は後者の例である。

　呼称には、「わたし」「あなた」「彼」「彼女」などのいわゆる人称詞だけでなく、親族名称（例：「お父さん」「おばあちゃん」）、地位や職業を表す語（例：「社長」「先生」「お巡りさん」）、固有名詞＋「氏／様／さん／ちゃん／

君」（例：「田中さん」「太郎君」）、愛称などがある。日本語の人称詞は、その種類が豊富であることが特徴だが、実際の会話ではその使用は極度に制限され、親族名称、地位や職業を表す語が使用されている（鈴木，1973）。特に目上の人に直接呼びかけるのは難しく、「社長」「部長」「先輩」のように地位や役職、上下関係を表す語で呼び表すか、主語は明示せずに「（社長は）お読みになりましたか」のように敬語を用いて話す方法がとられる。

　呼称は、時代によっても目まぐるしく変化している。例えば、「貴様」「お前」はもともと相手を敬う言葉であったが、敬意低減の法則により、現在ではマイナスの敬語として機能するようになっている。「あなた」も同様に、本来は遠くを漠然と表す「彼方」という言葉で間接的に目上の人を指し示す語として用いられていたが、現在では上位者に対しては使われない。ただし、その中立的な語感から、会議や面接試験などの場面では用いられている。

　呼称の研究は海外での歴史が古く、中でもヨーロッパ諸言語に見られるT／Vの二人称代名詞（例：フランス語の"tu"／"vous"）の使い分けについて力関係（power）と親疎関係（solidarity）の観点から分析したBrown & Gilman (1960) は、呼称を社会言語学的観点から分析した先駆的な研究として知られている。

自敬表現 (self-respect expressions)

　西田（1995: 1）によると、自敬表現とは「話手（第一人称者）が自分の動作や自分に関するものごとを尊敬語によって表現し、聞手や第三者の第一人称者（話手）に対する行為を謙譲語によって表現する言語表現」である。日本語の敬語は、古くは絶対敬語（absolute honorifics）であり、天皇や貴高な身分の人は自分自身を聞き手や話題の人物よりも高く位置付け、尊敬語を用いていたとされる。

　現代の言葉で、話し手自身を高く扱う言葉は尊大語と呼ばれる。これはマイナスの敬語の一種で、例えば、「俺様が召し上がる」「こちらへ参れ」などがある。自敬表現と尊大語は表現のメカニズムが同じであるため、厳密に両者を区別するのは難しく、両者が同じ意味で用いられることもある。

スピーチレベルシフト (speech level shift)

　会話における言語形式の丁寧さ（スピーチレベル）が切り替わる現象のこと。同じ現象が「スピーチスタイルシフト」「待遇レベルシフト」「文体シフト」などと呼ばれることもある。通常は、文末形式の丁寧体から普通体、あるいは普通体から丁寧体への交替を指す。しかし、最近の研究には、中途終了型発話（述部が省略されている発話）を加えた分析や、尊敬語や謙譲語の使用・不使用、終助詞の追加の有無によるスピーチレベルの変化を分析したものもある。

　1990年代以降、テレビ番組の対談、教室談話、初対面会話などさまざまなデータが使用され、スピーチレベルシフトが生起する要因について、構文的条件や談話の表現効果、対人関係調節機能などの観点から分析が行われてきた。90年代後半からは、接触場面におけるスピーチレベルシフトの研究も盛んになってきた。

　スピーチレベルの選択とシフトのメカニズムは、次のように説明される。まず、会話参加者は、相手との人間関係（親疎、上下、年齢、立場、性別の相違など）、場面や話題などの要因に応じてスピーチレベルを決定する。しかし、同一会話内でも、スピーチレベルが一定に保たれることは少なく、シフトが生じ

る。その要因としては、心理的要因（対人機能）と文脈的要因（談話機能、言語的文脈）が挙げられる。心理的要因には、相手との距離を縮めたり、相手への共感を示すために普通体にシフトする例や、反対に相手と距離をとったり改まった気持ちを表すために丁寧体にシフトする例がある。文脈的要因には、聞き手を意識しない独話的発話（例:「あ、猫だ」「すごい！」）や従属的な情報が普通体で現れる例がある。そのほかに、新しい話題への移行、重要部分の明示、強調の際にスピーチレベルシフトが起こりやすいこと、教室談話においては、生徒の発話を制御したり引き出したりするのにシフトが効果的に作用していることなどが指摘されている。（宇佐美, 1995; 岡本, 1997; 野田, 1998; 三牧, 2007）

なお、書き言葉においても、スピーチレベルシフトと同様に文体シフトが起こりうる。論文やレポートは普通体で統一され、文体シフトは起こりにくいが、小説や随筆では、文末の単調さを回避し、文章を生き生きとさせるのに文体のシフトが役立つことがある。（石黒, 2005）

ソト（*soto*／out-group）

ウチ（*uchi*／in-group）を参照のこと。

待遇表現

会話の相手や話題の人物との人間関係、会話の場面の改まり度、会話の内容などに配慮して使い分ける表現のこと。敬語及び敬意表現も、待遇表現の一部である。

人間関係を考える上で重要な概念には、ウチ・ソトの関係（自分側に属する人か外のグループの人か）、親疎関係（親しいか親しくないか）、上下関係（年齢や地位が上か下か）、立場関係（例えば、客と店員、教師と学生など）などがある。会話の場面の改まり度は、改まっているかくだけているか、公的か私的かといった概念で解釈される。例えば、商談や学会発表の場面は公的で改まった場面、友人との飲み会は私的でくだけた場面である。会話の内容とは、主に話題（topic）のことであり、重い話か気楽な話かといった概念で解釈される。例えば、病気の告知は雑談より重い話題である。また、借りる金額が10万円の場合と10円の場合とでは、同じ依頼でも、会話の内容が異なってくる。

これらの要因だけでなく、個人の心理的要因も言葉の使い分けに影響を与える。社会的には自分より年齢や立場が上の人でも、親しく友だちのように付き合いたいという心理から、あえて敬語を用いずに話すこともあれば、親しい家族の間でも、けんかの最中には敬語を使って話すこともある。

敬語は、狭義の待遇表現であるが、待遇表現には敬語だけでなく、軽卑表現（例:「きさま」「〜やがる」）や尊大語（例:「俺様」）のようなマイナスの敬語、親しい間柄で使用する親愛表現（例:「〜ちゃん」）、呼称（例:「わたし」「パパ」）、前置き表現（例:「お忙しいところ恐れ入りますが」「申し訳ないんですけど」）、恩恵の授受を表す表現（例:「〜てくれる」「〜てもらう」）など、さまざまな表現が含まれる。「いらっしゃる［敬語］」や「きやがる［マイナスの敬語］」といった有標の形式だけでなく、「来る［通常語］」などの中立的な形式も待遇表現として機能する。

待遇表現をさらに広義に捉え、表情や身振り、イントネーション、服装や作法などの非言語行動も含まれるという解釈もある。これらは待遇行動と呼ばれることもある。

日本語教育の観点からは、依頼や断り、褒めなどの言語行動に見られる待遇表現の研究

が行われ、教材にもその研究成果が反映されつつある。

●**待遇表現の指導**

日本語教育では、初級の最初の授業から待遇表現を扱う。次の①では、状況に適した挨拶（「はじめまして」「どうぞよろしく」）と丁寧体（「〜です」）の使用、②では「あなた」を使わずに「名前＋さん」という呼称を用いること、③では「彼／彼女」「あの人」ではなく「あの方」、「だれ」ではなく「どなた」という尊敬語を用いること、先生に言及する時は「名前＋さん」ではなく「名前＋先生」の方が適切であること、が待遇表現上の指導ポイントとなる。

① 「はじめまして。チンです。どうぞよろしく。」
② 「マイケルさんは、オーストラリアの学生ですか。」
③ 「あの方はどなたですか。」−「山田先生です。」

導入に際しては、形と意味だけでなく、語用論的な制約についても留意する必要がある。例えば、日本では目上の人に対して能力、意思、希望など、私的領域に踏み込む内容を直接尋ねるのは不適切であるため、「先生は料理ができますか」「日曜日は何をなさるつもりですか」「ケーキを召し上がりたいですか」といった文は、形式は正しく意味も通じるが、現実のコミュニケーション場面では適切とは言えない。また、恩恵の表現についても、同様の注意が必要である。「先生が貸す」という文は事実だけを表すが、「先生が貸してくださる」「先生に貸していただく」は、敬語を用いることで相手を立てると同時に、話し手が先生の行為を恩恵として認識していることを表すことができる。しかし、「あげる」の謙譲語Ⅰを補助動詞として用いた形式（例：「先生に貸してさしあげる」）は、恩恵の押し付けのニュアンスを帯びてしまうため、画一的に産出まで練習することは避けた方がよいだろう。可能形や「〜つもり」、「〜たい」、「〜てさしあげる」の文型導入では、このような現実場面での使用制限にも留意する必要がある。

運用練習を行う場合は、文レベルで産出するだけでなく、談話展開にも注意を要する。例えば、「〜ていただけませんか」などの依頼の文型を導入した際には、前置きや依頼に至った事情の説明、相手の状況への配慮など、談話レベルで依頼を完成させる練習が必要となる。同様に、断り表現を導入した際には、断るだけで会話を終了するのではなく「また誘ってくださいね」「次はぜひ」など、相手のポジティブ・フェイス（positive face）に訴えるストラテジーも取り上げるなど、良好な人間関係を築くための待遇表現指導が求められる。

丁寧体（polite style／distal style）

述語に丁寧語を用いる文体（style）のこと。丁寧語を用いない文体は普通体（plain style／direct style）と呼ぶ。丁寧体には、「敬体」「です・ます体」、普通体には、「常体」「だ・である体」という呼び方もある。

名詞と形容動詞の丁寧体には、「でございます体」「であります体」もあるが、使用場面は限られる。また、これらの文体は格式張った印象を与えるため、「です・ます体」と併用して用いられる。それぞれの文体の例を表2に挙げる。

話し言葉と書き言葉において、丁寧体と普通体は、一般に表3のように使い分けられるが、常に文体が同一に保たれるわけではなく、話し言葉におけるスピーチレベルシフト（speech level shift）や書き言葉における文体シフトも見られる。

二重敬語（redundant *keigo*）

「？おっしゃられる」「？お読みになられる」など、1つの言葉に同じ種類の敬語を重ねて用いたもの。「？おっしゃられる」は「言う」の尊敬語の「おっしゃる」に、さらに尊敬の助動詞「〜れる」を加えたもので誤用と考えられる。「？ご拝借する」のように、謙譲語の要素を2つ重ねたものも、同様に二重敬語である。「？お召し上がりになられる」は、敬語の要素が3重になっており、過剰敬語とも呼ばれる。

敬意低減の法則により、通常の敬語の形式では待遇の度合いが十分でないと感じられるようになり、敬語の要素を重ねて用いるようになったものであるが、適切な用法ではない

表2　丁寧体と普通体の分類と例

丁寧体（敬体）	です・ます体	「友達に会います」 「試験は難しいです」 「仕事は大変です」 「明日は祝日です」
	（でございます体）	「仕事は大変でございます」「明日は祝日でございます」 ※「〜です」よりさらに丁寧さの度合いが高い形式
	（であります体）	「仕事は大変であります」「明日は祝日であります」 ※演説など、特殊な場面でのみ使用される
普通体（常体）	だ・である体	「友達に会う」 「試験は難しい」 「仕事は大変だ」／「仕事は大変である」 「明日は祝日だ」／「明日は祝日である」 ※「〜である」は、論説や学術論文、事務的な文書など、硬い文章で使用される

表3　話し言葉と書き言葉における丁寧体と普通体

	話し言葉	書き言葉
丁寧体（敬体）	・目上の人や知らない人など距離のある相手との会話 　例：先生に対する学生の言葉、初対面場面 ・公的、社会的な改まった場面での会話 　例：商談、会議、接客場面、面接 ・不特定多数の人に向けた言葉 　例：ニュース報道、駅やデパートでのアナウンス、講演会、講義	・ソト（*soto*／out-group）の特定の読み手が意識されたもの 　例：手紙、メール、伝言のメモ ・話し言葉（音声）が意識されたもの 　例：講義録、スピーチの原稿 ・平易な言葉で易しく書かれたもの 　例：子供のための本
普通体（常体）	・親しい人との会話 　例：家族や友人との雑談 ・私的でくだけた場面での会話 　例：家庭の食卓、飲み会 ・話し手の感情の表出、独り言 　例：「しまった！」「痛い！」、「夕食は何にしよう…」	・特定の読み手が意識されないもの 　例：日記、新聞や雑誌の記事 ・公的文書 　例：規則、法律 ・論理性、客観性を備えた学術的な文章 　例：レポート、論文

とされている。ただし、「お伺いする」「お召し上がりになる」「お見えになる」のように、使用が定着しているために許容されるものもある。

なお、「お話になっていらっしゃる」は、本動詞の「話す」と補助動詞の「ている」をそれぞれ敬語化してつなげたもので、二重敬語とは異なる。「話している」を尊敬語にするには、「話す」のみを敬語化する方法（「お話になっている」「話されている」）や、「いる」のみを敬語化する方法（「話していらっしゃる」）もある。「お話になっていらっしゃる」はその両方を敬語化したものであり、やや冗長な印象もあるが、このような敬語の連結形式は、基本的に許容されている。

日本語会話の特徴

日本語会話の特徴として、前置き表現や婉曲表現、あいづち、共同発話（co-construction）、終助詞、中途終了型発話などが指摘される。

前置き表現とは、「お手数ですが、どうぞよろしくお願いいたします」や「残念ですが、明日は伺えません」のように、特に依頼や断りの前に用いられる、対人配慮的な役割を果たす表現である。このような前置き表現や婉曲表現の使用は、伝統的な日本語が「『消極的丁寧さ（筆者注：ネガティブ・ポライトネスと同義）』の要因を多分にもっている（国立国語研究所, 1990: 117）」ことと関係している。

また、あいづちや共同発話、終助詞は、「日本語話者の共同主観的な態度や、日本語の聞き手責任の言語としての特徴（池上・守屋（編・著）, 2009: 57）」の現れとも考えられる。

共同発話とは、複数の会話参加者によって作り上げられる発話である。次のAとBによる会話では、統語上完成していないAの発話をBが受け取り、完結させている。協調的に会話を完成させることによって相手との距離を縮めたいというポジティブ・ポライトネス（positive politeness）の一種と考えることもできる。

A： 毎日暑くて暑くて…。
B： 大変ですよね。

中途終了型発話とは、Aのような述部まで言い切られていない発話のことである。このように発話末が省略された発話は、スピーチレベルの明示や敬語使用の回避を目的としてあえて選択されることもあり、話し言葉では頻繁に出現する。

水谷（1980）は、日本人の話し方の特徴を「共話」と名付け、「対話（dialogue）」と区別している。「共話」的な会話では、会話参加者が共同して話の流れを作っていくため、各発話がいわゆる完成文である必要はなく、必然的に中途終了型発話や共同発話が多く出現することになると考えられる。

普通体（plain style／direct style）

丁寧体（polite style／distal style）を参照のこと。

方言敬語（*keigo* in dialect）

多くの地域方言が有する、全国共通語の敬語とは異なる固有の敬語の用法のこと。

例えば、関西地方には尊敬の「〜はる」がある。「〜はる」は共通語の「〜（ら）れる」と似た働きをするが、自分の身内に対しても使用可能であり、その使用範囲は「〜（ら）れる」より広い。関西地方に限らず、西日本には、絶対敬語時代の名残として身内敬語の使用が見られる地域があるが、このような用法は共通語では誤用とされる。また、西日本を中心

に使われる「おられる」についても、共通語では、謙譲語Ⅱの「おる」に尊敬の「～(ら)れる」をつけたもので、誤用と解釈されるが、共通語のみを基準とした正誤判断は危険であり、各地域に根付いている方言敬語を理解し、尊重する姿勢が必要とされている。

このほかにも、例えば九州南部地方の薩摩方言においては、共通語の「～ます」に代わり「～もす」が使われる。また、東北地方南部や関東地方北部(茨城、栃木、福島県の一部)は敬語が希薄とされ、イントネーションや文末表現が敬意を表すのに貢献している。

このような方言敬語は、それぞれの地域社会の言語表現を豊かにする大切な役割を果たしている。

ポライトネス (politeness)

円滑な人間関係を築き、促進していくための対人的配慮のこと。単に言葉の丁寧さや敬語の使用を指すのではないことに注意する必要がある。「丁寧さ」と訳される場合もあるが、日本語の一般的な意味での「丁寧さ」とは異なり、操作的に定義される専門用語なので、「ポライトネス」とカタカナで表記されるのが一般的である。

言語の対人関係調整機能に目を向けたポライトネスの研究には、Lakoff (1973, 1975)、Leech (1983)、Brown & Levinson (1987) などがあるが、中でも、語用論の研究に多大な影響を与えた Brown & Levinson (1987) は、諸言語に見られるポライトネスに関わる言語行動を具体的かつ包括的に示したもので、その代表的理論とされる。

Lakoff (1973) は、ポライトネスのルール (rules of politeness) として、① 強制しない (Don't impose)、② 選択の自由を与える (Give options)、③ 相手を良い気分にさせる – 友好的でいる (Make A feel good – be friendly)、を示した。

Leech (1983) は、Grice (1975) の協調の原則 (cooperative principle, CP) を補うものとしてポライトネスの原則 (politeness principle, PP) を提唱し、それを具現化するものとして「気配り (tact)」「寛大さ (generosity)」「是認 (approbation)」「謙遜 (modesty)」「同意 (agreement)」「共感 (sympathy)」の6つの公理 (maxim) を打ち出した。

Brown & Levinson (1987) (以下 B&L) は、英語だけでなく南インドのタミル語、メキシコのツェルタル語の例も検討しながら、円滑な人間関係を維持するための言語ストラテジーを体系化し、普遍的なモデルとして提示している。B&L によれば、人間は、2種類のフェイス (face) を備えた合理的主体 (rational agents) であり、目的を満たすために最も効率的な手段を選択する能力を備えている。フェイスは人間の基本的な欲求 (basic wants) であるため、相互行為の際には人間は常に互いのフェイスに配慮している。しかし一方で、人間の行為というものは本質的にフェイスを脅かす行為 (face-threatening acts, FTA) であるため、これを除去したり緩和したりするために、ストラテジー (strategy) が選択される。FTA の度合いが大きければ大きいほど、より高次のストラテジーが必要となるが、FTA の度合いは、「話し手と聞き手の社会的距離 (social distance)」と「聞き手の話し手に対する力 (power)」と「ある行為がある特定の文化で相手にかける負荷の度合い (rank of imposition)」の3要素の総和によって見積られる。この見積もりが小さい方から順に、① あからさまに言う (bald on-record)、② ポジティブ・ポライトネス (positive politeness)、③ ネガティブ・ポライトネス (negative politeness)、④ ほのめかす (off-record)、⑤ FTA

を行わない、というストラテジーが選択されるのである。これらの5つの主要なストラテジーのうち、②と④はさらに15の、③は10の具体的な下位ストラテジーに分類されている（B&Lの理論の枠組みに関する基本的な用語の解説は、下位項目を参照のこと）。

B&Lの理論的枠組みを用いて、断り（伊藤, 2002; 任, 2004; 笹川, 1994）、依頼（熊谷, 1995）、褒め（金, 2005）などをはじめとする言語行動の対照研究や、日本語のスピーチレベルシフトの研究（伊集院, 2004）など、さまざまな研究が行われてきているが、この理論には批判も多数あり、修正の試みもなされている。井出祥子は、日本語は敬語使用の制約が大きく、こういう時にはこのように言うものである、という社会的共通認識に従う「わきまえ」による言語使用であり、ストラテジーによる相手への「働きかけ」とは性質を異にしていると述べ、「わきまえのポライトネス」を提唱している（Ide, 1989; 井出, 2006）。また、宇佐美まゆみはB&Lの理論を支持しつつ、さらに普遍的な理論に発展させるために、1文レベル、1発話行為レベルではなく、談話の中でポライトネスを捉える必要があると主張し、「ディスコース・ポライトネス理論」を提唱している。この理論では、B&Lの唱えた、フェイス保持のためのストラテジーとしてのポライトネスを「有標ポライトネス」と呼び、「ある言語行動があって当たり前で、それが欠如すると初めてポライトでないと感じられるようなポライトネス」を「無標ポライトネス」と呼んで区別している。さらに、談話におけるポライトネスの「基本状態」を同定し、そこからの「動き」が生み出す発話効果としてのポライトネスを研究していく必要があるとしている（宇佐美, 2001b）。

●フェイス（face）

人間がもつ基本的欲求（basic wants）であり、他者に理解、共感されたいというポジティブ・フェイス（positive face）と、他者に立ち入られたくない、邪魔されたくないというネガティブ・フェイス（negative face）がある。

B&Lの主要な柱となっているフェイスの概念は、社会学者のGoffmanが打ち出したものである。Goffman（1967）によると、フェイスを保持する手段を学ぶことは当該社会の交通規則を学ぶようなものであり、社会の構成員は"face-work"（フェイスを保持するための行い）に関する知識と経験を有することが期待されている。B&Lでも、「フェイスは脆く傷つきやすいため、人々は相互行為において協力して（また相互の協力を見込んで）その保持に努めている（p.61）（筆者訳）」とされており、他者のフェイスを保持することで自身のフェイスも保たれるため、2人の人間が互いのフェイスを保持することは相互の関心事であると考えられている。

フェイスに近い概念として、日本語にも「面子を保つ」「面子を立てる」「面子をつぶす」といった表現で用いられる「面子」があるが、「面子」には文化固有のニュアンスも含まれるため、B&Lの概念の柱となる"face"は、カタカナで「フェイス」と記されることが多い。また、ポジティブ・フェイスとネガティブ・フェイスについては、「積極的フェイス」「消極的フェイス」と訳されることもある。

●フェイス侵害行為

（face threatening act, FTA）

人間の基本的欲求であるフェイス（face）を脅かす行為のこと。B&Lは、「ある種の行為は本質的にフェイスを脅かすものである（p.65）（筆者訳）」と述べ、その行為をFTAと呼んだ。

FTAを除去したり緩和したりするために、その度合いに応じてポライトネス・ストラテジー（politeness strategy）が選択される。特定の行為 x の FTA の度合い（Wx）は、以下の D, P, Rx の 3 要素の総和によって決定される。

$Wx = D(S,H) + P(H,S) + Rx$

D(S,H) ： 話し手（S）と聞き手（H）の社会的距離（social distance）
P(H,S) ： 聞き手（H）の話し手（S）に対する力関係（power）
Rx ： ある文化で特定の行為 x が意味する負荷の度合い（rank of imposition）

例えば、「反対意見を述べる」という同じ行為でも、相手が親しい人かどうか（D の値）によって、選択されるストラテジーは異なる。相手が取引先の社長であれば、P の値が大きいため、「反対意見を述べる」という行為をしない、すなわち、「FTA を行わない」というストラテジーを選択するかもしれない。また、仮に D も P も同じと想定される相手に対して同じ「反対意見を述べる」という行為をする場合でも、当該文化圏でのその行為の負荷の度合い（Rx の値）によって、Wx の値は変わってくる。自分の意見は常に主張するべきだという考え方をもつ文化では Wx の値は小さくとも、自己主張が敬遠される文化では Wx の値は大きく見積もられるだろう。

B&L によれば、上記の D, P, Rx の値を計算すれば、粗い方法ではあるが、ポジティブ・ポライトネス（positive politeness）に重きを置く文化とネガティブ・ポライトネス（negative politeness）に重きを置く文化を区別することが可能となる。前者の例としては、アメリカ西部やニューギニア文化の一部、後者の例としては、アメリカ人から見たイギリス人、イギリス人から見た日本人などが挙げられている（p. 245）。

● **ポライトネス・ストラテジー**
（politeness strategy）

フェイス侵害行為（以下 FTA）の度合いに応じて選択される、下図の①から⑤のストラテジーのこと。B&L は、ポライトネスを実現するための具体的手段をストラテジーと呼んだ。

① ボールド・オン・レコード（bald on-record strategy）
効率性が重視され、フェイス（face）への緩和策が不要であると見なされる場合などに取られる、最も明確で直接的な手段。例えば、自分の子供に「急げ！」と言う場合（P も D も小さい）、「逃げろ！」と叫んで周囲に危険の接近を知らせる場合（Rx が小さい）など、FTA の度合い（Wx）が非常に小さいと判断された場合に選択される。

② ポジティブ・ポライトネス（positive politeness）
聞き手のポジティブ・フェイスに訴える手

```
FTA の度合い                              緩和策を講じない（ボールド・オン・レコード）……①
                     明示的に                                   ポジティブ・ポライトネス ……②
  小     FTA を行う          緩和策を講じる
  ↕                                                            ネガティブ・ポライトネス ……③
  大                  非明示的に（オフ・レコード）………………………………………④
         FTA を行わない …………………………………………………………………⑤
```

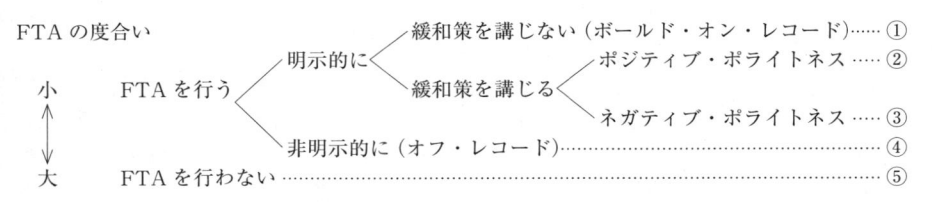

図1　ストラテジーの選択（B&L, 1987: 60 に基づく（筆者訳））

段。「近づく」ことを基本とし(approach-based)、FTA補償に有用なだけでなく社会的アクセルのような働きをする。
③ ネガティブ・ポライトネス(negative politeness)
聞き手のネガティブ・フェイスに訴える手段。「遠ざかる」ことを基本とし(avoidance-based)、社会的な距離を置きたい時に有効に働く。
④ オフ・レコード(off-record strategy)
Grice (1975)の会話の公理(conversational maxims)に違反することで、会話の含意(conversational implicature)を発生させる手段。聞き手に解釈の余地を与えることにより、話者自身の責任を回避することができる。
⑤ FTAの回避
聞き手のフェイスを脅かす可能性のある行為そのものを回避する手段。

ポライトネスの研究で頻繁に言及される②ポジティブ・ポライトネスと③ネガティブ・ポライトネスについて、以下に詳述する。

●ポジティブ・ポライトネス
（positive politeness）
円滑な人間関係の構築、促進のために選択される、相手のポジティブ・フェイスに配慮したストラテジーのこと。
B&Lは、ポジティブ・ポライトネスを大きく次の3つにわけ、その具体的なストラテジーとして全部で15のストラテジーを挙げている。
① 共通の立場を主張する(Claim 'common ground')
② 話し手と聞き手は協力者であることを伝える(Convey that S and H are cooperators)
③ 聞き手のXに対する欲求を満たす(Fulfill H's want (for some X))

①の主な下位ストラテジーとしては、「相手の関心、欲求、必要、持ち物に注目する」「誇張する」「仲間内のアイデンティティー・マーカー（呼称や隠語、スラング、省略など）を用いる」「同意点を探す」「不一致を避ける」「冗談を言う」などが挙げられている。例えば、「髪型、変えたの？ 似合うね」のように外見の変化に言及して相手への関心を表したり、「すっごーい！ 素敵なお宅ですね」のように大げさに誇張して褒める、といった例がある。

若者言葉として話題に上る「私って、コーヒー苦手じゃないですか」という表現も、共通基盤を仮定して話を始めるポジティブ・ポライトネスの一種であると考えられるが、相手によってはネガティブ・フェイスを侵害されたと感じる人もいるだろう。

②の下位ストラテジーには、「申し出、約束をする」「楽観的な言い方をする」「話し手と聞き手の双方が含まれる言い方をする」「理由を示したり求めたりする」などがある。例えば、「我が家に遊びに来てくださいね」「また会おうね」などは単なる社交辞令であったとしても、相手のポジティブ・フェイスを満たすことになる。また、「休みたい」のかわりに「休もう」を用いるのは、自己の希望表明を相手とともに行動する表現に変えることによって、相手のポジティブ・フェイスに訴える例である。

③については、「聞き手に物、共感、理解、協力を与える」というストラテジーが挙げられている。

●ネガティブ・ポライトネス
（negative politeness）
円滑な人間関係の構築、促進のために選択される、相手のネガティブ・フェイスに配慮したストラテジーのこと。

相手と距離を置こうとするストラテジーであり、日本語の敬語の使用もその１つであるが、敬語以外にもさまざまな要素が含まれる。例えば、相談の依頼の際、FTA の度合いが小さく見積もられれば、ネガティブ・ポライトネス・ストラテジーは必要でないため、以下の①のような表現が選択される。しかし、FTA の度合いが大きく見積もられる場合は、②のように、さまざまなストラテジーが駆使されることになる。

① 「ちょっと相談したいことがあるんだけど、明日ひま？」
② 「申し訳ないのですが、もしできたら、明日ちょっとお時間をいただけないでしょうか。お忙しいのでご無理かとも思ったのですが、仕事のことでご相談させていただきたいことがありまして…。30 分ほどお時間いただければ有り難いのですが…」

②の例には、「謝る」（「申し訳ないのですが」）、「疑問文や前置き表現を用いる」（「～でしょうか」「もしできたら」）、「負担の度合いを小さくする」（「ちょっと」）、「敬意を示す」（「いただく」「お時間」「お忙しい」「ご無理」「ご相談させていただく」などの敬語）、「悲観的な言い方をする」（「ご無理かとも思った」）、「ヘッジ（hedge）を用いる」（「～ほど」）、「慣習的間接表現を用いる」（「～ば有り難いのですが」）といった複数のネガティブ・ポライトネス・ストラテジーが使われている。

マイナスの敬語（*minus keigo*）

通常の敬語とは反対に、他者を低く位置付けたり話し手自身を高く位置付けたりするぞんざいな表現のこと。他者を低く位置付けるものは軽卑表現、卑罵表現、罵倒語、侮辱語、卑語、さげすみ語などと呼ばれる。

具体的には、呼称（address terms）として使われる「ばか／あほ／じじい／がき」、特定の接辞「わるがきめ／ぶっころす」「見やがる」「辞めちまえ」「威張りくさる」、動詞「大酒をくらう」「ガタガタぬかすな」などがある。逆に、自分を高く位置付けるものは尊大語と呼ばれ、「俺様のお帰りだ」「こちらへ参れ」などがある。

マイナスの敬語は相手を見下し侮辱する機能をもつが、信頼関係のある相手とのコミュニケーションでは、親愛の表れやユーモアとして機能する場合もある。

マニュアル敬語（*manual keigo*）

ファミリーレストランやファーストフード店、コンビニエンスストアなどのサービス業でよく使われる、マニュアル化された画一的な敬語。

アルバイトの研修などで接客指導をする際に便利である一方で、従来の言語使用には合わない独特な言い回しがある、相手や場面に応じた使い分けがなされず過度に画一的に用いられている、といった批判がある。

「マニュアル敬語」としてよく指摘される表現として、「？こちらコーヒーになります」「？１万円からお預かりします」「？お名前様のほうお願いいたします」「？以上でよろしかったでしょうか」などがある。本来は、「こちらコーヒーでございます／コーヒーです」「１万円お預かりします」「お名前をお願いいたします」「以上でよろしいでしょうか」が正用とされるが、より柔らかく丁寧な印象を与えようとして作り出された表現であると考えられる。

また、「？ご注文の品はおそろいになりましたでしょうか」という表現は、高く位置付ける必要のないもの（＝ご注文の品）に対して尊敬語を用いた誤用であると考えられる。

9 日本語教育文法

意志動詞（volitional verb）

動詞を、その意味が主体の意志によってコントロール可能なものと不可能なものに分けた場合の前者。後者を「無意志動詞」という。意志動詞は、典型的には「書く」「壊す」「走る」等の、人間が意志的に行う動作を表すものである。一方、無意志動詞は、「続く」「似る」等の状態を表すものや、「見つかる」「聞こえる」等の自発的な意味を持つもの、「疲れる」「困る」等の生理現象や感情を表すものである。

意志動詞と無意志動詞の差異は、数々の文法上の制約に関わる。例えば、意志動詞は、「食べよう」「行こう」等の、勧誘や意志を表す形（意志形／意向形）、また、「来い」等の命令形を作れるが、無意志動詞はそれらの形が作れない（*見えよう、*お腹がすけ）。また、補助動詞のうち、「（話して）みる」「（買って）おく」「（やって）みせる」の前には、基本的に意志動詞しか位置できない。同様に、「（歩き）たい」の前に来る動詞も意志動詞のみに制限されている。

ただし、動詞はこの２つに全て明確に分けられるわけではない。例えば、無意志動詞の中には、「（新生活に早く）慣れよう」「（問題は解決したから）安心しろ」のように、意志形や命令形が作れるものもある。この場合、これらの行為の実現を目指して意志を表明したり、行為の実現に努めるよう命令したりする表現となる。

また、意志動詞であっても、活用形が可能形、受身形に変わると、状態性を帯び、意志性が消失する。例えば、日本語教育の初級文法で導入される、目的を表す「ために」には意志動詞が前接する（家を買うために働いた）。一方、最終的に到達したい望ましい状態を表す「ように」は、状態性の述語（動詞のナイ形、受身形、可能形等）を要求する。動詞を活用させて状態性を生み、意志性が消失した形にすることで、同じ「買う」という動詞を用いて、文法的な文を作ることができる（家が買えるように働いた）。

受身文（passive sentence）

ヴォイスを表す文で、能動態の文に対し、動詞が表す動きや影響を受ける方を主語に据えて表現する文のこと。例えば「先輩が後輩を蹴った」、「犬が子供にかみついた」のように、誰が何をしたかに注目するのが能動文、①「後輩が先輩に蹴られた」、②「子供が犬にかみつかれた」のように、誰に何が起こったかに着目するのが受身文である。ある出来事をどう伝えるかは話し手の視点による。影響の与え手の格表示は「に」が一般的だが、「渡す」や「出す」等、授受に関する動詞は「から」、「作る」「建てる」等、生産に関する動詞は「によって」で示される。

動詞の受身形は、語基（または語幹）に、子音動詞（Ⅰ型動詞）の場合は -areru を、母音動詞（Ⅱ型動詞）の場合は -rareru を付け、不規則動詞の場合は「される」「来られる」と活用させて作る。

受身文の分類には諸説ある。例えば、鈴木（1972）は、受身文を主語の観点から４分類する。①のように能動文の直接対象（ヲ格）を主語にする「直接対象のうけみ」、②のように能動文の動きの相手（ニ格）を主語にする「あい手のうけみ」、③「彼がスリに財布をすられた」のように、対応する能動文の対象（「スリが彼の財布をすった」の「財布」）の持ち主を主語とする「もちぬしのうけみ」、④「僕は雨に降られた」のように能動文にない要素を主語とする「第三者のうけみ」である。また、寺村（1982b）は、受身文を、対応する

能動文を持つ「直接受身」と、持たない「間接受身」に2分する。前者は鈴木（1972）の①②に、後者は鈴木（1972）の③④に当たる。間接受身は、事態成立に関与しない第三者を間接的に影響を受ける者（その行為により不利益を被った者）として主格にする。

なお、「時間経過が遅く感じられる」のように「思う、感じる、案じる」等の心理や思考を表す動詞が受身形になり、自然にある状態が生じるという意味を表す表現は「自発」と呼ばれる。

日本語学習者が困難を覚える点に「電車で隣に体の大きい人に座られた」のような受身文がある。このような、第三者の行為で、かつ話し手の意志とは無関係な事態を、単に「体の大きい人が座った」と表現するか、被害の意味を込めて受身文にするか、話し手の事態の捉え方によって表現形式が変わる点が指導上の要点となる。

活用 (conjugation)

動詞、形容詞等の述語に位置する語が、文中の機能に応じ語形を変化させること。述語となる動詞、形容詞は、肯定／否定、テンス、モダリティ、丁寧さ等を表し分けるために、また、後続部分に関係づけられるように形を変える。例えば、「見る」という動詞は、それ自体、肯定、非過去、対事的モダリティ（断定）、非丁寧形、を表すが、「見る」を基本として、否定に変えると「見ない」に、過去にすると「見た」に変わる。意志のモダリティにすると「見よう」に、丁寧形に変えると「見ます」になる。後に他の動詞等が続く場合は「見て」、仮定を表す場合は「見たら」「見れば」のような形になる。このように、活用によって変化した形を活用形という。日本語教育では、次のものが主な動詞の活用形として初級で導入される。すなわち、「ナイ形」（見ない）、「マス形」（見ます）、「テ形」（見て）、「タ形／過去形」（見た）、「辞書形／基本形」（見る）、「バ形／仮定形」（見れば）、「意志形／意向形」（見よう）、「命令形」（見ろ）、「可能形」（見られる）、「受身形」（見られる）、「使役形」（見させる）、「使役受身形」（見させられる）である。

これらのうち、語基及び語幹に対し、それらに付加され文中での当該の語の働きを表し形が変わる (a)na-i、(i)mas-u、(r)u のような屈折接辞を活用語尾という。「見る」「見ない」においては、語基（語幹）が「見」、活用語尾が「る」「ない」で、「読む」「読まない」においては、語基が "yom"、活用語尾が "u"、"ana-i" となる。

日本語の動詞は、この語基の形態によって、3種類に分けられる。①子音動詞 (u-verb、Ⅰ型動詞ともいう。学校文法の5段活用をする動詞に相当)、②母音動詞 (ru-verb、Ⅱ型動詞ともいう。学校文法の1段活用をする動詞に相当)、③不規則動詞である。子音動詞とは、例えば「読む」「書く」「話す」等の動詞で、語基が "yom" "kak" "hanas" のように子音で終わるものである。母音動詞とは、「見る」「食べる」のように語基（語幹）がiまたはeの音で終わる動詞のことである。不規則動詞は、「する／来る」のみ（学校文法のカ行／サ行変格活用をする動詞に相当）だが、「勉強する」等の「漢語＋する」、「持ってくる／連れてくる」等の動詞もこれに準じる。

日本語は膠着言語であり、語基に様々な接辞が付いて語が構成される。その際、語基に他の形態素が付加された単位自身が活用し、複数の活用の段階を経て詳細な文法的意味が表示される。例えば、上述の「読む」「読まない」は、単に、語基に活用語尾が付いて構成されているが、これに対し、「読ませない」と

いう形は、2段階の活用を経て構成される。まず、語基である"yom"に対し、使役を表す"ase"が付き、"yom-ase"が作られる。次に、この語幹"yom-ase"の部分に、否定を表す"na-i"が付くことで、2段階の活用を経た"yom-ase-na-i"という形となる。このように、複数の活用の段階を経ることで、詳細に文法的意味が表示される。

● **活用の揺れ**

従来までの活用形から逸脱した形を使用する人が多くなり、従来の規範的な形と新たな形が同じ時代に使用され、同じ意味を2つの形態が表している場合がある。こうした場合に当該の活用が揺れているという。井上（1986:52）の言語変化のモデルでは、新たな言語現象の、使用率が低い段階から高い段階への変化が「言いまちがい＜誤用・乱れ＜ゆれ＜慣用＜正用」のように位置づけられているが、これに基づくと、活用の揺れは、誤用や言葉の乱れとして意識される段階と、慣用的に許容されるものとして受け止められる段階に接点を持つ。

典型的なのは「ら抜き言葉」「さ入れ言葉」である。「ら抜き言葉」とは、母音動詞（Ⅱ型動詞）の可能形（見られる）と不規則動詞「来る」の可能形（来られる）の「ら」が脱落し、「見れる」「来れる」のような形になったものである。従来の「られる」が付いた形は、可能以外にも、尊敬、受身と、1形態に多機能を担う形式であるため、これらとの差別化を図る目的で必然的に使用されるようになったという、本形式出現の合理性も指摘されている。

一方、「さ入れ言葉」とは、「行かせていただく」のような、「子音動詞の使役形のテ形＋いただく」において、「行かさせていただく」のように、本来必要のない「さ」が挿入されたものである。これは、母音動詞の「閉め＋させていただく」のように、語基（語幹）に直接接続する「させていただく」を、丁寧さを表すひとまとまりの表現として、子音動詞（Ⅰ型動詞）の場合にも、ナイ形に直接後続させて作られた形である。本来「～(s)aせていただく」は、目上の者の許可を求めた上で行為を行うことを表す表現である。しかし、現在では、本義から用法が拡張し、自己の動作を単にへり下って表現する方法として使用範囲が広がっている。菊池（1997）では、このような使用範囲の広がりが述べられ、恩恵・許可の表現であるという意識の希薄化と、「させていただく」の1つの謙譲語としての固定化との関係が指摘されている。

感動詞（exclamation, interjection）

単独で使われ、活用をせず、述語や修飾語や補語等にならず、主に、発話の時点と場面での話し手の心的態度や認知状態を表す語。感動詞は語であるが、単独で使用された場合、それ自体が1文ともみなされる。間投詞とも呼ばれることがある。

音声的に単純な構造をしており、「あ」「お」「ね」等、1音節のものや、「もしもし」「どれどれ」「おやおや」等の繰り返しを含むもの、「ええ」「いいえ」「まあ」「さあ」等の長音を含むもの等がある。

感動詞には、感嘆や詠嘆等を表す感嘆詞（狭義の感動詞に相当）、呼びかけ詞、応答詞、言いよどみ（フィラー、filler）、挨拶が含まれる。

感嘆詞には、気づき（おや）、評価（ほう）、驚き（わあ）、発見（あ）、疑問（あれ？）等の、心理状態や感情を表すものが含まれる。また、「よいしょ」「さて」のように、何らかの行動を起こす際の掛け声も含まれる。

感嘆詞が未分化な感情や反応を表すのに対

し、呼びかけ詞や応答詞は、聞き手に対し意識的に使用されるものである。呼びかけ詞には、「ちょっと」「ねえ」「ほら」のように、注意を喚起したり、「しっ」「こら」のように行為を抑止したりするものがある。応答詞には、「はい」「いいえ」等があり、聞き手の質問に対する肯定、否定の応答を表す場合と、聞いていることを示すあいづちの場合がある。

言いよどみには、「あの（ー）」「ええと」「なんか」等がある。このうち「あの（ー）」「ええと」に関しては、定延・田窪（1995）に、これらを話者の心的操作標識と捉える観点からの詳細な研究があり、「ええと」は基本的に、検索や計算などのための予備的な心的操作に入っていることを表し、「あの（ー）」は基本的に、言語編集（名前の検索と、適切な表現の検討）という心的操作を行っている際に使われると論じられている。

挨拶の表現には、「おはよう」「こんにちは」「さようなら」「ありがとう」「すみません」等、定型的で日常的に使用されているものがある。

なお、感動詞の中には、男女の位相差（男性的な「おい」、女性的な「あら」）や、待遇上使用に注意が必要なもの（目上に対して、新情報を受け取った際に「へえ」、納得した際に「なるほど」の使用を避けるなど）もあり、指導が必要となる。

形式名詞（dependent noun）

一般の名詞に比べて抽象的な意味しか持たず、名詞節や副詞節を作ったり、「だ」を伴って述語になったりする働きをする名詞。通常、修飾要素なくしては使えない名詞である。

例えば、「彼女は彼が出て行く<u>の</u>を見た」の「の」、「出かける<u>ところ</u>に、あいにく客に来られた」の「ところ」は、実質的な意味を持たず、「行く」「出かける」という述語を名詞化し、後続する助詞につなげて補語とするために使用されている。「上司は私に来週までに契約を取ってくる<u>こと</u>を命じた」の「こと」も、同様に名詞化という機能を果たすために使われている。これらの「の、ところ、こと」が形式名詞である。なお、「こと」には、「ことができる」「ことがある」「ことになる」等の、日本語教育の初級で多く導入される定型的表現が存在する。

また、「何も貢献しなかった<u>くせ</u>（に）、大きい顔をしている」「服を着た<u>まま</u>（で）泳ぐ」においては、形式名詞は副詞節を作るという役割を果たしている。同様の副詞節を作る形式名詞には、「前（に）、後（で）、おき（に）、間（に）」のように時間や、「ため（に）、せい（で）、おかげ（で）」のように原因、理由や、「とおり（に）」のように様態の意味を表すものがある。

また、「時間ができたら行く<u>つもり</u>だ」「成功したのは両親の<u>おかげ</u>だ」「これから本を読む<u>ところ</u>だ」において、形式名詞は、「だ」と結びついて文末に位置している。このようなもののうち、「はず、つもり、わけ、もの、よう、こと、の」に「だ」がついたもの（「彼は来ない<u>はず</u>だ」「子供は早く寝る<u>もの</u>だ」等）は、「形式名詞＋だ」がモダリティを担う文末形式として文法化したもので、話者の心的態度を伝えている。また、「ところ、ばかり」に「だ」がついたもの（「これから行く<u>ところ</u>だ」「起きた<u>ばかり</u>だ」等）は、アスペクトを表す形式として機能する。

形容詞（adjective）

述語になり、また、名詞を修飾する機能、動詞を修飾する機能を果たす品詞。形態的には、「暑い」のように「い」で終わり、単独で述語になるものと、「静かだ」のように、「だ」

を後接させることで述語になるものがある。日本語教育では、これらが名詞を修飾する際の形態（暑い夏／静かな村）に拠り、前者を「イ形容詞」、後者を「ナ形容詞」と呼んで区別する。

　形容詞は、意味的には、主にものや人の状態を表す。大きく分けると、ものや人の性質を表す属性形容詞（長い、重い、速い、元気だ、等）と、文の主体の感情、感覚を表す感情形容詞（悲しい、嬉しい、痛い、眠たい、等）に分類される。感情形容詞には、平叙文では感情を持つ主体は一人称に限られるという人称制限があり（*彼は悲しい）、三人称主語を取る場合は「彼は悲しそうだ／悲しがっている」のような形式にする必要がある。なお、動詞を作る接尾辞「がる」は、感情形容詞には付くが、属性形容詞には、「強がる」等、一部のものを除いて、通常は付かないという違いがある。

　形容詞は、肯定／否定、テンス、丁寧さ、モダリティ等の文法カテゴリーを持ち、それによって活用する。

　活用の型については、イ形容詞は独自の活用をする。テンスと肯定／否定の組み合わせの点からは、「高い、高かった、高くない、高くなかった」のように活用し、また、「高ければ」のような仮定形、「高かったら」のようなタラの形、「高くて」のようなテ形、動詞を副詞的に修飾する「高く（跳ぶ）」等の形がある。なお、この活用形は、イ形容詞のみならず、動詞のナイ形（行かない）、モダリティ形式である「らしい」の活用形とほぼ重なるもので、これを「形容詞型活用」という。一方、ナ形容詞の活用は、名詞に「だ」がついた場合と同様の活用をする。「にぎやかだ、にぎやかだった、にぎやかではない、にぎやかではなかった、にぎやかだったら、にぎやかで、にぎやかに（話す）」等のようになる。ナ形容詞は、このように、活用の面から名詞とほとんど同じふるまいをするため、ナ名詞と呼ばれることがある。

使役文（causative sentence）

　ヴォイスを表す文で、動作を行う者でなく、誰かや何かに働きかけて動作や変化を引き起こす者をガ格主語に据えた表現。具体的には、①「子供が皿を洗う」②「子供が歩く」という能動文に対して、①'「親が子供に皿を洗わせる」②'「親が子供を／子供に歩かせる」のような文を使役文という。上の例では、能動文に現れていない「親」という、動作を引き起こす者がガ格に立って動作の成立に参加し、動詞の形が「使役形」（語基（または語幹）に、子音動詞（Ⅰ型動詞）の場合は、-aseru、母音動詞（Ⅱ型動詞）の場合は -saseru が付いた形。不規則動詞の場合は「させる」「来させる」）に変化している。使役文の動作主は、能動文が①のような他動詞文の場合は、使役文中のニ格で表される。また、②のような人の意志的動作を引き起こす自動詞文の場合は、ニ格かヲ格で表される。ニ格の場合は、歩きたいという子供の願いを親が許す「許可」の意味合いが強くなり、ヲ格の場合は、いやがる子供に対し、親が指示し動作をさせる、という「強制」の意味が前面に出る。

　使役文の働きかけが表す意味として代表的なものは、上述の「強制」「許可」である。また、「自由に、食べたい時間に、犬にえさを食べさせる」のような文で表される「放任」の意味もある。また、「熱を出した子供が、親を心配させた」「急な停電で冷蔵庫の野菜を腐らせた」のように、無意志的に行った行為や事態が、結果的に相手の心理的変化や状態変化の原因になるという意味のものもある。使役文は以上のように、動作、状態を引き起こす

もの、動作をするものの性質や、動詞の意味等によって様々な意味を表す。

なお、「着る、見る、帰る」の使役形は「着させる、見させる、帰らせる」であるが、これらには「着せる、見せる、帰す」のような意味、形態上の対応を持つ他動詞も存在する。
③「私は子供に自分でパジャマを着させた」
④「私は子供に自分でパジャマを着せた」において、「自分」が③では「子供」、④では「私」を指すことからもわかるように、使役形は主語が行為成立に間接的に、他動詞では直接的に関与しているという違いがあることがわかる。

指示語（demonstrative）
辞書に書いてあるような実質的な意味は持たないが、何かを指す働きを持つ、「こ」「そ」「あ」の音から始まる語の総称。「こそあ」ともいう（なお、指示するものが不明な際に使う「どれ、どこ」等の「ど」から始まる語は「疑問語」と呼ばれる）。品詞として幾つかの種類にわたり、物を指す「これ」、場所を指す「ここ」、方向を指す「こちら、こっち」物や人を卑下して指す「こいつ」は名詞として働き、「こう」は副詞として、また、「この」「こんな」は連体詞として働く。

指示語の用法は、大別して、現場指示用法と文脈指示用法の２つに分かれる。以下、別項で示す。

●**現場指示用法**（deictic use）
指し示すものが、話し手聞き手双方を含む現実の場にある場合の指示の仕方。「こ、そ、あ」のどれを使うかは、話し手と聞き手と、指し示すもの（指示物）の物理的、心理的距離によって決まる。例えば、例①の会話が示すように、話し手の領域に近い指示物はコ系、聞き手の領域に近い指示物はソ系の指示語で、また、双方の領域に属さない遠い指示物はア系の指示語で表される。これを現場指示の「対立型」の用法という。これは、話し手と聞き手がそれぞれ異なる領域に存在していると意識している場合の用法である。

① （飼い猫の姿が見えなくなった。妻は居間をさがし、夫は庭をさがしている。妻が居間から夫を呼ぶ）
妻「そっちにいた？」
夫「ううん、こっちには、いない。どこ行っちゃったのかな……あ、いた！あそこ、隣の家の屋根の上。ちょっと庭に出て来てみて」

また、現場指示には、「融合型」と呼ばれるもう１つの用法がある。これは、話し手と聞き手が近接している場合、双方の共有している場をコ系、それより遠い場をア系の指示語で示し、どちらでもない場をソ系の指示語で示す用法である。例えば、２人の人が新車を道路で試乗しているとする。融合型とは、運転席のBと助手席のAがする、以下の例②のような会話における指示語の使用法である。

② A「この車は乗り心地がいいね」
B「そうだね。これに決めようか」
A「うん。じゃ、店に戻ろう。あっちの大通りは信号が多いから、そこの手前の道を曲がってくれる？」
B「わかった。そこの小さい道だね」

●**文脈指示用法**（anaphoric use）
指示物が、書き言葉の文章や話し言葉の談話、会話の中にある要素の場合の指示の仕方。「こ、そ、あ」の使い分けには、様々な細かい規則があるが、そのうち、主なものを、文章の場合（A）と、会話の場合（B）に分けて示す。

(A) 文章における文脈指示にはア系は使われ

ない。「こ」と「そ」の使い分けについては、一方のみが使われる場合（A1、A2）と、双方とも使われる場合（A3）がある。
(A1) 直前の文に出てきた名詞句の一部のみを後続の文で指示する場合、「それ」は使えるが「これ」は使えない（例①）
　① 大人が持つ健康で文化的な生活を営む権利と、子供の｛それ／*これ｝を区別してはいけない。
(A2) 直前の文に出てきたものを後続の文で言い換えて指示する場合、「この」は使えるが「その」は使えない（例②）
　② 私は、水族館に行くといつもエンゼルフィッシュを見る。｛この／*その｝魚は、色彩が鮮やかで、見ていて飽きない。
(A3) 直前の話題に出てきた指示物を指す時、ソ系もコ系も使える場合がある。ソ系を使うと、書き手が指示物を遠いものとして捉えているという意味合いが生まれ、コ系を使うと、逆に関心のある近いものとして捉えており、以後同じ話題が続くという意味合いが生まれる。（例③）
　③ 郷土料理に「だし」というのがある。｛これ／それ｝はとても健康にいい食べ物だ。
(B) 会話において、話し手の記憶にある指示物（例④）や、話し手と聞き手双方の共通の記憶にある指示物（例⑤）を指す時は、ア系が使われる。話し手が「聞き手は知らない」と想定している場合（例⑥）はソ系が使われる。
　④ （独り言で）「昨日の、あの一言には参ったなあ…」
　⑤ A「昨日貸したCD、どうだった？」
　　 B「いいね。ああいうの、大好き」
　⑥ 「うちの近所にマルという名の猫がいるんだけど、その猫、魚を食べないの」
なお、上述した文脈指示の用法は、全て、指示物が指示語に先行して存在している、「前方照応」と言われる用法である。これに対し、「昨日、こんなことがありました。私の家に1人の老婦人が訪ねてきたのです。夕方6時頃のことでした……」のように、指示語の後に指示物が現れる用法を「後方照応」という。後方照応の場合は、コ系列の指示語しか使用できないという制限がある。

視点 (viewpoint)

　話し手が誰の側に立って事態を描くかという、事態を見る位置、立場のこと。視点は、「教える／教わる」「行く、来る」のような語彙の違いにより表し分けることがあるが、以下のように受身文、授受動詞、補助動詞「〜ていく、〜てくる」を使った構文にも反映している。
　例えば、①「花子が雪子をたたいた」という能動文は、動作の主体である花子に視点を置く文である。一方、①と同じ行為を雪子の視点から述べると、②「雪子が花子にたたかれた」のように受身文で表現でき、とる視点により文構造が変わる。ただし、③「私が雪子をたたいた」を、④「雪子が私にたたかれた」のような受身文にはできない。これは、話し手は、常に共感度の高い自分（一人称＝私）の視点をとる必要があり、自分より他人（二、三人称）寄りの視点がとれないためである。この共感度（empathy）とは、話し手が事態の成立に参加する人（物）に自分の感情を移入し同一視化する程度である（久野, 1978）。これにより、どの視点から事態を表現するかが決まる。
　視点は、上記の能動文、受身文のように、一般的には主語に置かれる。しかし、主語以外に位置する場合もある。例えば、授受動詞の「くれる」を見ると、与え手Aと受け手B

の間に物の授受があった場合、⑤「花子（＝A）が私（＝B）に切手をくれた」は成立するが、⑥「*私（＝A）が花子（＝B）に切手をくれた」は成立しない。⑥の非文法性は、「くれる」が、共感度の高い「私」をニ格に要求する動詞で、視点が非主語のニ格の位置にあることを示す。「あげる」と「くれる」では、与え手（ガ格）と受け手（ニ格）の格表示が同じだが、視点が異なる点が、日本語学習上の難しい点となる。

また、日本語学習者に見られる「友人が私に電話をかけた」「父が私に手紙を書いた」のような不適格な文も、視点が関係する。「AがBに電話をかける」「AがBに手紙を書く」において、「かける」「書く」が表す動作は、AからBへ向かう遠心的な動きである。通常、主語に視点が置かれる能動文において、Bの位置に共感度が高い「私」が位置した場合、「私」からの視点で事態を描く必要が生じる。そのため、到達点に視点を置く「〜てくる」を補ったり、恩恵の意味を表示したい場合に「〜てくれる」を補ったりして、視点を調節することが必要になる。

自動詞（intransitive verb）
他動詞（transitive verb）を参照のこと

従属節（subordinate clause）
複文には、節同士が対等の関係で並列的に結びついているもの（「並列節」等と呼ばれる）と、一方の節がもう一方に従属しているものがある。後者を従属節という。例えば、①「靴をはいたまま、彼は部屋に入ってきた」という文において、下線部（主節）はそのまま独立した1文と同等であり、この文全体の中核を担っている。これに対し、「靴をはいたまま」の部分は、主節の述語の様態を示している節で、独立した単位として文末に位置できない従属節である。

従属節の分類は諸説あるが、本書では、大きく「補足節」、「副詞節」、「連体修飾節」の三種類に分け、副詞節の中の条件を表す条件節と、連体修飾節を別項で説明する。

補足節とは、1文中の述語の補語となる節のことである。②「11時までに戻ってくることを約束した」、「泥棒が部屋に入るのを見た」のように、形式名詞「こと」「の」がついて名詞化し、補語として働くもの（これを「名詞節」という）や、③「彼が来月来るかを確認してください」のように、疑問の表現で文中の補語となるもの（「疑問節」という）が含まれる。

副詞節とは、主節の述語の事態が生じる時、様態、理由、条件、目的等の副詞的な意味を表すものである。①の「まま」（様態）の他に、時を表す「〜時（に）、前に、間（に）」、理由を表す「ので、から、おかげで」、条件を表す「述語のタ形＋ら（＝たら）、と、なら」（「条件節」参照）、目的を表す「ために、ように」等があり、様々な意味関係で主節の述語を副詞的に修飾する。

補足節、副詞節、連体修飾節の3つは、補語となったり副詞的に働いたりして主節に従属しているため、従属節の中心的なものであるが、狭義には、副詞節のみを従属節と位置づける場合がある。

なお、本項冒頭で、節同士が対等の関係で並列的に結びついている「並列節」について、従属節とは別のものとして位置づけたが、広義には、この並列節に相当するもの（例えば「母がピアノを弾き、子供が歌った」や、「昨日は料理をしたり、部屋を片付けたりした」）を従属節の中に含める立場もある。

●条件節（conditional clause）

ト、バ、タラ、ナラを含み、主節の事態、行為成立のための条件を表す従属節のこと。この4形式よる条件文を種類の点から大別すると、恒常条件（一般条件ともいう）、仮定条件、事実条件、反実仮想（反事実条件ともいう）になる。

恒常条件とは、「100 m 上がると気温が 0.6 度下がる」のように、条件節の事態成立に伴い、常に主節の事態も成立することを表すもので、主に「ト、バ」が使われる。

仮定条件は、「この本を読めば問題が解決するだろう」のように、条件節も主節も未実現の事態の関係を表すもので、「ト、バ、タラ」が使われる（ナラは独自の用法を持つ）。

事実条件は、「電気をつけたら虫が入ってきた」「冷蔵庫を開けるとケーキが入っていた」のように、両節とも既に実現した過去の事実を表すもので、「ト、タラ」が使われる。

反実仮想は、「私が風なら、すぐにあなたの所へ行く」のように、両節とも現実世界に実現していない反事実的な事態間の関係を表すもので、「バ、タラ、ナラ」が使われる。

4形式の使い分けは複雑であるが、特徴的な点を大まかに以下に示す。

「ト」は恒常的、必然的、習慣的な条件と結果の関係を表すのが典型である。そのため、意志、希望、依頼、命令等のモダリティは文末に位置できない（*名前を呼ばれると返事をしてください）。

「バ」は恒常条件、仮定条件を表すのによく使われる。仮定条件文については、「ト」と同じようなモダリティの文末制約がある（*名前を呼ばれれば返事をしてください）。ただし、条件節の述語が状態性ならこの制約が解除される（リストに名前があれば、手を挙げてください）。

「タラ」は、「ト、バ」と比べ、個別的で1回限りの条件と結果の関係を表す。文末のモダリティ制約はなく、仮定条件、事実条件、反実仮想のいずれも表せ、使用範囲が最も広い。

「ナラ」は、条件が成立したという立場に立ち、話し手が下した意志や判断を表すという独自の仮定条件の用法を持つ。他の3形式は常に、条件節事態の成立後、主節事態が成立するという時間関係を表すが、「部長のお宅を訪問するなら、お酒を買って行きなよ」のように、逆の時間関係の文も表せる。

なお、この4形式は、条件と結果の間に合理的な論理関係が存在する順接の条件文だが、逆接的なものに「テモ、タッテ」等がある。これを含む「練習しても上達しないだろう」「練習しなくたって上達するよ」のような文は逆条件文、譲歩文と呼ばれる。

●連体修飾節（sentence modifier）

名詞と、その名詞を限定したり詳しくしたりする（修飾する）部分が一体となり、ひとまとまりの名詞句になることを連体修飾といい、「彼が昨日買った本」の下線部のように、修飾部分に述語と補語を含むものを連体修飾節という。この構造は、（連体）修飾節と修飾される名詞（「主名詞」、「底の名詞」という）の関係の観点から2つに分けられる。1つ目は、「昨日彼が書店で買った本」のように、主名詞がもともと「昨日彼が書店で本を買った」のような1文中の要素であるものである。これは「内の関係」と呼ばれる。「昨日彼が本を買った書店」「彼が書店で本を買った昨日」も、もとの文の補語中の名詞を主名詞とする、内の関係の連体修飾節である。

2つ目は、①「本を買う前（に、評判を調べた）」②「地道に研究した結果」③「人類が空を飛ぶという想像」のように、下線部の主名詞が1文中にはない、外から加えられた要素

のものである。これは「外の関係」と呼ばれる。外の関係のものの中には、①のように修飾節が主節の基準となる時点（や空間）を表すものや、②のように修飾節が原因で、主名詞が結果に相当するもの、③のように主名詞の内容を修飾節が説明するという関係を持つもの等がある。①〜③に対応する主名詞は、①の場合、時間的、空間的に相対的な意味を持つ「前、後、翌週、上、内」等、②では、何かにより引き起こされた事柄を表す「結果、影響」等がある。また、③の場合、思考（想像、認識）、言語による表現（話、意見）、感情（怒り、嬉しさ）を表す名詞が対応する。

連体修飾節では、内の関係も外の関係も、格助詞「ガ」が「ノ」で置換できる（「彼が／の買った本」「彼女が／の座っている真下」）。ただし、「ガ」が付く主体（と対象）を表す名詞と主名詞の間に、他の語が入り距離が離れている場合には、「ノ」の使用は不自然となる（彼女が／*彼女の皆と車座になって座っている真下）。

なお、内の関係の連体修飾節は、機能的観点から、制限的用法、非制限的用法の２つの用法に分けられる。制限的用法は、例えば「赤い帽子をかぶった女の子を呼んできて」のように、主名詞が指しうる複数のもの（女の子）の中から、１つだけを限定的に特定する修飾の仕方である。一方、非制限的用法は、「赤い帽子をかぶった長女の写真を撮った」のように、限定ではなく、修飾節が主名詞についての詳細な情報を付加する修飾の仕方である。

●**従属度**（degree of subordination）
　主節に対し従属節が文法的に依存している程度。従属節内部に取れる文法要素の存在が従属度を決めることが南（1974）で示され、基本的にこれが従属度を測る指標となっている。従属節は、主節に多くの文法要素を依存している従属度の高いもの（A類）、主節とほぼ同等で独立した１文に近く従属度が低いもの（C類）、その中間的なもの（B類）、と段階的に分類できる。

例えば、付帯的状況を表す「ナガラ」の従属節（彼は酒を飲みながら商談をしたようだ）では、文が独自に持つ主語、肯定／否定、テンス、モダリティ等の要素を欠き、それらを主節に依存しており、従属度が高い。「*彼は、彼女が／は酒を飲みながら商談をしたようだ」のように、主節とは別の主語、主題が持てず、また、「飲む」のテンス、モダリティも、主節の「した」「ようだ」により決められている。

一方、逆接の「ガ」の従属節（彼はたぶん約束の時間に遅れてくるだろうが、僕達は先に出発しよう）では、従属節内に主節の主題（僕達は）とは異なる主題（彼は）も、主節の意志のモダリティとは異なる推量のモダリティ（だろう）も、モダリティに呼応する副詞（たぶん）も現れる。このように、「ガ」の従属節は、主節のそれとは別に取れる文法要素が多く、つまり多くを主節に依存しておらず、従属度が低い。

従属度が中間の程度のものには、条件節の「ト、タラ」、理由節の「ノデ」等がある。

これらは、従属節内部に含まれる要素にある程度の制限がある。例えば、「先生が来ると、子供は逃げ出した」では、A類の「ナガラ」と異なり、従属節に主語が持てる。一方、「*彼は有給を全部使っただろうので、来週は忙しいはずだ」からわかるように、C類の「ガ」と異なり、「だろう」のようなモダリティが取れない。

以上のように、従属節内部に独自に取りうる文法要素を指標とし、A類＜B類＜C類の順で従属度が低くなると位置づけられる。

南（1993）では、従属節の幾つかについて、実際の資料を対象に、述部の要素と述部以外

の諸成分の出現度数を調査し、計量的側面からも全体的にはこれを支持する結果が出たことが報告されている。また、南（1974）が提唱したこの序列を踏まえ、田窪（1987）により、文の階層構造の修正の提案がなされたり、尾上（1999a, 1999b）により、対象とする文法要素の区別に伴う分類の細分化、序列の再検討がなされたりしている。

主語（subject）

動詞で表される動作の主体や、形容詞で表される状態の主体を表し、名詞に、主に格助詞「ガ」が付いて表されるもの。「子供が走っている」「桜がきれいだ」の下線部に当たる。

主語については、補語の中の1つと考える立場と、補語と区別して、文の重要な1成分と考える立場がある。

前者の立場をとる根拠の1つに、英語やドイツ語等の印欧語と日本語では主語の働きが異なるという点がある。印欧語では、主語の人称と数（単数、複数）の組み合わせによって述語となる動詞の形が決まるため、主語が他の補語とは異なる特別なものと位置づけられる。しかし、日本語の場合、そのような主語と述語の関係性はない。三上（1953）は、主格の、他の格に対する相対的な優位性は認めながらも、主語を「主格補語」として、補語の一部と捉え、日本文法にとって主語の必要性がないことを主張している。

一方、主語を補語とは別の、文の成分であると考える立場（鈴木, 1992; 仁田, 1997b）をとる根拠として、主格名詞句が、統語的に他の格の名詞句より優位な場合があることが挙げられている。一例として、主語の名詞がモダリティによって人称制限を受ける場合があるという、主語とモダリティの関連もその1つである。例えば、命令のモダリティを持つ文は、「*私／あなた／*彼が説明しろ」のように、二人称の名詞しか使えず、また、意志のモダリティを持つ文は「私／*あなた／*彼が説明しよう」のように、一人称の名詞しか使えない。こうした人称制限は、主語以外の補語には現れないとされている。

また、柴谷（1985）は、尊敬語化を引き起こすこと、再帰代名詞の先行詞として働くこと等の主語の統語的特性を挙げ、そのような特性を全部備えた名詞句を日本語の主語のプロトタイプ（典型）と考えた。また、主格主語と同等の機能を担う与格名詞句（太郎に英語が分かる）や、主格で表示される目的語（誰があなたは好きですか）も考察の範囲に含め、与格で示されていても主語に近いもの、主格で示されていても主語からは遠いものを指摘し、三上（1953）の、主格が主語であり、それを廃止すべきという考えを、妥当ではないと論じている。

授受動詞（giving and receiving verb）

「あげる、くれる、もらう」に代表される、物の授受行為を表す動詞。与え手をA、受け手をB、移動するものをCとすると、「AがBにCをあげる」「AがBにCをくれる」「BがAに（Aから）Cをもらう」という文型で表される。それぞれの動詞は、与え手と受け手の関係により、同意味だが待遇度が異なる動詞を持つ。「あげる」には「やる、さしあげる」、「くれる」には「くださる」、「もらう」には「いただく」が対応する。

授受動詞に特徴的なのは、動詞の選択が与え手と受け手の関係と視点に依存することである。「話し手→話し手に身近な者→聞き手→聞き手に身近な者→第三者」というウチからソトへのスケール上で、ウチからソトへ向かう物の移動と、第三者間の移動には

「あげる」が使われる（① 私が彼に本をあげた ② 鈴木さんが山田さんに本をあげた）。一方、ソトからウチへ向かう物の移動には「くれる」が使われる（③ 山田さんが私に本をくれた ④ あなたは弟に本をくれたそうですね）。「あげる、くれる」にはこのような方向性があるため、①②と③④の動詞を逆にできない。ただし、②で「くれる」を使った「鈴木さんが山田さんに本をくれた」が成立する場合、山田が話し手に身近なウチのグループに入るとみなされる。「もらう」は受け手を主語にして表現したもので、③は「私が山田さんに本をもらった」と同じ意味となる。「もらう」には、受け手よりウチの者が与え手のニ格に位置できないという制限がある（彼が*私に/*私の弟に本をもらった）。なお、第三者間の物の移動には制限はない。

授受動詞は「〜てあげる」等の形で、恩恵の授受を表す補助動詞として使用される。基本的には本動詞の用法と同じだが、文法的に注意すべき点は、「〜てあげる、くれる」の受け手が、ニ格のみならずヲ格、ト格や、「〜の／〜のために」等で表されることである。また、「友だちが部屋に来た」「雨が降った」等の、話し手の意志で制御できない行為でも、話し手が恩恵的に捉えるなら「くれる」の使用が必要となるという点も指導上重要な点となる（一方、好ましくないものの場合、受身の「られる」を使用する）。

なお、「あげる」には、本動詞、補助動詞の用法ともに、目上の人への直接の使用は恩着せがましい印象を与えるため使用が回避されるという、待遇上の観点からの制約がある。

主題 (topic／theme)

日本語では、典型的に「〜ハ＋述語」の「〜ハ」で示される部分で、文で述べたいことが何に関することかを示す部分。題目、トピックとも呼ばれる。機能主義言語学では、文を、伝達対象を示し、旧情報を含むテーマ（theme）と、伝達内容を示し、新情報を含むレーマ（rheme）に分けるが、日本語の主題はテーマに当たる。主題は、例えば、「彼は4月から社会人だ」という文における下線部である。また、主題以外の部分（4月から社会人だ）を「解説」「コメント」という。主題は一般に文頭に位置し、それに解説が続く、という順番を取る。

主題は、発話の場面や文脈から聞き手に特定可能な部分でなければならない。「*誰はタイの学生ですか」のように疑問語の後に「ハ」がつかないのは、不特定のものを主題にできないことによる。

文は、主題を持つか否かで、有題文（典型的には「〜ハ」で明示）と無題文（「〜ガ」で示される）に分けられる。有題文となるのは、何らかの属性を示す述語を持つ場合（彼女は親切だ）や、既出の話題を続ける場合（A「彼が見当たらないんだけど」B「あ、彼はさっき出て行ったよ」）等である。なお、主題が「〜ハ」で明示されない有題文もある。例えば、担当者がいることが既にわかっており、それが誰か説明する際の「あの人が担当者です」のような文である。この場合主題は「担当者」の部分に相当する。

無題文となるのは、発話の場で生起している現象や知覚されたことをそのまま言葉に表す場合（「月が出た」「誰かの声が聞こえる」）や、談話に新しい話題を導入する場合（昔々、桃太郎という子がいました）等である。

なお、主題の「は」の作用域（スコープ）は、単文、複文を問わず、文の最後まで及ぶが、主語を示す「が」の作用域は最も近い述語までしか及ばない。例えば、①「娘は病気だから会社を休んだ」と②「娘が病気だから

会社を休んだ」では、①の「娘は」の解釈は「病気だから会社を休んだ」まで、②の「娘が」の解釈は「病気だ」までとなる。日本語教育上、留意するべき点である。

主題を表す形式には、「〜ハ」以外に、話し言葉における無助詞、話し手の評価をこめた「〜ッタラ」（彼ったら、今日も遅刻した）、会話の中で相手の発話の一部を引き取る「ナラ」（「山田さんを見なかった？」「山田さんなら、図書館にいたよ」）等がある。

述語（predicate）

文を構成する上で最も重要な部分となる、動詞（書く）、イ形容詞（暑い）、ナ形容詞＋「だ」（静かだ）、名詞＋「だ」（雪だ）のこと。それぞれの述語を含む文を、その品詞により、動詞述語文、形容詞述語文、名詞述語文という。また、述語を1つ含む文を単文、2つ以上含む文を複文という。

述語は文の中心的な部分である。その主な理由は、述語が、その語彙的意味により補語を決定し、また、肯定／否定、テンス、丁寧さ、モダリティのような文法カテゴリー（動詞の場合はこれに加えヴォイス、アスペクト）が現れる所だからである。

日本語の場合、述語が持つ文法カテゴリーの現れる順番はほぼ決まっており、それらが包み、包まれる関係になって階層構造をなしている。「彼は彼女に待たせられていなかったらしいですね」という、上述の文法カテゴリーが全て現れる動詞述語文でその構造を見ると、図1のような承接の順序になっている。

述語は、状態を表す静的述語と、動きや変化を表す動的述語に分けられる。静的述語は、形容詞、名詞＋「だ」、「ある、わかる、できる」等の状態動詞のことで、動的述語は「走る、泳ぐ」等の動作や、「消える、割れる」等の変化を表す動詞のことである。これらの述語の差異は、テンス、アスペクトと関係する。

助詞（particle）

単独では使われず、名詞の後や、節と節の間、文末等に位置し、専ら文法的意味を担うもののこと。これらの分類には諸説あるが、主なものとして「格助詞」「並列助詞」「連体助詞」「準体助詞」「接続助詞」「終助詞」「取り立て助詞」があり、そのうち本書では、格助詞、終助詞、接続助詞、取り立て助詞、また、助詞が使用されない無助詞について以下別項で述べる。

「並列助詞」とは、「と、や、に、か、だの」等で、「姉と私」のように、名詞と名詞の間で働く助詞である。並立助詞ともいい、名詞同士を接続するという観点から、接続助詞の一部と位置づけられることもある。

「連体助詞」は、「名詞1の名詞2」という形で名詞句を作る助詞の「の」である。名詞1と名詞2の関係は様々で、「私の靴」のように所有を表したり、「流行の服」のように性質を表したり、「社長の中田さん」のように同格を表したりする。なお、この連体助詞を格助詞に含める立場もある。

「準体助詞」は、「この携帯電話は重い。もっと軽いのがいい」「焼き鳥は炭火を使うに

彼は彼女に ［待たせられ］［てい］［な］［かった］［らしい］［です］［ね］
　　　　　　ヴォイス　アスペクト 肯定否定 テンス 対事的モダリティ 丁寧さ 対人的モダリティ

図1　述語が持つ文法カテゴリーと相互の関係

限る。オーブンレンジで調理したのは焼きむらが出てしまう」のように、前出の名詞（携帯電話、焼き鳥）の代わりとして働く助詞の「の」である。また、「まだ名札をもらっていません。私のをください」の「の」も準体助詞で、このように名詞に後接し所有を表す場合は、「私のの」という形にはならず、名詞（名札）が省略された場合と同形になる。この準体助詞は形式名詞の一部として位置づけられることもある。

●**格助詞**（phrase particle）
　文中における述語と名詞との統語的関係（格）を表示する助詞。「ガ、ヲ、ニ、ヘ、ト、デ、カラ、マデ、ヨリ」がこれに当たり、名詞に後接する後置詞である。例えば、「彼が6時に　取引先から　会社に　戻った」における下線部は、「戻る」という動詞とそれぞれの名詞の意味関係を表示するために使われており、それぞれの名詞が、述語の動作主体、動作の時点、出発地点、到着地点であることを表している。
　代表的な格の名称を示すと、主格（ガ）、対格（ヲ）、与格（ニ）、道具格（デ）、方向格（ヘ、ニ）、処格（ニ、デ）、奪格（カラ）となる。ここからもわかるように、同じ格助詞が複数の格を表すために使用される場合が多い（例えば「ニ」でも、「子供に教える」は与格、「部屋にある」は処格）ため、その形態から「ガ格」「ヲ格」「ニ格」「ヘ格」のように呼ぶことがある。
　日本語教育では、動詞等の述語は、必須補語とともに導入される場合が多い。例えば、「入る」という動詞の場合、「～ガ～ニ入る」という形で、動詞とそれが要求する格助詞との組み合わせを文型として示すという方法が取られる。また、「～に対して」「～にともない」「～に関して」等の格助詞に相当する機能を持つ複合的な形式（複合格助詞）も、順次導入される。
　1つの格助詞に様々な意味用法があること（例えば、デ格には、場所、手段、理由、材料等がある）、類似の意味を持つ格助詞の使い分けを覚える必要があること（例えば、同じ場所でも、存在の場所にはニ格、行為を行う場所の場合はデ格を使う）、受身や使役等のヴォイスの変化によって格助詞「ガ、ヲ、ニ」が変わること等により、この格助詞の習得は学習者が困難を覚える点の1つとなっている。

●**終助詞**（sentence-final particle）
　文の最後に付いて、話し手の心的態度であるモダリティを示し、文を終わらせる助詞。「ね、よ、か、なあ、さ、ぜ、ぞ、わ」等がある。「ね、よ」のように、独り言では使えず、対話の場で聞き手への伝達を目的として使用されるものがある一方、「なあ」のように、心内発話や独り言に使用され、聞き手への伝達を主たる目的としないものもある。
　それぞれの終助詞は複数の意味用法を持つが、中心的用法には、「ね」の確認、「よ」の情報への注意喚起、「か」の疑問、「なあ」の詠嘆、「さ」の当然の情報の伝達、「ぜ」の認識内容の一方的通知、「ぞ」の新たな認識成立の自己確認、「わ」の気づき、等がある。
　これらの中には、イントネーションと、用法やニュアンスとの関連が見られるものもある。例えば、「ね」において、「会は3時からですね（上昇調）」は聞き手への確認要求を表し、「会の開始時間？　さあ、知りませんね（下降調）」は話し手自身の出した結論を確認するものとなる。また、落し物に気づかずその場から離れようとする人に「あの、ペンが落ちましたよ」という場合、上昇調の「よ」は、ペンが落ちたという状況を知らせ、その後の対処を聞き手に任せるというニュアンスがあ

り、一方、下降調の「よ」は、状況を認識せよと聞き手に強制するようなニュアンスを持つ。

　上記の典型的な終助詞の他に、理由を述べつつ主張していることを示す「もの、もん」（だって知らなかったんだもん）、記憶の確認の際に使われる「〜っけ」（約束は何時だっけ）、発言したことを再度主張する形で強調する「って」（静かにしろって）等の、もとは形式名詞や引用を表す助詞等に由来し、終助詞と同様の働きをするものも存在する。

　終助詞は文末で使用されるが、「昨日<u>さ</u>、友だちと<u>ね</u>、駅に<u>ね</u>、行ったら<u>さ</u>」のように、一部のものは、文内部の語、句、節等の意味的な句切れ目に使用される。このようなものは、終助詞の間投助詞的な用法と呼ばれる。

　終助詞は単独で使用されるほか、「よね」「わよ」「かよ」等のように組み合わせて使用される場合も多い。また、「ぞ」は男性的、「わよ」は女性的等、男女差による使い分けの傾向があるものもある。

●助詞の省略
　無助詞を参照のこと

●接続助詞（connective particle）
　従属節と主節の間で働き、節間の関係を表す助詞。語と語を結ぶ「と、や、か」等の並列助詞を接続助詞の下位分類とする立場もあるが、本書では節を接続するもののみを接続助詞とする。

　何を接続助詞とするかにも諸説あるが、「雷は鳴った<u>が</u>／<u>けれども</u>雨はまだだ」「眠い<u>から</u>横になった」「暑い<u>し</u>湿度も高い」「日が射す<u>と</u>暖かくなる」のような「が、けれども、から、し、と」や、「暑い<u>ので</u>窓を開けた」「暑い<u>のに</u>部屋を閉め切っている」のような「ので、のに」や、「新聞を読み<u>ながら</u>／<u>つつ</u>コーヒーを飲む」のような「ながら、つつ」が代表的である。

　このうち、「が、けれども、から」のような従属度の低い接続助詞は、単独で（が、けれども）、あるいは「だ」と結びついて（だが、だから）接続語としても働き、文頭で文同士を接続するのに使用される。

　上述の接続助詞は、日本語教育では、逆接、理由、条件、付帯状況等の意味で節を連結する形式として導入される。なお、上述のもののほか、学校文法などでは、「て、たり、ば」（書い<u>て</u>、書い<u>たり</u>、書け<u>ば</u>）や、「ても」（書い<u>ても</u>）を接続助詞に含めている。日本語教育では、前の３つは動詞の活用形として扱われ、「ても」は、「と」と同様、条件を表す形式の１つとして導入される。

●取り立て助詞
　文中のある要素に焦点を当て、焦点を当てたものと、暗示される同類のものとの関係を表す助詞。「も、さえ、まで、すら、でも、だって、だけ、のみ、しか、ばかり、など、なんて、なんか、くらい、こそ、は」等の助詞で、国語学で「係助詞」「副助詞」と呼ばれているものに当たる。

　例えば、①「弟に<u>も</u>それがわかっていた」では、文の客観的事実は「弟にそれがわかっていた」ということである。「も」をつけて「弟」に焦点を当てることで、①に現れていない弟と同類の「姉、兄、父」等の存在が暗示され、わかっていた人が弟以外にもいたことが示される。「も」はこのように、焦点を当てた要素を、同類の暗示される要素に添加する。取り立て助詞が表す意味は、「も」のような添加の他に、「だけ、しか、ばかり」のような限定、「など、なんて、なんか」のような評価、「さえ、まで」のような意外、「でも、なんか」のような例示、「は」のような対比等、

様々ある。

取り立て助詞は、名詞句（名詞＋格助詞：弟にも）や、動詞（泣いてばかりいる）や、副詞（ゆっくりとなんてできない）等の、文中の様々な要素に承接する。焦点が当てられるのは普通、取り立て助詞が付加される直前の要素であるが、「あの選手は努力家だ。技術も高い。なのに、本番に弱い」の２文目のように、文全体が焦点になる場合もある。

取り立て助詞を使用した文には、その意味などが要因となり、文末のモダリティや述語の肯否に制限がかかる場合がある。例えば、例示を表す「でも」は、「お菓子でも食べませんか／*食べました」のように勧誘や依頼のモダリティを要求し、単なる過去の事実を表す文は非文法的になる。反対に、意外感を表す「さえ」は、「検査前には水さえ飲まなかった／*飲まないでください」のように、勧誘、依頼のモダリティは位置できない。また、「しか」には、必ず否定の「ない」が共起し、評価を表す「なんて」等も、「同情なんて要らない／*要る」のように、否定の述語と共に用いられることが多い。

また、取り立て助詞には、「一目だけでも会いたい」「缶ジュースを買うお金さえもない」のように、連続して使用できるものがある。何と何が承接可能かは、取り立て助詞により異なる。

● 無助詞

話し言葉の対話で、項となる名詞の後に助詞が使われない状態で提示されること。例えば①「これφ、来月の発表会の入場券です」②「このお菓子φ、少しだけど持って行って」のφで表された部分である。この、「名詞＋φ」の形で示される名詞は、発話の現場に存在したり、文脈からその名詞の登場が予想されやすかったりするもので、既知性が高く、ゆえに主題性が高い名詞である（丹羽, 1989）。①と②は助詞がない状態が無標であり、助詞を補わない方が自然である。

一方、③「ねえ、何φ飲む？―ジュースφ飲む」でも名詞が助詞を伴わず提示されているが、これらは無助詞とは異なり、格助詞の省略（話し言葉で、ガ格、ヲ格、着点を表すニ格、ヘ格が省略されること）と捉えられる。③のφはいずれも文の焦点を表す名詞に付けられ、主題性はなく、格助詞ヲを補っても意味の変化はない。

無助詞の機能については、談話に焦点を当てたもの、統語論的、語用論的な立場から論じたもの等、様々な観点から分析されている。多く取り上げられるのは、無助詞と「ハ」の使い分け、または、無助詞、「ハ」、格助詞「ガ／ヲ」、3者の差異である。

無助詞と「ハ」の差異については、無助詞の、対話の現場に根ざした性質が指摘されている。「ハ」が、前接する名詞（句）を話題として取り上げ、その内容を明示的に述べようとする姿勢を表すのに対し、無助詞は「その場のやりとりにあたって、関心の対象を固定しようとする手段（菊池, 2006: 20）」であるとの指摘がある。

無助詞、「ハ」、格助詞「ガ／ヲ」3者の差異については、長谷川（1993）が、無助詞は、「ハ」の持つ対比性や「ガ／ヲ」の持つ排他性の意味の表出を避け、中立的に名詞（句）を提示すると述べている。また、大谷（1995a, 1995b）では、現象文と判断文の接点にある文では、主題の「ハ」や「ガ／ヲ」では適格性が落ちる文になるため、無助詞が使用されると論じている。なお、大谷（1995b）には、対話において現場にない要素を新たに導入する場合、それが共有知識か、聞き手の中で活性化されているかにより、無助詞、ハ、ガ、3者の適格性が決まるという指摘もある。

また、ガ、ヲのみならず、ニ、デ、ト等の助詞を用法毎に分類し無助詞の文が成立するか観察した加藤（2003）は、無助詞の機能を、前接する名詞（句）の脱焦点化であると論じている。

助動詞（auxiliary）

単独で使われず、動詞、形容詞、名詞の後に付いて文法的な意味機能を付加するもの。ほとんどが活用するが、「まい、（よ）う、だろう」のように、活用しないものも一部存在する。どの語を助動詞と認めるかには様々な立場があり、一致した見解があるとは言い難い。まず、学校文法で助動詞とされているものを見ると、「（ら）れる」（受身、可能、尊敬、自発）、「（さ）せる」（使役）、「ます」（丁寧）、「ない」（否定）、「たい」（希望）、「た」（過去、完了）、「だ、です」（断定）、「らしい」（推定）、「ようだ」（様態、比況）、「そうだ」（伝聞）、「（よ）う」（意志、推量）、「まい」（否定意志、推量）等がある。このうち、「（ら）れる、（さ）せる、ます、ない、たい」等は、語を作る形態素にすぎないため、助動詞ではなく接尾辞とする立場がある。また、名詞に付いて述語を作るという機能を重視し、「だ、です」を、判定詞（コピュラ、copula）という品詞として別立てする立場もある。一方、学校文法で取り上げられているもののほかに、「だろう」「でしょう」のような推量を表す形式や、「にちがいない」「なければならない」「かもしれない」等の複合的な形式、形式名詞に「だ」がついた「のだ」「わけだ」「はずだ」等を助動詞に含める立場もある。

日本語教育では、現在、助動詞という品詞名に言及したり、助動詞を１つの学習項目として取り上げたりすることはせず、該当するものを、活用形や文末のモダリティを表す表現として指導するのが一般的である。例えば、上記の「（ら）れる、（さ）せる、ます、ない、（よ）う」は、受身形、使役形、マス形、ナイ形、意志形のように、動詞の活用形として導入される。また、「はずだ」「ようだ」「にちがいない」「かもしれない」等は、話し手の認識を表す文末表現として、「のだ」「わけだ」等は説明を表す文末表現として導入され、話し手の表現意図に基づいたそれぞれの差異が説明される。

新情報／旧情報（new information／old information）

旧情報とは、情報発信者が、「伝達したい対象が情報の受け手の意識の中に存在している」と考えている情報のこと。一方、情報発信者が、そのように考えていない情報を新情報という。文脈上の情報の配置と言語形式の選択には、この情報の新旧の差異が関係する場合がある。具体的な文法項目としては、①「ハ」と「ガ」の使い分けの一部の規則、②久野（1978）で示された談話における省略の規則がある。

①は、原則として新情報には「ガ」、旧情報には「ハ」がつく、というものである。例えば、「あ、雪が降っている」のような、現象をそのまま言語化した文（現象文）においては、文全体が新情報であり、その主語である「雪」には「ガ」がつき、「ハ」は使われない。また、複数の人が写っている写真を見て「どの人がお兄さんですか」「この人が兄です」のようなやり取りがあった場合、文の焦点である下線部には新情報を表す「ガ」がつく。一方、「私は学生です」においては、聞き手にとって目の前にいる「私」は自明の存在である旧情報であるため、「ハ」で示される。

また、存在を表す２種類の文にも情報の新

旧による差異が存在する。「部屋に田中がいる」という文は、何気なく部屋のドアを開けて田中の存在を発見した者がそれを伝達する際に使われる。一方、用事があって田中を捜しており、部屋で見つけたことを伝達する場合は、田中の存在は旧情報であるため、「田中は部屋にいる」となる。

さらに、「昨日 10 歳ぐらいの少女が部屋を訪ねてきた。少女は、私に 1 通の手紙を差し出した」のような文章においては、同じ「少女」という名詞に、導入時には「ガ」が付き、情報の受け手の意識に定着した第 2 文では「ハ」が使われている。これも同じ情報の新旧に関わる現象である。

②は、文脈から復元可能な場合、省略は、より古い（より重要度の低い）情報を表す要素から、より新しい（より重要な）情報を表す要素の順でなされる、というものである。例えば、会社員に対してなされた「君は 2000 年に入社したの？」という入社年を問う質問に、「はい、入社したんです」と答えた場合、不適格になる。この不適格性は、上記の省略の規則に基づき、「2000 年に」という質問者にとって重要な新情報を省略し、「入社した」という既知の旧情報を残しているためと説明される。

数詞（numeral）

名詞の種類の中の 1 つで、4 人、5 本、60 キロ、170 センチ等の数量を表すもの（「数量詞」または「基数詞」という）と、1 番目、第 3 弾、6 位等の、順序を表すもの（「序数詞」という）を合わせて数詞という。数詞は、主に、「5 ＋枚」のように、数を表す部分である本数詞（「5」の部分）と、数えるものの種類を表す助数詞（「枚」の部分）を合わせた形で使われる。不定の数を表す「いくら、何枚、何級」等も、数詞に含まれる。

数詞には、「ひとつ、ふたつ、みっつ…」の「ひと、ふた、み…」のような和語系の本数詞によって構成されるものと、「いち、に、さん、し…」のような漢語系の本数詞により構成されるものがある。漢語系の数詞のほうが広く使われているが、日本語教育の初級で導入される日づけの呼び方（「ついたち、ふつか、みっか、よっか〜とおか」、「はつか」等）と人の数え方（「ひとり」と「ふたり」）のように、和語系が部分的に用いられているものもある。

数詞のうち、数量詞は文中で 3 種類の位置について文を作る。それは、①「300 cc の水を飲んだ」と②「4 人の子供が来た」のような、助詞の「の」を介して後続の名詞を修飾するもの、③「水 300 cc を飲んだ」と④「子供 4 人が来た」のような、直前の名詞の数量に関する情報を補足するもの、⑤「水を 300 cc 飲んだ」と⑥「子供が 4 人来た」のような、動詞を副詞的に修飾するものである。

このうち、⑤と⑥のように、格助詞の後ろに付いて、動詞を副詞的に修飾する形であっても名詞の数量を表せることは、日本語の特徴的な文法現象であるとされている。生成文法では、⑤⑥を、①②のような形の基底の形から派生した形と考え、①②から⑤⑥の変化を、数量詞遊離（Quantifier floating）と呼ぶ。数量詞遊離を許すのは、ガ格、ヲ格、一部のニ格のみで、他の格についてはこの関係が成立しない（「2 人の少女を見た＝少女を 2 人見た」は成立。「2 枚のうちわであおいだ≠うちわで 2 枚あおいだ」は不成立）。なお、②の「4 人の子供が来た」は、4 人が特定の 1 集団をなすという意味で、⑥の「子供が 4 人来た」では、子供がばらばらと来た結果、計 4 名だったという意味だとして、両者が表す数量には意味の異なりがあると指摘する立場もある。

接続語（conjunction）

文と文、段落と段落、節と節、句と句、語と語の間で使用され、それらの間の意味関係を表す語。談話分析の分野では、接続語は談話標識の１つと位置づけられている。論理的関係（順接、逆接、対比）や、時間的順序関係（添加）、話題の展開（転換、補足）等、様々な関係を表す。順接の接続語には「それで、だから、そこで」、逆接には「しかし、ところが」、対比には「一方、逆に」等がある。また、添加の接続語には「そして」、転換には「ところで、さて」、補足には「ただ、なお」等がある。前述の接続語は主に文と文を結ぶ。一方、言い換えを表す「つまり」（銀行の現金自動預払機、つまりATMの利用者は…）のように、語同士をつなぐものや、選択を表す「または、あるいは」のように、句同士、節同士をつなぐものもある（「職場から、または学校から電話する時は…」「質問があったら、あるいは間違いを見つけたら…」）。

接続語の中には、先行文、後続文のモダリティの種類に制限があるものがある。例えば、「それとも」は、「Aか、それとも、Bか〜」のような形で、通常、疑問のモダリティを持つ文を前後に取る。したがって、「*専門学校、それとも短大に進学しますか」では、先行部分を「専門学校に進学しますか」に変える必要がある。また、順接の因果関係を表す「そのため」は、後続文に意志のモダリティが取れない（*政府が環境に優しい商品の購入を推奨している。そのため、この商品を購入しよう）。

接続語には、出自をうかがわせる様々な形態のものが存在する。例えば、指示語を一部に含むもの（それから、その上）、副詞と共通の形を持つもの（なお）、動詞を一部に含むもの（すると）、動詞の活用形（かえって、したがって）、連語的なもの（なぜかというと、とはいえ）等がある。

同じ意味を表す接続語でも、文体や意味合いが異なる場合、これらを使い分ける必要がある。例えば、理由説明の際に使用する接続語のうち、「だって」は話し言葉的で、言い訳めいた意味合いを帯びるため、使用する相手や場面に注意が必要である。また話し言葉で使われる「というのは」は、「ってゆうのは」の形でくだけた印象を、「といいますのは」の形で改まった印象を与える。一方、「なぜならば」は書き言葉的で、論理的な文章に適合する。こうした点も指導上重要な点となる。

ダイクシス（deixis）

発話の行われる場面によって指示対象が決定されるという性質。例えば、「私は明日もここに来るつもりです」という文において、これをA氏が8月1日に教室で言った場合、「私＝A」、「明日＝8月2日」、「ここ＝教室」と、指示対象が決まる。一方、これをB氏が9月1日に体育館で言った場合は、指示対象が「私＝B」、「明日＝9月2日」、「ここ＝体育館」のように、発話の場に合った形に変わる。このような発話の行われる時間、空間、発話者を中心にして指示する対象が決まるものを、ダイクシス語（または「直示表現」、または単に「ダイクシス」）という。ダイクシスを表すものには、話し手や聞き手等を表す人称詞（私、あなた、彼等）、時を表す表現（今日、明日、昨日、1週間前等）がある。また、指示語（場所や方向を表す名詞「ここ」「そっち」や、物を表す名詞「これ」等）の現場指示用法や、眼前にある物や人を指す連体詞（「この」「あんな」等）もある。また、動詞「行く、来る」、及び、授受動詞「（〜て）あげる、（〜て）くれる」も、どの視点に立ち言語化するかによっ

て選択する動詞が変わることから、ダイクシスを表すとされる。

他動詞 (transitive verb)

動詞のうち、その動詞の意味を表現するために動作の対象を必要とするもの。動作の対象は、典型的には、"名詞（相当句）+「を」"で表される。例えば、「（電気を）つける」「（メモを）破る」等が他動詞である（なお、「親に甘える／逆らう」等の対象をニ格で表示する他動詞もある）。一方、自動詞は動作の対象を必要としない動詞で、「起きる」「遊ぶ」等である。自動詞のうち、「（電気が）つく」「（メモが）破れる」等の、外部からの働きかけを受けて変化するものを主語にとる自動詞は、非対格自動詞と呼ばれる。

他動詞はヲ格をとるが、「公園を歩く」「家を出る」のような「を」は、動作の対象ではなく、経由する場所や起点を表すため、これらの動詞は自動詞に分類される。

他動詞は典型的には、「彼がメモを破った」のように、主体が起こした行為により対象が影響を受け、変化を起こすという意味を表す。ただし、他動詞の、主体が起こす対象の変化の度合いは段階的である。他動詞の中には、「手紙を書く」「ビルを建てる」のように、行為の結果何かが出現するという意味を持つものがある。また、「故郷を思い出す」「外を見る」のように、対象に変化が及ばない、対象に向かう思考や感覚の動きを表すものもある。このように、動作と対象の関係は、直接的なものから間接的なものまで様々あり、これらは直接受身にした場合、受身の仕手の格表示（ニ、カラ、ニヨッテ）にも関係する（寺村,1982b）。一方、自動詞は、典型的には、「メモが破れた」のように、ある事態の発生や、「赤ちゃんが歩く／遊ぶ」のように、動作主体の意志的な行為を表す。

日本語には、前述の「つける／つく」「破る／破れる」のように、形態上の共通部分を持ち、対となる他動詞（有対他動詞）と自動詞（有対自動詞）が多数存在し、その区別が学習上の困難点となる。一方、対がなく、自動詞のみ（勝つ）、他動詞のみ（読む）の動詞もある。対がない動詞の場合、受身形や使役形が代用される。例えば「読む」は対応する自動詞の代わりに「読まれる」、「勝つ」は対応する他動詞の代わりに「勝たせる」が用いられる。また、自動詞と他動詞が同形（スピーチが／を終わる、戸が／を開く）のものも存在する。

動詞 (verb)

単独で使われ、文の述語になることを基本的な働きとし、「会う、書く、話す、待つ」のようにウ段の音で終わる語のこと。肯定／否定、ヴォイス、アスペクト、テンス、丁寧さ、モダリティといった文法カテゴリーを持ち、それを表すために活用する。意味的に、動きや変化を表すものが主であるが、存在、状態を表す動詞も存在する。典型的には、人や物の運動を表し、その運動の成立のために必要な補語を取り、文を完成させる。

動詞は様々な観点から分類できる。

テンスの点からは、ル形で未来のテンスを表す動態動詞（歌う、消える）、ル形で現在のテンスを表す状態動詞（ある、要る）に分けられる。また、アスペクトの点から分類すると、先に挙げた動態動詞はアスペクトを持つ動詞に当たり、状態動詞は持たない動詞に相当する。このうち動態動詞はさらに、「テイル」が付いて動作の進行、継続を表す動詞（歌う、話す）と、変化の結果生じた状態の継続を表す動詞（消える、止まる）に分類される。

また、活用の点からは子音動詞（u-verb、Ⅰ型動詞）（例　書く、待つ）、母音動詞（ru-verb、Ⅱ型動詞）（例　食べる、閉める）、不規則動詞（例　する、来る）に分けられる。

動作の対象を表す補語をとるか否かという点から分類すると、補語をとる他動詞（開ける、燃やす）と、とらない自動詞（開く、燃える）に分けられる。

主体の意志によってコントロール可能か否か、という点からは、意志動詞（泳ぐ、持つ）、無意志動詞（乾く、光る）に分けられる。

また、動詞として本来の意味を保持しているか否かという自立性の観点からは、自立している本動詞（ある、見る）と、動詞の後に付いて意味を添える補助動詞（～てある、～てみる）に分けられる。

上記以外にも、「行く、来る、帰る」のような主体の位置変化を伴う移動動詞、「喧嘩する、結婚する、争う」のような相手を表すト格補語を必要とする相互動詞、「あげる、もらう」等の物のやりとりを表す授受動詞といった分類もある。

日本語教育の品詞（parts of speech）

品詞とは統語範疇のことで、文の成立のために果たす文法的機能の違いと活用の有無を基に、単語を共通性のあるグループに分けたもの。文法観や言語観の違いから、その分類には諸説あり、通説と言える品詞分類は存在しないが、よく知られているものに学校文法の品詞分類（動詞、形容詞、形容動詞、名詞、副詞、連体詞、接続詞、感動詞、助動詞、助詞の10種類）がある。日本語教育では、便宜上、学校文法の品詞名を一部そのまま使って文法説明を行う場合もあるが、学習者に理解しやすいように、意味と機能の共通性を基に品詞を立てて説明したり、品詞名には言及しない形で指導が行われたりされる。

日本語教育で文法の説明の際によく使われる品詞は、動詞、形容詞、名詞、副詞、接続詞、助詞である。この中の「形容詞」は、学校文法の「形容詞」と「形容動詞」を、属性を表し、名詞を修飾するといった意味と機能の共通性からまとめたものである。これらを区別する時は前者を「イ形容詞」、後者を「ナ形容詞」と呼ぶ（なお、形容動詞と「名詞＋だ」の活用形がほぼ同じであるという形態の共通性に着目し、形容動詞を名詞の下位分類に位置づける立場もある。この場合、形容動詞を「ナ名詞」とし、一般の名詞と区別する）。

日本語教育では、「連体詞」「感動詞」については、一般に、教科書本文の文章や会話の部分にこれらが現れた際に、その意味と働きを語彙の情報として紹介するのみで、品詞名には触れられない。また、学校文法で、活用する付属語という定義のもと分類される「助動詞」も、日本語教育では扱いが大きく異なる。「～れる」「～せる」は、「受身形」「使役形」のように、動詞の活用形の1つとして説明され、品詞名を特に説明しない。「だ（です）」も、特に品詞としての位置づけについて説明されることはなく、名詞や形容詞を伴って述語の位置に現れるものとして扱われる。「だ」を含んだ「ようだ」「そうだ」等も、「だ」とそれ以外の部分に分割されず、1つのモダリティ表現として導入される。

日本語のアスペクト（aspect）

日本語のアスペクトを表す形式として最も基本的なものは、動詞の無標の形（スル形）と、テイル形（また、過去のテンスの「シタ」と「シテイタ」）の対立である（奥田, 1977）。

前者は、動きを、開始、継続等の局面に分

けず、時間的に限界のある完成したひとまとまりのものとして捉えるもので「完成相」と呼ばれる。例えば、「食前にワインを飲む」では、「飲む」という運動が、開始点と終了点を含んでひとまとめにして示されている。

一方、「テイル」がついた後者は、継続を捉えるもので「継続相」という。これが付いて表される継続の事態は、2つに分けられる。一方は、「兄が今、ワインを飲んでいる」のように、進行の過程を持つ動詞（金田一（1950）で「継続動詞」、奥田（1977）で「主体の動作をあらわす動詞」と呼ばれる）に後接して、主体の動作が進行中、継続中であることを示すものである。他方は、「時計の針が止まっている」のように、変化の意味を含む動詞（金田一（1950）で「瞬間動詞」、奥田（1977）で「主体の変化をあらわす動詞」）に後接して、主体の変化の結果の状態が、継続、残存していることを示すものである。

なお、上述のような「完成」と「継続」という基本的なアスペクトの意味の他に、テンスとアスペクトが相互に関連した意味も存在する。これは、パーフェクトと呼ばれるもので、例えば「もうその映画は見た」「とっくにミーティングは終わっている」のように、「後続時点における、それ以前に成立した運動の効力の現存（工藤, 1995: 39）」を表すものである。

上述の、スル（シタ）とテイル（テイタ）で表される形式以外にも、アスペクトを表す諸形式が存在する。「飲み終わる」のような複合動詞、「酔い止めを飲んである」のような補助動詞が付いたもの、「飲むところだ」「飲んだばかりだ」のような、形式名詞に「だ」が付いたもの等である。「もう、まだ、急に」等の副詞も、アスペクトと関わる。

なお、動詞の中には、動きの展開の局面を持たず、アスペクトに関係しないものが少数存在する。「テイル」がつかない「ある、いる」（金田一1950で「状態動詞」）、常に「テイル」の形を取る「山がそびえている」「この論文は優れている」等の動詞（金田一1950で「第四種の動詞」）である。これらは、常に状態を表すもので、まとめて「状態動詞」と呼ばれる場合がある。

日本語の時制／テンス（tense）

述語の過去形（「話した、白かった、会社員だった」のような「タ」を含む形。タ形ともいう）と、非過去形（タ形以外の「話す、白い、会社員だ」のような形。ル形ともいう）が表す時の概念のこと。この2形式で、述語の「過去、現在、未来」の3つを表し分ける。タ形は常に過去（過去の動作や出来事や状態）を表す。一方、ル形が現在と未来のどちらを表すかは、述語の種類によって異なる。動作や変化を表す動態動詞の場合、ル形は未来を表す。例えば「水を飲む」は、未来の行為について述べており、現在の行為を表していない（現在を表すためにはアスペクト形式の「テイル」を使う）。一方、形容詞、名詞＋「だ」、「ある、わかる」等の状態動詞の場合は、ル形は現在を表す。例えば、「この花はきれいだ」「棚の上に時計がある」が表すのは、現在の状態である。以上が、ル形、タ形とテンスの基本的な対応関係であるが、例外もある。例えば、動態動詞はル形で未来を表すが、「あ、蜂が来る」のように、発話と同時に認識される事態を描く際、ル形で現在が表される。

テンスは、発話時を基準（現在）とし、それ以前は過去、それより後は未来として出来事を時間軸上に位置づけるが、それは単文の文末と複文の主節末の述語の場合で、従属節の述語はこれと異なる基準をとることがある。例えば、以下の①～③で、主節のテンス

「買う、買った」は、発話時を基準に決まっている。しかし、①と③は、主節のテンスが共に「買う」であるのに、従属節のテンスは異なる。これは、従属節の事態の生起が主節の事態の前か後かにより、従属節のテンスが決まるためである。

① 海外旅行へ行く時、カメラを買う。
② 海外旅行へ行く時、カメラを買った。
③ 海外旅行へ行った時、現地のお土産を買う。

従属節のこのようなテンスを「相対テンス」といい、発話時を基準とするテンス（絶対テンス）と区別される。相対テンスは、従属節の事態が主節のそれと同時かそれ以後の場合はル形、主節以前の場合はタ形で表されるもので、全ての従属節に適用されるのではないが、基本的なテンスの表し方である。ただし、①と③の従属節の動詞をテンスの対立ではなく、ル形が未完了、タ形が完了、パーフェクトを表すというアスペクト的な対立と考える立場もある。テンスとアスペクトはこうした点で隣接している。

日本語のモダリティ（modality）

1文中で、その文の発話時点における、話者の主観、心的態度（気持ち）、事態の捉え方を表す意味範疇のこと。例えば「ああ、たぶん明日休講になるだろうね」という文において、下線部の、感嘆を表す「ああ」、推量を表す「たぶん」と「だろう」、聞き手に確認を求める「ね」が指示していることである。一方、「明日休講になる」のような、話者の心的態度とは関係しない客観的な事柄や現象を表す部分を命題（proposition）と呼ぶ。日本語の文を、命題のような客観的な部分と、モダリティのような主観的な部分との2要素により構成されたものとする見方は現在多くの支持を得ている。

日本語のモダリティは、感動詞、陳述副詞、一部の助動詞、終助詞のほかに、評価を表す「なんか、ぐらい」等の一部の取り立て助詞、一部の文末形式により表される。

文末形式については、「だろう」のように過去形を取らないもの、「らしい」のように過去のテンス（らしかった）を持つものがあり、発話時の話者の心的態度を表す前者が典型的なモダリティと位置づけられている。

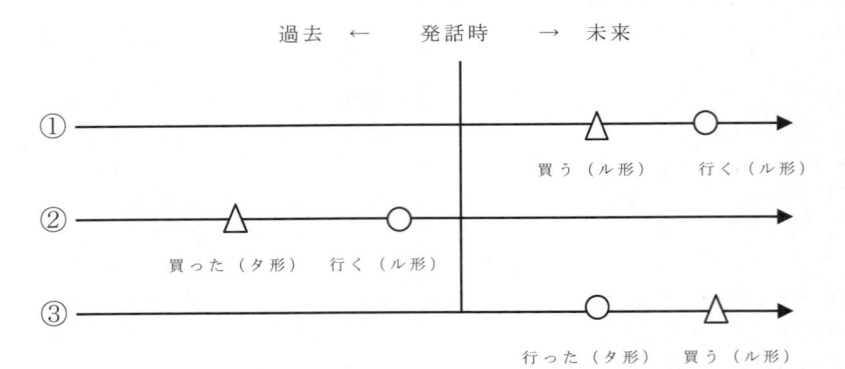

図2　例文①～③のテンス

日本語のモダリティの分類は、研究者により異なり、モダリティに含める文法カテゴリーの範囲についても立場が分かれているが、本書では、比較的立場が近い益岡(1991, 1999, 2000b)と仁田(1991, 2009a, 2009b)に基づき、分類の共通点と概略を示す。

両者はモダリティを対事的なものと対人的なものに2分する。両者が共通して対事的なモダリティに含めるのは、「だろう、らしい、ようだ」等の認識や真偽判断を表すもの、「べきだ、なければならない」等の当為評価、価値判断を示す形式である。また、両者が対人的モダリティに含めるのは、「～です、ます」等の丁寧さを表す形式、終助詞、そして、平叙文、疑問文、命令文等の文のタイプと関わる、判断や知識を伝達するもの、感情や意志を表すもの、命令／依頼／勧誘を表すもの、疑問を表すものである。また、両者は、命題を対事的モダリティが包みそれを対人的モダリティが包む、という階層をなしていると捉える点で一致している(ただし、文の成立のために必要なモダリティについては、両者の立場は異なっている)。

人称詞 (person noun)

人を指し示すための名詞。話し手自身を一人称といい、「私(わたくし)、わたし、俺、僕、あたし、うち」等がある。聞き手を二人称といい、「あなた、お前、君、あんた、貴様」等がある。話し手と聞き手以外を指すものが三人称で、「彼、彼女」等がある。日本語の一、二人称はバラエティが多く、性別や年齢、社会階層等を反映した様々なものが存在する。一方、三人称はバラエティが少なく、使用頻度も高くない。

話し手、聞き手が容易に特定できる会話の場面では、一、二人称の人称詞は通常使用されない(A「?私は／φ田中です。どうぞよろしく」B「?あなたは／φ学生さんですか」A「はい」)。また、発話時の話し手の感覚を表す文では、一人称の人称詞が現れないのが普通である(ああ、?私は／φ眠い)。

二人称に関しては、最も待遇度が高い「あなた」でも、待遇上の理由から使用を避ける傾向がある。そのため、目上として待遇すべき人物に対しては、通常、相手の名前(田中さんは学生さんですか)や、職階を表す名詞(部長は明日いらっしゃいますか)が使用され、親族間では、親族名称が使用される。親族名称は、例えば、父に対し子供が「お父さんはどう思う?」のように使用し、その場合の名称は、一番末の子供から見た呼び方が使われる。これは、家族や親族の中における役割を表すもので、職場で職階を表す名詞が用いられるのと原理は同じである。また、この用法は家族外にも拡大して使用され、例えば若い人が高齢の人に「おじいさん、お荷物お持ちしましょう」というように、血縁関係のない他人の間柄でも使われる。

三人称の人称詞は、指示対象が不特定の場合は使用できない。その場合は、指示語の「ソ」を使用して指示する(A「昨日、池田君が来たよ」B「え？ *彼／その人、誰？」)。

人称詞が文法と関わるのは、述語の文法的性質や文の種類により、名詞に人称制限がかかる場合である。感情形容詞や希望のモダリティ「たい」を使用した平叙文で主語を表す場合、一人称以外は取れない(*彼が行きたい)。また、平叙文で、非過去形、肯定形で使われる動詞「思う」も、同様である(*彼女は、その映画は面白いと思います)。また、命令文では、主語は二人称に限られる(*私／*彼が、すぐ行け)。

非情物 (inanimate)

有情物 (animate) を参照のこと

副詞 (adverb)

単独で使われ、活用せず、述語、あるいは文全体を修飾する品詞。従来の代表的な分類としては、情態副詞、程度副詞、陳述副詞の3つがある。情態副詞とは、主として動詞を修飾し、ものごとのさまや心情を表す、「はっきり」「ゆっくり」「思わず」等の副詞である（研究者により、上述の例は状態副詞、様態副詞と称されることもある）。2つ目の程度副詞とは、主として形容詞等の状態的な述語を修飾し、それらの程度を表す「かなり」「多少」「はるかに」等の副詞である。3つ目の陳述副詞とは、主に文頭に位置し、文末の話者の心的態度を表す部分と呼応する、「一体（疑問の「～か」と呼応）」、「どうか（願望や依頼の「～ように」や「～ください」と呼応）」「けっして（否定の「ない」と呼応）等の副詞である。ただし、これらの3種の分類では不十分だとし、意味や統語的機能により副詞を細分化する提案がなされている。例えば、「ずっと」「既に」「やっと」等を、テンス、アスペクトを表す時間の副詞としてまとめたり、「いつも」「時々」「めったに」等を、情態副詞から独立させ、頻度を表す副詞として位置づけたりする立場である。

また、副詞を、命題内にあるか否かという観点から分類する立場もある。中右（1980）は、副詞を、命題の一部を形成するもの（命題内副詞）と、命題外にありモダリティを表すもの（命題外副詞）に2分し、特に「文副詞」とも呼ばれる後者ついては、以下の四つの分類を示している。これらは、「あいにく、幸いにも、残念ながら」等の「価値判断の副詞」、「おそらく、たぶん、必ず、ひょっとして」等の「真偽判断の副詞」、「要するに、ちなみに、言わば」等の「発話行為の副詞」、「表向きは、原理上」等の「領域指定の副詞」である。

なお、日本語には、主に情態副詞に分類される、「バンと（ドアが閉まる）」「しとしとと（降る）」のような、擬声語、擬態語と呼ばれる一連の語彙もある。

補語

述語の意味を過不足なく表すために補足的な働きをする、「名詞＋格助詞」の単位。「補足語」とも呼ばれる。例えば、「教える」という動詞は単独では情報が十分ではない。誘発される「誰が？」「誰に？」「何を？」のような質問に対する答えを補い、「父が子供にピアノを教える」のような形になって初めて情報が十分に得られたと感じる。この「子供に」のように、動作の向かう先を表すものや、「ピアノを」のように動作の対象を表すものを補語という。「父が」のように動作の主体を表すものについては、主格補語として補語の一部に含める立場（寺村, 1982b; 三上, 1953 等）と、「主語」として他の補語と区別する立場（仁田, 1997b 等）がある（「主語」の項を参照）。補語には他に、「田中さんと会い、喫茶店に行った」の「田中さんと」のように、共にする動作の相手を表すもの、「喫茶店に」のように着点を表すもの等がある。これらは格助詞の形式から、「ヲ格補語」「ニ格補語」等と呼び分けられる。

補語は、意味や構文的な観点から、一次的なものと二次的なものに分類される。例えば、寺村（1982b）は、当該の補語がなければ命題の叙述内容が不完全と感じられるようなものを「必須補語」、それ以外を「副次補語」と呼

ぶ。「誕生日に　教室で　林さんが　友達に　花を　もらった」において、「誰が、誰に、何を」の部分は、一部が欠けていたら、例えば「誰にもらったの？」のような質問を招く不可欠な情報である。これらが動詞「もらう」の必須補語である。一方、「誕生日に、教室で」が表す時間と空間は、必須の情報ではなく、動作の成立する場に常に伴うもので、副次補語である。また、仁田（1997a）は、「何らかのヴォイス的表現手段によって、主語と転換しうる可能性を持った補語（p.178）」を「直接補語」とし、「述語の表す動きや状態などの実現・完成にとって必須の要素ではありながら、ヴォイス的な手段によっても、主語として転換させられることのないもの（p.180）」を「間接補語」と位置づける。

　一次的な補語の種類と数は、述語の種類により異なる。一次的な補語と述語が作るパタン（例えば「～ガ～ニ～ヲもらう」「～ガ～ト違う／等しい」等）は、日本語教育において「文型」として取り上げられる場合がある。

補助動詞（auxiliary verb）

　「ケーキが買ってある」の「ある」や、「レポートを書いてしまう」の「しまう」のように、動詞のテ形に付いて一定の意味を添える動詞のこと。その動詞がもともと持っている実質的な意味が薄れ、本来の意味とは異なる文法的意味を加える機能を果たすようになったものである。「あげる、もらう、くれる、いる、ある、おく、しまう、いく、くる、みる、みせる」等がこれに当たる。これらは、恩恵の授受（やる、あげる、もらう、くれる、及びそれらの敬語形のさしあげる、いただく、くださる）、アスペクト（いる、ある、おく、しまう、いく、くる）、空間的な移動の方向（いく、くる）、話し手の意図（みる、みせる）

等の意味を添える。一方、補助動詞に対し、「ケーキがある」「レポートを鞄にしまう」の下線部のように、独立しており実質的意味を持つものを本動詞と呼ぶ（また、補助動詞の前のテ形の動詞も本動詞と呼ばれる場合がある）。

　日本語教育では、一般的にそのほとんどが初級で導入され、それらが個別に表す意味用法の理解が重要になる。例えば「くる」は、「銀行でお金をおろしてきた」「バスに乗ってきた」のように空間的移動を表すもの、「体重が減ってきた」のように時間の推移に伴う変化というアスペクト的意味を持つもの等、複数の用法を持つ。加えて、近似した意味を表す補助動詞間の表現性の違い（例えば、「閉める」という行為の意志を表現するか否かで「ふたが閉めてある」と「ふたが閉まっている」を表し分けること）の理解も重要な点である。さらに、視点調節の手段となる補助動詞を適切に使用できないことにより、文の自然さの低下を招く場合（例えば、「くれる」を欠いた、「友だちが私に日本語を教えた」や、「くる」を欠いた「彼が私にメールを送った」）もあり、指導上注意すべき点となる。

無意志動詞（non-volitional verb）

　意志動詞（volitional verb）を参照のこと

有情物（animate）

　名詞の1つの性質である「有生性」を持っているもののこと。有生性とは、名詞で表されるものが自らの意思で行為を行うことができる性質をいい、この性質を持っているものを「有情物」（有生物）、持っていないものを「非情物」（無生物）という。日本語で有生性の区別が問題となる文法項目の主なものは、

「ある」「いる」等の存在を表す動詞のガ格に立つ名詞である。「Aがいる」のAは、「子供」「虫」「（池で泳いでいる）魚」等の有情物で、一方、「Bがある」のBは、「本」「写真」「（店内で商品として売られている、もはや生命のない）魚」等の非情物である。なお、「私には2歳上の姉がある」のように、Bが有情物でも「ある」を使うことができる文があるが、「彼には莫大な財産がある」と同様の、存在ではなく所有を表していることを特徴とする。日本語では、存在文（英語の場合be）と所有文（同have）で動詞を分けず、共に「ある」が使用されるが、これは、所有を表す文であるということが「有生性の有無」による動詞の選択に先立ち、「ある」の使用を決定づけているためである（ただし、現在では「私には姉がいる」も一般的に使われている）。

日本語では、他動詞文の場合、非情物がガ格に立つこと（無生物主語）が、英語等に比べて制限されているという傾向が、指摘されている。例えば、「花の香りが私達を誘った」「洪水が人々を流した」という文は、不自然、或いは翻訳調であるという印象を与える。その場合、「私達は花の香りに誘われた」のような、受身文への変換が適当であるとされる。ただし、角田（1991）では、無生物主語の他動詞文でも、自然な文があることが指摘されている。これは例えば、「洪水が建物を流した」「竜巻が中西部を襲った」のような文である。これらの文では、動作をするものと動作の対象が共に無生物であるが、動作をするものが「洪水」「竜巻」等の自然の力を表す名詞で、動作の対象の「建物」「中西部」より名詞句の階層が高いため、能動文でも自然になると説明されている。

なお、受身文には、動作主を明示する必要がない時などに、非情物がガ格に立つことがある（「高い塔が建てられた」）が、動作を受ける非情物が主体の所有物の場合、「私の手は犬にかまれた」のようにせず、「私は手を犬にかまれた」のような持ち主の受身文にする。

連体詞

品詞のうち、活用せず、名詞を修飾する機能のみを果たすもの。例えば、「あくる日」「ある年」「あらゆる人」「きたる十五日」「小さな車」「とんだハプニング」「たいした人」「たった10円」「約300冊」「ほんの気持ち」等の下線部である。また、指示の働きをする「こ、そ、あ」等を語頭に含む「この、その、あの、どの」、「こんな、そんな、あんな、どんな」も、連体詞に含まれる。

連体詞には様々な起源のものがあり、例えば、「あくる」「ある」「あらゆる」「きたる」「とんだ」「たいした」は動詞に起源を持つ。また、「大きな／小さな／おかしな」は、形容詞「大きい／小さい／おかしい」に由来し、名詞修飾という同じ機能を果たす。ただし、連体詞は名詞を修飾する機能しか持たず、また、形態も変わらず、叙述性がないため、形容詞のように述語にはなれない（したがって「田中さんの車は小さい」は文法的だが、「田中さんの車は小さな／小さだ」は非文法的）。なお、「いろいろな」は、ナ形容詞であるが、「いろんな」は、述語にはならず、活用もしない連体詞である。

連体詞は語数も他の品詞と比較して少なく、日本語教育で一括して取り上げ説明されることはほとんどない。「この」「こんな」等は、代名詞の「これ」「ここ」等とまとめて「こそあ」や「こそあど（詞）」という名称で整理され、品詞名に言及せずに指導されることが一般的である。

10 表記・語彙

意義素 (sememe)

意味を表す抽象的な単位のこと。音韻論における基本的な単位が音素であるように、意味論での基本的な単位が意義素である。すべての形態素 (morpheme) がそれぞれ1つの意義素を有しており、母語話者の多くが当該形態素の意味であると共通に認識している。構造主義言語学では、意味成分の分析を通して意義素を規定しようとした。例えば、男は「人間、成体、雄(おす)」、女は「人間、成体、雌(めす)」のような形で規定される。

服部 (1974: 13-17) は、外国語の意味の記述は、それに近い意味の単語などで翻訳することが多いが、それでは正確な意味記述はできないと述べている。服部は、発話という具体的な言語単位、文という抽象的言語単位、及び形式や単語等の二次的な抽象的言語単位の3つの段階を区別すべきだとしている。例えば、「この本、お前の?」という発話は、音声を聞けば、性別や年齢等がわかり、状況によっては誰かに片づけを要求している発話であることがわかる。話し手の意図も、広い意味での発話の意味に含まれる。このように発話の意味というのは、具体的な事物に関するものである。そして、様々な人がこの発話を発する際には、共通する音声や要素があり、本の所有者を尋ねているという意味を有する。これが、文という抽象的言語単位である。単語や形式はこの文から抽出されるため、「この」「本」「お前」「の」等の意味も抽象化される。意義素というのは、このように発話の具体的な意味から離れても変わらない基本的な意味のことである。

意義素は多くの人々の共通認識であることから、その社会で形成されている習慣的なものの見方を表す。従って、発話者が類似点を認めれば、同じ単語でも比喩的に異なる意味を指す。例えば、「広い」の意義素は「面積、幅、範囲等が大きい」であるが、「心が広い」は面積ではなく、包容力や柔軟性を示している。両者に共通性を見出し、物理的な大きさを抽象的な空間にも適用しているのである。このように次元が異なることに人間が共通性や類似性を見出すのは、物事を捉えるときに何らかのスキーマ (schema) が働くからだと考えられる。

位相 (phase)

性別や年齢等の属性の違い、職業、地域等の所属の違い、話し言葉と書き言葉等の使用条件の違い、対話している状況や相手等の使用環境の違い等、様々な要因によって用いる言葉が異なること。位相の違いによって変わる語を位相語と言う。

性別の違いによるものに男言葉と女言葉がある。「めし」「はら」は主に男性が、「ごはん」「おなか」は主に女性が用いる。終助詞の「ぞ」や「ぜ」は男性、「わ」は女性が用いることが多い。また、人称詞は「おれ」「あたい」「うち」「あっし」「私」「僕」等、性別以外にも年齢や性格が思い浮かぶほど多様である。医療分野の「オペ (手術)」「メス (手術用ナイフ)」のような分野ごとの専門用語、「がいしゃ (被害者)」や「ほし (犯人)」のような隠語、「ため (同い年)」「きもい (気持ち悪い)」のような若者言葉、「ブーブ (車)」「マンマ (ごはん)」のような幼児語、方言等も位相に含まれる。また、対人意識によっても位相があり、待遇表現も位相の1つである。特に敬語は、年齢、立場、状況、親疎によって使い分ける必要がある。

田中 (1999: 9-10) は、位相を社会的位相 (性別、世代、身分、職業、社会集団等によるもの)、様式的位相 (文体、伝達様式、話し言葉

と書き言葉、場面や相手等の差異によるもの)、心理的位相(忌避、美化、仲間意識、対人意識等の心理によるもの)の3つの観点から捉え、これらが重層的に作用して位相差がもたらされると述べている。但し、田中は方言のような地域差や、明治時代語のような時代差は位相に含めていない。

送り仮名

(kana suffixed to a Chinese character)

動詞や形容詞の活用語の漢字部分に添える仮名のこと。中国語は語形変化がないが、日本では漢文を訓読していたことから送り仮名が発生した。平安時代、漢文を訓読する際、行間に仮名やヲコト点(どのように訓読するかを示した補助記号)を記したが、万葉仮名(漢字)は画数が多く行間に書き込めなかったため、片仮名が生まれた。こうして漢文の行間に片仮名で助詞や活用語尾を記すようになり、そこから漢字片仮名交じり文が生まれた。その後、片仮名の部分が平仮名に変化し、現在の漢字仮名交じり文へと変化してきた。

1959年に「送り仮名のつけ方」が内閣告示として出され、さらにそれを修正したものが1973年に「送り仮名の付け方」として告示された。原則は以下の通りである。

① 活用のある語(動詞・形容詞)
- 活用語尾を平仮名で書く。例:「行く」「高い」「大変な」
- 派生した語は元の形にあわせ、対応する語がある場合は漢字の読みを一致させる。例えば、「かわる」は、「変わる」「変る」ともに可能であるが、「変える」と揃えるために送り仮名は「わる」とした。

② 活用のない語(名詞・代名詞)
- 名詞・代名詞(「雨」「彼」等)には送り仮名をつけないが、動詞や形容詞から転じたものは元の活用語を送り仮名にする。例:「動き」「近く」「重さ」
- 副詞・連体詞・接続詞は、最後の音節に送り仮名をつける。例:「必ず」「再び」「及び」「但し」
- 複合語は単独の語と同様に送り仮名をつける。例:「読み書き」「申し込む」
- 慣用的に固定した複合語は送り仮名をつけない。例:「申込書」「引越」「立場」

オノマトペ／音象徴語 (onomatopoeia／sound symbolism)

擬音語、擬声語、擬態語等の音象徴語の総称。音表象語と呼ばれることもある。オノマトペというのは、本来は動物や虫等の鳴き声や音等を表し、擬声語や擬音語と訳される。例えば、「犬がワンワンほえる」、「コケコッコーという鶏の鳴き声で目が覚めた」、「雨がザーザー降っている」等、片仮名で表記されることが多い。オノマトペは大部分の言語に存在するが、英語では犬は"bow-wow"、鶏は"cock-a-doodle-doo"というように、同じ音でも言語によって表現のし方が異なる。

日本語は、感覚や心理状態、様態や様子を表す擬態語(mimesis)が発達している。主に副詞として用いられ、「のんびり過ごす」のように助詞を伴わないもの、「てきぱき(と)仕事をする」のように「(と)」を伴うもの、「靴がボロボロになった」のように「に」を伴うもの等がある。この他、「熱があって、ふらふらする」のように「する」を伴って動詞になるもの、「ピカピカの一年生」のように「の」を伴うもの等、用法は様々である。平仮名と片

仮名のどちらを使うかの明確な基準は今のところないが、擬音語は片仮名、擬態語は平仮名で表記される傾向がある。擬音語や擬態語は短い言葉で臨場感溢れる描写が可能なため、日常会話以外にも新聞の見出し、コマーシャル、漫画等で多用されている。

一般的には語と音の結びつきは恣意的であるが、オノマトペでは音と意味の間に有縁性が感じられる。例えば、「大きな石が<u>ゴロゴロ</u>落ちてきた」「<u>ぞろぞろ</u>歩く」「<u>ざらざら</u>の肌」等、濁音は大きく重い、鈍く好ましくない印象を表す。一方、「木の実が<u>コロコロ</u>転がった」「<u>そろそろ</u>歩く」「<u>さらさら</u>の髪」等、清音は音や摩擦が小さく軽やかな印象がある。

外来語／片仮名語

漢語を除き、外国語をそのまま日本語として使用している語のこと。近世以降、主に欧米の諸言語から新たな事物や概念として取り入れられたもので、片仮名で表記されることが多い。

現在の外来語の多くは英語由来であるが、歴史を遡るとさまざまな言語に由来する。中世末期に宣教師によって伝えられたポルトガル語の「カッパ（合羽）」「コンペイトウ（金平糖）」等は、漢字表記されることも多い。江戸時代はオランダ、中国、朝鮮以外との貿易が禁じられていたため、「ゴム」「ランドセル」「コップ」等オランダ語由来の外来語が多い。近代以降は「デッサン」「コロッケ」「ネグリジェ」等、芸術、料理、服飾の分野ではフランス語、「カルテ」「ワクチン」「ノイローゼ」等、医学、哲学の分野ではドイツ語、「オペラ」「ソプラノ」等、音楽の分野ではイタリア語由来のものが多い。この他、朝鮮語由来の「キムチ」、カンボジア語由来の「カボチャ」等も外来語として扱われる。アイヌ語由来の「サケ」「ラッコ」は外来語に含めず、方言の一つとみなすことも多い。

片仮名には平仮名にはない音を表す表記があり、「外来語の表記（1991）」では一般的に用いられている第1表と、外来語や人名、地名を原音に近づけて表す際に用いる第2表に分かれている。第1表は「シェ・チェ・ツァ・ツェ・ツォ・ティ・ファ・フィ・フェ・フォ・ジェ・ディ・デュ」の13の仮名から成り、第2表は「イェ・ウィ・ウェ・ウォ・クァ・クィ・クェ・クォ・ツィ・トゥ・グァ・ドゥ・ヴァ・ヴィ・ヴ・ヴェ・ヴォ・テュ・フュ・ヴュ」の20の仮名から成る。そのため、「アーティスト／アーチスト」「ヴァイオリン／バイオリン」等、原音の発音に近づけるか、慣用になっているかどうかで表記にゆれがある。

外来語は新しい文化と共に取り入れられるため、新しく洗練された印象を与える。同じ集合住宅でも「アパート（英語）」「コーポラス（和製語）」「メゾン（フランス語）」と様々な呼び方があり、イメージも異なる。そのため、雑誌や広告等では、「質」を「クオリティ」、「豪華」を「ゴージャス」に言い換える等、外来語が多用される。

その一方で、外来語を多用すると意思疎通に支障が出る場合もある。国立国語研究所（2007）は、「インフォームドコンセント」は「納得診療」、「アセスメント」は「影響評価」等の言い換え例を示し、公共性の高い概念には、外来語を安易に使用しないという姿勢も必要であると指摘している。

学年別漢字配当表

文部省が『小学校学習指導要領（国語科）』の中で、小学校において学習すべきと定めた漢字1,006字のこと。これらの漢字は教育漢

字や学習漢字とも呼ばれている。

　1945年以前の国語の教科書では小学校6年間で1,350字前後の漢字を学ばせていたが、1946年に漢字を制限するため当用漢字（1,850字）の中から小学校で指導すべき漢字として881字を定めた。しかし、学年ごとの指導字数は示されていたが、具体的な漢字の字種が決まっていなかったため、検定教科書間で使用する字種に違いが出てしまった。そこで、1958年に文部省は学年ごとに指導すべき字数と字種を定めた「学年別漢字配当表（881字）」を学習指導要領に付した。1981年に「常用漢字表（1,945字）」が示されたのを受け、1989年に現在の1,006字となった。この1,006字という字数は、国立国語研究所の新聞における漢字使用の実態調査に基づいている。『現代新聞の漢字』（1976）によると、1,000字の漢字で新聞の全使用漢字の93.9％にあたることから、これらの漢字を習得すれば日常生活で使われる漢字の大部分をカバーできることになる。また、同研究所の『児童・生徒の常用漢字の習得』（1988）によると、学年別配当漢字の読み書きの到達度を調査したところ、これら1,000字の定着率が高いことも明らかになった。

　各学年の配当漢字数は、1年生80字、2年生160字、3年生200字、4年生200字、5年生185字、6年生181字である（詳細は文科省ホームページを参照）。各学年配当の漢字の読みは当該学年で教え、書きは次の学年までに学ぶことになっている。

仮名遣い

　語を仮名で表記する際の決まりのこと。仮名は表音文字であるが、同音の仮名がある場合の使い分けの規範を示している。

　日本語の表記手段としては、平安時代の中頃まで万葉仮名が用いられた。当時、意味を伴った漢字の用法は「真名」と呼ばれたのに対して、漢字の音のみを用いた仮の用法を仮名と呼んでいた。片仮名と平仮名が使われ始めたのは9世紀頃である。平仮名、片仮名は「安→あ、以→い、阿→ア（阿の左側部分）、伊→イ（伊の左側部分）」のように万葉仮名をもとに作られた。片仮名の「片」は「不完全な」という意味で、漢籍や仏典の注釈を加える符号が起源で、漢字の補助的な文字として用いられた。平仮名の「平」は「平凡な、やさしい」という意味で、草書体にした漢字をさらに崩して作られ、和歌や書簡等文学の世界で用いられた。

　歴史的仮名遣いでは「ゐ」「ゑ」「を」が[wi][we][wo]と発音されていたが、音韻の変化によって次第に「い」「え」「お」と区別がつかなくなった。1946（昭和21）年に歴史的仮名遣いに代わり「現代かなづかい」が採用され、「ゐ」「ゑ」は「い」「え」に統一されたが、「わ」と「は」、「え」と「へ」は同じ音の仮名が許容として残り、「おう」「おお」のように長音の書き方も2通りあった。

　これらの細則や許容を、仮名によって語を表記する際の決まりという観点に立って見直したものが1986（昭和61）年に内閣告示された「現代仮名遣い」であり、現在もこれに則っている。助詞の「へ[e]」「を[o]」「は[wa]」の発音は、「え[e]」「お[o]」「わ[wa]」と同じであるが、慣習を尊重して「へ」「を」「は」と書くと定めた。

　「ぢ、づ、じ、ず」の四つ仮名については、現代では基本的には「じ」「ず」を用いるが、同じ音を繰り返す（「ちぢむ」や「つづく」）場合や、2つの語を結合させる前の元の言葉が「つ」や「ち」である（「言葉づかい（言葉＋使い）」「鼻ぢ（鼻＋血）」等）場合は例外としている。

　長音には、発音と表記が必ずしも一致しな

いものもある。例えば「学生」「映画」等、エ列の長音は「い」と書いて「え」と読む。オ列の長音は「東京」「高校」等のように「う」を用いるものが多いが、歴史的仮名遣いで「を」を用いていたもの（「十」）、「ほ」を用いていたもの（「顔」「氷」等）は「お」を用いる。

漢語

中世以前に中国から入ってきて、日本語に定着した語のこと。当初は中国語の発音と表記をそのまま取り入れたが、やがて日本語に同化した。当時の中国語の発音に倣ったものを字音あるいは音読みと言う。伝えられた時代によって発音が異なるため、呉音、漢音、唐音という異なる音として伝えられた。呉、漢、唐は王朝名ではなく、いずれも中国のことを表している。中国語では原則として1つの字に1つの読み方しかない。日本語の漢語に2つ以上の音読みがあるのは、時代によって異なる音読みが伝わり、さらにそれらが併存したためである。現在の漢字の音読みの多くは呉音と漢音である（表1参照）。呉音というのは、5～6世紀頃の呉の地方（揚子江下流の地域）の字音で、奈良期以前に日本に伝えられ、「人間」「平等」「正月」「世間」等、仏教の経典や古くから生活に溶け込んでいる言葉に根強く残っている。漢音というのは、7～8世紀頃の呉よりも北の地方（洛陽や長安の周辺）の字音で、遣隋使、遣唐使や留学僧らによってもたらされた。唐音というのは、鎌倉時代以降、禅宗の僧や貿易商人らによって伝えられた中国の宋の時代の字音である。この他、誤った読み方が定着した「石（こく）」や「輸（ゆ）」等の慣用音もある。

中世以前に伝わった漢語は外来語とはみなされない。また、漢語が持つ造語性を生かした日本独自の漢語（和製漢語）もある。「火事、返事、見物、心配」は、和語の「ひのこと」「かえりごと」「みもの」「こころをくばる」からできた和製漢語である。また、江戸時代以降、欧米の新しい概念を導入する際に、日本人が訳語として考えたものも多い。特に幕末に活躍した英学者の福沢諭吉や教育者の西 周 等「明六社（明治6年に結成された学術啓蒙団体）」の同士が訳した西洋の技術や概念は非常に多い。「科学、理性、義務、経営、印象、権利、個人、自由、意識、哲学、精神、概念」等、現在も使用している漢語の多くが日本で誕生し、これらの言葉は中国にも逆輸入されている。但し、漢語はもとを辿ると中国からの借用語であるが、近代以降日本に取り入れられた「垃麺、餃子、麻雀」等は中国語の音をそのまま用いているため、外来語に分類される。

漢字（Chinese characters）

3000年以上前に中国で作られた表意文字（表語文字とも呼ばれる）のこと。紀元後100年頃、中国の許慎は『説文解字』（「六書」）という字典を作り、漢字の成り立ちや用法に基づき9,300字を6種類に分類した。漢字は日

表1　複数の音読みを持つ漢字の例

	人	行	生	力	日	和	鈴	夏	京
呉音	ニン	ギョウ	ショウ	リキ	ニチ	ワ	リョウ	ゲ	キョウ
漢音	ジン	コウ	セイ	リョク	ジツ	カ	レイ	カ	ケイ
唐音		アン				オ	リン		キン

本に3〜4世紀頃伝わり、仏教や国の制度と同時に受容された。当時日本には文字がなかったため、漢字を用いて日本語が表記された。中国語は1文字1音節で読み方は基本的に1つであるが、日本では時代ごとに音読み、そして意味による訓読みが加わった。そのため、日本では1つの漢字に複数の読み方がある。

諸橋轍次(もろはしてつじ)(2000)『大漢和辞典(修訂版)』には約5万字の漢字が収められている。漢字は造語力が強く熟語を作りやすいため、同辞典の熟語数は53万語に上る。漢字は字形が複雑で情報量が多いため覚えるのに時間がかかるが、知らない熟語でも漢字を手掛かりに意味が類推できるという利点がある。

字形は、多くの漢字が音を表す音符と意味の一部を表す部首から成り、構成要素に規則性がある。偏(へん)、旁(つくり)、冠(かんむり)、脚(あし)、構(かまえ)、垂(たれ)、繞(にょう)の7種類の部首があり、部首の基本的な知識があると習得に役立つ。

偏□: イ(にんべん)、衤(ころもへん)、
　　氵(さんずい)、阝(こざとへん)
旁□: 刂(りっとう)、隹(ふるとり)、
　　頁(おおがい)、阝(おおざと)
冠□: 宀(うかんむり)、艹(くさかんむり)、
　　⺮(たけかんむり)
脚□: 心(こころ)、灬(れんが)、皿(さら)、
　　廾(にじゅうあし)
構□: 門(もんがまえ)、囗(くにがまえ)、
　　行(ゆきがまえ)
垂□: 厂(がんだれ)、广(まだれ)、
　　疒(やまいだれ)
繞□: 辶(しんにょう)、走(そうにょう)、
　　廴(えんにょう)

漢字仮名交じり

漢字と仮名を交ぜて書く最も一般的な表記方法のこと。日本語には3種類の文字があるので、文の区切れがわかりやすい。実質的な意味を持つ部分は漢字で書き、助詞、助動詞、活用語尾等の文法的な部分は平仮名を用いる。外来語や一部の擬態語、擬声語は片仮名で書く。常用漢字表にない漢字は、平仮名にするか振り仮名を添える。

平安時代には万葉仮名から片仮名と平仮名が作られ、漢文体、平仮名文体、漢字片仮名交じり体等、様々な文体が使用されたが、効率的な漢字片仮名交じり文が次第に、政治や学問分野で使われるようになった。

江戸時代になると、文化の担い手が町人階級へと変わり、話し言葉は大きく変化したが、書き言葉はあまり変化を見せなかった。江戸時代末には、話し言葉の「言」と書き言葉の「文」が大きく乖離したため、明治政府は言文一致が必要だと考え、教養のある東京人が話す言葉を標準語として、漢字片仮名交じり文を公用文に定めた。明治初期には硬い文章が漢字片仮名交じり文、軟らかい文章が漢字平仮名交じり文という使い分けがあったが、庶民の読み物や学校で指導する文章の表記方法として次第に漢字平仮名交じり文が普及した。戦後、日本国憲法に漢字平仮名交じり文が採用された後、公用文でも漢字平仮名交じり文が用いられるようになった。

漢字圏／漢字文化圏

中国及びその周辺の漢字使用地域のこと。漢字は、中国、ベトナム、朝鮮半島、日本で使用されていたが、1945年にベトナムがローマ字を、1949年に朝鮮民主主義人民共和国がハングルを採用した。大韓民国も1948年に「ハングル専用に関する法律」を制定し、1970年には普通教育における漢字教育を廃止した。しかし、学術用語を理解するには漢字の知識

が必要だとの批判も出たため、1972年以降は漢字教育ではなく漢文教育を実施するようになった。その後ハングルで教育を受けた世代が多数を占めるようになり、現在では新聞や出版物等における漢字の使用頻度は低くなっている。

中国では俗字として簡略化された文字を使用したが、1956年に中国文字改革委員会が「漢字簡化方案」を公布し、515字の簡体字と54の簡略化した偏や旁を採用した。1964年に「簡化字総表」が公布され、2,235字が簡略化された。現在、中国では簡体字が、台湾と香港とマカオでは繁体字が用いられている（表2参照）。

日本では『康煕字典』（康煕帝が編纂を命じ、1716年に完成した中国の漢字辞典）に基づく旧字体が使用されていたが、1949年に当用漢字字体表が告示されて新字体が定められ、現在も使用されている。新字体は略字をもとに旧字体を簡略化したものである（「學→学」「氣→気」「澤→沢」「櫻→桜」「廣→広」等）。1950年代以後、公文書、新聞、書籍は全面的に新字体に切り替えられたが、人名や地名には今も旧字体や異体字が残っている。

慣用句（idioms／idiomatic phrases）

2つ以上の自立語が固定的に組み合わされて、ある特定の意味を表す語句の組み合わせのこと。字義そのものを合わせた意味とはかけ離れることが多い。

国広（1997）によると、2つ以上の語の結びつきが固定しているものを連語と言うが、連語と慣用句ではそれを構成する個々の語の結合度が異なる。連語の結合度はかなり固定されているが、個々の語から意味が引き出せる。それに対して、慣用句は結合が固定しており、狭義には慣用句全体の意味が個々の語の意味の総和とは異なるものを指し、広義には諺や有名な文句も含める（国広, 1997: 276）。

慣用句をその成り立ちから分類すると、比喩的なもの（「手を焼く」「足を洗う」等）、故事成語、諺、格言がもとになったもの（「寝耳に水」「青菜に塩」「急がば回れ」「光陰矢のごとし」等）がある。また、特定の社会で通用していた表現が一般化したものもある。例えば「揚げ足を取る」は、相撲や柔道で相手に技をかけようとして揚げた足のことで、相手の失敗につけ込んで困らせることを表す。また、「一目置く」は、囲碁で弱い者が始める前に石を置くところから、「相手に敬意を払う」という意味が生まれた。このように慣用句は結びつきが固定的であるため、別の語に入れ換えたり、間に他の語を挟んだりはできない。

また、慣用句を語彙的な特徴から分類すると、大きく4つに分かれる（宮地, 1982: 247-250）。

① 身体語彙の慣用句：さまざまな言語で身体語彙に関する慣用句が多い。「目がない」「頭にくる」「口が軽い」「足を洗う」等。
② 心情語彙の慣用句：「心が張り裂ける」「息をのむ」「溜飲を下げる」等、意味の理解が難しいものが多い。
③ 漢語語彙の慣用句：漢籍仏典に典拠が

表2 漢字の字体の違い

新字体	労	発	楽	気	専
簡体字	劳	发	乐	气	专
繁体字	勞	發	樂	氣	專

あるものも多い。「拍車をかける」「雲泥の差」「頭角を現す」「墓穴を掘る」「顰蹙を買う」「一石を投じる」「一線を画す」「功を奏す」等。
④ 外来語の慣用句：「オブラートに包む」「ピリオドを打つ」「レッテルを貼る」等、外来語に和語を組み合わせたものが多い。

基礎語彙（basic vocabulary）

特定の言語社会において生活し、知識、情報を得るための基盤となる語彙のこと。日常生活で使用される語彙の中でも共通性、頻度が極めて高いもの。イギリスの言語学者オグデン（Ogden, C. K., 1889-1957）らが1929年にBasic Englishとして500語（1930年に850語に増補）を選定したのが始まりである。BasicはBritish, American, Scientific, International, Commercialの頭文字と、基礎の意味をかけている。

1930年代以降、国語政策として外国人への日本語教育を行うため、基礎となる言語資料の必要性が高まった。そこで、1933年に英文学者の土居光知は、オグデンの研究をヒントにして「基礎日本語」1,000語を選定した（1943年に1,100語に増補）。日常の言語生活が送れるよう、できるだけ単純な意味単位である語を基礎的な語として選定している。例えば、「眉」「髪」は「目の上の毛」「頭の毛」と言い換えられるため、「毛」を基礎語として採用した。基礎語彙は主観的に選定されるため、選定基準の妥当性が問題となる場合もある。

一方、基本語彙は、ある目的のために頻度や重要性を考慮して選定されたものである。それぞれの分野で調査した言語資料を基に、頻度が高くて使用範囲が広く、当該分野で重要な語を客観的に選定している。ただし、「基礎語彙」と「基本語彙」の区別は必ずしも明確にはなっておらず、研究者によって異なることもある。

日本語教育では、1964年に文化庁が『分類語彙表』を作成した。約32,600語の言葉を体（名詞）、用（動詞）、相（形容詞）、その他（接続詞、感嘆詞、副詞）の4種類に分け、カテゴリー別に自然現象、人間活動、生産物、抽象的関係等に分け、項目別に分類した。例えば人間活動の項目には「心、言語、行為、経済、事業、生活、待遇」等がある。日本語シソーラスの代表的な存在で、これを基に国立国語研究所は1984年に『日本語教育のための基本語彙』6,000語を選定し、このうち上位2,000語を学習すべき語としている。

基本語彙

基礎語彙を参照のこと。

句読点

語句と語句、文と文のつながりや区切れを明確にするために、補助的に用いる符号のこと。1950年に文部省国語課によって『文部省刊行物表記の基準』（『国語の書き表し方』として出版）が示された。符号には、句点（。）や読点（、）の他に、中点（・）、まるかっこ（（ ））、かぎかっこ（「 」）等がある。現在では疑問符（？）や感嘆符（！）も多用されるが、正式な表記法ではない。

「。」は、1つの文を言い切ったところで用いる。「、」は主題や接続詞の後、並列する語句の間等、文の中で言葉の切れるところを明らかにするために用いる。但し、横書きの場合は次の3つの書き方が用いられている。

① 「，」と「。」：「公用文作成の要領」に

② 「、」と「。」：自治省の「左横書き文書の作成要領」に従った書き方で、縦書きではこの句読点を用いる。
③ 「,」と「.」：欧文の書き方を取り入れたもので、理科系の論文等に用いられる。

●その他の記述符号や括弧

「・」：（中黒／中点）名詞を並列する場合と外来語の区切りに用いる。「日本は、北海道・本州・四国・九州の4つの大きな島からなる。」「ヘレン・ケラー」等。

「　」：（かぎかっこ）会話の文、引用文、特に示す必要がある語句に用いる。

『　』：（二重かぎかっこ）「　」の中に「　」がさらに必要な場合や書名を表す場合に用いる。

" "：（引用符）コンマとピリオドを使用している横書きの文章で引用を表す場合に用いる。

（ ）：（丸かっこ）説明を加える場合に用いる。

[ ]：（角かっこ）（　）の中でさらに注が必要な場合に用いる。

～：（波形／波ダッシュ）連続符号で範囲を示す。

―：（中線／ダッシュ）「すなわち」という意味で言い換えたり説明したりする場合に用いる。

……：（リーダー）無音の状態や省略を示す。

＊：（アスタリスク）注記や参照箇所を示す。

※：（米じるし）注記や参照箇所を示す。

「々」：（同の字点）「人々」「国々」のように漢字1字を繰り返す場合に用いる。

合成語（complex word）

1つの語基（word base）に複数の成分が結合してできた語のこと。語基とは語形成の基幹部分で、接辞がつく形態素のことである。語基がそれ以上小さな成分に分けられないものは単純語（simplex word）と言う。例えば「物」「金」「持つ」「少ない」等は単純語である。合成語はこれらの語基を2つ以上結合したもので、「持ち物」「金持ち」「少々」等である。日本語の語構成は図1のようになっている。

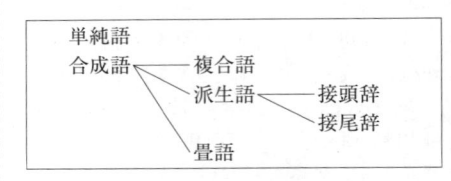

```
単純語
合成語 ─┬─ 複合語
        ├─ 派生語 ─┬─ 接頭辞
        │          └─ 接尾辞
        └─ 畳語
```

図1　日本語の語構成

●**複合語**（compound word）

2つ以上の語彙的意味を持つ形態素が結合してできた語のこと。姫野（1999: 3）によると複合語が形成される際に次のような現象が見られる。

① 活用語の場合、複合語の前項部分は以下のように変わる。
  • 動詞は語幹に　例：食べる → 食べ
  • 形容詞、な形容詞は語幹に
    例：薄い → 薄、好きな → 好き
  • 副詞（擬態語）は語基に
    例：ほろほろ → ほろ

② 原則として後項の品詞が複合語全体の品詞となる。
  • 動詞「飲む」+ 名詞「薬」
    →複合名詞「飲み薬（ぐすり）」
  • 名詞「目」+ 動詞「覚める」
    →複合動詞「目覚める」

- 名詞「子供」+な形容詞「好き」
  →複合形容詞「子供好き」
- 形容詞「薄い」+名詞「味」
  →複合名詞「薄味」
- 形容詞「近い」+動詞「寄る」
  →複合動詞「近寄る」
- 副詞「ほろほろ」+形容詞「苦い」
  →複合形容詞「ほろ苦い」

③ 後項に連濁現象が起こりやすい。「くすり」が「飲みぐすり」、「さめる」が「目ざめる」、「すき」が「子供ずき」となるように、濁音に変化することが多い。しかし、「好き嫌い」のように前と後ろの要素が対等な場合は連濁しない。

また、これらの結合した語と語の関係を分類すると、次のようになる。

① 補足関係…前項と後項が格関係で結合するもの
「子供好き（子供が好き）」「人通り（人が通る）」「月見（月を見る）」

② 修飾関係…前項が後項を修飾しているもの
「飲み薬（飲む薬）」「近寄る（近くに寄る）」

③ 並列関係…前項と後項が対になっているもの
「目鼻（目と鼻）」「左右（左と右）」「勝ち負け」「飲み食い」「出入り」

● **派生語**（derived word）

語の中心的な意味を担う自立形態素である語基に、非自立成分が接辞（affix）として結びついてできた合成語のこと。例えば、「子供＋ぽい → 子供っぽい」「学生＋らしい → 学生らしい」「かわいい＋がる → かわいがる」「春＋めく → 春めく」等である。

接辞は自立していない付属形式で語基につくが、つく位置によって名称が異なる。語基の前につくものを接頭辞（prefix）と言う。形容詞性接頭辞に「大雨、小雨、強気、弱気」等、待遇性接頭辞に「お名前、ご意見、御両親」等、否定性接頭辞に「非常識、不自然、無気力、無作法」等、漢語性接頭辞に「再利用、副専攻、反比例」等がある。

語基の語尾につくものを接尾辞（suffix）と言う。接辞の大部分は接尾辞で、接尾辞をつけることで品詞が変わるものもある。形容詞「広い」の語幹に「さ」をつけると名詞「広さ」になり、漢語名詞に「的」をつけるとな形容詞「現代的な」「典型的な」になる。名詞性接尾辞には、複数を表す「～がた、～ら」、金銭を表す「代、料」、人物を表す「師、士」、方法を表す「式、法」等があり、最も種類が多い。動詞性接尾辞には「欲しがる」「春めく」「やめたがる」「勢いづく」、形容詞性接尾辞には「忘れっぽい」「男らしい」「歩きやすい」「差し出がましい」「得がたい」等がある。

漢字1字1字に実質的な意味をどの程度有しているかによって、派生語か複合語かに分かれる。「新商品」「貴校」を接辞とするかどうかは判断が難しい。

● **畳語**（geminate word）

語の同じ要素が2つ重なってできた合成語のこと。畳語が多いのは日本語の特徴の1つでもある。名詞や代名詞だけでなく、動詞、形容詞、副詞、オノマトペにも畳語が多い。通常、前項と後項は同じ要素が繰り返されるが、後項が連濁するものもある。

- 形容詞が重なったもの：「ひろびろ」「こまごま」「ふかぶか」
- 名詞が重なったもの：「ひとびと」「われわれ」「くにぐに」
- 動詞が重なったもの：「かえすがえす」「ゆくゆく」「知らず知らず」「泣く泣く」

- 副詞が重なったもの:「またまた」「まずまず」「もっともっと」
- オノマトペ:「ずきずき」「さらさら」「ペこぺこ」「ずるずる」「だらだら」

畳語を表記する際に、次のような踊り字と呼ばれる繰り返しを表す記号が使われることがある。

- 「々」(同の字点):「人々」「時々」「佐々木」等、同じ漢字を重ねる際に用いる。2字以上の場合は、「一人一人」「不承不承」と書き「々」は用いない。また、「民主主義のような複合語や、「々」が行頭にくる場合は本来の漢字を書く。
- 「ゝ/ゞ」(一の字点):「たゝみ」「かゞみ」等、平仮名を2字重ねる際に用いていたが、現代表記では用いない。

畳語に準ずる準畳語というのは、全く同じ要素ではないが、対応のある要素が2つ重なってできた合成語のことである。「根掘り葉掘り」「あの手この手」「行ったり来たり」「踏んだり蹴ったり」「むちゃくちゃ」「良し悪し」等がある。

語義 (word meaning)

語の指す意味のこと。関連語と異なる弁別的な意味特徴を持ち、特有の典型的かつ代表的な性質や特徴を持つ。オノマトペを除き、語の音と意味は恣意的な関係である。

「鳥」を辞書で引くと、「鳥類の総称。主に全身に羽毛が生え、翼を広げて空中を飛ぶことができる動物」あるいは「鳥類の総称。卵生・温血の脊椎動物で、羽毛におおわれ、翼を持つ」と説明されている。実際にはペンギンやダチョウやキウイ等飛べない鳥もおり、大きさや形状、飛べるかどうか、食用かどうか等の違いも大きい。

玉村 (1992: 114) は、鳥の語義説明の内容を整理し、① 脊椎動物の1つである、② 体の表面が羽毛でおおわれている、③ 前肢が変化した翼を持っていて、多くは空中を飛ぶ能力を有する、④ 堅い殻に包まれた卵からかえる、⑤ 温血である、⑥ 角質の嘴を有する、の6項にまとめている。そして、「鳥」という語の語義は、①〜④ か ①〜⑥ の成分の和であると考えている。このような語義を意味素と呼び、それぞれの特徴を意味成分と呼ぶ。意味成分の違いが、語と語の関係を考える上で重要である。「去年」と「昨年」のように語義の違いが小さいものは同義語、意味特徴に共通点が多いものは類義語、対照的な意味成分を有するものは対義語となる。

語種 (type of words)

語をその出自によって分類すること、あるいはその分類。日本語の語種は、和語、漢語、外来語、混種語の4種類である。

語の出自とは、どのようにしてその語が生まれてきたかを表し、固有語と借用語に大別される。固有語はその言語にもともと存在していた語で、日本語では「大和ことば」が該当する。借用語というのは、和語(大和ことば)以外の言語から取り入れられた語のこと

表3 話し言葉と書き言葉における語種の分布 (異なり語数) (山崎, 2006に基づく)

語種	和語	漢語	外来語	混種語	語種計
話しことばの実態 (1980)	46.9%	40.0%	10.1%	3.0%	100%
現代雑誌九十種の用語用字 (1962)	36.7%	47.5%	9.8%	6.0%	100%
現代雑誌70誌語彙調査 (1994)	25.4%	33.5%	34.8%	6.3%	100%

である。漢語と、中世末期以降、主に西洋諸国から取り入れられた外来語がそれにあたる。しかし、漢語は借用語であるという意識が弱く、日本語の中での重要性も高いため、独立した語種として扱われる。混種語は2つ以上の異なる語種が結合してできたものである。基本的には「和語＋漢語」「漢語＋外来語」「和語＋外来語」の3種類がある。

語種によって意味領域の範囲、使用する場面や文脈が異なる。例えば、和語の「始める」は、「そうじを始める」「料理を始める」「ダイエットを始める」等、幅広く使われている。「開始する」は、「試験を開始する」「作業を開始する」等、改まった場面で使われる傾向がある。「スタートする」は、「バーゲンセールがスタートする」「気軽にスタートできる習い事」等、注目を引こうとする場面で使用されることが多い。

また、文体や時代によっても、語種の使用状況は異なる。国立国語研究所の『現代雑誌九十種の用語用字』(1962)、『日本人知識階層における話しことばの実態―語彙表―』(1980)、『現代雑誌70誌語彙調査』(1994)の語種の分布の割合を示したものが表3である。話し言葉では和語の使用割合が多く、雑誌では漢語の使用割合が多い。また、雑誌の調査結果を比べると、約30年の間に外来語が著しく増加している。

混種語／混成語（hybrid word）

和語、漢語、外来語のうち2種類以上の語を組み合わせできた語のこと。混種語の中には「荷物、手順、場所（和語＋漢語）」「役場、番組、本箱（漢語＋和語）」等、漢字1字ずつで構成されるものもある。前者は訓読みと音読みの順なので「湯桶読み」、後者は音読みと訓読みの順なので「重箱読み」と言う。漢語や外来語に和語の活用語尾や接辞が付いた「心配する（漢語＋和語）」、「困難な（漢語＋和語）」「子供っぽい（漢語＋和語）」「面倒くさい（漢語＋和語）」「ハードな（外来語＋和語）」等も混種語に含まれる。また、外来語の「メモ」や「ナウ」に和語の活用語尾をつけた「メモる」「ナウい」も混種語である。混種語には次のような3種類の組み合わせがある。

① 和語＋漢語	「荷物」「場所」「手順」「さしみ定食」「小型車」
漢語＋和語	「役場」「番組」「本箱」「台所」「円高」「非常口」
② 漢語＋外来語	「電子レンジ」「省エネ」「太陽エネルギー」
外来語＋漢語	「デジタル時計」「バブル経済」「プレハブ住宅」
③ 和語＋外来語	「筆ペン」「胃カメラ」「窓ガラス」
外来語＋和語	「クリーニング屋」「バタ臭い」「ビニール袋」

長い混種語は、「デパ地下（デパートの地下食品売り場）」「省エネ（省エネルギー）」等、短く略語化されることもある。

語と語の関係

同位概念の語と語の関係を示す概念。同音語、同義語、類義語、対義語等がある。

同音語（homonym）は、「台、大、題」「後者、校舎、公社」等、発音が同じで意味が異なる語のことである。漢語は読みが同じものが多いため、日本語には同音異義語が多い。

同義語（synonym）は、「台所／キッチン／厨房」のように発音は異なるが意味が同じ語のことである。「閉じる／閉める」のように意味は似ているが、使用方法がやや異なる語は類義語と言う。

類義語（quasi-synonym）は、意味の共通要

素が多く、使用する場面も似ている語のことである。国広（2002: 156-165）は、類義語の意味の違いについて、前提的特徴、視点、語の枠組み等の観点から分析している。例えば、「さめる」は元の温度が高いもの、「ひえる」は元の温度が常温であるものに用いるように前提となる特徴が違う。「明日」は発話時に視点を置く語であるが、「翌日」はある特定の時点から見た次の日であり、過去や未来においても用いられる。「皮膚」はそのものを指すが、「肌」は服でおおわれている状態と対比して捉えているというように語の枠組みが違う等、似ている語も観点を変えると違いが明確になる。

　対義語（antonym）は、反意語、反義語、反対語とも言われる。意味の共通要素を持っていながら、ある観点からは正反対の意味を持つ語の組み合わせのことである。共通要素を持つという観点から見ると、対義語は類義語の1種であるとも言える。反義関係には、「大人、子供」「表、裏」のように、一方が成り立てば他方は成り立たない両極的反義と、「大きい、小さい」「高い、安い」のように、程度の差はあるが繋がっている連続的反義がある。また、「戦争、平和」「保守、革新」のように語義の一部が対立的性質を持つ反対関係のもの、「あげる、もらう」「勝つ、負ける」のように両者が同時に成立し、方向が逆になっている逆義関係のもの、「前、後」「右、左」のように中心点を基準として対立する対立関係のもの等がある。

語の共起関係

（co-occurrence relation of words）

　文の中で共に用いられる語と、語と句の相互依存の関係のこと。共起する語を分析することで、語の用法や類義語との相違を理解することができる。分析の観点には次のようなものがある。

① 共に用いられる格助詞
　「試合に出る」と「大学を出る」では、同じ「出る」という動詞でも意味が異なる。

② 共に用いられる語
　「じっと見る」「じっと待つ」は言えるが、「じっと話す」は言えない。

③ 共に用いられる表現
　「たとえ」は、「たとえ地震が起きても会社に行く」のように「ても」と共起する。「だんだん」は、「だんだん寒くなる」のように「なる」という変化の表現と共起する。

　また、「若い女性」は言えるが、「若い赤ちゃん」は不自然であるし、「味噌汁を飲む」は言えるが「ご飯を飲む」とは言えない。このように語の辞書的な意味の制約が文法的な修飾関係に関わることを共起制限、または選択制限と言う。

　柴田（1976）は類義動詞の意味要素を、動作主体、時間、場所、対象物、目的、道具、動作という7つの枠組みから分析している。例えば「握る」と「つかむ」を分析すると、「寿司を握ってください」とは言うが、「寿司をつかんでください」とは言わず、「客の心をつかむ」「コツをつかむ」とは言うが、「客の心を握る」「コツを握る」とは言わない。「握る」の対象物は棒状のもので「ハンドル」や「ラケット」等、手の中に入るくらいの大きさである。一方「つかむ」は、対象物の一部をつかむため「肩をつかむ」と言うが、「肩を握る」とは言わない。「握る」の目的は「確保すること」であるが、「つかむ」の目的は「普通は入手が難しいものを追求すること」である。さらに、「握る」では手のひらと5本の指がくっついた状態であるが、「つかむ」では指が

離れている。このように共起する語を分析することによって、語の意味、用法が明確になる。

熟字訓

2字以上の漢字で構成され、漢字と意味は対応しているが、読み方が独特なもの。主に和語に見られ、熟字全体で1つの読み方になっているため、それぞれの漢字の読み方に分けることができない。

佐藤（2002）によると、明治時代は新時代にふさわしい語（漢語）が恣意的に作られ、新聞や雑誌等で使用された。例えば、「位置」や「位地」、「本当」や「本統」等が用いられ、複数の漢語を1つの和語で読ませる語も多く作り出された。例えば、「ありさま」には「状態」「情景」「光景」「現状」「容子」等が当てられた。このような状況を改善するために、1981年に常用漢字表が告示され、熟字訓110語が付表に示された。日本語の教科書や生活場面での使用頻度が高いと思われるものは、「あす：明日」「いなか：田舎」「かぜ：風邪」「きのう：昨日」「くだもの：果物」「ここち：心地」「じょうず：上手」「すもう：相撲」「つゆ：梅雨」「はたち：二十、二十歳」「へた：下手」「へや：部屋」「めがね：眼鏡」「もみじ：紅葉」「やおや：八百屋」「ゆかた：浴衣」等である。

一方、語の意味に関係なく、漢字を当てはめたものを当て字と言う。「都合」「無駄」「素敵」等である。明治時代までに入ってきた外来語には漢字が当てられることが多かった。「瓦斯（ガス）」「硝子（ガラス）」「煙草（タバコ）」「麦酒（ビール）」や、単位を表す「頁（ページ）」「米（メートル）」等、現在でも使われているものも少なくない。

正書法（orthography）

社会的に規範として認識されている表記方法のこと。表記法には文字体系の区別、常用漢字の表記、送り仮名の付け方、仮名遣い、句読点等の規則がある。本来、正書法というのは正字法（orthography）のことで、ある言語を使用している社会が規範として認めた正しい表記方法であり、1語1表記が原則となっている。しかし、日本語の場合は平仮名、漢字、片仮名の3通りの表記方法がある上、これらを任意に交えて書くことができるため、1語1表記に定めることが難しい。このような観点から、日本語では正書法というより表記法と言ったほうが適切だという意見もある（小泉, 1978: 20）。

戦前は歴史的仮名遣いが正書法であるとされていたが、「けふ（今日）」のように実際の発音と表記の間にずれがあった。第二次世界大戦後、民主主義国家を築くため平明な表記の普及が急務となり、1946年に「現代かなづかい」「当用漢字表（1,850字）」が告示された。現行の表記の基準は、「送り仮名の付け方」（1973）、「常用漢字表（1,945字）」（1981）、「現代仮名遣い」（1986）、「外来語の表記」（1991）に則っている。

外来語の表記は「ケース・バイ・ケース」「ヴァン＝ゴッホ」のように複合語のつなぎ符号として「・」「＝」を用い、長音符号として「ー」を用いる。長音を表す場合「バレエ（舞踊）」「バレー（球技）」のように語によって使い分けがあるものもある。また、情報通信分野では、「コンピュータ」「プロバイダ」のように語末の長音符号「ー」の省略が見られるが、これは『文部省学術用語集電気工学編』（1957）に「その語が3音節以上の場合には、語尾に長音符号を付けない」とあることに起因する。

近年、パソコン、携帯等の情報機器の普及に伴って漢字変換が容易になり、従来の常用漢字表にない漢字も多用されるようになった。そこで、文化審議会が新聞や書籍、教科書等における漢字の使用実態を調査し、2010年に「改定常用漢字表（2,136字）」が告示された。出現頻度や造語力の高い漢字が（「挨拶」「訃報」「誰」等）196字追加され、使用頻度の低かった漢字が5字（「勺」「錘」「匁」「銑」「脹」）削除された。現在では、1語多表記を認めた上で、漢字や送り仮名、外来語等の表記方法の規範も含め、現代仮名遣いが日本語の書き表し方の規準となっている。

造語（coinage／word formation）

今までにはなかった語を作ること、あるいはその語のこと。新たに作る場合と、既存語をもとにする場合とがある。前者の例に音象徴語が、後者の例に和製漢語、外来語、略語、隠語等がある。後者の造語法として、合成、転成、混淆、借用、略語、逆成等がある。意味の中核成分を語基（word base）と言い、語基に形式的な意味を添える非自立成分を接辞（affix）と言う。すべての語は1つ以上の語基から成り、語基を単位として造語が起こる。

●造語法

新しく語を造る方法のこと。造語法と語構成は通常同義に解釈され、説明の重複も多い。既存語をもとにした造語法には、次のような方法がある。

合成：2つ以上の要素を結合する。語を結合させたものは複合語で、接辞を付けたものは派生語である。複合語には、「食べ歩き」「持ち上げる」「環境問題」が、派生語には「非常識」「典型的」「覚えにくい」等がある。

転成：既存の語を別の品詞や意味で用いる。動詞の語幹は「休み」「帰り」等、名詞に転生するものが多い。「たえず」「まことに」「たとえ」「したがって」等、副詞や接続詞等に転成したものも多い。

混淆（こんこう）：2つ以上の語を混ぜる。「やぶる」と「さく」から「やぶく」が、「ごてる」と「こねる」から「ごねる」ができた。言い間違いや記憶違いが広まって固定化されたと言われる。

借用：異なる言語や方言から借りてくる。近年は外国語からの借用が多い。「コンプライアンス（法令遵守（じゅんしゅ））」「マニュフェスト（選挙公約）」等、新しい概念や技術の導入に伴い、外来語が増加する傾向にある。

略語（りゃくご）：短く略す。「天ぷらどんぶり」を「天どん」、「パーソナルコンピューター」を「パソコン」等。

逆成（ぎゃくせい）：派生語ではない語の語尾を派生と考えて変える。「目論見（もくろみ）る」→「目論見（もくろみ）」→「もくろむ」。

また、「どたキャン（土壇場（どたんば）になってキャンセルする）」「リラックマ（リラックスしているクマのぬいぐるみ）」等、造語法を使った新語や商品名も少なくない。

多義語（polysemy）

活用や品詞は同じだが、異なる複数の意味を持つ同一語のこと。同じ現象素（げんしょうそ）をもち、複数の意味が関連している。現象素というのは、言語以前に存在する認知の対象の捉え方のことである。外界に知覚の対象となる具体物がある場合、人間がそれをどのように認知するかによって異なった意味になる。国広（2006: 5）は、「同一の現象素に基づいているか、同

一の抽象概念に基づいている場合に多義を構成する」と述べている。

例えば、国広（1997: 10）は「あと」を次のように分析している。「後からついていく」は同じ方向についていくが、「故郷を後にする」は主語である人物が動いていくので、「あと」の語義の記述は「移動していく人・物の背後ないし後方」とすべきである。この定義は「あと」の空間的な関係であるが、「跡」で表記すると、移動していく人や物によってつくられた痕跡という視覚的な意味になる。移動という観点からは「授業の後、ノートを提出してください」のような時間的な意味が派生する。「後」と「跡」は多くの辞書で別項目にしているが、視覚的な「足跡」は、人が歩いた時間的な「あと」であり、形としての「跡」は時間的な「あと」の世界に属するので、意味的なつながりがある。国広はこのように「同一の現象素に基づいているか、同一の抽象概念に基づいている場合は多義を構成する」と述べ、「あと」を1語扱いすべきであると主張している。

多義性には観点の変化や比喩と同時に、社会的変化、歴史的変化、語を使用する人々の心的イメージの変化等も関連していると考えられる。

転成 (conversion)

既存語の形を大きく変えずに、当該語の属する品詞を変えること。形容詞や動詞の語幹で転成が生じる。転成の結果は「近く」「多く」「動き」「試み」等、名詞になるものが多く、これらを転成名詞と呼ぶ。「強さ」「おもしろみ」などは、形容詞に名詞化接辞の「さ」や「み」がついた派生語と捉え、転成名詞とは考えない。

しかし、すべての動詞や形容詞の語幹で転成が起こるわけではない。「泳ぎ」「もぐり」という転成名詞は存在するが、「飛び」は存在しない。また、名詞には通常送り仮名を付けないが、「帰り」「読み書き」のように転成名詞には送り仮名を付ける。

動詞の語幹が名詞に転じる場合、意味の変化がある。動詞の語幹が名詞に変化すると、動きや変化の過程や状態を表す動詞から、実態的な意味を表すものへと変化する。例えば、「差し入れる」から転じた「差し入れ」は差し入れた品物を、「はかる」から転じた「はかり」は計るための道具を、「写す」から転じた「写し」は複写した書類を指す。

転成名詞 (converted noun)

転成を参照のこと。

同音異義語 (homophone)

異なる複数の意味を持ちながら、それらの意味に関連性がない同一音形の語群のこと。但し、異なる現象素に基づいていると見られる場合に限られる。「花」と「鼻」は同一の現象素や抽象概念を共有しないので、同音異義語ではない。多義語と同音異義語は意味と現象素が異なるかどうかで区別され、漢字表記は基準にはならない。「みる」は「見る／診る／観る／看る／視る」、「とる」は「取る／採る／撮る／捕る」といったように、同じ音形の動詞を異なる漢字で表記するが、これらの語は表記が違っていても同音異義語とは言えない。

同音異義語が多いと理解に支障をきたす可能性がある。「かんせい」には「完成」「感性」「歓声」「閑静」、「こうしゃ」には「公社」「校舎」「後者」「降車」等が当てはまる。漢語は同音異義語が多く、音を聞いただけでは特定

できない。しかし、「かんせいを磨く」「こうしゃを建てかえる」とあれば正しく同定できる。これは、母語話者が脳内で文脈や場面、世界知識を活用して適切な語を検索しているからである。

同音異義語を利用した言葉遊びもある。機転が利くことで有名な『一休さん』という昔話には、「はし」の同音異義語を使った問題の解決方法が示されている。「このはし渡るべからず」という立て札を見て、橋を渡れず困っていた人達に、橋の真ん中を通って「はし（橋）のはし（端）じゃなくて真ん中を渡ればいい」と答えたという話である。また、「電話にでんわ（電話に出ない）」「椅子を借りてもいいっすか（椅子を借りてもいいですか）」のように、意味は異なるが似ている音の言葉の意味をかけ合せる駄洒落という言葉遊びもある。

比喩（metaphor）

ある言語表現を本来の意味や中心的な意味とは異なる意味で用いること。比喩を作り出したり、理解したりすることができるのは、2つの事物を比較するという人間の一般的な認知能力によると言われる（Langacker, 1987, 1999）。比喩には、「雪のような白さ」「冬みたいに寒い」のように、2つの事柄を直接比較して、比喩であることを明示的に表す直喩（simile）のほかに、メタファー（隠喩、metaphor）、メトニミー（換喩、metonymy）、シネクドキー（提喩、synecdoche）がある。メタファーは2つの事物の類似性（similarity, resemblance）を利用して、一方の言語表現を使って他方を表す比喩表現である。「パンの耳」「弁護士の卵」「心が晴れた」などがその例である。食パンの耳が、体の一部である耳のように、主要な部分（食パンの白い部分、顔）の側面や外側に位置しているという点が類似していると捉えて、耳という言語形式を用いて、パンの外側を表している。なお、メタファーにおける類似性は、外見的な類似性から抽象的レベルの類似性まで様々なレベルに及ぶ（籾山, 2010）。一方、メトニミーは2つの事物の隣接性（contiguity）や関連性に基づいた比喩表現である。「なべが煮える」のように、容器で容器の中身を指すもの、「今年のボジョレーはおいしい」のように、産地が産物を表すもの、「筆が進まない」のように、道具がその道具を使った行動を表わすものなどがある（瀬戸, 1997）。シネクドキーは一般性と特殊性の関係に基づく表現で、「花見をする」の「花」で「桜」を表す場合や、反対に「酒を飲みに行く」の「酒」でアルコール類全般を表す場合などがある。なお、「扇風機が回っている」のように全体（「扇風機」）で部分（「扇風機の羽」）を表す場合や、「手が足りない」のように、部分（「手」）で全体（「人」）を表す表現は、シネクドキーに分類されることもあるが、近年では、隣接性による比喩としてメトニミーに分類されることが多い（佐藤, 1992; 瀬戸, 1997; 松本, 2003）。

プロトタイプ（prototype）／**プロトタイプ意味論**（prototypical semantics）

あるカテゴリーの中で典型的な例として挙げられるもの。人間が知覚、認知した事物について、ある観点から分類することをカテゴリー化（categorization）と言うが、カテゴリー化によって構成された集合には、代表的なメンバーから周辺的なメンバーまで、典型性の度合いが異なるメンバーが含まれる（Rosch, 1973）。例えば、「鳥」を生物学的観点からカテゴリー化すると、スズメ、カラス、ダチョウ、ペンギンなどが含まれる。しかし、一般的に、鳥と言えば、その典型的な性質として

「飛ぶこと」を思い浮かべることが多い。そのため、スズメやカラスの方が、ダチョウやペンギンよりも、プロトタイプ的であると捉えられやすく、「鳥」と聞くと、スズメやカラスなど、飛べる鳥が想起されやすい。

プロトタイプ意味論（prototypical semantics）では、こうしたプロトタイプ理論に基づいて、語の意味を記述、分析する。複数の意味を持つ多義語の場合、どの意味が中心的でプロトタイプな意味であるかを判定する際に、特に有用な意味論観である。例えば、多義語の「ところ」には、① 空間的な範囲、② 時間的な範囲、③ 思考の対象としての抽象的な範囲、などの意味がある（籾山, 2010: 21）。直感的に、① が中心的な意味だと判定されるであろうが、これをプロトタイプ意味論で分析する場合は、用法上の制約という点に注目する。例えば（以下、例文は籾山（2010: 21）より）、② や ③ の意味で用いる場合には、「このところ、いい天気が続いている」「思うところを率直に述べてください」のように、修飾語句が必要である。「*ところ、いい天気が続いている」や「*ところを率直に述べてください」とは言えない。ところが、① では「ところによっては、にわか雨が降るでしょう」のように、修飾語句を伴わなくても、空間的範囲という意味を表すことができる。このようにして、① の方が、② や ③ より用法上の制約が少なく、プロトタイプ的意味であると認定される。但し、プロトタイプは当該言語の用いられる社会文化的文脈に依存するため、言語普遍的ではない。また、同じ言語社会に属する者でも、その事物に関する百科事典的知識の相違があるため、典型性は異なる場合もある。

文字 (letters／characters)

言語と結びついて音や意味を表す記号のこと。音を表す表音文字（phonogram）と、音だけでなく意味も表す表意文字（ideogram）あるいは表語文字（logograph）に大別される。

表音文字は音を表す文字で、音節文字と音素文字に分かれる。平仮名や片仮名は1文字で1音節を表す音節文字である。アルファベット文字は1字で1音素を表す音素文字である。

漢字は表意文字に分類されるが、字形自体が意味を表すわけではなく、その語が表す意味が「漢字の意味」だと認識されているだけである。象形や指示によって作られた漢字は語の意味を表すが、会意、形成、転注、仮借によって作られた漢字は、意味ではなく語そのものに対応している。形態素が文字になって単語を表すことから、表語文字と呼ばれることもある。

東アジアの漢字文化圏における漢語の使用形態は、中国語を表記する文字として使用する場合と、漢字を利用して新たな文字を作り出す場合とに分かれる。日本語では万葉仮名が表音文字として使用され、漢字を簡略化した平仮名や漢字の一部を利用した片仮名が生み出された。つまり、平仮名、片仮名は表音文字である。したがって、日本語の文字は表意文字と表音文字の混合システムである。

六書（りくしょ）

中国の許慎（きょしん）が作った『説文解字（せつもんかいじ）』という字典のこと。紀元後100年頃、中国の許慎は、『説文解字』中で、漢字9300字を成り立ちや用法に基づいて6種類に分類した。そこから『六書（りくしょ）』とも呼ばれる。成り立ちによる分類は「象形」「指示」「会意」「形成」の4種類で、用法による分類は「転注」「仮借（かしゃ）」の2種類である。

象形：物の形を象って文字にしたもの。

「山、川、日、口、目」等。
- 指示： 位置や数等の抽象的な事物や概念を図式化して表したもの。「上」「下」「一、二、三」等。
- 会意： 複数の漢字を組み合わせて作った漢字。木が並んだ「林」、木が多く並んだ「森」、「人＋言＝信」等。
- 形成： 漢字の一方が意味、一方が音を表すもの。漢字の80～90％が形成に基づいている。漢字の構成は、意味を表す意符(ぎふ)（義符とも呼ばれる）と音を表す音符(おんぷ)（声符とも呼ばれる）に分かれており、その組み合わせで文字が作られている（表4参照）。意符が偏(へん)となり、音符が旁(つくり)となっている。

表4　漢字の構成

形成文字	意符	音符
汗	氵＝水	干（カン）
校	木＝木	交（コウ）
胴	月＝肉	同（ドウ）
花	艹＝草	化（カ）

- 転注： 音ではなく、もとの語義と意味的に関連がある別の語に文字を転用したもの。「楽(がく)」を「楽(らく)」、「楽しい」に用いる。
- 仮借(かしゃ)： よく似た漢字の音を借りて表記したもの。サンスクリット語が中国に伝わった時、サンスクリット語とよく似た音を持つ漢字を当てはめ「阿弥陀(あみだ)」と表した。現代中国語の「咖啡（コーヒー）」「的士（タクシー）」等の用法も仮借である。日本語の「目出度(めでた)い」「滅茶苦茶」等の当て字、「熟字訓」もこれに含まれる。

また、これらの中国で作られた漢字だけでなく、「辻(つじ)」「働(はたら)く」「躾(しつけ)」「峠(とうげ)」等、日本で作られた国字も漢字に含まれる。

分かち書き

文を読みやすくするために、語と語の間にスペースを入れて書く表記法のこと。表音文字を使用する場合に用いられ、アルファベットを使用する言語は語の区切りを示すため、通常分かち書きされる。

日本語の場合は漢字、片仮名、平仮名と3種類の文字があり、文の区切れがわかりやすいため、一般的に分かち書きは用いない。分かち書きが用いられるのは、漢字を知らない幼児向けの絵本、小学校低学年の教科書、日本語学習者向けの初級の教科書等である。文節、単語、品詞による分かち書きの例は以下の通りである。

　文節単位の例：「ほんを　よみました。」
　単語単位の例：「ほん　を　よみました。」
　品詞単位の例：「ほん　を　よみ　ました。」

小学校低学年の教科書や日本語の初級の教科書では、文節で分かち書きされている。ローマ字表記の教科書では必ず分かち書きをし、自立語と活用語尾の間等、文節よりも小さい単位まで分ける場合が多い。ローマ字表記の分かち書きの例は以下の通りである。

　文節単位の例： Honwo yomimashita.
　単語単位の例： Hon wo yomimashita.
　品詞単位の例： Hon-wo yomi-mashita.

一方、英文や点字文では通常、単語単位の分かち書きが用いられる。

和語

従来から日本語にあった言葉のこと。大和ことばとも呼ばれる。外来語や漢語と同じ範疇の用語である。すべての品詞に分布しており、漢字の訓読みとして意識され、身近な言

葉が多い。

　名詞では「山」「海」「水」「米」「雨」等、個別の具体的な事物を表す語、形容詞は「うれしい」「かなしい」「きれい」等、気持ちや感情、事物の状態を表す語、動詞は「歩く」「食べる」「降る」「咲く」等、動作や現象を表す語が多い。副詞には「わざわざ」「必ず」「とても」等、動詞や形容詞を修飾するものがある。「日本語がぺらぺら」「雨がザーザー降っている」等の擬態語、擬声語も和語である。語と語の文法的な関係を示す助詞や、「わけで」「といっても」等の機能語の多くも和語であることから、文構造を理解する上で和語の果たす役割は大きい。国語辞典の見出し語は漢語のほうが多いが、使用頻度を延べで見ると和語のほうが高い。耳で聞いたときにわかりやすいため、特に話し言葉での使用頻度が漢語より高い。書き言葉では漢語の使用頻度が高いが、昔話等、文体によっては和語の使用頻度が高いものもある。

　和語を漢字と平仮名で表記する場合、漢字は必ず訓読みされ、意味や用法の微妙な差を漢字で区別することができる。例えば「泣く」は人間に、「鳴く」は動物や虫に使われる。

11 外国語教授法・コースデザイン

アーミー・メソッド（Army Method）

アメリカ軍が、オーディオ・リンガル・メソッド（Audio-lingual Method）を取り入れて行った集中的な外国語教授法のこと。第2次世界大戦中、アメリカ政府は米国陸軍専門教育計画（Army Specialized Training Program, ASTP）を立案し、情報収集や諜報、通訳活動に携わる人材を育成した。ASTPは文化人類学者のサピア（Sapia, E., 1884-1939）や言語学者のブルームフィールド（Bloomfield, L., 1887-1949）が提唱していた構造主義言語学理論に基づいている。また、文化人類学の調査手法を取り入れ、母語話者をインフォーマント（情報提供者）と位置づけて、ドリルマスター（訓練係）に採用し、口頭練習を中心とした短期集中型の言語訓練を行った。豊富な資金を背景に、映画やレコード、テープレコーダー等の視聴覚教材をふんだんに用いたことから、オーディオ・ビジュアル・メソッド（Audio-Visual Method）とも呼ばれている。

ASTPは、ミシガン大学やハーバード大学等55の大学で実施された。複数の言語学者と母語話者のドリルマスターが協力して教育を行うチーム・ティーチング制を採用し、ドイツ語、イタリア語、中国語、日本語等、20数ヶ国に及ぶ外国語の教育を行った。授業では、まず言語学者が英語と目標言語の音声や文法の違いを英語で解説する。その後、ドリルマスターが口頭での模倣、反復練習を徹底的に行い、学習項目の定着を図る。ドリルマスターが文法的な説明をすることは禁止されているが、学習者の誤用は正しい用法を示す形で訂正する。

学習者は居住を共にし、教室外でも学習言語を使用することを義務付けられていた。このように集中的に目標言語に触れさせることによって、大きな学習成果をあげた。

アクション・リサーチ（Action Research）

よりよい授業を行うために教師が自らの授業の問題点や関心事に対して何らかの行動（action）を起こし、その行動によって起きる学習者の学習状況の変化を観察し、教師自身が指導過程を内省するリサーチのこと。アクションリサーチの源は、1930年代のドイツでの社会変革促進運動や第二次世界大戦中の軍事作戦の科学的研究等にあると考えられている（横溝 2000: 12）。その後、社会心理学者であったルヴィン（Lewin）が「分析―事実の発見―概念化―計画―実行―評価」という研究方法を提案し、その発展に貢献した。

横溝（2000: 17-19）は、アクションリサーチの特徴として以下の9項目を挙げている。①状況密着型である（小規模であることが多い）、②（授業を行っている）本人が行うものである、③状況の改善・変革すなわち教育の質の向上を目標に行うものである、④協働的でありうる、⑤起こした変化によって他の人が影響を受けるものである、⑥自分の教室を超えた一般化を直接的に目指すものではない、⑦柔軟性があり、取り組みやすく現場の教師向きである、⑧システマティックである、⑨評価的であり、内省的である。

アクションリサーチを行うことによって、教師は直感によって得られた知識や経験だけで授業を行うのではなく、自らの教育実践を客観的に評価し、より効果的な指導を模索することで授業を改善することができる。つまり、教師に授業の工夫や改善を促すと共に、教室における習得研究の一助になると考えられている。しかし、教室によって学習者の習熟度や学習環境等、様々な要因が異なるため、得られた結果を一般化し、再現性を保証するのは難しい。実証的なリサーチと比較すると、科学的な研究であるとはいい難いため、アク

ションリサーチの評価基準は、教育実践の向上性や実用性、倫理的正当性とするのが望ましいという指摘もある（Altrichter, Posch & Somekh, 1993: 74）。

イマージョン・プログラム
（Immersion Program）

　子供を外国語の海に浸すことによって、特別に指導を受けなくても外国語が習得できるようにするプログラムのことである。1965年にバイリンガル（二言語併用）教育を進めるカナダのモントリオールで、英語を母語とする子供を対象にフランス語で授業を行ったのが始まりである。少数派言語集団の子供に、通常行われている多数派言語集団の学校教育を受けさせないで少数派言語での学校教育を行うことによって、2つの言語を運用し、2つの文化を尊重できるようにするプログラムのことである。

　開始する年齢によって、早期イマージョン（初等教育前半）、中期イマージョン（初等教育後半）、後期イマージョン（中等教育段階）に分かれる。また、イマージョンが行われる時間によって、全面的イマージョンと部分的イマージョンに分けられる。全面的イマージョンの場合、最初の2～3年は100％第二言語で教育を行い、その後、第二言語の使用を段階的に減らし、中学校終了時には50％程度に減らす。部分的イマージョンは、幼年期から中学校終了時まで常に第二言語を50％近く使用するもので、教科によって第一言語と第二言語を使い分けている。

　1920年代から1960年代にかけては、頭の中に風船があり、第二言語が増えると第一言語が減るというイメージが直感的に支持され、バイリンガルはモノリンガルより劣るという考え方が支配的であった。カミンズ（Cummins, J., 1949-）は、2つの言語は転移することなく別々に機能し、限られた容量しかないというバイリンガルの分離基底言語能力モデル（separate underlying proficiency model）を示す一方で、数学の概念等は言語の発達にかかわらず育成され、言語が変わっても使用できることから、共有基底言語能力モデル（common underlying proficiency model）を主張した（Cummins, 1980, 1984）。これはバイリンガルの言語能力を氷山にたとえ、水面上は第一言語と第二言語に分かれているが、二つの氷山は水面下で同じ認知システムを共有しており、共通の思考の土台があるというものである。このような理論や第二言語習得研究の実証研究の成果を背景に、イマージョン・プログラムは世界各地で取り入れられるようになった。

インターアクション（Interaction）

　言葉を使って他者と情報のやり取りや意思の伝達、交渉等を行う相互作用、相互交渉のこと。1960年代まで、外国語教育の目的は正確な文法知識を獲得することであると考えられていた。しかし、次第にコミュニケーション能力の重要性が認識され始め、言語知識だけではなく社会や文化を理解し、人間関係を構築するための社会文化能力や社会言語能力が求められるようになった。また、インターアクションを通じて意味交渉を行うことによって学習者の中間言語が発達し、習得を促進するというインターアクション仮説（Long, 1981）が提唱され、その重要性が認識されるようになった。

　母語話者のインターアクションには、挨拶のように人間関係を維持するための交際的インターアクション、伝える目的が明確な交渉的インターアクション、実質的な行動を伴う

行動的インターアクション等がある。教室では言語表現や文法等の情報を伝えるため交渉的なインターアクションが中心となるが、言葉を使うことそのものが実質行動であるため、行動的インターアクションも行われ、評価やフィードバックが現れやすい。村岡（1999: 27-28）は、日常会話では例1のような質問—応答—感謝という流れの参照型質問（referential questions）が多いが、教室談話では教師が学習者の知識や能力を確認するため、例2のような質問—応答—評価という流れの展示型質問（display questions）をすることが多いと述べている。

例1
> A: 今、何時ですか
> B: 11時半です
> A: どうも

例2
> A: ヤップさん、今、何時ですか
> B: 11時半です
> A: はい、そうですね

しかし、展示型質問は自然な習得場面では少ないことから、学習者の言語習得に役立たないのではないか、という指摘もある（Long & Sato, 1983: 280）。したがって、教師は教室内で参照型質問を増やしたり、様々なタスクを取り入れたりして、学習者のインターアクションが促進されるよう心がける必要がある。教室外で目標言語の母語話者とのインターアクションを経験させるような活動を行うことも、広く社会や人と関わる能力を身につける上で有用であろう。

オーディオ・リンガル・メソッド
（Audio-lingual Method, ALM）

言語の構造を重視し、外国語の学習を新しい習慣形成とみなす教授法のこと。学習者の母語と目標言語の違いを学習上の困難点とみなす構造主義言語学に基づく。アメリカの言語学者フリーズ（Fries, C., 1887-1967）が主な提唱者で、ミシガン大学で外国語教育を行ったことからミシガン・メソッドとも呼ばれる。

練習方法は、行動主義心理学の習慣形成理論に基づいている。行動主義学者は行動というものは、行動を引き起こすもととなる刺激、刺激によって起こる反応、反応の適否を判断して促進あるいは抑制を繰り返す強化、という3つの要件によって形成されると考えている。この原理を人間の言語行動に適用すると、提示された言語表現を刺激、刺激に対して行うリピートや応答を反応、適切な反応ができた満足感及び聞き手や教師の反応を強化、とみなすことができる。

指導法の特徴は、「おじさん／おじいさん」等、発音の違いを認識させるミニマルペア練習（minimal pair practice）、会話文をモデルにして模倣し記憶させるミムメム（mim-mem = mimicry and memorization）練習、パターン・プラクティス（pattern practice, 反復、置換、完成、拡張、変形、結合等の文型練習）を口頭で徹底的に行うことである。文型は構造を重視して難易度の低いものから、そして使用頻度の高いものから配列する。また、音声指導を効果的に行うため、テープレコーダーやLL（Language Laboratory）を用いた。オーディオ・リンガルに基づく日本語の教科書にジョーダン（Jorden）の『Beginning Japanese』（1974）がある。日本人が話すような日本語を学習目標としていたため、本文や例文は極めて自然な話し言葉で書かれており、書き言葉が中心であった当時の日本語の教科書の中では画期的なものであった。言語学と心理学の理論に基づいて指導するこの教授法は成果も大きく、世界的に広まっていった。

しかし、口頭練習で言語を操れても、意味

や発話に適した場面の知識等が学習者に十分伝わっていなかったため、実践的なコミュニケーション能力がつかない、読解力や作文力が育たない、練習が機械的で単調である、学習者の自主性を生かせない等、批判もある。

オーラル・メソッド（Oral Method）

口頭練習を中心とする教授法のこと。イギリスの言語学者パーマー（Palmer, H. E., 1877-1949）が提唱した。成立の背景となったのは、サイコロジカル・メソッド（Psychological Method）、フォネティック・メソッド（Phonetic Method）、直接法（Direct Method）である。口頭練習を重視した点は直接法と同様であるが、語彙調査や文型の難易度等を考慮して学習内容を選定し、言語学習理論に基づいて練習方法を提示した点が直接法とは異なる。

パーマーは、ソシュール（Saussure, F. de, 1857-1913）のラング（langue）とパロール（parole）の概念に基づいて言語を、規範としての言語（language as code）と運用としての言語（language as speech）とに分け、後者を言語学習の目標とした。パーマーの言語観は、以下の10原則に反映される。①言語は言語記号から成る、②言語は体系（code）と運用（speech）の両面をもつ、③言語学習は、言語記号と意味の照合（identification）、及びその両者の融合（fusion）から成る、④技能には一次的なものと二次的なものがある、⑤聞く、話すは一次的技能、⑥読む、書くは二次的技能、⑦翻訳は二次的技能、⑧発音は言語の必須要素であり、単音だけでなく組み合わされた音の習得も必要、⑨文法は言語の必須要素で、慣用の法則に則り、文を構成する、⑩少数の有用な語彙の習得が多くの語彙の習得につながる。

授業では言語学習の5習性（音声の観察、口頭での模倣、口慣らし、意味化、類推による作文）を身につけさせる。音声を聞き分ける練習や文型練習を行い、母語に訳さず問答によって語句の意味を理解させ、発話意図がわかる状況を設定して文型の意味を帰納的に理解させる。文字を書く練習、音読やディクテーション等も行い、文字言語能力も養成する。このような練習を通じて言語記号と意味の融合を強めることにより運用能力が身につくと考えている。しかし、母語が使えないため説明に時間を要し、学習者に不安が生じることもあるため、日本語の初級クラスでは折衷法（語句や文法の解説等は母語訳を準備し、学習者の既有知識を生かして不安を和らげる指導法）も用いられる。

学習リソース（learning resource）

教室内での言語インプットだけでなく、学習者を取り巻く環境、社会から得る様々な目標言語のインプットのこと。学習を支える人や物だけでなく、組織などの環境も学習リソースに含まれる。学習リソースは、人的リソースと物的リソースに大別される。

人的リソースとは、教師だけでなく目標言語の母語話者であるボランティアやチューター、学習者同士も含まれる。学習者が目標言語の使用されている国や地域で学んでいる場合は、教室外でも目標言語でコミュニケーション活動を行っている。つまり、教室外で接する人々も間接的な人的リソースとなる。したがって、教室内に限らず、人的リソースを活用できるような活動を授業に組み込むことが望ましい。また、インターネットを利用することによって地球上のどこで学習していても、目標言語の人的リソースの幅を大きく広げることが可能になった。様々なリソースを利用して活発な交流を行うことによって言

語学習を促進することできる。

物的リソースとは、教科書や辞書、問題集、CD、DVD、パソコンソフトなどの音声や映像教材及びその機材のことである。新聞、雑誌、小説、漫画、テレビ番組やコマーシャル、音楽、インターネット、メールなども学習リソースとなりうる。物的リソースも学習者の学習環境、学習意欲、学習成果を左右する要因となる。

教室の中での学習時間は限られているため、学習者がこれらのリソースを効果的に活用し、学習環境を最大限活用できるよう、教師はリソースを教室内で紹介したり、活用方法を提案したり、母語話者とのやり取りを通して人間関係が構築できるようサポートする必要がある。

教室活動（Classroom Activities）

教室で行われる学習活動のこと。日本語教育の初級の段階では、易しいものから難しいものへと積み上げられた学習項目に沿って文型練習や技能練習が行われることが多い。しかし、言語の運用能力を養うことを目的としたコミュニカティブ・アプローチでは、目標言語を使用して実際に意味のある言語活動を行うことが重視されるため、タスク（task）と呼ばれる課題を中心とした教室活動が行われる。学習者の言語能力やニーズに合わせて、実際のコミュニケーションにできるだけ近づけたタスクが課される。教室では言語形式の練習も行われるが、ペア・ワークやグループ・ワーク等、学習者のインターアクションが促進される活動の比重が大きい。

タスクを中心とした教室活動には、インフォメーション・ギャップ（information gap）、ロールプレイ（role play）、シミュレーション（simulation）、プロジェクト・ワーク（project work）、ゲーム等がある。インフォメーション・ギャップとは、一部分が異なる情報を学習者に提示し、インターアクションを通して足りない情報を埋めていくというものである。ロールプレイというのは、ロールプレイカードに書かれた場面でどのようなインターアクションを行えばよいかを自分で考え、与えられた役割を演じる会話練習のことである。シミュレーションは、実際に起こりうる社会的な設定を教室に想定し、教室で模擬的に行うものである。例えば、ごみ処理場建設をめぐって住民と役所が話し合うという設定で、様々な角度から議論を深めていくというような臨場感のある活動である。プロジェクト・ワークは、例えば新製品開発という目標を設け、実際に教室内外で調査をしたり、話し合ったりしながら、学習者が自らの言語知識やストラテジーを駆使して計画を遂行することによって、総合的な目標言語の運用力を伸ばす活動である。

1980年代以降、学習者数の増加に伴い、学習目的や学習スタイル等も多様化したため、学習者の個性や認知過程を考慮した学習者中心の教室活動が注目されるようになった。ジャーナル・アプローチ（Journal Approach）やピア・ラーニング（peer learning）のように、自律的で協働的な教室活動も取り入れられている。

コグニティブ・アプローチ／認知学習理論（Cognitive Approach）

学習者の認知能力や創造性を生かし、言語規則や構造を理解させる教授法のこと。1960年代アメリカの心理学者であるキャロル（Carroll, J. B., 1916–2003）は、チョムスキー（Chomsky, N., 1928–）の生成文法と認知心理学を基盤にして、認知による学習理論（Cognitive

Code-Learning Theory）を提唱した。言語を認知記号であると捉え、様々な言語使用例を分析したり、規則を類推したりして言語規則を演繹的に学ばせ、言語を習得させるという理論である。

行動主義心理学では、刺激と反応を繰り返し、習慣を形成することによって言語学習が促進されるとされていた。しかし、チョムスキーは、模倣や反復によって新しい言語習慣を獲得するという構造主義や行動主義の言語学習を否定した。そして、人間は生得的に言語獲得装置（Language Acquisition Device, LAD）を有しているため、普遍文法に従って無限に文を創造できると考え、言語能力と言語運用を区別し、言語運用の要因を研究すべきだと主張した。

教育方法の特徴は、オーディオ・リンガル・メソッド（Audio-lingual Method）に欠けていた意味、認知過程の役割を重視している点である。まず目標言語と母語との音韻、語彙、言語構造等の違いを学習者に理解させるが、その際、直接法では使用を認めていなかった媒介語の使用を認めている。語彙や文法事項の説明は母語を使用し、言語練習よりも言語規則に対する理解を深めることを優先する。その後、文型練習を行うが、機械的な練習は避け、様々な場面の中で意味を重視した練習を行う。学習者の認知能力や創造性を生かし、学習者が言いたいことを表現できるようにする練習は学習者の意欲を喚起する上でも有用であろう。オーディオ・リンガルでは聞く、話す技能の習得に重点が置かれていたが、認知学習理論では文字が早い段階で導入され、読み書き等、4技能に渡って学習者の認知能力を生かした指導が行われる。学習項目を理解してから練習するため学習効果は上がるが、言語の機能や実際の発話に関する指導はやや欠けていた。

コミュニカティブ・アプローチ
（Communicative Approach）

コミュニケーション能力の育成を重視した教授法のこと。CLT（Communicative Language Teaching）とも呼ばれる。

CLTの主な提唱者は、オーストラリアのハリデー（Halliday, M.A.K.）とアメリカのハイムズ（Hymes, D.）である。言語の形式や構造よりも、誰にどのような働きかけをするかという言語の機能や意味を重視するというハリデーの機能主義的な言語観に基づき、Wilkins（1976）はノーショナル・シラバス（概念シラバス、notional syllabus）を作成した。CLTは従来用いられていた構文シラバスに代え、概念・機能シラバス（notional-functional syllabus）を用いて、コミュニケーション能力の養成を目指した。

Hymes（1972）は社会言語学的立場から、文法だけでなく、態度、言葉遣い、文化的な知識を理解し、場面や状況に相応しい言語行動がとれるというコミュニカティブ・コンピテンス（伝達能力、communicative competence）の重要性を指摘した。また、Canale & Swain（1980）は、伝達能力の4つの領域として、①文法能力（grammatical competence）、②社会言語的能力（sociolinguistic competence）、③談話能力（discourse competence）、④ストラテジー能力（strategic competence）を挙げ、外国語を習得するには、言語が持っている機能を理解し、場面に合った適切な表現を用いて話し手の意図を聞き手に伝える能力を養う必要があるとしている。

指導にあたっては、まず学習者のニーズを分析し、必要度の高い順にシラバスを配列する。そして、実際のコミュニケーション活動に基づき、場面や機能を重視した教材を使用する。練習ではコミュニケーションの手段と

して目標言語が使用できるよう、タスク（task）と呼ばれる課題達成型の活動を行う。言語形式の正確さより意味の伝達を重視し、インフォメーション・ギャップ（information gap）、ロールプレイ（role play）、シミュレーション（simulation）、プロジェクトワーク（project work）等、多様なグループ・ワークを取り入れて伝達能力を養う。

コミュニティ・ランゲージ・ラーニング
（Community Language Learning, CLL）

カウンセリングの理論と手法を応用した教授法のこと。アメリカの心理学者カラン（Curran, 1982）が1970年代に開発した。他者との会話のやり取りを通してコミュニケーションを図るという「社会過程的言語観」（language as social process）を提唱するラフォージ（La Forge, 1983）によって日本に紹介された。教師は指導者として知識を教えるのではなく、不安やストレスを和らげるカウンセラーのように学習者に接することが求められる。したがって、教師と学習者は一体となってコミュニティを形成し、互いにコミュニケーションを図りながら授業を行う。まず、学習者は輪になって座り、教師は輪の外に立つ。学習者がテーマを決め、母語や目標言語で自由に話をする。教師は学習者の耳元で言いたいことを目標言語でどう表現するかを教えていく。その後、学習者に目標言語で直接話をさせ、その会話を録音する。最後に録音した音声を聴かせながら、学習者の内省を促したり、解説を加えたり、発音指導をしたりする。教える語句や項目が事前には決まっていないため、後行シラバスと呼ばれる。基礎的な学習を終え、会話力を伸ばしたい学習者に適した教授法である。

コミュニティ学習は単なるグループ学習とは異なり、学習者の不安や恐れを取り除くためにサード（SARD）を重視している。SARDとは、Security（安心感）、Attention（注意力）、Aggression（積極性）、Retention（定着）、Reflection（内省）、Discrimination（識別）の6つの要因のことで、これらは学習を成功させるために必要な心理的な条件であり、CLLには必要不可欠なものである。また、CLLでは言語学習を全人的なものと捉え、言語の学習段階を人間の成長過程になぞらえている。教師に依存する胎児期（Embryonic Stage）、学習者が目標言語で少しずつ話し始める自己主張期（Self-Assertive Stage）、学習者が自ら話し始める誕生期（Birth Stage）、自由に会話ができる青年期（Adolescent Stage）、自律的に学ぶことができる独立期（Independent Stage）の5段階に分けており、教師は学習者の情緒の発達過程を考慮に入れながら授業を行う。

コンプリヘンション・アプローチ
（Comprehension Approach）

幼児の母語習得過程をモデルにした理解優先の教授法のこと。聴解練習を優先し、話すことを遅らせる教授法（Delayed-Oral Method）で、話す力の基礎を培う準備の期間をとっているのが特徴である。ポストフスキー（Postovsky, 1974）がアメリカでロシア語の指導を行っていた際に用いた教授法である。授業では媒介語は使用せず、入門期にロシア語のビデオ教材を用いて聴解練習のみを行い、言語構造よりも意味と理解を重視している。

理論的背景となったのは、Newmark & Reibel（1968）である。彼らは、成人の第二言語学習者と子どもの言語学習能力は質的には同じであると仮定して、実際に使われている言語の使用例を観察し、同じような言語行動

をとることが第二言語の習得につながると考えた。人間は生得的に言語学習能力が備わっているというチョムスキー（Chomsky, N., 1928-）の言語観に基づいており、オーディオ・リンガル・メソッド（Audio-lingual Method）の教授理論と対立する立場をとっている。

母語習得過程の知見を取り入れたこの教授法は、リラックスした状況の中で、学習者に理解可能で適切な第二言語の使用例を大量に与え、学習者が第二言語を自然に吸収できるようにしている。このような教育方法は大きな成果を収め、後にクラッシェン（Krashen, S., 1941）のナチュラル・アプローチ（Natural Approach）へと引き継がれていく。

サイコロジカル・メソッド／連続法
（Psychological Method／Series Method）

幼児の母語習得過程を適用し、母語や媒介語を用いずに、音と具体的な動作や出来事を結びつけて教える教授法のこと。フランスのグアン（Gouin, F., 1831-1895）が開発した。発達心理学を理論的根拠としており、心理学的教授法、またはグアン・メソッドとも呼ばれる。

グアンは、それまで行われていた文法訳読法では発話能力が伸ばせないと考えた。そこで、幼児が思考の順に動作を行い、言葉を発しながら母語を習得することに着目した。動詞を重視し、一連の動作を目標言語で行い、学習者にその動作と発話を繰り返させた。例えば、"I'm going to the black board. I'm writing my name." という動作を教師が発話しながら示し、学習者に繰り返させる。その後、"Where are you going?" "Where did he go?" という質問を行い、反復と問答練習を繰り返す。このような一連の動作のつながりを意識させるところから連続法（Series Method）と

も呼ばれる。意味や概念のつながりの中で言語を学習させるという観念連合（association of idea）、聞いた言葉のイメージを思い浮かべるという心的具象化（mental visualization）の手法を教育方法に取り入れ、言語形式と意味を直接連合させた。言語形式と意味の結びつきは重視していたが、当時は教室内での練習が中心で、学習者の教室外での実用的な言語使用を想定した練習はなされていなかった。

山口喜一郎（1872-1952）は、1900年頃グアン・メソッドを応用し、実生活での言語使用を体得させる山口式直接法を開発した。山口は、当時植民地であった台湾で年少者を対象とした日本語教育に直接法を取り入れ、実践した。

サイレント・ウェイ（Silent Way）

学習者のアウェアネス（awareness）なしに真の習得は起こらないと考える教授法のこと。心理学者でもあり数学者でもあるアメリカのガテーニョ（Gattegno, C., 1911-1988）が、提唱し、実践した。教師はできるだけ発話しないで沈黙を守り、学習者に気づかせるよう働きかける必要がある。

外国語教育の研究者ステヴィック（Stevick, 1976）の言語学習観が背景となっている。学習の本質は、模倣やドリル練習による習慣形成ではなく知性（mind）であり、学習者は既に母語を獲得し、母語を通して様々な知識を得ている。これらの既習の知識を活用して類推や判断を繰り返し、試行錯誤をする中で、学習者は新たな知識を獲得することができると考えている。習得とは、一方的に記憶させるものではなく、問題を解決しながら意味や規則性を類推し、修正を加え、作り出していくことであり、そこには、学習意識の確立、試行錯誤、練習、自動化の4段階があるとし

ている。ガテーニョは、真の習得は学習者の知的かつ積極的な活動なしには起こらないと考えており、教師は学習者が主体的に知性を活用して理解したり、規則性に気づいたりするようサポートする。

授業では教科書は使用せず、ロッド（rod）と呼ばれる長さの違う様々な色の棒と、発音や文字を教えるためのカラーチャートを用いて、模範となる音を示し、学習者に発話を促す。学習者は教師の言ったことを繰り返したり、注意力や類推力を働かせて規則性を発見したりしながら、正しい発音やイントネーションを身につける。語彙や文型の指導にもロッドを用いて、「赤い棒を持ってください」「白い棒を置いてください」等、色の語彙や指示の文型、動詞を教えることもできる。また、白いロッドを家、黒いロッドを犬に見立てるなど、物や人の代わりにロッドを使用して概念や行動を指導することもできる。いずれにしても、教室内での教師の発話は最低限に保ち、学習者の能力を最大限に引き出すことを重視している。

サジェストペディア（Suggestopedia）

不安やストレスを除き、人間の潜在能力（reserve capacities）を活性化させる教授法のこと。暗示学（suggestology）と教育学（pedagogy）を合成した造語で、ブルガリアの精神医学者ロザノフ（Lozanov, G., 1926-）が提唱した。ロザノフは人間の潜在能力に関心を持ち、暗示を与えることで催眠と同じように記憶や創造力の増進が図れることを明らかにした。潜在能力というのは、人間が持っている記憶力、創造力、自己暗示や身体治癒力等で、これらが機能することで精神的な活動や身体的な活動が発達する。

人間は反暗示バリアー（anti-suggestive barriers）を持っており、潜在能力の限界を自ら作り出してしまう。このバリアーを取り除くことを「脱暗示」と言う。脱暗示によって、人間は幼児の時のように素直な好奇心を持ち、積極的に物事に取り組めるようになる。脱暗示とポジティブな暗示によって幼児化（infantalization）の状態を生み出すことが、学習意欲を高め、潜在能力を解放することにつながる。同様に外国語教育においても、クラシック音楽を利用して不安やストレスを取り除き、教師、教室、教材等、すべての学習要素を統合して安定した学習環境を作り出せば、学習に集中できる。このように、精神療法や大脳生理学の記憶のメカニズムに基づき、精神的にリラックスした状態で学習できるようにすることで、学習者の潜在能力を増進させることができる。

授業は、導入（introduction）、コンサート（concert）、練習（elaboration）の3つの段階に分かれている。まず、導入では絵やビデオなどで学習項目を示す。次に、アクティブ・コンサート（active concert）ではクラシック音楽を聞きながら教師の朗読を聞く。暗示効果を左右するイントネーションやリズム、間に注意しながら朗読を聞き、訳文を見たりメモしたりしてアクティブに行動する。そして、パッシブ・コンサート（passive concert）ではバロック音楽を聞きながら、座ったまま静かに教師の朗読を聞く。最後の練習では、コンサートで提示した学習内容の定着を図るため、音読、訳文による意味の確認、会話練習、ゲーム等を行う。

ジャーナル・アプローチ（Journal Approach）

学習者と教師がジャーナルを媒介に相互交渉（Interaction）を行うことにより、相互理解

を深めていく指導法のこと。ジャーナルというのは、学習者と教師が言語学習の過程を記録した日記のようなものである。学習者が言語活動の記録だけではなく、疑問や意見、感想等を書くことによって、教師は学習者の心理的変化の過程を知ることができ、自らの教え方を内省することができる。また、ジャーナルを通じて相互交渉を重ねることで、学習者と教師双方が相手の視点に立って物事を捉えられるようになり、互いにラポール（信頼関係、rapport）を確立していくことができる。したがって、一般の作文の指導で行うような添削や評価は行わないことが原則となる。このように精神的な緊張感の少ない状況を作ることは、学習者の情意面や学習面に良い影響をもたらすと考えられている。

　ジャーナルを目標言語で書かせる場合は、初中級から上級の学習者が対象になる。学習者は、目標言語の学習が進むにつれて、教室外での人間関係も広がり、価値観や文化の相違を認識することも多くなる。すると、異文化を拒絶したり、価値観が異なる人々に反感を抱いたりする可能性も高くなる。そのような時に心を開いて感じたことを率直に伝え合うことによって、相互理解が生まれ、異文化を受け入れる気持ちが育まれる。そのため、教師はジャーナルで指導するのではなく、学習者の視点に立ち、学習者が心を開くことができるよう心がける必要がある。自分の価値観を押し付けることなく、学習者の主体性を尊重し、対等な立場で学習者の記述にフィードバックを行うという教育的な配慮が必要である。

　ジャーナルを目標言語で書くことは、意味のある言語的なインプット、アウトプットを行うと同時に、カウンセリングのような役割を果たしている。目標言語でジャーナルを書くことは学習者には困難な面もあるが、教師

と学習者が信頼関係を確立することによって、学習者の不安を和らげ、学習に適した環境を作ることができる。これは、ナチュラル・アプローチ（Natural Approach）を始め、人間の情意的な側面を重視した教授法に共通した考え方である。

シラバスの種類（syllabus）

　学習者のニーズ、レディネス、到達目標、期間、時間数、教授法、学習者の特性等を総合的に考慮して選定される学習内容をシラバスというが、シラバスには、学習すべき項目をどのような観点から配列するかによっていくつかの種類に分けられる。ここでは、代表的なシラバスを挙げて、解説する。

●ノーショナル・シラバス／概念シラバス（notional syllabus）

　話し手が伝達しようとする言語形式を、概念によって分類したシラバス。意味・文法範疇（時間、頻度、順番、位置等）、法的意味の範疇（意図、義務、確実性等）、伝達機能の諸範疇（判断、評価、勧誘、主張等）のように、言語形式を概念によって分類し、それに従って学習項目を配列したものである。Wilkins (1976) は、文法シラバスや場面シラバスでは学習者の伝達能力が育たないため、それらに代わるものとしてのノーショナル・シラバス（概念シラバス）を提案した。

●機能シラバス（functional syllabus）

　言語形式の持っている機能と話し手の表現意図によって、学習項目を配列したもの。言語形式の持っている依頼、許可、謝罪等の機能を、話し手の表現意図と結びつけて学習できるため、実際にコミュニケーションを図る上で役に立つ。コミュニカティブ・アプロー

チでは概念シラバスと合わせた、概念・機能シラバス（notional functional syllabus）が用いられている。

●技能シラバス（skill syllabus）
　学習目標を言語の4技能の観点から分類し、技能別に学習項目を配列したもの。例えば、聴解では「内容を予測する」「必要な情報を選別しながら聞く」等の技能が習得できるようなタスクを行う。書く技能の学習項目としては、「メールを書く」「ノートをとる」等が挙げられる。

●構造シラバス／文法シラバス
　　（structural syllabus／grammatical syllabus）
　目標言語の文法項目、文型、語彙、表現等を文法構造の観点から体系的に整理し、学習項目を易しいものから難しいものへと難易度順に配列したもの。標準的な初級日本語の教科書で広く採用されているが、教科書によって提出順序に多少の相違がある。

●トピックシラバス／話題シラバス
　　（topic syllabus）
　実社会で話題となっている事柄や、学習目標、学習者のニーズ、関心等に応じて必要性が高いと思われる話題を配列したもの。これらの話題を理解し、付随する学習活動を行うのに必要な語彙や文型を提示している。中級以上の学習者を対象にした教科書で採用されることが多い。

●場面シラバス（situational syllabus）
　郵便局、銀行、レストラン、病院等、学習者が日常生活の中で遭遇すると思われる場面を想定し、配列したもの。これらの場面で円滑にコミュニケーションが運べるよう、語彙や言語表現を提示している。各場面で使用頻度の高い表現を学習するため、文型は必ずしも難易度順にはなっていない。旅行者や短期の滞在者用のテキストなどに多く採用されている。また、コミュニケーション能力だけでなく、体系的な文法知識を身につけられるよう、構造シラバスや機能シラバスと合わせて使用されることも多い。

直接法／ダイレクト・メソッド
　　（Direct Method）
　母語を使用せず、実物や動作で意味を理解させる教授法のこと。狭義には20世紀初頭に西ヨーロッパの国々で行われていた母語習得環境を再現しようとする教授法を指す。ドイツのフィーエトル（Vietor, W., 1850-1918）、イギリスのスウィート（Sweet, H., 1845-1912）、デンマークのイェスペルセン（Jespersen, O., 1860-1943）らは、言語の基本は書き言葉でなく話し言葉であると考え、口頭で指導を行い、語句や文法は適切な文脈の中で与え、帰納的に意味や文法を理解させた。パーマー（Palmer, H. E., 1877-1949）はダイレクト・メソッドに基づき、具体的な指導内容、方法を明確にし、オーラル・メソッド（Oral Method）という指導法を確立した。
　パーマーは文部省の英語教授研究所の所長も務めており、その影響を受けた長沼直兄（1895-1973）は『標準日本語読本』（1931-1934）を作成して日本語教授法の基礎を確立した。日本語教育においては、目標言語のみを使用して教える方法のことを直接法とみなしている。教室では、母語あるいは媒介語による文法説明や指示を行わず、絵や実物、動作等で場面を設定し、学習者に語句の意味や文法項目を理解させる。文法の説明と母語による翻訳を中心にした文法訳読法との対比から、媒介語を使用しないで直接目標言語のみ

で習得させようとする教授法すべてを直接法と呼ぶこともある。

　直接法の利点は、学習者の母語が多様である場合や、教師が学習者の母語に習熟していない場合にも使用できることである。そのため、日本における日本語教育の現場で広く普及している。しかし、文法規則や抽象的な概念の指導に時間がかかり、学習者によっては理解が不十分なままになってしまうという問題点もある。そこで、学習者やニーズの多様性に対応し、より効率的な指導を行うため、語句や文法説明等に母語や媒介語を使用した折衷法も用いられている。

ナチュラル・アプローチ
（Natural Approach）

　伝達能力を重視し、学習者が理解できる自然な言語を大量にインプットする教授法のこと。1970年代後半、アメリカでスペイン語を教えていたテレル（Terrell）が自らの教育経験に基づき提唱した。緊張のない状態で学習者を大量の理解可能な言語インプットにさらすと、習得が起こり、自然に話す能力も身につくとしている（Terrell, 1977）。個人的コミュニケーションが中心でアカデミックな学習技能を教える目的で開発されたものではないが、前者で基礎が形成されていれば、後者の能力も育成できると考えている。Krashen（1980）が5つの仮説、①習得―学習仮説、②自然順序仮説、③モニター仮説、④インプット仮説、⑤情意フィルター仮説、をたて、この教授法を支持する第二言語習得理論を展開したため、外国語教育界に大きな影響を与えた。

　言語の最も大切な機能はコミュニケーションにあると捉え、伝達能力を養うために学習者のニーズに沿った場面、機能、話題シラバスを用いてカリキュラムを構成する。教室では実際の伝達場面を通して意味や形式が習得できるような活動を中心に行うが、文法的な正確さを軽視しているわけではない。伝達技能を重視するということは、学習者が適切に言語を使用し、コミュニケーションが図れるようにすることだと考えている。

　初期の授業では、学習者に理解可能なインプットを大量に与えるが、発話は緊張を生み、情意フィルターを高くしてしまうため、学習者のレディネス（readiness）が整うまでは強制しない。発音や文法の指導も、自然なインプットを与え続けることにより、学習者が自ら修正していくものと捉えているため、正しい答えを示すにとどめ、訂正は求めない。自己表現ができない段階での対話は習得に効果がないと考え、反復等の機械的な練習も行わない。文法知識に依存しすぎることなく、学習者の経験や意見を話題にして自然なコミュニケーションができるよう教室活動を行う。中級以降の授業においても、不安やストレスを減らし、タスクや問題解決型の活動を取り入れる。目標言語を手段として用い、4技能を統合的に伸ばせるような活動を行うことによって、習得を促進する指導方法はコミュニカティブ・アプローチと共通している。

ピア・レスポンス（peer response）

　学習者が互いに意見を交換したり、何らかのフィードバックを相互に与える協働的な学習活動のこと。ピア（peer）というのは仲間という意味で、ピア・ラーニング（peer learning）の1つの形態である。ピア・ラーニングでは、従来の教師主導の知識伝達を中心とした指導ではなく、学習者を主体的に活動に参加させ、学習者の学んでいくプロセスを重視している。この他、仲間と協力し合って読解

を行うピア・リーディング（peer reading）もある。

ピア・レスポンスはもともと第一言語の英語の作文教育の中で行われていたが、1980年代から第二言語としての英語教育でも用いられるようになり、池田（1999a）の研究以来、日本語教育にも取り入れられるようになった。池田は、作文指導においてピア・レスポンスを用いることにより、教師のフィードバックと同等か、それ以上の効果が得られると述べている。作文を読んで感想や改善点を話し合うことによって、4技能を統合した言語活動が可能になり、学習者同士のインターアクションも活発になる。作文の書き手は、読み手の理解や印象を聞くことができるため、伝えたいことが正確に伝わっているか把握することができ、的確な推敲が可能となる。また、聞き手は、批判的かつ分析的に読むことができるようになり、それを伝達する必要性に迫られるため、コミュニカティブな教室活動が期待できる。

しかし、一方で、池田（1999b）は、中級学習者が目標言語でピア・レスポンスを行った場合、上位グループでは効果があったが、下位グループでは効果がなかったと指摘している。その原因として、下位グループは、自己推敲力、改善力が弱く、相手とのインターアクションのスキルも十分でないため、会話のやり取りをしながら意味のある交渉を行うという活動が負担となり、学習意欲を低下させたことが考えられると述べている。このように学習者の言語能力が不十分な場合はインターアクションが制限されるため、学習者の言語能力がピア・レスポンスを効果的にするための条件であると言える。

パターン・プラクティス／文型練習
（pattern practice）

オーディオ・リンガル・メソッドに特徴的な教室での学習活動で、学習した文型を定着させるための文型練習のこと。教師のキューを刺激として、学習者の反応を強化し、新たな習慣形成を目的としている。

一般的に用いられている練習の具体例を以下に示す。Tは教師、Sは学習者を指す。

① 反復練習
　教師の発話をそのまま繰り返す練習。
② 置換練習
　文の一部分を他の語に置き換える練習。
　例）T：きのうノートを買いました。
　　→ S：きのうノートを買いました。
　　　T：ボールペン
　　→ S：きのうボールペンを買いました。
③ 変形練習
　与えられた文の一部、または全体を変える練習。
　例）T：新聞を読みます。
　　→ S：新聞が読めます。
　　　T：日本語を話します。
　　→ S：日本語が話せます。
④ 拡張練習
　与えられたキューを付け加えていく練習。
　例）T：映画を見ました。
　　→ S：映画を見ました。
　　　T：きのう
　　→ S：きのう映画を見ました。
　　　T：友達と一緒に
　　→ S：きのう友達と一緒に映画を見ました。
⑤ 完成練習
　文の一部を与えて、残りの部分を考えさせる練習。
　例）T：砂糖を入れると甘くなります。
　　→ S：砂糖を入れると甘くなります。

T：お肉を入れると
　→　S：お肉を入れるとおいしくなります。
⑥　総合練習
　　2つの文を組み合わせて1つの文にする練習。
　例）T：練習します、上手になりません
　→　S：練習しても、上手になりません。
　　　T：ボタンを押します、切符が出ません
　→　S：ボタンを押しても、切符が出ません。
　日本語教育では、口頭による文型・文法事項の積み上げ方式の指導が一般的になっており、学習項目を定着させるために上記のような反復、置換、変形練習等が適宜取り入れられている。

文法訳読法（Grammar Translation Method）

　文法規則の解説や語句の意味を、母語を使って理解させ、母語に訳すことによって目標言語を習得させる教授法のこと。特定の提唱者はおらず、古くから世界各国で行われている教授法である。
　文法訳読法が広く行われていたのは次のような理由による。①母語で説明するため、学習者が理解しやすい、②教師主導で知識の伝達を中心に行うため、人数の多少にかかわらず教室活動に適している、③学習者の理解を母語で確認できるため、定着度がわかりやすく、間違いも訂正しやすい、④目標言語を読んで訳しながら学習するため、文法理解力、読解力がつく、⑤様々な読み物を通して、言語知識だけでなく文化的知識も養える。
　実際の授業では、まず、教師が文法項目、語形変化、文型等の規則性や意味を母語で説明する。学習者が規則性や意味を理解した後、音読練習、翻訳や表記の練習等を行って語句や学習項目を覚えさせ、文法的に正しい文が産出できるようにする。定着度を測るテストでは、学習者に語句や文の意味を訳させたり、文法や読解問題に答えさせたり、母語を目標言語に訳させたりする。
　しかしながら、次のような問題点も指摘されている。①文法理解、読解理解が中心であるため、聴解力や発話力が育たない、②実際のコミュニケーションで必要とされる言語運用能力が育たない、③文法理解、規則の暗記等が中心の教室活動が負担になる学習者もいる。
　海外における日本語教育では文法訳読法が用いられることも多いが、台湾においては1900年頃山口喜一郎がグアンの教授法を導入して直接法を広めた。その後、長沼直兄（なおえ）（1895-1973）は、文部省の英語教授研究所の所長であったパーマーのオーラル・メソッド（Oral Method）の影響を受けて『標準日本語読本』（1931-1934）を作成し、日本語教授法の基礎を確立した。そのため、国内の日本語教育の現場では文法訳読法はあまり用いられていない。

4技能（four skills）

　言語を適切に運用するには、言語知識を適切に使用するための能力、すなわち技能を習得する必要がある。4技能とは、様々な技能の中で主要な、読む、聞く、話す、書く、を指す。
　4技能は、読む、聞くの受容的技能、話す、書くの産出的技能に分けられる。初級の段階では、口頭での文型や文法項目の練習が中心になるため、聞く、話す技能の比重が大きいが、次第に文字を媒介とする読む、書く技能の練習も増え、中級、上級になると4技能を統合させた総合的な学習が行われるようになる。
　聞く技能には、アクセント、イントネー

ション、ポーズ等に注意を払いながら連続した音声を分節化する、語句の意味や文法を世界知識と結びつけながら話の内容を理解したり、必要な情報を聞き取ったりする等がある。

読む技能には、文字を頭の中で音に直し、語句の意味を理解する、文の構造を把握し、既有知識と照らし合わせながら文や段落の意味を解釈する等がある。また、語彙や文法知識が十分でない場合は、限られた情報から推測して理解しようとする等、両方の技能に共通しているものもある。読む、聞く技能は受容的技能と言われているが、学習者が頭の中で行っているこれらの活動は非常に能動的であると言える。

話す技能には、相手との関係や状況を把握する、発話意図を伝えるのに適切な単語や表現形式を選ぶ、統語構造に即して語の配列を考える、談話の展開を意識する等がある。コミュニケーションを成立させるためには、話し手が伝えたい内容を音声によって表現し、相手に合わせた適切な話し方を選択する必要がある。

書く技能には、文字の表記を習得する、ディクテーションをする、適切な語を使用して統語構造に即した文を作る、段落の構成を考えて文章を書く等がある。書く技能は、書き手が文字によって目標言語で情報や独自の考えを表現する際に用いるが、他の領域において学習したことを確認したり、定着させたりする際にも用いられる。

TPR／全身反応法

（Total Physical Response, TPR）

幼児の母語習得過程に倣い、聞いた言葉に身体で反応していく教授法のこと。アメリカの心理学者のアッシャー（Asher, J., 1929–）が1970年代に開発した。幼児が直接体験を通して言語を習得するという認知心理学の母語習得過程をモデルにした理解優先の教授法である。また、大脳は肉体的行為をつかさどる右脳と、知的な作業を行う左脳に分かれているが、TPRでは、右脳を活性化させて学習者に情報処理を行わせるという大脳生理学の知見も取り入れている。

幼児はまだ十分話せない段階でも、保育者の指示を聞き分け、右脳を使ってその言葉に動作で反応することができる。つまり、幼児は命令や指示に反応して行動することによって、言語と意味のつながりを見出しているのである。アッシャーは、このような経験が言語習得の基礎となっていると考え、同じような状況を外国語教育の場に取り入れた。

授業では、「立ってください」「座ってください」「本を持ってきてください」などの指示を教師が行い、学習者に動作で反応させる。幼児の母語習得過程に沈黙期があるように、学習者は話す準備ができるまで話すことは要求されない。そのため、学習者の心理的な負担が少なく、ゲームのような感覚で行動することができる。学習者に音読させたり、リピートさせたりはしない。学習者が話し始めるのは、授業開始後10時間から20時間前後である。18時間程度から、新出語句や文型を教師が板書し、音声と文字を一致させる。決まった教科書はないが、ある程度スムーズに反応できるようになってから、指示の言葉や語句が書かれたプリントを渡し、音声を視覚化する。

学習者のストレスも少なく、入門期には適した教授法である。聴解力を伸ばすことができるため、話したり聞いたりする力が不十分な学習者にも効果がある。ただ、動作を中心にした教え方であるため、抽象的な語や文法事項の指導をTPRのみで行うのは難しいかもしれない。

ns・教材教具

インスラトクショナル・デザイン
(instructional design)

学習者の有能な学びを実現するために、効果的な教授を計画し、開発し、評価し、管理するシステマティックな方法。日本語教育において、新しい教育プログラム、教科書、教材を開発する場合、情報を分析し統合し評価するインストラクショナル・デザインの手法は効果的である。

歴史的には、第二次世界大戦中に、アメリカの政府機関が米軍における新兵教育を効果的に行うために開発した手法である。当時の米軍は、銃の取り扱いや、海洋を渡るための船の操縦、爆弾の製造といった複雑で専門的な作業ができるように、大量の人々を早急に訓練する必要にせまられていた。

インストラクショナル・デザインの分野で最もよく用いられるモデルとして、ADDIEモデルがある。これは、次に挙げる5つの略語となっている。すなわち、① Analyze（分析）：学習者の性質や、学習課題の分析等、② Design（設計）：学習目標の設定、教授アプローチの選択、③ Develop（開発）：インストラクションやトレーニングのための素材の作成、④ Implement（実装）：インストラクションの素材を利用した教授の実施や素材の配布、⑤ Evaluate（評価）：教材が当初の目的を達成したかどうかの確認、の5段階である。

また、学習プロダクトを構成するための設計段階としていくつかのIDステップ（Instructional Design Step）が提案されている。その代表的なものとして米国コンピュータメーカーであるDEC社のIDステップがある。DEC社において提案されているIDステップは、管理（Management）と測定（Measurement）の2つから構成されている。さらに、問題の定義（Define）、設計（Design）、開発（Development）、供給（Deliver）の4つの段階がある（清水, 2003）。これらの4段階ごとに、下位段階が定義されている。これらの一連のIDステップを定めることにより、学習プロダクトの企画から、設計、開発を行い、実施、評価を体系的にすすめることができる。

インターネットによる言語学習
(language learning on the internet)

オンライン教材（on line content）を参照のこと。

オンライン教材 (on line content)

静止画や動画の映像、音声、文章等を組み合わせたマルチメディアを利用したものや、電子図鑑や電子百科事典等のような、主に資料提示型のコンテンツ教材のこと。

学習した内容を逐次確認していく「小テスト」、問題演習を行うことのできる「ドリル」、さらに「試験問題」等のコンテンツを充実させることで、さまざまな学習者のニーズに合わせた学習環境を提供することができる。

オンライン教材は、学習管理システムと連携して学習者の学習履歴を残すことができるものが多く、学習者が十分に習熟できていない部分を見つけたり、学習集団に対する支援に役立てたりすることもできる。

日本語に限らず、言語学習においては「読む・書く・聞く・話す」の4技能を伸ばすことが求められる。オンライン化が行いやすい技能は、受容的技能（receptive skills）である「読む」こと、および「聞く」である。この2つの技能は、テキストや音声のデータをサーバに蓄積し、ユーザからの要求（オンデマンド、on demand）により、学習者側のPCに送ってWebブラウザ（および適当なプラグイ

ン）で表示／再生する方法で学習が可能である。一方、産出的技能（productive skills）である「書く」、「話す」の指導は、学習者からの入力情報をコンピュータが認識し、さらに、その正誤を判断して適切な指導を行う必要がある。このような文字および音声情報の解析、認識、合成のすべてをコンピュータ上で行うことは難しい。しかし、文字情報における形態素解析や構文解析、機械翻訳、さらには、音声による認識や合成の技術の進歩はめざましく、日本語学習にとって有益な言語教育システムも開発されつつある。

学習管理システム

（Learning Management System, LMS／Content Management System, CMS）

ネットワーク上で、教師等が教材・学習教材の保管・蓄積、学習者への教材・学習コンテンツの適切な配信、学習者の学習履歴や小テスト・ドリル・試験問題の成績等を統合的に管理するシステムのこと。

学習管理システムは、学校における対面授業の代替（学習管理システムを介したものを中心とした授業）や対面授業との併用（部分的に学習管理システムを活用している授業）、さらには、企業における社員教育等でも利用されている。また、学習者相互間、教師対学習者等のコミュニケーションを促進する電子掲示板（Bulletin Board System, BBS）、メーリングリスト等の補完的な機能を備えていることが多い。

教師にとっては、大人数の受講者の成果を容易に把握し、成績管理等の自動化を図ることができるため、集合教育よりも低コストであるとされる。また、学習者にとっては、自分のペースや達成度に応じて学習を進めることができる。さらに、同時間、同一場所に集まる集合型の研修と比較して、時間と場所の制約を受けることないため、個人主体の効率のよい教育を実現することができる。

課題／タスク（task）

言語教育で、目標言語を処理（理解・表出）させたり、あるいは目標言語で情報のやりとりを行わせたりする活動のこと。英語教育の分野において、高島（1995、1998）では、教室内の活動を、形式の学習・習得を目的とするものから意味伝達に比重を置くものへの連続体として捉えている。言語形式の習得を主な目的とする方から、ドリル（drill）、練習（exercise）、コミュニケーション活動（communication activity）、タスク（task）という4つの主な活動を示している。高島（1998）によれば、ドリルは、置き換えドリルやフラッシュカードの語彙練習等、意味を考えなくてもできる活動をいう。練習は、適切な語形にして穴埋めさせる練習や母語や媒介語をキューとした翻訳等、やや意味を持たせた活動を指す。コミュニケーション活動は、習得を目標とする構文を用いて行う活動をいう。そして、タスクは、表現や語彙等の制約を設けずに、学習者が既知の知識を利用しながら遂行する活動をいう。タスクの条件として次の4点があげられる。①意味の伝達が第一義であること、②インフォメーション・ギャップがあること、③意味の交渉があること、④得られる情報や活動が興味深いこと、である。これらの要素が欠けると「コミュニケーション活動」や「練習」に近づくと考えられている。

日本語教育では、タスク練習は、読解や聴解の練習をできるだけ現実のコミュニケーション形態に近づけることを目的に開発され、コミュニカティブ・アプローチの代表的な教室活動とされている（田中、1988）。中上級の

ための教室活動として、インタビュー、シミュレーション、ロールプレイ、ディスカッション、ディベートが行われており、学習者の自由度が高く、自発的で創造的な言語活動を促進するものとして、利用されている。

カリキュラム（curriculum）

一定の教育の目的に合わせて、考え出された教育内容とその決まった修業年限の間での教育と学習を総合的に計画したもののこと。想定される授業科目の領域構成、授業で教えられる知識、技能構成、それらを含めての全体的な教育計画のことを指すと定義される。しばしば教育課程と同義に扱われるが、もともとはラテン語の「走る」（currere）から由来した言葉で、「走るコース、走路、ランニングコース」のことをいう。教育目的にそって選ばれた教育内容を学習者の発達、学力に応じて系列化したものである。時間的順序から見たシーケンス（sequence）を縦軸とし、内容的分野から見たスコープ（scope）を横軸にして、カリキュラムは組み立てられる。

カリキュラムの訳語である「教育課程」は、「教育目標や目的を達成するために、学習者の実態に応じて学習内容を総合的に組織、計画したもの」と言える。

また「カリキュラム」と「教育課程」を比較した場合、前者が学校のみならず企業内の研修や民間の教育機関等で広く使われているのに対して、後者は主として学校や行政機関等で使われることが多い。

教案／学習指導案（lesson plan）

教員が授業・講習等をどのように進めていくかを記載した、学習指導・学習支援の計画書のこと。初等・中等教育では、略語として「指導案」が用いられている。教科・領域によっては「支援案」と呼ぶこともある。

教員は授業を行うにあたり、コース・スケジュールに基づいて、どのように指導するかを計画する必要がある。例えば、何時間で（何回の授業時間で）指導するか、どのような学習形態（講義、グループ学習、ビジターセッション、校外学習、その他）で授業を行うか、等である。これらを踏まえて、それぞれの授業で何をどのような順序や方法で指導し、またどのように学習者を評価するかについて、一定の形式にまとめたものが教案である。

学習指導案は、多くの場合、授業参観等で、見学者に対して授業のねらいや展開等を説明するために作成される。また、教科教育法の実習等で、模擬授業、教育実習における授業内容の事前確認等、教員養成課程の中でも使用される。

具体的には、時間軸に沿って、学習者の様子を踏まえて、教材をどのような手順で提示し、どのような知識・技能を身につけさせるのかを示す。さらに、各回の目標、使用する教材、授業の展開案、そして、事後の評価方法をあらかじめ整理して記載しておく。

教育評価／アセスメント（assessment）

学習者による授業評価から教師による自己評価、教師相互の授業評価、さらに大学等の学校評価等の総称。

ブルーム（Bloom, 1956）は学力の到達基準（performance standard）を規定するため教育評価を3つに分類した。①診断的評価（diagnostic evaluation）は、学習指導を行う前に実施し、指導を行う前の時点での学習者の学力やレディネスを評価する。教師はこの情報をもとに指導の計画を立てる。②形成的評価（formative evaluation）では、学習指導の途中

において実施し、それまでの指導内容を学習者がどの程度理解したかを評価する。教師はこの情報をもとに、指導計画の変更および、理解の足りない学習者に対して補充的な指導を行う。③総括的評価（summative evaluation）は、学習指導の終了後に行い、学習者が最終的にどの程度の学力を身につけたかを評価する。成績をつけるのに使用するほか、教師が自らの指導を省みる材料としても用いることができる。

ブルームは、この分類を通して「完全習得学習 mastery learning」へと関心が向かった。つまり、一斉授業の途中で、診断的テスト（formative evaluation）を行うことにより、学習者の目標達成状況を知ることができる。その学習者の状況に応じた処方的指導を行うことで、全員が最低限基準をクリアし次の段階に進むことができると考えたのである。

教育メディア（educational media）

教授活動において、学習内容や有用な情報を伝えるもののこと。特に、「人の学習を支援する『一連の学習状況』または『授業状況（instructional events）を具体化するもの』」と定義され、「メッセージ」、「構成技法」、「材料」、「装置（しくみ）」および「環境」から構成される（大内・中野, 1982）。このような定義は、メディア教育および教育工学の分野で広く共有されており、教科書、黒板、テレビから、体験学習や見学、さらには、教師自身も含めて、広く学習状況を具現化するものをメディアと呼ぶ。

学校の設備基準や教材整備の観点からは、メディアの分類が盛んに進められており、次のような6つの分類が提案されてきた。①映像教材：スライド、フィルムスライド、OHP、映画、マイクロフィルム、テレビ、VTR、DVD、動画サイト、ポッドキャスト（Podcast）等、②非投映教材：写真、イラスト（絵パネル）、図表、地図、ポスター、黒板、③音声教材：ラジオ、録音テープ、CD、ポッドキャスト（Podcast）、④実物・立体教材：実物、標本、模型、地球儀、シミュレーション装置、⑤視聴覚教育設備：語学演習室（LL教室）、レスポンスアナライザー（クリッカー）、学習ラボラトリー、⑥視聴覚教育活動：展示、演示、見学、実験、ビジターセッション、校外学習等である。このようなメディアの中から、①学習課題の順位（課題の分析、学習者の性質）、②メディアの優先順位（効果の分析、入手の容易性）、③経済性（効率性、経費）の3点に照らして、それぞれの教育現場に適切なメディアが選択される（Schramm 1977）。

講義要綱／シラバス（syllabus）

1学期間にわたるコース全体像（到達目標、授業運営の方法、評価法）を学習者に伝えるために準備する「講義要綱」のこと。一方、授業案（Lesson Plan）は、各授業の準備として教員が作成するもので、教案や指導案とも呼ばれ、教員が1回の授業をどのように始めて、流れを作り、何を学生に学ばせるかというシナリオを記述したものをいう。

よいシラバスを作成するためには、カリキュラム全体の中で、担当する講義科目がどのように位置付けられているか、また、何を教えることが期待されているかを理解した上で講義内容を決定することが重要である。

その場合に、シラバスには、この講義を受け終わった後で、「何ができるようになっているか」という「到達目標（Intended Learning Outcome）」を明示すべきとされている。そのためには、①学生はどれだけの予備知識、

能力を持っているか、②学生はどのような関心を抱いているか、③講義科目の終了時点で、学生はどのような技術・知識を身につけているべきか、の3項目についてあらかじめイメージを持っておくことが重要と考えられる。シラバスには、「出口」と「入口」を見定めて、学生を導くための具体案を設計することが求められている。

語学演習室（Language Laboratory, LL）

　視聴覚教材を活用した語学実習室のこと。一般的に、個別学習が可能となるように囲いで仕切られ、それぞれのブースに録音再生装置およびビデオ装置等が備えられている。このような音声や映像を利用するためのLL（Language Laboratory）が開発され、その後コンピュータによるCALL（Computer Assisted Language Learning）システムに発展してきた。現在は、情報インフラの整備によって、多様な次世代CALLシステムとコンテンツ教材が開発されている。

視聴覚教材／視聴覚メディア
（audio visual educational materials／audio visual media）

　教育に用いられる教材のうち、画像や映像、または音声や音響を提示する働きを持つもの。視聴覚教材の利用が進められてきた背景には、教育における直観主義の教育観がある（生田2000）。言語中心の教育に対して、コメニウス（J. A. Comenius）、ルソー（J. J. Rousseau）、ペスタロッチ（J. H. Pestalozzi）等の直観主義教育は「子どもの感覚や経験に訴える教育」の重要性を主張した。コメニウスの「世界図絵」（1657）では世界最初の挿絵入り教科書であり、視聴覚教育の起源とされている。挿絵や図は文字による読み書きの有力な補助機能があり、その後、20世紀の映画、テレビ等各種メディアの発展的利用に受け継がれていった。

　日本でも初等・中等教育を中心に学習指導要領や同指導書において「視聴覚教材の基準」（1967）、および「標準教材品目」（1991）が設けられ、その導入がすすめられてきた。

　具体的な視聴覚教材としては、印刷物、写真、図表、絵、ポスター、実物、標本、模型、黒板、スライド、OHP、CD、ラジオ、テレビ、ビデオ、映画等が挙げられる。近年では、パーソナル・コンピュータ、CD-ROM、DVD-ROM、デジタルテレビ、携帯端末（携帯電話、PDA（携帯情報端末））等が挙げられる。また、インターネット等のコンピュータネットワークを通じて、ハイパーテキスト、電子メール、電子掲示板、電子会議、ビデオ配信等の新技術も活用が期待される。

授業設計／コースデザイン
（course design）

　教師が自らの教育活動と担当する学習者の学習活動を実践に先だってあらかじめ行う作業のこと。具体的には、授業目標を設定、授業内容の決定、活動系列の構想、教材研究、評価方法の明確化等を行う。日本の初等・中等教育では、教科書に付属している「教師用指導書」や教育委員会の標準単元プラン等が授業設計の在り方を総括的に示している。従って、必ずしも本格的な授業設計を必要としない教育活動も多い。

　しかし、田中（2000）によれば、①教師が職能成長のために行う授業設計、②新しい教育課題に対応する先進的な授業の開発、③学校や学年で共通理解を得ながら共同で行う授業設計、等の場合は授業設計が必要とされる。

日本語教育のコースデザインでは、何を（シラバス）、どう教え（教授法や指導法）、どのように評価するかを総合的に判断し、学習者に最も適した教育内容を設定する。コースデザインを作成するにあたり、まずニーズ調査、目標言語の学習状況を調べるレディネス調査を行う。これらの結果を参考に、目標言語の習得レベルを把握するためのプレイスメントテストを行い、シラバスをデザインする。

また、日本語教育は、チームティーチングで行われる場合が多いため、異なる価値観や得意分野を持つ複数の教師が、合意を得ながら共同で授業を設計したり、実施したりすることが必要となる。授業設計は役割を分担したり、異なる力量を生かしあったり、あるいは合意形成を明文化するための方法となる。

情報通信技術（Information Communication(s) Technology, ICT）

情報の処理（コンピュータ）および伝達（通信）の工学およびその社会的な応用技術の総称。ほぼ同義語として、情報技術（Information Technology, IT（アイティー））も用いられる。ICT は IT とほぼ同じ意味で使われている。1990年代のインターネット、携帯電話、携帯情報端末等や、それらをインフラとした各種のサービスの普及により、情報処理と通信の境界を下げ、ICT という表現も一般化した。さらに、総務省の「IT 政策大綱」（u-Japan 構想、H18-22）も、2004年から「ICT 政策大綱」に名称を変更する等、国際社会だけでなく日本でも定着しつつある。教育分野では、コミュニケーションが重要であるという観点から、ICT が使用される場合が多い。

現在、SNS や口コミサイト、ユーチューブといった新しいソーシャル・メディアが注目を集め、誰でもが簡単にネットワークに接続し、多様で便利な「コミュニケーション」を実現できる環境が整いつつある。このようなユーザー同士のつながりを促進するソーシャル・メディアでは、不特定多数のユーザーに個人の情報が伝わり、それを閲覧したユーザーからレスポンスを受け取ることができる。しかし、情報の伝搬力が高いソーシャル・メディアでは個人情報の取り扱い等に注意が必要であり、ネチケット（Netiquette：コンピュータネットワーク上で必要とされるエチケットやマナー）等、コンピュータ・ネットワーク特有のトラブルや技術的な問題を防ぐ教育も必要である。

電子メディア（distal media、電子媒体）

映像機器や音響機器での映像や音楽の記録再生や、電子計算機（コンピュータ）での情報処理に使用する記録媒体の総称。記録メディア、データメディアとも呼ばれる。コンピュータで扱う情報については、記録内容がデジタルデータであるが、映像機器や音響機器においては、アナログ方式で記録再生されるものもある。また、かつては磁気テープ（ビデオテープやコンパクトカセット）が主流であったが、近年は FD（フロッピーディスク）や CD-ROM、DVD-ROM 等、ディスク形状のものが主流になりつつある。

狭義の電子メディアは、主にリムーバブルメディア（removable media）を示す。リムーバブルメディアとは補助記憶装置の一種で、FD や MO（光磁気ディスク）、CD-R やフラッシュメモリー等のことである。広義の電子メディアは、主記憶装置（メモリー）以外の記憶装置（すなわち補助記憶装置）に使用されている媒体を指す。

マルチメディア（multimedia）

　デジタル技術によって実現された情報環境のこと。つまり、文字、写真、音声、映像等がコンピュータ上で継ぎ目なく統合された環境を指す。視聴覚教育では、文字、写真、画像を組み合わせた提示様式は「クロスメディア」と呼ばれてきた。また、インターネット上のWWW（World Wide Web）では、利用者がコンピュータとやり取りを行いながらマルチメディア情報を取り出せるハイパーメディアが実現されている。

　その特徴として、以下の4点が挙げられる。①文章、図、アニメーション、静止画、動画、音声等多様な情報が含まれ、それを統合することで付加価値が得られる。②多様な情報がデジタル化されており、コンピュータ上で統一的に扱われる。③利用者の選択、要求に応じて関連する情報が提供される。④多様な情報様式を単独で扱えるインターフェイスを備えている。

　このようなマルチメディアを日本語教育に応用する利点として以下の3点が挙げられる。①学習者への情報提示を音声や画像を利用して、わかりやすく行うことができる。②デジタルデータのため、修正や編集作業が容易である。また、空間的な制約を受けずに配布が可能である。③送り手が情報を設定するマスメディアと異なり、学習者や教師が必要な情報を好きな順序で利用することができる。

プレゼンテーション・ソフトウェア／プレゼンテーション・メディア
（presentation software／presentation media）

　一般的に大人数を対象とした口頭でのコミュニケーションを効果的に行うために使用する、視覚的に訴えるメディアのこと。プレゼンテーション・ソフトウェアとしては、講義者と学習者の双方向コミュニケーションを可能にするコミュニケーションツール（レスポンスアナアライザー）、遠隔地とのプレゼンテーションを可能としたもの（Web会議）等も含まれる。プレゼンターが利用する他の便利なハードウェアとして、レーザーポインターやインタラクティブ・ホワイトボード等がある。

　市販のプレゼンテーション・ソフトウェアとしては、Microsoft PowerPoint、Keynote等が広く利用されている。これらのソフトウェアにはクリップアートやテンプレートと呼ばれる、事前にデザインされた画像が含まれ、統一されたスタイルでの効果的に情報を提示することができる。

ビジター・セッション（visitor session）

　教室場面を超えた教育を目指そうという目的で、教室外の人的リソースを取り入れた活動のこと。日本語教育のさまざまな新しい試みに見られる。ゲスト・スピーカー、ビジター・セッション、家庭訪問、インターネットを利用した活動等がある。ビジター・セッションは、教師以外の日本人母語話者（日本人協力者）をクラスに招き、学習者とともに話し合い等の活動に参加してもらう活動をいう。ビジター・セッションを通じて、学習者は総合的に習得した言語能力を使用する機会を得ることができ、また、母語話者とのインターアクションにより、会話を成り立たせるために必要なスキルやストラテジーの重要さに気づくことができる。つまり、教科書や教室の中で教えられない自然なコンタクト場面で生じる「社会言語行動」の習得を目指しているものである。

　トムソン・舛見蘇（1999）は、日本人協力者

の魅力と必要性を、①学習者に日本人や日本語のバラエティーを示せる、②一対一の同格者として接してくれる、③教師の不足を補える存在である、といった点から述べている。一方、日本人協力者の参加に関わる問題点としては、①学習者の期待過多、②日本人協力者による学習者のインターアクション能力の誤審、③学習者の学びたい事柄と協力者の教えたい事柄の間のギャップ、④日本人協力者の日本語教育活動への参加動機、の4点を挙げ、これらを解決するためには教師がコーディネーターとして果たす役割が重要になると述べている。

ポートフォリオ (Portfolio)

もともと、芸術家や写真家などが、自分が今まで創ってきた作品の代表作をまとめたものをいうが、これを教育に応用して、ティーチング・ポートフォリオ、ラーニング・ポートフォリオと呼ばれている。

ティーチング・ポートフォリオは授業シラバス、学生による授業評価、同僚による授業評価等、教員の教育活動に関するさまざまな項目を含む包括的な記録 (Comprehensive Record) とされる。現在、北米の2,000以上もの単科大学や総合大学において、昇格や終身在職権 (テニュア、tenure) 審査で候補者の教育活動の優秀性を評価する根拠資料として利用されている。このように広く普及した理由として、80年代後半から90年代にかけての大学教育改革のもとで、教員が自らの教育活動について社会や学生、保護者に対して説明責任を一層厳しく求められるようになったことが挙げられる。日本でもティーチング・ポートフォリオが注目を集めつつある背景には、第三者評価の普及や教育活動に対する説明責任の重視等、高等教育を巡る改革の影響が大きい。大学を取り巻く外的な状況からも「ティーチング・ポートフォリオ」が必要とされているのである。

一方、ラーニング・ポートフォリオは、プロセス・ポートフォリオとも呼ばれ、すべての学習に関する資料を保管する。土持 (2009) によれば、ラーニング・ポートフォリオは、①自分自身の情報：省察的叙述、学習達成目標、キャリアプラン、②他者からの情報：教員からのフィードバック、推薦状、③学習成果：成績証明書、の3つを含む。このような情報を集め、それを分類する過程で、学習者自身が「授業や学習のプロセスで何を学んだか」、「学習成果が到達目標に沿ったものであったか」等の問いかけを行う。このような省察的な実践 (reflective practice) が、学習改善や新たな学習への動機付けにつながるとされる。

モジュール (module)

工学等における設計上の概念で、システムを構成する要素となるもののこと。「交換可能な構成単位」「標準化 (規格化) された要素」「独立性の高い部品」という意味で用いられる。

コンピュータ産業が「モジュール化」によって大きな発展を遂げたことをきっかけに、広く経営の分野でも「モジュール化」の重要性が指摘されるようになった。コンピュータ産業におけるモジュール化とは、ソフトウェアやハードウェアの生産について、標準化された部品を利用する考え方のこという。例えば近年のパソコンは、メモリーやハードディスク等の「標準化された部品」を組み立てて生産できる仕組みになっている。そのため、コンピュータの各々の部品をどのメーカーが生産しても、全体としては問題なく動作する

ことができる。そこで経営に関するさまざまな分野（生産、業務プロセス、組織形態等）において、「モジュール化」の有用性が語られるようになった。

　教育分野でも、一部の小中学校では、10分から15分程度の短い授業単位のことを「モジュール」と呼び、このようなモジュールを組み合わせることによって、授業内容に応じた柔軟な時間割を組むことを可能としている。例えば、日本語教育を例にとると、「発音練習」や「漢字の書き取り」等の反復練習には少数のモジュールをあてて、「プロジェクトワーク」や「作文」等には多数のモジュールをあてることによって、時間割を組むことができる。

レディネス（readiness）

　学習と発達の関係を考える際に重要な概念。ある学習をするために、学習者の側にそれを受け止める準備ができていることを意味する。つまり、ある学習を行うためには、学習者が十分な基礎的な能力を獲得していれば、その学習を先に進めることができるが、そうでない場合には学習を始めること自体が困難であったり、その後の学習過程に支障が出たりすることをいう。ここでは、レディネスは学習の「適時性」の意味で使われている。

　言語学習を考えた場合、学習者がレディネスを備えているか否かは、テストにより判断される。例えば、読みのレディネスを調べるためには、文字の認識、文章を上から下へ読んでいくこと、単語のつづりと読みの対応等、多くの前提条件が必要である。このような事柄がどれだけ理解されているかが読みの滑らかさを規定する。

　日本語教育では、レディネス分析の観点として、①経済的条件：日本語学習のための準備すべき費用、②時間的条件：学習に費やせる時間（自宅学習時間を含む）、③学習用機材：日本語学習用の機器の所持、インターネットアクセス等、④外国語学習の経験：日本語以外の外国語を学習した経験の有無、⑤学習者の興味・関心の分野：ビジネス、アカデミック等日本語習得の目的、の5点が挙げられている（田中1988）。

CALL

（Computer Assisted Language Learning／Computer Assisted Language Laboratory）
コンピュータを使用した外国語学習のこと。CALLを利用した語学学習としては、「教室学習型CALL」と「自律学習型CALL」がある。

　教室学習型CALL、または、CALL教室は、語学教育専用の教室として設備され、さまざまな語学の授業で使用されている。特に、外国語の習得において重要な「聞く」「話す」能力の養成に重点を置き、視聴覚情報を通じた運用能力の向上と効率化を図ることを目的としている。近年は、映像・音声を提示する視聴覚教室としての機能のほかに、インターネットにも接続し、コンピュータと連携した語学教育が実現できるように工夫されている。さらにコンピュータ端末が設置された教室では、情報処理教育にも活用できることが1つの特長となっている。このような教室の利用では、一斉授業でありながら、情報通信機器を通じて教員と学習者または学習者相互の効率的なコミュニケーションの向上（例えば、学習者別の教材提示、学習状況のモニタリング）、インターネットや文字情報を取り入れた映像メディア教材の利用が可能となっている。

　一方、自律学習型CALLでは、学習者が大学の自習室（視聴覚教室：audio-visual classroom; audiovisual classroom、LL教室：Computer Assisted Language Laboratory）や自宅等コンピュータの使用できる環境で、ビデオ教材、および CD-ROM 教材を使用して時間や場所に拘束されずに、学習者が自由に学ぶことができる。また、近年、Web ブラウザやインターネット上の情報を利用した CALL システム（WBT）も開発され広く利用されている。

e ラーニング（e-Learning）

パーソナル・コンピュータ（PC）やインターネット等の情報機器・通信環境を用いて行う学習方法の総称。e ラーニングの "e" は、electronic（電子的）の意味であり、日本語においてもアルファベットのままの表記が多い。

コンピュータを用いた学習や教育は、CAI（コンピュータ支援教育、Computer-Assisted Instruction／Computer-Aided Instruction）等をはじめとする各種の形態が開発されてきた。その後、CBT（Computer-Based Training）や WBT（Web-Based Training）等の発展とともに、1990 年代から e ラーニングという名称が使用されている。

広い意味では、CD-ROM 教材を利用しての学習や衛星通信等で配信される講座の受講も e ラーニングに含めることができる。しかし、最近は、ネットワークを活用して、オンラインで提供される教材に対して、受講者一人ひとりがアクセスして学習するスタイルを呼ぶ場合が多い。

e ラーニングの利点としては、情報通信技術を活用して、学習者と学習資源（指導者、学習コース、教材、コンテンツ）との間に相互の働きかけを保障し、さらに、時間的、空間的な制約のない状況で、学習者が主体的に学習する環境を可能とすることが挙げられる。つまり、「いつでも、どこでも、だれでも、自分のペースで学習できる」ことが特徴である。

e ラーニングに使用する機器としては、パーソナル・コンピュータ、CD-ROM、DVD-ROM、デジタルテレビ、携帯端末（携帯電話、PDA（携帯情報端末））等が挙げられる。また、情報通信に関しては、インターネット等のコンピュータネットワークを通じて、ハイパーテキスト、電子メール、電子掲示板、電子会議、ビデオ配信等の技術が活用されている。特に、携帯端末を利用した方法は、m ラーニング（mobile learning）、u ラーニング（ubiquitous learning）と呼ばれる場合もある。

WBT（Web Based Training）

インターネットや WWW の技術を利用して教育を行うこと、また、そのような教育を行うためのシステムのこと。コンピュータを教育に活用する「e ラーニング」のうち、特に Web ブラウザやインターネット上の情報やシステムを利用するものを WBT と呼んでいる。WBT では、「誰でも」、「どこでも」、「いつでも」学習できる環境を低コストで実現できるため、社会人教育を中心に急速に広がりつつある。

WBT を利用すれば、学習者は時間と場所を選ばず、自分のペースに合わせて学習を進めることができる。さらに、多くのシステムでは、学習の進捗状況がネットワークを通してデータベースへと登録されるので、受講者に対してきめ細かい管理と指導を行うこともできる。加えて、教育に必要な環境はネットワークにつながったパソコンとサーバのみでよいため、教授者および学習者の移動に必要な費用がかからないとされる。

学習者側のメリットとして、① 同時間、同一場所に集まる必要がなく自由な時間と場所で学習できる、② 自分のペースや達成度に応

じて学習を進めることができることが挙げられる。一方、教師側のメリットとして、①成績管理等の自動化を行うことができる、②教えるための時間を拘束されない、③多人数での受講が可能であり、集合教育よりも低コストであるとされる。

しかし、デメリットとして、①学習意欲の持続が難しい、②質疑等によってその場での問題解決ができない、③教師やほかの学習者との交流がとりにくい、④学習者の状況をデータからしか把握できない、⑤教材の作成に手間と時間がかかる、等が挙げられる。

また、教師やほかの学習者との交流がとりにくいこと、質疑等その場でのフィードバックが行えないこと等から、学習を続けるモチベーションを維持することが難しいとされる。このような弱点を補うためには、メンターやチューター制度等の、学習をサポートする体制の充実が重要である。また、学習の進み具合や目標達成度、成績等を管理するための仕組みを整えて、学習者に現在の学習がどこまで進み、設定した目標をどのレベルまでクリアしているかを随時、知らせる工夫等も有効である。

13 日本語教育政策・日本語教育史

アイデンティティ（identity）

自分が何者であるか、どの集団に帰属するか、何をするべきか、といった意識のこと。心理学者エリクソン（Erikson, E. H., 1902-1994）による用語で、「自己同一性」などと訳される。

アイデンティティに関わる要素には、国籍、民族、言語、文化などがある。日本のオールド・カマーの3世以降には、これらが一致せず自分の存立基盤を見失うケースが報告されている。ニュー・カマーの場合にも、異文化圏に移動した初期段階には、周囲の他者の承認を得られず、それまで保持してきた言語、文化、価値観、習慣を否定され、心理的に不安定になることがある。こういった状態はアイデンティティ・クライシス（identity crisis）と呼ばれる。特に子どもは、現地語の習得と現地社会への適応に重点を置き過ぎると、母語や母文化に否定的感情を持つおそれがあるので、十分留意する必要がある。学校などにおける個人の名前の扱い方も、アイデンティティに大きく関わる問題である（ハタノ, 2009）。

また、自分がアイデンティティを持つ言語を使用する権利を言語権（language rights, linguistic rights）といい、近年、活発に議論が展開されている。

オールド・カマー（old-comer）

日本在住の外国人のうち、朝鮮半島や台湾など日本の旧植民地や占領地の出身者とその子孫。1970年代以降増加しているニュー・カマーと対になる呼称であるが、明確に定義づけられた法律や行政の用語ではない。

旧植民地出身者は、1952年サンフランシスコ講和条約発効の際に日本国籍を喪失し、1990年の入管法改定によって特別永住者の在留資格を与えられた。2010年12月31日時点の外国人登録者数は2,134,151人、このうち特別永住者は399,106人（約18.7％）である。ニュー・カマーの増加により、オールド・カマーの占める比率は減少傾向にある。

現在は日本で生まれ日本語で育った3世以降が多数となり、日本国籍取得者も増えている。しかし、民族としてのアイデンティティ（identity）保持の動きも活発であり、民族学校や民族学級で言語や文化の教育が行われている。また、1世など高齢者には、生活に追われ勉学の余裕がなかったため民族語と日本語のいずれの読み書きも十分でないケースがあり、夜間中学校などで識字教育（literacy education）が行われている。

また、世代によって多様化するオールド・カマーの言語使用の実態の調査、研究も進められている（真田等編, 2005）。

外国人学校（foreign school）

日本に住む外国籍の子どもを主な対象とする教育機関。民族学校（national school）と国際学校（international school）に大別されるが、いずれも便宜的な呼称で、法的に定義されたものではない。

国際学校は、原則として生徒の受け入れを国籍や民族で限定せず、国際人の育成を目的とする機関である。授業用語は、国際共通語としての英語であるところが多い。民族学校は、ある国籍または民族の子どもを対象とした内容の教育を行い、その言語を授業用語とする機関で、朝鮮学校、中華学校、ドイツ人学校、ブラジル人学校などがある。国際学校、民族学校のいずれも、①本国への帰国を前提として本国と同じ教育制度や教育言語を採用するところ、②日本での生活を前提として民族教育とともに日本事情や日本語教育を重視するところがあるが、設立当初は①でも、近

年②に移行していくところが増えている。歴史的には欧米系の国際学校、中華学校、朝鮮学校などが古いが、近年はブラジル人学校など南米系の民族学校が増加している。

文部科学省「学校基本調査」の対象外であるため整備された統計はないが、朴（2008）によれば、2005年5月の時点で外国人学校で学ぶ子どもは約45,000人、2007年末の時点で外国人学校は221校（国際学校33、民族学校188）である。

これらの中で、学校教育法第1条に定められた学校（通称：一条校）は3校のみで、大多数は各種学校（2008年5月121校）か無認可の私塾扱いである。一条校は、日本の学校と同様、学習指導要領の準拠や文部科学省検定済教科書の使用などが義務付けられ、民族教育が十分には行えない。一条校以外は、税制、公的助成、地方自治体からの補助、通学定期券の購入などさまざま面で不利であり、その分、学費など保護者の負担が大きい。また、進学に際しても受験資格の認定に障壁のあるケースも少なくない。

2008年秋の経済不況以降、子どもの退学や閉校の増加も大きな問題となっている。

外国人政策（policy for foreigners）
外国人に関する国の政策のこと。日本ではこれまで出入国管理政策とほぼ同義で用いられてきたが、より広範な、社会統合政策や移民政策の必要性を説く声も上がっている。

●出入国管理及び難民認定法／入管法
日本の外国人管理の基本法。日本を訪れる全ての外国人を在留資格で区分して管理する仕組みを定めている。1951年出入国管理令として成立、1982年現在の名称に改められた。

数次の改定を経ているが、1989年12月成立、1990年6月施行の改定では、就労制限のない定住者の在留資格が日系3世まで適用された。これにより、ブラジルやペルーなどの日系人が家族とともに多数来日、滞在の長期化や定住化が進み、生活日本語や外国につながる子どもの教育の必要性が注目されるようになった。

また、2009年7月成立の改定のうち、①在留資格としての技能実習の新設、②留学と就学の留学への1本化は、2010年7月施行された。また、③外国人登録制度に代わる外国人台帳制度の導入は2012年7月施行予定である。従来、出入国情報や在留資格は法務省が、在留情報は地方自治体が管理していたが、変更後は法務省が一元管理する仕組みになる。

今後の方針として、外国から高度な人材を獲得するため、ポイント制の導入や日本語能力による優遇策も提案されている。

●外国人登録
1952年制定の外国人登録法に基づき、日本に90日以上在留する外国人（外交官や米軍関係者を除く）に義務付けられている行政手続き。入国90日以内に居住地域の市区町村に申請し、審査後、外国人登録証明書の交付を受ける。これは常時携帯が義務付けられ、不携帯の場合の罰則規定もある。

法務省（2011）によれば、2010年12月31日時点の登録者数は2,134,151人で、日本の総人口の1.67%を占める。過去最高は2008年12月31日時点の2,217,426人、1.74%であり、2年連続で減少している。登録者数の最多は中国で全体の32.2%、以下、朝鮮・韓国26.5%、ブラジル10.8%、フィリピン9.8%、ペルー2.6%である。

2012年7月、この制度は廃止され、外国人台帳制度が導入される予定である。新設される在留カードにも、常時携帯義務と罰則規定がある。

外国人労働者（foreign workers）

日本で働く外国人のこと。少子高齢化などによる日本の労働力不足を補うという文脈で用いられることが多い。

原則として、日本政府は外国人の単純労働（非熟練労働）を認めていないが、現実には多数の外国人が3K（きつい、汚い、危険）労働などに従事している。日系人、技術研修生、技能実習生をサイドドア（勝手口）から、資格外就労者や超過滞在者をバックドア（裏口）から入れている、というたとえもある。

このような現状に対して、正規の就労在留資格によるフロントドア（正面玄関）からの受け入れを検討するべきだという声も上がっている。議論の口火を切ったのは、日本経済団体連合会（2003）の通称「奥田ビジョン」であり、奥田 碩 会長（当時）は、外国人労働者受け入れとそのための社会作りを提案した。次いで、日本経済団体連合会（2004）では、①質量ともにコントロールされた秩序ある受け入れ、②外国人の人権の尊重、③送り出し側のメリット、という受け入れ3原則が示された。

続いて、「日本21世紀ビジョン」（内閣府経済財政諮問会議, 2005）は、外国人労働者の積極的かつ秩序ある受け入れの必要性を指摘した。さらに、内閣官房外国人労働者問題関係省庁連絡会議（2006）や日本経済団体連合会（2007）は、外国人労働者の生活支援や日本語教育の必要性にも言及している。

2008年以降は、不況のため日系人の解雇が相次いでいる。厚生労働省は「日系人就労準備研修事業」を計画、財団法人日本国際協力センター（Japan International Cooperation Center, JICE）が実施して、日本語コミュニケーション能力の育成を図っている。

少子高齢化の進行と労働力不足、経済や人の移動のグローバル化といった全体の動向を踏まえ、議論を深める必要がある。

外国につながる子ども
（children with international backgrounds）

国際結婚家庭の子ども、中国帰国者の子ども、外国で生育した子どもなど、国籍に関わらず外国の言語や文化と深い関わりを持つ18歳までの子どものこと。類義の表現に、外国にルーツをもつ子ども、日本語を母語としない子ども、JSL児童生徒、などがある。但し、文部科学省の用語「外国人児童生徒」には日本国籍の子どもは含まれない。

1990年代以降、日系人などの家族が増え、外国につながる子どもの教育が注目されるようになった。近年の日本語教育の研究および現場では、実態調査、教材開発、学習支援や地域との連携などが行われている。

●就学状況

日本国憲法第26条、教育基本法第3条は、国民の教育を受ける権利を定めている。外国籍の子どもについては、就学義務はないが希望する場合は受け入れるという姿勢を教育行政はとっている。しかし、児童の権利に関する条約（通称：子どもの権利条約、1989年国連総会採択、1990年発効、1994年日本批准）第28条は、すべての子どもに対する初等教育の義務性と無償性を定めている。国際条約に抵触する国内法は改定の義務があるが、日本の対応は十分でない。

文部科学省「学校基本調査」によれば、2010年5月の時点で、約8万人の外国人児童生徒が国公私立の小中高等学校に在籍している。地域的には集住と散住の両極があり、散住地域では教員加配や予算などの特別措置が講じられないといった問題がある。また同省は1991年度から「日本語指導が必要な外国人児

童生徒の受入れ状況等に関する調査」を実施、2010年9月1日時点で該当する子どもは28,511人（過去最多は2008年28,575人）、母語別では、ポルトガル語33.2%、中国語21.6%、フィリピノ語15.3%、スペイン語12.4%である。しかし、子どもの国籍などの情報掌握や日本語指導が必要か否かの判断は難しい。

さらに、家庭の経済事情などによる不就学の問題も深刻である。不就学とは学齢期の子どもがどの学校にも在籍せず学校教育を受けていないことであり、在籍校のある不登校とは異なる。文部科学省は2005年度から「外国人の子どもの不就学実態調査」を実施、2009年度から「定住外国人の子どもの就学支援事業（「虹の架け橋教室」事業）」を国際移住機関（International Organization for Migration, IOM）と共同で行っている。

●センター校方式

公立学校における日本語指導の方式の一つ。特定の学校をセンター校に指定して日本語教室を設け、地域内の学校に在籍する子どもを決まった時間に通わせる方式。日本語指導には効率的だが、在籍クラスの担任との連絡や友達作りに支障が出ることがある。

これに対し、特定の学校を拠点校に指定して地域内に居住する日本語指導が必要な子どもを在籍、通学させる方式を拠点校方式という。日本語だけでなく教科学習や生活全般に目が届くが、子どもに通学の負担がかかる場合がある。

●拠点校方式

センター校方式を参照のこと。

●取り出し授業

日本語能力が十分でないなど学習上の配慮が必要な子どもに対し、在籍クラスとは別に行われる授業のこと。「取り出し」の語感に対する批判から、抽出授業、個別対応授業などと言い換えられることもある。

逆に、在籍クラスでの授業に授業担当者以外の教員や日本語ないし母語のサポーターが入り補佐する方法を「入り込み」と呼ぶ。

●内容重視の言語教育
（content-based instruction, CBI）

言語によって扱われる内容を優先し、その内容を実現するための言語項目を指導する教育方法。年少者の第二言語教育の場合、内容は各教科の学習事項であることが多い。

外国につながる子どもの日本語は、基本的対人伝達能力（basic interpersonal communicative skills, BICS）が一定のレベルに達していても認知学習能力（cognitive academic language proficiency, CALP）が不十分な場合が少なくない。しかし、教育現場ではそれが理解されず学力不振の問題と見なされがちである。このため、学習の早い段階から内容重視のアプローチをとる方法が探究され、教科書『にほんごをまなぼう』シリーズ（文部省、1992-93）の作成、教科学習に必要な語彙調査（工藤、1999；樋口編、2010、2011）、JSLカリキュラムの研究開発などが進められている。

簡約日本語（the Simplified Japanese）

国語学者の野元菊雄（1922-2006）によって提唱された、簡約化された日本語のこと。学習者の負担を減らして、日本語を国際語にすることを試みた。第1段階では、語彙は約1,000、動詞の活用形はマス形のみに絞るなどの方針が立てられ、これに基づき、次のような例が発表された。

〈通常の日本語〉ついに北風は、彼からマントを脱がせるのをあきらめた。

〈簡約日本語〉とうとう北の風は彼から上に着ますものを脱ぎさせますことをやめませんとなりませんでした。

1988年、当時、野元が所長であった国立国語研究所が開発に着手し賛否を分ける論争となったが、大方の賛同を得られず、広まらなかった。

考え方の一部は「やさしい日本語（Easy Japanese, EJ）」と共通点があるとしてその先見性を評価する声もある一方、理念が全く異なるとしてつながりを否定する立場もある。

技術研修生（technical trainee）

開発途上国から研修のために受け入れる技術者などのこと。

1953年、国際学友会（当時）がインドネシア政府派遣技術研修生を受け入れたのが初例である。1954年には、「アジア及び太平洋の共同的経済社会開発のためのコロンボ・プラン（通称：コロンボ・プラン）」に加盟、社団法人アジア協会（当時）による研修生受け入れや専門家派遣が開始された。また、1959年には、通商産業省（現、経済産業省）の外郭団体として財団法人海外技術者研修協会（The Association for Overseas Technical Scholarship, AOTS）が設立された。

日本の研修生受け入れには、次の3種類がある。

① 政府開発援助（Official Development Assistance, ODA）の一環としての、政府ベースの受け入れ。独立行政法人国際協力機構（Japan International Cooperation Agency, JICA）などが受け入れの中心となっている。

② 政府省庁の管轄下で公的補助金を受けつつ実務研修は民間企業で行う半官半民ベースの受け入れ。AOTSなどが受け入れの中心となっている。

③ 民間企業や団体による受け入れ。1989年の入管法改定で認められ、1993年には技能実習制度が発足したが、低賃金の労働力の代替であるなどさまざまな問題が発生している。

研修プログラムには、技術の修得に必要な日本語の教育も組み込まれている。AOTSは、『新日本語の基礎Ⅰ、Ⅱ』（1990, 1993）、『新日本語の中級』（2000）などの独自教材や、インターネットを利用した自習システムなどの開発も行っている。

技能実習制度

（Technical Intern Training Program）

開発途上国などから人材を受け入れ、技術や技能、知識の修得を支援する制度。受け入れ形態には、日本の企業が単独で受け入れる企業単独型と、企業がその所属する事業協同組合や商工会議所などを通して受け入れる団体監理型がある。当制度の指導、監督、支援などの業務には財団法人国際研修協力機構（Japan International Training Cooperation Organization, JITCO）があたっている。

当制度は、以前は研修と技能実習の2段階で構成されていたが、2010年7月から技能実習に1本化された。旧制度には問題点として、①研修期間は就労でないため労働関係法規が適用されない、②実際の目的が日本側は中小零細企業、農業、漁業の低賃金労働者の確保、外国人側は出稼ぎ労働などであるケースが多い、③人権侵害や賃金未払いなどのトラブルが発生し社会問題化している、④日本語教育が不十分で生活に困難が生じる例が多い、などが挙げられていた。新制度がこれらの問題点をどの程度解決できるか注目されている。なお、2010年7月から研修は知識修得の座学に限定された。

当制度のありかたや日本語教育の関わりについては、少子高齢化による労働人口の減少、国境を越えた人の移動といった全体の動きを踏まえ、議論を深める必要がある。

継承語 (heritage language)

出自の象徴として親などから受け継がれる言語のこと。

一般的に、移民の母語保持（maintenance）は難しく、2～3世代で現地語への取り替え（shift）が完了する。

海外では日系人を対象に、継承語としての日本語（Japanese as a Heritage Language, JHL）教育が行われている。また、日本では1990年代以降、外国につながる子どもが急増し、日本語教育とともに母語や継承語教育の必要性が指摘されている。

湯川（2006）は、母語の特徴を次の4つにまとめ、②の機能を持つ第一言語に対し、持たないものを継承語としている。
① 生後最初に触れた、家族とのコミュニケーションが十分にとれる言語
② 学校教育の初期段階で読み書きや新しい知識を獲得するツールとなる言語
③ 広範囲の領域で高度に発達していく（可能性を持つ）言語
④ 文化的、心情的に帰属意識の持てる言語

積極的な継承語教育による価値付与（valorization）は、アイデンティティ（identity）や自己肯定感（self-esteem）の確立に必須であり、教育環境の整備が重要課題である。日本語教育においても、バイリンガリズム（bilingualism）研究の知見を踏まえた研究の深化と実践が進められている。

言語権 (language rights, linguistic rights)

言語に関する権利のこと。基本的人権（basic human rights）の1つとして、1990年代以降、議論が活発化している。

国際人権規約の自由権規約（B規約）第27条では、少数者（minorities）は自己の言語を使用する権利を否定されない、と定めている（1966年国連採択、1976年発効、1979年日本批准）。また、1996年には世界言語権会議において世界言語権宣言（Universal Declaration of Linguistic Rights）が採択されている。

言語権は、具体的には次の2種類が主張されている。
① 自分がアイデンティティ（identity）を持つ言語を習得したり使用したりする権利。外国人や国内少数言語話者が自分の母語を使用する権利として、母語教育の保障が求められている。
② 居住地域の公用語や共通語を習得する権利。移住者が現地の言語を習得して社会参加を可能にする権利であり、行政や教育機関による教育が求められている。

近年は、人間の側により重点を置いた、「言葉への権利」「コミュニケーション権」といった概念も主張されている。

言語サービス (linguistic services)

外国人が理解できる言語を用いて必要な情報を伝達すること。具体的内容には、①生活情報や災害、事故、医療などの緊急情報、②相談窓口、③公共の掲示や配布物、④日本語教育や母語保持教育、⑤司法通訳などがある。

①～③については、多言語と平易な日本語の2通りの考え方がある。地方自治体では、中国語、韓国語、英語、スペイン語、ポルトガル語の5言語による情報提供を目指してい

るところが多い。災害時の緊急情報提供のための「やさしい日本語（Easy Japanese, EJ）」も研究開発されている。

④は、日本語については地域ボランティアなどによって担われている。母語についてはまだ十分でない。⑤は、今後の課題である。

● **ピクトグラム**（pictogram）
非常口、トイレ、禁煙などの情報を視覚的に表した図。東京都（2003）による、交通機関、地名、施設などの表記ガイドでも、ふりがな、ローマ字の併記、多言語表示などとともに、ピクトグラムの使用を推奨している。

● **司法通訳**（law interpretation）
日本語を母語としない人が事件に関係した場合の通訳。捜査の円滑化と人権擁護を目的とする。警察通訳、検察通訳、弁護通訳、法廷通訳などがある。特に法廷通訳は、裁判所法第74条に「裁判所では、日本語を用いる」とあるため必須であり、諸制度の整備が急がれている。

● **言語政策**（language policy）
言語に関する国家の政策。国内の多言語状況に対応する政策や、国外への自国語の普及政策などが含まれる。言語政策で示された方針を実現するための具体的な計画を言語計画（language planning）といい、Cooper（1989）は次のように下位分類している。

① 地位計画（status planning）：ある言語に特定の地位を与える計画。席次計画とも訳される。国語（national language）や国家語（state language）、公用語（official language）、教育言語の選定など。

② 実体計画（corpus planning）：①で選定された言語の実質的内容を決定する計画。文字を与える文字化、規範を制定する標準化、新しい概念を表す語を作る近代化など。

③ 普及計画（acquisition planning）：①、②で立案した内容を普及するための計画。

日本の言語政策は、国内の母語話者を対象とした国語政策、特に国語国字問題が議論の中心を占めている。国内外における非母語話者も対象に含めた日本語政策は、複数の省庁や関係諸機関の間の連携の問題もあり、一貫した理念や方針はまだ不十分である。日本語教育政策についても同様であり、日本語教育振興法の法制化を求めて日本語教育学会のワーキンググループが活動しているが、それだけでなく、日本語教育、国語教育、外国語教育などの各分野が連携して言語教育政策全般の議論を進める必要がある。

● **公用語**（official language）
国、地方、国際機関などで公式に使用される言語。立法、行政、司法はすべて、公用語で行われる。国レベルでは、国語（national language）や国家語（state language）が国の

表1 多言語国家の国語と公用語の例

国	国語	公用語
セネガル	セレール語、ソニンケ語	フランス語
ルワンダ	ルワンダ語	ルワンダ語、フランス語
ヴァヌアツ	ビスラマ語	ビスラマ語、英語、フランス語
アイルランド	エイレ語	エイレ語、英語

象徴であるのに対し、公用語は実際的な機能を果たす。多言語国家では複数の公用語があるケースが多い（表1）。

日本には公用語を定めた法律はない。これは、日本語が公用語であることが自明視されているためと考えられている。但し、裁判所法第74条には「裁判所では、日本語を用いる」とある。

日本語を母語としない住民が増加している現在、行政や司法などの場で日本語以外の言語サービスを受けられる体制作りが求められている。

古代〜近代以前の日本語教育
●朝鮮半島

朝鮮半島では、古代から日本語教育が盛んであった。

『日本書紀』天武天皇9（西暦681）年11月24日条には、新羅からの「習言者」3名の渡来が記録されている。これが、文献に見える最初の外国人日本語学習者である。

1414年には、通訳官養成機関である司訳院で日本語教育が開始された。これは、朝鮮半島における最初の公的かつ組織的な日本語教育機関で、1894年まで存続した。

司訳院で使用された語学教材は「朝鮮資料」と呼ばれ、日本語については読本21冊、辞書3冊が知られている。現存する最古の教材は『伊呂波』(1492)で、ひらがなに表音文字のハングルを付して発音を示している。これにより日本語の「チ」「ツ」が当時破擦音でなかったことがわかる。外交交渉の対話教材『捷解新語』全10巻(1676)からは、日本語のハ行子音が当時両唇音であったことが確認できる。『隣語大方』1巻(1790)は、商談や商用書簡の文例集である。辞書では、収録語数約3,400の『倭語類解』全2巻(1780頃)がある。

なお、『倭語類解』『隣語大方』の作成には対馬藩の通訳として活躍した朱子学者の雨森芳州(1668–1755)が協力した。

●中国

中国では、歴史書に日本についての記述があり、日本語学習も進められていたが、朝鮮半島ほどには本格的に発展しなかった。16世紀の明朝においては、倭寇対策を主な目的として日本語研究が進められ、『書史会要』『日本寄語』などが刊行された。これらによって、日本語の「チ」「ツ」が14世紀の[ti][tu]から16世紀には[chi][tsu]に変化していたことがうかがわれる。

中国において日本語教育が活発化するのは、近代化の始まる清末以降である。

社会統合（social integration）
同化（assimilation）を参照のこと。

19世紀ヨーロッパにおける日本語教育

19世紀、ヨーロッパでは東洋への関心が高まり、日本研究も進められ、各地の大学で日本語教育が開始された。

江戸時代、鎖国政策の中でもオランダは長崎で通商を許可されており、オランダ商館の医師シーボルト（von Siebold, P. F. B., 1796–1866）は日本の文物を広範に収集した。その資料整理に従事したホフマン（Hoffman, J. J., 1805–1878）はシーボルトと共著で『日本書誌』(Bibliotheca Japonica, 1833–41)を刊行し、1851年、ライデン大学に設置されたヨーロッパ最初の日本語学講座の教授となった。また、幕府派遣オランダ留学生の榎本武揚や西周とも交流をもち、1867年には『日本文典』(Japansche Spraakleer)を著した。

フランスでは、1825年にロドリゲスの『日本小文典』、1868年に『日葡辞書』がフランス語に翻訳された。1856年に『日本語研究序説』（*Introduction à l'étude de la langue japonaise*）を著したロニー（Léon de Rosny, 1837-1914）は、1862年幕府遣欧使節団の通訳を務め、福沢諭吉らと親交を結び、1868年パリ東洋語学校の最初の日本語教授となった。

1870年ペテルブルク大学、1871年ナポリ東洋研究所、1873年ベルリン大学付属東洋語学校においても、それぞれ日本語講座が開設された。

少数言語（minority language）

社会の中で、中心的ではない言語。話者数が少ないことだけでなく、社会の中で被支配的な位置にあることも重要な特徴とされる。日本では、外国人住民の母語のほかにも次のような言語が、話者数でも社会的位置でも少数言語として存在している。

●琉球語／琉球方言（Ryukyuan）

奄美、沖縄、宮古、八重山諸島の言語。日本語との系統関係が証明されている現在唯一の言語である。チェンバレン（Chamberlain, B. H., 1850-1935）は日本語と琉球語の関係を姉妹語とし、服部四郎（1908-95）は日本祖語からの分岐は1500年以前であるとした。但し、明治以降の国語学では、日本語は本土方言と琉球方言に分かれるとしている。沖縄学の父と称される伊波普猷（1876-1947）は、琉球語の呼称を用い続けた。琉球最古の文学作品は16-17世紀頃の琉球歌謡を筆録した『おもろそうし』である。

琉球語／琉球方言は奄美・沖縄方言と宮古・八重山方言に大別されるが、それぞれの中でも意志疎通は不可能なほど方言間の差異は大きい。沖縄本島中南部の首里や那覇の方言が中心的位置を占め、「ウチナーグチ（沖縄口）」と呼ばれているが、明治以降の標準語強制政策、方言札などを用いた方言撲滅運動により衰退し、現在は本土方言「ヤマトグチ（大和口）」との接触言語（contact language）である「ウチナーヤマトグチ（沖縄大和口）」が一般的には用いられている。

●アイヌ語（Ainu）

日本北部の先住民族であるアイヌ民族の言語。日本語と同様SOV型の語順だが、日本語は膠着語、アイヌ語は抱合語であることや、音韻体系が相違すること、借用以外の語彙の共通性は見出されていないことなどから、日本語との系統関係は認められていない。

アイヌ民族は日本人（和人）に追われて居住地域を北海道や樺太に限定され、明治以降の同化政策により日本語を強制された。現在アイヌ語は消滅危機言語（endangered language）である。

明治以降のアイヌ語研究者としては、宣教師バチェラー（Batchelor, J., 1854-1944）、金田一京助（1882-1971）、知里真志保（1909-1961）らが知られている。また、真志保の姉の知里幸恵（1903-1922）の筆録した口承叙事詩ユーカラ（yukar）は、『アイヌ神謡集』（1923）として出版された。

1980年代以降、アイヌ語やアイヌ文化の保存、継承の運動が高まりを見せ、1984年、アイヌ語教室が二風谷（日高管内）で萱野茂（1926-2006）によって開始された。また、萱野はアイヌ民族初の国会議員（1994-98年参議院）になり、史上初のアイヌ語での質問を行った。1997年には「アイヌ文化の振興並びにアイヌの伝統等に関する知識の普及及び啓発に関する法律（通称：アイヌ新法）」が制定された。また、世界の先住諸民族との連携も進ん

でいる。

●**手話**（sign language）
　手や視線、表情などを媒体とした言語。ろう者を主な使用者とする。音声言語と同様にさまざまな変種がある。日本で用いられている変種のうち、「日本手話」は独立した体系を持つ自然言語であり、音声言語獲得以前のろう者の多くはこれを母語としている。音声言語獲得後のろう者は「日本語対応手話」と呼ばれる変種を用いることが多い。1980年代以降、スウェーデンやフィンランドなどで手話がろう者の第一言語として認められたり、公用語の1つとされたりする動きが広まっているが、日本ではまだである。
　ろう教育の歴史では、読唇や発声器官の訓練による口話指導が中心とされ、手話の使用は禁止されてきた。しかし、近年は手話で教育を受ける権利を求める運動が高まりを見せ、第一言語としての手話と第二言語としての書記言語の習得を目指す二言語二文化教育（バイリンガル・バイカルチュラル教育、バイバイ教育、BB教育）が進められている。

ジョーダン（Eleanor H. Jorden, 1920-2009）
　アメリカの日本語教育者。イェール大学でブロック（Block, B., 1907-1965）に言語学を学び、構造主義言語学的方法に基づき日本語の音韻、形態、文法を研究した。1943年、米国陸軍専門教育計画（the Army Specialized Training Program, ASTP）に言語学専門家として参加した。1945年にはブロックと共著で教科書 *Spoken Japanese I & II* をアメリカ戦争省から出版した。
　戦後は、イェール大学やコーネル大学などで日本語教育に携わり、教科書 *Beginning Japanese I & II*（1963）、*Japanese: the Spoken Language I & II*（1987, with Noda Mari）を作成した。

植民地や占領地の日本語教育

　1868年の明治維新により近代化を遂げた日本は、1945年の敗戦まで、欧米列強にならい帝国主義政策を進め、植民地や占領地で同化の一環として国語もしくは大東亜共通語としての日本語教育を展開した。

●**台湾**
　台湾は、日清戦争後の下関条約（1895）によって清から日本に割譲された。同年7月、台湾総督府学務部長の伊沢修二（1851-1917）は台北郊外の芝山巌で国語教育としての日本語教育を開始した。同年12月末には日本人教師6名が殺害される芝山巌事件が起こったが、翌年以降も日本語教育は各地に拡大していった。1897年、伊沢の後任の山口喜一郎（1872-1952）は、グアン・メソッド（Guin Method）を応用し、山口式直接法を開発、導入した。
　1911年には国語普及運動が開始され、1912年には学校における母語の使用が禁止された。1930年にはラジオ放送「国語普及の夕」が始まった。1931年には各地に国語講習所が設置され、成人も日本語の習得を義務付けられた。1937年には国語常用家庭制度、1940年には改姓名制度が設けられ、表彰を受けた者には日本人と同様の配給などの特権が与えられた。1945年には徴兵令が施行された。
　現在も、母語の異なる高齢者の間では、日本語が共通語として用いられる場合がある。

●**朝鮮半島**
　朝鮮半島では、古代以来外国語としての日本語教育が盛んであったが、1910年の日韓併合により、国語教育に変質した。日本は徹底

した同化政策をとり、朝鮮の言語や文化を否定した。1937年には国語常用全解運動を展開、1939年には朝鮮人の姓名を日本風の氏名に改めさせる創氏改名を行った。1944年には徴兵令が施行された。

言語学者の小倉進平（おぐらしんぺい）(1882-1944)は、1911年朝鮮総督府に赴任、1924年にはソウルの京城帝国大学教授となり、朝鮮の地域方言研究に従事した。国語学者の時枝誠記（ときえだもとき）(1900-1967)も、1927-43年、京城帝国大学に赴任した。

●中国東北部（旧満州）

日露戦争後のポーツマス条約（1905）により、関東州（遼東半島先端部）と南満州鉄道付属地は日本の租借地となった。1932年には満州国が建国されたが、日本の傀儡国家であった。五族協和のスローガンが掲げられ、日本語、満語（中国語）、モンゴル語、朝鮮語、ロシア語の5言語が国語とされたが、その中で日本語が最上位とされ、日本語教育が推進された。

●中国

1915年の対中国21カ条要求以降、中国では反日運動が高まり、日本語教育は衰退した。1937年の日中戦争突入後、占領地では小学校から日本語教育を行うことが決められた。この政策は戦場拡大とともに華北から華中、華南にも広げられたが、それだけの教育を行うことは質量ともに不可能であり、一部の都市で実施されたに過ぎなかった。

●ミクロネシア（旧：南洋群島）

第1次世界大戦下の1914年、日本はドイツ支配下の南洋群島（サイパン、ヤップ、パラオ、マリアナなど）を占領し、日本語教育を開始した。1920年、南洋群島は日本の国際連盟委任統治領となり、1922年にはコロール島に統治機関の南洋庁が設置された。1941年、国語教科書編集書記として中島敦（1909-1942）が着任し、巡回視察の体験をもとに『南洋譚』などの小説を執筆した。日本統治下で教育を受けた世代の間では、共通語として現在もピジン（pidgin）日本語が用いられている。

●東南アジア

1941年のアジア太平洋戦争突入後、日本はマレー、フィリピン、シンガポール、オランダ領東インド（現在のインドネシア）などを占領し、大東亜共通語としての日本語教育を行った。1943年には南方特別留学生が日本に送られ、国際学友会で日本語教育を受けたが、日本の敗戦により短期間で終わった。

生活日本語／「生活者としての外国人」のための日本語教育

外国人が日本で生活するために必要な日本語およびその教育。日系人や外国人配偶者など、外国人住民の在住の長期化や定住化に伴い、喫緊の課題となっている。現在はボランティア活動が支える地域日本語教育が中心だが、行政や日本語教育専門家の主体的取り組みも必要とする声が高まっている。

地域日本語教育は、地域日本語習得支援、地域日本語活動などとも呼ばれる。これは、教える／教わる、先生／学習者、といった関係を超えて、住民どうし学び合おうという理念によるものである。そして、このような理念に基づく学習活動の例として、参加型学習が提唱されている。これは、教師と学習者という教室型の学習を超えて、活動を通した参加者の学びの促進をねらいとしている（むさしの参加型学習実践研究会, 2005）。

こうした地域日本語活動においては、調整役のコーディネーター（coordinator）や学習

活動を促進するファシリテーター（facilitator）が重要な存在である。

1994 年、文化庁は「地域日本語教育推進事業」を開始、群馬県太田市や神奈川県川崎市などをモデル地域に指定した。2007 年度からは「『生活者としての外国人』のための日本語教育事業」を実施して、日本語教室運営、日本語指導者養成、地域日本語教育コーディネーター研修、外国人労働者に対する実践的日本語教育の研究開発、多言語による日本語教育ハンドブックの作成や配布などを行っている。また、文化審議会国語分科会日本語教育小委員会は 2010 年『『生活者としての外国人』に対する日本語教育の標準的なカリキュラム案』を発表した。

しかし、「生活者」という用語の定義のあいまいさや外国人の側にのみ日本語習得の努力を求めることへの疑問の声もある（田尻・大津編, 2010；春原編, 2009）。

多文化共生（multicultural coexistence）
多様な文化背景や言語を持った人々が、相互理解を目指して緊張や対立を克服しながら対等かつ平和的関係を築き、ともに暮らすこと。1990 年代、外国人住民が増加する中で社会作りのキーワードとなった。

1995 年 1 月の阪神淡路大震災を契機に同年 10 月多文化共生センターが発足した。2006 年には総務省が「多文化共生推進プログラム」をまとめ、①コミュニケーション支援、②生活支援（居住、教育、労働環境、医療、保健、福祉、防災等）、③多文化共生の地域づくり、④多文化共生の推進体制の整備が盛り込まれた。2008 年には群馬県、岐阜県、静岡県、愛知県、三重県、滋賀県、名古屋市が多文化共生推進協議会を結成した。

多文化共生の実現には、言語サービスの充実、生活日本語支援、外国につながる子どもの支援などさまざまな施策や活動が必要とされる。

●**外国人市民代表者会議**
外国人住民が政策に対する意見や提言を行政に提出する会議。名称は自治体によりさまざまである（表2）。条例による設置は 1996 年の川崎市が最初である。

●**外国人集住都市会議**
外国人が多数居住する自治体の関係者によ

表2 外国人施策諮問機関概要（田中 2001, p 51 に基づく）

自治体	会議名	設置年	外国人数/委員数	選考方法
東京都	外国人都民会議	1997-2001	25/25	13 名公募、12 名指名
神奈川県	外国籍県民かながわ会議	1998-	20/20	全員公募
大阪府	大阪府在日外国人問題有識者会議	1992	6/10	指名
兵庫県	兵庫県外国人県民共生会議	1999-	13/17	指名
川崎市	川崎市外国人市民代表者会議	1996-	26/26	全員公募
浜松市	浜松市外国人市民会議	2000-	10/10	指名
京都市	京都市外国籍市民施策懇話会	1997-	7/12	外国人公募、日本人指名
大阪市	大阪市外国籍住民施策有識者会議	1994-	7/14	指名

る会議。外国人住民に関する情報交換と多文化共生社会の実現を目的として2001年5月に設立された。同年10月、浜松で第1回本会議を開催、浜松宣言を採択、関連省庁に提言を行った。会員都市は、発足時には群馬県太田市、大泉町、長野県飯田市、岐阜県大垣市、美濃加茂市、可児市、静岡県浜松市、磐田市、湖西市、愛知県豊橋市、豊田市、三重県四日市市、鈴鹿市の13であったが、2010年4月の時点では28にのぼっている。

多文化主義（multiculturalism）

社会における文化の多様性を肯定的に評価し、積極的に推進する考え方。近代の国民国家（nation state）の単一文化主義（monoculturalism）に対立する。類似の考え方に、文化に優劣はなくいずれも尊重するべきだとする文化相対主義（cultural relativism）があるが、多文化主義はより積極的に、必要な支援や施策を政府が行うこと、多数派側にも多文化教育（multicultural education）を行うことなどを含んでいる。

多文化主義を政策として採用する代表的な国として、オーストラリアやカナダが挙げられる。オーストラリアは、非白人を差別する白豪主義（White Australia policy）から、1980年代に多文化主義に転換し、移民に対する第二言語としての英語（English as a Second Language, ESL）教育とともに、すべての生徒を対象としてLOTE（Language Other Than English）教育という英語以外の言語教育を推進している。カナダは、公用語である英語とフランス語以外の言語も貴重な言語資源であるという考え方から、移民の継承語（heritage language）学習の機会を保障している。これらのように、多文化主義は多言語主義（multilingualism）と一体であることが多い。

多文化教育は、文化的多様性を肯定し、さまざまな文化が平等に存在する社会の実現を目指す教育をいう。但し、実践は3F（food, festival, fashion）、つまり、食べ物、祭り、民族衣装を紹介するだけの表面的なものに陥っている事例が多く、課題となっている。

地域日本語教育（community-based Japanese language education）

生活日本語／「生活者としての外国人」のための日本語教育を参照のこと。

同化（assimilation）

異なる文化背景を持つ人々に対し、それを認めず、主流文化と同一の言語、習慣、価値観、行動様式を持つように強制すること。日本は、先住民族であるアイヌ民族や、沖縄、小笠原などの人々、植民地化した台湾や朝鮮半島などの人々に同化政策をとり、日本語や日本文化を強制した。

日本語教育においても、外国につながる子どもの支援や生活日本語の支援などが、日本語習得や日本への同化の強制につながりかねない点に、常に留意する必要がある。

排外主義や同化主義に対立するのが、社会統合（social integration）の考え方である。これは、外国人住民との共生の方向性として提唱されているもので、国籍や民族の同一性を失わないまま、社会参加を促進し、社会のまとまりや安定を図る。多文化や多言語の教育の推進だけでなく、外国籍住民の地方参政権なども検討課題となっている。

長沼直兄（なおえ）（1895–1973）

戦後の日本語教育の先駆者の一人。イギリ

スの言語学者パーマー (Palmer, H. E., 1877-1949) が 1922-36 年に文部省英語教育顧問として来日の際に親交を結んだ。パーマーの提唱するオーラル・メソッド (Oral Method) を日本語教育に応用して問答法という教授法を開発し、パーマーの紹介で在日米国大使館の日本語教官となった。『標準日本語読本』全7巻 (通称: ナガヌマ読本、1931-34) など多くの教科書の編纂に携わり、1941 年には日本語教育振興会理事となった。

戦後の 1946 年には言語文化研究所を設立、1948 年には同研究所附属東京日本語学校 (通称: ナガヌマ・スクール) を開校した。1950 年までには『標準日本語読本』改訂版全8巻が刊行された。

ナショナリズム (nationalism)

国民 (nation) としての意識のこと。近代の国民国家 (nation state) の要件の1つ。「愛国主義」「民族主義」などと訳される。グローバル化 (globalization) に対立し、その欠点を補完し得るが、紛争の要因ともなり得る。

Anderson (1983)、Hobsbawm & Ranger (eds.) (1983) は、建国神話、英雄、古典、国旗・国歌、共通の言語などが、地理的に離れた見知らぬ人々に国民としての一体感を持たせる装置として機能していると指摘している。

明治期に日本は、フランスやドイツにならい、国語 (national language) を制定し、標準語 (standard language) を策定、規範化することでナショナリズムを醸成し、均質な国民の創出に成功した。現在も日本語に関わる言説には、ナイーブなナショナリズムに訴えかけ、日本人＝日本民族＝日本語母語話者、という短絡的な図式を補強するものが少なくない。

小熊 (1995, 1998)、シラネ・鈴木編 (1999) などにも、近代日本のナショナリズム創成システムが分析されている。

日葡辞書 (*Vocabulario da Lingoa de Japam*)

イエズス会宣教師たちによる日本語ポルトガル語辞典。1603-04 年長崎で刊行。見出し語数は約 32,800 で、ポルトガル式ローマ字で表記された日本語をアルファベット順に配列し、ポルトガル語訳を付してある。中央である京の言葉を中心に、九州などの地域方言、詩歌語、文書語、仏法語、卑語、婦人語、小児語、話し言葉など位相の区別も示されている。

キリシタンによる日本語研究の集大成、最高峰で、1862-68 年に『日仏辞典』として翻訳され、19 世紀ヨーロッパにおける日本語研究の基盤となった。日本語史のうえでも、当時の日本語の実態を知る貴重な資料である。なお、編纂にロドリゲス (João Rodriguez, 1561?-1633?) が関与したという説が以前はあったが、確証はなく、現在はほぼ否定されている。

なお、『日葡辞書』以外のキリシタンによる辞書としては、次のものが知られている。

- 『羅葡日対訳辞典』*Dictionarium Latino Lusitanicum ac Japonicum*. 1595 年、天草で刊行。ラテン語の見出し語にポルトガル語と日本語の訳が付けられている。
- 『落葉集』*Racuyoxu*. 1603-04 年、長崎で刊行。漢字の音読みと訓読みが記されている。

日本語学習者の多様化 (Japanese language learners' diversification)

日本語学習者の属性、文化背景、学習動機、学習スタイルなどが多様化していること。

国内においては、第2次世界大戦後まもなくの日本語学習者は、宣教師、外交官、ビジネス・パーソン、留学生などに限られていたが、ニュー・カマーの増加や定住化によって、日本語学習者の多様化が加速している。多様化した学習者は、大学や日本語学校などの教育機関に通うように、専門的で体系的な積み上げ式の学習が継続できるとは限らない。特に、外国人配偶者や日系人などの日本語学習はボランティアによる地域日本語教室に任せられており、人手も教材も時間も足りず、学習の継続が難しいケースが少なくない。

また、海外においても、日本の経済発展やマンガ、アニメなどの人気を背景として、日本語学習熱が高まり、学習者の興味や関心、ニーズ、学習動機が多様化している。

さらに、国内、海外ともに、年少者日本語教育も拡大し、学習者の年齢層も広がっている。学習者の出身地域や母語が多様化していることは言うまでもない。

こういった学習者の多様化に伴い、日本語教育では従来の枠組みを超えた新たな教育観や教材、教授法の開発が進められている。

ニュー・カマー（new-comer）

日本に在住する外国人のうち、1970年代以降に渡日した人々のこと。「新来外国人」とも称される。オールド・カマー（old-comer）に対する呼称だが、明確に定義された法律、行政用語ではない。中国帰国者、難民、外国人配偶者などが含まれるが、近年は特に1990年の入管法改定以降急増した中南米出身の日系人およびその家族を指すことが多い。

●中国帰国者

1945年の敗戦後も中国に残り、1972年の日中国交回復後に日本に帰国した人やその家族。1983年、文化庁文化部国語課により帰国者向け日本語教材『中国からの帰国者のための生活日本語』が作成され、1984年、中国帰国孤児定着促進センターが埼玉県所沢市に設置された（1994年中国帰国者定着促進センターと改称、1999年からはサハリン帰国者の受け入れを開始）。年齢層が高い帰国者の中には、日本語習得が容易でなく、就労や生活に困難を抱えるケースが少なくない。

●難民（refugee）

難民条約第1条で難民は「人種、宗教、国籍もしくは特定の社会的集団の構成員であること又は政治的意見を理由に迫害を受けるという十分に理由のある恐怖のために、国籍国の外にいる者であって、その国籍国の保護を受けられない者又は受けることを望まない者及び常居所を有していた国の外にいる無国籍者であって、その国に帰ることを望まない者」と定義されている。こうした人々を条約難民あるいは狭義の難民と呼ぶ。戦争避難民や国内避難民は広義の難民と呼ばれる。難民条約とは、1951年に国連で採択された「難民の地位に関する条約」と1967年の「難民の地位に関する議定書」を指す。日本の締結は1981年である。2009年末時点で世界には5,000万人以上の広義の難民がいると見られている。

日本の難民受け入れは、1978年、ベトナム、ラオス、カンボジアからのインドシナ難民に始まる。姫路定住促進センター（1979-96）、大和定住促進センター（1980-98）、大村一時レセプションセンター（1982-95）、品川国際救援センター（1983-2006）が開設され、日本語教育などの定住支援が行われた。2006年には、アジア福祉教育財団難民事業本部（Refugee Assistance Headquarters, RHQ）によるRHQ支援センターが東京都に開設され、法務大臣の認可を受けた条約難民に対する生活や定住

の支援を行っている。

　2009年末時点で、日本に定住するインドシナ難民は約11,000人、条約難民は約500人である。また、2010年には第三国定住プログラムにより、ミャンマー内戦から逃れ、タイのメーラ難民キャンプで生活していたカレン族の5家族27人を受け入れている。

●外国人配偶者 (foreign spouses)

　外国出身の、日本人の配偶者。特に、日本人男性と結婚したアジア出身の女性を指すことが多い。1980年代以降、日本の農村の男性と中国やフィリピンなどの女性の国際結婚が増加し、自治体が主導するケースも開始された。言葉、文化、生活習慣などの違いから孤立する場合があり、地域ボランティアによる支援が求められている。日本語習得支援の面では、地域方言と国内共通語のどちらを優先するべきか議論になっている。

●日系人

　明治から昭和10年代にかけて、ハワイ、アメリカ本土、中南米などへ移住した日本人とその子孫。1990年の入管法改定により、就労制限のない定住者の在留資格が日系3世まで認められ、ブラジルやペルーなど南米を中心に日系人が家族とともに多数来日した。就労先として、大工場のある群馬県大泉町や静岡県浜松市などに集住地域を形成するようになったが、日系人の日本語教育は地域ボランティアによる生活日本語習得支援にまかせられていた。2008年秋の世界同時不況によって多数の日系人が解雇され、4万人以上が帰国した。しかし、日本在住が長かった人々の中には母国の変化に適応できず再来日するケースも多く、子どもの教育にも大きな影響を与えている。

年少者日本語教育

（Japanese language education for young learners）

　18歳までの子どもを対象とする日本語教育。母語ないし第一言語の獲得が十分とは限らない点や子どもの全人的発達を支える点など、成人とは別の知見や配慮が必要である。

　年少者日本語教育には、次のようなものがある。

① 海外の初中等教育機関における外国語としての日本語（Japanese as a Foreign Language, JFL）教育
② 海外の日系人の子どもに対する継承語としての日本語（Japanese as a Heritage Language, JHL）教育
③ 海外在住の日本人の子どもに対する海外子女教育
④ 海外からの帰国児童生徒に対する教育
⑤ 日本在住の外国につながる子どもに対する第二言語としての日本語（Japanese as a Second Language, JSL）教育

　特に②〜⑤では、子どもの母語や継承語の教育にも留意していく必要がある。

●海外子女教育

（education for children living abroad）

　海外に住む日本人の子どもに対する教育。日本政府の支援する機関には、日本人学校や補習授業校（補習校）がある。日本人学校は、日本国内の小学校や中学校に相当する教育を行う。補習校は、ふだんは現地校や国際学校に通う子どもに土曜日などを利用して日本語で教科の補完授業を行う。

　これらの機関は、従来は数年後の日本への帰国を前提としていたが、海外在住の長期化や定住化、国際結婚家庭の増加などによって、教育のあり方も多様化している。

●帰国児童生徒／帰国生（returnee）

海外在留後に日本に帰国した子ども。文部科学省「学校基本調査」では、海外在留1年以上、帰国後3年以内の子どもを指し、毎年1万人以上が該当する。

現地校や国際学校に通っていた場合、基本的対人伝達能力（BICS）としての日本語はスムーズでも、日本での教科学習に必要な認知学習能力（CALP）は不十分なケースがある。

また、集団主義、画一主義といった日本の学校文化になじめず、いじめの対象になったり、外国はがしと呼ばれる過度な適応教育を押しつけられたりすることもある。

標準語（standard language）

国語（national language）や国家語（state language）の理想、規範として定められた言語。その国の言語の中で最も威信（prestige）が高い。国民国家（nation state）におけるナショナリズム（nationalism）醸成の手段の1つとして利用される。

日本においては、江戸時代までは地域や階層などによって多様な言語変種（language varieties）が用いられていた。また、書き言葉（文語）と話し言葉（口語）の相違も大きかった。そのため、明治期の近代化の過程で、西洋にならい全国共通の標準語の策定が急務とされた。

訳語としての「標準語」の初例は、岡倉由三郎（1890）『日本語学一斑』の次の一節である。「社会変動の模様により、他を悉く凌ぐに至らんには、その用ゐ来れるもの、直に<u>標準語</u>の位置を占め、爾余は皆、方言となり果つるの外なし。故に標準語となり、方言となるは思想交換の具として優劣あるが為ならず、常に、之を用ゐる者全体が、政治上の都合により、上下するにつれ、定まるものなり（下線は引用者による）」。標準語と方言の間に言語的優劣はなく社会的要因で決まることが説かれている点に注目する必要がある。

続いて、上田万年（1895）「標準語に就きて」（『帝国文学』創刊号）は、教養ある東京人の用いる言葉に準拠して標準語を確立する必要性を説いた。1902年、上田を主事として文部省国語調査委員会が設置された。調査方針の1つは「方言ヲ調査シテ標準語ヲ選定スルコト」であった。1916年、同委員会は『口語法』において「主トシテ今日東京ニ於テ専ラ教育アル人々ノ間ニ行ハルル口語ヲ標準トシテ」と結論を出した。

標準語は、学校教育やラジオ放送、方言矯正運動や撲滅運動の展開などにより全国に急速に普及し、伝統的地域方言は衰退した。戦後は、標準語強制の反省から一般的に共通語と呼ばれるようになった。しかし、共通語とは機能面からの呼称であり、言語変種として構造や体系を論じる際には標準語の呼称が適切であるという主張（真田信治等）もある。

ヘボン（Hepburn, J. C., 1815-1911）

アメリカの長老派教会宣教師。1859年来日し、1867年『和英語林集成（*A Japanese and English Dictionary with an English and Japanese Index*）』初版を刊行した。これは、20,772の語彙について、見出しをローマ字で表記し、カタカナと漢字を添え、品詞および英語訳を付したものである。1872年の第2版では約2,000語、1886年の第3版では約13,700語が追加され、収録語数は計35,000語余りに達した。

なお、この第3版に採用されたローマ字つづりが、今日のヘボン式ローマ字の基となっている。

幕末から明治初期にかけての欧米の日本語

研究者には、他に、イギリスの外交官オールコック（Alcock, R. 1809-1897）、アメリカの宣教師ブラウン（Brown, S. R., 1810-1880）、ハンガリー出身の宣教師ベッテルハイム（Bettelheim, B. J., 1811-1870）、イギリスの言語学者アストン（Aston, W. G., 1841-1911）等がいる。

やさしい日本語 (Easy Japanese, EJ)

災害時に必要な情報を日本語を母語としない人々にも伝えられる日本語のこと。1995年の阪神淡路大震災をきっかけに研究が始められた。多言語による情報提供体制が整うまでの約3日間に必要な緊急度の高い情報の伝達を目指す。そのための具体的方策として、

① 平易な語彙を用いる（約1,500〜2,000語）
② 1文を短くする（NHKニュース文平均の約半分の35字以内）
③ キーワードを文頭に置く
④ 文末表現を簡単にする
⑤ 音声情報では速度を落とす、ポーズを多めにとる、繰返しを多用する
⑥ 視覚情報では漢字は最小限にしてルビを振る、図やイラストを活用する

などが考案されている。
弘前大学人文学部社会言語学研究室HPには、次のような例が示されている。

〈通常の日本語〉けさ7時21分頃、東北地方を中心に広い範囲で強い地震がありました。大きな地震のあとには必ず余震があります。引き続き厳重に注意してください。皆さんおちついて行動をお願いします。ガス臭いようなところがありましたらマッチを擦ったり、照明のスイッチをつけたり、消したり、ということはしないでください。弘前市は断水や停電となり、市民の生活は麻痺しています。中心部の雑居ビルが完全に崩れ落ちています。

〈やさしい日本語〉今日 朝 7時21分、東北地方で 大きい 地震が ありました。大きい 地震の あとには 余震（あとからくる地震）が あります。気をつけて ください。火を 使わないで ください。火事に 気をつけて ください。弘前市は 水と 電気が 使えません。地震で 倒れた 建物に 気をつけて ください。

近年は災害情報だけでなく、公文書やニュースなどでも、やさしい日本語の使用が試みられている（庵等, 2011; 今西, 2011; 田中・美野, 2010）。

留学生の受け入れ
●明治〜1945年

1868年の明治維新以降、近代化を目指す朝鮮、中国、東南アジアなどから留学生が派遣され、日本において組織的な日本語教育が整えられるきっかけとなった。

1876年、日朝修好条規（江華島条約）を結んだ朝鮮から、第1回留学生75名が派遣された。1881年2名、1883年60余名、1895年130名を慶應義塾が受け入れた。

1896年には清国留学生13名が来日した。受け入れ担当となった東京高等師範学校（現：筑波大学）校長の嘉納治五郎は、1899年寄宿舎兼校舎の亦楽書院を開設した（のち改組され弘（宏）文学院となった）。1911年の辛亥革命後は中華民国から多数の留学生が来日した。中国の日本留学経験者には、魯迅、周恩来、周作人、郭沫若らが、また、教師には、松本亀次郎、三矢重松、松下大三郎らがいた。

やがて、ベトナム、フィリピン、タイなど東南アジア諸国からも留学生が派遣されるようになり、1935年、財団法人国際学友会（現：

独立行政法人日本学生支援機構 Japan Student Services Organization, JASSO）が外務省により設立され、1943年には付属の日本語学校が発足した。

●1945年〜現在

1945年の敗戦後、国際学友会は日華学会、満洲国留日学生補導協会、南洋協会、フィリピン協会などから留学生564名を引き継ぎ、戦後の日本語教育再開の一翼を担った。

1954年、国費外国人留学生招致制度が発足し、東京外国語大学と大阪外国語大学（現：大阪大学）に留学生別科が設置された。1960〜65年にはインドネシア賠償留学生制度に基づき約500名が来日した。1970年には日本国際教育協会による私費外国人留学生統一試験が開始された。同試験は、2002年度から日本学生支援機構（JASSO）による日本留学試験に引き継がれた。

1983年には、中曽根康弘首相（当時）が留学生10万人計画を発表した。これは、21世紀初めまでに留学生を10万人に増やす計画で、当時の留学生数は日本が約1万人、イギリスや西ドイツ（当時）が約5万人、フランスが約10万人であった。この計画を契機に、1984年日本語能力試験開始、1985年東京外国語大学と筑波大学に日本語教育主専攻課程開設、1988年日本語教育能力検定試験開始など、日本語教育に関する諸制度が整備された。留学生数10万人突破の目標は2003年に達成された。

現在進められている留学生の受け入れ政策には、次のようなものがある。

◆留学生30万人計画　2008年1月、福田康夫首相（当時）が2020年を達成目標として発表したもの。非英語圏のドイツとフランスを参考に、キャンパスの10人に1人が留学生というイメージで構想されている。この計画の背景には、アジアの経済発展による高度人材獲得競争の激化や、国家戦略の観点からの留学生政策の重要性の増大などがある。

◆就学の在留資格廃止、留学への一本化　従来、留学（大学など）と就学（日本語学校など）に分かれていた在留資格が、2010年7月から留学に1本化された。就学は有効期間や資格外労働時間などで留学との間に差があった。また、1980年代の日本語教育ブーム期には日本語学校が乱立、1988年には日本総領事館に中国人就学希望者が殺到する上海事件を招いた。1989年に日本語学校審査のために日本語教育振興協会（日振教）が設立された（2010年事業仕分けで廃止）。

◆ツイニング・プログラム（Twinning Program, TP）　出身国の大学で専門基礎教育と日本語を2年半学んだ後、日本の3年次編入試験を受け、2年間の日本留学で日本の大学の学位が取得できるプログラム。出身国と日本の両方の大学の学位取得も可能。留学生にとっては時間、経費、精神的負担が軽減され、日本側も優秀な人材確保の機会が増える。2003年長岡科学技術大学が導入した。2009年11月の時点で、日本側は8大学、提携先はベトナム、メキシコ、中国の3カ国6大学である。

◆アジア人財資金構想（Career Development Program for Foreign Students in Japan）2007年開始の、経済産業省と文部科学省による留学生育成事業。アジアの優秀な留学生の日本企業就職を目指し、専門や日本語の教育を産学連携で行うもので、2011年8月の時点で、全国32のコンソーシアム（大学と企業の共同事業体）によって運営されている。

◆グローバル30（Global 30）　国際化拠点大学30を選定し整備する日本学術振興会の事業。2009年7月時点で採択された13大学で「国際化拠点整備事業（大学の国際化のためのネットワーク形成推進事業）」が行われている。

ロシア漂着者による日本語教育

江戸時代に日本からロシアに漂着した難破船の生存者によるロシアでの日本語教育。

鎖国政策をとっていた幕府は、大型船の製造や使用、遠洋航海を禁止したため、日本船の難破が相次いだ。南下政策をとるロシアは漂着者たちから日本事情を収集し、日本語教育の任にもあたらせた。漂着者の記録や著作には当時の地域方言の反映があり、日本語史の貴重な資料になっている。日本での本格的研究は村山（1965）に始まる。

記録に残る主な漂着者は、次の通りである。

●デンベイ（伝兵衛？）

1695年大阪を出港、翌年カムチャッカに漂着。1705年、ペテルブルグに創設された日本語学校の教師に任じられた。1710年カムチャツカに漂着した紀州のサニマ（三右衛門？）も、デンベイとともに日本語教育の任にあたった。

●ゴンザ（1719-1739）

1728年薩摩を出港、翌年カムチャツカに漂着。1736年、ペテルブルグ科学アカデミー付属日本語学校の教師となり、アンドレイ・ボグダーノフ（1692-1766）とともに『日本語会話入門』（1736）、『新スラヴ・日本語辞典』（1736-38）などを編纂した。

●アンドレイ・タタリーノフ

（日本名サンパチ）

1744年南部藩佐井を出港し千島に漂着したサ（ン）ノスケ（佐之助？三之助？）とロシア女性との息子。1782年、ロシア語と日本語の対訳辞書『レキシコン』を編纂した。

●大黒屋光(幸)太夫（1751-1828）

1782年伊勢を出港、翌年アリューシャンに漂着。パラス（Pallas, P. S., 1741-1811）による『欽定全世界言語比較辞典』の編纂事業（1787-89）に参加、日本語の部分を担当した。1792年、使節ラクスマン（Laksman, A. K., 1766-1806?）に伴われ日本に帰国した。桂川甫周（1794）『北槎聞略』、大槻玄沢編（1804）『環海異聞』などに一行の記録がある。また、井上靖（1974）『おろしや国酔夢譚』は、光太夫らの数奇な生涯を描いた小説である。

ロドリゲス（João Rodriguez, 1561?-1633?）

ポルトガル出身の宣教師。1577年来日、1580年イエズス会入会。日本語にすぐれ通事（通訳）として活躍、「通事伴天連」と呼ばれた。1610年日本を追放されマカオで没した。

『日本大文典』（Arte da Lingoa de Iapam, 1604-08）全3巻を長崎で、『日本小文典』（Arte Breue da Lingoa Iapoa, 1620）をマカオで刊行。これらの文典は、『日葡辞書』と並び、キリシタンによる日本語研究の集大成、最高峰とされている。1825年にはフランス語に翻訳され、19世紀ヨーロッパにおける日本語研究の基盤となった。

特に『日本大文典』には、発音、地域方言、相対敬語、言葉の性差や階層差、話し言葉と書き言葉の相違などが広範かつ詳細に記述されている。「京へ筑紫に坂東さ」という移動先を示す助詞の地域差を表す諺の採録や、東西方言の対立に関する次の記述は有名である。

「三河」から日本の涯にいたるまでの「東」の地方では、一般に物言いが荒く、鋭くて、多くの音節をのみこんで発音しない。また、これらの地方の人々相互の間でなければ理解されない、この地方独特で粗野な語がたくさんある。（略）打消には「ぬ」の

代りに「ない」を使う。例えば「上げない」「読まない」「習わない」「申さない」など。（略）「シェ」(Xe)の音節はささやくように「セ」(Se)、または「セ」(Ce)に発音される。例えば「世界」(Xecai)の代りに「せかい」(Cecai)といい、「さしぇらるる」(Saxeraruru)の代りに「させらるる」(Saseraruru)という。この発音をするので「関東」のものははなはだ有名である。（杉本, 2008: 62-63 に基づく）

なお、『日本大文典』は、原書名の直訳は『日本文典』だが、後の『日本小文典』と区別するため、一般に『日本大文典』と呼ばれている。

EPA／経済連携協定

（Economic Partnership Agreement, EPA）2国間の経済関係強化の協定。自由貿易協定（Free Trade Agreement, FTA）を発展させたもので、関税の撤廃や引き下げ、投資の自由化、人の移動の自由化などを含む。2011年8月時点で日本は、メキシコ、タイ、スイス、インドなど13の国や地域と締結、12が発効している。

インドネシア、フィリピンと日本とのEPAでは、看護師・介護福祉士候補者の受け入れが注目されている。候補者は6カ月間の日本語研修と看護・介護導入研修の後、就労しながら国家試験合格による資格取得を目指す（表3）。斡旋機関は社団法人国際厚生事業団（Japan International Corporation of Welfare Services, JICWELS）である。

日本語教育分野では専門日本語教材の作成や学習支援などが行われている。難解な専門用語が障壁と言われ、2011年度には国家試験の一部にふりがなと英語訳が付けられた。看護・介護分野では、専門用語は必須という主張が強く、外国人流入による労働条件の悪化の懸念も表明されている。また、フィリピン介護福祉士候補者就学コースの2011年度募集は中止され、2008年度来日のインドネシア看護師候補者は1年の在留延長が認められたが次年度以降は未定である。

少子高齢化の進行、看護・介護の現場の労働力不足、経済や人の移動のグローバル化と

表3　EPA看護師・介護福祉士候補者概要（2011年8月時点）

	看護師候補者		介護福祉士候補者	
応募資格	出身国の看護師資格＋実務経験（インドネシア2年以上、フィリピン3年以上）		3年以上の高等教育機関の卒業＋出身国の介護士資格または看護学校卒業	
在留期間	3年以内		4年以内	
国家試験受験機会	3回		1回（受験資格として実務経験3年が必要）	
入国者数	インドネシア	フィリピン	インドネシア	フィリピン
2008年度	104	−	104	−
2009年度	173	93	189	217
2010年度	39	46	77	82
2011年度	47	70（予定）	58	61
国家試験合格者数／受験者数	2010年度　3／254　2011年度　16／398		未受験	

いった全体の動向を踏まえ、議論を深める必要がある。

JSL カリキュラム（JSL curriculum）

第二言語としての日本語（Japanese as a Second Language, JSL）を学習する子どものための学習支援カリキュラム。日本語学習と教科学習を統合し、学習活動に参加する力の育成を目指している。

文部科学省により2001年から研究、開発が進められ、小学校編が2003年、中学校編が2007年に発表された。ある教科の学習に重点を置く教科志向型と、複数の教科に共通する活動を中心に組み立てるトピック型の2種類がある。

JSL バンドスケール（JSL Bandscales）

第二言語としての日本語（Japanese as a Second Language, JSL）を学習する子どもの日本語習得段階を把握するための測定基準。川上郁雄によって提唱、開発されている。

子どもの日常の活動を観察し、聞く、話す、読む、書くの4技能をそれぞれ7〜8段階で測定するよう構成されている。各段階は、日本語習得上の諸特徴、日本語使用時の特徴、誤用例、ストラテジー（strategy）、言語と認知発達上の諸特徴、教育歴や母語の影響などの観点から記述されている。漢字、文法といった細分化や点数化などは行われていない。教師を含む複数の支援者が協働で行う測定であること、子どもの発達段階に応じた能力測定であること、時間をかけた動態的能力測定であること、測定結果が教育指導や教育行政に反映され継続的に子どもの支援ができること、などを目指して考案されている。表4はその試案の一部である。

さまざまな指導実践に基づき、現在も研究と改良が進められている。

表4　小学校低学年の「話す」レベル3に関する内容試案（川上, 2003: 12 に基づく）

全般的特徴	学校生活やクラス内で使われる日本語に慣れ、日本語を学習し始める。母語と日本語による社会的知識および母語、日本語の言語能力を使う。
第二言語習得のストラテジー	・挨拶や簡単な教室内の表現は無理なく理解できる。 ・親しい友達や大人と対面で言葉を交わすことができる。しかし、実物や絵やジェスチャーなどを頼りにする。 ・クラス活動では、教師の質問に短く答えることができる。
言語運用上の特徴	・日本語母語話者同士の会話や先生とクラスの会話に参加することは難しい。 ・限られた日本語能力なので、言い淀みが多い。 ・2語文、3語文などから徐々に自分の言葉で話し出す。但し、時間がかかる。

14 日本語史

あめつちの詞

平安初期に成立したと考えられる手習い詞の1つ。あめつちとも呼ばれる。

初出は源順(911-983)の私家集である『源順集』。「あめ、つち」からはじまり、清音48文字が以下のように重複なしで並べられている。「あめ（天）つち（土）ほし（星）そら（空）やま（山）かは（川）みね（峰）たに（谷）くも（雲）きり（霧）むろ（室）こけ（苔）ひと（人）いぬ（犬）うへ（上）すゑ（末）ゆわ（硫黄）さる（猿）おふせよ（生ふせよ）えの江を（榎の枝を）なれゐて（馴れ居て）」。

あめつちの詞では、ア行の「エ」である「榎」、ヤ行の「江」である「枝」、およびワ行の「ヱ」である「すゑ」が区別されている。特に、ア行の「エ」とヤ行の「江」が区別されていることが注目され、同様の手習い詞である「たゐにの歌」（源為憲『口遊』〈970年成立〉）や「いろは歌」には、両者の区別が見られないことから、あめつちの詞はそれらよりも古く、平安初期（900年ごろ）の成立ではないかと考えられている。

ア行とヤ行とワ行の音の合一

「音の合一」は2つの区別されていた音が、時間の経過とともに1つに統合されること。10世紀半ばまでは、ア行の「エ」とヤ行の「江」とワ行の「ヱ」、ア行の「イ」とワ行の「ヰ」、ア行の「オ」とワ行の「ヲ」は、それぞれ別の音であったと考えられる。10世紀初めごろから、ア行の「エ」とヤ行の「江」が混同されるようになり、10世紀後半には区別が失われ、「江」（[je]）に統合されたと考えられている。11世紀に入ると、ア行の「オ」とワ行の「ヲ」の区別がなくなり、「ヲ」（[wo]）に統合された。平安時代の間は、ア行の「イ」とワ行の「ヰ」、ア・ヤ行の「江」とワ行の「ヱ」の区別は保たれていた。しかし、鎌倉時代に入ると、混同が多く起こるようになり、それぞれ「イ」、「エ」に統合された。これによって清音の総音節数は44となった。

いろは歌

10世紀ごろに作られ、近代に至るまで用いられた仮名の手習い詞の1つ。いろは歌の最古の例は『金光明最勝王経音義（金光明最勝王経に出てくる字に関して、字音注、義注、万葉仮名による和訓を付した解説書）』(1079)に見られる。「いろはにほへと　ちりぬるを　わかよたれそ　つねならむ　うゐのおくやま　けふこえて　あさきゆめみし　ゑひもせす」という重複しない清音47字からなり、「色は匂へど散りぬるを　我が世誰ぞ常ならむ　有為の奥山今日越えて　浅き夢見じ酔ひもせず」と七五調四句の今様歌に解される。あめつちの詞と比較すると、ア行の「エ」とヤ行の「江」との区別を失ったため、清音の総音節数が48から47になっている。

院政・中世の辞書

院政期から中世期にかけての代表的な辞書として『類聚名義抄』『色葉字類抄』『名語記』『古本節用集』などがある。

●類聚名義抄

古代最大の漢和辞書。著者は未詳。原撰本系に院政時代書写の図書寮本、広益本に鎌倉時代書写の観智院本があり、観智院本は完本である。漢字を字形ごとに並べて掲出し、反切・用例・和訓・和音などを記している。なお、反切とは、1つの漢字の音を、別の2つの漢字を用いて表す発音表記法のことで、最

初の漢字は、見出し語の声母（語頭子音）を表し、2番目の漢字は韻母（主に母音と韻尾）を表す。原撰本では、仏典語彙の収集の傾向があり、表出語も大半が熟語であったが、公益本では大半が単字で掲げられており、漢和辞書としての性格が強い。また、和訓にはアクセント符号があり、古代語の声調資料としても価値が高い。

●色葉字類抄（いろはじるいしょう）

和語・漢語を、語頭の音によりイロハ47部順に配列した国語辞書。橘 忠兼編。天養年間（1144–1145）ごろは2巻本だったと考えられる。治承年間（1177–1181）ごろに増刊され、3巻本となる。イロハ引きの国語辞書としては最も古い。イロハ47部に分けた各部は、さらに意味によって「天象」「植物」「人体」など21門に分け整理されている。『伊呂波字類抄』はこれを鎌倉初期に増補したもの。

●名語記（みょうごき）

鎌倉時代の語源辞書。著者は経尊。1268年初稿本6帖、1275年に全10帖がなる。「名」は名詞、「語」は名詞以外の言葉の意である。イロハ順に配列して、問答体で語源の解釈を述べている。当時の鎌倉時代や俗語を多く集めた資料として貴重である。

●古本節用集

室町時代から江戸時代初期までに刊行された節用集の総称。節用集は日常に用いる語彙を集めた、国語辞書・用字集のこと。江戸時代初期までのものを特に「古本節用集」と呼ぶ。成立時期としては、明応本が現存することから明応年間（1492–1501）以前であることは間違いないが、どこまでさかのぼれるかは不明である。古写本系と版本系の二系統が存在し、古写本の代表として文明本節用集（原本は1474年ごろ成立か）があり、版本系として易林本節用集がある。

語の第1音節によってイロハ44部に分けられ、多くの語には漢字の横に訓や音が片仮名で示されており、濁点が付されることも多い。語の意味や語源などの注記もある。橋本進吉の研究により、冒頭のイの部・天地門が「伊勢」「印度」「乾」のいずれかで始まるかによって、「伊勢本系」「印度本系」「乾本系」の3類に大別される。

係り結び

係助詞（けいじょし、かかりじょし）が用いられたときに、それに呼応して文末の活用語が特定の活用形をとる現象のこと。係助詞には、いろいろな語について意味を添え、中には述語に一定の制約を与えるものもある。

係助詞「ぞ」「なむ」「や」「か」が使用される場合は結びが連体形に、係助詞「こそ」の場合は已然形になる。中古ではこの用法が盛んであった。「ぞ」「なむ」は強調、「や」「か」は疑問・反語、「こそ」は取り立ての用法がある。

中世に活用語の終止形と連体形が同形になり、連体形で終止するようになると、係り結びは意味をなさなくなり衰退した。現在では、係り結びの機能を失った「こそ」が、「ようこそいらっしゃいました」や「こちらこそ失礼しました」のように取り立て助詞として用いられている。

片仮名／カタカナ

現在、標準的に使用されている仮名のうち、平仮名以外の仮名の総称。平安初期、漢字の大部分を省略して一部のみを用いることで成立した表音文字である。例えば「阿」のこざ

と偏「阝」から「ア」が成立し、「伊」の人偏「イ」から「イ」が成立した。片仮名は、平安初期の訓点資料に見られるので、片仮名の成立のほうが平仮名より早いと考えられがちである。しかし、仏教論書の『成実論(じょうじつろん)』には、828（天長 5）年加点と見られる例で、現在とほとんど自体が変わらない字体で片仮名の「ア・オ・カ」などや草仮名の「ち・ぬ・ゐ」の書き入れがあり、どちらも漢字（真名）に対する仮名（仮の文字）として、訓点資料では用いられていたことがわかる。

漢文

古代中国の文語文法に従って、漢字によって綴られている文章のこと。ただし、変体漢文を含めることもある。

日本で見つかった古い漢字の例として、弥生時代の遺跡から発見される「貨泉」（中国の天鳳元〈14〉年に鋳造された銅銭）がある。また、57 年に朝賀した使者へ賜ったと『後漢書』に記載された印かとされる、「漢委奴国王」と刻された金印の例もある。これらは、いずれも中国で書かれた漢字である。

日本で書かれた漢字・漢文の古い例としては、埼玉県稲荷山古墳から出土した鉄剣に刻まれた銘（5 世紀後半）がある。漢文は規範的な文章と見なされ、7 世紀以降、公式な公文書や歴史書、漢詩文集などは、漢文で書かれることが一般的であった。

漢文訓読文

漢文を日本語の文法に合わせて語順を変えて読み下した日本語文のこと。「訓読文」「書き下し文」とも言う。訓読が始まった時期は未詳であるが、8 世紀には行われていたと考えられている。助詞・助動詞・活用語尾などを補って読んでいく方法がとられている。また、日本語で必要ない字は読まないで「置き字」とする用法も生じた。通常、文体は漢字片仮名交じり文である。奈良時代末期から平安時代初期には、カナやヲコト点、返り点などを漢文に直接書き込んだ訓点資料が見られ、当時の漢文訓読の一端が推察できる。

キリシタン資料

16 世紀後半から 17 世紀に来日したカトリックの宣教師たちが、日本人に対する布教や教育と、来日宣教師に対する実践的な日本語教育を目的として作った日本語資料のこと。

表 1　片仮名の基になった万葉仮名（一部諸説あり）

ア（阿）	イ（伊）	ウ（宇）	エ（江）	オ（於）
カ（加）	キ（幾）	ク（久）	ケ（介）	コ（己）
サ（散）	シ（之）	ス（須）	セ（世）	ソ（曽）
タ（多）	チ（千）	ツ（川）	テ（天）	ト（止）
ナ（奈）	ニ（二）	ヌ（奴）	ネ（禰）	ノ（乃）
ハ（八）	ヒ（比）	フ（不）	ヘ（部）	ホ（保）
マ（万）	ミ（三）	ム（牟）	メ（女）	モ（毛）
ヤ（也）		ユ（由）		ヨ（与）
ラ（良）	リ（利）	ル（流）	レ（礼）	ロ（呂）
ワ（和）	ヰ（井）		ヱ（慧）	ヲ（乎）

イエズス会の宣教師ヴァリニャーノが1590（天正18）年に印刷機を九州の加津佐（現在の島原）に持ち込み、日本で初めての活版印刷による出版を行った。印刷された資料を特に「キリシタン版」と言い、のちに天草、長崎でも出版された。キリシタン版には、国字とローマ字の活字が用いられている。ローマ字本には、ラテン語・ポルトガル語で書かれたものや、日本語をポルトガル式のローマ字で綴ったものがある。日本語のローマ字つづりによって、漢字仮名交じり文では解明できない日本語の音韻、例えばオ段開合の別や清濁などがわかり、音韻資料として価値が高い。キリシタン資料は大部分が文語体で記されている。しかし、『天草版平家物語』（1592）、『天草版伊曽保物語』（1593）、『天草版金句集』（1593）などは当時の話し言葉で書かれ、口語資料としての価値が高い。

訓点資料

漢文に訓点を附した文献で、特に日本語史の資料となるもの。訓点は、句切点・返点・カナ・ヲコト点・朱引などからなる。ヲコト点は、助詞・助動詞・活用語尾・形式名詞・敬語などを、漢字の周囲または内部に記入した符号であり、平安時代には最も使用された。しかし、室町時代にはほとんど用いられなくなり、江戸時代には印刷術の発展も相まってほとんどがカナ点になった。

現存する古い史料として『華厳刊定記巻第五』（783年加点）があり、奈良時代末期には訓点が施されていたと考えられている。訓点語は、当初は口語的であったが、平安時代には訓読法がルール化され、後には文語文の一種となった。

係助詞

係り結びを参照のこと。

契沖仮名遣い
けいちゅう

歴史的仮名遣いを参照のこと。

形容詞

「美しい」など、連体形の語尾が「－い」で終わる品詞のこと。ただし、日本語教育においては指導上の配慮から、形容動詞を形容詞に含めることがある。その場合、形容動詞を「ナ形容詞」と呼び、形容詞を「イ形容詞」と呼び分ける。

中古の形容詞は、ク活用とシク活用の2種類の活用があり、終止形と連体形で区別された。例えば、ク活用「無し」は語幹が「無」で終止形が「－し」、連体形が「－き」となり、シク活用の「美し」は語幹が「美」で終止形が「－し」、連体形が「－しき」となる。しかし、中世に生じた終止形・連体形の合一によって、連体形が新しい終止形となると、シク活用の語幹を「美し」とすることで、両者の終止形・連体形を「－き」と統一でき、活用を区別する必要がなくなった。また、終止形・連体形は「美しき」のように「－き」であったが、後にイ音便化が生じて「美しい」となった。

形容動詞

「明らかだ」のように、連体形（「明らかな」）の語尾が「－な」で終わる品詞のこと。ただし、日本語教育では指導上の配慮から、形容動詞を形容詞に含めることもある。その場合、形容動詞は「ナ形容詞」と呼び、従来の形容

詞は「イ形容詞」と呼んで区別する。

形容動詞は中古に発達したナリ活用の形容動詞が基になっている。ナリ活用の形容動詞（例：明らかなり）では、連用形「に」に接続助詞「て」が接して「で」となり（例：明らかで）、新しい活用語尾が生じた。この「で」に「ある」が接した「である」の「る」が脱落して「であ」となり、「であ」から「ぢゃ」となり、それが「だ」（例：明らかだ）となって新しい終止形が生じたと考えられている。

言文一致

書き言葉が文語中心だった時代において、書き言葉を話し言葉に一致させる、あるいは近づけようとすること。そのために明治以降に起こった運動を言文一致運動と言う。

日本では、明治時代まで「言（＝話し言葉）」と「文（＝文章に書く言葉）」の隔たりが大きかった。そこで従来の文語ではなく、庶民にも理解しやすい口語を文章語として確立すべきとする言文一致の考え方が生まれた。1884（明治17）年にふりがな付きで、三遊亭円朝の人情ばなし『会談牡丹灯籠』が出版された。これが評判を呼び、講談速記は言文一致に一定の影響を与えたという考察がある。

漢字廃止やローマ字表記が試行される中、文部大臣森有礼ら知識人のあいだで言文一致が推進され、近代小説においては、二葉亭四迷が言文一致体による写実小説を試み、その思想的な支えとして坪内逍遙が活躍した。日本最初の近代小説と言われる『浮雲』に続いて、山田美妙らが言文一致文学を試みたが、言文一致体が確立するまでには至らなかった。ただ、一進一退を繰り返しながら小説が引っ張っていく形で、言文一致体がやがて確立していく。特に、尾崎紅葉が試みて完成度を高めた「である体」は、口語体ではないもののやさしい文章体として普及した。

1904（明治37）年から使用された日本初の国定教科書「尋常小学読本」では言文一致が採用され、口語文の素材が数多く収録された。1910年ごろには言文一致運動は成功したと見られ、1921（大正10）年ごろには新聞が全面的に口語体で書かれるようになった。

言文一致運動

言文一致を参照のこと。

合一

ア行とヤ行とワ行の音の合一、形容詞を参照のこと。

甲類・乙類

上代特殊仮名遣いを参照のこと。

国学

江戸時代に興った文献学的な古典研究のこと。古典研究を通して日本固有の文化や精神を究明することを目指した。結果として上代文献を中心とする古典研究が著しい発展を遂げ、日本の古代語に関する研究が進んだ。

真言宗の僧契沖(けいちゅう)（1640-1701）は、万葉集研究を行い『和字正濫鈔(わじしょうらんしょう)』を著し、当時規範とされていた藤原定家が定めた仮名遣い（のちに行阿(ぎょうあ)が補填して行阿仮名遣いとなる）に誤りがあることを指摘した。この契沖仮名遣いは、明治時代に歴史的仮名遣いとして採用される。契沖のあと、古典研究は賀茂真淵、本居宣長(もとおりのりなが)に継承される。本居宣長（1730-1801）は、『てにをは紐鏡』で係り結びの呼応関係を明らかにし、その法則について『詞の玉緒』

では八代集を主な証歌として取り上げた。また上代文献の表記に2種類の表記法があることを『古事記伝』の「仮字の事」で述べ、この研究は弟子の石塚龍麿の『仮名遣奥山路』にて、「き・け・こ」など13の仮名には2類の別があるという、上代特殊仮名遣いの発見につながった。本居宣長の子、本居春庭（はるにわ）(1763-1828)は、『詞の八衢』にて活用研究に取り組み、『詞の通路』では動詞の自動詞・他動詞の研究などを発展させた。富士谷成章（ふじたになりあきら）(1738-1779)は、漢学の影響を受け、品詞の研究に取り組み、『挿頭抄』と『脚結抄』を著した。成章は、語を4つに分類し「名・挿頭・装・脚結」と名付けた。現在の品詞名でいうと、「名」は名詞、「挿頭」では代名詞、副詞、接続詞、感動詞など、「装」は動詞、形容詞、形容動詞、「脚結」は助詞、助動詞に相当する。

国語国字問題

日本語における言語的問題、特に書き言葉など使用文字に関わる諸問題のこと。日本語では漢字仮名交じりという複合的な文字表記が行われてきたが、明治期になってこれが識字普及の阻害になっているのではないかとの考えから、漢字の削減や廃止、ローマ字表記、仮名遣いの簡素化の必要性が叫ばれた。その一方で、従来の伝統は守るべきであるといった伝統重視の姿勢も盛んに議論された。

その端緒となったのが、1866（慶応2）年に前島密（ひそか）が将軍徳川慶喜に提出した「漢字御廃止之議」である。こういった建白書は、漢文や漢文訓読体では新知識が身につけられないという時代の節目から発する意識からであったと考えられる。同様の考えから、「かなのくわい」などが中心に進めた仮名のみの使用や、「羅馬字会」など欧米主義の知識人が中心となったローマ字使用の運動も盛んであった。結局、福沢諭吉らが提唱した漢字削減論が現実的な方策として進む。1902（明治35）年の国語調査委員会の設置によって、言文一致体や音韻文字の採用が既定路線になったため、改革推進派と伝統重視派との対立が続いたまま決着を見なかったものの、1946（昭和21）年の「当用漢字表」と「現代かなづかい」によって1つの決着を見た。

ただし、1961（昭和36）年には表音派（改革推進派）と表意派（伝統重視派）とが激しく対立し、次期の委員選出をめぐって5委員が途中退場する事件が起こるなど論争が続いたが、そのあとは表音派の意見が主流となった。

表記以外の国語国字問題としては、第二公用語、日本語の国際化、敬語、方言と共通語、外来語、音韻や音声、文法や語法、などの諸問題がある。

戦後に国字問題と併行する形で起こった第二公用語の議論は現在も活発である。第二次世界大戦後に志賀直哉がフランス語を公用語にすべきだと主張、また1988年には国立国語研究所所長の野元菊雄が外国人への日本語教育のため文法を簡素化した「簡約日本語」の必要性を説き、論議を呼んだ。いずれも日本語の特殊性を重く見て、国際化の立場から提起したと考えられる。2001年に小渕内閣で英語を第2公用語にするという構想を発表したが、国際化の中で日本語だけでなく、国際語である英語を公用語化すべきではないかという意見もあり、現在も議論が続いている。

国語審議会

1934（昭和9）年に交付された勅令「国語審議会官制」に基づき、それまでの国語施策の調査を担った臨時国語調査会を拡張させる形で、文部大臣諮問機関として文部省内に設置

された機関。南弘会長以下35名からなった。戦前と戦後を区別するために、戦前のものを「官制国語審議会」と呼ぶ。

　官制国語審議会は、まず1922（大正11）年に定められた常用漢字の見直しと漢字字体整理の調査に着手し、1938（昭和13）年に「漢字に関する主査委員会」を設け、1942（昭和17）年に「標準漢字表」を作成した。しかし、1945年（昭和20年）に第8回国語審議会で標準漢字表の再検討がうたわれ、「漢字に関する主査委員会」が設けられ、1946（昭和21）年に「当用漢字表」が実施された。漢字表作成とともに仮名遣いが大きなテーマとなり、「かなづかいに関する主査委員会」が設置され、現代仮名遣いに大きくシフトすることとなった。1949（昭和24）年に国語審議会は改組され、土岐善麿会長の下、「国語白書作成部会」「漢字部会」「固有名詞部会」「話ことばの部会」「敬語部会」「公用文法律用語部会」「ローマ字教育部会」「ローマ字調査文科審議会」などが設けられた。2001（平成13）年には文化庁文化審議会の下部組織として国語分科会が設置され、国語審議会は廃止された。

国語調査委員会

　1902（明治35）年に官立の国語調査機関として文部省によって設置された委員会のこと。前島密や上田万年（かずとし）や大槻文彦らが国語調査委員に任命され、国語調査委員会が正式に設置された。

　国語調査委員会は『国語国字改良論説年表』（1904）など多くの冊子を出版したが、『口語法』（1916）の作成には特に精力が傾けられた。翌年には大槻文彦によって『口語法別記』が刊行された。この2冊によって口語の「標準」が示されることとなる。ここでは東京方言と京都方言のうちから、東京方言が選ばれた。

　ただ、こういった冊子が作成されていた最中の1913（大正2）年に国語調査委員会は廃止され、その一部で国語調査委員会の機能を担うという体制が、1921（大正10）年の臨時国語調査会の発足まで続くこととなった。

五十音図

　すべての清音を母音の変化ごとに縦に5段、子音の変化ごとに横に10行に並べた音韻体系表。現在最古の五十音図は、平安時代中期の『孔雀経音義（くじゃくきょうおんぎ）（孔雀経の語句の意味と発音の解説書）』（1004–1028ごろ）に収められたものである。しかし、ア行・ナ行がなく、段の順番も「キコカケク」のように今日の五十音図とは異なっている。

　完全なものは『金光明最勝王経音義（こんこうみょうさいしょうおうきょうおんぎ）』（1079）に見られる。平仮名「ん」は、文字成立が中世以降なので含まれていない。今日のような母音の「アイウエオ」の順と子音の「アカサタナ」の順での配列表は13世紀後半から見られるようになるが、これは古代インドのサンスクリット語音韻論の影響があると考える説がある。子音の調音点は、カ行サ行タ行ナ行までは舌の位置が奥のほうから前へ移動し、ハ行マ行では唇音となるため（当時のハ行音は[Φ]とされる）、調音点が口の「奥→前」となることを意識した並びになっている。他にも、漢字音の反切（はんせつ）のために作られたという説もある。

古代語の活用

　9種類の活用の種類がある。正格活用は、四段活用、上一段活用、上二段活用、下一段活用、下二段活用の5種類である。四段活用は、ア段、イ段、ウ段、およびエ段の合計四段で活用する。上一段活用は語尾がイ段だけで活

用する。上二段活用はイ段とウ段の二段で活用する。下一段活用はエ段だけで活用するが、該当するのは「蹴る」しかない。下二段活用はウ段とエ段の二段で活用する。

変格活用はカ行変格活用、サ行変格活用、ナ行変格活用、ラ行変格活用の4種類である。それぞれ、カ変、サ変、ナ変、ラ変と略称される。カ変は「来」の1語、サ変は「す」の1語、ナ変は「死ぬ」「往ぬ」の2語、ラ変は「有り」「居り」「侍り」「いまそかり」の4語のみである。

辞書

中古の辞書、院政・中世の辞書を参照のこと。

時代区分

歴史の発展・変化の段階を質的特徴によって区分すること。日本語史の場合、大きく2つに分ける二分法では、南北朝時代(1336-1392)までを古代、それ以後を近代とするのが一般的である。より詳しく分ける三分法では、奈良時代から平安時代〈院政時代を含まず〉(-1086)を古代、院政時代から安土桃山時代(1086-1603)までを中世、江戸時代以降(1603-)を近代と分ける。さらに詳細にわける五分法では、奈良時代(-794)までを上代、平安時代〈院政時代を含まず〉(794-1086)を中古、院政鎌倉・室町・安土桃山時代(1086-1603)を中世、江戸時代(1603-1868)を近世、明治時代以降(1868-)を近代としている。

上代特殊仮名遣い

上代の『古事記』『日本書紀』『万葉集』など、万葉仮名を用いた文献で確認できる仮名の使い分けのこと。「キ」「ヒ」「ミ」「ケ」「ヘ」「メ」「コ」「ソ」「ト」「ノ」「ヨ」「ロ」(『古事記』では「モ」も含む)と、濁音がある場合はその濁音、ア行・ヤ行の「エ」は、平安時代以前は2類に書き分けられていた。そのため、それぞれ発音が2種あって、平安時代以後に同音になったものと考えられる。

例えば、「子供」の「コ」の万葉仮名として「古」の字を用い、「心」の「コ」の万葉仮名には「許」の字を用い、両者の文字が入れ替わることはない。万葉仮名の書き分けの研究は、江戸時代の僧契沖に始まり、本居宣長はオ段に2種の音があったことを『古事記伝』で指摘し、弟子の石塚龍麿が『仮名遣奥山路』

表2 古代語の活用例

	基本形	未然形	連用形	終止形	連体形	已然形	命令形
四段活用(カ行)	書-く	-か	-き	-く	-く	-け	-け
上一段活用(カ行)	着-る	き	き	きる	きる	きれ	きよ
上二段活用(カ行)	生-く	-き	-き	-く	-くる	-くれ	-きよ
下一段活用(カ行)	蹴-る	け	け	ける	ける	けれ	けよ
下二段活用(カ行)	受-く	-け	-け	-く	-くる	-くれ	-けよ
カ行変格活用	来(く)	こ	き	く	くる	くれ	こよ・こ
サ行変格活用	す	せ	し	す	する	すれ	せよ
ナ行変格活用	死ぬ	-な	-に	-ぬ	-ぬる	-ぬれ	-ね
ラ行変格活用	有り	-ら	-り	-り	-る	-れ	-れ

で発展させた。しかし、当時は注目されず、明治・大正期に橋本進吉がこの事実を「再発見」した。橋本は石塚の説の一部を訂正し、「エ」「キ」「ケ」「コ」「ソ」「ト」「ノ」「ヒ」「ヘ」「ミ」「メ」「ヨ」「ロ」「モ」と、濁音がある場合はその濁音に2種類の使い分けがあったと結論づけ、2種類の音を甲類と乙類と便宜上呼び分けた。ただし、「エ」はア行とヤ行の書き分けであり上代特殊仮名遣いとは別の問題として扱うことが多い。

　イ段、エ段、オ段に2種類の母音があったことを考えると、奈良時代には、a、i甲、i乙、u、e甲、e乙、o甲、o乙の8母音があったことになり、全体の音節は濁音まで加えて88音節あったことになる。上代の母音に関しては、橋本進吉と有坂秀世が8母音説、服部四郎が6母音説（a、i、u、e、o甲、o乙）、松本克己が5母音説を唱えている。甲類・乙類の別は上代末期には混乱をはじめ、平安時代初期には消滅した。

抄物資料

　中世期に、五山の僧侶や博士家の人々によってなされた漢籍・仏典・国書の講義記録や注釈書の総称。原典の本文に対する語釈や注釈が書かれている。中でも漢字仮名交じりの禅門・博士家の講義聞書は、中世の口語を反映しており、中世期の日本語史を研究する上で重要視されている。『論語抄』『史記抄』『毛詩抄』『玉塵抄』など、原典の書名に「抄」を付しているものが多い。

常用漢字

　日常でよく使われると国によって認定された漢字のこと。臨時国語調査会や国語審議会が選定してきた。現在は、1981（昭和56）年に当用漢字表の後継として内閣で告示された常用漢字表に収録された漢字を指す。

　当用漢字に対する批判から、1966年以降に見直しが始まり、「当用漢字表音訓表」が改訂された（1973年告示）。1972年から国語審議会が当用漢字表を総合的に審議し、各界の要望も入れる形で95字を追加し、従来、別表としていた字体や音訓なども合わせた常用漢字表を提示した。その結果、当用漢字は発展的に解消して、常用漢字に吸収されることになった。

　常用漢字表では1,945字が選ばれ、「本表」に収録された。多くは当用漢字表を踏襲したが、当用漢字表で無視された熟字訓や当て字で使われる漢字も付表として110字が収録され、より現実の漢字使用に則したものにあらためられたと言っていいだろう。なお、熟語訓とは「為替」が「かわせ」と読まれるように、単字単位ではなく熟語単位で訓が当てられた漢字のことを指す。

　現在、常用漢字と呼ぶ場合は本表収録の1,945字のことを指す。これにより、1946年に内閣告示された当用漢字表のほか、当用漢字音訓表（1973年改訂）、当用漢字字体表（1948）が廃止され、常用漢字表が現在の漢字使用の基準となっている。ただし、漢字習得の普及を強く目指した当用漢字表の作成当時と異なり、常用漢字はあくまで漢字使用の目安として考えられた。常用漢字表の見直しも何度も検討され、入れ替え候補が定められたり、読めるだけでよい「準常用漢字」を定めようとしたりするなど、見直しがおこなわれ、当用漢字表とはちがい柔軟な姿勢をとっている。2010年改訂では196字が追加された。

　常用漢字における表外漢字を認めないという新しい姿勢は、「あいさつ」のような仮名書き、「綜合」→「総合」のよう同音漢字への置き換え、「瀆職」→「汚職」のような言い換え、

「醱酵」→「はっ酵」などの交ぜ書きなどにおいて諸問題を残すことになった。

草仮名
平仮名を参照のこと。

濁音符
濁音の「バ」「ビ」「ブ」「ベ」「ボ」などの表記に見られる「゛」の記号のこと。初期の濁音符としては、889年附点の『金剛頂瑜伽連華部心念誦儀軌』に「濁」の字のさんずい偏「氵」を漢字の傍らに書き加えたものが見られる。この濁点は天台宗の学僧が、陀羅尼（仏教で用いられる呪文の一種で、サンスクリット語原文を漢字に音写したもの）を唱えるときの読み方を示すために使用したのではないかと見られている。現在のような濁音符「゛」は、訓点資料や辞書の訓として漢字の周囲に付された声調（アクセント）記号が基ではないかと考えられている。これは、漢字の右上、右下、左上、左下の四隅に「○」記号をつけたもので、声点と呼ばれる。これがのちに和語のアクセントを示す記号としても利用された。その際に、清音には「○」の一点、濁音には「○○」の二点が付され、これが現在の「゛」になったと見られている。声調と無関係に右肩に「゛」が付されようになるのは江戸時代初期である。

中古の辞書
中古期の代表的な漢和辞書として『新撰字鏡』と『倭名類聚抄』がある。

●新撰字鏡
平安時代に作られた部首や意義分類から引ける漢和辞書。892年に3巻本が完成したとされ、それを元に12巻本が昌泰年間（898-901）に完成したと考えられる。平安時代に僧侶昌住が編纂したとされる。日本で編纂され、一部、万葉仮名による和訓を持つ漢和辞典として、現存する最古のものである。完本（天治本）と抄本があり、抄本は室町時代ごろに完本系から和訓のついたものだけを抜き出したものである。完本は160の部に分類され、序文によると約21,000字が収録されているという。大半の見出し語の漢語には、読みを万葉仮名で示しており、これらの和訓は日本語史の資料として貴重である。

●倭名類聚抄
平安時代に作られた漢和辞書。源順編纂。934（承平4）年ごろに、醍醐天皇の第四皇女勤子内親王の令旨を奉じて編纂された。伝本の系統として20巻本と10巻本がある。漢字漢語による物名を意味で分類して出典を明記し、書名の「倭名」が示すとおり万葉仮名で読みをつけている。意味分類の漢和辞書であると同時に、物の名前を挙げることが主眼となっていて、百科事典的な性格も帯びる。『新撰字鏡』が、僧侶が僧侶のための経典の読解を目的にしたのに対して、『倭名類聚抄』は、漢学者が公的立場で当時の人々のために、詩文作成や百科用の要請に応じて作成したものと考えられている。

定家仮名遣い
歴史的仮名遣いを参照のこと。

丁寧語の変遷
丁寧語とは現代語の「です」「ます」「ございます」、古語の「はべり」「候ふ」など、句

末や文尾につけて聞き手への配慮を示す言葉の一群。上代には丁寧語がなかった。中古では「はべり」が、聞き手に対してへりくだる気持ちの場合や改まった物言いの場合などに用いられたが、中古末期には衰退した。中古末期からは「さぶらふ」に丁寧語的な用法が生じ「そうろう」となり、中世期を通して盛んに用いられた。また、動詞「まゐらす」は中古から補助動詞用法が見られるが、中世には終止形と連体形の合一により「まゐらする」となり、「ゐ」が脱落して「まらする」となった。中世末には「まらする」が丁寧語として一般化した。この「まらする」が「まっする」を経て「まする」となり、現在の「ます」が成立した。一方、「です」の成立は未詳であり、中世末の狂言資料に見られる「で候」から転じたとする説や江戸時代後期の「であります」「でございます」から生じたとする説がある。

動詞活用の変遷

　動詞活用は時代とともに変化してきた。中古では、9種類あった動詞の活用は、現代では5種類になっている（上一段と下一段の区別をしなければ4種類）。活用の種類の変化は、ラ変の消滅から始まった。中世期に終止形と連体形が統合し、連体形が新しい終止形となった。そのため、ラ変「あり」の終止形「あり」は「ある」へと変化し、四段化した。また、ナ変の「死ぬ」は近世期に四段化してナ変が消滅した。近世期になると、上二段動詞は上一段動詞へと活用の種類が変わり（例：「起く」→「起きる」）、下二段動詞は下一段動詞（例：受く→受ける）となった。これが「二段活用の一段化」である。ただし、もともと下一段動詞だった「蹴る」は四段化した。一段化が起こったのは、上方（近畿圏）より江戸が早い。また、中世に助動詞「う」が成立し、「書かう」のように「未然形＋う」で用いられた。「書かう」は音変化を起こし「書こう」となった。こうして、未然形にオ段音が現れ、四段動詞から五段動詞となった。このように近世期に、現在の動詞の活用の種類である、五段活用、一段活用（上一段、下一段）、カ変、サ変が整った。

　近世期には活用の種類が変化した動詞がある。ラ行下二段動詞の「なさるる」「めさるる」「下さるる」は、「なさる」「めさる」「下さる」と四段化した。サ変動詞にも、「愛す」「辞す」「訳す」のように四段化する動詞が現れ、一部は「案じる」「念じる」のように上一段化した。また、日本の東西で活用の種類が異なる動詞もあった。上方では「足る」「借る」「飽く」は四段動詞であったが、江戸では「足りる」「借りる」「飽きる」のように上一段動詞であった。

当用漢字

　国語国字改革のもと、1946（昭和21）年に内閣が告示した当用漢字表に掲載された漢字のこと。戦後、日常生活や学校教育などにおいて最も一般的な基準とされた。漢字を新字体で統一し、字数を制限、送りがなを統一することで、漢字の習得を容易にすることを目的とした。収録字数は1,850字。なお、当用漢字表には「当用漢字別表」(1948)、「当用漢字字体表」(1948)、「人名用漢字別表」(1951)などを伴っている。

　古くから漢字の数の多さが学習を困難にしているという見方が強く、漢字は制限すべきという機運があった（漢字制限主義）。福沢諭吉は『文字之教』(1873)の中で、実用的な漢字教育の重要性を指摘し、漢字の字数を2,000から3,000に制限すべきだと主張したが、第

二次世界大戦前には実現しなかった。それは、古典や文学の読解には漢字の素養が必要だと考える文学者や知識人、一般人が多く、「改革」の動きに強く異を唱えていたからである。だが、戦後になると、GHQの占領政策のもと、国語国字改革として当用漢字表が作成されることとなった。当用漢字の当用とは「当面使うべき」の意味があった。ゆくゆくは全廃してしまうことが望ましく、その移行措置として制限をかけようとしていたことが見て取れる。

1974年から1982年までの国語審議会の審議を経て、当用漢字表を基に常用漢字表が作成され、当用漢字は発展的に解消した。

時枝誠記（ときえだもとき）

1900-1967。国語学者。『国語学原論』『日本文法口語篇』『日本文法文語篇』などを著す。

時枝は、言語の成立には「主体・場面・素材」の3つの要素が必要であると唱えた。そして「言語過程説」に基づく文法を組み立てた。言語過程説は、言語の本質が、「話し、書き、聞き、読む」言語活動そのものにあるとする。ソシュールが人間生活から切り離された「死んだ言語」として「ことば」を想定したのに対して、時枝は「生きた言語」の考察が必要であると考えた。言語活動の単位としては「語」-「文」-「文章」を立てた。一語は、「思想内容の一回過程によって成立」する言語表現であり、「概念過程を経た、客体的な表現」を「詞」、「概念過程を経ない、主体的表現」を「辞」と名付けた。詞には「名詞・代名詞・動詞・形容詞・連体詞」と「接頭語・接尾語」が属し、「辞」には「助動詞・助詞・接続詞・感動詞・陳述副詞」が属するとされる。

橋本進吉は感動詞「おや」「まあ」などを「詞」と分類したが、時枝は感動詞には「山」「花」などのように何かを指し示す働きがないため、「詞」ではなく「辞」であると分類した。また、時枝は日本語の文の構造は、西欧語のような「主語－述語」が釣り合う「天秤型」でなく、詞が辞に包み込まれる入子型構造をしていると考えた。辞は詞を包み込むような形で結合し、これを時枝は「句」と名付けた。「句」は橋本文法の「文節」に対応するが、橋本文法が[梅の][花が][咲いた]と文節を並列して考えるのに対し、時枝は、「梅の花が咲いた」は『{[「(梅の)花」が]咲い}た』のような入子型構造を持つとしている。この考えによると、主語は述語に対立するのではなく、述語に含まれることになる。

ハ行子音の変遷

中古のハ行子音は無声両唇摩擦音[Φ]であったと考えられている。上代においては[p][pΦ][Φ]のいずれでかであったろうと言われているが、まだ確定はしていない。中世の『後奈良院御撰何曽（なそなそ集。何曽とは「謎」のこと）』には、「母には二度あひたれども父には一度もあはず」の答えに「くちびる」とあり、この時期の「はは」は無声両唇摩擦音の[Φ]であったと考えられる。中世末の中国・朝鮮資料には、[Φ]から[h]に変化する兆しが見られ、近世に入ると完全に[h]に変わった。

ハ行転呼音

語中のハ行の音が、唇音退化によってワ行音に転呼したもの。平安時代のハ行子音は無声両唇摩擦音であったが、平安時代前期から、「イハ」（岩）など語中にあるハ行の子音がワ行音化する現象が見られはじめた。これは、

［Φ］から［w］への唇音退化と考えられる。この変化は、上代にすでに一部の語において始まっていたとされ、『万葉集』には「うるは川」を「閏和川」（うるわ川）と表記した例がある。

橋本進吉

1882-1945。国語学者。『国語法研究』『文字及び假名遣の研究』『国語音韻の研究』などを著す。

橋本は、言語単位を「文」-「文節」-「語」という段階で考え、「文」の定義は「音の連続である。前後には必ず音の切れ目がある。終わりには特殊の音調が加わる」とした。このように橋本は音声との関わりを重視しており、「文節」は、「文」を発音する場合に、できるだけ多くくぎった最も短い一くぎりであるとする。語は「単独で文節を構成しうる」ものと、助詞などの「単独では文節を構成し得ない」ものとに分けられるとした。そして、前者を「詞」、後者を「辞」と呼び、「詞」は活用の有無と職能（機能）に応じて、動詞・形容詞・形容動詞・名詞・副詞・副体詞・接続詞・感動詞とに分け、「辞」は、活用の有無によって助動詞と助詞に分けた。橋本文法の特色は、「形態」の面を重視したところにある。

なお、橋本は1931（昭和6）年に、中等学校の教科書として出された『新文典』（口語、文語）に関わっている。これらは、当時の通説に従っている面もあるので、必ずしもすべてが橋本の考えではないが、1943（昭和18）年に教科書が国定となった際には、橋本は教科書の指導にあたったので、『中等文法』には、橋本の学説が示されることになった。戦後、教科書が検定制度になってからも、『中等文法』のかなりの部分が継承されたため、橋本の学説は現在の学校文法の土台となっている。『中等文法』では「詞」を「自立語」、「辞」を「付属語」と名付け、学校文法ではこの呼び名が一般的となっている。

半濁音符

半濁音の「パ」「ピ」「プ」「ペ」「ポ」の表記に見られる「゜」の記号のこと。

半濁音符「゜」は中世末のキリシタン資料から見られる。最も古い資料はキリシタン資料の『落葉集』（1598）である。しかし、キリシタン資料から「゜」が広まったのは限定的であり、江戸時代の唐音資料に注目する説もある。江戸時代に入ってきた黄檗宗（おうばくしゅう）の唐音資料では、右肩に「イ゜」「サ゜」「テ゜」「パ゜」のように「゜」が頻用されている。中国音と対比させて、日本語の音韻にない母音や子音に関する注意記号として使用され、この影響によって半濁音符が定着したと考えられている。

「゜」は江戸時代中期に一般化したが、他にも洒落本の『辰巳之園』（1770）に「とつさ゜ま」とあり、これは摩擦音［sa］ではなく、破擦音［tsa］であることを表していると見られる。このようにパ行音だけではなく注意喚起点としての役割も担っていたが、これが現在ではパ行音のみに残って半濁音符として定着した。パ行音が注意された理由としては、江戸時代にハ行子音が無声両唇摩擦音［Φ］から無声声門摩擦音［h］に移行するにつれ、それまで、［Φ］の異音の位置にあった［p］音が意識されたのではないかという見方がある。なお、「半濁」という用語は『補忘記』（ぶもうき）（1687）に多数用いられている。

表音主義（phoneticism）

「言葉は発音に従って記述すべき」という考えから、日本語においては、表意文字である

漢字ではなく、表音文字である平仮名かローマ字で記述すべきだとする主張のこと。ゆくゆくは廃止することを念頭に漢字を制限し、「じ」と「ぢ」、「ず」と「づ」の使い分けも統一し、万人にとってやさしい表記体系にすることを目指した。

歴史的には表音主義は「カナモジ派」と「羅馬字派」に分かれた。明治維新から80年ほどは、公用文や教科書の記述には歴史的仮名遣いが用いられ、歴史的仮名遣いが正式なものと考えられたが、その間も国語審議会などで表音主義を採用すべきではないかという議論も根強く、小学校の教科書で実験的に表音式を採用した時期もあった。1946（昭和21）年に、現代仮名遣いが正式に採用され、それ以後は現代仮名遣いが主流となって今に至っている。

平仮名／ひらがな

「あいうえお」など、現在使用されている片仮名以外の仮名のこと。男手・男文字と呼ばれた漢字に対して、平仮名は女手・女文字と呼ばれることもあり、中古では主として女性が用いた。万葉仮名を草書にくずした草仮名をさらに崩して、元の漢字の形を完全に失った表音文字である。万葉仮名は画数が多いため、実用的には使いにくかった。簡易に書くために、草体化と省略化の二通りの方法がとられ、草体化から平仮名が、省略化から片仮名が生じた。前者の草体化からは草仮名ができ、この草仮名をさらに簡略化して平仮名が生じることとなった。平安時代前半期の平仮名の資料は少なく、「落書」や「消息」に見られるように私的な文字として使用されている。平安時代前期の平仮名資料として、『藤原有年申文ありとし　もうしぶみ』（867）がある。全体としては草仮名で書かれているが、中には「ふ」や「と」など現在の平仮名に近い字体も見られる。

変体仮名

現在、標準的に使用されている平仮名とは違った仮名字体のこと。1900（明治33）年、小学校令施行規則により1音につき1字の平仮名が定められた。平仮名が成立して以来、近世までは1つの音に複数の字体があった。例えば「そ」であれば、「曽」を崩した「そ」の仮名や「所」を崩した「ゐ」の仮名や「楚」を崩した「ぞ」の仮名などである。しかし小学校令施行以降は、「そ」以外の字体は、変体仮名と呼ばれるようになった。店の看板など

表3　平仮名の基になった万葉仮名（一部諸説あり）

あ（安）	い（以）	う（宇）	え（衣）	お（於）
か（加）	き（幾）	く（久）	け（計）	こ（己）
さ（左）	し（之）	す（寸）	せ（世）	そ（曽）
た（太）	ち（知）	つ（川）	て（天）	と（止）
な（奈）	に（仁）	ぬ（奴）	ね（祢）	の（乃）
は（波）	ひ（比）	ふ（不）	へ（部）	ほ（保）
ま（末）	み（美）	む（武）	め（女）	も（毛）
や（也）		ゆ（由）		よ（与）
ら（良）	り（利）	る（留）	れ（礼）	ろ（呂）
わ（和）	ゐ（為）		ゑ（恵）	を（遠）

では「蕎麦」を「ソば」と記すことがあるように、現在でも変体仮名が使用されることがある。

変体漢文

中国の文語文法に則っておらず、日本語的な要素が混ざった漢文のこと。日本では7世紀以後、正式な公文書は漢文で書かれたが、日本語と性格が異なる漢文の使用は容易でなく、日本語化した漢文が書かれる場合があった。特徴としては、①語順が日本語式となる、②敬語の補助動詞など、元の漢文にない語が加えられる、③和製漢語が使用される、といったものがある。7世紀後半に書かれたとされる、法隆寺仏光背銘の文章には、「薬師像作仕奉（薬師の像を作り仕へ奉らむ）」とある。漢文ならば語順が「作薬師像」となるべきところを、日本語の敬語である「奉る」を「作仕」に続けようとしたため、「作」と「薬師像」の語順が変わったのであろうと考えられている。国家によって編集された歴史書である『日本書紀』（720）は、正史として漢文で記述したものであるが、それでも日本語化した変体漢文が散見する。変体漢文は、平安時代には、公文書、書簡、日記（男性）などの記録類で広く用いられた。そのため、記録体とも呼ばれる。

松下大三郎

1878-1935。国語学者。『日本俗語文典』『標準日本文法』『改撰標準日本文法』『標準日本口語法』などを著す。

従来の国語研究は、国学の影響を受けて古語を出発点とするものであったが、松下は現代語の実用的な文法体系を構築することを試みた。松下は言語単位を「原辞」-「詞」-「断句」の3段階とした。「断句」は「文」にあたり、「断句」を構成するものが「詞」と「原辞」であるとする。「原辞」は「詞」の材料となる最低次元の単位である。助詞・助動詞・接頭辞・接尾辞などは「原辞」にあたる。「詞」は、それだけで観念を表すことができ、例えば「山」「川」は「辞」であると同時に「詞」であるが、「詞」に「原辞」がついた「山が」「川に」も「詞」となる。「詞」には、本来常に有している性能（本性）と、場合によって違う性能（副性）とがあるとした。この中で「詞の副性」のうち動詞の「相」（文法的な派生のこと）の中で、形態論的パラダイムを取り出すことに成功した。具体的にはヴォイス（させる、される）、やりもらい、テンスとアスペクト、既然態（している、してある）、モダリティ（すべきだ、していい、してはならない）、敬語（尊敬、謙譲、卑称、荘重語）などがある。

万葉仮名

上代において、日本語の音を書き表すために漢字を表音的に用いた文字のこと。『万葉集』に代表される文字であるため「万葉仮名」と言うが、『万葉集』以前にも使用例があり、例えば埼玉県稲荷山古墳から出土した鉄剣（5世紀後半）に刻まれた銘には「獲加多支鹵大王」のように、人名など固有名詞に万葉仮名が用いられている。

万葉仮名は、日本語音を漢字で適切に表すための工夫であったと考えられる。万葉仮名には正用と仮用があり、正用では、漢語をそのまま使用するもの（法師〈ほふし〉、塔〈たふ〉など）や、漢字の意味と日本語の意味が一致するもの（山〈やま〉、川〈かわ〉など）がある。仮用では、「阿（ア）」「伊（イ）」のように音仮名で用いたものや、助動詞や助詞を「〜鶴鴨

（〜つるかも）」のように訓仮名で表したものや、「八十一」と書いて「くく」と読ませる戯書（ぎしょ）がある。清音・濁音の対立もかなり厳密に書き分けられている。奈良時代末になると、表音文字としての性質が強まり、「正倉院万葉仮名文書」のようにすべて万葉仮名で書かれた文献も出てきた。

なお、草仮名は、万葉仮名の草書体のことで、奈良時代から平安時代に用いられた。万葉仮名は文字としては漢字であるが、草仮名は、万葉仮名の中から比較的字画の少ない漢字が選ばれ草体化して、日本語の音節文字として使用された。仮名が生じる移行期に生まれた書体と考えることができる。平安時代の『源氏物語』（梅枝）には「御心のゆくかぎり、草のも、ただのも、女手も、いみじう書き尽くし給ふ」という一節があり、草仮名（草）と平仮名（女手）の区別が明確に意識されていたことがうかがえる。

三上章

1903-1971。言語学者。『現代語法序説』『象は鼻が長い』などを著す。

　三上は日本語文法を独学で研究した。構文論（シンタクス）の研究に従事し、主語廃止論を提唱した。主語廃止論とは、主述関係を否定して題述関係を認めるべきという主張である。三上によると、ヨーロッパ言語の主語という概念が、日本語が持つ文構造を理解するときの妨げになっているという。例えば「象は鼻が長い」の「象は」は主語ではなく、「私は象について述べる」ことを明示する働きであるため題目とし、「象は鼻が長い」の文の構造は「主語－述語」ではなく、「題目－述部」と捉えるべきであると説いた。

　また主語に関して、「甲が乙に丙を紹介する」という文を他言語と比較し、ラテン語では「甲が」の部分の単複・人称が変わると述語の活用語尾が変わったり、中国語では主格が動詞に先行したりする特権が生じるように、多くの言語では主格が特権を持っていることを指摘した。特権を持つ主格が主語であり、日本語には主語という概念を適用する対象が存在しないと主張した。

　三上の目的は、日本語に見いだされる形式をそのまま取り上げ、その形式を明らかにすることであった。陳述に関する研究では、文を客観的世界を表す「コト」の面と、話し手の態度やとらえ方に関わる「ムウド」の面とに分けた。これは現在のモダリティ研究に繋がるトピックである。他にも、動詞を自動詞・他動詞ではなく、受動態になるか否かで能動詞・所動詞に分類したり、名詞文の分析（指定文・措定文・同定文）を行ったり、複文の研究に着手したりするなど、現代の日本語文法研究の基となるトピックを数多く提示した。

歴史的仮名遣い

　江戸時代前期に契沖（けいちゅう）（1640-1701）によって提唱された契沖仮名遣を基として、明治時代以降一般的に用いられた仮名遣いのこと。明治時代は小学校の教科書に歴史的仮名遣いが採用され、第二次世界大戦終結直後まで学校教育で用いられた。契沖は、歌人たちが基本的に用いていた「定家仮名遣い」とは異なる仮名遣いを発見し、『和字正濫鈔（わじしょうらんしょう）』（1693）を著した。その中で、『倭名類聚抄（わみょうるいじゅしょう）（「中古の辞書」を参照のこと）』以前の仮名遣いを規範とすべきであると提唱した。「定家仮名遣い」とは、藤原定家（1162-1241）が仮名文学や和歌の古典書写の際に定めた仮名遣いである。中古においてはア行の「イ」とワ行の「ヰ」、ア・ヤ行の「江」とワ行の「ヱ」、ア行の「オ」とワ行の「ヲ」は発音が異なり区別されてい

たが、中世には区別がなくなり、仮名遣いに混乱が生じていた。藤原定家は、アクセントで区別をつけるべきだと考え、高く発音する字は「を」で、低く発音する字は「お」で書くという基準を設けた。現代共通語のアクセントで例えると、「丘」は「低高」であるから「おか」と書き、名前の「岡さん」の「岡」は「高低」であるから「をかさん」と書くことになる。この結果、定家仮名遣いは中古の仮名遣いと異なるものになった。このことに気づいた契沖は、平安時代中期以前の資料の仮名遣いを規範とすべきであると主張したのである。

第二次世界大戦後の1946 (昭和21) 年に「現代かなづかい」が採用され、表音的な仮名遣いが施行されることになった。さらに1986 (昭和61) 年に「現代仮名遣い」が告示され、今日では、歴史的仮名遣いは、文語文法で書く文芸作品や古典教育で用いられる程度となった。

ローマ字

おもに欧米諸国の言語の表記に用いられ、フェニキア文字から発達したギリシア文字が基になって生まれた文字のこと。ラテン文字とも呼ばれる。アルファベットもローマ字の別称であるが、アルファベットという名称は外国語の文字として見る場合に用い、ローマ字は日本語の表記文字の一部として見る場合に用いることが多い。日本には室町時代末期に伝えられた。特にキリスト教宣教師が布教活動で使う日本語を学ぶために日本語との対訳辞書や教義書を作る際に表音文字としてローマ字を使用した。ただし、このころのローマ字のつづり方はポルトガル語に基づいていた。例えば、ニホンは「NIFON」とつづられている。

キリスト教禁令のあと、寛政年間 (1789-1800) 以後に禁令が緩められると、オランダ人やオランダ語の書物に触れる機会が増え、日本語のローマ字表記も試みられた。このころはオランダ語に基づいた表記がなされた。幕末以後、欧米との交流がさかんになると、ローマ字が次第に普及した。アメリカ人宣教師のヘボン (Hepburn, J. C.) は『和英語林集成』(1867) を出版するが、このとき英語式のローマ字表記を用いた。1885年に羅馬字会 (日本語を書くのにローマ字を用いることを主張した団体) が英語式のローマ字表記法を提唱し、その表記法は『和英語林集成』(第三版) で採用され、広く「ヘボン式ローマ字」として広まった。しかし、一方でこれが英語の発音に偏っていることが批判され、田中館愛橘らにより日本語固有の五十音に基づくローマ字のつづり方が提案された。これが「日本式」のローマ字表記である。

例えば、ヘボン式だと「ち」は「chi」と書くが、日本式だと「ti」と書く。両方が共存する状態が続くが、1937 (昭和12) 年の内閣訓令により両者の統一が図られた。これが訓令式ローマ字である。現在は、1954 (昭和29) 年に「ローマ字のつづり方」が告示され (右図)、第一表 (訓令式)、第二表 (標準式〈ヘボン式〉、日本式) が提示された。第一表を基準としながらも、第二表の使用も広く認めている。そのため、現在では「新橋」が「Sinbashi」ではなく「Simbashi」となっているなど、ヘボン式で書かれる場合も多くある。

和漢混淆文

中世以降、漢文訓読文と和文とが融合して新たに生じた文章様式のこと。中世の『平家物語』などの軍記物語に代表される。また、漢文訓読文のみでなく、記録体 (変体漢文の

文章で書かれた、貴族の儀礼や行事の記録）の語彙や文法も影響していると言われている。表記は漢字仮名交じり文であり、漢文訓読語と和語（本来の日本語）が混用されている。和漢混淆文が一般的になると、漢語語彙が浸透していき、漢字が尊重されるようになった。その中で、和語が漢字表記され、それを音読した結果、和製漢語が作られることになった。例えば、「かへりごと」は、漢字表記で「返事」と書かれ、これを音読した結果、「返事」の語彙が生じることとなった。

和文

典型的には、中古に平仮名を主とした文字で和語を多用し、女性によって書かれた文章のこと。漢字で書いた真名文に対して、和文または仮名文とも呼ばれた。

当初は手紙などの実用的な文章に使用されていたが、次第に文学作品へと広がった。仮

表4　ローマ字のつづり方・第1表（1954）

a	i	u	e	o			
ka	ki	ku	ke	ko	kya	kyu	kyo
sa	si	su	se	so	sya	syu	syo
ta	ti	tu	te	to	tya	tyu	tyo
na	ni	nu	ne	no	nya	nyu	nyo
ha	hi	hu	he	ho	hya	hyu	hyo
ma	mi	mu	me	mo	mya	myu	myo
ya	(i)	yu	(e)	yo			
ra	ri	ru	re	ro	rya	ryu	ryo
wa	(i)	(u)	(e)	(o)			
ga	gi	gu	ge	go	gya	gyu	gyo
za	zi	zu	ze	zo	zya	zyu	zyo
da	(zi)	(zu)	de	do	(zya)	(zyu)	(zyo)
ba	bi	bu	be	bo	bya	byu	byo
pa	pi	pu	pe	po	pya	pyu	pyo

表5　ローマ字のつづり方・第2表（1954）

sha（しゃ）	shi（し）	shu（しゅ）	sho（しょ）	
		tsu（つ）		
cha（ちゃ）	chi（ち）	chu（ちゅ）	cho（ちょ）	
		fu（ふ）		
ja（じゃ）	ji（じ）	ju（じゅ）	jo（じょ）	
di（ぢ）	du（ぢゅ）	dya（ぢゃ）	dyu（ぢゅ）	dyo（ぢょ）
kwa（くゎ）				
gwa（ぐゎ）				
			wo（を）	

名文学作品は一文が長く、朧化表現（断定を避ける表現）に富み、複雑な心情描写が描かれやすく、『枕草子』や『源氏物語』などの名作を生み出す素地となった。

　和文と漢文訓読文では、一部の使用用語に明確な違いが見られる。「和文で用いられる語」対「漢文訓読文で用いられる語」の一例を示すと、「および」と「ユビ」、「やすむ」と「イコフ」、助動詞「す・さす」と「シム」のような対応がある。中世では、『とはずがたり』や『とりかへばや物語』など中古の和文を模倣した擬古文的な作品が書かれている。

15 コーパス

XML（Extensible Markup Language）

文書の構造を記述するためのコンピューター言語の一種。もともと情報工学の分野でウェブを経由し、構造化されたデータを共有するための国際的な規格として提案されたものであるが、近年は情報工学の分野に限らず、様々な分野で活用されている。「Extensible Markup Language」とは「拡張可能なマーク付け言語」という意味で、タグ（tag）と呼ばれる記号でもって文章が持つ様々な構造的、視覚的情報を記述するためのコンピューター言語、またはそれによって作られたファイルのことを指す。一般的にはXML（エックスエムエル）と呼ばれる。なお、XMLと同様のマーク付け言語としては、インターネットで広く使用されているHTML（Hypertext Markup Language）があり、原理的に同じものと考えて良い。

XMLは、<タグA>文字列</タグA>を基本的な書式として持っており、<タグA>のことを開始タグ、</タグA>を終了タグと言う。開始タグと終了タグの間の文字列をコンテンツと言う。そして、この基本的書式に対して様々な属性や階層構造が付与される。XMLはコーパス構築においてもテキストファイルと平行して広く使われているが、コーパス構築時にXMLを使う利点として次の3点が挙げられる。①タグの設計が柔軟であること。②マックOSやウィンドウズOSなど、異なるOS環境にも対応できる汎用性を持っていること、③作成から閲覧において特別なソフトウェアを必要としないこと。具体的な利用方法として、文章の著者やジャンル、出版年といった基本的な書誌情報、さらには文章が持つ形態素解析情報として単語区切りや品詞、基本形、発音に至るミクロな要素まで階層的に記述することができる。XMLで構築されたコーパスとしては、「日本語話し言葉コーパス」や「現代日本語書き言葉均衡コーパス」がある。

n グラムモデル（n-gram model）

自然言語処理の分野で提案された、頻度に基づく言語モデルのこと。n個の要素による長さを持つ文字列および単語列をnグラムと呼び、その頻度をnグラム頻度と呼ぶ。例えば、「東京特許許可局局長」という文字列は、2グラムで｛東京｝、｛京特｝、｛特許｝、｛許許｝、｛許可｝、｛可局｝、｛局局｝、｛局長｝、｛長[終端]｝で構成されており、3グラムでは｛東京特｝、｛京特許｝、｛特許許｝、｛許許可｝、｛許可局｝、｛可局局｝、｛局局長｝、｛局長[終端]｝で構成されている。2文字の頻度を文字2グラム頻度と呼び、3文字の頻度を文字3グラム頻度と呼ぶ。なお、nが1の場合、ユニグラム（uni-gram）と呼び、2の場合、バイグラム（bi-gram）と呼び、3の場合、トライグラム（tri-gram）と呼ぶこともある。文字列に対するnグラムは、単語列に対しても適用されることがあり、上記の例で言えば2グラムで｛東京特許｝、｛特許許可｝、｛許可局｝、｛局局長｝、｛局長[終端]｝となる。

nグラムモデルは、自然言語の性質として、ある文字および単語の出現がその直前の文字および単語に影響されるという考え方に依拠している。元々は、コンピューター上で複数のファイルから特定の文字列を検索する際、もれなく検索インデックスができるように考案されたものである。コーパス研究の分野では、生テキストから「〜につれて」や「〜にしたがって」などのような複合的表現を取り出すために使用することが多く、形態素や単語を数えるような方法では得られない一般化ができるとされている。

書き言葉コーパス（Text Corpus）

　書き言葉を収録したコーパスおよび言語データベースのこと。話し言葉コーパスの場合、講演や会話など種類が限られているのに対して、書き言葉コーパスは、新聞、小説、科学論文、ウェブデータ、公文書など多種多様なものが存在する。それぞれのジャンルによって用いられる表現や語彙の分布が異なることに注意する必要がある。

　日本語の書き言葉コーパスとしてはインターネット図書館の「青空文庫」、各新聞社によって提供される「新聞記事データベース」、国立国語研究所が構築した「現代日本語書き言葉均衡コーパス」などがある。まず「青空文庫」はインターネットを使って個人でも簡単に入手できる利点があるが、小説データであるため、書き手による個性が強く、一般的な言語研究のデータとして使う場合は注意が必要である。また、著作権上の理由から古い小説がほとんどであるため、共時態としての言語研究のデータとしては必ずしもむいていない。次に「新聞記事データベース」は各新聞社が学術利用を想定して、新聞記事を公開しているものである。現代語を収録している点ではデータとしての利用価値は高いが、新聞記事であるため限られた紙面の中で表現を凝縮しており、やや特異な表現が多い。また、ライセンスなどの利用上の制限が厳しい上に、非常に高額である。最後に「現代日本語書き言葉均衡コーパス（Balanced Corpus of Contemporary Written Japanese, BCCWJ）」は言語学研究、日本語学研究を目的に構築された初めての書き言葉の均衡コーパスであり、書籍、雑誌、新聞、白書、教科書、広報紙、Yahoo!知恵袋、Yahoo!ブログ、韻文、法律、国会会議録の電子データが収録されている。全体として1億語規模のデータになっている。BCCWJの利用面の特徴として、①著作権処理が済んだデータが入っているため、個人単位の研究利用についてはほとんど制限がないこと、②科学的なサンプリングの方法を用いて、現代日本語の書き言葉の縮図となるように設計して作ったコーパスであることが挙げられる。

学習者コーパス（Learner Corpus）

　学習者の産出データを収録したコーパスのこと。習得コーパスとも言う。一般的には第二言語学習者のデータが収録されている。構築の方法としては、2種類ある。1つ目は音声言語を録音し、それを文字化する方式であり、2つ目は作文形式で文章を書かせ、それを電子化する方式である。前者の方法で構築されたコーパスは、学習者の話し言葉の特徴を反映したものであり、OPI（Oral Proficiency Interview）の方法で構築された「KYコーパス」が広く使われている。後者の方法で構築されたコーパスは、書き言葉の特徴を反映したものであり、「日本語学習者による日本語作文と、その母語訳との対訳データベース」（国立国語研究所）が広く使われている。

　学習者コーパスを使う利点としては、学習者の中間言語の姿を直接的に観察できることが挙げられる。学習環境や母語などの要因が、学習者の産出にどのような影響を与えるのかを調べることができるため、学習者の発達段階や学習環境に即した教授法や教材の開発、テスト作成などに活用できる。学習者コーパスを使った具体的な研究の視点として、石川（2008）では次の5つを指摘している。①過剰使用語や過少使用語など、学習者が使用する目標言語の言語的特徴を探る。②目標言語の使用における母語転移の程度を調べる。③目標言語において言いたいことが言えない場合

に、使用される回避方略を調べる。④母語話者的な言語運用が行われる言語領域と非母語話者的な言語運用が行われる言語領域を特定する。⑤学習者が苦手とし、援助を必要とする言語領域を特定する。

　学習者のデータをコーパス化するためには、データの書式などに関する標準化がなされていること、データ形式が汎用的であることなどが求められる。また、公開を前提とする場合、学習者個人の特定に繋がる情報やプライバシーに関する情報は、削除しておく必要がある。また、あらかじめ学習者から公開の承諾を取っておく必要もあり、綿密な計画のもとで構築作業を進めなければならない。

機械翻訳（Machine Translation）

　コンピュータープログラムによって、異言語間の翻訳を行うこと、またはそれを実現するための技術の総称。自動翻訳もしくは言語翻訳とも呼ばれている。形態素解析や構文解析などの様々な要素技術が集約された研究分野であり、自然言語処理の研究における主要な応用分野の一つとなっている。

　機械翻訳の始まりは第二次世界大戦の直後とされているが、開始当初はコンピューター性能の限界や自然言語の複雑さに対する十分な理解がなかったこともあり、実現不可能とされていた。しかし、近年においてはコンピューター性能の飛躍的進化とウェブの普及によって、急速な技術の進歩と技術の商用化が進んでいる。機械翻訳の方式としては、様々なものが提案されているが、用例ベース翻訳（Example-based Machine Translation）と言って、予め用意してある対訳文を利用し、新しく入力されたデータを翻訳するという手法が広く用いられている。

　機械翻訳システムをめぐっては、技術的進歩の一方で、個々のユーザーは現状と限界について認識しておく必要がある。例えば、外国語が苦手なため、機械翻訳システムを使って外国語で作文を書く、論文を書くといったニーズには、現在のシステムでは対応できない。また、一言で機械翻訳といってもいわゆる人手による校閲を想定していない「自動翻訳」と人が校閲することを想定した「翻訳支援」では、システム設計が異なる。前者の「自動翻訳」は翻訳の元言語が理解できない人のための技術でテキストデータの入出力用のボックスだけの単純なインターフェイスが好まれる。後者の「翻訳支援」はプロの翻訳者が作業効率を上げるための利用を想定したもので、翻訳用の解析辞書に対するカスタマイズ機能などを実装している場合が多い。

均衡コーパス（Balanced Corpus）

　複数のジャンルをバランスよく取り入れることで、当該言語の使用実態が代表できるコーパスのこと。単一のジャンルで構成されたコーパスは必然的にジャンルによる影響を受けるため、その言語の使用実態をすべてカバーできるとは言えない。例えば、新聞の場合、事件報道や事故の発生などに特化した言い回しが使われる。また、小説であれば、比喩的な表現が豊富に使われる。さらに、ウェブのデータであればウェブの主たるユーザーである若者の言葉遣いが強く反映される。こうしたジャンル特有の影響を軽減し、一般性のある調査研究をするために綿密な収集計画のもとで構築したコーパスが均衡コーパスである。

　英語においてはBNC（British National Corpus）を筆頭とし、様々な均衡コーパスが構築され、広く利用されているが、日本語においてはその歴史は浅い。均衡コーパスには収録

データの選択からデータフォーマットの決定、検索環境の構築、ユーザーへの配布に至るまで様々な工程で綿密な計画性と専門的な知見が要求される。そのため、費用と時間のいずれにおいても相当のコストがかかる。こうしたことから大規模な公金ベースのプロジェクトとして開発されることが多く、日本では国立国語研究所が主導し、話し言葉や書き言葉の均衡コーパスの構築作業が進められている。話し言葉に関しては「日本語話し言葉コーパス」(Corpus of Spontaneous Japanese, CSJ)が挙げられる。書き言葉に関しては「現代日本語書き言葉均衡コーパス」(Balanced Corpus of Contemporary Written Japanese, BCCWJ)が挙げられる。「日本語話し言葉コーパス」は、661時間の音声データと752万語の文字化資料で構成されている。また短単位や長単位の語彙情報や係り受け構造に基づく構文情報などが付与されたデータである。一方「現代日本語書き言葉均衡コーパス」の場合、書籍、雑誌、新聞、白書、教科書、広報紙、Yahoo!知恵袋、Yahoo!ブログ、韻文、法律、国会会議録のデータがサブコーパスとして収録されており、サブコーパス内で均衡をとり、サンプリングがなされた。コーパス全体として均衡をとっているわけではない点に注意しなければならない。

形態素解析(Morphological Analysis)

自然言語処理の要素技術の一つ。コンピューターを利用し、機械的な方法で文を形態素に区切る技術のこと。日本語を対象にした解析ソフトウェアとしては、「ChaSen(茶筌)」や「MeCab(和布蕪)」などが広く使われている。

ソフトウェアによる多少の違いはあるが、解析は原則として1文単位で行われ、解析ソフトウェアが持つ文法モデルと解析用の辞書に基づいて、文を形態素に分割し、品詞などの言語情報を付与する。文法モデルには、後続要素を予測する確率論的モデル(例えば、名詞の後には格助詞が来やすい性質など)が含まれている。解析用の辞書には、語彙に関する様々な情報が記録されており、IPADICとUniDicがよく使われている。形態素解析を行うことで、文の構成要素に関して品詞や基本形、読みなどの情報を自動で取得することができるため、コーパスに基づく語彙調査やテキストデータから語彙リストを作るといった作業においては不可欠な手法である。表1は形態素解析ソフトウェア「MeCab」と解析辞書「UniDic」を使って「田中と申します。」を解析した結果である。

形態素解析は便利なツールである一方、現状として解析の結果はあくまで機械的に処理

表1 形態素解析の例

書字形	発音形	語彙素読み	語彙素	品詞	活用型	活用形	語形	語種
田中	タナカ	タナカ	タナカ	名詞-固有名詞-人名-姓			タナカ	固
と	ト	ト	と	助詞-格助詞			ト	和
申し	モーシ	モウス	申す	動詞-一般	五段-サ行	連用形-一般	モウス	和
ます	マス	マス	ます	助動詞	助動詞-マス	終止形-一般	マス	和
。			。	補助記号-句点				記号

されたものである故、誤りが含まれている。また、辞書によって解析の結果が異なったり、解析に与えるデータの性質によっても精度は大きく異なったりする。例えば、会話文のように省略形が多く含まれるテキスト、児童書のようにひらがなが続くテキスト、学習者の産出データのような誤用を含むテキストに関しては処理上の誤りが多くなる。さらに、解析結果そのものに関しても、工学的研究の視点に基づいているため、日本語教育における語の捉え方とは異なる場合がある。

コーパス（Corpus）

言語処理および言語学の研究のために作られた言語資料の集合のこと。一般的にはコンピューター上で閲覧および編集が可能な大規模データベースを指す。具体的なコーパスの種類については5つの視座から捉えることができる。①使用媒体、②構築方法、③時系列特徴、④収録する言語数、⑤利用目的。①の観点によって会話や講演のような話し言葉を収めた「話し言葉コーパス」と小説や新聞のような書き言葉を収めた「書き言葉コーパス」の種別を認めることができる。②の観点によって決められた母集団の中から決められたサイズとしてデータを収録していく「サンプルコーパス」とウェブなどを対象に随時データを継ぎ足しながら作る「モニターコーパス」の種別を認めることができる。③の観点によって通時的な言語資料を収めた「通時コーパス（歴史コーパスとも言う）」と共時的な言語資料を収録した「共時コーパス」の種別を認めることができる。④の観点によって一つの言語の言語資料を収録した「単言語コーパス」と複数の言語を対訳形式で収録した「多言語コーパス（パラレルコーパスとも言う）」の種別を認めることができる。⑤の観点によって使用目的を限定しない「汎用コーパス」と特定の研究分野および調査目的のため設計された「特殊目的コーパス」の種別を認めることができる。なお、特殊目的コーパスとしては、学習者コーパスをはじめ、幼児の言語習得コーパス、方言コーパスなどが含まれており、応用的研究分野での利用が想定されている。

コーパスの定義づけにおいては、次の3つの事柄を理解する必要がある。1つ目として、コーパスはデザインされた言葉のデータベースであるということ。無計画にテキストを集めたものはコーパスとは言えない。コーパスは作成者の意図を反映し、何らかの方針のもとで計画的に作られたものである。2つ目として、「コーパス＝電子化されたもの」というのが近年の共通理解となっている。コンピュータ上で利用可能な形式になっていることが求められている。3つ目として、大規模であることが望ましいとされている。一般的にテキストファイル数個程度の言語資料の集まりをコーパスとは言わない。コーパスを調べる人は、個人の限られた言語直感では得られない一般性、客観性を求めてコーパスを調べるため、ユーザーにとっての利用価値という意味では大規模であることは有用性の直接的な指標になる。

コーパス言語学（Corpus Linguistics）

コーパスを利用した言語研究の分野名。音声学が言語の音声そのものを研究の対象にしているのに対して、コーパス言語学はコーパスそのものを研究の対象とは捉えていない。コーパスを「利用すること」で言語の姿を捉えていこうとする学問分野であるため、研究の対象から見た分野名ではなく、研究の手段および方法論に対する分野名であると言える。

研究における基本姿勢として言語の運用実態を明らかにするところにフォーカスをおいており、数量的なアプローチで観察結果を一般化する。分析の特徴としては出現頻度や前後の生起文脈が重要視される。コーパスを使った研究はデータに依存して結果をまとめることになるため、どのようなデータを使ったのかが調査結果を理解する上で非常に重要になる。そのため、実際の調査では複数のコーパスを比較検討しながら一般化を行うことが望ましい。例えば、同じ語彙を話し言葉コーパスと書き言葉コーパスでそれぞれ調べ、両者を比較したり、新聞コーパスと小説コーパスで調べ、比較したりする。このように複数のコーパスを横断的に調べることでデータの違いから生じる多様性とデータの違いによらない一般的事実を区別して論じることができる。

コーパス言語学には2種類のアプローチが存在する。それは研究全体におけるコーパスの位置づけによって区別されている。1つ目はコーパス基盤型研究（Corpus-based Approach）、2つ目はコーパス駆動型研究（Corpus-driven Approach）である。前者は従来型の言語研究における疑問点や研究仮説などをコーパスデータから検証しようとする立場である。後者はコーパスの直接的な観察によって問題を発見し、さらには問題解決をしていこうとする立場である。前者の立場においては、コーパスは研究の補助的要素として利用されているのに対して、後者の立場においては、コーパスは研究の必須要素であり、コーパスなしでは、研究そのものが成立しない。なお、コーパス言語学の隣接分野として、自然言語処理、計量言語学があり、両者は数理的・統計的手法を使う点ではコーパス言語学と類似しているが、コーパスを使わないタイプの研究もあるため、コーパスを使うことを研究の絶対条件としてはしていない点でコーパス言語学とは異なる。

構文解析（Parsing）

形態素解析に継ぐ自然言語処理のもっとも基礎的な技術の一つ。文内要素の係り受け関係を処理するためのコンピュータープログラムのこと。機械翻訳をはじめ、情報検索など様々な研究領域において活用されている。形態素解析が文を形態素に分割し、形態素の品詞を決定するのに対して、構文解析は、与えられた文を文節に分割した後、文節同士の係り受け関係を決定する。例えば、「太郎が花子の手を握った」を解析すると、図1のような結果が得られる。

太郎が　花子の　手を　握った。

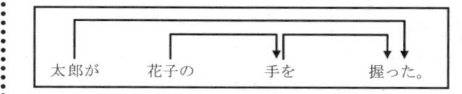

図1　構文解析の結果

構文解析のソフトウェアとして、「CaboCha（南瓜）」と「KNP（Kurohashi-Nagao Parser）」が広く使われている。CaboChaの場合、用例から機械学習をし、解析精度を上げることができるのに対して、KNPはあらかじめシステムに用意された係り受けの可否に関する情報を利用し、文を解析する。例えば、動詞の終止形は名詞に係ることができるか、連用形は名詞に係ることができないといった種類のルールを使い、要素間の依存構造を決定する。

異なり語数（Type Frequency）

延べ語数（Token Frequency）を参照のこと。

コロケーション分析（Collocation Analysis）

語と語の慣習的な結合のことをコロケーションと言い、結合の強さを数理的な方法で分析する手法をコロケーション分析と言う。連語分析とも言う。一例として、「現代日本語書き言葉均衡コーパス」で「辞書」と共起する動詞を調べると「引く、調べる、載る、使う、持つ、読む、買う」の順で分布していることが分かる。記述言語学や応用言語学の分野では古くから注目され、主に慣用句との関連で捉えられてきた。英語教育の分野では、英語における主要な共起パターンをコロケーションリストの形で網羅したものなどが提案されている。コーパス言語学の分野では、キーワードに対する共起の強さを測る目的で、様々なコロケーションの計算式が提案されている。

コロケーションの計算式に共通する考え方として、語と語の共起の強度には濃淡が存在すると考えられている。この濃淡の実態を客観的に扱うためには何らかの数値化が必要と考えられている。具体的には、① 共起頻度、② tスコア、③ MIスコアがよく用いられる。① の共起頻度は、キーワードと共起語が何回一緒に出現したかを直接的に数えていく方法である。共起頻度の場合、コーパス全体の語数を考慮していないので、語彙自体の使用頻度に大きな影響を受ける。そのため、定量的な分析方法としては問題がある。この問題を改善すべく、コーパス全体の語数と共起語彙の単体として出現頻度といった情報をもとに、共起の強度を測る手法が、② および ③ である。② のtスコアは統計的手法の一つである t検定の考え方に基づくもので、2つの語の共起が偶然の確率ではなく、有意なものであるかどうかを測るものである。計算式は「(キーワードと共起語の共起頻度 − キーワード×共起頻度／コーパス全体の延べ語数)÷√共起頻度」である。一般的にtスコアは2以上であれば、5%の水準で有意と解釈される。③ のMIスコアは相互情報量とも呼ばれ、任意のキーワードが与えられたとき、どの程度、その共起語が予測できるかを表す指標である。計算式は「$\log^2$ (共起頻度×コーパス語数／キーワードの頻度×共起語の頻度)」である。Tスコアは汎用的なコロケーションを発見する上で有効とされるが、MIスコアは、慣用句のような特徴的なコロケーションを発見する上で有効な指標であるとされている。

コンコーダンス分析
（Concordance Analysis）

文章列の中央にキーワードを配置させ、その前後の語句を同時に表示させ、分析していく方法。語の意味分析や語と語の共起関係を特定するための基礎的、古典的分析手法である。

コンコーダンス分析はコンコーダンス・プログラムというコンピュータープログラムを用いて行う。日本語のコンコーダンス・プログラムとしては、「KH Coder」や「Kwic Finder」などが広く使われている。コンコーダンス・プログラムの出力形式としては、KWIC インデックスまたはKWIC形式と呼ばれる方式が広く使われている。KWIC とは、「KeyWord In Context」の略記であり、図2のようにキーワードの前後に出現文脈を表示させる方法である。KWIC 形式は、コンピューター上の情報検索における表示方式として広く利用されており、インターネット検索においても結果を表示する方法として用いられている。コーパス研究においてもキーワードの用法を瞬時に把握できるため、多くのコーパスツールにおいて標準的な表示方式として利用されてい

る。

シソーラス（Thesaurus）

上位・下位関係、部分・全体関係、同義関係、類義関係などによって単語を分類し、体系化した辞書。紙媒体のものもあれば、電子データとして運用されているものもある。電子データ化されたものとして、もっとも代表的なものは『分類語彙表　増補改訂版』(国立国語研究所, 2004)である。分類語彙表では、例えば、「並べる」という単語に対して、「用、関係、空間、方向・方角」という4つの階層からなる属性を当てている。これは、「並べる」という動詞は「用言」の中でも「関係」を表す語彙グループに属し、「関係」の中でも（関係の下位グループとして）「空間」を表すグループに属し、さらに「方向・方角」を表す語彙グループに属するという情報が記載されていることになる。同様の意味分類が当てられた語として「対向する、沿う、振り向く」などがあり、同義語として定義づけられてい

ることになる。さらに、3つ目の階層である「空間」というカテゴリーに属する語彙として、「平行する、偏る、布置する」といった関連語を取り出すこともできる。同様のことができる電子データ化されたシソーラスとしては、『日本語語彙大系 CD-ROM 版』(NTT, 1999) や「EDR 電子化辞書」(NICT, 1995) などがある。

語の意味に関する研究は人の言語直感だけでは、客観的な分析が難しい。しかし、シソーラスのような構造化されたデータベースを活用することで、同義語や類義語といった意味関係を取り出すことができる。

ジップの法則（Zipf's law）

語の使用率と使用率の順位との対応関係についての法則。語彙の量的研究における中心的問題の一つとされている。命名は法則の発見者であるアメリカの言語学者ジョージ・キングズリー・ジップ (George Kingsley Zipf) に由来する。

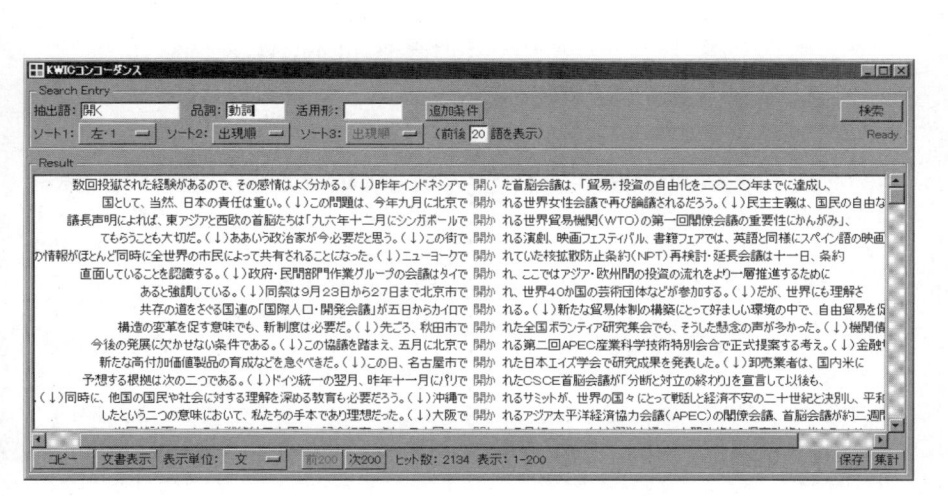

図2　KH Coder で新聞データから「開く」の用例を検索した結果

この法則は、出現回数がk番目に大きい要素が全体に占める割合が1/kに比例するという経験則である。この法則が捉えようと事実は、どんな文章でも出現回数が大きい語彙は種類が少なく、出現回数の小さい語彙は種類が多いということである。コーパスに基づく語彙調査などを行う場合、出現回数の大きい語彙から順位（r）をグラフのX軸として、Y軸にはその語の出現回数（f）をプロットすると、言語の違いや文章の性質に関係なく、L字型分布のグラフが得られる（図3）。

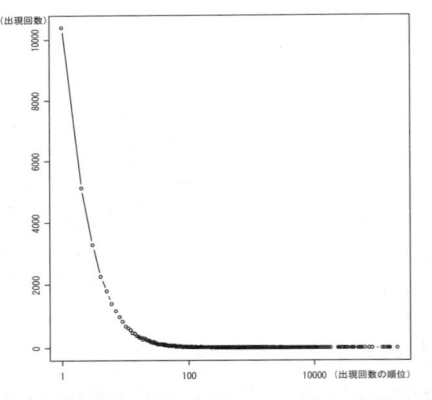

図3　「日本語話し言葉コーパス（CSJ）」の語彙の分布図

　ジップの法則に見られる分布法則は、第二言語学習においても応用できる。順位rが小さい語彙の出現回数fは大きいので、ごく少数のよく使われる語彙を習得することによって、文章のかなりの部分をカバーすることができ、そこから、学習基本語彙を統計的に定めることができる。なお、ジップの法則に対する理論的な説明はされていないものの、様々な現象に適用可能であることが知られている。例えばウェブページへのアクセス頻度、都市の人口、細胞内での遺伝子の発現量、地震の規模、固体が割れたときの破片の大きさなどに、ジップの法則が成立すると言われている。

正規表現　(Regular Expression)

　単語および文字列の集合を一つのパターンで表現する手法。情報処理の分野でテキストデータを扱うためには、欠かせない手法である。コーパス分析では、用例検索において活用されている。正規表現の具体例として、検索キーワードに「明日|あした」と入力することで、漢字表記の「明日」とひらがな表記の「あした」を一度に収集できる。次ページの表2に代表的な正規表現の例を示したが、実際の検索ではこれらを組み合わせて使う。

　コーパス検索を目的とするコンコーダンス・ソフトウェアやテキストデータの処理を目的とするテキストエディターでは、正規表現による検索またはデータ処理が可能なものが多い。

代表性　(Representativeness)

　コーパスに含まれるデータの信頼性・妥当性を評価する指標の一つ。特にコーパスのサンプリングが母集団の特徴をどの程度、代表しうるかを表す。一般的には、代表性がある、代表性がない、というような表現で用いられる。指標とは言っても、計算式があるものでもなければ、数値化できるものでもないことに注意する必要がある。

　コーパスにとって代表性が問題になるのは、次のような理由からである。コーパスとは、人によって集められた、当該言語の部分集合である。この部分集合が意味を持つためには、当然ながら当該言語が持つ様々な表現のバリエーションはもちろん、当該言語の特徴的構

造など、言語全体の姿が正しく反映されていることが求められる。この条件が満たされてはじめて、そのコーパスは有用な資源であると評価されることになる。代表性を有するコーパスを構築するため、複数のジャンルからランダムサンプリングなどの統計的な方法でコーパスへ収録するデータを選ぶ。こうすることで、収集者や開発者の主観に影響されることなく、母集団の特徴を反映した代表性のあるコーパスが構築できる。

タグ付きコーパス（Tagged Corpus／Annotated Corpus）

コーパス言語学の分野では、品詞や意味に関わる言語情報をタグ（tag）と呼ぶが、生のテキストデータに対して、タグを付与したコーパスをタグ付きコーパスと言う。タグの情報は何らかの検索用のコンピュータープログラムを介して、利用することができるようになっている。タグ付きコーパスを使うことで、基本形でもってすべての活用形の用例を収集したり、特定の品詞の語彙を一括して収集したり、係り受けの関係に基づいて修飾表現などを収集したりすることが可能になる。

タグの種類としては、発音や活用形のように表層的特徴を表すもの、品詞や語種のように語の集合的特徴を表すもの、係り受け関係のように統語的特徴を表すものがある。近年は照応関係や談話上の機能などもタグとして付与されたコーパスがあり、意味や機能に関する情報についても対応できるようになってきている。データ形式に関しては検索用のコンピュータープログラムにそったファイル形式のものもあれば、テキストファイルやXML形式のように汎用的ファイル形式のものもある。

タグ付きコーパスは、形態素解析ソフトウェアや構文解析ソフトウェアなどでタグを自動付与したあと、タグの誤りを人手で修正して構築するのが一般的である。そのため、プレーンテキストデータで構築されたコーパスに比べ、人手作業の占める割合が大きい。書き言葉を対象にしたタグ付きコーパスとしては、国立国語研究所による「現代日本語書き言葉均衡コーパス」がある。話し言葉のタグ付きコーパスとしては「日本語話し言葉コーパス」がある。「日本語話し言葉コーパス」は、XML形式にタグが構造化されており、形態素情報のみならず、係り受けに関する情報や談話構造に関する情報、さらには分節音やイントネーションに関する情報もタグ

表2 代表的な正規表現

機能区分	正規表現	名前	意味
行位置を指定する	^	キャレット	行頭を表す
	$	ドル記号	行末を表す
文字数や範囲を指定する	.	ピリオド	任意の一文字を表す
	*	アスタリスク	直前の文字列やメタ文字の「0回以上の繰り返し」を表す
	+	プラス記号	直前の文字列やメタ文字の「1回以上の繰り返し」を表す
	?	クエスチョン	直前の文字列やメタ文字の「0回もしくは1回出現」を表す

として付与されている。

テキストエディター（Text Editer）

テキストファイルの作成および編集をするためのソフトウェアのこと。コーパスデータは、一般にテキストファイルの形で構築、運用される。その理由として、テキストファイルは異なる OS やコンピューター環境においても互換性が高い上、バイナリファイルに比べ、ファイルサイズが小さく、汎用のテキストエディターを使えば簡単に閲覧および編集ができる。

テキストエディターは、文字の入力、検索、コピー、貼り付け、置換などの操作ができ、コーパスデータを扱う上では不可欠なソフトウェアである。テキストエディターの具体例としては、マイクロソフト社のウィンドウズの「メモ帳」やマック OS の「テキストエディット」などのように OS の導入と同時にインストールされるものもあるが、個別にインストールして使うソフトウェアもある。日本語のテキストファイルを扱うためのソフトウェアとして、「秀丸エディター」や「EmEditor」「TeraPad」「サクラエディター」などが広く使われている。ソフトウェアによってはフリーライセンスで利用できる。

テキストエディターは、プログラミング作業用として利用されることも多く、「一太郎」やマイクロソフト社の「Office Word」などのワープロソフトとは区別されている。ワープロソフトの場合、文書に画像を挿入したり、文字に様々な装飾をつけたり、プリントアウトのために書式を整えたりする機能が実装されているが、テキストエディターの場合、文字の装飾も含めて基本的にプリントアウトすることを想定した機能は実装されていない。基本的には、文字データの入力や編集などに特化したソフトウェアである。

テキストマイニング（Text Mining）

大量のテキストデータから情報を発見するための技術の総称。コーパス分析も大量のテキストデータを扱う点や数理モデルを利用する点で、テキストマイニングと共通点が多い。テキストマイニングの類似概念としてデータマイニングがあるが、データマイニングは数値データを対象にしているのに対して、テキストマイニングは文章や文字といったテキストデータを対象にしている。ただし、テキストマイニングにおいても、テキストデータは頻度などの数値データに変換され、分析されるため、テキストマイニングはデータマイニングの下位領域の一つであると考えることもできる。

テキストマイニングの例としては、自由記述によるアンケート調査の結果処理のために、データ全体を形態素解析し、よく出現する単語の頻度を調査したり、その結果をグラフなどで可視化したりすることが挙げられる。テキストマイニングは、マーケティングなどの商業目的でも活用されているため、テキストマイニング用のソフトウェアは高額なものが多いが、フリーライセンスで利用可能なソフトウェアとしては KH Coder や TTM (TinyTextMiner) などがある。多くのテキストマイニング用のソフトウェアには形態素解析などの自然言語処理の技術が利用されている。また、単語の頻度情報をもとに高度な統計処理も行われる。統計分析の方法としてはクラスター分析や判別分析のような古典的な多変量解析の方法もよく用いられるが、近年は決定木やニューラルネットワーク分析、共起ネットワーク分析のようなビジュアルな分析モデルも広く使われている。

延べ語数（Token Frequency）

　計量言語学では、テキストデータの基礎的分析の一つとして、出現する語の頻度を調べる。その際、語数の指標として、総語数で数えるのか、異なりで数えるのかで、延べ語数と異なり語数という数え方が存在する。延べ語数とは、語の重なりを無視してすべての語を数えあげた結果としての語数である。異なり語数とは、重なっているものは省きながら数えあげた結果としての語数である。例えば、「出た出た月が」の例でいえば、延べ語数は6（出る/た/出る/た/月/が）になるが、異なり語数は4（出る/た/月/が）になる。なお、コーパス言語学の分野では、延べ語数をトークン頻度、異なり語数をタイプ頻度とも言う。

　この2つの頻度情報は、コーパスの特性を把握する重要な情報として活用される。延べ語数に関してはコーパスの大きさを知る指標として利用され、異なり語数は、語彙の実質的な多さを知る指標として利用される。

　延べ語数と異なり語数を利用した具体的な分析として、TTR（Type-Token Ration）という指標がある。これは、異なり語数を延べ語数で割ったものである。TTRは外国語教育および言語習得の分野では発話やテキストデータにおける語彙の多様性を測る指標として用いられている。例えば、学習者の作文データを解析して異なり語数6,000に対して延べ語数が60,000あったとする。そのTTRは0.1になる。一方、母語話者の作文データを解析して異なり語数10,000に対して延べ語数が60,000あったとする。そのTTRは0.17となる。このTTRの値が高いということは繰り返し使われる語彙が少ないことを表すため、より多様な語彙が用いられていることを示す。ただし、言語標本を大きくとると、TTRは低く計算される傾向があるので、注意が必要である。

これは、異なり語数の増え方と延べ語数の増え方が同じでないことに起因するもので、一般的に標本サイズを多くするとよく使われるタイプの語が多く表れるだけで、異なり語数が一定の比率で増え続けるということは通常はないからである。

話し言葉コーパス（Speech Corpus）

　話し言葉を収録したコーパスおよび言語データベースのこと。音声コーパスとも言う。一般的には、音声データが文字化されたものを指し、何らかのコンピュータープログラムを利用して、検索しながら活用する。音声ファイルや検索用のコンピュータープログラムがセットになっている場合もあるが、文字化された電子ファイルのみが公開されている場合もある。

　日本語の話し言葉コーパスとしては「日本語話し言葉コーパス（Corpus of Spontaneous Japanese, CSJ）」（国立国語研究所）、「BTSによる多言語話し言葉コーパス」（東京外国語大学）、「日本語学習会話データ」（国立国語研究所）、「KYコーパス」（鎌田修・山内博之）などがある。「日本語話し言葉コーパス」は日本語を対象にした唯一の音声均衡コーパスであり、講演や朗読、対話などのデータが収録されている。文字化資料のほか、音声データが収録されており、音声処理の研究利用を前提に構築されたコーパスである。一方、「BTSによる多言語話し言葉コーパス」は、「日本語話し言葉コーパス」などに比べればコーパス規模こそ小さいが、様々な場面の中で使用される会話データが文字化されており、日本語教育をはじめ、社会言語学的研究文脈においても利用できる。「日本語話し言葉コーパス」と「BTSによる多言語話し言葉コーパス」が母語話者の発話データを主な対象にしている

のに対して、「KYコーパス」と「日本語学習会話データ」は日本語学習者の話し言葉を収録したものになっている。「KYコーパス」と「日本語学習会話データ」はOPI (Oral Proficiency Interview) に準拠した学習者データを収録している。

こうした話し言葉コーパスを使うことで、書き言葉にはない話し言葉の特徴、たとえば助詞などの省略表現に関する調査、さらにはフィラーや言い淀みといった話し言葉にのみ観察される言語現象に対して網羅的な調査ができる。

POSタグ（Part-of-Speech tags）

品詞タグのこと。コーパスに付与されるもっとも基本的な言語情報で、文法タグとも言う。自然言語処理の分野では形態素解析システムが持つ解析辞書の品詞体系のことを指す。例えば、形態素解析システム「ChaSen」と解析辞書「IPADIC」を使って「花子は日本人だ」という表現を解析すると、「花子」に対して「名詞-固有名詞-人名-名」、「は」に対して「助詞-係助詞」、「学生」に対して「名詞-一般」、「だ」に対して「助動詞」という品詞が出力される。

形態素解析における品詞タグは学校文法における品詞体系を詳細化し、階層的に表現している。第一階層が左に位置し、第二、第三、第四階層と続く。名詞のカテゴリーに関して言えば、次のようなものが登録されている。{名詞-一般}、{名詞-固有名詞-一般}、{名詞-固有名詞-地域-国}、{名詞-代名詞-一般}、{名詞-形容動詞語幹}などである。

文字コード（Character Encoding）

コンピューター内部で各文字に割り当てられた符号（数値）のこと。文字コードの問題をもっとも身近に感じる場面として、インターネットのウェブページが文字化けして見える現象が挙げられる。これは、ウェブページが指定する文字コードとウェブブラウザが指定する文字コードが不一致を起こすことで発生する。文字コードが違えば、符号（数値）と文字の対応づけの方法が違う。

文字コードは、言語によって割り当ての方法が異なっていたり、一つの言語においても複数の異なる規格が使われたりすることがある。日本語の場合、ISO-2022-JPやShift-JISやEUC-JPなどが広く利用されているが、近年では、多言語対応の文字コードとしてUnicodeのUTF-8やUTF-16なども使われている。ISO-2022-JPはインターネットで標準的に使われている文字コードである。Shift-JISはSJISとも呼ばれ、マイクロソフト社が決めた文字コードでウィンドウズOSやマックOSなどで使用されている。EUC-JPは、Extended Unix Codeの略で、日本語UNIXで使われている文字コードである。Unicodeはユニコード・コンソーシアムによって制定された文字コードで、一定のバイト表現でもって世界中の文字を表現することができる規格であり、近年もっとも広く利用されている。

コーパスの中にある電子データは、通常、テキストファイルになっているが、コーパス調査の目的に合わせて加工しようとすると、文字コードが原因となって処理上のトラブルに遭遇することがある。例えば、UTF-8やUTF-16などで作成されたテキストファイルは、解析用のプログラムによっては処理できない場合がある。この場合、文字コードを確認したり、変更したりする必要がある。文字コードは、テキストエディターで、確認および変更ができる。

16 統計

因子分析（factor analysis）

実際に測定された観測変数（observed variables）から、直接観測することのできない因子（factor、または潜在変数 latent variables）を見出す多変量解析の1つ。探索的因子分析（exploratory factor analysis）と確認的因子分析（confirmatory factor analysis）に大別される。前者は因子に関する明確な仮説がなく、それを探り出す段階で用いられる。後者は事前に観測変数の背後にどのような因子が存在するかという仮説がある場合に、それを検証するために用いられる。

たとえば、日本語学習者が日本語を習得しようとする動機づけ（motivation）について、たくさんの質問項目を用意してアンケート調査を実施したとする。このとき、観測変数である個々の質問項目の中からいくつかの項目をまとめるような構成概念（construct）があるなら、それらは直接観測されない潜在変数（因子）と位置づけられる。そのような構成概念に関する明確な仮説がなくこれから探っていく段階の研究であれば、探索的因子分析を適用する。先行研究などから因子（潜在変数）に関する何らかの仮説が想定できるなら、確認的因子分析を適用する。

探索的因子分析では、事前には因子（共通因子）がいくつあるか分からないため、計算された固有値（eigenvalue）を手がかりに因子の数を探っていく。項目（観測変数）同士の相関係数が高いものをまとめることで、いくつかの共通因子に集約させるというのが基本的な発想である。できるだけ多くの観測変数をできるだけ少ない共通因子で説明することを目指す。得られる解は1つではないので、研究目的や先行研究で論じられている理論に照らして、どの解（因子の数）を採用するかを決め、各因子の持つ意味を解釈する。

一方、確認的因子分析は、観測変数の背後にある因子（潜在変数）の構造についてのモデルとデータとの適合度指標（goodness of fit indices）を参照することによって、統計学的に採用してよいモデルであるか否かを検証することができる。とりわけ因子（潜在変数）同士の因果関係の検討を目的とする場合の解析は、構造方程式モデリング（structural equation modeling: SEM）と呼ばれる。確認的因子分析と構造方程式モデリングは、統計的に同じ計算原理に依っている。

回帰分析（regression analysis）

変数間の因果関係（causal relation）について回帰式を用いて分析する統計的手法。量的な従属変数（目的変数）の測定値の変動が、量的な独立変数（説明変数または予測変数）の測定値の変動によってどの程度説明（予測）できるかを分析する。独立変数が1つであれば単回帰分析、2つ以上であれば重回帰分析（multiple regression analysis）という。回帰式が線形を仮定する場合は線形回帰分析、非線形の場合は非線形回帰分析という。後者には、対数、逆数、S曲線、指数、ロジスティックなど様々な回帰モデルが用いられる。以下では基本的な線形回帰分析について説明する。

回帰分析では、回帰式において従属変数の成分を p 個の独立変数と残差に分解する。これにより、残差や（重回帰分析の場合には）他の独立変数の影響を除いてもなお、当該の独立変数が従属変数に有意な影響を及ぼしているかどうかを検討する。そこで、独立変数がどれだけ従属変数を予測するかを示す「決定係数（coefficient of determination）」が重要な指標となる（分散説明率とも呼ばれ、R^2 と表記）。決定係数は、0から1までの値（$0 \leq R^2 \leq 1$）をとり、1に近いほど独立変数が説明す

る割合が高いことを示す。

　回帰式で求められる回帰係数は、2つの変数xとyに関して非対称的な指標である。これは、2つの変数間の対称的な関係を示す相関係数と異なる。相関関係ではxとyの相関関係もyとxの相関も同じだが、回帰式では、xのyへの回帰係数とyのxへの回帰係数は同じ値にはならない。したがって、回帰分析では、どの変数がどの変数を予測するのかを明確に定めておく必要がある。また、従属変数は独立変数に対して時間的に先行することはできない。

　たとえば、日本語学習者の総合的な聴解能力を予測する要素を検討したいとする。従属変数を総合的な聴解能力テストの得点とし、それを予測する独立変数に文法テストの得点を設定する。文法テストの聴解能力テストへの回帰直線は、聴解能力テストの文法テストへの回帰直線と同じにはならない。また、日本語学習の初学者であれば、一般に総合的な聴解の前に文法を学習すると考えられるので、文法テストを従属変数とするときには、それより時間的に後に養われるはずの聴解能力を独立変数とするのは適当でないだろう。

カイ二乗 (χ^2) 検定 (chi-square tests)

　カイ二乗 (χ^2) 分布と呼ばれる理論上の分布に漸近的に従う検定統計量 (この場合χ^2) を用いた統計的仮説検定の総称。クロス集計表についての検定 (独立性の検定、chi-square test of independence とも呼ばれる) や適合度検定 (chi-square goodness of fit test) (一様性の検定、chi-square test of homogeneity とも呼ばれる) など種々の検定が含まれる。構造方程式モデリングにおけるモデル適合度の検定や、決定木分析における有意性検定にも用いられる。

　たとえば、日本語学習者の出身国が中国であるかアメリカであるかといったカテゴリーの違いによって、日本留学経験といった現象の有無 (頻度) が有意に異なるか否かを考えるとする。カイ二乗検定は、このように、カテゴリーの違いという質的変数同士の関係 (質的変数の場合は「連関 (association)」と呼ぶ) の有意性を統計的に検討する手法である。この例で言えば、「学習者の出身国によって留学経験に違いはない (連関が全くない)」という帰無仮説が検定の対象となる。ある集団において中国人の留学経験者が70名いるのに対してアメリカ人の留学経験者が30名だったとすれば、出身国によって40名の差がある。この40名の差が統計的に有意であるか否かを、カイ二乗統計量 (χ^2) の大きさによって判断する。この検定統計量があらかじめ設けた有意水準の値より大きいとき、帰無仮説を棄却し、学習者の出身国によって留学経験の違いが有意である (統計的に有意な連関があった) と結論づけることができる。検定の結果を報告する際は、他の統計的検定と同様に、① 検定統計量 (この場合χ^2値)、② 自由度、③ p値 (有意水準) の3つの情報を記すのが慣例である。書き方はいくつかあり分野によっても多少異なるが、例えば、$\chi^2(2)=6.225, p<.05.$ のように記載されることが多いようである (χ^2の後のカッコ内は自由度である)。また、上述したようにカイ二乗検定は総称であるので、どの種の検定を実施したかを明記する必要がある。

カウンターバランス (counterbalancing)

　実験計画において、各条件がすべての試行順序に当たるように配置すること。この手続きによって、ある条件だけが常に最初に提示される、などといった偏りを防ぐことができる。たとえば、3種類の教授法の有効性を検

討しようと考えて、被験者全員に、A教授法、B教授法、C教授法の順番で実験を受けてもらい、C教授法の時に、最も成績が良かったという結果が得られたとしよう。しかし、この結果から、C教授法が最も有効であると結論づけるのは性急である可能性がある。なぜなら、教授法を順番に受けていくうちに、学習効果が高まり、結果として、最後に行われた教授法の得点が高くなった、という可能性が否定できないからである。このような、条件の提示順序による影響を排除するために、カウンターバランスが重要になる。

完全なカウンターバランスを作るためには、各条件を同じ回数だけ提示し、各条件が他の条件に対して先に提示される回数と後から提示される回数を同じにしなければならない。また、このために必要な被験者の人数は、条件数の階乗である。たとえば4条件であれば、4の階乗（4!）が $4×3×2×1$ であるから、最低24人が必要となる。しかし、条件の数が多く完全カウンターバランスを作るのが難しい場合には、不完全カウンターバランスがとられる。不完全カウンターバランスの特別な場合として、「ラテン方格法（Latin square design）」がある。ラテン方格を構成するには、以下の表のように、各アルファベットが各行各列に必ず1回ずつ現れるようにする。例えば、グループ1に配置された被験者は、A→B→C→Dの順で実験を受け、グループ2の被験者は、B→A→D→Cの順で、グループ3の被験者は、C→D→B→Aの順で、グループ4

の被験者は、D→C→A→Bの順で、となる。

表1　4×4のラテン方格の例

	グループ1	グループ2	グループ3	グループ4
1番目	A	B	C	D
2番目	B	A	D	C
3番目	C	D	B	A
4番目	D	C	A	B

帰無仮説（null hypothesis）

統計的仮説検定において、研究で明らかにしたい仮説とは逆の「差（効果）がない」ことを想定する仮説。研究仮説が正しいことを主張したい研究者にとって、後で棄却する（無に帰する）ことが期待される仮説である。英語のnullが0のことであるので、空仮説（zero hypothesis）とも呼ばれる。また、統計的検定における直接の対象であるので検定仮説（hypothesis testing）とも呼ばれる。H_0 と記される。この帰無仮説に対して、それを棄却して研究者が主張したい仮説を「対立仮説（alternative hypothesis）」「作業仮説（working hypothesis）」などと呼ぶ。H_1 と記される。

たとえば、ある教授法の有用性を主張したい場合、帰無仮説は、「習熟度テストの得点は、当該の教授法の有無によって差がない」となる。この仮説を検討するために、日本語能力がほぼ同じであると仮定される2つのグループに対して、それぞれにA教授法とB教授法で3カ月間の集中授業を続け、その後に習熟度テストを行って両教授法の効果を確かめたとする。ここで得られたデータについて、t検定、F検定、χ^2検定など何らかの統計的仮説検定の手法を適用する。そこで用いた検定統計量（t, F, χ^2 など）が、データ数や条件数によって決まる当該の自由度（degree of freedom: df）において、あらかじめ定めた有意水準の値を超えて大きければ、帰無仮説を棄却し、対立仮説（この場合は、ある教授法の方が有用である、という仮説）が支持され、教授法AとBの効果は有意に異なると結論づけることができる。

クラスタ分析 (cluster analysis)

複数の項目（人や現象など）あるいは独立変数の間の類似度（距離）を測定し、その類似度の高いものを距離（または平方距離）に基づいて逐次的にグループ化（クラスタ化）していく多変量解析の1つ。クラスタ分析には、大きく分けて階層クラスタ分析、非階層クラスタ分析の2種類がある。また距離の定義やクラスタ化にも種々の方法があり、研究目的に応じて使い分けられる。なお、分析に使用する変数が異なった単位で表されている場合には、z値などを使って正規化する必要がある。

たとえば玉岡・林・池・柴崎（2008）では、韓国語を母語とする日本語学習者による和製英語の理解度の研究において階層的クラスタ分析を適用している。ここでは、30種類の和製英語について学習者の正答率によるクラスタ化を試みた。クラスタ分析の結果は、図1の例のように、クラスタ間の距離を縦または横軸にとって、項目間の類似性を描いたデンドログラム (dendrogram) で表される（"dendro-" とは、ギリシャ語で「木」のことを意味し、"-gram" は、ギリシャ語で「描いたもの」を意味する）。階層的クラスタ分析によって作成されるデンドログラムを適当なところで切断することで、個々のサンプルのグループ化（クラスタ化）ができる。どこで切るかは、クラスタ分析に用いたデータの性質に基づいて任意に研究者が判別する。研究者は、得られた各クラスタに含まれる項目の特徴を見ながら、それらの中身や違いの意味について考察することになる。玉岡他（2008）では、図1に示されている分類Ⅰが最も韓国人学習者にとって難しい和製英語群で、分類Ⅳが比較的容易な語群であることを見出している。

このように、クラスタ分析は多数の項目の中から類似したもの同士をグループ化（クラ

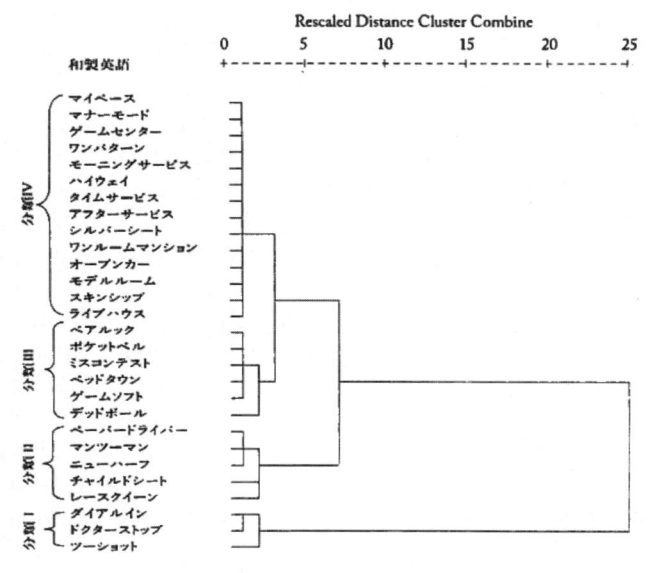

図1　デンドログラムの例（玉岡・林・池・柴崎, 2008: 211）

スタ化)するという探索的な段階の研究には適しているが、上述したようにどの位置でクラスタを切るかは研究者の主観に依っており、統計的に有意であるか否かを問うものではない。そこで、得られたクラスタ化の手法が妥当であるかを確認するためには、判別分析等を併せて実施することなどが有効である。

クロス集計(cross tabulation)

それぞれm個とr個のカテゴリーを持つ2つの変数があるとき、各カテゴリーに分類される頻度を表に示すこと。連関表(association table)、分割表(contingency table)ともいう。行方向にm個のカテゴリーを持つ変数、列方向にr個のカテゴリーを持つ変数をとって得られる頻度表を、m×rクロス集計表(または連関表、分割表)という。これにより、2つの質的変数同士の関係(連関、association)を把握することができる。アンケート調査の頻度の集計の際によく用いられる。

たとえば、「あなたは、日本語能力試験の2級に合格していますか。」という質問を、中国のA大学で日本語を学んでいる2年生と3年生にしたとする。この結果を集計するのに、行方向に学年、列方向に合否をとると、以下の通りの2行2列(2×2)のクロス集計表ができる。

	合格	不合格	計
2年生	60	40	100
3年生	20	80	100
計	80	120	200

上の表を見ると、2年生より3年生のほうが合格者数の比率が高い。このように、学年によって合格者数は有意に多くなるか、すなわち学年と能力試験の合否という2つの変数間に有意な連関があるかを検定するために、カイ二乗分布を利用した独立性の検定を用いることができる(比率の差の検定、test for difference in proportions とも呼ばれる)。左の表における各行および各列の合計欄の度数を周辺度数(marginal frequency)というが、各変数の周辺度数に比例した配分(期待度数、expected frequency)が、2変数間に連関が全くない独立した状態に相当する。カイ二乗分布による独立性の検定は、この推定期待度数と実際のセル度数との差異に基づいて行われる。

決定木分析(decision tree analysis)

複数の独立変数(説明変数)によって、ある1つの従属変数(予測変数)を予測する多変量解析の1つ。独立変数は質的変数(名義尺度および順序尺度)でも量的変数(間隔尺度または比率尺度)でも分析できる。その結果が木の枝葉のように描かれるので樹形モデルとも言われる。前者にはカイ二乗検定が適用され、得られた樹形図は「分類木(classification tree)」と呼ばれ、後者にはF検定が適用され、得られた樹形図は「回帰木(regression tree)」と呼ばれる。SPSS社のソフトウェアによる決定木分析では、Kass (1980) が開発した CHAID (chi-squared automatic interaction detector) というアルゴリズムが用いられる。また、無料のソフトウェアRでも分析できる。特定のアルゴリズムに従って、従属変数に影響を与えると考えられる複数の独立変数の中から、予測に有意に働くものが選択される。検定の繰り返しを通して、独立変数が持つ条件の間で有意差がある場合にのみ、子ノード(child node)が生まれ、樹木が成長する。決定木分析の有意水準には、検定の繰り返しによって増える第1種の誤りの確率を補正するために、Bonferroni法による調整されたp値が参照される。

たとえば、木山・玉岡 (2011) は、自動詞としても他動詞としても用いられる「−化する」（「活性化する」など）という動詞の文中での使われ方を予測するのに、①前項の語彙の違いと、②自動詞として用いられるか他動詞として用いられるかという自他の違いの2つがどのように影響しているかを検討した。従属変数は、文中での意味が肯定的変化を示すか否定的変化を示すかという2値変数であり、独立変数は前項の語彙の違い（以下の図では6種の動詞）と自他の違い（自動詞か他動詞か）の2つである。分析の結果、以下に図示したように、「−化する」の文中での使われ方に影響する主要な要因は語彙の違いであり、自他の違いは有意ではあるものの2次的な影響に留まることが明らかになった。このように、決定木分析では、分類結果に有意な影響を持つ複数の独立変数のうち強いものから順に現れる。また、予測に有意でない独立変数は木には現れない。得られた木を参照しながら、複数の要因の階層性を視覚的に検討できるのが利点である。

構造方程式モデリング

（structural equation modeling, SEM）

各種の現象同士の因果関係を検討する多変量解析の1つ。直接観測される変数（観測変数、observed variables）を基にして観測できない潜在変数（latent variables）を導き、潜在

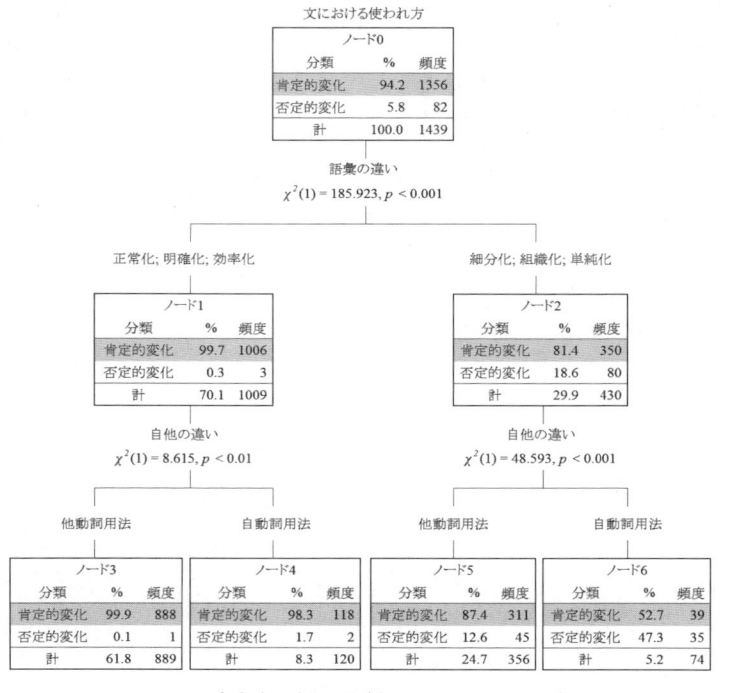

図2　決定木分析の例（木山・玉岡, 2011: 50）

変数間の因果関係モデルを構築し、モデルとデータとの適合度を調べることによってモデルの良否を統計的に検દ಼する手法である。単に変数間の関係を示すのみでなく、モデル全体のあてはまりの良さを検討できる点に、この手法の利点がある。この手法を用いる際には、事前に潜在変数同士の関係に関する仮説が必要である。探索的因子分析などの手法で、変数間の関係を明らかにした上でSEMに着手するのが一般的である。

たとえばTamaoka, Kiyama, & Chu (in press)では、中国語を母語とする日本語学習者による同音異義語の習得に語彙知識と文法知識という基礎的言語能力がどのような影響を及ぼしているかを検討するために、各種テストのデータを構造方程式モデリングで解析している。以下の図3は、同音異義語（homophonic distinction）、文法知識（grammatical knowledge）、および語彙知識（lexical knowledge）の間の因果関係を示したパス図である。構造方程式モデリングでは、観測変数を四角で囲んで示し、潜在変数を楕円で囲んで示す

のが慣例である。各観測変数および予測される側の潜在変数には、誤差が想定される。潜在変数同士に引いてある一方向の矢印によって因果関係を示し、両方向の矢印によって相関関係を示している。矢印のそばには、各変数間の関係を示す推定値（標準化係数）が示されており、アスタリスク（*）が付けられていれば有意な関係があることが分かる。

構造方程式モデリングの重要な点は、このような潜在変数間の因果関係を想定したモデルについて、種々の適合度指標（goodness of fit indices）を参照してモデルとデータとの適合度を検証することである。まずモデルとデータの適合の良さについてカイ二乗検定を行う。これはモデルとデータに「差がない」ことを示す目的で実施されるので、有意でないことが望ましい。次に、RMSEA（root mean square error of approximation）が0.05以下である必要がある。また、GFI（goodness of fit index）、AGFI（adjusted goodness of fit index）、およびCFI（comparative fit index）の諸指標は0.95以上であることが求められる。

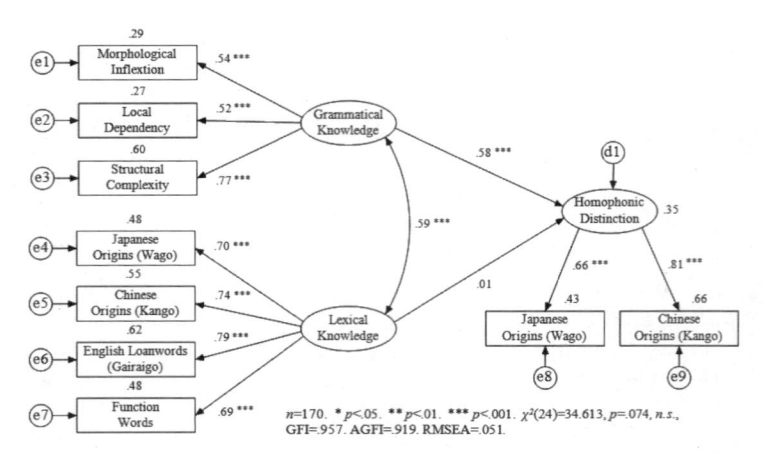

$n=170$. $*p<.05$. $**p<.01$. $***p<.001$. $\chi^2(24)=34.613, p=.074, n.s.$, GFI=.957. AGFI=.919. RMSEA=.051.

図3 構造方程式モデリングの例（Tamaoka, Kiyama, & Chu (in preparation)）

さらに、複数のモデルを比較したい場合は、AIC（Akaike's information criterion）やCAIC（consistent Akaike's information criterion）の諸指標を用い、より低い値を示すモデルのほうが良好と判断できる。

構造方程式モデリングは、SPSS社のソフトウェアAMOSによって比較的容易に分析できるようになった。他に無料の統計ソフトウェアRでも分析できる。

コレスポンデンス分析
（correspondence analysis）

複数の質的変数の観点から、類似したデータをまとめていく（パターン分類）ために行われる多変量解析の１つ。林の数量化Ⅲ類（quantification method of the third type）もこれと同じ統計手法であり、どちらで分析してもよい。仮説検定によらない探索的な手法である。コレスポンデンス分析では、項目間の相関関係が最大になるように行と列を並び変えることで、類似した項目同士が隣りあうようにし、行と列の要素の関係を空間的に表現する。特に、質的変数が２つである２次元のデータの場合には、１つの散布図に描けるので、行と列の要素の関係を視覚的に把握しやすい。

日本語のコーパス研究（滝沢, 2002）を例に説明する（図4）。この研究では、コーパスから、「から」「ので」「のに」の３種類の接続助詞と、「何しろ」「何せ」「せっかく」「現に」「どうせ」「実際」「ほんとうに」の７種類の副詞が、文中と文末で共起する頻度を調べている。各接続助詞と副詞の共起が文中と文末とで生じた回数をクロス集計表にまとめ、それに基づいて分析が行われた。得られた２次元の得点に基づいて描いた散布図を下に示している。散布図内の項目同士の距離から、共起のパターンが考察できる。交点の０に近づくほど、このデータ内での平均的な共起関係を

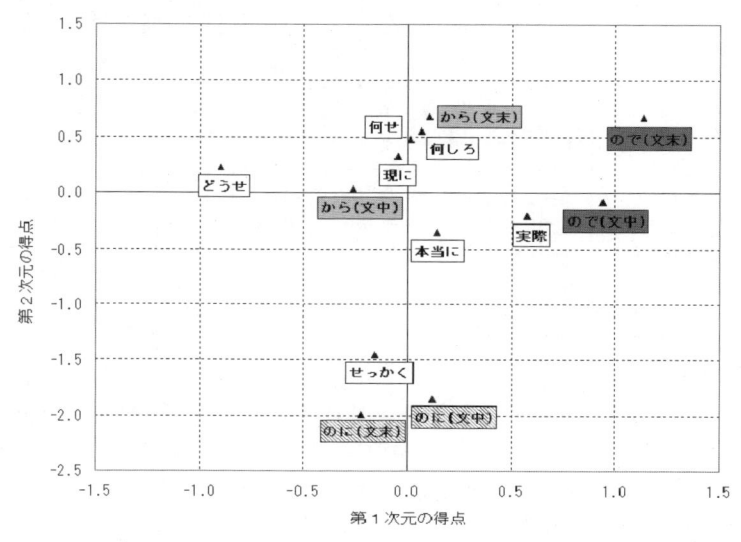

図4　コレスポンデンス分析の例（滝沢, 2002のデータを基に作成）

示す。この散布図から、「せっかく」は文中・文末に限らず「のに」と共起する傾向があり、「実際」は文中で「ので」とよく共起し、文末でも「ので」とある程度共起することが分かる。「何しろ」「何せ」「現に」が「から」と文中・文末で共起する傾向がある。「どうせ」は文中の「から」と近い距離にあり、「どうせ…から（文中）、…」と共起をする傾向があるといえる。

コレスポンデンス分析は仮説検定に依らないので、分析の解釈は、当該テーマの理論や先行研究に照らして研究者が独自に解釈することになる。複数の質的変数に基づくパターン分類について仮説検定を行いたい場合は、決定木分析が有効である。

散布図（scatter plot）

個々のデータに2種類の変数 X_1 と X_2 で与えられる値を、縦軸と横軸を持つ座標平面上の1点に位置づけて示した図。散布図は、2変数の分布と相関関係を視覚的に把握することができる。データの点の群が右上がりに分布していれば正の相関があり、右下がりに分布していれば負の相関があることが視覚的にみてとれる。どちらでもない場合は、線形の相関はない。次の図は、224名の中国語を母語とする日本語学習者の文法テストの得点 X_1 と語彙テストの得点 X_2 をプロットしたものである（2006年に中国で集めたデータを基に玉岡が作成した）。この例では、相関係数が0.626で、高い正の相関を示している。

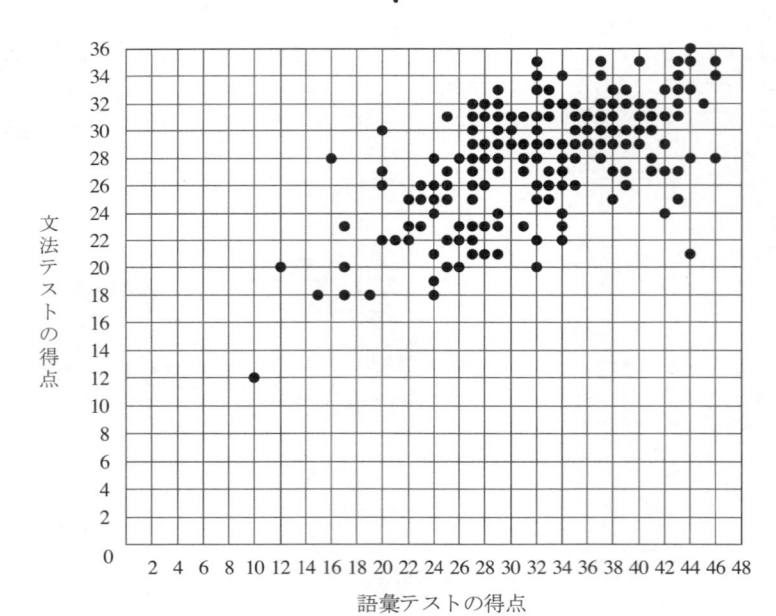

図5　語彙と文法テストの得点の散布図

注1: $n=224$. 語彙テストは48点満点、文法テストは36点満点
注2: ピアソンの積率相関係数は、$r=0.626$.

尺度 (scale)

ものごとを測定する方法。心理学では心理特性等を測定する質問紙を「尺度」という（心理尺度、psychological scale）。ここでは測定尺度（scale of measurement）について説明する。

基本的な測定尺度には、① 名義尺度（nominal scale）、② 順序尺度（ordinal scale）、③ 間隔尺度（interval scale）、④ 比（率）尺度（ratio scale）の4種類がある。

① 名義尺度：カテゴリー（カテゴリカル）データ（categorical data）とも呼ばれ、人がカテゴリーに割り当てる場合の尺度。この測定形式が分類や名前付けであるため、「名義」と呼ばれる。たとえば、テレビのチャンネルの4チャンネルや8チャンネルなどは、テレビ局に任意に割り当てられたもので、8チャンネルのほうが4チャンネルより大きいということはない。被験者の性別を、男性なら1、女性なら2と割り当てるような場合も、名義尺度である。任意に割り当てられた数値間に大小関係はなく、質的な変数である。

② 順序尺度：各対象に割り当てられた数値同士が大小関係のみを表す場合の尺度。たとえば、野球チームの順位などである。3つのチームがそれぞれ1位、2位、3位というように順序づけられているとき、1位のチームは他のチームより優れていることを示すが、1位と2位の間の差と、2位と3位の間の差は等価ではない。したがって、本来、順序尺度には、加減乗除のいずれの演算も施すことはできない。

③ 間隔尺度：各対象に割り当てられた数値同士が大小関係を表し、さらに連続した数値の間が等間隔となっている尺度。順序尺度とは異なり、1と2の間の差と、3と4の間の差は等しい。ただし、間隔尺度では原点が任意に定められているので、加減の演算はできるが、乗除の演算は適用できない。たとえば、温度は、華氏か摂氏かで原点（0）の位置が異なるが、1℃と2℃の間の差と、3℃と4℃の間の差は等しい。

④ 比（率）尺度：順序尺度や間隔尺度と同様に量的変数であるが、大小関係があり、測定値間の間隔が等しく、さらに、絶対ゼロ（absolute zero）を持つ尺度。たとえば、長さ、重さ、時間などである。2メートルと4メートルの間の差と、6メートルと8メートルの差は等しく、さらに2メートルの4倍は8メートルである。このような比（率）尺度のデータにのみ、加減乗除のすべての演算を施すことができる。

重回帰分析 (multiple regression analysis)

独立変数が複数ある場合の回帰分析。重回帰分析では、独立変数同士の関係をふまえて、他の独立変数の影響を除いた場合に当該の独立変数と従属変数の間にどのような関係が見られるかを検討する。

たとえば、日本語学習者の総合的な聴解能力を予測する要因として、文法テストと語彙テストの2つを想定するとしたら、従属変数を聴解能力とし文法テストと語彙テストの得点が独立変数とする重回帰分析が適用される。ここで、ある独立変数（この例では文法テストの得点）から、他の独立変数（この例では語彙テストの得点）の影響を除いた独自の成分が1だけ増えたときにともなう従属変数の平均的な変化を示した指標を、「偏回帰係数（partial regression coefficient）」という。また、ここから測定単位の影響を受けないように変換された偏回帰係数を「標準偏回帰係数（standardized partial regression coefficient）」といい、具体的単位を持たない。しばしば β

で示される。

　検討している重回帰モデルのモデルについて、「母集団におけるモデル全体としての説明力がゼロである」という帰無仮説が、p個の独立変数に拡張したF統計量によって検定される。得られた当該モデルに関するF値があらかじめ設定した有意水準におけるF値より大きい場合に、当該モデルの説明力が有意であると結論できる。また、モデル全体の説明力が有意であった場合に、さらに各々の独立変数独自の貢献の程度を知るには、各独立変数にかかる偏回帰係数の有意性がt統計量によって検定される。分析結果の報告の際には、偏回帰係数とともに、上記の検定統計量を示す。

　また、複数の独立変数を設ける重回帰分析では、多重共線性（multicollinearity、しばしばマルチコと略される）の問題が生じる。独立変数同士の相関が高い場合に、偏回帰係数の推定量が不安定になる状態のことである。この場合は、いずれかの変数を外すか、相関関係の高い変数群を他の1つの変数に置き換えて（統合して）分析するなどの対策が考えられる。

従属変数（dependent variable）

　独立変数（independent variable）を参照のこと。

正規性の検定（tests of normality）

　ある変数の母集団が正規分布に従うかどうかを確かめる統計的仮説検定の1つ。具体的には、測定で得られた分布（経験分布）と正規分布（理論分布）の差に基づいて、「データの母集団が正規分布に従っている」とする帰無仮説（H_0）を検定する。統計量が有意であればこれを棄却し「データの母集団は正規分布に従っていない」とする対立仮説（H_1）を採択する。この検定には、サンプル数が30以上であるならコルモゴロフ・スミルノフ（Kolmogorov-Smirnov）の検定、サンプル数が少ない場合にはシャピロ・ウィルクス（Shapiro-Wilks）の検定が用いられる。

正規分布（normal distribution）

　平均付近に集積するようなデータの連続的な分布を持つ変数の分布。ヨハン・カール・フリードリヒ・ガウス（Johann Carl Friedrich Gauss, 1777～1855）によって発見された分布であることから、ガウス分布（Gaussian distribution）とも呼ばれる。正規分布の曲線は、左右対称のつりがね状の曲線であり、ベル・カーブ（Bell curve）ともいう。統計学では、いくつかの種類の分布を扱うが、その中でもっとも標準的な分布であることから正規分布と呼ばれている。実際に、サンプル数を大きくしていくと、母集団分布の種類に関係なく、標本平均の分布が正規分布に近づいていくことが数学的に証明されている（中心極限定理という）。平均値が0、標準偏差が1の正規分布を、とくに標準正規分布（standard normal distribution）という。

z値（z-value）

　標本の値が平均値からどれぐらい離れたところに分布しているかを、平均と標準偏差を用いた変換によって示した値。z得点（z-score）ともいう。次式で変換される。

　　　$z =$（標本の値 − 平均値）/標準偏差

　測定で得られたデータは任意の単位で示されるが、単位が異なる変数同士を直接比較することはできない。たとえば、個々のテスト

は、それぞれ難易度が異なるので、1回目と2回目の素点を直接比較することはできない。そこで、共通の単位への変換という作業がとられる。変換の手法には様々あるが、最も基本的な変換方法が「標準化（standardization）」である。これは平均と標準偏差が特定の値になるようにデータを変換することをいい、この手続きによって変換された値を「標準得点（standard score）」という。標準得点は、テストの素点のような絶対値とは異なり、全体の分布における位置を示す相対的な指標である。

z値は、平均0、標準偏差±1によって換算された標準得点の1種である。z値が正であれば平均値より大きく、負であれば平均値より小さいことが分かる。変数が正規分布に従うなら、「平均±標準偏差」の範囲に全体の68.26％の標本が含まれ、「平均±2標準偏差」の範囲に95.44％が含まれる。現実の標本は正規分布に完全に従うことはないものの、この割合をおおよその参考にすることはできる。

z値のほかに、学校のテスト等でよく用いられる偏差値（deviation score）は、平均50、標準偏差±10で換算された標準得点である。偏差値の場合、平均50±標準偏差10の範囲、すなわち偏差値40から60の間に68.26％が含まれると、おおよその解釈をすることができる。平均から2倍の標準偏差の間にはおおよそ95.44％が含まれる。したがって偏差値30以下、偏差値70以上の標本は全体の5％に満たないことが分かる。このように、z値や偏差値などの標準得点から、ある標本の値が分布全体のどこに位置するかを把握することができる。

尖度（kurtosis）

分布のとがり具合を表す指標。標準正規分布（平均0、標準偏差1の場合の正規分布）と比べて、より鋭いピークと長い裾を持った分布は尖度が大きく、より丸いピークと短い裾を持った分布は尖度が小さい。標準正規分布では尖度は0である。尖度が正の値を持つ場合、データの分布は正規分布よりも尖った状態にあり、尖度が負の値を持つ場合は、正規分布よりも扁平な状態にあると判断できる。尖度と分布の非対称性を示す歪度を使って、母集団の正規性の検定をすることができる。

下図に、尖度の異なる3種類の正規曲線を描いている。黒い実線は標準正規分布を示す。薄い実線は平均が0で標準偏差が0.5の場合の正規曲線であり、標準正規分布に比べて中

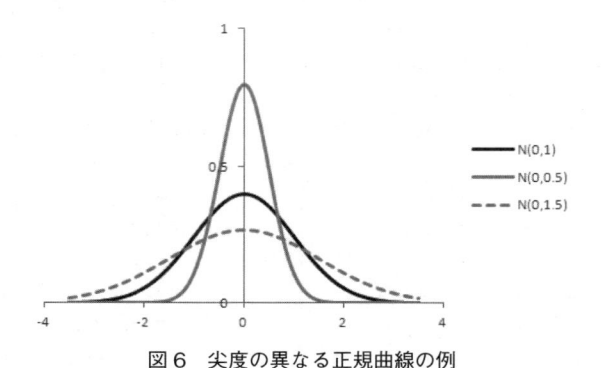

図6　尖度の異なる正規曲線の例

心が尖った線を成していることが分かる。このような曲線に沿うデータでは尖度は正の値を持つ。これに対して、薄い点線は平均が0で標準偏差が1.5の場合の正規曲線であり、標準正規分布に比べてなだらかな曲線である。このような曲線に沿うデータは尖度が負の値を持つ。

相関関係（correlation）

1つの変数の増減にともなって、もう1つの変数がともに直線的に増減するような関係。また、2つの変数の相関の度合いを数値で表した指標を相関係数（correlation coefficient）といい、rで示す。相関による分析は、2つの変数 X_1 と X_2 の間の関係が、ある傾きを持った直線にどれくらい近寄っているかの度合いを表現する方法である。比率尺度の変数を対象とした場合の相関係数としては、ピアソンの積率相関係数（Pearson's product-moment correlation coefficient）が用いられることが多い。順序尺度の変数の場合は、スピアマンの順位相関係数（Spearman's rank correlation coefficient）などが用いられる。相関係数の r は、−1から+1までの間の値（$-1 \leq r \leq +1$）をとり、絶対値の1に近いほど相関関係が強く、0に近づくほど弱い。r の値が正のときには正の相関関係があると言い、ある変数が増えると、他の変数も増える関係を示す。r の値が負のときは負の相関関係があると言い、ある変数が増えると、他の変数が減る関係を意味する。変数 X_1 と X_2 の相関係数の強度を判断する基準は、研究対象や目的によって異なるが、一般的に、r の絶対値が0.8以上であれば非常に強い相関を、0.6から0.8であれば強い相関、0.4から0.6であれば弱い相関、0.4以下であれば相関はあまりないと捉えることが多い。なお、相関関係はあくまでも対称的な関係を表し、方向性を持つ因果関係を意味しない。つまり、2つの変数の相関係数が大きくても、それが2つの変数が示す事象間の因果関係を示すわけではないことに注意しなくてはならない。

第1種の誤り／第1種（の）過誤
（type I error）

統計的仮説検定において、帰無仮説が正しいにもかかわらず、帰無仮説を棄却してしまう誤り。アルファ過誤（alpha error）とも呼ばれる。また、有意水準は、帰無仮説が正しいときに第1種の誤りが起こりうる確率を示している。第1種の誤りに対して、帰無仮説が正しくない（対立仮説が正しい）にもかかわらず帰無仮説を採択してしまう誤りを、第2種の誤り（type II error）またはベータ過誤（beta error）という。

たとえば、ある日本語教授法Aの効果を検討するために、2つの集団を対象に、一方にその教授法を使って教え、他方にはそれを使わずに教える場合を考える。教授後の成績について、「2つの集団の間に違いがない」という帰無仮説を想定して検定を行う。もし教授法Aに効果があるというのが真の状態であるなら、この帰無仮説が棄却されて差が有意であるという結果が得られるはずである。このときに帰無仮説が誤って採択されると、「2つの群間の差は有意ではなく、教授法Aに効果があるとはいえない」という誤った結論を導いてしまう。これが第1種の誤りである。逆に、真の状態は教授法Aに効果がなかったなら、両集団の差も有意ではなく、帰無仮説が採択されるはずである。このときに帰無仮説が誤って棄却されると、「2つの群間の差は有意であり、教授法Aに効果がある」と結論してしまう。これが第2種の誤りである。

第２種の誤り／第２種（の）過誤
（type II error）
第１種の誤り（type I error）を参照のこと。

多重比較（multiple comparisons）
分散分析（analysis of variance, ANOVA）を参照のこと。

t 検定（t-test）
t 分布という理論上の分布に従う検定統計量 t を用いた統計的仮説検定の総称。おもに、無作為に抽出した２つの集団の平均差が有意であるか否かを検討するために用いられる。１群のみから母平均を推定する t 検定もある。また、重回帰分析において、ある独立変数にかかる偏回帰係数の寄与の有意性を評価する際にも用いられる。２群の平均値差の検定においては、独立したサンプルであるか対応のある（繰り返しのある）サンプルであるかによって手法が異なるので、適切な種類の検定を選択しなければならない。

たとえば、日本語教授法Ａの効果が有意であるか否かを検討するとする。同質と考えられる日本語学習者の集団を無作為に２群抽出し、一方に教授法Ａを使った指導、他方に使わない指導を行う。指導後の学習者たちの成績が有意に異なるかどうかを検討するなら、ここでは別々の集団の成績を測定しているので、独立したサンプルの t 検定を適用することになる。それに対して、同じ集団において教授法Ａによる指導をする前と後の成績を比較するなら、同一の学習者の成績を２回測定することになるので、対応のある（繰り返しのある）サンプルの t 検定を適用する。

t 検定における帰無仮説は、２つの集団の平均に差がないというものである。得られたデータから算出された検定統計量の t 値が、t 分布においてあらかじめ設定した有意水準と当該の自由度が示す値よりも大きい場合に、帰無仮説は棄却され、２つの群間の平均には有意な差があるとする対立仮説を支持することができる。検定の結果を報告する際は、他の統計的検定と同様に、① 検定統計量（この場合 t 値）、② 自由度、③ p 値（有意水準）の３つの情報を記すのが慣例である。書き方はいくつかあり、分野によっても多少異なるが、たとえば、$t(20)=2.286, p<.05.$ のように記載されることが多いようである（t の後のカッコ内は自由度である）。

３群以上の平均値差を検討したい場合に、２群ずつとりあげて３回 t 検定を行うなどというのは不適切である。なぜなら、同一の現象に対して３回検定を行うと、第１種の誤りの確率も３倍に増えてしまうからである。その場合には一元配置の分散分析を行わなければならない。

天井効果（ceiling effect）
正規分布を想定している統計量が最大値に偏ってしまい、独立変数の有意な効果が検出できない状態。分布の形は左に歪んだものとなる。テストにおいて、問題がやさしすぎるために満点近くに得点が集まってしまう場合、質問紙において５件法で回答を求めたときにほとんどの回答者が５点をつけた場合などが相当する。予備調査等の事前準備を入念に行い、実際の調査の段階で天井効果が表れないように調整すべきであろう。天井効果とは逆に、正規分布を想定している統計量が最小値に偏ることを「床効果」（floor effect）という。この場合、分布の形は右に歪んだものとなる。

独立変数 (independent variable)

　実験者が実験において操作する変数。実験では、独立変数の変動に応じて結果がどのように変わるかを検討することになる。実験者が操作した変数の水準が実験中に起こることに影響されないときに、その変数は「独立している (independent)」という。独立変数に影響を受けそれに応じて変わってくる変数が「従属変数 (dependent variable)」である。たとえば、日本語学習者の母語の違いが日本語能力に影響すると仮定するなら、母語の違い（中国語か韓国語かなど）は独立変数であり、日本語能力（総合的なテストの得点など）は従属変数となる。このように、独立変数は、測定に対して潜在的に何らかの影響を持つと想定され、したがって実験の測定に対して時間的に先行する。

　なお、独立変数の同義語として、「説明変数 (explanatory variable)」と「予測変数 (predictor variable)」がある。従属変数の同義語は、「目的変数 (response variable)」と「基準変数 (criterion variable)」である。どれを使ってもよいが、「独立変数」と「従属変数」、「説明変数」と「目的変数」、「予測変数」と「基準変数」とが対語となっている。

外れ値 (outlier)

　平均 (mean) を参照のこと。

判別分析 (discriminant analysis)

　個々のケースがどのグループに属するかが想定されている場合に、それらのグループが意味のあるまとまりの良いものであるかどうかを検討する手法。したがって、判別分析を行う前に、何らかの方法で各個体がどの群に割り当てられるかがあらかじめ分かっている必要がある。この既知群データは、十分に吟味された安定したものであることが望ましい。しばしばクラスタ分析や因子分析などの分類目的の手法でグループ分けされたデータが適用される。

　たとえば、玉岡・林・池・柴崎 (2008) は日本語学習者による和製英語の理解度について検討している。ここでは学習者の正答率を基に階層的クラスタ分析を行い、30語の和製英語を4つのグループに分類している（クラスタ分析を参照のこと）。階層的クラスタ分析においては、クラスタ間の距離に応じてグループ化され、どのポイントで見るかによってクラスタ数が変わってくる。大まかな分類をとるか、より細かい分類をとるかは、研究者の理論的な判断に委ねられ、採用したクラスタ化が本当に意義あるものであるかは統計的には確かめられない。そこで、玉岡他 (2008) で得られた4つのクラスタ化を用いてさらに判別分析を行うことによって、和製英語30語の何パーセントがこれらのクラスタに本当に正しく分類されているかどうかを検討することができる。

　具体的な分析にあたっては、まずグループを最もよく区別する判別軸 (discriminant axis)（判別関数、discriminant function）を求め、有意な判別関数の係数を参照しながらまとまりの良さを検討する。また、交差妥当化 (cross-validation) によって、グループ化された個々のケース（上述の例では各和製英語）が当該の識別法（上述の例ではクラスタ分析によって得られた4つのクラスタ化）で何パーセント正しく分類できているかを確認することができる。

標準偏差（standard deviation）

変数の散らばりの程度を表す指標（散布度、degree of distribution）の1つ。それぞれのデータの平均からの差を2乗して合計し、それを全体のデータ数（サンプル数）で割り、平方根をとったのが標準偏差である（2乗和平均の平方根）。通常はSDで表される。平方根を取る前の値（すなわち、標準偏差の2乗）を分散（variance）という。平均と標準偏差が分かれば、ある変数のデータがどの範囲にどのような割合で散らばっているかの目安となる。正規分布では、平均±1標準偏差の範囲に全データの約68.26%が、平均±2標準偏差の範囲内に全データの約95.44%が、平均±3標準偏差の範囲内に全データの約99.73%が含まれる。したがって、100個のデータであれば、平均から±2標準偏差の間におよそ95個が入ることを意味する。

分散（variance）

標準偏差（standard deviation）を参照のこと。

分散分析（analysis of variance, ANOVA）

質的な独立変数の値に応じて従属変数の平均がどのように異なるかを検討する統計的仮説検定の手法。いくつかの実験条件が割り当てられた被験者ごとに測定値の平均差を比較する実験研究などでよく用いられる。分散分析の文脈では、質的独立変数は「要因（factor）」と呼ばれ、各要因の値（カテゴリー）は「水準（level）」「条件（condition）」などと呼ばれる。分散分析では要因（m）や水準（r）はいくつあってもよく、その数に応じて「m×rの分散分析」、「m要因（m元配置）分散分析」などと称する。また、データが対応しているか否か（反復測定か独立したサンプルか）によって手法が異なるので、実験調査を実施する前に当該デザインがどのタイプに適用されるかを正しく選択しておかなければならない。人間が測定の対象となる研究では、被験者内（within-participant）要因であるか（対応のある、反復測定）、被験者間（between-participant）要因であるか（対応のない）の区別が重要になる。

たとえば、あらかじめ実施した語彙力のテスト結果に基づいて上位・中位・下位という3群（水準）を設定しておき、それらの群によって聴解能力がどのように異なるかを検討する場合は、対応のない1元配置（1要因）の分散分析が用いられる。分散分析の帰無仮説は、「すべての水準の母平均が等しい」というものである。この帰無仮説について、検定統計量FがF分布に従うことを利用した検定が行われる。観測されたデータから計算されたF値が、あらかじめ設定した有意水準におけるF値より大きければ、帰無仮説は棄却され、その要因の主効果（平均値差）が有意であったということになる。

上述の例では独立変数（要因）は語彙力の変数（上位、中位、下位の3水準）であるが、これに加えて母語の違いの変数（中国語、韓国語の2水準）も検討したいとする。この場合には、3×2の2元配置（2要因）分散分析が行われる。要因が2つ以上あるときは、各要因の主効果（main effect）とともに、要因同士が互いに影響しあう「交互作用（interaction）」が問題となる。たとえば、韓国語を母語とする学習者では上位、中位、下位の順番に有意に平均得点が低くなる（すべての群間の平均差が有意である）のに対して、中国語を母語とする学習者では上位のみが突出して高く、中位と下位とでは有意差がなかったなどとい

うように、一方の要因の水準によって他方の要因の水準間の平均差の現れ方が異なるという場合がある。交互作用とはこのような状態を指す。2要因の場合には要因A×Bの1次の交互作用、3要因の場合には1次の交互作用3種（A×B、A×C、B×C）に2次の交互作用（A×B×C）が問題となる。このように、要因の数が多くなると扱う交互作用の数も増大するため、一般に結果の解釈は難しくなる。

他方、反復測定（repeated measure）による（対応のある）分散分析では、たとえば、1人の日本語学習者による多様な条件下での反応を測定する状況で行う。「花子が太郎を殴った」という文について、正順語順とそのかき混ぜ語順（「太郎を花子が殴った」）を2回提示しそれぞれの正誤判断を課した場合、2つの水準からなる語順の要因は、被験者内要因となる。ただし、全く同一の文を同じ被験者に2回提示することは、（語順が異なっていても）繰り返しの影響を生んでしまうため、カウンターバランス（counterbalancing）の手法をとるなどする。

分析結果を報告する際は、他の統計的検定と同様に、① 検定統計量（この場合F値）、② 自由度、③ p値（有意水準）の3つの情報を記すのが慣例である。分野によっても報告の仕方は多少異なるが、たとえば、$F(2, 20)=4.465$, $p<.05$. のように記載されることが多いようである（Fの後のカッコ内は、前者が分子の自由度、後者が分母の自由度を示す）。分散分析の場合には、各要因の主効果（2要因であれば2回のF検定）、および交互作用（2要因であれば1次の交互作用、3要因であれば1次の交互作用3回分と2次の交互作用のF検定）の結果をすべて報告する。検定統計量のFには、定義式における分子と分母それぞれに自由度があり、結果の報告の際もこの2種類の自由度を記す必要がある。

ところで、要因の主効果が有意であることは、「群間の平均値差が同じではない」ことを示すに過ぎず、どの群とどの群に有意差があるかを示すものではない。そこで、分散分析において1要因に3つ以上の水準が設けられている場合には、具体的にどの水準間に有意差があるかを確かめる手続きがとられる。これを多重比較（multiple comparisons）という。どのような種の検定であれ、検定を繰り返すことにより、第1種の誤り（type I error）を犯す可能性が高くなる。第1種の誤りの増大を調整するために、危険率の補正方法の違いによっていくつかの方法（Tukey法、Dunnet法、Bonferroni法など）がある。通常の多重比較は、要因の主効果が有意であると示された後に行う事後比較（post hoc comparisons）であるが、ある特定のグループ間について分析したい場合には、分散分析は用いずにはじめから種々の多重比較法を用いることもある。これは事前比較（a priori comparisons）という。

平均（mean）

中央値（median）や最頻値（mode）などとともに、代表値の1つで、分布の位置を示す値。データの総和をデータ数で割った値である。平均値は、正規分布を仮定するパラメトリック（parametric）な統計的検定の基礎となっているが、他の多くのデータに比べて極端に異なる値、すなわち、外れ値（outlier）の影響を受けやすいという欠点がある。分布が左右対称でない場合には、平均値よりも中央値のほうが分布の位置を示す指標として優れている。また、外れ値が含まれるサンプルが得られた場合には、分布の両端の何パーセントずつかのデータを除いて平均値を計算する方法がとられる場合がある。これを調整平均（adjusted mean）という。

床効果（floor effect）

天井効果（ceiling effect）を参照のこと。

有意水準（significance level）

統計的仮説検定において、帰無仮説を棄却するか否か、すなわち検定統計量が有意であるか否かを判断する際の共通基準となる確率。危険率（hazard ratio）または第1種の誤り（type I error）とも呼ばれる。通常 a で示されるので、アルファ水準（alpha level）とも呼ばれる。有意水準は、慣例的に5%に設定されることが多い。これは、帰無仮説が正しいにもかかわらず棄却して対立仮説を支持してしまうという誤りが5%であることを意味している。すなわち、調査を20回繰り返すうちの1回は、（真の状態は）有意ではないのに有意であると誤って結論してしまうことを示している。1%水準であれば、この誤りは100回のうち1回に抑えられることになるので、5%水準より1%水準に設定するほうが厳しく有意性を検定しているといえる。

たとえば、日本語を学習した経験の無い中国語を母語とする学習者が、A大学とB大学で6カ月間集中して日本語を学習した成果を比較するとする。現実にはA大学のカリキュラムのほうが優れていて、集中授業で日本語能力が飛躍的に伸びているとする。そうであるなら、「両大学で習熟度テストの得点に差はない」という帰無仮説を独立したサンプルの t 検定を行えば、B大学の学習者よりA大学の学習者の得点のほうが有意に高いという結果が得られるはずである。ここで有意水準を5%に設定するということは、サンプリングを20回繰り返すうち1回は誤って「A大学とB大学の間の得点の差がない」と判断してしまう危険があることを意味する。

歪度（skewness）

分布の非対称性を示す指標。非対称度とも呼ばれる。各データの平均からの偏差をもとにして測る。正規分布は左右対称であるので、歪度は0である。正の歪度を持つ分布は、右に長く裾を引いており、負の歪度を持つ分布は、左に長く裾を引いている。一般に、歪度が絶対値で1以上の場合、その分布の非対称性は正規分布から有意に隔たっていることを示す。

たとえば下の左側の図では、度数が平均より小さい値の方に偏っている。このような分

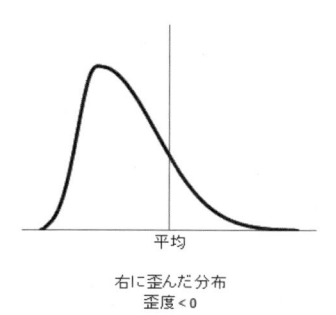

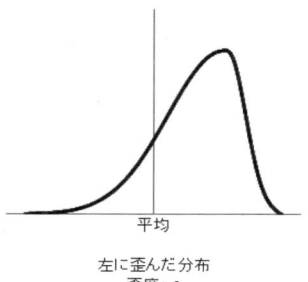

右に歪んだ分布
歪度 < 0

左に歪んだ分布
歪度 > 0

図7　歪んだ分布の例

布を「右に歪んだ分布」といい、歪度は0より小さくなる。反対に、右側の図のでは、度数が平均より大きい値の方に偏っており、歪度は0より大きくなる。このような分布を「左に歪んだ分布」とよぶ。歪度とデータの尖り具合を示す尖度を使って、母集団の正規性の検定をすることができる。

17 テスティング・評価

一般化可能性理論
（Generalizability Theory）

パフォーマンス測定等評定者による誤差が受験者の得点に影響を与えるような場合に信頼性を評価するのに用いられるテスト理論のモデルのこと。言語テストの中でも、スピーキングやライティング能力を測定するテストでは、同一受験者の解答を複数の評定者が独立に採点することが多い。このような場合、テストのデータが、受験者×評定尺度（評価の観点）×評定者という3次元構造を持つことになる。各受験者のテスト得点は評定尺度得点の合計で表わすとして、このテスト得点の信頼性は、古典的テスト理論の枠組で想定されていた、受験者×項目という2次元構造のものとは異なる。これは、問題項目に関係する誤差に加えて、「評定者」に起因する誤差、すなわち「評定者の信頼性」も問題になるからである。一般化可能性理論は古典的テスト理論で偶然誤差として包括的に扱っていたものを、問題項目に起因する誤差、評定者に起因する誤差等複数の誤差要因に分けて取り扱い、それらがテスト得点の分散の中でどの程度の大きさを占めるかを評価し、逆に、評定者を何名配置すれば所与の精度を持った測定が可能か、等について検討する。

一般化可能性理論はG研究（Generalizability studies）とD研究（Decision studies）の2段階で構成される。G研究は、そのテストの精度に影響する特定の要因がどの程度の大きさになるかを推定する段階で、例えば、異なる評定者が採点することにより生ずる誤差の大きさを推定したり、テスト得点の分散の中でどの程度の割合を占めるのかを推定したりする。具体的には、分散分析モデルを適用して各誤差要因の分散を推定したり、受験者間の能力差に起因する分散の大きさを推定する。これらの推定された分散の大きさから、一般化可能性係数が推定され、実際場面で用いられる。D研究ではG研究で得られた結果をもとに、実際のテスト場面で特定の要因から生ずる誤差を一定限度以内に抑えるにはどうするか、例えば、評定者を何名配置する必要があるか、課題をいくつ用意するか、等の具体的な問題に解答を得る。古典的テスト理論の枠組では測定精度が信頼性係数で定義され、スピアマン・ブラウンの公式を用いて一定の信頼性を保証するのに必要な項目数が計算されるが、そのことに対応している。詳しくは例えばVerhelst（2009）を参照。

クローズ・テスト（cloze test）

文章中の空所に適当な語や文字を入れて、意味の通る文章を完成させるテストのこと。対象となる文章は、試験作成者が適当だと思うものを選定（あるいは、書き下ろし）する。空所の設定には、一定の間隔で語や文字を抜く一定間隔法と、重要だと判断した語や文字を意図的に抜く変則間隔法があるが、一定間隔法が用いられることが多い。なお、内容理解の妨げになる可能性があるため、文章の一文目には空所を設定しない方がよいとされる。また、採点の方法には、原文通りの語や文字のみを正解とする原文法と、文脈に合致すれば正解とする文脈法がある。文脈法の方が他の習熟度テスト等との相関が高いことから、文脈法の方が妥当だという見解がある（Oller, 1972, 1973）。

クローズ・テストは、Taylor（1953）によって開発されたテストだとされている。しかし、当初の目的は、言語能力や知識の測定ではなく、文章のリーダビリティ（readability）、すなわち、文章の読みやすさの指標を策定するものであった。しかし、Taylor（1956）では、

クローズ・テストが第二言語の習熟度の測定にも有効であることが示唆され、それ以降、言語能力や習熟度の測定に用いられるようになった。また、空所を埋めるには、文法、語彙、談話、語用論等の様々な知識や能力の産出的側面が必要であることから、産出的なテストの代用になり得るとされ、1970～1980年代初頭によく利用された。しかし、近年では、受験者のコミュニカティブな技能を必ずしも十分には反映していないという指摘も示されている（McNamara, 2000）。

日本語教育においては、クローズ・テストを作成する際に、クローズの単位、すなわち、何を空所にするかが問題になる。日本語母語話者を対象とした研究では、語を単位とした方が、文字よりも識別力が高い（芝, 1957）という知見が得られているが、第二言語としての日本語では、いずれが妥当であるかについては、一致した見解が得られていない。なお、日本語教育では、自然な速度の音声を聞きながら、解答用紙に書かれた同じ文を目で追っていき、文中の空所に聞こえた音（ひらがな1字）を書きこませるという方式SPOT（Simple Performance-Oriented Test）（小林他, 1996）がよく知られている。

形成的評価（formative evaluation）

学習過程の比較的小さな区切りごとに行われ、学習者に対して次に学習すべき内容の示唆を与える評価。診断的評価（diagnostic evaluation）、総括的評価（summative evaluation）と並んで、ブルーム他（1971）が提案した術語の1つであるが、元々は、1960年代に米国で盛んになったカリキュラム開発運動の中で、カリキュラム開発途上で随時実施するモニター的な評価に対して用いられていたものを、ブルーム他（1971）が学習過程の評価に取り入れて用いるようになった術語である。

形成的評価は、学習者の当該時点での、到達目標に対する達成状況を具体的に把握し、指導者側の指導方針を修正したり、学習者に再学習や次に取り組むべき学習課題を示したりする根拠となる。学習者へのフィードバックは、一定のまとまりのある学習を終えたあとに、テストにより到達度を測定した結果を踏まえて実施される。指導者にとってはその後の指導方針を柔軟に考えることが重視される。教室内での学習活動からの独立性が相対的に強い。

ブルーム他（1971）は教育目標を「行動目標（～ができる）」の形で表わした点が特徴的である。単に知識として習得しているだけでなく、実際にその知識を使えることを重視した点で、今日の外国語学習の中で用いられる「Can-do statements」の源流とも考えられる。ただ、行動目標は、特定の知識、理解、技能等を表現することは可能であるが、論理的思考力、創造性、態度、価値観等を表現することが難しく、日本では、知識、理解、技能の習得等行動目標で記述できる「達成目標」に加えて、達成度は明確にはならないが、指導の積み重ねにより、向上や深化が期待できる論理的思考力や鑑賞力、社会性等の価値観や個性の基盤になる「向上目標」、体験すること自体に意味があるか体験を通して他の目標の効果的な達成を目指す（実感、発見の喜び、納得感）ことが期待できる「体験目標」に分けて考えるようになっている。外国語教育の場合もすべての学習目標が行動目標で表されるものでないことに注意する必要がある。

言語テストの構成概念（construct）

言語テストで測定対象となる言語知識や能力を明確に定義したもの。なお、心理学的構

成概念とはやや異なる。心理学では、理論から導かれる人間の潜在的な特性（latent trait）を構成概念と呼ぶ。

到達度型の試験の場合は、事前に学習シラバスが提示されているため、構成概念はそのシラバスに基づき定義される。例えば、「第○課までの文型の知識」が、当該テストの構成概念となる。一方、熟達度型の試験の場合は、言語能力を新たに定義する必要がある。2010年に改定された日本語能力試験の場合、全体では「課題遂行のための言語コミュニケーション能力」を測るものとして設計され、その下位の構成要素では「言語知識と、それを利用して課題を遂行する能力」の2つからなると定義されている。文字・語彙、文法で「言語知識」を測り、読解や聴解で「言語知識を利用してコミュニケーション上の課題を遂行する能力」を測る構成になっている。このように、テストにはその根本として、測定対象となる言語能力の定義―言語能力をどう捉えるか―、すなわち、構成概念の明確化が必要である。また、構成概念に従って試験が作成されたら、その試験問題と構成概念を比較検討することによって、構成概念妥当性の分析が行われなければならない。すなわち、構成概念は作成と妥当性検証双方の根幹となるものと言える。

言語テストの構成概念は、一般に、目標言語使用領域に基づいて、言語の形式に関わる様々な言語能力や知識を測定されるように定義されるが、言語形式の持つ語用論的、社会言語学的な知識は、当該言語が使用されている社会文化に関する知識と切り離せないものである。また、言語使用課題によっては、言語が用いられる背景となる百科事典的知識によって、言語の理解が補われることもある。そのため、構成概念では定義されていなくても、言語そのものの知識以外の知識が、テスト結果に影響を及ぼす可能性は否定できない。

そこで、できるだけ多くの人が共有する話題を取り上げる、話題の分野が適切に散らばるよう工夫する、特別の話題を知らなくとも解答できる問い方で問う等により、話題の知識の有無がテスト得点に与える影響をできるだけ少なくなるよう調整することが必要である。

口頭能力テスト（oral proficiency test）
外国語学習者の「話す」力を測定するのに用いられるテストのこと。受験者の発話を促す設問（質問）に対する回答（解答）を発話標本として、それを基に当該受験者の発話能力、すなわち「話す」力を何らかの方法で数値化（採点）して表現する。

具体的には、ACTFL基準に基づくOPI（Oral Proficiency Interview）のように、試験官が受験者と1対1で面接して試験を実施するもの、TOEFL-iBTのSpeakingセクションのように、コンピュータに向かって受験者が提示された課題に発話解答するもの等、様々な方式が存在する。また、問題形式には、与えられた課題をもとに受験者の考え等を発話するモノローグ・タイプ、現実場面を想定し受験者が特定の役割を演じて発話するロールプレイ・タイプ、試験官と受験者あるいは複数の受験者間のやりとりを記録するダイアローグ・タイプ等があるが、形式の違いはテストの構成概念の違いに反映する。

採点に関しては、音声認識技術を利用してコンピュータによる客観的採点を実施するもの、訓練された評定者が評価する主観テスト方式を採っているものがある。後者では、妥当な評価基準の設定と、採点者の訓練が、試験の品質に大きく影響する。また、評価には、発話標本を要素や側面に分けることなく、総

体として評価する包括的評価と、発話標本を要素や側面に分けて、対応する複数の評定尺度を用意する分析的評価の2種類がある。

「日本語OPI」の場合には、資格を持つテスターが実施し、受験者の能力を10段階で判定する。判定基準は評定尺度のような形では明示されていない。また、庄司他（2004）の「日本語口頭能力試験」では、パーソナル・コンピュータで課題が提示され、受験者の発話が記録され、採点者がチェックリスト評定（言及事項の量的評定）と査定基準評定（質的評定）とを行う。いずれも「話す」能力を独立して測定しているが、ALTE (Association of Language Testers in Europe) 基準ではListeningとSpeakingを合わせてレベル記述を行っている。

口頭能力テストでは複数の方式が開発研究されているが、テストが測定目的とするレベルや構成概念に応じて適切な媒体、評価方式が選択されなければならない。

項目応答理論 (item response theory, IRT)

テスト項目や受験者集団に依存せずに、テストの受験者の能力値を算出するためのテスト理論のこと。項目反応理論とも呼ばれる。古典的テスト理論 (classical test theory, CTT) に対して現代テスト理論と位置づけられている。

古典的テスト理論では、項目の困難度を表わすのに正答率（通過率）が用いられるが、この指標は全受験者に対する正答者数の比率で定義されるため、受験者集団が異なると同一項目でもその値が異なってしまう。また、受験者の能力を表わすのに基本的に正答数得点が用いられるが、正答数得点は当該受験者の正答した項目数で定義されるため、同一受験者でも項目の異なるテストでは得点が異なってしまう。困難度の高い項目を多く含んだテストでは、困難度の低い項目を多く含んだテストよりも、得点が低くなる。これに対して項目応答理論では、受験者集団に依存しないで項目の特性を、解答した項目に依存しないで受験者の能力（特性）を表わすことができる。

項目応答理論は、Lord (1952) で既にその基礎は確立され、Lord & Novick (1968) で数理的に体系化されており、TOEFLのように、ETS (Educational Testing Service) で開発実施される試験を中心に実用水準で既に用いられていたが、日本で注目され、公的試験等で用いられるようになったのは最近のことである。米国のみならず、欧州、豪州等でも言語テストで広く用いられている。

【モデル】

項目応答理論では、項目の特性が項目特性曲線を用いて表わされる。これは、項目毎に特性尺度値を横軸にとり、その特性尺度値を持つ受験者が正答する確率を縦軸方向にプロットして得られる曲線（図1）である。

受験者の応答が正答か誤答等2つの段階で表わされる場合に適用される「2値型応答モデル」と、受験者の応答に部分得点が与えられる等段階づけられたカテゴリーで表わされる場合に適用される「多値型応答モデル」に分けられる。よく用いられる「2値型応答モデル」の代表的なものとして、2パラメータ・ロジスティック・モデルがある。このモデルでは、項目特性曲線が、

$$P_j(\theta) = \frac{1}{1+\exp\{-1.7a_j(\theta-b_j)\}}$$

という関数で表わされる（図1）。ここで、添字のjは項目番号を示す。また、b_jは困難度パラメータで項目特性曲線の位置を表わし、パラメータ値が大きい方が、項目特性曲線が右寄りになり、困難度が高いことを表わす。

さらに、a_j は識別力パラメータで項目特性曲線の立ち上がりの程度（勾配）を表わし、パラメータ値が大きい方が、項目特性曲線の立ち上がりが急になり、識別力が大きいことを表わす。

この他に、識別力はすべての項目で等しく、困難度のみをパラメータとする「1パラメータ・ロジスティック・モデル（ラッシュ・モデル）」、多枝選択形式の項目における「あて推量」をパラメータ c_j として取り込んだ3パラメータ・ロジスティック・モデル等もよく用いられる。なお、ラッシュ・モデルは数理的にはこのように位置づけられるが、その成立はデンマークの数学者ラッシュ, G. が全く別の文脈から導出したものである。

実際のテストに項目応答理論を適用するには、まず項目パラメータの値を推定しておく必要があり、受験者の測定結果は、受験者が各項目に対して正答したか誤答したかをまとめて正誤パタンで表わし、それと解答した項目のパラメータ値とを用いて推定する。具体的な手続きに関しては、渡辺・野口（2000）等を参照されたい。

【特徴】

項目応答理論は、

① 項目の困難度が受験者集団とは独立に特性尺度上の1点として定義される。
② 受験者の特性（能力）尺度値が、解答した項目群とは独立に特性尺度上の1点として定義される。
③ 項目の困難度と受験者の特性（能力）尺度値とが同一の尺度上に位置づけて表わされる。
④ 項目の特性は、特性尺度値と正答確率の関係を表わす「項目特性曲線」ですべて記述される。
⑤ ある項目に正答するか誤答するかは、他の項目に正答したか誤答したかの影響を受けず、相互に独立である（局所独立の仮定）。
⑥ 測定精度が特性（能力）尺度値の関数として表わされ、尺度値ごとにきめの細かい測定精度の評価が可能になる。

という特徴がある。

【適用場面】

項目応答理論は様々な場面での適用可能

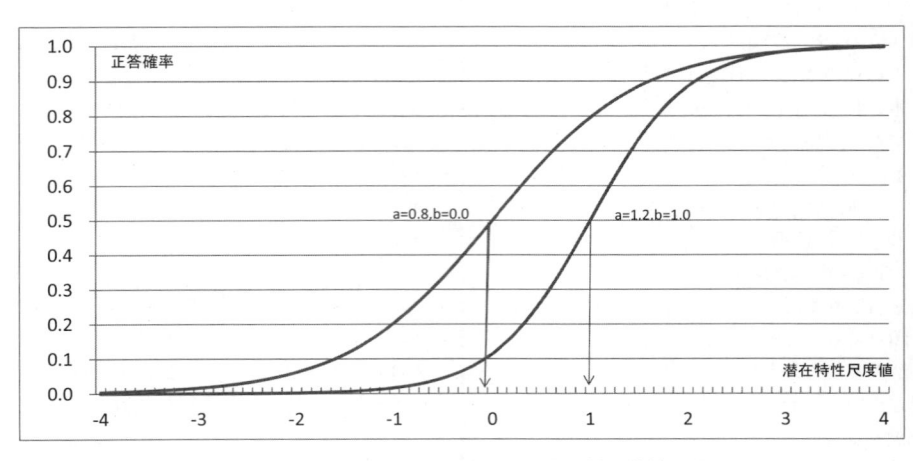

図1 　2パラメータ・ロジスティック・モデルの項目特性曲線と項目パラメータ

があるが、特にテストの「等化（equating）」とテスト項目の「特異項目機能（differential item functioning, DIF）」を検出する場面で有用である。

項目分析（item analysis）

　テスト開発過程で、作成された問題項目の性能を実際のデータに基づいて検討するために実施される「予備テスト」の結果をもとに実施される統計的分析のこと。項目分析では各項目の困難度（difficulty）、識別力（discrimination power）、また、多枝選択形式の項目では選択枝の選択状況等について検討される。困難度が極端に高いか低い、識別力が低い等の問題がある項目については、改良を加えたり、削除したりする。その結果残った項目から実際のテストに用いる項目が選択されたり、項目プール（項目の蓄積）を持つ試験の場合には、未出題の項目として項目プールに入れる。

　実際の項目分析では、困難度の指標として「通過率（正答率）」が、識別力の指標として「点双列相関係数」が用いられることが多く、多枝選択形式項目における選択枝毎の選択状況は G-P 分析により検討される。

　通過率とは、予備テストにおける正答者数の受験者全体に対する比率で、全員が誤答であれば 0、全員が正答であれば 1 であり、それ以外の場合は 0 と 1 の間の値をとる。0 に近い値をとる項目は難易度が高く、1 に近い値をとる項目は難易度が低く、指標の数値の大小と難易度の高低とが逆転することに注意が必要である。

　識別力とは、各項目が測定対象とする能力に関して受験者間の水準の違いをどの程度正確に反映できるかを表わし、点双列相関係数（受験者の当該項目の正誤とテスト全体の正答数との相関係数）で表わす。1 に近い方が当該項目が受験者間の能力水準の違いをよく反映し、0 に近いか負の値を示す項目はそのテストが測定目的としている能力を全く反映していないことを表わす。

　通過率が 0 もしくは 1 に近い項目、すなわち、極端に難しい項目ややさしい項目、点双列相関係数が 0 に近いか負の項目、すなわち、識別力が低い項目がこの段階で除かれる。

　なお、予備テストは本試験の受験者と同質の学習者を対象として、およそ 300 ないし 400 名に対して実施することが望ましいが、項目分析の結果を解釈する場合には、受験者集団に標本変動があることに配慮して数値の詳細にあまりこだわらないように配慮することが必要である。旧日本語能力試験の場合には予備テストが実施されていなかったが、本試験の実施後に項目分析の手法を用いて出題された項目が適切な性能を備えたものであったか検討し、毎年分析評価に関する報告書が刊行されていた。

困難度（difficulty）
　項目分析（item analysis）を参照のこと。

識別力（discrimination power）
　項目分析（item analysis）を参照のこと。

真正性（authenticity）
　テストが現実の言語行動をどの程度反映しているか、詳しく言えば、テスト課題がそのテストで測定しようとしている目標言語使用領域に存在する課題をどの程度反映しているかの度合いのこと。具体的には、真正性は目標言語使用領域における言語使用課題からテスト課題への、タスク、場面、話題、話し手

(書き手)や聞き手(読み手)の属性や関係性、スピーチレベル等の諸々の特性の、反映の度合いとみることができる。これらが目標言語使用領域での課題に該当しなかったり、反映の度合いが低かったりすると、真正性が低いということになる。

ただし、実際にテストを作る場合は、時間や問題形式、項目数の制約等、テストの仕様に合致するように、人工的な操作を加えたり、構築したりしなければならない。そのため、純粋な真正性を得ることは、現実的には容易でない。また、例えば、実際の会話では、縮約、複数発話の重なり、ノイズ等も少なくないが、これらの特性をテスト課題にそのまま反映させると、受験者の学習段階によっては、難易度が相当に高くなり、測定自体が混乱する場合もある。

真正性の獲得には、以上のようなテストという場面による制約、学習段階による制約がある。しかし、テスト作成者は、測定対象を適切に測るテスト、すなわち妥当性のあるテストを作成するためには常に妥当性を支えるものとして真正性を念頭に置く必要がある。そのような制約下で、テスト作成者は目標言語課題そのものの写しでなく、特に測定に必要な部分、あるいは必ずしも必要でない部分を意識しつつ編集し、テスト課題を構築することが期待される。

診断的評価 (diagnostic evaluation)

学習者がある時点で持つ、知識、理解力、技能等の学習の準備状況を明らかにすることを目的として実施される評価のこと。一般に、教授・学習活動に入る直前に実施される。ブルーム他(1971)が「学習者の学習過程の段階に応じて異なるタイプの評価が必要」として提案した術語のひとつで、他に形成的評価(formative evaluation)、総括的評価(summative evaluation)がある。これらの評価は、「適性に関しては正規分布していても、教授活動の種類や質、および学習時間の量が各生徒の特徴や要求に合わせて適切なものとされるなら、生徒の大多数がその教科内容の完全な習得をするものと考えられる」(Bloom et al, 1971)という「完全習得学習」の考え方に基づいている点に特徴がある。

診断的評価で実施されるテストでは、一般に、通過率が0.65以上程度の比較的やさしい項目をたくさん用い、採点結果は基準集団の中に位置づけるよりも、「達成基準」に照らして解釈する方が有用な情報が得られる。また、得点は単一の総合得点にまとめるのではなく、下位技能(能力)ごとの得点に基づいて、個人のプロフィールで示すことが望ましい、とされている。

外国語学習の場合には、プレイスメント・テストが診断的評価の典型的な例になるが、学習者がその時点で習得し、実際にその外国語を用いた言語行動が可能かどうかを診断して、適切な水準、および内容のクラスに配置することになる。このため、幅広い能力範囲の学習者を対象としたプレイスメント・テストでは通過率の低い(困難度の高い)項目や、逆に通過率の高い(困難度の低い)項目を含めることもある。

信頼性 (reliability)

テストの測定精度を表す概念。言語テストは、妥当性、信頼性、真正性、相互性、影響、実用性の6つの観点から評価される(Bachman & Palmer, 1996)が、信頼性は、その1つである。

紙筆テスト(paper-and-pencil test)の場合、問題 → 受験者 → 解答(回答) → 採点、とい

う流れでテストが実施されるが、各所で誤差が混入する可能性があり、その誤差をできる限り排除することによって、信頼性を上げることができる。具体的には、①多枝選択形式の項目で正解がわからない受験者が「あて推量 (random guessing)」によって解答した場合でも一定の確率で正答が得られる、②問題の指示が明確でなく受験者によって何を解答すべきかの解釈が異なってしまう、③時間の長い試験で受験者が疲労したり、解答する意欲が低下する等の受験者の一時的変化、④受験者に記述を要求する問題では、採点基準が不確定であることに起因して、異なる採点者が同一の解答に対しても異なる得点を与える、等の要因で誤差が混入する。これらは得点の客観性や安定性に影響を与える。

古典的テスト理論では「誤差」について、特にその要因を分けて考えるのではなく、種々の要因から生じる誤差を総体として捉えて「偶然誤差」としてモデル化する。

●信頼性係数 (reliability coefficient)

古典的テスト理論では、テストの測定精度を信頼性係数 (reliability coefficient) で表わすが、

テスト得点 = 真の得点 + (偶然) 誤差

という基本式にいくつかの仮定をおいて、その結果、

$$信頼性係数 = \frac{真の得点の分散}{テスト得点の分散}$$

として定義される。真の得点およびテスト得点の分散は、多数の受験者にテストを実施した状況を理論的には想定しているが、実際には、大規模能力試験等を除いて、それ程多くの受験者データを用いることはできないし、分子の「真の得点の分散」は理論モデル上設定されるものであり、実際にテストを実施した結果から計算することはできない。従って、実際には信頼性係数は何らかの方法を用いて推定する必要がある。

信頼性係数の推定法には、①再テスト法、②平行テスト法、③折半法、④内的整合性による方法、⑤分散分析モデルによる方法、等がある。言語テストでは、④のクロンバックのα係数がよく用いられる。α係数は能力テストの場合には、一般に、0.8を超える値が望ましいとされているが、項目数が少ないテストの場合には、これより低い値を示すこともある。本来、α係数はテストに含まれる項目群の等質性 (内的整合性) を表わす指標であるが、受験者数が多いテストでは、α係数が信頼性係数の下限値を与えることが理論的に証明されていることを根拠にして、信頼性係数の推定値として用いられる。従って、測定内容が多様な項目が単一のテストに含まれている場合に、α係数で信頼性係数を推定すると、真の信頼性係数よりもはるかに低い推定値が得られてしまう。この場合は、折半法を用いることが望ましい。このように、信頼性係数の推定法はテストの特徴を勘案して選択する必要がある。

●パフォーマンス測定における信頼性

最近の言語テストでは、実際にその言語を使って他者とコミュニケーションができる程度を測定することが重視される。実際の会話や作文を課題とするパフォーマンス測定である。しかも、課題は学習者が接する仕事、学習、生活場面等を想定して開発するという「真正性」が重視される (Bachman, 1990)。このようなテストでは、評価者の採点に関する安定性 (評価者内信頼性)、評価者間の一致度 (評価者間信頼性) がテストの信頼性の中で大きな要因を占める。そのため、採点の観点や得点化の基準等を厳密に定めた「採点基準」を用意し、評定者 (評価者) に対して研修が実

施される。その上で、評定者間の採点結果が高い一致度を示すこと、同一評定者が同一解答を採点した場合に採点結果のぶれが小さいことが望まれる。そのため、評定者間一致度と評定者内一致度を示す指標が用いられる。評定者間一致度は、2名の評定者が「合格—不合格」のような2値データで評定した場合にはκ係数が、「得点」で評価した場合には級内相関係数が、さらに、複数の評定者間での採点結果の一致度を見る場合にはα係数等が用いられる。α係数はここでは項目群の等質性ではなく、評定者群の評定の整合性(一致度)を見るのに用いられる。評定者内一致度は、評定者が「合格—不合格」のような2値型で2回評定した場合には、κ係数が、評定結果が得点で表わされている場合には、級内相関係数等が用いられる。2回の評定結果の相関係数を算出する方法も用いられるが、この場合には、1回目と2回目との間で平均値がほぼ等しい等、系統的な差がないことを確認しておく必要がある。

G-P分析 (good-poor analysis／G-P analysis)

多枝選択形式の問題項目について、選択枝の選択状況がどのようになっているか、検討したもの。テスト開発過程で実施される項目分析 (item analysis) では、予備テストデータに基づいて、各項目の困難度や識別力が計算されるが、選択枝に関する分析も行われる。

一般に、テスト得点(そのテストに含まれる項目全体に対する正答数)に基づいて、受験者群を上位群・中位群・下位群の3群に分割して各群毎の選択枝選択状況を検討して、項目の良い悪いを判断する。例えば表1のようなクロス表の形で集計される。

表1では、上位群・中位群・下位群各200名と3分の1ずつであるが、上位群と下位群は27％、中位群は46％とする場合もある(肥田野, 1972)。上位群ほど、正答選択枝を選んだ人数が多く、正答以外の選択枝は全体として比較的均等に選ばれていることが望ましく、極端に選択者の少ない選択枝は、選択枝としての機能を果たしていないため再検討する。また、正答選択枝の選択者が下位群の方が多い場合には、正答そのものが本当に正答になるのか再検討する必要がある。

例えば、日本語能力試験のような受験者数の多い大規模テストで本試験が実施された後に、全受験者のデータを基にG-P分析を実施するには、図2に示すような項目分析図が用いられる。すなわち、大規模テストであるた

表1 項目分析表の例

選択枝	A	B*	C	D	E	無答	計
上位群	6	164	20	8	2	0	200
(％)	3	82	10	4	1	0	100
中位群	30	96	22	24	8	20	200
(％)	15	48	11	12	4	10	100
下位群	38	44	40	18	24	36	200
(％)	19	22	20	9	12	18	100
全体	74	304	82	50	34	56	600
(％)	12.3	50.7	13.7	8.3	5.7	9.3	100

注:B*が正答選択枝

め、上位・中位・下位の3群ではなく、10の得点段階に受験者群を分割している。この図に示された項目例は、正答率が0.565、識別力が0.546と、中程度の困難度で高い識別力を持つ項目である。正答選択枝は1であり、得点段階が上がるにつれて、選択率が上昇している様子が明らかであり、受験者の能力水準の違いが明確に示されている。このことが識別力の高いことと対応している。また、錯乱枝はいずれの得点段階でもほぼ近い選択率を示している。

スピード・テスト（speed test）

検査時間の制限の中で、どれくらいの数のテスト項目に解答できたかが問題になるテストのこと。なお検査時間の制限が比較的長く、解答の正確さが問題になるテストをパワー・テスト（power test）と呼ぶ。

スピード・テストの場合は、困難度の低い易しい項目から構成され、受験者は一定の制限時間内に、できるだけ速く（多く）解答を進めることが要求される。すなわち、一定時間内にどれだけ解答できたかという解答数の多寡が問題にされる。各項目は困難度が低いため誤答が生じることはほとんどない。このため、作業量（解答数）の分布をもとに集団規準が設定される。心理テストでは「知覚の速さ」等を測定する場合に用いられる。

一方、パワー・テストは、一定水準以上の困難度を持つ比較的少数の項目から構成され、受験者は各項目に対して十分時間をかけて、正確な解答を作成することが要求され、正答数の多寡が問題にされる。このため、正答数を基礎にした得点の分布をもとに集団規準が設定される。心理テストでは、「推理能力」等を測定する場合に用いられる。

言語テストの場合は、一般にパワー・テストに分類されるものがほとんどであるが、パワー・テストとして作成されたものが、結果的にスピード・テストの要素を含む場合があることに注意しなければならない。例えば、

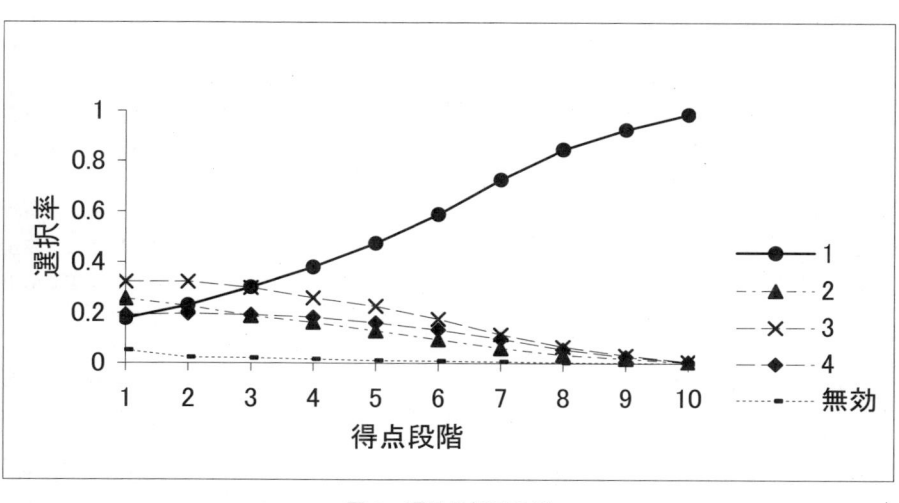

図2　項目分析図の例

読解力を測定するテストで問題に用いられるテクストの困難度や量によっては、テストで設定された時間内にすべての問題項目に解答することができず、やり残してしまうということが生じるが、問題の順序が異なっていたならば解答でき、正答できた可能性も考えられる。本来パワー・テストであるテストが、実質的にはスピード・テストの側面が強くなってしまうということである。各項目の無答率を検討することによって、検証することができ、テストの制限時間を変えるか、問題項目数を減らすか、一部のテクストの難易度を低くする、等の方策をとる必要がある。

絶対評価 (absolute evaluation)

相対評価（relative evaluation）を参照のこと。

総括(集成)的評価 (summative evaluation)

コース終了時のように、一定のまとまりを持った学習活動が終了した段階で実施される評価のこと。診断的評価（diagnostic evaluation）、形成的評価（formative evaluation）と並び、ブルーム他（1971）による術語である。診断的評価が教授・学習活動に入る直前に学習者の準備状況を把握する目的で、また、形成的評価（formative evaluation）が学習途上で、学習の達成状況をこまめにフィードバックする目的で実施されるのに対して、総括的評価では、ひとまとまりの学習活動が終わったあとの学習成果について評価する。

外国語学習の場合、プレイスメント・テストで適切に配置されたクラスで、学習途上に繰り返し実施され、学習者にきめの細かい情報をフィードバックして学習上の指針を示すために実施する形成的評価に対して、当該クラスによる学習を終了する時点で学習者の全体的な学習成果を評価するのが総括的評価である。

テストに用いる項目も易しいものから難しいものまで、通過率で 0.70 から 0.35 程度（Bloom et al, 1971）のものが含まれるように構成され、学習期間によってはアチーブメントではなくプロフィシェンシーを測定するテストが用いられることもある。

相対評価 (relative evaluation)

特定の集団におけるテスト得点の分布に基づいて評価基準を設定した評価のこと。テストや観察等で収集した評価資料を解釈する為の枠組みを評価基準と言うが、相対評価では、個人が特定の集団内で相対的に位置づけられ、その位置は評価者の主観によって変動しないため、評価の客観性が保てる、同一集団を基準にすれば、異なる技能間で学習者の得意・不得意を相互に比較することが可能である、等の長所がある。その反面、学習（教育）目標の達成度で何が達成できていないのか等を直接的に評価することができない、集団内での相対的な位置の変化は緩やかなため、個人の意欲・努力が評価結果に現われるのに時間を要する、人数の少ない集団では評価基準が意味を持ちにくい、等の短所がある。

相対評価に対して、評価基準を学習（教育）目標の達成度に置く評価を、絶対評価（absolute evaluation）と言う。測定対象とする集団とは無関係に、しかも、テストを実施する前に、評価基準を設定することが可能である。何が習得されているか等、学習者個人の到達度を他の学習者と関係なく直接明らかにできる、学習指導に先立って基準を設定することができるため、指導と評価の一体化が図りやすい、学習者個人の意欲・努力を評価結果に

直接表わすことができる、等の長所がある。その反面、評価基準を設定するに際して、漢字の習得度等は容易であるが、文章読解力等の場合には、基準を細かく設定することが難しい、学習（教育）目標の設定や評価基準の設定に教師等の個人的な経験や価値観が反映されやすいため、評価結果が主観的になりやすい、等の短所もある。

相対評価と絶対評価に関しては、どちらが優れているか、どちらがよい評価であるかという議論は意味を持たず、それぞれの評価の長所を活かすように配慮して実際の教育場面で用いることが大切である。

妥当性（validity）

テストが測ろうとしているものを測れるように作られているかどうかの程度を表わす概念。一般に、内容的妥当性、基準関連妥当性、構成概念妥当性の3つの観点から検討される。言語テストは、妥当性、信頼性、真正性、相互性、影響、実用性の6つの観点から評価される（Bachman & Palmer, 1996）が、その1つである。

言語テストをはじめ、テストは特性（能力）を測定する道具であるが、ものの長さのような物理的な測定とは異なり、測定道具が確かに意図した特性（能力）を測定しているか否かを、何らかの根拠に基づいて確認する必要がある。身長を測定するのに体重計を用いる誤りは誰も犯さないが、心理的な特性の場合には、測定対象が構成概念であるため、そのテストが測定することを意図した特性（能力）を実際に測定しているかについて確認する必要がある。すなわち、測定道具の適切さということが問題になる。

従来は、妥当性を、相互に重なった概念ではあるものの、内容的当性、構成的当性、基準連関妥当性に分けて捉えられていたが、現在は、妥当性を3つに分けず単一の概念として捉え、構成概念妥当性を中心に据えて、それを確認する方法により、異なる妥当性の側面が強調されるという整理の仕方がされる。ある新しいテストの妥当性を確認するに際して、同様の構成概念を測定するテストが既に存在する場合に、両方のテストを同一の受験者集団に実施して、得点の相関係数を計算し、相関係数の値が高い場合に、新しいテストの妥当性が外在基準に照らして確認されたことになる。言い換えると、新しいテストの構成概念が妥当であるか否かについて、既存のテストを外在基準として関連づけて検討したということである。

なお、妥当性の程度を表わすのに、妥当性係数が用いられることがあるが、これは妥当性を検証するテストと外在基準となるテストの得点間の相関係数で、信頼性係数と異なり、外在基準に何を用いるかによって値が変わり、テスト固有の妥当性係数は存在しない。

テストの結果が個人の処遇に大きな影響を与えるようなテスト（high stakes test）の場合には、とりわけそのテストの妥当性に関して様々なデータや方法を用いた検証を実施しておく必要がある。テストの社会的な役割、影響力ということに鑑みると、妥当性はテストが備えておくべき極めて重要な概念と言える。

通過率（proportion correct）

項目分析（item analysis）を参照のこと。

ディスクリート・ポイント・テスト（discrete point test）

言語能力のとらえ方の違いにより言語テス

トを分類したものの1つで、言語能力の重要な特性、もしくは構成要素を洗い出して、それらに対応する測定項目から成るテスト。例えば、文法、発音、語彙といった構成要素に焦点をあてて測定しようとする。分割して測定される構成要素は、テストに含まれる比較的多数の多枝選択形式項目が測定目的とした言語能力の領域を適切に代表する標本になっていれば、そのテストを用いて言語能力を適切に測定することが可能であると考える。しかしながら、機械の場合でも、個々の部品の性能がよいからといってシステム全体の性能がいいとは限らず、構成要素（部品）を測定することは、言語能力を測定するための必要条件ではあるが、十分条件ではないという点が問題にされる。ただし、テストの分析理論はディスクリート・ポイント・テストのもとで主に発展してきており、テストの信頼性や妥当性に関する検討方法が整備されている点がこのテストの長所である。

これに対して、パフォーマンス・テストは、外国語の学習者が獲得した言語知識を取り出して問うのではなく、実際にその言語を使って他者とコミュニケーションができる程度、いわば、言語行動の文脈に沿って「使える」程度を測定することを目的としている。言語知識に関して測定しないのではなく、パフォーマンスの中に反映するように測定する。具体的には、実際に会話をしたり、作文を書かせたりして、その結果を評価するが、受験者に与えられる課題は学習者が実際に接する仕事・学習・生活場面等をテストの測定目的に応じて設定し、それに近い状況で測定するという真正性（authenticity）が重視される傾向がある。パフォーマンス・テストの分析理論も研究が進んでいるが、受験者の得点に評定者（rater）が関係するため、より複雑なモデルが必要となる。

言語能力を測定するテストとしてどちらが優れているかという議論は適切ではなく、両者ともに長所・短所があり、テストに課せられた測定目的に応じて適切な方式を選ぶ必要がある。

テストの仕様／テストの細目表
（test specifications）

テストの開発にあたって最初に作成しておくべき、テストの内容と方法に関する基本設計図にあたるもののこと。仕様をもとに具体的にテストを作成していくが、この段階で、テストの内容的妥当性が決まる。具体的には、通常以下のような事項が含まれる。
① テストの目的：そのテストが何のために開発され、どのような目的で用いられるのかを明確に示す。日本語のテストでも、一般的な日本語能力を測定するのか、アカデミックな場面での日本語能力を測定するのか、技術研修を受ける場面での日本語能力を測定するのか等、目的に沿ったテストを開発するために明確にしておく必要がある。
② 受験対象者：テストの目的と密接に関係するが、受験対象者の属性を明確にしておく必要がある。例えばIELTSの受験対象者は、主として大学への留学希望者と移民希望者で、それぞれに配慮して、Academic formatとGeneral Training formatとが用意されている。受験者の言語使用領域を明確にした上で、それに応じたテストの開発が必要である。
③ 言語能力理論および構成概念：測定したい言語能力に関する言語能力理論を明示した上で、それに基づく構成概念を明確に記述する。スピーキング能力を測定するテストを開発するとして、依拠するモデルが明示

的に記述されるとともに具体的に、理論に含まれている構成概念をどのように測定するかを明示する。
④ テストの構成：実際のテストの具体的な構成で、課題や大問の数、項目数、テストの長さ、項目の形式等を明示する。
⑤ テストの実施：テストを構成するパート数、実施方法（集団式／個人式）、テスト時間の設定、実施媒体（コンピュータ・テスト／紙筆テスト／訓練を受けたテスターによるか）等を明示する。
⑥ テストの採点・得点化・尺度化：機械採点をするか、人による採点の場合に採点基準を明確に規定する。どのようなテスト得点として表示するのか、尺度化理論（例えば、項目応答理論の2パラメータ・ロジスティック・モデル等）、等化の方法を明示する。
⑦ 得点の解釈基準：得点を実際の言語能力水準と対応づけて、テスト結果を具体的に解釈できるようにして、テストの受験者や利用者にわかりやすく示す。

テストの分類 (classification of tests)

方法、内容、技能、形式等に基づくテストのカテゴリー化のこと。テストは、受験者に対して、問題や項目等の課題を与え、それらに対する解答（回答）や応答をもとに、個人の能力や特性の程度を数値で表現することを目的とした測定道具であるが、様々な観点から分類される。例えば、測定方法から「直接テスト」と「間接テスト」、測定内容から「到達度テスト」と「熟達度テスト」、測定技能から「読解テスト」「聴解テスト」等、測定形式から「主観テスト」と「客観テスト」、問題形式から「ディスクリート・ポイント・テスト」と「パフォーマンス・テスト」、検査時間・難易度から「スピード・テスト」と「パワー・

テスト」等がある（池田, 1971）。

言語テストの場合には、受験者の実際の生活や仕事等の状況を、可能な限り忠実にテスト場面での課題として再現し、それに対する受験者の言語行動を得点化する「直接テスト」と、様々な言語使用場面における受験者の言語行動は、その受験者が持つ言語能力の反映と考えて、想定される言語能力特性を得点化する「間接テスト」とがある。真正性の点では直接テストの方が優れているようにも思われるが、現実場面に忠実であろうとする結果、言語能力のどういう側面を測定しているのか、言語以外の要因が得点に反映しないか等の妥当性に関わる問題や、採点基準を厳密に確定しにくい等、信頼性に関わる問題を十分に検討する必要がある。

また、テスト課題として実際に作文、小論文を記述させたり、文章を読んで要約させたり、面接者と受験者とが口頭で問答したりする場合があるが、このような場合は、解答（回答）に唯一の正解が存在するわけではなく、採点者の主観に基づいて採点されるため「主観テスト」と呼ばれる。これに対して、問題に対して適切な語や句を解答する、提示された選択枝から適切なものを選んで解答する場合には、予め正解が定まっていて、採点が客観的に行えるため「客観テスト」と呼ばれる。

● **テスト項目の形式**

テスト項目の形式には多くの種類があるが、大きく2つに分類される。

1つには、解答者自身が短い語句、数字、記号等を記入する形式で、明白な事実に関する知識、正解が唯一に決まる事柄について調べるのに適している。あて推量による正答を防ぐことができるが、採点に主観的な要素が混入することもある。具体的な項目形式には、誤文訂正、文完成、空所補充、短文解答等が

ある。誤文訂正は、誤りを含んだ文章について、解答者が誤りを見つけ、適切に訂正する。文完成は、短文中の一部に空所があり、そこに適切な語・句を入れて正しい文にする。空所補充は、文完成と似ているが、短文ではなくひとまとまりの意味を持つ文章中の空所に、文脈を理解しながら、論理構成や意味が通じるように、形式的に正しい文を入れる。短文解答は、短い文を作成して解答する形式で、解答者自身の文構成力が要求される。

もう1つは、予め選択枝や語群等の解答の材料を呈示しておいて、解答者にその中から適切なものを選ばせる形式で、広範囲にわたる基礎的な知識と理解を調べるのに適している。単位時間内に多数の項目を実施でき、採点が比較的容易で客観性も高いという長所があるが、あて推量による正答の可能性や、問題の作り方を工夫しないと単に知識を問うだけのテストになってしまう等の問題点もある。具体的には、真偽法、組み合わせ、並べ替え（文整序、文章整序）、多枝選択等がある。真偽法は、呈示された複数の項目に対して、解答者がそれぞれ正しいか（○）否か（×）を判断して、解答する。解答が容易で、採点の客観性も高いが、あて推量でも確率0.5で正答できるという問題点がある。組み合わせ法は、2群以上に分けられた複数の事項について、解答者は設問に指示された関係を満たすように組み合わせて、解答する。限られたスペースで多くの内容が測定でき、あて推量で正答できる確率も低い。並べ替え法は、配列法とも呼ばれ、複数の語句や文章等を、設問に指示された条件を満たすように並び変える。単語を並び替えたり、複数の文を適切に並び替えたりするほかに、複数の文章（段落）を並び替えて、論旨の展開や、物事の因果関係等を把握しているか等、比較的高度な理解力や思考力を測定することができる。

テスト項目の形式にはそれぞれ特徴があり、その問題で測定する内容や能力に応じて適切な形式を選ぶことが大切である。

特異項目機能
（differential item functioning, DIF）

測定すべき能力や特性が同一水準であるにもかかわらず、属する下位集団が異なる受験者間で項目困難度が異なる（正答しやすさが異なる）現象のこと。この現象が特定の項目で観測された場合に、当該項目で特異項目機能が生じていると言う。本来は項目の困難度は属する下位集団に関係なく、同一能力水準にある受験者に対して等しくなければ、公平なテストが実施されたとは言えない。例えば、日本語能力を測定するテストで、サッカーに関する文章を素材とした問題が出されたとする。その場合に、サッカーに関する一般的な知識で、かつ、与えられた文章を理解して正答が得られるならば特に問題はないが、サッカーに関する特別な知識があると正答が得やすいような問題になっていた場合には、当該テストが測定目的とする日本語能力が等しい受験者間でも、サッカーに関する知識の多寡が受験者の得点に影響することになる。そうなると、サッカー・ファン集団と、そうでない受験者集団とで、項目の困難度が異なることになってしまう。このような場合、その項目で特異項目機能が生じていると言う。測定目的と直接関係のない知識、経験、能力等が得点に影響を与える項目が、多く含まれると、公平性を欠く不適切なテストになる。テストがすべての受験者に対して公平な測定になっているということは、テストの結果が受験者の処遇に大きな影響を与えるテスト（high stakes test）では極めて重要な条件である。このため、国際的なテスト開発機関ではDIF検

出のための分析を常に行っている。

　特異項目機能の検出法には、項目応答理論に基づくパラメトリック法と、項目応答理論によらず、例えばMantel-Haenzel統計量等を用いるノン・パラメトリック法に大別される。現在のところ、複数の方法でDIF分析を実施して、その結果複数の方法でDIFが検出された項目をDIF項目と特定することが望ましいとされている。また、1つのテストで完全に特異項目機能を示す項目を排除するのが難しい場合には、下位集団間で有利になる項目と不利になる項目の数についてバランスがとれるように、テストを構成する等の工夫が必要である。

得点（score／test score）
　テストで測定された結果を何らかの基準に基づいて評価し、数値で表わしたもの。1つのテストが複数のあるまとまりを持った項目群に分けられる場合には、1つ1つを「下位得点」、テスト全体の得点を「総合得点」と言う。一般に、総合得点は下位得点の和で表わすことが多い。例えば、日本語能力試験の場合、N1レベルでは「言語知識（文字・語彙・文法）」「読解」「聴解」の3つの得点区分毎に0から60点の範囲で結果が表わされるが、これらが下位得点にあたり、合計してN1レベルの総合得点が0から180の範囲で表示される。「下位得点」と「総合得点」は、まとめて「テスト得点」と呼ばれる。

●**正答数得点**（number right score）
　「テスト得点」はテストの各項目に対する「項目得点」の和で表わされるが、項目得点が2値型得点（正答を1、誤答を0とする）の場合、テスト得点は正答した項目数に相当するため、「正答数得点（number right score）」と呼ばれ、項目に配点のある場合は「重みつき正答数得点」と呼ばれる。項目得点は正誤の2値型得点以外に、順序づけられた段階で表わす多値型得点の場合もある。

●**標準化された得点**（standardized score）
　テスト得点は「素点（粗点）（raw score）」と呼ばれることもある。これに対して、「標準化された得点（standardized score）」でテストの結果を表わすことがある。標準化とは、素点から受験者集団の平均値を引いて標準偏差で割る操作のことを言うが、その結果得られる得点をz得点と言う。これは、受験者集団の平均得点が0になるが、受験者個人の得点が負の数や小数点以下の数値が現れるため、z得点を10倍して50加えることにより得点を正の整数値で表すことがある。これはZ得点と呼ばれる。Z得点は、常に受験者集団の平均値が50、標準偏差が10になる。従って、受験者個人の成績が受験者集団におけるテスト得点の分布状況とは無関係に表示でき、集団の平均値、標準偏差によらず、個々の受験者を当該受験者集団内での相対的な位置で表わすことができる。そのため、同一の受験者集団、もしくは同一の能力水準や等価な複数の受験者集団が難易度の異なる複数のテストを受験した場合でも、複数のテストの測定結果を相互に比較することが可能になる。

　さらに受験者集団のZ得点の分布型を正規分布に変換する操作を行って得られる得点を「T得点」と呼び、正規分布の性質を利用して受験者の得点の解釈を行うことができる。実際の大規模テストでは受験者が多く、素点が正規分布に近似した分布型を示すことが多く、Z得点をT得点に変換する操作を行わないことも多い。

　この他に「尺度得点」と呼ばれる得点があるが、これには、①パーソナリティ等を測定

する心理検査に含まれる下位尺度の得点を指す場合と、②項目応答理論に基づいて構成された尺度上で表わされる得点を指す場合とがある。

● **得点の等化**（equating）

同一の能力特性を測定する目的を持ち、同一の仕様（specification）で開発されているが、異なる問題項目から構成される複数のテストの得点を、相互に比較可能な共通尺度上の得点に変換して表わす操作のこと。例えば、日本語能力試験等のように複数の時期で継続的に実施されるテストでは、異なる時期のテストが異なる項目から構成されるため、テスト間で難易度を完全に同一にすることは不可能であり、得点をそのまま比較しても、意味がない。一方、テスト利用者にとって、異なる時期の得点を相互に比較する必要性のあることが少なくない。そこで、異なる時期のテストを共通尺度上の得点で表示している。この場合は、難易度が大きくは異ならないテスト間での等化であるため、特に「水平的等化」と言う。これに対して、難易度の異なるテスト間で共通尺度を構成することを「垂直的等化」もしくは「垂直尺度化」と言う。例えば、旧日本語能力試験の4級から1級までを等化して、共通尺度を構成することにより、異なる級の項目の困難度を相互に比較することができる（野口他, 2007）。

具体的に等化を実現するためには、等化するテスト間で共通な情報が必要であり、テスト間に共通な項目を含めておく「共通項目デザイン（common items design）」、テスト間で共通受験者を設定しておく「共通受験者デザイン（common subjects design）」、等化するテストとは別に両テストから適切な項目数を抜き出して等化用のテストを構成する「アンカー・テストデザイン（anchor test design）」がある。

なお、TOEFL-iBTとTOEFL-PBTの得点を対応付けるような場合は、同一の目的で実施されるがテスト間で仕様が異なるため等化ではなく「対応付け（concordance）」と呼ばれ、これらを包括する概念として「リンキング（linking）」という術語が用いられる。

波及効果（washback）

テストの内容が受験者や教師を含む関係者、教育機関、社会に与える影響のこと。学習者や教師にとって、言語テストは目的そのものではなく、学習の結果ある習熟度に達したかどうかを確認するものである。しかし、テストでの合格は社会的にも1つの到達点に達したことを示し、進学や就職等でも利用される指標になることから、テストに合格することが学習や指導の大きな動機となる場合がある。波及効果はその強力な動機づけを背景に現れる、いわば社会的現象であり、利害関係の大きいテスト（high stakes test）ほどその影響が大きいと言える。

学習内容そのものよりもテストに慣れるための受験対策に時間を割いてしまうというのは、波及効果の一例である。また、特定の出題形式に着目して、その練習に力を注ぐというのは、テストの形式が学習を方向づけているということであり、これも一種の波及効果である。

このように波及効果は受験者や関係者、関係機関が受験対策に集中して、いわゆるテストテイキングストラテジーの習得を促したり、テストに出題されない科目や分野よりもテストに出題される科目や分野が優先して学習されたりするという行動に現れる。テストそのものの目的と、学習者や教師、学習機関の目指す学習目的の方向性がどのように対応して

いるかにもよるが、テストの波及効果によって、本来の学習されるべき事項の優先順位が低くなったり、学習されなかったりすれば学習には負の影響があり、一方、本来学習されるべきだが怠りがちになる事項が学習されるよう動機づけられれば、よい影響があると言える。

パフォーマンス・テスト（performance test）

ディスクリート・ポイント・テスト（discrete point test）を参照のこと。

パワー・テスト（power test）

スピード・テスト（speed test）を参照のこと。

ポートフォリオ評価（portfolio evaluation）

学習者の学習成果物を個人の学習記録としてファイルする形で評価する方式のこと。ポートフォリオ評価は学習の最終成果を評価するのではなく、学習途上で学習者が示した伸びや変化を表わす記録（作文、作品、レポート、テスト結果等）を、逐次的に評価して蓄積していく点に特徴がある。学習途上で学習者が示したよい方向への変化を評価して、ポートフォリオに入れることによって、学習者に自らの変化を意識させ、何が評価されたかを自覚させ、次の学習課題に気づかせる、という機能を持っている。1980年代から、英国や米国で盛んになった代替的評価法（alternative assessment）の1つとして、学校教育の中で用いられてきた。日本では小学校の「総合的学習」の時間での学習成果を評価するのにポートフォリオ評価を用いる研究が続けられている。

言語教育分野では、ヨーロッパ言語ポートフォリオ（European Language Portfolio, ELP）が代表的なものである。ELPは欧州評議会（Council of Europe）が掲げる、欧州圏内における市民の言語学習や言語教育に関する理念、すなわち、① 自律した学習者、② 生涯にわたる言語学習、③ 複言語主義と複文化主義、を実現するために、言語能力レベルの共通参照枠と能力記述文によるレベル毎の具体例を提示したCEFRに対して、それに基づいて市民（言語学習者）が個人としてどのような言語学習履歴を持つのか、また、言語に関してどのような資格を持つのか等を包括的に記録して行くものとして開発された。ELPは、学習者個人の言語能力の熟達度を欧州共通の参照枠CEFRに関連づけて総括的に評価する「報告的機能」と、言語学習の過程における具体的な成果を記録することによって学習者の自己評価および学習意欲を促進する「教育的機能」を合わせ持っており、報告的機能を担う「言語パスポート（Language Passport）」、教育的機能を担う「言語バイオグラフィー（Language Biography）」、学習者の具体的な学習成果を収集した「資料集（Dossier）」の3つの部分から構成されている。

目標言語使用領域（target language use domain）

言語がどのような目的で、どのような場面で用いられるかによって分類される領域のこと。Bachman & Palmer（1996）では、実生活領域と言語教育領域の2つが挙げられている。実生活領域は、言語がコミュニケーションを遂行するために用いられるという点から設定された領域である。言語教育領域は、言語の学習や指導そのものが言語使用の目的であるとして設定された領域である。2010年に改定

された日本語能力試験では生活、就業、教育の3つの目標言語使用領域が示されたが、前二者は実生活領域に対応すると考えられる。

　言語テスト開発、とりわけ問題項目の作成において、目標言語使用領域を考慮するのは、テストの真正性に関わるためである。目標言語がそれぞれの使用領域で実際にどのように使用されているのかを、テストの中で再現できれば、受験者のテストにおける解答行動から、受験者が言語を用いて実際にどの程度課題を遂行できるか、正しく推測できるであろう。目標言語使用領域において、ほとんど遭遇しない課題やそのために用いられる言語形式をテスト項目として多数出題すると、当該テストで高いフォーマンスを示しても、受験者が実際に目標言語でどの程度課題遂行できるか、正しく推測することが困難になる。

　なお、目標言語使用領域は1人の言語使用者に1つと決まっているわけではない。学生の場合、教育領域が重点だが、日本で暮らす日本語学習者の場合は、生活領域においても日本語で課題を遂行しており、アルバイトにおいては就業領域でも言語を使用することになる。1人の言語使用者が複数の言語使用領域に関わっている場合もある。言語テストの開発において言語使用領域を検討する際には、テストの受験者層について、日常生活や行動、言語の学習目的、テスト受験の目的、テスト結果の用途等、様々な観点から精査する必要がある。

　目標言語使用領域が適切に設定されたのち、当該領域において頻度が高い言語使用課題の場面、登場人物と関係性、スピーチレベル等の特性がテスト課題に反映されることにより、テストの真正性がもらされることになる。目標言語使用領域の設定は言語テストを作成するための基礎であり、試験の設計、仕様や1つ1つの問題項目に至るまで影響を与えるものである。

有用性 (usefulness)

　テストは妥当性、信頼性、真正性、波及効果等の様々な観点から論じられるが、その総合的な価値を、それらの観点からみた価値の総和としてとらえた概念。

　Bachman & Palmer (1996) は言語テストが備えるべき特質として有用性を挙げ、その有用性を信頼性、構成概念妥当性、真正性、相互性、影響、実用性の総和と定義している。なお、実用性とは他の5つの特質とは本質的に異なり、テスト実施に関わるリソースが有限であることに関連している。利用できるリソースが必要なリソースを下回ったとき、そのテストは実用的でないとされる。このリソースは、人、時間、機材、資金等テストで利用されるすべてのものを対象とする。

　Bachman & Palmer (2000) は有用性と、それを支える個々の特質のバランスは、そのテストが用いられる個々の文脈、テストの目的や特徴によって変わり、テスト開発にあたっては、個々の特質よりも、総和たる有用性そのものの最大化が追求されるべきであるとしている。理論的に様々な観点が個別に論じられてはいるが、1つのテストとして見たときは、そのテストの目的、果たすべき役割に応じてそれらを適切に組み合わせることが期待されているものである。

　例えば、信頼性を表す代表的な数値であるα係数を高めるためには、問題項目数を増やすことが1つの方法だが、実用性の面から見ると、テスト時間は実施上、あるいは受験者の気力・体力上、無制限に増やすことはできない。また、真正性のある母語話者の会話をそのままテストに取り入れると、妥当性の面では、難易度が相当以上に上がり、測ろうと

するものが測れなくなる可能性があるなど、特質の間ではトレードオフの関係が成立する場合が見られる。

1つのテストを作成、実施する場合はこれらの特質間の関係を見極め、何を重要視するのか、その優先順位、あるいはその重要視する度合いを選択していく必要がある。

ケンブリッジ英検等を実施している Cambridge ESOL は Bachman & Palmer（1996）の挙げた特質にしたがいながら、Validity（妥当性）、Reliability（信頼性）、Impact（影響）、Practicality（実用性）の4つにまとめ、自らのテストについてこの頭文字を取って VRIP を追求することを掲げている。

ルーブリック／評価規準 (rublic)

外国語学習者の学習成果を、大規模な客観式テストではなく、パフォーマンスを通して到達度を評価する際に用いられる評価規準。学習成果を詳細な知識と技能等に分けて問題を提示して、それに対する解答を正答‐誤答として採点し、得点化して外国語能力を評価するのではなく、評価の観点と到達度とをマトリックスの形で組み合わせ、到達度に関しては順序尺度で表わされる段階と、文章で記述される具体的パフォーマンスが、一体になって表わされる点に特徴がある。従って、学習過程の中での学習内容に即した評価が可能であり、学習者にとっても到達の目安が明示されていて、自分自身の学習成果を理解しやすく、次の学習につなげることに役に立つ。

例えば、日本語学習者の口頭発表の評価場面（関崎他，2011）では、評価の観点を、①コミュニケーション言語活動、②コミュニケーション言語能力に大別し、後者をさらに、構成（ディスコース能力）、語彙、文法、表現、発音、社会言語、流暢さに分けた上で、評価基準として「1　もう少し」「2　できた」「3　すばらしい」の3段階を設定している。例えば、流暢さの場合には、

① 評価規準1: 時間がかかるが、準備をしてあれば短い話をすることができる
② 評価規準2: 話しているとき、言葉が出て来なかったり、もう一度言い直すことが多いが、よく知っていることなら言いたいことを伝えることができる。そして、短い会話をすることができる
③ 評価規準3: 正確に話そうと話しながら直したりするが、長い話ができる

という記述が与えられている。また、大規模試験においても、ルーブリックを用いた評価が試みられており、田中他（2009）ではライティングの評価場面で、評価の観点をトレイト、評価の規準をレベル・スコアとそれに対応する規準説明としてルーブリックを構成している。ただし、この場合は特定の学習場面ではなく、様々な学習過程を経て獲得された一般的な能力規準が示されている。

従来の筆記テストにおいても、記述式の問題では採点規準が設定されて、採点者はそれに従って採点していたが、ルーブリックでは、採点規準の記述が、より具体的になっている点に特徴がある。規準の記述が具体的であるということは、逆に規準の中に学習者の解答パタンをほぼすべて網羅しておかねばならず、その適否がルーブリックの妥当性に大きく影響を与える。

Can-do statements

外国語の学習者や外国語試験の受験者がその言語を実際に使用する言語行動場面で、具体的にどんなことができるかを記述した、能力記述文の集合のこと。Can-do statements を利用して外国語能力のレベルを記述したり、

学習者による自己評定や教師による評定により、外国語学習者の言語能力を評価したりする。

ALTE (The Association of Language Testers in Europe) では、The ALTE levels としてALTEに加盟するテスト開発機関の外国語テストを、Can-do statementsで記述される6つの水準のいずれかに位置づけて、表わしている (ALTE, 2008)。このことにより、ALTE加盟各国で開発された外国語テストの測定結果の解釈基準が、利用者にわかりやすく示されている。この6つの水準は、CEFRで設定されている言語能力の6つの水準 (Council of Europe, 2001) に対応づけて設定されている。

CEFRでは言語能力の6つの水準について、Can-do能力記述文により具体的に記述している。開発に際しては、3レベルのCan-do statementsを用意して、学習段階の異なる学習者に対する教師評定から、ラッシュ分析により尺度化した結果を利用している。

最近の大規模言語テストでは、得点の解釈基準をCan-do statementsによる内容基準で表わしているものが増えている。例えば、日本国内での受験者が多い大規模英語試験の、実用英語技能検定（略称、英検）の場合は、各級の技能毎に「英検合格者の実際の英語使用に対する自信の度合い」を具体的に表わすのに、Can-do statementsによる解釈基準が示されている。日本語の場合、日本語Can-do-statementsが日本語能力試験の妥当性検討のための外的基準の1つとして用いられることを意図して開発され（島田他, 2006）、BJT日本語ビジネステストでは受験者の自己評価をCAN-DOレポートとして公表している。また、とよた日本語学習支援システムでは学習者の自己評価のためにCan-do-statementsを用意している (http://www.toyota-j.com/)。

CEFR（Common European Framework of Reference for Languages: Learning, teaching, assessment）

欧州域内で国・言語の違いを超えて、言語教育専門家（テスト開発機関や行政担当官を含む）等が言語学習、教授法、そして評価法に関する相互理解およびコミュニケーションを促進するための基盤となる枠組みを提示した文書のこと。欧州評議会 (Council of Europe) が1997年に開始した言語教育プロジェクトの成果として、2001年に英語版が出版された。「1つの欧州」を目指す欧州評議会の理念を受けて、CEFRには、① 欧州市民の相互理解促進のために市民が母語以外の言語も必要に応じて使用できるようになるという「複言語主義」と、母語話者並みを必ずしも目標とはせずに、必要な能力を身につける「部分的能力」の許容、② 学校教育終了後も自律的に学習でき、生涯学習を続けられる学習者支援、③ 欧州域内での移動に対する言語学習の継続性確保、④ 教師中心主義ではなく学習者中心主義の立場、⑤ 行動中心主義（○○ができる）の言語教育観、等の特徴がある。

また、具体的な言語能力水準を「共通参照レベル」として、A: 基礎段階の言語使用者 (Basic User)、B: 独立した言語使用者 (Independent User)、C: 熟達した言語使用者 (Proficient User) の3レベルに設定し、更に、各レベルを2つずつ、全部で6段階に設定している。

A1: Breakthrough、A2: Waystage、
B1: Threshold、B2: Vantage、
C1: Effective Operational Proficiency、
C2: Mastery

この6段階のそれぞれについて、全体的な尺度、および聞くこと、読むこと、話すこと（やりとり）、話すこと（表現）、書くこと等の

言語行動の諸側面を組み合わせ、格子状に配列し、それぞれに具体的にできる言語行動を能力記述文で例示している。例えば、話すこと（やりとり）のB2レベルでは「自分の興味関心のある分野に関連する限り、幅広い話題について、明瞭で詳細な説明をすることができる」等、書くことのA2レベルでは「直接必要のある領域での事柄なら簡単に短いメモやメッセージを書くことができる」等である。言語能力は通常4技能で表わされることが多いが、話すことを「話す（やりとり）」と「話す（表現）」に分けている点が特徴的である。

これらの能力記述文は、スイス国立科学研究機関（Swiss National Science Research Council）が1993年から1996年にかけて実施したスイス・プロジェクトの成果の1つであり、300名近い教師と2800名ほどの学習者のデータをもとに項目応答理論（ラッシュ・モデルおよび多相ラッシュ・モデル）を適用して、基礎段階の学習者から熟達した言語使用者にわたる広範囲の能力記述文を相互に比較できるように、すべての能力記述文の困難度を等化された共通尺度上に載せている。その結果、能力記述文を適当な段階に振り分けて示すことが可能になった（CEFR付録B、およびNorth & Schneider (1998)、North (2002)等参照)。

一方、欧州域内の言語テスト開発機関の連合体であるALTE（The Association of Language Testers in Europe）では欧州域内で各機関が実施している外国語能力試験による認定結果を相互に比較可能にするためにALTE frameworkを公表している。これはALTE BreakthroughからALTE level 5まで、6段階に各言語のテストを位置づけたもので、この6段階はCEFRと密接な関連を持っている。これはALTEが欧州評議会の多くの言語プロジェクトに関与し貢献しているが、CEFRの開発に関しても関与し、特にB2レベルの開発に大きな貢献をしていることによる。

CEFRは英語以外の言語版も順次出版されているが（2011年現在38言語版）、それらは単に翻訳したものではなく「基本的な線は確保しながらも、各言語の視点から記述している。」(吉島等, 2004) 点に特徴がある。また、欧州域内の各言語テストをCEFRに関連づけるためのマニュアルが発表され（Council of Europe, 2011）、計量分析法に関する丁寧な解説がReference Supplementとして公開されている。さらに、欧州域外で開発された言語テストをCEFRに関連付ける試みも最近多く見られる。例えば北米地域の大学および大学院に入学を希望する場合に課されることが多いTOEFL（Test of English as a Foreign Language）でもその結果をCEFRに照らして解釈する研究成果が発表されている（Tannenbaum & Wylie, 2008）。また、欧州域以外の言語でも、例えば中国語の漢語水平考試では、筆記試験はCEFRの6段階に対応する6つの級で中国語の能力が測定される。日本語の場合には、現在国際交流基金によりCEFRの持つ外国語学習のシラバスやカリキュラムの欧州域内での共通化という側面を参照しながら「JF日本語教育スタンダード」が開発されている（国際交流基金, 2010）。本来のCEFRに含まれない欧州域外の言語を何らかの形でCEFRに対応付けようとする場合には、当該テストによる測定結果を、単にCEFRの6段階に対応付けて示すだけではなく、CEFRが開発され外国語教育に大きな影響を与えて来た基礎にある理念を十分踏まえること、欧州域内の言語の共通性に比べて欧州域外の言語が持つ独自性に配慮することが必要である。

CEFRに密接に関係のある外国語能力診断道具としてDIALANGがある。これは、学習者が自分のPCにシステムをダウンロードし

て、読解、作文、聴解、文法、語彙の5技能別に用意された問題に解答すると、技能毎に対応するCEFRのレベルを診断してくれる。このシステムは無料であるが、外国語能力に関する認定は行わない。あくまで、学習を促進するために用意された道具である。2011年現在14言語が提供されている。DIALANGの信頼性、妥当性、尺度化に関して詳しくはAlderson (2006) を参照されたい。

一方、CEFRに対する批判も存在する。例えば、CEFRは実証的に妥当性が示されている言語能力の記述あるいは言語学習過程のモデルに基づいたものではない (Fulcher, 2003)、CEFRの言語能力記述尺度における 'Can-do' statementの困難度は実際の言語行動場面の文脈に依存して変動するが、そのことが十分に考慮されていない (Weir, 2005)、等の指摘がある。

いずれにせよ、CEFRが世界の外国語教育に与えた影響は大きく、内容面はもちろんであるが、研究方法面での影響についても計り知れないものがある。

推薦文獻｜參考文獻

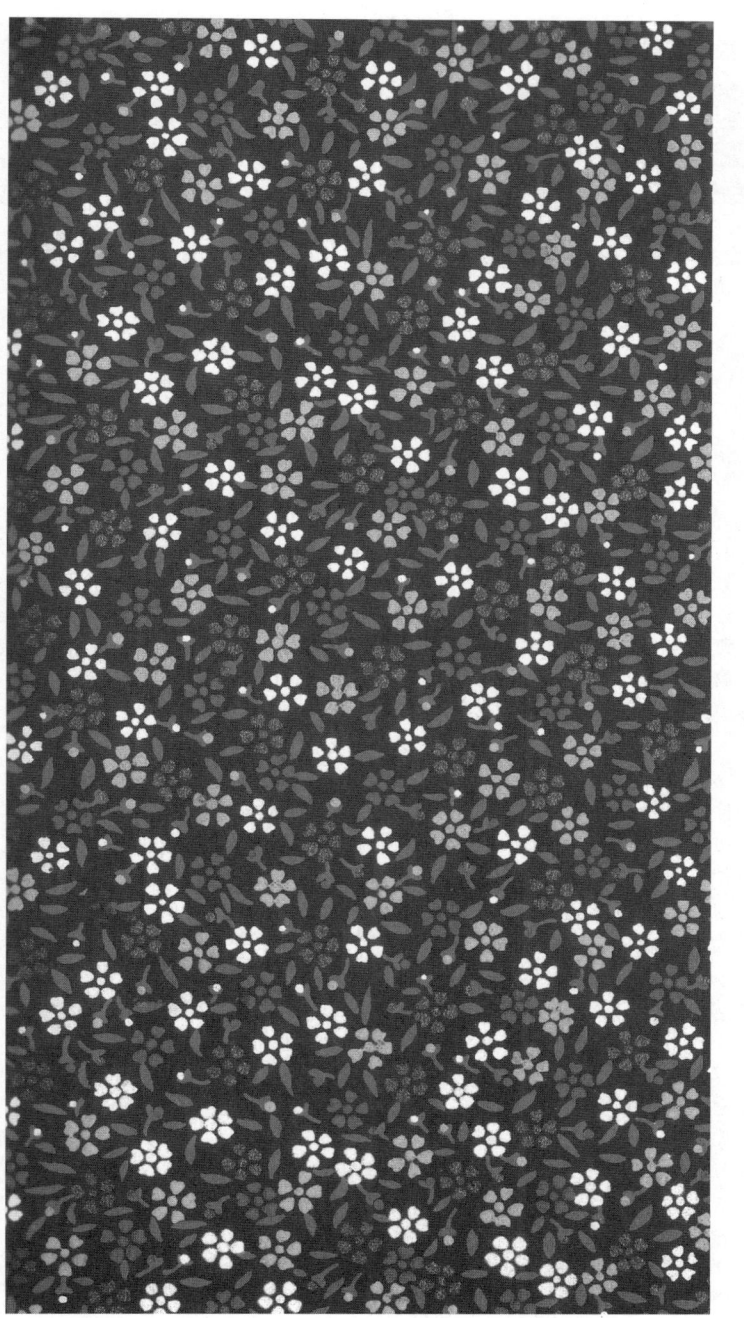

推薦文献

1 | 言語学

1. 伊藤たかね・杉岡洋子（2002）『言語学モノグラフシリーズ16　語の仕組みと語形成』研究社.
2. 井上和子（2009）『生成文法と日本語研究』大修館書店.
3. 今井むつみ（1997）『ことばの学習のパラドックス』共立出版.
4. 大堀壽夫（2002）『認知言語学』東京大学出版会.
5. 影山太郎（1983）『文法と語形成』くろしお出版.
6. 風間喜代三・上野善道・松村一登・町田健（2004）『言語学　第2版』東京大学出版会.
7. 岸本秀樹（2009）『ベーシック生成文法』ひつじ書房.
8. 黒滝真理子（2005）『DeonticからEpistemicへの普遍性と相対性：モダリティの日英語対照研究』くろしお出版.
9. 辻幸夫（編）（2003）『認知言語学への招待』大修館書店.
10. 東京大学言語情報科学専攻（編）（2011）『言語科学の世界へ　ことばの不思議を体験する45題』東京大学出版会.
11. 原口庄輔・中島平三・中村捷・河上誓作（編）（2000）『ことばの仕組みを探る　生成文法と認知文法』研究社.
12. 福井直樹・辻子美保子（2011）『生成文法の企て』岩波書店.
13. 本多啓（2005）『アフォーダンスの認知意味論』東京大学出版会.
14. 町田健（2004）『ソシュールのすべて』研究社.
15. 米山三郎・加賀信弘（2001）『言語学モノグラフシリーズ17　語の意味と意味役割』研究社.
16. Akmajian, A., Richard A., Demers, R. A., Farmer, A. K., & Harnish, R. M. (2010) *Linguistics: An introduction to language and communication* (6th ed). Cambridge: MIT Press.
17. Comrie, B. (1981) *Language universals and linguistic typology* (2nd ed., 1989). Oxford, UK/Malden, MA: Blackwell Publishers. (コムリー，B.，松本克己・山本秀樹（訳）(2001)『言語普遍性と言語類型論』ひつじ書房).
18. Pinker, S. (1994) *The language instinct: How the mind creates language*. New York: Harper Perennial Modern Classics. (ピンカー，S.，椋田直子（訳）(1995)『言語を生み出す本能（上・下）』NHKブックス.)
19. Portner, P. (2009) *Modality*. Oxford, UK: Oxford University Press.
20. Whaley, L. J. (1997) *Introduction to typology: The unity and diversity of language*. Newbury Park, CA: Sage. (ウェイリー，L. J.，大堀壽夫・古賀裕章・山泉実（訳）(2006)『言語類型論入門　言語の普遍性と多様性』岩波書店).

2 | 音声学・音韻論

1. 音声文法研究会（1997）『文法と音声』くろしお出版.
2. 北原保雄（監修）・上野善道（編）（2003）『朝倉日本語講座3　音声・音韻』朝倉書店.
3. 窪薗晴夫（2006）『アクセントの法則』岩波書店.
4. 国際交流基金（2009）『国際交流基金日本語教授法シリーズ2　音声を教える』ひつじ書房.

5. 斎藤純男（2006）『日本語音声学入門（改訂版）』三省堂.
6. 城生佰太郎・福盛貴弘・斎藤純男（編）（2011）『音声学基本事典』勉誠出版.
7. 杉藤美代子（編）（1989）『講座日本語と日本語教育2　日本語の音声・音韻（上）』明治書院.
8. 杉藤美代子（編）（1990）『講座日本語と日本語教育3　日本語の音声・音韻（下）』明治書院.
9.『日本語教育』（1988）64号【特集】聴解の指導）.
10.『日本語教育』（2009）142号【特集】日本語音声の教育と研究の新しい流れ）.

3 ｜ 第二言語習得

1. 大関浩美（2010）『日本語を教えるための第二言語習得論入門』くろしお出版.
2. 小柳かおる（2004）『日本語教師のための新しい言語習得概論』スリーエーネットワーク.
3. 佐々木嘉則（2010）『今さら訊けない…第二言語習得再入門』凡人社.
4. Gass, S. M. & Selinker, L. (2008) *Second language acquisition: An introductory course* (3rd ed.). New York: Routledge.
5. Lightbown, P. M. & Spada, N. (1999) *How languages are learned* (Revised ed.). Oxford, UK: Oxford University Press.
6. Mackey, A. & Gass, S. M. (2005) *Second language research: Methodology and design*. Mahwah, NJ: Lawrence Erlbaum Associates.
7. Mackey, A. & Gass, S. M. (2007) *Data elicitation for second and foreign language research*. Mahwah, NJ: Lawrence Erlbaum Associates
8. Ortega, L. (2009) *Understanding second language acquisition*. London: Hodder Education.

9. Sanz, C. (2005) *Mind & context in adult second language acquisition: Methods, theory, and practice*. Washington, DC: Georgetown University Press.

4 ｜ 学習者心理

1. 阿部純一・桃内佳雄・金子康明・李光五（1994）『人間の言語情報処理』サイエンス社.
2. 大津由紀雄（編）（1995）『認知心理学3　言語』東京大学出版会.
3. 海保博之・柏崎秀子（編）（2002）『日本語教育のための心理学』新曜社.
4. 酒井邦嘉（2002）『言語の脳科学――脳はどのようにことばを生みだすか』中公新書.
5. 高野陽太郎（編）（1995）『認知心理学2　記憶』東京大学出版会.
6. 森敏昭（編・著）（2001）『認知心理学を語る2　おもしろ言語のラボラトリー』北大路書房.
7. 八島智子（2004）『外国語コミュニケーションの情意と動機』関西大学出版会.
8. Dörnyei, Z. (2005) *The psychology of the language learner: Individual differences in second language acquisition*. Mahwah, NJ: Lawrence Erlbaum Associates.
9. Dörnyei, Z. (2009) *The psychology of second language acquisition*. Oxford, UK/New York: Oxford University Press.
10. Harley, T. A. (2008) *The psychology of language: From data to theory* (3rd ed.). New York: Psychology Press.
11. O'Malley, J. M. & Chamot, A. U. (1990) *Learning strategies in second language acquisition*. Cambridge, UK: Cambridge University Press.
12. Oxford, R. L. (1990) *Language learning strategies*. Boston, MA: Newbury House.

推薦文献

(オックスフォード, R. L., 宍戸通庸・伴紀子 (訳) (1994)『言語学習ストラテジー——外国語教師が知っておかなければならないこと』凡人社.)

5 | 読解

1. 卯城祐司 (編・著) (2009)『英語リーディングの科学』研究社.
2. 苧阪満里子 (2002)『脳のメモ帳ワーキングメモリ』新曜社.
3. 門田修平・野呂忠司 (編・著) (2001)『英語リーディングの認知メカニズム』くろしお出版.
4. 川崎惠理子 (2000)『知識の構造と文章理解』風間書房.
5. 柴崎秀子 (2006)『第二言語のテキスト理解と読み手の知識』風間書房.
6. 邑本俊亮 (1998)『文章理解についての認知心理学的研究 記憶と要約に関する実験と理解過程のモデル化』風間書房.
7. Koda, K. (2005) *Insights into second language reading: A cross-linguistic approach.* NY: Cambridge University Press.
8. Koda, K. (2007) *Learning to read across languages: Cross-linguistic relationships in first- and second-language literacy development.* NY: Routledge.
9. Grabe, W. (2008) *Reading in a second language: Moving from theory to practice.* NY: Cambridge University Press.
10. Wolf, M. (2008) *Proust and the squid: The story and science of the reading brain.* New York: Harper Collins Publishers.
(ウルフ, M., 小松淳子 (訳) (2008)『プルーストとイカ——読書は脳をどのように変えるのか?』インターシフト.)

6 | 社会言語学・語用論

1. 東照二 (1997)『社会言語学入門——生きた言葉のおもしろさにせまる』研究社.
2. 井上史雄 (1998)『日本語ウオッチング』岩波新書.
3. 北原保雄 (監修), 江端義夫 (編) (2002)『朝倉日本語講座10 方言』朝倉書店.
4. 真田信治 (編) (2006)『社会言語学の展望』くろしお出版.
5. 清水崇文 (2009)『中間言語語用論概論』スリーエーネットワーク.
6. 田中典子 (2006)『プラグマティクス・ワークショップ——身のまわりの言葉を語用論的に見る』春風社.
7. 西原鈴子・西郡仁朗 (編) (2008)『講座社会言語科学第4巻 教育・学習』ひつじ書房.
8. Green, G. M. (1989) *Pragmatics and natural language understanding.* Hillsdale, NJ: Lawrence Erlbaum Associates.
(グリーン, G. M., 深田淳 (訳) (1990)『プラグマティックスとは何か——語用論概説』産業図書.)
9. Leech, G. N. (1983) *Principles of pragmatics.* London: Longman.
(リーチ, G. N., 池上嘉彦・河上誓作 (訳) (1987)『語用論』紀伊國屋書店.)
10. Levinson, S. C. (1983) *Pragmatics.* Cambridge, UK: Cambridge University Press.
(レヴィンソン, S. C., 安井稔・奥田夏子 (訳) (1990)『英語語用論』研究社.)
11. Mey, J. L. (1993) *Pragmatics: An introduction.* Oxford, UK: Basil Blackwell.
(メイ, J. L., 澤田治美・高司正夫 (訳) (1996)『ことばは世界とどうかかわるか——語用論入門』ひつじ書房.)
12. Mey, J. L. (2001) *Pragmatics: an introduc-*

tion (2nd ed.). Oxford, UK: Basil Blackwell.
（メイ，J. L.，小山亘（訳）（2005）『批判的社会語用論入門――社会と文化の言語』三元社．）
13. Spencer-Oatey, H. (ed.) (2000) *Culturally speaking: managing rapport through talk across cultures*. London: Continuum.
（スペンサー＝オーティー，H.（編），浅羽亮一（監修），田中典子・津留崎毅・鶴田庸子・熊野真理・福島佐江子（訳）（2004）『異文化理解の語用論――理論と実践』研究社．）
14. Thomas, J. (1995) *Meaning in interaction: an introduction to pragmatics*. London: Longman.
（トーマス，J.，浅羽亮一（監修），田中典子・津留崎毅・鶴田庸子・成瀬真理（訳）（1998）『語用入門――話し手と聞き手の相互交渉が生み出す意味』研究社．）
15. Trudgill, P. (1974) *Sociolinguistics: An introduction*. Harmondsworth: Penguin Books.
（トラッドギル，P.，土田滋（訳）（1975）『言語と社会』岩波新書．）
16. Yule, G. (1996) *Pragmatics*. Oxford, UK: Oxford University Press.
（ユール，G.，高司正夫（訳）（2000）『ことばと発話状況――語用論への招待』リーベル出版．）

7 談話分析・会話分析

1. 石崎雅人・伝康晴（2001）『言語と計算3 談話と対話』東京大学出版会．
2. 北原保雄（監修）・佐久間まゆみ（編）（2003）『朝倉日本語講座7 文章・談話』朝倉書店．
3. 久野暲（1978）『談話の文法』大修館書店．
4. 国立国語研究所（編）（1983）『日本語教育指導参考書11 談話の研究と教育Ⅰ』大蔵省印刷局．
5. ザトラウスキー，ポリー（1993）『日本語の談話の構造分析――勧誘のストラテジーの考察』くろしお出版．
6. 鈴木聡志（2007）『会話分析・ディスコース分析――ことばの織りなす世界を読み解く』新曜社．
7. 砂川有里子（2005）『文法と談話の接点――日本語の談話における主題展開機能の研究』くろしお出版．
8. 高崎みどり・立川和美（2010）『ガイドブック 文章・談話』ひつじ書房．
9. 田窪行則・西山佑司・三藤博・亀山恵・片桐恭弘（1999）『岩波講座 言語の科学7 談話と文脈』岩波書店．
10. 日本語記述文法研究会（編）（2009）『現代日本語文法7 談話・待遇表現』くろしお出版．
11. 野田尚史・益岡隆志・佐久間まゆみ・田窪則行（2002）『日本語の文法4 複文と談話』岩波書店．
12. 橋内武（1999）『ディスコース――談話の織りなす世界』くろしお出版．
13. 林宅男（2008）『談話分析のアプローチ――理論と実践』研究社．
14. 堀口純子（1997）『日本語教育と会話分析』くろしお出版．
15. 水谷修（編）（1983）『講座日本語の表現3 話しことばの表現』筑摩書房．
16. メイナード，泉子・K（1993）『日英語対照研究シリーズ2 会話分析』くろしお出版．
17. 茂呂雄二（編）（1997）『対話と知――談話の認知科学入門』新曜社．
18. 山崎敬一（編）（2004）『実践エスノメソドロジー入門』有斐閣．
19. 好井裕明・山田富秋・西阪仰（1999）『会話分析への招待』世界思想社．
20. Grice, P. (1989) *Studies in the way of words*. Cambridge: Harvard University Press.
（グライス，P.，清塚邦彦（訳）（1998）『論理

8 | ポライトネス・待遇表現

1. 井出祥子・荻野綱男・川崎晶子・生田少子 (1986)『日本人とアメリカ人の敬語行動——大学生の場合』南雲堂.
2. 宇佐美まゆみ (2002) 連載「ポライトネス理論の展開 (1-12)」『月刊言語』第31巻1号〜13号（第6号をのぞく）大修館書店.
3. 大石初太郎 (1975)『敬語』筑摩書房.
4. 大野晋・柴田武（編）(1977)『岩波講座日本語4　敬語』岩波書店.
5. 岡本真一郎 (2009)「ポライトネス」大坊郁夫・永瀬治郎（編）『講座社会言語科学第3巻　関係とコミュニケーション』ひつじ書房, pp. 38-59.
6. 蒲谷宏・川口義一・坂本恵 (1998)『敬語表現』大修館書店.
7. 菊地康人 (1996)『敬語再入門』丸善ライブラリー.
8. 北原保雄（監修）菊池康人（編）(2003)『朝倉日本語講座8　敬語』朝倉書店.
9. 国立国語研究所 (1990)『日本語教育指導参考書17　敬語教育の基本問題（上）』大蔵省印刷局.
10. 国立国語研究所 (1992)『日本語教育指導参考書18　敬語教育の基本問題（下）』大蔵省印刷局.
11. 佐竹秀雄・西尾玲見 (2005)『(日本語を知る・磨く) 敬語の教科書』ベレ出版.
12. 滝浦真人 (2005)『日本の敬語論——ポライトネス理論からの再検討』大修館書店.
13. 滝浦真人 (2008)『ポライトネス入門』研究社.
14. 文化審議会 (2007)「敬語の指針」（文化審議会答申）〈http://www.bunka.go.jp/bunkashingikai/soukai/pdf/keigo_tousin.pdf〉（2011年9月9日）
15. 文化庁 (1971)『日本語教育指導参考書2　待遇表現』大蔵省印刷局.
16. 南不二男 (1987)『敬語』岩波書店.
17. Brown, P. & Levinson, S. (1987) *Politeness: Some universals in language usage*. Cambridge: Cambridge University Press.
（ペネロピ・ブラウン＆スティーヴン, C. レヴィンソン（著）, 田中典子（監訳）, 斉藤早智子・津留﨑毅・鶴田庸子・日野壽憲・山下早代子（訳）(2011)『ポライトネス——言語使用における, ある普遍現象』研究社.）
18.『月刊言語』(2001) 第30巻12号【特集】〈敬意〉はどこから来るか——ポライトネスと〈敬意表現〉)
19.『社会言語科学』(2002) 第5巻第1号【特集】言語の対人関係機能と敬語)
20.『社会言語科学』(2008) 第11巻第1号【特集】敬語研究のフロンティア)
21.『日本語学』(2001) 第20巻4号【特集】「敬意表現」を考える)
22.『日本語学』(2008) 第27巻7号【特集】『敬語の指針』を考える)
23.『日本語教育』(1989) 69号（【特集】待遇表現)

9 | 日本語教育文法

1. 北原保雄（編）(1989)『講座日本語と日本語教育4　日本語の文法・文体（上）』明治書院.
2. 北原保雄（監修・編）(2003)『朝倉日本語講座5　文法Ⅰ』朝倉書店.
3. 北原保雄（監修）尾上圭介（編）(2004)『朝倉日本語講座6　文法Ⅱ』朝倉書店.
4. 近藤安月子 (2008)『日本語教師を目指す人のための日本語学入門』研究社.

5. 高橋太郎・金子尚一・金田章宏・齋美智子・鈴木泰・須田純一・松本泰丈（2005）『日本語の文法』ひつじ書房．
6. 寺村秀夫（1984）『日本語のシンタクスと意味Ⅱ』くろしお出版．
7. 寺村秀夫（1991）『日本語のシンタクスと意味Ⅲ』くろしお出版．
8. 日本語記述文法研究会（編）（2003）『現代日本語文法4 第8部モダリティ』くろしお出版．
9. 日本語記述文法研究会（編）（2007）『現代日本語文法3 第5部アスペクト・第6部テンス・第7部肯否』くろしお出版．
10. 日本語記述文法研究会（編）（2008）『現代日本語文法6 第11部複文』くろしお出版．
11. 日本語記述文法研究会（編）（2009）『現代日本語文法2 第3部格と構文・第4部ヴォイス』くろしお出版．
12. 日本語記述文法研究会（編）（2009）『現代日本語文法5 第9部とりたて・第10部主題』くろしお出版．
13. 野田尚史・益岡隆志・佐久間まゆみ・田窪行則・仁田義雄・益岡隆志（編）（2002）『日本語の文法4 複文と談話』岩波書店．
14. 村田美穂子（編）（2005）『文法の時間』至文堂．
15. 森山卓郎（2003）『ここからはじまる日本語文法』ひつじ書房．

10 表記・語彙

1. 石綿敏雄（2001）『外来語の総合的研究』東京堂出版．
2. 国広哲弥（1997）『日本語の多義動詞』大修館書店．
3. 国広哲弥（1997）『理想の国語辞典』大修館書店．
4. 三省堂編集所（編）（2005）『新しい国語表記ハンドブック（第五版）』三省堂．
5. 髙木裕子（1996）『日本語の文字・表記入門』バベル・プレス．
6. 飛田良文・佐藤武義（編）（2002）『現代日本語講座4 語彙』明治書院．
7. 飛田良文・佐藤武義（編）（2002）『現代日本語講座6 文字・表記』明治書院．
8. 姫野昌子（1999）『複合動詞の構造と意味用法』ひつじ書房．
9. 松本曜（編）（2003）『認知意味論』大修館書店．
10. 籾山洋介（2010）『認知言語学入門』研究社．
11. 森田良行（1989）『基礎日本語辞典』角川学芸出版．
12. 森田良行（1989）『ケーススタディ 日本語の語彙』桜楓社．
13. 山口仲美（2006）『日本語の歴史』岩波書店．
14. Aitchison, J. (2003) *Words in the mind: An introduction to the Mental Lexicon* (3rd ed.). Oxford, UK: Blackwell Publishing.
15. Nation, I.S.P. (2001) *Learning vocabulary in another language.* Cambridge, UK: Cambridge University Press.
（ネーション, I.S.P., 吉田晴世・三根浩（訳）（2005）『英語教師のためのボキャブラリー・ラーニング』松柏社．）
16. Taylor, J. (2004) *Linguistic categorization* (4th ed.). Oxford, UK: Oxford University Press.
（テイラー, J., 辻幸夫・鍋島弘治朗・篠原俊吾・菅井三実（訳）（2008）『認知言語学のための14章（第三版）』紀伊國屋書店．）

11 外国語教授法・コースデザイン

1. 石田敏子（1995）『日本語教授法（改訂新

版)』大修館書店.
2. 岡崎敏雄・岡崎眸（1990）『日本語教育におけるコミュニカティブ・アプローチ』凡人社.
3. 鎌田修・川口義一・鈴木睦（2007）『日本語教授法ワークショップ（増補版）』凡人社.
4. 木村宗男・窪田富男・阪田雪子・川本喬（編）（1989）『日本語教授法』桜楓社.
5. 河野美抄子・佐治圭三・中川良雄著, 佐治圭三・真田信二（監）（2004）『日本語教師養成シリーズ⑤ 日本語教授法（改訂新版）』凡人社.
6. 小柳かおる（2004）『日本語教師のための新しい言語習得概論』スリーエーネットワーク.
7. 寺村秀雄（編）（1989）『講座日本語と日本語教育 13 日本語教育教授法（上）』明治書院.
8. 寺村秀雄（編）（1991）『講座日本語と日本語教育 14 日本語教育教授法（下）』明治書院.
9. 村岡英裕（1999）『日本語教師の方法論』凡人社.
10. Baker, C. (1993) *Foundations of bilingual education and bilingualism*. Clevedon, UK: Multilingual Matters.
（ベーカー, C., 岡秀夫（訳・編）（1996）『バイリンガル教育と第二言語習得』大修館書店.）
11. Blair, R. W. (ed.) (1982) *Innovative approaches to language teaching*. Rowley, MA: Newbury House.
12. Halliday, M.A.K. (1973) *Explorations in the functions of language*. London: Edward Arnold.
（ハリデー, M.A.K., 山口登・筧壽雄（訳）（2001）『機能文法概説——ハリデー理論への誘い』くろしお出版.）
13. Johnson, K. & Morrow, K. (eds.) (1981) *Communication in the classroom*. London: Longman.
（ジョンソン, K. & モロウ, K.（編）, 小笠原八重（訳）（1984）『コミュニカティブ・アプローチと英語教育』桐原書店.）
14. Krashen, S. & Terrell, T. (1983) *The natural approach: Language teaching acquisition in the classroom*. Oxford, UK: Pergamon Press.
（クラッシェン, S. & テレル, T., 藤森和子（訳）（1986）『ナチュラル・アプローチのすすめ』大修館書店.）
15. Krashen, S. (1996) *The natural approach: Language acquisition in the classroom*. Englewood Cliffs, NJ: Alemany Press.
16. Wilkins, D. A. (1976) *Notional syllabuses*. Oxford, UK: Oxford University Press.
（ウィルキンズ, D. A., 島岡丘（訳注）（1984）『ノーショナル・シラバス』桐原書店.）

12 教育工学・教材教具

1. 岡本敏雄（編・著）（2000）『インターネット時代の教育情報工学 1』森北出版.
2. 加藤由香里（2008）『日本語 e ラーニング教材の設計モデルの基礎的研究』ひつじ書房.
3. 鈴木克明（2002）『教材設計マニュアル』北大路書房.
4. Gagne, R. M., Wager, W. W., Golas, K. C., & Keller, J. M. (2004) *Principles of instructional design*. Belmont, CA: Wadsworth Pub. Co.
（ガニェ, R. M., ウェイジャー, W. W., ゴラス, K. C., & ケラー, J. M., 鈴木克明・岩崎信（訳）（2007）『インストラクショナルデザインの原理』北大路書房.）
5. Mayer, R. E. (ed.) (2005) *The Cambridge handbook of multimedia learning*. New York: Cambridge University Press.
6. William, W. L. & Owens, D. L. (2004) *Mul-

timedia-based instructional design: Computer-based training* (2nd ed.). San Francisco, CA: Pfeiffer

(ウィリアム，W. L. & オーエンズ，D. L.，清水康敬（監訳），日本イーラーニングコンソシアム（訳）(2003)『インストラクショナルデザイン入門』東京電機大学出版社．)

13 | 日本語教育政策・日本語教育史

1. 長志珠絵 (1998)『近代日本と国語ナショナリズム』吉川弘文館．
2. 「外国につながる子どもたちの物語」編集委員会（編）(2009)『クラスメイトは外国人――多文化共生 20 の物語』明石書店．
3. 神吉宇一 (2009-2010)「キーワードで読み解く日本語教育現代史 (1)–(12)」『月刊日本語』アルク．
4. 木村宗男 (1991)『講座日本語と日本語教育 15　日本語教育の歴史』明治書院．
5. 真田信治 (1987)『標準語の成立事情』PHP 研究所．
6. 真田信治・庄司博史（編）(2005)『事典日本の多言語社会』岩波書店．
7. 関正昭 (1997)『日本語教育史研究序説』スリーエーネットワーク．
8. 関正昭・平高史也（編）(1997)『日本語教育史』アルク．
9. 田尻英三・田中宏・吉野正・山西優二・山田泉 (2007)『外国人の定住と日本語教育（増補版）』ひつじ書房．
10. 田尻英三（編）(2009)『日本語教育政策ウオッチ 2008――定住化する外国人施策をめぐって』ひつじ書房．
11. 田尻英三・大津由紀雄（編）(2010)『言語政策を問う！』ひつじ書房．
12. 田中宏 (1995)『在日外国人――法の壁，心の溝（新版）』岩波新書．
13. 多文化共生キーワード事典編集委員会（編）(2010)『多文化共生キーワード事典（改訂版）』明石書店．
14. 春原憲一郎（編）(2009)『移動労働者とその家族のための言語政策――生活者のための日本語教育』ひつじ書房．
15. 水谷修（監修）野山広・石井恵理子（編）(2009)『日本語教育の過去・現在・未来第 1 巻　社会』凡人社．
16. 安田敏朗 (2006)『「国語」の近代史――帝国日本と国語学者たち』中公新書．
17. 米瀬治子・ハヤシザキカズヒコ・松岡真理恵（編）(2011)『公開講座　多文化共生論』ひつじ書房．

14 | 日本語史

1. 庵功雄 (2003)『「象は鼻が長い」入門――日本語学の父　三上章』くろしお出版．
2. 沖森卓也 (2010a)『はじめて読む日本語の歴史』ベレ出版．
3. 沖森卓也 (2010b)『日本語史概説』朝倉書店．
4. 真田信治 (1991)『標準語はいかに成立したか』創拓社．
5. 益岡隆志 (2003)『三上文法から寺村文法へ――日本語記述文法の世界』くろしお出版．
6. 山口仲美 (2006)『日本語の歴史』岩波新書．
7. 山口明穂・鈴木英夫・坂梨隆三・月本雅幸 (1997)『日本語の歴史』東京大学出版会．
8. 渡辺実 (1997)『日本語史要説』岩波書店．

15 | コーパス

1. 赤瀬川史朗・中尾浩 (2004)『コーパス言語学の技法 II――言語データの収集とコーパスの構築』夏目書房．

2. 石川慎一郎（2008）『英語コーパスと言語教育』大修館書店．
3. 伊藤雅光（2002）『計量言語学入門』大修館書店．
4. 金明哲（2009）『テキストデータの統計科学入門』岩波書店．
5. 斉藤俊雄・赤野一郎・中村純作（編・著）（2005）『英語コーパス言語学──基礎と実践』研究社．
6. 中尾浩・赤瀬川史朗・宮川進吾（2002）『コーパス言語学の技法Ⅰ──テキスト処理入門』夏目書房．
7. 中本敬子・李在鎬（編・著）（2011）『認知言語学研究の方法──内省・コーパス・実験』ひつじ書房．
8. Biber, D., Conrad, S., & Reppen, R.（1998）*Corpus linguistics: Investigating language structure and use.* Cambridge, UK: Cambridge University Press.
（バイバー，D．，コンラッド，S．，& レッペン，R．，斉藤俊雄・朝尾幸次郎・山崎俊次・新井洋一・梅咲敦子・塚本聡（訳）（2003）『コーパス言語学──言語構造と用法の研究』南雲堂．）
9. Granger, S.（ed.）（1998）*Learner English on Computer.* New York: Addison Wesley Longman Inc.
（グレンジャー，S．（編），望月通子・船城道雄（監訳）（2008）『英語学習者コーパス入門──SLAとコーパス言語学の出会い』研究社．）
10. Hunston, S.（2002）*Corpora in applied linguistics.* Cambridge, UK: Cambridge University Press.
11. Stubbs, M.（2002）*Words and phrases: corpus studies of lexical semantics.* Oxford: Blackwell Publishing.
（スタッブズ，M．，南出康世・石川慎一郎（監訳）（2006）『コーパス語彙意味論──語から句へ』研究社．）

16 | 統計

1. 朝野熙彦（2000）『入門　多変量解析の実際（第2版）』講談社．
2. 足立浩平（2006）『多変量データ解析法──心理・教育・社会系のための入門』ナカニシヤ出版．
3. 石村貞夫＆デズモンド・アレン（1997）『すぐわかる統計用語』東京出版．
4. 繁桝算男・柳井晴夫・森敏昭（編・著）（2008）『Q&Aで知る統計データ解析──Dos and DON'Ts（第2版）』サイエンス社．
5. 竹原卓真（2007）『SPSSのススメ1──2要因の分散分析をすべてカバー』北大路書房．
6. 竹原卓真（2010）『SPSSのススメ2──3要因の分散分析をすべてカバー』北大路書房．
7. 豊田秀樹（1998）『共分散構造分析（入門編）──構造方程式モデリング』朝倉書店．
8. 中澤潤・大野木裕明・南博文（1997）『心理学マニュアル　観察法』北大路書房．
9. 南風原朝和・平井洋子・杉澤武俊（2009）『心理統計学ワークブック──理解の確認と深化のために』有斐閣．
10. 松尾太加志・中村知靖（2002）『誰も教えてくれなかった因子分析』北大路書房．
11. 吉田寿夫（1998）『本当にわかりやすいすごく大切なことが書いてあるごく初歩の統計の本』北大路書房．
12. 山田剛史・村井潤一郎（2004）『よくわかる心理統計』ミネルヴァ書房．

17 | テスティング・評価

1. 池田央（2001）『テストⅡ』東京大学出版会．
2. 日本テスト学会（編）（2007）『テスト・ス

タンダード――日本のテストの将来に向けて』金子書房.
3. 日本テスト学会（編）（2010）『見直そう，テストを支える基本の技術と教育』金子書房.
4. 肥田野直（1972）『テストⅠ』東京大学出版会.
5. Bachman, L.（1990）*Fundamental considerations in language testing*. Oxford, UK: Oxford University Press.
（バックマン，L., 池田央・大友賢二（監訳）（1997）『言語テストの基礎』CSL学習評価研究所.）
6. Bachman, L. & Palmer, A. S.（1996）*Language testing in practice*. Oxford, UK: Oxford University Press.
（バックマン，L. & パーマー，A. S., 大友賢二・ランドルフスラッシャー（訳）（2000）『実践言語テスト作成法』大修館書店.）
7. Brown, J. D.（1996）*Testing in language programs*. Upper Saddle River, NJ: Prentice-Hall.
（ブラウン，J. D., 和田稔（訳）（1999）『言語テストの基礎知識』大修館書店.）
8. Davies, A., Brown, A., Elder, C., Hill, K., Lumley, T., & McNamara, T.（1999）*Dictionary of language testing*. Cambridge, UK: Cambridge University Press.
9. McNamara, T.（1996）*Measuring second language performance*. London: Longman.
10. McNamara, T.（2000）*Language testing*. Oxford, UK: Oxford University Press.
（マクナマラ，T., 伊東祐郎・三枝令子・島田めぐみ・野口裕之（訳）（2004）『言語テスティング概論』スリーエーネットワーク.）

参考文献

1 言語学

1. 今井むつみ（1997）『ことばの学習のパラドックス』共立出版.
2. 大堀壽夫（2002）『認知言語学』東京大学出版会.
3. 影山太郎（1983）『文法と語形成』くろしお出版.
4. 影山太郎（1996）『動詞意味論』くろしお出版.
5. 影山太郎（編）（2001）『日英対照 動詞の意味と構文』大修館書店.
6. 風間喜代三・上野善道・松村一登・町田健（2004）『言語学（第2版）』東京大学出版会.
7. 亀井孝・河野六郎・千野栄一（編）（1995）『言語学大辞典 6』三省堂.
8. 岸本秀樹（2005）『日英対照研究シリーズ8 統語構造と文法関係』くろしお出版.
9. 金田一春彦（1950）「国語動詞の一分類」『言語研究』15号，381–416．［金田一春彦（編）（1976）『日本語動詞のアスペクト』（むぎ書房，pp. 5–26）に再録］
10. 郡司隆男・西垣内泰介（編・著）（2004）『ことばの科学ハンドブック』研究社.
11. 斎藤倫明・石井正彦（1997）『日本語研究資料集 語構成』ひつじ書房.
12. 澤田治美（2006）『モダリティ』開拓社.
13. 柴谷方良・影山太郎・田守育啓（1981）『言語の構造 音声・音韻篇』くろしお出版.
14. 砂川有里子（2005）『文法と談話の接点：日本語の談話における主題展開機能の研究』くろしお出版.
15. 杉本孝司（1998）『意味論1――形式意味論』くろしお出版.

16. 田窪行則・稲田俊明・中島平三・外池滋生・福井直樹（1998）『言語の科学6　生成文法』岩波書店.

17. 田中春美・樋口時弘・家村睦夫・五十嵐康男・倉又浩一・中村完・下宮忠雄（1982）『言語学演習』大修館書店.

18. 寺村秀夫（1982）『日本語のシンタクスと意味Ⅰ』くろしお出版.

19. 角田太作（2009）『世界の言語と日本語（改訂版）』くろしお出版.

20. 中村芳久（2004）『認知文法論Ⅱ』大修館書店.

21. 橋田浩一・大津由紀雄・今西典子・Yosef Grodzinsky（1999）『言語の科学10　言語の獲得と喪失』岩波書店.

22. 益岡隆志・仁田義雄・郡司隆男・金水敏（2004）『言語の科学5　文法』岩波書店.

23. 丸山圭三郎編（1985）『ソシュール小事典』大修館書店.

24. 米山三明・加賀信広（2001）『英語学モノグラフシリーズ17　語の意味と意味役割』研究社.

25. Fillmore, C. (1968) The Case for case. In Bach, E. & Harms, R. (eds.), (1968) *Universals in linguistic theory*. London/New York: Holt, Rinehart & Winston. pp. 1–88.

26. Greenberg, J. H. (1963) Some universals of grammar with particular reference to the order of meaningful elements. In Greenberg, J. H. (ed.), *Universals of language*. Cambridge: MIT Press. pp. 73–113.

27. Hopper, P. J. & Traugott, E. C. (1993) *Grammaticalization*. Cambridge, UK: Cambridge University Press.
（P. J. ホッパー & E. C. トラウゴット, 日野資成（訳）(2003)『文法化』九州大学出版会）

28. Jackendoff, R. S. (1972) *Semantic interpretation in generative grammar*. Cambridge: MIT Press.

29. Levin, B & Rappaport Hovav, M. (1994) *Unaccusativity: At the syntax-lexical semantics interface*. Cambridge: MIT Press.

30. Levinson, S. C. (1983) *Pragmatics*. Cambridge, UK: Cambridge University Press.
（レヴィンソン, S. C., 安井稔・奥田夏子（訳）(1990)『英語語用論』研究社）.

31. Li, C. & Thompson, S. A. (1976) Subject and topic: A new typology of languages. In Li, C. (ed.), *Subject and topic*. New York: Academic Press. pp. 457–489.

32. Lyons, J. (1977a) *Semantics I*. Cambridge, UK: Cambridge University Press.

33. Lyons, J. (1977b) *Semantics II*. Cambridge, UK: Cambridge University Press.

34. Palmer, F. R. (1994) *Mood and modality*. Cambridge, UK: Cambridge University Press.

35. Palmer, F. R. (2001) *Mood and modality* (2nd ed.). Cambridge, UK: Cambridge University Press.

36. Prince, E. F. (1978) A comparison of wh-clefts and it-clefts in discourse. *Language* 54, 883–906.

37. Spencer, A. & Zwicky, A. M. (eds.), (1998) *The handbook of morphology*. Oxford, UK/Malden, MA: Blackwell Publishers.

38. Vendler, Z. (1957) Verbs and times. *The Philosophical Review*, 66, 143–160. (Reprinted in Vendler, Z. (1967) *Linguistics in philosophy*. Ithaca, New York: Cornell University Press.)

2 ｜ 音声学・音韻論

1. 秋永一枝（編）(2010)『新明解日本語アクセント辞典　CD付き』三省堂.

2. 天沼寧・大坪一夫・水谷修（1978）『日本語音声学』くろしお出版.

3. 乾秀行（2006）「弁別素性」音の百科事典編集委員会（編）『音の百科事典』丸善株式会社，pp. 814–821.
4. 猪塚恵美子・猪塚元（2003）『日本語教師トレーニングマニュアル1　日本語の音声入門　解説と演習』バベルプレス.
5. 猪塚元・猪塚恵美子（2007）『日本語教育能力検定試験　音声パーフェクト対策』アルク.
6. 伊福部達（1983）『音声タイプライタの設計——単音節音声認識の基礎とZ80による製作例』CQ出版.
7. 内田照久（1993）「中国人日本語学習者における長音と促音の聴覚的認知の特徴」『教育心理学研究』第41巻第4号，414–423.
8. 上野善道（1989）「日本語のアクセント」杉藤美代子（編）『講座日本語と日本語教育2　日本語の音声・音韻（上）』明治書院，pp. 178–205.
9. 上野善道（2003）「アクセントの体系と仕組み」上野善道（編）『朝倉日本語講座3　音声・音韻』第4章，朝倉書店，pp. 61–84.
10. 上野善道（2004）「音の構造」風間喜代三・松村一登・町田健・上野善道『言語学（第2版）』第7章，東京大学出版会，pp. 195–250.
11. NHK放送文化研究所（編）（1998）「資料集・解説」『NHK日本語発音アクセント辞典　新版』NHK出版.
12. 大坪一夫（1982）「縮約形」日本語教育学会（編）『日本語教育事典』大修館書店，pp. 51–52.
13. 小熊利江（2001）「日本語学習者の長音の産出に関する習得研究——長音位置による難易度と習得順序」『日本語教育』109号，110–117.
14. 音の百科事典編集委員会（編）（2006）『音の百科事典』丸善株式会社.
15. 風間喜代三・松村一登・町田健・上野善道（2004）『言語学（第2版）』東京大学出版会.
16. 川上蓁（1987）『日本語音声概説』おうふう.
17. 川瀬生郎（1992）「縮約表現と縮約形の文法」『東京大学留学生センター紀要』第2号，1–24.
18. 河野俊之・築地伸美・松崎寛・串田真知子（2004）『1日10分の発音練習』くろしお出版.
19. 北原保雄（監修）上野善道（編）（2003）『朝倉日本語講座3　音声・音韻』朝倉書店.
20. 窪薗晴夫（1998）『音声学・音韻論』くろしお出版.
21. 窪薗晴夫（1999）『現代言語学入門2　日本語の音声』岩波書店.
22. 窪薗晴夫（2006）『アクセントの法則』岩波書店.
23. 窪薗晴夫・伊藤順子・Armin Mester（1997）「音韻構造から見た語と句の境界：複合名詞アクセントの分析」音声文法研究会（編）『文法と音声』くろしお出版，pp. 147–166.
24. 窪薗晴夫・本間猛（2002）『音節とモーラ』研究社.
25. 郡史郎（1989）「強調とイントネーション」杉藤美代子（編）『講座日本語と日本語教育2　日本語の音声・音韻（上）』明治書院，pp. 316–342.
26. 郡史郎（2003）「イントネーション」上野善道（編）『朝倉日本語講座3　音声・音韻』第6章，朝倉書店，pp. 109–131.
27. 国際交流基金日本語国際センター（1989）『教師用日本語教育ハンドブック⑥　発音（改訂版）』凡人社.
28. 斎藤純男（1986）「話し言葉におけるラ行音およびナ行音のモーラ音素化」『日本語教育』60号，205–220.
29. 斎藤純男（1991）「現代日本語における縮約形の定義と分類」『東北大学日本語教育研究

参考文献

論集』2号，89-97.

30. 斎藤純男（2006）『日本語音声学入門（改訂版）』三省堂．

31. 佐藤大和（1989）「複合語におけるアクセント規則と連濁規則」杉藤美代子（編）『講座日本語と日本語教育2　日本語の音声・音韻（上）』明治書院，pp. 233-265.

32. 朱春躍（1994）「中国語の有気・無気子音と日本語の無声・有声子音の生理的・音響的・知覚的特徴と教育」『音声学会会報』205号，34-62.

33. 杉藤美代子・神田靖子（1987）「日本語話者と中国語話者の発話による日本語の無声及び有声破裂子音の音響的特徴」『大阪樟蔭女子大学論集』第24号，67-89.

34. 助川泰彦・前川喜久雄・上原聡（1999）「日本語長母音の短母音化現象をめぐる諸要因の実験音声学的研究と音声教育への示唆」アラム佐々木幸子（編）『言語学と日本語教育：実用的言語理論の構築を目指して』くろしお出版，pp. 81-94.

35. 鈴木理子（2006）「日本語の音声」音の百科事典編集委員会（編）『音の百科事典』丸善株式会社，pp. 721-725.

36. 大工原勇人（2008）「指示詞系フィラー「あの（ー）」・「その（ー）」の用法」『日本語教育』138号，53-62.

37. 田中真一（著）・窪薗晴夫（著・監修）（1999）『日本語の発音教室――理論と練習』くろしお出版．

38. 田中春美（編）（1988）『現代言語学辞典』成美堂．

39. 鶴谷千春（2008）『第二言語としての日本語の発音とリズム』渓水社．

40. 土岐哲（1975）「教養番組に現れた縮約形」『日本語教育』28号，55-66.

41. 土岐哲（2010）『日本語教育からの音声研究』ひつじ書房．

42. 戸田貴子（2003）「外国人学習者の日本語特殊拍の習得」『音声研究』7 (2)，70-83

43. 戸田貴子（2004）『コミュニケーションのための日本語発音レッスン』スリーエーネットワーク．

44. 戸田貴子（2007）「日本語教育における促音の問題」『音声研究』11 (1)，35-46.

45. 戸田貴子（2009）「日本語教育における学習者音声の研究と音声教育実践」『日本語教育』142号，47-57.

46. 中川千恵子（2001）「『へ』の字型イントネーションに注目したプロソディー指導の試み」『日本語教育』110号，40-149.

47. 中村健太郎（2005）『図解雑学　音のしくみ』ナツメ社．

48. 西端千香子（1993）「閉鎖時間を変数とした日本語促音の知覚の研究――日本語母語話者と中国語母語話者の比較」『日本語教育』81号，128-140.

49. 日本音声学会（編）(1976)『音声学大辞典』三修社．

50. 日本音声学会（編）（2007）『音声研究』第11巻第1号，特集「促音」．

51. 日本語教育学会（編）（2005）『新版　日本語教育事典』大修館書店．

52. 服部四郎（1984）『音声学』岩波書店．

53. 平田由香里（1990）「単語レベル・文レベルにおける促音の聴き取り――英語を母語とする日本語学習者の場合」『音声学会会報』195号，4-10.

54. 広瀬啓吉（2006）「韻律の観点からの音声言語情報処理研究」広瀬啓吉（編・著）『韻律と音声言語情報処理　アクセント・イントネーション・リズムの科学』第1章，丸善株式会社，pp. 1-7.

55. 福岡昌子（1998）「イントネーションから表現意図を識別する能力の習得研究――中国4方言話者を対象に自然・合成音声を使って」

2. 音声学・音韻論

『日本語教育』96号，37-48.

56. 藤崎博也（1989）「日本語の音調の分析とモデル化──語アクセント・統語構造・談話構造と音調との関係」杉藤美代子（編）『講座日本語と日本語教育2　日本語の音声・音韻（上）』明治書院，pp. 266-297.

57. 文化庁（1971）『日本語教育指導参考書1　音声と音声教育』

58. 北京商務印書館・小学館（1992）『中日辞典（第2版）』小学館.

59. 前川喜久雄（1989）「母音の無声化」杉藤美代子（編）『講座日本語と日本語教育2　日本語の音声・音韻（上）』明治書院，pp. 135-153.

60. 前川喜久雄（1998）「音声学」田窪行則・窪薗晴夫・本多清志・白井克彦・前川喜久雄『岩波講座 言語の科学2　音声』第1章，岩波書店，pp. 1-52.

61. 松崎寛・河野俊之（2005）「アクセントの体系的教育を目的とした音声評価研究」『日本語教育』125号，57-66.

62. 松森晶子（2003）「アクセント研究の動向と展望2（現代語中心）」上野善道（編）『朝倉日本語講座3　音声・音韻』第15章，朝倉書店，pp. 261-277.

63. 嶺岸玲子（1999）「日本語学習者への縮約形指導のめやす──日本人による評価と使用率をふまえて」『日本語教育』102号，30-39.

64. 皆川泰代・前川喜久雄・桐谷滋（2002）「日本語話者の長／短母音の同定におけるピッチ型と音節位置の効果」『音声研究』第6巻第2号，88-97.

65. 閔光準（1987）「韓国人の日本語の促音の知覚について」『日本語教育』62号，179-193.

66. 閔光準（1993）「日本語促音の聴取判断に関する研究」『世界の日本語教育』第3号，237-250.

67. 閔光準（2007）「韓国人日本語学習者の発話に見られる促音挿入の生起要因」『音声研究』第11巻第1号，58-70.

68. 村木正武・中岡典子（1990）「撥音と促音──英語・中国語話者の発音」杉藤美代子（編）『講座日本語と日本語教育3　日本語の音声・音韻（下）』明治書院，pp. 139-177.

69. 柳田征司（2003）「音韻史」上野善道（編）『朝倉日本語講座3　音声・音韻』第3章，朝倉書店，pp. 43-60.

70. 吉田則夫（1990）「清音と濁音の区別」杉藤美代子（編）『講座日本語と日本語教育3　日本語の音声・音韻（下）』明治書院，pp. 198-218.

71. Blau, E., (1991) More on comprehensible input: the effect of pauses and hesitation markers on listening comprehension. *Annual meeting of the Puerto Rico teachers of English to speakers of other languages*. San Juan, PR 15 November 1991. [online] Education Resources Information Center (ERIC) database. Available at: ⟨http://www.eric.ed.gov/ERICWebPortal/detail?accno=ED340234⟩ [Accessed on October 1st, 2010].

72. Crystal, D. (2003) *A dictionary of linguistics and phonetics* (5th ed.). Malden, MA/Oxford, UK: Blackwell Publishers.

73. Denes, P., B. & Pinson, E. N. (1963) *The speech chain*. Murray Hill, NJ: Bell Telephone Laboratories, Incorporated.
（デニシュ，P. B. & ピンソン，E. N.，切替一郎・藤村靖（監修）神山五郎・戸塚元吉（訳）(1966)『話しことばの科学　その物理学と生物学』東京大学出版会.）

74. Hirata, Y. (2007) "Durational variability and invariance in Japanese stop quantity distinction: roles of adjacent vowels".『音声研究』第11巻第1号，9-22.

75. Hirata, Y. (2009) "Factors affecting the

perception of Japanese moraic rhythm by second language learners".『音声研究』第13巻第2号, 33–43.
76. International Phonetic Association (1999) *Handbook of the International Phonetic Association: A Guide to the use of the International Phonetic Alphabet.* Cambridge, UK: Cambridge University Press.
（国際音声学会（編）竹林滋・神山孝夫（訳）(2003)『国際音声記号ガイドブック』大修館書店.）
77. Ladefoged, P. (1993) *A course in phonetics* (3rd ed.). Orland, FL: Harcourt Brace & Company.
（ラディフォギット, P.・竹林滋・牧野武彦（訳）(1999)『音声学概説』大修館書店.）
78. Lisker, L., & Abramson, A. (1964) A cross-language study of voicing in initial stops: Acoustic measurements. *Word*, 20, 384–422.
79. Pullum, G. K., & Ladusaw, W. A. (1996) *Phonetic symbol guide* (2nd ed.). Chicago: The University of Chicago Press.
（プラム, G. K. & ラデュサー, W. A., 土田滋・福井玲・中川裕（訳）(2003)『世界音声記号辞典』三省堂.）
80. Raphael, L. J., Borden, G. J., & Harris, K. S. (2003) *Speech science primer: physiology, acoustics, and perception of speech* (5th ed.). Baltimore: Lippincott Williams & Wilkins.
（ラファエル, L. J.・ボーデン, G. J., & ハリス, K. S.・廣瀬肇（訳）(2008)『新 ことばの科学入門（第2版）』医学書院.）
81. Ryalls, J. (1996) *A basic introduction to speech perception.* San Diego: Singular Publishing Group.
（ライアルズ, J., 今富摂子・菅原勉（訳）(2003)『音声知覚の基礎』海文堂.）
82. Watanabe, M., Hirose, K., Den, Y., & Minematsu, N. (2008) Filled pauses as cues to the complexity of upcoming phrases for native and non-native listeners. *Speech Communication*, 50 (2), 81–94.

3 ｜第二言語習得

1. 大石晴美（2004）『脳科学からの第二言語習得論』昭和堂.
2. 苧阪直行（2002）「意識の科学は可能か」苧阪直行（編）『意識の科学は可能か』新曜社, pp. 1–64.
3. 苧阪満里子（2002）『脳のメモ帳　ワーキングメモリ』新曜社.
4. 小柳かおる（2002）「展望論文：Focus on Formと日本語習得研究」『第二言語としての日本語の習得研究』第5号, 62–96.
5. 小柳かおる（2004）『日本語教師のための新しい言語習得概論』スリーエーネットワーク.
6. 小柳かおる（2005）「言語処理の認知メカニズムと第二言語習得——記憶のシステムから見た手続き的知識の習得過程」『第二言語習得・教育の研究最前線2005年版』凡人社, pp. 11–36.
7. 小柳かおる（2006）「言語形式の焦点化／フィードバックの役割」（第4節　第二言語習得研究と日本語指導）迫田久美子（編）『講座・日本語教育学3　言語学習の心理』第2章（第4節1, 2）, スリーエーネットワーク, pp. 95–108.
8. 小柳かおる（2008a）「文法の習得」坂本正・小柳かおる・長友和彦・畑佐由紀子・村上京子・森山新（編）『多様化する言語習得環境とこれからの日本語教育』第3章第3節, スリーエーネットワーク, pp. 168–188.
9. 小柳かおる（2008b）「第二言語習得研究から見た日本語教授法・教材——研究の知見を教育現場に生かす」『第二言語としての日本語

の習得研究』第11号，23-41

10. 酒井邦嘉（2002）『言語の脳科学　脳はどのようにことばを生みだすか』中公新書．

11. 中島和子（2001）『バイリンガル教育の方法　増補改訂版』アルク．

12. 日本語教育学会（1991）『日本語テストハンドブック』大修館書店．

13. 羽藤由美（2006）『英語を学ぶ人、教える人のために――「話せる」のメカニズム』世界思想社．

14. 峯布由紀（2002）「Processability に基づいた第二言語習得研究」『第二言語習得・教育の研究最前線――あすの日本語教育への道しるべ』凡人社，pp. 28-44．

15. 山鳥重（1998）『ヒトはなぜことばが使えるか』講談社．

16. 山鳥重（2003）『脳のふしぎ――神経心理学の臨床から』そうろん社．

17. 山鳥重・辻幸夫（2006）『心とことばの脳科学』大修館書店．

18. Anderson, J. R. (1983) *The architecture of cognition.* Cambridge, MA: Harvard University Press.

19. Anderson, J. R. & Lebiere, C. (1998) *The atomic components of thought.* Mahwah, NJ: Lawrence Erlbaum Associates.

20. Atkinson, T. & Shiffrin, R. (1968) Human memory: A proposed system and its control processes. In K. Spence (ed.), *Psychology of learning and motivation: Advances in research and theory, Vol.2.* New York: Academic Press. pp. 89-195.

21. Baddeley, A. D. (1986) *Working memory.* Oxford, UK: Oxford University Press.

22. Baddeley, A. D. (1999) *Essentials of human memory.* East Sussex, UK: Psychology Press.

23. Bates, E. & MacWhinney, B. (1987) Competition, variation, and language learning. In B. MacWhinney (ed.), *Mechanisms of language acquisition.* Hillsdale, NJ: Lawrence Erlbaum. pp. 157-193.

24. Bialystok, E. (1981) Some evidence of the integrity and interaction of two knowledge sources. In R. Andersen (ed.), *New dimensions in second language acquisition research.* Rowley, MA: Newbury House. pp. 62-74.

25. Bley-Vroman, R. (1986) Hypothesis testing in second language acquisition theory. *Language Learning,* 36, 353-376.

26. Bohannon, J. & Stanowicz, L. (1988) The issue of negative evidence: adult responses to children's language errors. *Developmental Psychology,* 34, 684-689.

27. Brock, C. (1986) The effects of referential questions on ESL classroom discourse. *TESOL Quarterly,* 20, 47-58.

28. Brooks, F. B. & Donate, R. (1994) Vygotskyan approaches to understanding foreign language learning discourse during communicative tasks. *Hispania,* 77, 262-274.

29. Brown, R. & Hanlon, C. (1972) Derivational complexity and the order of acquisition in child speech. In J. Hayes (ed.), *Cognition and the development of language.* New York, NY: Wiley. pp. 11-54.

30. Carroll, J. B. (1990) Cognitive abilities in foreign language aptitude: Then and now. In T. S. Parry & C. W. Stanfield (eds.), *Language aptitude reconsidered.* Englewood Cliffs, NJ: Prentice Hall Regents. pp. 11-29.

31. Carroll, J. B. & Sapon, S. M. (1959) *Modern language aptitude test.* New York, NY: Psychological Corporation.

32. Chaudron, C. (1985) Intake: On models and methods for discovering learners' processing of input. *Studies in Second Language*

Acquisition, 7, 1–14.

33. Chaudron, C. (1988) *Second language classroom: Research on teaching and learning*. Cambridge, UK: Cambridge University Press.

34. Chomsky, N. (1959) On certain properties of grammars. *Information and Control*, 2, 133–167.

35. Corder, S. P. (1967) The significance of learners' errors. *International Review of Applied Linguistics*, 5, 161–170.

36. Corder, S. P. (1971) Idiosyncratic dialects and error analysis. *International Review of Applied Linguistics*, 9, 147–159.

37. Cronbach, I. J. & Snow, R. E. (1977) *Aptitude and instructional methods: A handbook for research on interactions*. New York: Irvington.

38. Cummins, J. (1980) Cross-linguistic dimensions of language proficiency: Implications for bilingual education and the optimal age issue. *TESOL Quarterly*, 14, 81–103.

39. Cummins, J. (1981) *Bilingualism and minority language children*. Toronto: Canada Institute for Studies in Education.

40. DeKeyser, R. (1997) Beyond explicit rule learning: Automatizing second language morphosyntax. *Studies in Second Language Acquisition*, 19, 195–221.

41. DeKeyser, R. (1998) Beyond focus on form: Cognitive perspective on learning and practicing second language grammar. In C. Doughty & J. Williams (eds.), *Focus on form in classroom second language acquisition*. Cambridge, UK: Cambridge University Press. pp. 42–63.

42. DeKeyser, R. (2001) Automaticity and automatization. In P. Robinson (ed.), *Cognition and second language instruction*. Cambridge, UK: Cambridge University Press. pp. 125–151.

43. DeKeyser, R. (2003) Implicit and explicit learning. In C. J. Doughty & M. H. Long (eds.), *The handbook of second language acquisition*. Malden, MA: Blackwell. pp. 313–348.

44. DeKeyser, R. (2007) *Practice in a second language: Perspectives from applied linguistics and cognitive psychology*. Cambridge, UK: Cambridge University Press.

45. Doughty, C. (2001) Cognitive underpinnings of focus on form. In P. Robinson (ed.), *Cognition and second language instruction*. Cambridge, UK: Cambridge University Press. pp. 206–257.

46. Doughty, C. (2003) Instructed SLA: Constraints, compensation, and enhancement. In C. J. Doughty & M. H. Long (eds.), *The handbook of second language acquisition*. Malden, MA: Blackwell. pp. 256–310.

47. Doughty, C. & Long, M. H. (2003) Optimal psycholinguistic environments for distance foreign language learning. *Language, Learning & Technology*, 7, 55–80.

48. Doughty, C. & Williams, J. (1998) Pedagogical choices in focus on form. In C. Doughty & J. Williams (eds.), *Focus on form in classroom second language acquisition*. Cambridge, UK: Cambridge University Press. pp. 197–261.

49. Dulay, H., Burt, M., & Krashen, S. (1982) *Language two*. New York: Oxford University Press.

50. Ellis, N. C. (1996) Sequencing in SLA: Phonological memory, chunking, and points of order. *Studies in Second Language Acquisition*, 18, 91–126.

51. Ellis, N. C. (1998) Emergentism, connectionism and language learning. *Language*

Learning, 48, 631–664.
52. Ellis, N. C. (2001) Memory for language. In P. Robinson (ed.), *Cognition and second language instruction*. Cambridge, UK: Cambridge University Press. pp. 33–68.
53. Ellis, N. C. (2003) Constructions, chunking, and connectionism: The emergence of second language structure. In C. J. Doughty & M. H. Long (eds.), *The handbook of second language acquisition*. Malden, MA: Blackwell. pp. 63–103.
54. Ellis, N. C. (2005) At the interface: Dynamic interactions of explicit and implicit language knowledge. *Studies in Second Language Acquisition*, 27, 305–352.
55. Ellis, N. C. (2011) Implicit and explicit SLA and their interface. In C. Sanz & R. P. Leow (eds.), *Implicit and explicit language learning*. Washington, DC: Georgetown University Press. pp. 35–47.
56. Ellis, R. (1984) *Classroom second language development*. Oxford, UK: Pergamon.
57. Ellis, R. (2001) Investigating form-focused instruction. *Language Learning*, 51, Supplement 1, 1–46.
58. Ellis, R. (2003) *Task-based language learning and teaching*. Oxford, UK: Oxford University Press.
59. Faerch, C. & Kasper, C. (1983) The role of comprehension in second language learning. *Applied Linguistics*, 7, 257–274.
60. Farrar, M. J. (1992) Negative evidence and grammatical morpheme acquisition. *Developmental Psychology*, 28, 90–98.
61. Fotos, S. (1994) Integrating grammar instruction and communicative language use through grammar consciousness-raising tasks. *TESOL Quarterly*, 28, 323–351.
62. Fotos, S. & Ellis, R. (1991) Communicating about grammar: A task-based approach. *TESOL Quarterly*, 25, 605–628.
63. Ganschow, L. & Sparks, R. (2001) Learning difficulties and foreign language learning: A review of research and instruction. *Language Teaching*, 34, 79–98.
64. Gass, S. M. (1997) *Input, interaction, and the second language learner*. Mahwah, NJ: Lawrence Erlbaum Associates.
65. Gass, S. M. & Selinker, L. (1992) *Language transfer in language learning*. Amsterdam/Philadelphia: John Benjamins.
66. Gass, S. M. & Varonis, E. M. (1994) Input, interaction, and second language production. *Studies in Second language Acquisition*, 16, 183–302.
67. Goldschneider, J. M. & DeKeyser, R. M. (2005) Explaining the "natural order of L2 morpheme acquisition" in English: A meta-analysis of multiple determinants. *Language Learning*, 55, Supplement 1, 27–77.
68. Gregg, K. (1984) Krashen's monitor and Occam's razor. *Applied Linguistics*, 5, 79–100.
69. Hulstijn, J. H. (2002) Toward a unified account of the representation, processing and acquisition of second language knowledge. *Second Language Research*, 18, 193–223.
70. Hyltenstam, K. & Abrahamsson, N. (2003) Maturational constraints in SLA. In C. J. Doughty & M. H. Long (eds.), *The handbook of second language acquisition*. Malden, MA: Blackwell. pp. 539–588.
71. Kawaguchi, S. (2010) *Learning Japanese as a second language: A processability perspective*. Amherst, NY: Cambria Press.
72. Kellerman, E. (1985) If at first you do succeed. In S. Gass & C. Madden (eds.), *Input in second language acquisition*. Rowley, MA:

Newbury House. pp. 345–353.

73. Kormos, J. (2006) *Speech production and second language acquisition*. Mahwah, NJ: Lawrence Erlbaum Associates.

74. Krashen, S. (1980) The input hypothesis. In J. Alatis (ed.), *Current issues in bilingual education*. Washington, DC: Georgetown University Press. pp. 168–180.

75. Krashen, S. (1982) *Principles and practice in second language acquisition*. New York: McGraw-Hill.

76. Krashen, S. (1985) *The input hypothesis: Issues and implications*. New York: Longman.

77. Labov, W. (1970) The study of language in its social context. *Studium Generale*, 23, 30–87.

78. Lantolf, J. P. (2000) *Sociocultural theory and second language learning*. Oxford, UK: Oxford University Press.

79. Lee, S. A. (2004) The neurobiology of procedural memory. In J. H. Schumann, S. E. Crowell, N. E. Jones, N. Lee, S. A. Schubert & L. A. Wood (eds.), *The neurobiology of learning: Perspectives from second language acquisition*. Mahwah, NJ: Lawrence Erlbaum Associates. pp. 43–73.

80. Lenneberg, E. (1967) *Biological foundations of language*. New York: Wiley.

81. Levelt, W.J.M. (1989) *Speaking: From intention to articulation*. Cambridge, MA: MIT Press.

82. Levelt, W.J.M. (1993) The architecture of normal spoken language use. In G. Blanken, J. Dittman, H. Grimm, J. Marshall & C. Wallesch (eds.), *Linguistic disorders and pathologies: An international handbook*. Berlin: de Grunyter. pp. 1–15.

83. Lightbown, P. M. (1983) Exploring relationships between developmental and instructional sequences in L2 acquisition. In H. Seliger & M. H. Long (eds.), *Classroom-oriented research in second language acquisition*. Rowley, MA: Newbury House. pp. 217–243.

84. Lightbown, P. M. & Spada, N. (1999) *How languages are learned* (Revised ed.). Oxford, UK: Oxford University Press.

85. Logan, G. D. (1988) Toward an instance theory of automatization. *Psychological Review*, 95, 492–527.

86. Long, M. H. (1980) *Input, interaction and second language acquisition*. Ph.D. dissertation. University of California, Los Angels.

87. Long, M. H. (1981) Input, interaction and second language acquisition. In H. Wintz (ed.), *Native language and foreign language acquisition. Annual of the New York Academy of Science*, 379, 259–278.

88. Long, M. H. (1983) Native speaker/non-native speaker conversation and the negotiation of comprehensible input. *Applied Linguistics*, 4, 126–141.

89. Long, M. H. (1985a) Input and second language acquisition theory. In S. Gas & C. Madden (eds.), *Input in second language acquisition*. Rowley, MA: Newbury House. pp. 379–393.

90. Long, M. H. (1985b) A role for instcution in second language acquisition: Task-based language teaching. In K. Hyltenstam & M. Pienemann (eds.), *Modeling and assessing second language acquisition*. Clevedon, UK: Multilingual Matters. pp. 77–99.

91. Long, M. H. (1991) Focus on form: A design feature in language teaching methodology. In K. de Bot, D. Coste, C. Kramsch & R. Ginsberg (eds.), *Foreign language research*

in crosscultural perspective. Amsterdam/Philadelphia: John Benjamins. pp. 39-52.
92. Long, M. H. (1996) The role of linguistic environment in second language acquisition. In W. C. Ritchie & T. K. Bhatia (eds.), *Handbook of second language acquisition*. San Diego, CA: Acadeic Press. pp. 413-468.
93. Long, M. H. (2000) Focus on form in task-based language teaching. In R. L. Lambert & E. Shohamy (eds.), *Language policy and pedagogy*. Amsterdam/Philadelphia: John Benjamins. pp. 179-192.
94. Long, M. H. (2003) Stabilization and fossilization in interlanguage development. In C. J. Doughty & M. H. Long (eds.), *The handbook of second language acquisition*. Malden, MA: Blackwell. pp. 387-535.
95. Long, M. H. (2007) *Problems in SLA*. Mahwah, NJ: Lawrence Erlbaum Associates.
96. Long, M. H. & Sato, C. J. (1983) Classroom foreigner talk discourse: Forms and functions of teachers' questions. In H. Seliger & M. H. Long (eds.), *Classroom-oriented research in second language acquisition*, Rowley, MA: Newbury House. pp. 268-285.
97. Lyster, R. & Ranta, L. (1997) Corrective feedback and learner uptake: Negotiation of form in communicative classroom. *Studies in Second Language Acquisition*, 19, 37-66.
98. MacIntyre, P. D. & Gardner, R. C. (1991) Language anxiety: Its relationship to other anxieties and to processing in native and second languages. *Language Learning*, 41, 513-534.
99. Mackey, A. & Philp, J. (1999) Conversational interaction and second language development: Recasts, responses, and red herrings? *Modern Language Journal*, 82, 338-356.

100. McDonough, K. & Trofimovich, P. (2008) *Using priming methods in second language research*. New York: Routledge.
101. McLaughlin, B. (1978) The monitor model: Some methodological considerations. *Language Learning*, 28-309-332.
102. McLaughlin, B. (1987) *Theories of second language learning*. London, UK: Edward Arnold.
103. McLaughlin, B. (1990) Restructuring. *Applied Linguistics*, 11, 113-128.
104. Miesel, J., Clahsen, H., & Pienemann, M. (1981) On determining stages in natural second language acquisition. *Studies in Second Language Acquisition*, 3, 109-135.
105. Miller, G. A. (1956) The magical number seven, plus or minus two: Some limits on our capacity for processing information. *Psychological Review*, 63, 81-97.
106. Morris, C. D., Bransford, J. D., & Franks, J. J. (1977) Levels of processing versus transfer appropriate processing. *Journal of Verbal Learning and Verbal Behavior*, 16, 519-533.
107. Nemser, W. (1971) Approximative systems of foreign learners. *International Review of Applied Linguistics*, 9, 115-124.
108. Newell, A. (1990) *Unified theories of cognition*. Cambridge, MA: Harvard University Press.
109. Nunan, D. (2004) *Task-based language teaching*. Cambridge, UK: Cambridge University Press.
110. Odlin, T. (2003) Cross-linguistic influence. In C. J. Doughty & M. H. Long (eds.), *The handbook of second language acquisition*. Malden, MA: Blackwell. pp. 436-486.
111. Oliver, R. (2000) Age differences in negotiation and feedback in classroom and pair-

work. *Language Learning*, 50, 119-151.

112. Ota, A. (2001) *Second language acquisition processes in the classroom learning Japanese*. Mahwah, NH: Lawrence Erlbaum.

113. Palmeri, T. (1997) Examplar similarity and the development of automaticity. *Journal of Experimental Psychology: Learning, Memory and Cognition*, 23, 324-354.

114. Pica, T. (1983) Adult acquisition of English as a second language under different conditions of exposure. *Language Learning*, 33, 465-497.

115. Pica, T. (1984) Methods of morpheme quantifications: Their effect on the interpretation of second language data. *Studies in Second Language Acquisition*, 6, 69-78.

116. Pica, T., Holliday, L., Lewis, N., & Morgenthaler, L. (1989) Comprehensible output as an outcome of linguistic demands of the learners. *Studies in Second Language Acquisition*, 11, 64-90.

117. Pika, T., Kanagy, R., & Falodun, J. (1993) Choosing and using communication tasks for second language instruction and research. In C. Crookes & S. M. Gass (eds.), *Tasks and language learning: Interpreting theory & practice*. Clevedon, UK: Multilingual Matters. pp. 9-34.

118. Pica, T. & Long, M. H. (1986) The linguistic and conversational performance of experienced and inexperienced teachers. In R. Day (ed.), *Talking to learn: Conversation in second language acquisition*. Rowley, MA: Newbury House. pp. 85-98.

119. Pica, T., Young, R., & Doughty, C. (1987) The impact of interaction on comprehension. *TESOL Quarterly*, 21, 737-758.

120. Pienemann, M. (1989) Is language teachable? Psycholinguistic experiment and hypotheses. *Applied Linguistics*, 10, 52-79.

121. Pienemann, M. (1998) *Language processing and second language development: Processability theory*. Amsterdam/Philadelphia: John Benjamins.

122. Pienemann, M. & Johnston, M. (1987) Factors influencing the development of language proficiency. In D. Nunan (ed.), *Applying second language acquisition research*. Adelaide, Australia: National Curriculum Resource Center, Adult Migrant Education Program. pp. 45-141.

123. Pienemann, M., Johnston, M., & Brindley, G. (1988) Constructing an acquisition-based procedure for second language assessment. *Studies in Second Language Acquisition*, 10, 237-243.

124. Platt, E. & Brooks, F. (1994) The "acquisition-rich environment" revisited. *Modern Language Journal*, 78, 497-511.

125. Robinson, P. (1995) Attention, memory and "noticing" hypothesis. *Language Learning*, 45, 283-331.

126. Robinson (2001) Task complexity, task difficulty, and task production: Exploring interactions in a componential framework. *Applied Linguistics*, 22, 27-57.

127. Robinson, P. (2002) Learning conditions, aptitude complexes and SLA: A framework for research and pedagogy. In P. Robinson (ed.), *Individual differences and instructed language learning*. Amsterdam/Philadelphia: John Benjamins. pp. 121-131.

128. Robinson, P. (2003) Attention and memory during SLA. In C. J. Doughty & M. H. Long (eds.), *The handbook of second language acquisition*. Malden, MA: Blackwell. pp. 631-

678.
129. Robinson, P. (2005) Aptitude and second language acquisition. *Annual Review of Applied Linguistics*, 25, 46-73.
130. Robinson, P. (2011) Task-based language learning: A review of issues. *Language Learning*, 61, Supplement 1, 1-36.
131. Rounds, P. L. & Kanagy, R. (1998) Acquiring linguistic cues to identify AGENT: Evidence from children learning Japanese as a second language. *Studies in Second Language Acquisition*, 10, 509-542.
132. Rumelhart, D. & McClelland, J. (1986) On learning the past tense of English verbs. In J. McClelland & D. Rumelhart (eds.), *Parallel Distributed Processing: explorations in the microstructure of cognition, Vol. 2: Psychological and biological models*. Cambridge, MA: MIT Press. pp. 216-271.
133. Sanz, C. & Leow, R. P. (2011) *Implicit and explicit language learning*. Washington, DC: Georgetown University press.
134. Sawyer, M. & Ranta (2001) Aptitude, individual differences and instructional design. In P. Robinson (ed.), *Cognition and second language instruction*. Cambridge, UK: Cambridge University Press. pp. 319-353.
135. Schachter, J. (1974) An error in error analysis. *Language Learning*, 21, 205-214.
136. Schmidt, R. W. (1990) The role of consciousness in second language learning. *Applied Linguistics*, 11, 129-158.
137. Schmidt, R. W. (2001) Attention. In C. J. Doughty & M. H. Long (eds.), *The handbook of second language acquisition*. Malden, MA: Blackwell. pp. 3-32.
138. Schumann, J. H. (1976) Second language acquisition: The pidginization hypothesis. *Language Learning*, 26, 391-408.
139. Schumann, J. H. (1978) *The pidginization process: A model for second language acquisition*. Rawley, MA: Newbury House.
140. Schumann, J. H. Crowell, N. E. Jones, N. Lee, S. A. Schubert, & Wood, L. A. (2004) *The neurobiology of learning: Perspectives from second language acquisition*. Mahwah, NJ: Lawrence Erlbaum Associates.
141. Scovel, T. (2000) A critical review of the critical period hypothesis. *Annual Review of Applied Linguistics*, 210, 213-223.
142. Segalowitz (2003) Automaticity and second languages. In C. J. Doughty & M. H. Long (eds.), *The handbook of second language acquisition*. Malden, MA: Blackwell. pp. 382-408.
143. Selinker, L. (1972) Interlanguage. *International Review of Applied Linguistics*, 10, 209-231.
144. Sharwood Smith, M. (1981) Consciousness raising and second language learner. *Applied Linguistics*, 2, 159-168.
145. Sharwood Smith, M. (1993) Input enhancement in instructed SLA: Theoretical bases. *Studies in Second Language Acquisition*, 15, 165-179.
146. Shiffrin, R. M. & Scheneider, W. (1977) Controlled and automatic human information processing II: Perceptual learning, automatic, attending, and a general theory. *Psychological Review*, 84, 127-190.
147. Singleton, D. (2001) Age and second language acquisition. *Annual Review of Applied Linguistics*, 21, 77-88.
148. Skehan, P. (2002) Theorising and updating aptitude. In P. Robinson (ed.), *Individual differences and instructed language learning*.

Amsterdam/Philadelphia: John Benjamins. pp. 69-93.

149. Skinner, B. F. (1957) *Verbal behavior*. New York: Appleto-Century-Crofts.

150. Spada, N. & Lightbown, P. M. (1999) Instruction, first language influence, and developmental readiness in second language acquisition. *Modern Language Journal*, 83, 1-22.

151. Stadler, M. & Frensch, P. (1998) *Handbook of implicit learning*. Thousand Oaks, CA: Sage.

152. Sternberg, R. J. & Grigorenko, E. L. (2002) *Dynamic testing: The nature and measurement of learning potential*. Cambridge, UK: Cambridge University Press.

153. Swain, M. (1985) Communicative competence: some roles of comprehensible input and comprehensible output in its development. In S. Gass & C. Madden (eds.), *Input in second language acquisition*. Rowley, MA: Newbury House. pp. 235-253.

154. Swain, M. (1995) Three functions of output in second language learning. In G. Cook & B. Seidlhofer (eds.), *Principles and practice in applied linguistics*. Oxford, UK: Oxford University Press. pp. 125-144.

155. Tarone, E. (1988) *Variation in interlanguage*. London, UK: Edward Arnold.

156. Tomasello, M. (1999) *The cultural origins of human cognition*. Cambridge, MA: Harvard University Press.

157. Tulving, E. (1972) Episodic and semantic memory. In E. Tulving & W. Donaldson (eds.), *Organization of memory*. New York: Academic Press. pp. 381-403.

158. VanPatten, B. (1996) *Input processing and grammar instruction in second language acquisition*. Norwood, NJ: Ablex.

159. VanPatten, B. (2004) *Processing instruction: Theory, Research, and Commentary*. Mahwah, NJ: Lawrence Erlbaum Associates.

160. VanPatten, B. & J. Jegerski (2010) *Research in second language processing and parsing*. Amsterdam/Philadelphia: John Benjamins.

161. White, L. (1989) *Universal Grammar and second language acquisition*. Amsterdam/Philadelphia: John Benjamins.

162. White, L. (1990) Adverb placement in second language acquisition: Some effects of positive and negative evidence in the classroom. *Second Language Research*, 7, 133-161.

163. White, L. (2003) *Second language acquisition and Universal Grammar*. Cambridge, UK: Cambridge University Press.

164. Willis, J. (1996) *A framework for task-based learning*. Essex, UK: Addison Wesley Longman.

4 │ 学習者心理

1. 大関浩美（2010）『日本語を教えるための第二言語習得論入門』くろしお出版.
2. 岡崎智己（2001）「母語話者教師と非母語話者教師の BELIEF 比較——日本と中国の日本語教師の場合」『日本語教育』110号, 110-119.
3. 小澤伊久美・嶽肩志江・坪根由香里（2005）「日本語教育における教師の実践的思考に関する研究（2）——新人・ベテラン教師の授業観察時のプロトコルと観察後のレポートとの比較より」『ICU 日本語教育研究』2号, 1-21.
4. 金田智子（2006）「教師の成長過程」春原憲一郎・横溝伸一郎（編・著）『日本語教師の成長と自己研修——新たな教師研修ストラテジーの可能性をめざして』凡人社, pp. 26-43.

5. 久保田美子（2006）「ノンネイティブ日本語教師のビリーフ――因子分析にみる『正確さ志向』と『豊かさ志向』」『日本語教育』130号，90–99.

6. 小林明子（2006）「第二言語教育における Willingness to Communicate に関する研究の動向」『広島大学大学院教育学研究科紀要（第二部）』55号，285–293.

7. 小林明子（2008）「日本語学習者のコミュニケーション意欲と学習動機の関連」『広島大学大学院教育学研究科紀要（第二部）』57号，248–253.

8. 小林明子・八杉和子・麦田弘子（2007）「日本語学習者の Willingness to Communicate に関する要因は何か――インタビューによる探索的調査」『教育学研究紀要』52号，533–543.

9. 小柳かおる（2004）『日本語教師のための新しい言語習得概論』スリーエーネットワーク．

10. 高野陽太郎（編）（1995）『認知心理学2 記憶』東京大学出版会．

11. 高野陽太郎（2002）「外国語を使うとき――思考力の一時的な低下」海保博之・柏崎秀子（編）『日本語教育のための心理学』第2章，新曜社，pp. 15–28.

12. 辻幸夫（編）（2001）『ことばの認知科学事典』大修館書店．

13. 坪根由香里・小澤伊久美・嶽肩志江（2005）「日本語教育における教師の実践的思考に関する研究（1）――新人教師とベテラン教師の授業観察後のレポートの比較より」『語学研究』20号，75–89.

14. 松田真希子（2005）「現職日本語教師のビリーフに関する質的研究『長岡技術科学大学言語・人文科学論集』19号，215–240.

15. 松見法男（2002）「第二言語の語彙を習得する」海保博之・柏崎秀子（編）『日本語教育のための心理学』第6章，新曜社，pp. 97–110.

16. 八島智子（2004）『外国語コミュニケーションの情意と動機』関西大学出版会．

17. 横山詔一・渡邊正孝（2007）『キーワード心理学3 記憶・脳・心』新曜社．

18. 吉澤真由美（2005）「内容理解を目的としたL2読解における語彙学習と内容理解――日本語能力による辞書・語注の効果の違いを探る」『第二言語としての日本語の習得研究』第8号，24–43.

19. 吉澤真由美（2010）「L2読解における語意学習とテキスト理解への影響」『第二言語としての日本語の習得研究』第13号，95–113.

20. Atkinson, R. C. (1975) Mnemotechnics in second-language learning. *American Psychologist*, 30 (8), 821–828.

21. Atkinson, T. & Shiffrin, R. (1968) Human memory: A proposed system and its control processes. In K. Spence (ed.), *Psychology of learning and motivation: Advances in research and theory, Vol. 2*. New York: Academic Press. pp. 89–195.

22. Baddeley, A. D. (1978) The trouble with levels: A reexamination of Craik and Lockhart's framework for memory research. *Psychological Review*, 85, 139–152.

23. Brown, D. H. (2000) *Principles of language learning and teaching*. White Plains, NY: Addison Wesley Longman.

24. Burgoon, J. K. (1976) The unwillingness to communicate scale: Development and validation. *Communication Monograph*, 43, 60–69.

25. Collins, A. M. & Quillian, M. R. (1969) Retrieval time from semantic memory. *Journal of Verbal Learning and Verbal Behavior*, 8, 240–247.

26. Cohen, A. D. & Chi, J. C. (2002) Language strategy use inventory and index. In R. M. Paige, A. D. Cohen, B. Kappler, J. C. Chi, & J.

P. Lassegard (eds.), *Maximizing study abroad: A students' guide to strategies for language and culture learning and use.* Minneapolis, MN: University of Minnesota. pp. 16–22.

27. Cohen, A. D. & Macaro, E. (eds.), (2007) *Language learner strategies: Thirty years of research and practice.* Oxford, UK: Oxford University Press.

28. Craik, F.I.M. & Lockhart, R. S. (1972) Levels of processing: A framework for memory research. *Journal of Verbal Learning and Verbal Behavior*, 11, 671–684.

29. Craik, F.I.M. & Tulving, E. (1975) Depth of processing and the retention of words in episodic memory. *Journal of Experimental Psychology: General*, 104, 268–294.

30. Deci, E. L. (1975) *Intrinsic motivation.* New York: Plenum Press.

31. Deci, E. L. & Ryan, R. M. (1985) *Intrinsic motivation and self-determination in human behavior.* New York: Plenum Press.

32. Dörnyei, Z. (2000) Motivation in action: Toward a process-oriented conceptualization of student motivation. *British Journal of Educational Psychology*, 70, 519–538.

33. Dörnyei, Z. (2005) *The psychology of the language learner: Individual differences in second language acquisition.* Mahwah, NJ: Lawrence Erlbaum Associates.

34. Ehrman M. E. & Lever, B. L. (2003) Cognitive styles in the service of language learning. *System*, 31, 391–415.

35. Erhman, M. E., Lever, B. L., & Oxford, R. L. (2003) A brief overview of individual differences in second language learning. *System*, 31, 313–330.

36. Gardner, R. C. (1985) *Social psychology and second language learning: The role of attitudes and motivation.* London: Edward Arnold.

37. Gardner, R. C. & Lambert, W. E. (1972) *Attitudes and motivation in second language learning.* Rowley, MA: Newbury House.

38. Horwitz, E. K. (1987) Surveying student beliefs about language learning. In J. Rubin & A. Wenden (eds.), *Learner strategies in language learning.* Englewood Cliffs, NJ: Prenctice-Hall. pp. 119–129.

39. Horwitz, E. K. (1999) Cultural and situation influences on foreign language learners' beliefs about language learning: A review of BALLI studies. *System*, 27, 557–76.

40. Hulstijn, J. & Laufer, B. (2001) Some empirical evidence for the involvement load hypothesis in vocabulary acquisition. *Language Learning*, 51, 539–558.

41. Kagan, J., Rosman, B. L., Day, D., Albert, J., & Phillips, W. (1964) Information processing in the child: Significance of analytic and reflective attitudes. *Psychological Monographs*, 78 (578), 1–37.

42. Kahneman, D. (1973) *Attention and effort.* Englewood Cliffs, NJ: Prentice-Hall.

43. Keating, G. D. (2008) Task effectiveness and word learning in a second language: The involvement load hypothesis on trial. *Language Teaching Research*, 12, 365–386.

44. Kim, Y. (2008) The role of task-induced involvement and learner proficiency in L2 vocabulary acquisition. *Language Learning*, 58, 285–325.

45. Kolb, D. A. (1984) *Experimental learning: Experience as the source of learning and development.* Englewood Cliffs, NJ: Prentice Hall.

46. Kolb, D. A. (1999) *Learning style inventory, version 3.* Boston, MA: TRG Hay/McBer.

47. Kroll, J. F. & de Groot, A.M.B. (1997) Lexical and conceptual memory in the bilingual: Mapping from meaning to meaning in two languages. In A.M.B. de Groot & J. F. Kroll (eds.), *Tutorials in bilingualism: Psycholinguistic perspectives*. Mahwah, NJ: Lawrence Erlbaum Associates. pp. 169-199.

48. Kroll, J. F. & Stewart, E. (1994) Category interference in translation and picture naming: Evidence for asymmetric connections between bilingual memory representations. *Journal of Memory and Language*, 33, 149-174.

49. Laufer, B. & Hulstijn, J. (2001) Incidental vocabulary acquisition in a second language: The construct of task-induced involvement. *Applied Linguistics*, 22, 1-26.

50. Levelt, W.J.M. (1989) *Speaking: From intention to articulation*. Cambridge, MA: MIT Press.

51. MacIntyre, P. D., Baker, S. D., Clément, R., & Donovan, L. A. (2003) Talking in order to learn: Willingness to communicate and intensive language programs. *The Canadian Modern Language Review*, 54 (4), 589-607.

52. MacIntyre, P. D., Clément, R., Dörnyei, Z., & Noels, K. (1998) Conceptualizing willingness to communicate in a L2: A situational model in a confidence and affiliation. *The Modern Language Journal*, 82, 545-562.

53. McClleland, J. L. & Rumelhart, D. E. (1981) An interactive activation model of context effects in letter perception: Part 1. An account of basic findings. *Psychological Review*, 88, 375-407.

54. McCroskey, J. C. (1992) Reliability and validity of the willingness to communicate scale. *Communication Quarterly*, 40 (1), 16-25.

55. McCroskey, J. C. & Richmond, V. P. (1991) Willingness to communicate: A cognitive view. In M. Booth-Butterfield (ed.), *Communication, cognition, and anxiety*. Newbury Park, CA: Sage. pp. 19-37.

56. Morton, J. (1969) Interaction of information in word recognition. *Psychological Review*, 76, 165-178.

57. Morton, J. (1979) Facilitation in word recognition: Experiments causing change in the logogen model. In P. A. Kolers, M. E. Wrolstad, & H. Bouma (eds.), *Processing of visible language, Vol. 1*. New York: Plenum Press. pp. 259-268.

58. Nation, I.S.P. (2001) *Learning vocabulary in another language*. Cambridge, UK: Cambridge University Press.

59. Nelson, T. D. (1977) Repetition and depth of processing. *Journal of Verbal Learning and Verbal Behavior*, 16, 151-71.

60. O'Malley, J. M. & Chamot, A. U. (1990) *Learning strategies in second language acquisition*. Cambridge, UK: Cambridge University Press.

61. Oxford, R. L. (1990) *Language learning strategies*. Boston, MA: Newbury House.

62. Oxford, R. L. (1999) "Style wars" as a source of anxiety in language classrooms. In D. J. Young (ed.), *Affect in foreign language and second language learning*. New York: McGraw-Hill Humanities/Social Sciences/Languages, pp. 381-403.

63. Potter, M. C., So, K-F., Eckardt, B. B., & Feldman, L. B. (1984) Lexical and conceptual representation in beginning and proficient bilinguals. *Journal of Verbal Learning and Verbal Behavior*, 23, 21-38.

64. Reid, J. M. (ed.) (1995) *Learning styles in the ESL/EFL classroom*. Boston, MA: Heinle

and Heinle.

65. Riding, R. & Cheema, I. (1991) Cognitive styles: An overview and integration. *Educational Psychology*, 11 (3–4), 193–215.

66. Riding, R. J. & Rayner, S. G. (1998) *Cognitive styles and learning strategies*. London: David Fulton Publishers.

67. Takano, Y. & Noda, A. (1993) A temporary decline of thinking ability during foreign language processing. *Journal of Cross-Cultural Psychology*, 24, 445–462.

68. Takano, Y. & Noda, A. (1995) Interlanguage dissimilarity enhances the decline of thinking ability during foreign language processing. *Language Learning*, 45, 657–681.

69. Tulving, E. (1972) Episodic and semantic memory. In E. Tulving & W. Donaldson (eds.), *Organization of memory*. New York: Academic Press. pp. 381–403.

70. Wenden, A. (1999) Metacognitive knowledge and language learning. *Applied Linguistics*, 19 (4), 515–537.

71. Wenden, A. & Rubin, J. (eds.), (1987) *Learner strategies in language learning*. Englewood Cliffs, NJ: Prentice Hall.

72. Witkin, H. A., Lewis, H. B., Hertzman, M., Machover, K., Meissner, P. B., & Wapner, S. (1954) *Personality through perception*. New York: Harper.

73. Yashima, T. (2002) Willingness to communicate in a second language: The Japanese EFL context. *The Modern Language Journal*, 86, 55–66.

5 ｜ 読解

1. 浅野倫子・横澤一彦（2006）「移動窓法を用いた眼球運動測定による校正読みの処理単位の検討」*Technical Report on Attention and Cognition*, 5, 1–2.

2. 安藤昭一（1979）『現代の英語教育 第5巻：読む英語』研究社.

3. 大関嘉成（2008）「読み手の文章内容の受容性と意見文産出との関係」『東北大学大学院教育学研究科研究年報』第56集，第2号，83–99.

4. 大塚一徳・宮谷真人（2007）「日本語リーディングスパン・テストにおけるターゲット語と刺激文の検討」『広島大学心理学研究』7, 19–33.

5. 大伴茂（1933）『教育科学言論』東洋図書.

6. 苧阪直行（1998）「移動窓による読みの実験的研究——周辺視と読みの関係」苧阪直行（編）『読み——脳と心の情報処理』朝倉書店，pp. 17–36.

7. 苧阪満里子・苧阪直行（1994）「読みとワーキングメモリ容量——日本語版リーディングスパンテストによる測定」『心理学研究』第65巻，345–339.

8. 川崎惠理子（2000）『知識の構造と文章理解』風間書房.

9. 工藤与志文（1993）「科学読み物の読解に及ぼす誤った知識の影響」『読書科学』37 (2), 68–76.

10. 国際識字年推進中央実行委員会（1991）『識字と人権——国際識字年と日本の課題』解放出版社.

11. 小森和子・三國純子・近藤安月子（2004）「文章理解を促進する語彙知識の量的側面——既知語率の閾値探索の試み」『日本語教育』120号，83–92.

12. 三國純子・小森和子・近藤安月子（2005）「聴解における語彙知識の量的側面が内容理解に及ぼす影響——読解との比較から」『日本語教育』125号，78–85.

13. 佐藤秀志（1970）「速読と多読」石井正之助（編）『読み領域の指導』研究社. pp. 161–

188.

14. 佐藤泰正（1988）『速読の科学』講談社ブルーバックス．

15. 静哲人（1994）「Vocabulary Pre-teachingの効果に関する実証的研究」『財団法人語学教育研究所紀要』8号，53-70．

16. 柴崎秀子（2005）「第二言語のテキスト理解要因としての背景知識と語彙知識」*Second Language*, 4, 51-74．

17. 柴崎秀子（2006）『第二言語のテキスト理解と読み手の知識』風間書房．

18. 柴崎秀子・玉岡賀津雄（2010）「国語科教科書を基にした小・中学校の文章難易学年判定式の構築」『日本教育工学会論文誌』33（4），449-458．

19. 柴崎秀子・原信一郎（2010）「12学年を難易尺度とする日本語リーダビリティー判定式」『計量国語学』27（6），215-232．

20. 島本たい子（1998）「読解における語彙サイズと語彙方略について」*The JASEC Bulletin*, 7, 71-79．

21. 高橋麻衣子（2004）「黙読と音読による文理解の違い――音韻変換と注意資源の役割に注目して」*Cognitive Studies*, 13（1），121-124．

22. 高橋麻衣子（2007）「文理解における黙読と音読の認知過程：注意資源と音韻変換の役割に注目して」『教育心理学研究』第55巻第4号，538-549．

23. 建石由佳・小野芳彦・山田尚勇（1988）「日本文の読みやすさの評価式」『文書処理とニューマンインターフェース』18（1），1-8．

24. 塚田泰彦（1990）「読みの事前指導における既有知識の位置づけについて」『読書科学』34（3），102-109．

25. 鶴見千津子（2011）「日本語学習者の説明文読解に及ぼす音声化の影響――学習者要因からの検討」『実践女子大学人間社会学部紀要』第7集，139-162．

26. 中條和光・中尾美月（2005）「作動記憶容量と補償的文章読解方略の使用との関係――眼球運動を指標として」『読書科学』49（2），41-52．

27. 中野幸子（1987）「クリティカル・リーディング」高梨庸雄・卯城祐司（編）『英語リーディング事典』研究社，pp. 239-254．

28. 野呂忠司（2001）「多読指導」門田修平・野呂忠司（編・著）『英語リーディングの認知メカニズム』くろしお出版，pp. 339-351．

29. 平塚真理・副田恵理子（2005）「漢字学習における漢字辞書使用の効果――非漢字圏初級学習者を対象に」『日本語教育』125号，86-95．

30. 船橋学園読書教育研究会（1993）『朝の読書が奇跡を生んだ――毎朝10分，本を読んだ女子高生たち』高文研．

31. 麻柄啓一（1990）「誤った知識の組み替えに関する一研究」『教育心理学研究』第39巻，455-461．

32. 松本順子（2002）「日本語学習者の漢字理解に文脈支持が与える影響――英語母語話者の場合」『日本語教育』115号，71-80．

33. 邑本俊亮（1998）『文章理解についての認知心理学的研究 記憶と要約に関する実験と理解過程のモデル化』風間書房．

34. 山崎博敏（2008）「学力を高める『朝の読書』――一日10分が奇跡を起こす 検証された学習効果」メディアパル．

35. 読み書き能力調査委員会（1951）『日本人の読み書き能力』東京大学出版部．

36. 吉野巖・小山道人（2007）「「素朴概念への気づき」が素朴概念の修正に及ぼす影響」『北海道教育大学紀要』57（2），165-175．

37. 横谷英海（2009）「クリティカル・リーディングの充実を目指した読解指導の実践――『読むこと』と『書くこと』の統合を図りながら」『神奈川県立総合研究センター長期研究員

研究報告』7, 79-84.

38. 和歌山県教育委員会（編）(2011)「どうすれば PISA 型読解力を向上させられるか？」『PISA 型読解力向上のための実践指導資料集作成委員会資料集』pp. 8-19.

39. Abbott, V. & Black, J. B. (1986) Goal-related inference in comprehension. In J. A. Galambos, R. P. Abelson, & J. B. Black (eds.), *Knowledge structures*. NJ: Lawrence Erlbaum Association.

40. Alderson, J. C. (1984) Reading in a foreign language: A reading problem or a language problem? In Alderson J. C. & A. H. Urquhart (eds.), *Reading in a foreign language*, NY: Longman. pp. 1-27.

41. Anderson, R. & Peason, D. (1984) *A Schema-theoretic view of basic process in reading comprehension. Handbook of reading research*. NJ: Lawrence Erlbaum Association.

42. Atwell, N. (1998) *In the middle: New understandings about writing, reading, and learning* (Workshop Series). NH: Boynton/Cook Publisher Inc.

43. Baddeley, A. & Hitch, G. (1974) *Psychology of learning & motivation*. NY: Academic Press.

44. Barnett, M. A. (1988) Reading through context: How real and perceived strategy use affects L2 comprehension. *The Modern Language Journal*, 72 (2), 150-162.

45. Bartlett, F. C. (1932) *Remembering: An experimental and social study*. MA: Cambridge University Press.

46. Beck, I. L., McKeown, M. G., Sinatra, G. M., & Loxterman, J. A. (1991) Revising social studies text from a text-processing perspective: Evidence of improved comprehensibility. *Reading Research Quarterly*, 26, 251-276.

47. Block, E. (1986) The Comprehension Strategies of Second Language Readers. *TESOL Quarterly*, 20 (3), 463-494.

48. Bower, G. H., Black, J. B., & Turner, T. J. (1979) Scripts in memory for text. *Cognitive Psychology*, 11 (2), 177-220.

49. Bereiter, C. & Scardamalia, M. (1989) Intentional leaning as a goal of instruction. In B. Resnick (eds.), *Knowing, learning, and instruction: Essays in honor of Robert Glaser*. NJ: Lawrence Erlbaum Associates. pp. 361-392.

50. Burmeister, L. E. (1978) *Reading strategies for middle and secondary school teachers*. MA: Addison-Wesley.

51. Carrell, P. (1983) Three components of background knowledge in reading comprehension. *Language Learning*, 33 (2), 183-207.

52. Carrell, P. (1985) Facilitation ESL reading by teaching text structure. *TESOL Quarterly*, 19 (4), 727-752.

53. Carrell, P. (1991) Second language reading: Reading ability or language proficiency? *Applied Linguistics*, 12, 159-179.

54. Carrell, P. (1992) Awareness of text structure: Effects on recall, *Language Learning*, 42 (1), 1-20.

55. Carver, R. (2000) *The causes of high and low reading achievement*. NJ: Lawrence Erlbaum Association.

56. Clark, M. (1980) The short circuit hypothesis of ESL reading: Or when language competence interferes with reading performance. *Modern Language Journal*, 64, 203-209.

57. Coady, J. (1979) A psycholinguistic model of the ESL reader. In R. Mackey, B. Barkman, & R. R. Jordan (eds.), *Reading in a second language*. Rowley. Mass.: Newbury House. pp. 5-12.

58. Connor, U. (1984) Recall of text: Differences between first and second language readers. *TESOL Quarterly*, 18 (2), 239-256.
59. Crismore, A. (1991) Metadiscourse and discourse processes: Interactive and issues. *Discourse Processes*, 13, 191-295.
60. Cziko, G. (1980) Language and competence and reading strategies: A comparison of first and second language oral reading errors. *Language Learning*, 30, 101-116.
61. Daneman, M. & Carpenter, P. (1980) Individual differences in working memory and reading. *Journal of Verbal Learning and Verbal Behavior*, 19 (4), 450-466.
62. Daneman, M. & Stainton, M. (1991) Phonological recoding in silent reading. *Journal of Experimental Psychology: Learning, Memory, and Cognition*, 17 (4), 618-632.
63. Day, R. R. & Bamford, J. (1998) *Extensive Reading in the Second Language Classroom*. NY: Cambridge University Press.
64. Genesee F, Geva E, Dressler D, & Kamil M. (2006) Synthesis: Cross-linguistic relationships. In D. August & T. Shanahan (eds.), *Developing literacy in second-language learners: Report of the National Literacy Panel on Language-Minority Children and Youth*. NJ: Lawrence Erlbaum, pp. 153-174.
65. Gough, P. B. (1972) One second of reading. In J. F. Kavanagh & I. G. Mattingly (eds.), *Language by Ear and by Eye*. Cambridge: MIT Press. pp. 331-358.
66. Flippo, R. F. (1997) *Reading assessment and instruction: A qualitative approach to diagnosis*, TX: Harcourt Brace College Publishers.
67. Fries, C. C. (1945) *Teaching and learning English as a foreign language*. Mich: University of Michigan Press.
68. Goodman, K. S. (1967) Reading: A psycholinguistic guessing game. *Journal of the Reading Specialist*, 6, 126-135.
69. Gollasch, F. W. (1975) *Language & Literacy*. London: Routledge and Kegan Paul.
70. Goets, E. T., Anderson, R. C., & Schallert, D. L. (1981) The representation of sentences in memory. *Journal of Verbal Learning and Verbal Behavior*, 20, 369-385.
71. Gray, W. S. & Staiger, R. C. (1969) *The teaching of reading and writing: An international survey*, Paris: UNESCO.
72. Grabe, W. (2008) *Reading in a second language: Moving from theory to practice (Cambridge Applied Linguistics)*. NY: Cambridge University Press.
73. Cummins, J. (1979) Linguistic interdependent and the development of bilingual children. *Review of Educational Research*, 49, 222-51.
74. Cummins, J. (1991) Interdependence of first and second language proficiency in bilingual children. Bialystok, E. (ed.), *Language processing in bilingual children*. NY: Cambridge University Press, pp. 70-89.
75. Cummins, J. (2000) *Language, power, and pedagogy: bilingual children in the crossfire*. Bristol: Multilingual Matters Limited.
76. Grasser, A. C., Singer, M., & Trabasso, T. (1994) Constructing inferences during narrative text comprehension. *Psychological Review*, 101, 371-395.
77. Hauptman, P. C. (2000) Some hypotheses on the nature of difficulty and ease in second language reading: An application of schema theory. *English Language Annual*, 33 (6), 622-631.

78. Ikeno, O. (1996) The effects of text-structure-guiding questions on comprehension of texts with varying linguistic difficulties. 『大学英語教育学会紀要』27, 51-68.

79. Jensen, L. (1986) Advanced reading skills in a comprehensive course, In F. Dubin, D. E. Eskey, & W. Grabe. (eds.), *Teaching second language reading for academic purposes*. MA: Addison-Wesley Publishing Company. pp. 103-124.

80. Just, M. A. & Carpenter, P. A. (1987) *A theory of reading and language comprehension*. Boston, MA: Allyn and Bacon.

81. Just, M. A. & Carpenter, P. A. (1992) A capacity theory of comprehension: Individual differences in working memory. *Psychological Review*, 99, 122-149.

82. Kintsch, W. (1970) *Memory and cognition*. New York: Wiley.

83. Kintsch, W., Britton, B. K., Flecher, C. R., Kintsch, E., Manners, S., & Nathan, M. J. (1993) A comprehension-based appoach to learning and understanding. *The Psychology of Learning and Motivation*, 30, 164-214.

84. Kintsch, W. (1998) *Comprehension: A paradigm for cognition*. Cambridge, UK: Cambridge University Press.

85. Kintsch, W. & Keenan, J. M. (1973) Reading rate and retention as a function of the number of propositions in the base structure of sentences. *Cognitive Psychology*, 5, 257-279.

86. Laufer, B. (1992) How much lexis is necessary for reading comprehension? In P. J L. Arnaud & H. Bejoing (eds.), *Vocabulary and applied linguistics*. London: Macmillan. pp. 129-132.

87. Laufer, B. (2000) Task effect on instructed vocabulary learning: The hypothesis of 'involvement' In AILA '99 Tokyo Organizing Committee (eds.), *Selected Papers from AILA '99 Tokyo*, Tokyo: Waseda University Press. pp. 47-62.

88. Levin, H. (1979) *Reading silently and aloud: Perception and its development*. Hillsdale. NJ: Lawrence Erlbaum Associate Inc. pp. 169-182.

89. Lee, J. F. (1986) On the use of the recall task to measure L2 reading comprehension. *Studies in Second Language Acquisition*, 8, 201-211.

90. Liu, N, & Nation, I. S. P. (1985) Factors affecting guessing vocabulary in context. *RELC Journal*, 16, 33-42.

91. Mackworth, J. F. (1972) Some models of the reading process: Learners and skilled children. *Reading Research Quarterly*, 7, 701-733.

92. Masssaro, D. W. (1975) *Understanding language: An information-processing analysis of speech perception, reading, and psycholinguistics*. NY: Academic Press.

93. Mason, B. & Krashen, S. (1997) Extensive reading in English as a foreign language, *System*, 25 (1), 91-102.

94. Nation, I. S. P. (1990) *Teaching and learning vocabulary*. NY: Newbury House Publishers.

95. Oakhill, J. & Garmham, A. (1988) *Becoming a skilled reader*. Cambridge, MA: Basil Blackwell.

96. Osaka, N. (1992) Size of saccade and fixation duration of eye movements during reading: Psychophysics of Japanese text processing. *Journal of Optical Society of America*, 9, 5-13.

97. Osaka M. & Osaka N. (1992) Language

independent working memory as measured by Japanese and English reading span test. *Bulletin of the Psycholnomic Society*, 30, 287–289.
98. Palmar, H. (1917) *The Scientific Study & Teaching of Languages*. London: Harrap.
99. Perkins, K., Brutten, S., & Pohlman, J. (1989) First and Second Language Reading Comprehension. *RELC Journal*, 20, 1–9.
100. Pehrsson, R. (1974) How much of a helper is Mr. Gelper? *Journal of Reading*, 17 (8), 617–621.
101. Pressley, M. & Chatala, E. S. (1990) Self-regulated learning: Monitoring learning form text. *Educational Psychologies*, 25, 19–33.
102. Quian, D. D. (1999) Assessing the roles of depth and breadth of vocabulary knowledge in reading comprehension. *Canadian Modern Language Review*, 56, 282–307.
103. Rumelhart, D. E. (1975) Notes on a Schema for Stories. In D. G. Bobrow & A. M. Collins (eds.), *Representations and understanding: Studies in Cognitive Science*. NY: Academic Press. pp. 211–236.
104. Rumelhart, D. E. (1977a) Towards on Interactive Model of Reading. In S. Dornic (ed.), *Attention and Performance VI: Proceedings of the Six International Symposium on Attention and Performance, Stockholm, Sweden, 1975*. NJ: Lawrence Erlbaum Associates. pp. 573–606.
105. Rumelhart, D. E. (1977b) Understanding and summarizing brief stories. In D. LaBerge & S. J. Sammuels (eds.), *Basic process in reading: Perception and comprehension*. Hillsdale, NJ: Lawrence Erlbaum. pp. 265–303.
106. Rumelhart, D. E. (1980) Schemata: The building blocks of cognition. In R. J. Spiro, B. C. Bruce, & W. F. Brewer (eds.), *Theoretical issues in reading comprehension*. NJ: Lawrence Erlbaum Associates. pp. 35–58.
107. Sato, S., Matsuyoshi, S., & Kondoh, Y. (2008) Automatic Assessment of Japanese Text Readability Based on a Textbook Corpus. *Proceedings of the Sixth International Language Resources and Evaluation*.
108. Sachs, J. S. (1967) Recognition memory for syntactic and semantic aspects of connected discourse. *Perception and Psychophysics*, 2, 437–442.
109. Shepard, R. (1967) Recognition memory for words, sentences, and pictures. *Journal of Verbal Learning and Verbal Behavior*, 6 (1), 156–163.
110. Smith, F. (1994) *Understanding reading* (5th ed.). NJ: Lawrence Erlbaum Associates.
111. Schank, R. C. & Abelson, R. P. (1977) *Scripts, plans, goals, and understanding: An inquiry into human knowledge structures*. NJ: Lawrence Erlbaum Associates.
112. Schmalhofer, F. & Glavanov, D. (1986) Three components of understanding a programmer's manual: Prepositional, and situational representation. *Journal of Memory and Language*, 25, 279–294.
113. Spilich, G. S., Vesonder, G. T., Chiesi, H. L. & Voss, J. F. (1976) Text processing of domain knowledge. *Journal of Verbal Learning and Verbal Behavior*, 18, 275–290.
114. Taylor, S. (1965) Eye Movements in Reading: Facts and Fallacies. *American Educational Research Journal*, 2 (4), 187–202.
115. Thorndyke, P. W. (1977) Cognitive structure in comprehension and memory of narrative discourse. *Cognitive Psychology*, 9, 77–110.
116. Yuill, N. H. & Oakihill. J. V. (1988) Effects

of inference awareness training on poor reading comprehension. *Applied Cognitive Psychology*, 2, 33–45.

117. van den Broek, P.（1994）Comprehension and memory of narrative texts: Inferences and coherence. In Gernsbacher, M. A.（ed.）, *Handbook of psycholinguistics*. CA: Academic Press, pp. 539–588.

118. van Dijk, T. A.（1980）*Macrostructure*. Hillsdale, NJ: Lawrence Erlbaum Associates.

119. van Dijk, T. A.（1987）Episodic models in discourse processing, In R. Horowits & S. J. Samuels（eds.）, *Comprehending oral and written language*. NY: Academic Press. pp. 161–196.

120. Walker, C. & Yekovich, F.（1984）Script-based inferences: Effects of text and knowledge variables on recognition memory. *Journal of Verbal Learning and Verbal Behavior*, 23（3）, 357–370.

121. Wanner, E.（1975）*On remembering, forgetting and understanding sentences*. The Hague: Mouton.

122. Weaver, W. W.（1977）Toward a psychology of reading and language. In A. J. Kingston（ed.）, *Selected writings of Wendell W. Weaver*. GA: The University of Georgia Press. pp. 9–15.

123. Yuill, N. H. & Oakihill, J. V.（1988）Effects of inference awareness training on poor reading comprehension. *Applied Cognitive Psychology*, 2, 33–45.

6 ｜社会言語学・語用論

1. 青木保（1990）『日本文化論の変容』中公文庫．
2. 朝日祥之（2008）『ニュータウン言葉の形成過程に関する社会言語学的研究』ひつじ書房．
3. 東照二（1997）『社会言語学入門――生きた言葉のおもしろさにせまる』研究社．
4. 阿部謹也（1995）『「世間」とは何か』講談社現代新書．
5. 阿部新（2006）『小笠原諸島における日本語の方言接触――方言形成と方言意識』南方新社．
6. 李御寧（1982）『縮み志向の日本人』学生社．［李御寧『縮み志向の日本人』（講談社学術文庫，2007）に再録］
7. 李善姫（2004）「韓国人日本語学習者の「不満表明」について」『日本語教育』123号，27–36．
8. 李善姫（2006）「日韓の「不満表明」に関する一考察――日本人学生と韓国人学生の比較を通して」『社会言語科学』第8巻第2号，53–64．
9. 生駒知子・志村明彦（1993）「英語から日本語へのプラグマティック・トランスファー――「断り」という発話行為について」『日本語教育』79号，41–51．
10. 井出祥子（編）（1997）『女性語の世界』明治書院．
11. 伊藤恵美子（2002）「マレー語母語話者の語用論的能力と滞日期間の関係について――勧誘に対する「断り」行為に見られる工学系ブミプトラのポライトネス」『日本語教育』115号，61–70．
12. 井上史雄（1985）『新しい日本語――〈新方言〉の分布と変化』明治書院．
13. 井上史雄（1994）『方言学の新地平』明治書院．
14. 井上史雄（1998）『日本語ウオッチング』岩波新書．
15. 井上史雄・鑓水兼貴（2002）『辞典〈新しい日本語〉』東洋書林．
16. 今井邦彦（2001）『語用論への招待』大修館書店．

17. 上野智子・定延利之・佐藤和之・野田春美（編）（2005）『ケーススタディ　日本語のバラエティ』おうふう．
18. 氏家洋子（1996）『言語文化学の視点――「言わない」社会と言葉の力』おうふう．
19. 遠藤織枝（編）（2001）『女とことば――女は変わったか日本語は変わったか』明石書店．
20. 大久保喬樹（2003）『日本文化論の系譜――『武士道』から『「甘え」の構造』まで』中公新書．
21. 大久保喬樹（2008）『日本文化論の名著入門』角川選書．
22. 大堀壽夫（編）（2004）『認知コミュニケーション論』大修館書店．
23. 沖裕子（1999）「気がつきにくい方言」『日本語学』第18巻13号，156–164．
24. 沖裕子（2010）「方言談話論の対象と方法」小林隆・篠崎晃一（編）『方言の発見――知られざる地域差を知る』ひつじ書房，pp. 161–182．
25. 金水敏（2003）『ヴァーチャル日本語　役割語の謎』岩波書店．
26. 金水敏（編）（2007）『役割語研究の地平』くろしお出版．
27. 工藤真由美（2004）『日本語のアスペクト・テンス・ムード体系――標準語研究を超えて』ひつじ書房．
28. 工藤真由美（2006）『方言の文法』岩波書店．
29. 工藤真由美（編）（2007）『日本語形容詞の文法――標準語研究を超えて』ひつじ書房．
30. 工藤真由美・八亀裕美（2008）『複数の日本語』講談社選書メチエ．
31. 工藤真由美・森幸一・山東功・李吉鎔・中東靖恵（2009）『ブラジル日系・沖縄系移民社会における言語接触』ひつじ書房．
32. 国立国語研究所（1967–75）『日本言語地図1–6』大蔵省印刷局．
33. 国立国語研究所（1989–91）『方言文法全国地図1–2』大蔵省印刷局．
34. 国立国語研究所（1951）『言語生活の実態――白河市および附近の農村における』秀英出版．
35. 国立国語研究所（1953）『地域社会の言語生活――鶴岡における実態調査』秀英出版．
36. 国立国語研究所（1974）『地域社会の言語生活――鶴岡における20年前との比較』秀英出版．
37. 国立国語研究所（1981）『大都市の言語生活』三省堂．
38. 国立国語研究所（1993）『日本語教育指導参考書20　方言と日本語教育』大蔵省印刷局．
39. 国立国語研究所（2000）『日本語と外国語の対照研究Ⅶ　日本語とポルトガル語（2）――ブラジル人と日本人との接触場面』くろしお出版．
40. 国立国語研究所「病院の言葉」委員会（編）（2009）『病院の言葉をわかりやすく！』勁草書房．
41. 小林隆（1996）「現代方言の特質」小林隆・篠崎晃一・大西拓一郎（編）『方言の現在』明治書院，3–17．
42. 小林隆（2004）「アクセサリーとしての現代方言」『社会言語科学』第7巻第1号，105–107．
43. 小矢野哲夫（2007）「若者ことばと日本語教育」『日本語教育』134号，38–47．
44. 近藤安月子（2002a）「会話に現れる「ノダ」――談話連結論の視点から」上田博人（編）『シリーズ言語科学5　日本語学と言語教育』東京大学出版会，pp. 225–248．
45. 近藤安月子（2002b）「初級日本語教材に見る日本語の性差の扱いの変遷」Language, Information, Text, 9, 1–12．
46. 坂原茂（1985）『日常言語の推論』東京大学出版会．

参考文献

47. 佐々木瑞枝（編）(2006)『日本語とジェンダー』ひつじ書房.
48. 佐竹秀雄 (1995)「若者ことばとレトリック」『日本語学』第14巻12号, 53-60.
49. 定延利之 (2005)『ささやく恋人、りきむレポーター——口の中の文化』岩波書店.
50. 真田信治 (1990)『地域言語の社会言語学的研究』和泉書院.
51. 真田信治（編）(2006)『社会言語学の展望』くろしお出版.
52. 真田信治（監修）岡本牧子・氏原庸子 (2006)『新訂版 聞いておぼえる関西（大阪）弁入門』ひつじ書房.
53. 真田信治・渋谷勝己・陣内正敬・杉戸清樹 (1992)『社会言語学』おうふう.
54. 施信余 (2005)「依頼に対する「断り」の言語行動について——日本人と台湾人の大学生の比較」『早稲田大学日本語教育研究』6号, 45-61.
55. 清水崇文 (2009)『中間言語語用論概論』スリーエーネットワーク.
56. 寿岳章子 (1979)『日本語と女』岩波新書.
57. 髙木裕子・丸山敬介 (2007)「日本語教育におけるバリエーション教材と教育」『日本語教育』134号, 68-79.
58. 高原脩・林宅男・林礼子 (2002)『プラグマティックスの展開』勁草書房.
59. 田中克彦 (1999)『クレオール語と日本語』岩波セミナーブックス.
60. 辻加代子 (2009)『「ハル」敬語考——京都語の社会言語史』ひつじ書房.
61. 土居健郎 (1971)『「甘え」の構造』弘文堂.
62. 東条操 (1953)『日本方言学』吉川弘文館.
63. 徳川宗賢（編）(1979)『日本の方言地図』中公新書.
64. 徳川宗賢・真田信治（編）(1991)『新・方言学を学ぶ人のために』世界思想社.
65. 中尾俊夫・日比谷潤子・服部範子 (1997)『社会言語学概論——日本語と英語の例で学ぶ社会言語学』くろしお出版.
66. 中根千枝 (1967)『タテ社会の人間関係』講談社現代新書.
67. 中村桃子 (2001)『ことばとジェンダー』勁草書房.
68. 中村桃子 (2007a)『〈性〉と日本語』NHKブックス.
69. 中村桃子 (2007b)『「女ことば」はつくられる』ひつじ書房.
70. 名嶋義直 (2007)『ノダの意味・機能——関連性理論の観点から』くろしお出版.
71. 西村史子 (1998)「中級日本語学習者が書く詫びの手紙における誤用分析——文の適切性の観点から」『日本語教育』99号, 72-83.
72. 初鹿野阿れ・熊取谷哲夫・藤森弘子 (1996)「不満表明ストラテジーの使用傾向——日本語母語話者と日本語学習者の比較」『日本語教育』88号, 128-139.
73. 橋元良明（編）(2005)『講座社会言語科学 第2巻 メディア』ひつじ書房.
74. 林宅男（編）(2008)『談話分析のアプローチ』研究社.
75. 東森勲・吉村あき子 (2003)『関連性理論の新展開』研究社.
76. 日高水穂 (2007)『授与動詞の対照方言学的研究』ひつじ書房.
77. 船曳建夫 (2010)『「日本人論」再考』講談社学術文庫.
78. ボイクマン総子・宇佐美洋 (2005)「友人間での謝罪時に用いられる語用論的方策——日本語母語話者と中国語母語話者の比較」『語用論研究』7号, 31-44.
79. 松本修 (1996)『全国アホ・バカ分布考——はるかなる言葉の旅路』新潮文庫.
80. 丸山真男 (1961)『日本の思想』岩波新書.
81. 三宅和子 (2011)『日本語の対人関係把握

と配慮言語行動』ひつじ書房.
82. 山梨正明（1986）『発話行為』大修館書店.
83. 山梨正明（1992）『推論と照応』くろしお出版.
84. 横田淳子（1986）「ほめられた時の返答における母国語からの社会言語学的転移」『日本語教育』58号，203-223.
85. 米川明彦（1997）『若者ことば辞典』東京堂.
86. 米川明彦（1998）『若者語を科学する』明治書院.
87. 米川明彦（2000）『集団語辞典』東京堂.
88. 米川明彦（2001）『業界用語辞典』東京堂.
89. 米川明彦（2009）『集団語の研究』東京堂.
90. れいのるず秋葉かつえ・永原浩行（編）（2004）『ジェンダーの言語学』明石書店.
91. ロング，ダニエル（2002）『小笠原学ことはじめ』南方新社.
92. ロング，ダニエル・中井精一・宮治弘明（編）（2001）『応用社会言語学を学ぶ人のために』世界思想社.
93. 『社会言語科学』（2004）第7巻第1号（【特集】方言）
94. 『日本語学』（1999）第18巻13号（【特集】地域方言と社会方言）
95. 『日本語学』（2010）第29巻14号（【特集】言語接触の世界）
96. 『日本語教育』（2007）134号（【特集】日本語のバリエーションと日本語教育）
97. Austin, J. L. (1962) *How to do things with words*. Oxford, UK: Oxford University Press.
（オースティン，J. L.，坂本百大（訳）（1978）『言語と行為』大修館書店.）
98. Benedict, R. (1946) *The chrysanthemum and the sword*. Boston: Houghton Mifflin.
（ベネディクト，R.，長谷川松治（訳）（2005）『菊と刀——日本文化の型』講談社学術文庫，角田安正（訳）（2008）『菊と刀』光文社古典新訳文庫.）
99. Bernstein, B. (1970) Social class, language and socialization. In Giglioli, P. P. (ed.), (1972) *Language and social context: selected readings*. Harmondsworth: Penguin Books. pp. 157-178.
100. Blakemore, D. (1992) *Understanding utterance: an introduction to pragmatics*. Oxford, UK: Basil Blackwell.
（ブレイクモア，D.，武内道子・山崎英一（訳）（1994）『ひとは発話をどう理解するか』ひつじ書房.）
101. Calvet, L. J. (1993) *La sociolinguistique*. Paris: Presses Universitaires de France.
（カルヴェ，L. J.，萩尾生（訳）（2001）『社会言語学』白水社文庫クセジュ.）
102. Chaudenson, R. (1995) *Les créoles*. Paris: Presses Universitaires de France.
（ショダンソン，R.，糟谷啓介・田中克彦（訳）（2000）『クレオール語』白水社文庫クセジュ.）
103. Coates, J. (1986) *Women, men and language*. London: Longman.
（コーツ，J.，吉田正治（訳）（1990）『女と男とことば——女性語の社会言語学的研究法』研究社.）
104. Dower, J. W. (1999) *Embracing defeat: Japan in the wake of World War II*. New York: W. W. Norton & Company.
（ダワー，J. W.，三浦陽一・高杉忠明・田代泰子（訳）（2001）『敗北を抱きしめて——第二次大戦後の日本人』岩波書店.）
105. Ferguson, C. (1959) Diglossia. *Word*, 15, 325-340.
106. Fishman, J. A. (1972) The relationship between micro- and macro-sociolinguistics in the study of who speaks what language to whom and when. In Pride, J. B. & Holmes, J. (eds.), *Sociolinguistics*. Harmondsworth: Penguin Books. pp. 15-32.

107. Grice, P. (1975) Logic and conversation. In Cole, P. & Morgan, J. (eds.), *Syntax and semantics 3: Speech acts*. New York: Academic Press. pp. 41–58.

108. Grice, P. (1989) *Studies in the way of words*. Cambridge: Harvard University Press. (グライス, P., 清塚邦彦 (訳) (1998) 『論理と会話』勁草書房.)

109. Gumperz, J. (1982) *Discourse strategies*. Cambridge, UK: Cambridge University Press. (ガンパーズ, J., 井上逸兵・出原健一・花崎美紀・荒木瑞夫・多々良直弘 (訳) (2004) 『認知と相互行為の社会言語学——ディスコース・ストラテジー』松柏社.)

110. Halliday, M.A.K. & Hasan, R. (1985) *Language, context, and text: aspects of language in a social-semiotic perspective*. Melbourne: Deakin University. (ハリデー, M.A.K. & ハッサン, R., 筧寿雄 (訳) (1991) 『機能文法のすすめ』大修館書店.)

111. Halliday, M.A.K. & Hasan, R. (1976) *Cohesion in English*. London: Longman. (ハリデー, M.A.K. & ハッサン, R., 安藤貞雄・多田保行・永田龍男・中川憲・高口圭輔 (訳) (1997) 『テクストはどのように構成されるか』ひつじ書房.)

112. Hibiya, J. (1995) The velar nasal in Tokyo Japanese: a case of diffusion from above. *Language variation and change*, 7, 139–152.

113. Kasper, G. (1992) Pragmatic transfer. *Second Language Research*, 8 (3), 203–231.

114. Labov, W. (1963) The social motivation of a sound change. *Word*, 19, 273–309.

115. Labov, W. (1966/2006) *The social stratification of English in New York City*. Cambridge, UK: Cambridge University Press.

116. Lakoff, R. (1975) *Language and woman's place*. New York: Harper & Row. (レイコフ, R., かつえ・あきば・れいのるず & 川瀬裕子 (訳) (1985) 『言語と性——英語における女の地位』有信堂高文社.)

117. Levinson, S. C. (1983) *Pragmatics*. Cambridge, UK: Cambridge University Press. (レヴィンソン, S. C., 安井稔・奥田夏子 (訳) (1990) 『英語語用論』研究社.)

118. Matsuda, K. (1993) Dissecting analogical leveling quantitatively: the case of the innovative potential suffix in Tokyo Japanese. *Language and change*, 5, 1–34.

119. Searle, J. R. (1969) *Speech acts: an essay in the philosophy of language*. Cambridge, UK: Cambridge University Press. (サール, J. R., 坂本百大・土屋俊 (訳) (1986) 『言語行為——言語哲学のための一試論』勁草書房.)

120. Searle, J. R. (1971) What is a speech act? In Searle, J. R. (ed.), *The philosophy of language*. Oxford, UK: Oxford University Press. pp. 39–53.

121. Searle, J. R. (1975) Indirect speech acts. In Cole, P. & Morgan, J. (eds.), *Syntax and semantics 3: Speech acts*. New York: Academic Press. pp. 59–82.

122. Searle, J. R. (1976) A classification of illocutionary acts. *Language in society*, 5 (1), 1–23.

123. Spender, D. (1980) *Man made language*. London: Routledge & Kegan Paul. (スペンダー, D., れいのるず秋葉かつえ (訳) (1987) 『ことばは男が支配する——言語と性差』勁草書房.)

124. Sperber, D. & Wilson, D. (1986) *Relevance: communication and cognition*. Oxford, UK: Basil Blackwell. (スペルベル, D. & ウィルソン, D., 内田聖

二・中邃俊明・宋南先・田中圭子（訳）（1993）『関連性理論――伝達と認知』研究社.）
125. Tannen, D.（1986）*That's not what I meant!* New York: William Morrow.
（タネン，D.，田丸美寿々（訳）（1995）『「愛があるから…」だけでは伝わらない』講談社.）
126. Tannen, D.（1990）*You just don't understand: women and men in conversation.* New York: William Morrow.
（タネン，D.，田丸美寿々（訳）（1992）『わかりあえない理由』講談社.）
127. Todd, L.（1974）*Pidgins and creoles.* London: Routledge & Kegan Paul.
（トッド，L.，田中幸子（訳）（1986）『ピジン・クレオール入門』大修館書店.）
128. Trudgill, P.（1974）*Sociolinguistics: An introduction.* Harmondsworth: Penguin Books.
（トラッドギル，P.，土田滋（訳）（1975）『言語と社会』岩波新書.）
129. Vogel, E. F.（1979）*Japan as number one: lessons for America.* Cambridge: Harvard University Press.
（ヴォーゲル，E.F.，広中和歌子・木本彰子（訳）（1979）『ジャパン・アズ・ナンバー・ワン――アメリカへの教訓』TBSブリタニカ.）
130. Wardhaugh, R.（1992）*An introduction to sociolinguistics*（2nd ed.）. Oxford, UK: Basil Blackwell.
（ウォードハフ，R.，田部滋・本名信行（監訳）（1994）『社会言語学入門 上・下』リーベル出版.）
131. Yule, G.（1996）*Pragmatics.* Oxford, UK: Oxford University Press.
（ユール，G.，高司正夫（訳）（2000）『ことばと発話状況――語用論への招待』リーベル出版.）

7 談話分析・会話分析

1. 秋田喜代美（2006）『授業研究と談話分析』放送大学教育振興会.
2. 阿部純一・桃内佳雄・金子康朗・李光五（1994）『人間の言語情報処理――言語理解の認知科学』サイエンス社.
3. 庵功雄（2007）『日本語におけるテキストの結束性の研究』くろしお出版.
4. 池上嘉彦（1983）「テクストとテクストの構造」国立国語研究所（編）『日本語教育指導参考書11 談話の研究と教育Ⅰ』大蔵省印刷局, pp. 10-27.
5. 市川孝（1978）『国語教育のための文章論概説』教育出版.
6. 石崎晶子（2003）「ポーズに関する研究の概観――学習者の発話におけるポーズ研究の基盤構築に向けて」『言語文化と日本語教育増刊特集号 第二言語習得・教育の研究最前線：あすの日本語教育への道しるべ』増刊特集号, 128-146.
7. 岩崎勝一（2008）「話し言葉の現場性と瞬時性」『日本語学』第27巻5号, 130-141.
8. 伊藤晃（2010）『談話と構文』大学教育出版.
9. 井上和子（2009）『生成文法と日本語研究――「文文法」と「談話」の接点』大修館書店.
10. 植田晃次・山下仁（編・著）（2006）『「共生」の内実――批判的社会言語学からの問いかけ』三元社.
11. 上野田鶴子（1989）「文法とイントネーション」杉藤美代子（編）『講座日本語と日本語教育2 日本語の音声・音韻（上）』明治書院, pp. 298-315.
12. 宇佐美まゆみ（編）（2005）『言語情報学研究報告6 自然会話分析への言語社会心理学的アプローチ』東京外国語大学大学院地域文

化研究科 21 世紀 COE プログラム　言語運用を基盤とする言語情報学拠点.

13. 宇佐美まゆみ (2007)「改訂版：基本的な文字化の原則（Basic Transcription System for Japanese: BTSJ）」〈http://www.tufs.ac.jp/ts/personal/usamiken/btsj.htm〉(2007 年 3 月 31 日).

14. 大野眞男・三輪譲二 (1996)「朗読におけるポーズと発話速度——「相対ポーズ値」の提唱」『岩手大学教育学部附属教育実践研究指導センター紀要』第 6 号, 45-58.

15. 岡本能里子 (1990)「電話による会話終結の研究」『日本語教育』第 72 号, 145-159.

16. 岡本能里子・吉野文 (1997)「電話会話における談話管理——日本語母語話者と日本語非母語話者の相互行為の比較」『世界の日本語教育』第 7 号, 45-59.

17. 尾崎明人 (1992)「『聞き返し』のストラテジーと日本語教育」カッケンブッシュ寛子・尾崎明人・鹿島央・藤原雅憲・籾山洋介（編）『日本語研究と日本語教育』名古屋大学出版会, pp. 251-263.

18. 小野寺典子 (1992)「エスノメソドロジーにおける電話会話の研究と日本語データへの応用」『日本語学』第 11 巻 9 号, 26-38.

19. 加藤重宏 (2001)「談話標識の機能について」『東京大学言語学論集』第 20 号, 121-138.

20. 加藤陽子 (2010)『話し言葉における引用表現——引用標識に注目して』くろしお出版.

21. 加藤好崇 (2010)『異文化接触場面のインターアクション』東海大学出版会.

22. 亀井孝・千野栄一・河野六郎 (1995)『言語学大辞典第 6 巻：術語編』三省堂.

23. 亀山恵 (1999)「談話分析：整合性と結束性」田窪行則・三藤博・片桐恭弘・西山佑司・亀山恵『岩波講座　言語の科学 7　談話と文脈談話と文脈』第 3 章, 岩波書店, pp. 93-124.

24. 金水敏・田窪行則 (1990)「談話管理理論からみた日本語の指示詞」日本認知科学会（編）『認知科学の発展 3』講談社, pp. 85-116.

25. 串田秀也・定延利之・伝康晴（編）『時間の中の文と発話』ひつじ書房.

26. 久野暲 (1978)『談話の文法』大修館書店.

27. 熊谷智子 (1997)「はたらきかけのやりとりとしての会話——特徴の束という形で見た『発話機能』」茂呂雄二（編）『対話と知』新曜社, pp. 21-46.

28. 熊取谷哲夫 (1992)「電話会話の開始と終結における『はい』と『もしもし』と『じゃ』の談話分析」『日本語学』第 11 巻 9 号, 14-25.

29. 熊坂亮 (2003)「対人関係的修辞としてのヘッジ」『独語独文学研究年報』30, 23-40.

30. 小磯花絵 (2006)「会話データの構築法——収録と書き起こし」伝康晴・田中ゆかり（編）『講座社会言語科学 6　方法』ひつじ書房, pp. 170-186.

31. 小阪光一 (1974)「わく構造とテーマ・レーマ」『富山大学教養部紀要　人文・社会科学篇』第 7 号, 153-163.

32. 幸田薫 (1983)「テーマ・レーマ構造と文頭の語順」『静岡大学教養部研究報告　人文・社会科学篇』第 19 巻 1 号, 110-90.

33. 甲田直美 (2001)『談話・テクストの展開のメカニズム——接続表現と談話標識の認知的考察』風間書房.

34. 国立国語研究所 (1987)『談話行動の諸相座談資料の分析』三省堂.

35. 国立国語研究所 (1994)「『発話機能一覧表』について」『日本語教育映像教材　中級編　関連教材——伝えあう言葉 4　機能一覧表』大蔵省印刷局, pp. 1-15.

36. 小宮千鶴子 (1986)「相づち使用の実態——出現傾向とその周辺」『語学教育研究論叢』第 3 号, 43-62.

37. 齊木ゆかり・齊藤真美・古田浩之・間嶋

めぐ (2000)「日本語学習者と母語話者の合同授業における母語話者フィードバックについての研究」『小出記念日本語教育研究会論文集』第 8 号, 41-52.
38. 斉木ゆかり (2002)「会話における学習者フィードバックの一考察——あるピア・フィードバックにおける会話から」『東海大学紀要——留学生教育センター』第 22 号, 73-80.
39. 佐久間まゆみ (1987)「文段認定の一基準——提題表現の統括」『文藝言語研究. 文藝篇』第 11 号, 89-135.
40. 佐久間まゆみ (2003)「文章・談話における『段』の統括機能」北原保雄（監修）・佐久間まゆみ（編）『朝倉日本語講座 7 文章・談話』第 5 章, 朝倉書店, pp. 91-119.
41. 佐竹秀雄 (1995)「若者ことばとレトリック」『日本語学』第 14 巻 12 号, 53-60.
42. 定延利之・田窪行則 (1995)「談話における心的操作モニター機構——心的操作標識『ええと』と『あの (ー)』」『言語研究』第 108 号, 74-93.
43. ザトラウスキー, ポリー (1993)『日本語の談話の構造分析——勧誘のストラテジーの考察』くろしお出版.
44. 佐伯胖（編）(1982)『認知心理学講座 3 推論と理解』東京大学出版会.
45. 柴田実 (1999)「放送の会話は自然談話か」『日本語学』第 18 巻 10 号, 16-27.
46. 杉戸清樹 (1983)「待遇表現としての言語行動——『注釈』という視点」『日本語学』第 2 巻 7 号, 32-42.
47. 杉戸清樹 (1987)「発話のうけつぎ」国立国語研究所（編）『国立国語研究所報告 92 談話行動の諸相——座談資料の分析』三省堂, pp. 68-106.
48. 杉藤美代子 (1997)「話し言葉のアクセント、イントネーション、リズムとポーズ」杉藤美代子（監修）, 国広哲弥・河野守夫・広瀬肇（編）『アクセント・イントネーション・リズムとポーズ』第 1 章, 三省堂, pp. 3-20.
49. 椙本総子 (1993)「会話構成単位と談話標識との関わり——「じゃ」を手がかりに」『日本語・日本文化研究』第 3 号, 105-120.
50. 鈴木聡志 (2007)『会話分析・ディスコース分析——ことばの織りなす世界を読み解く』新曜社.
51. 関崎博紀 (2010)「日本人同士の『生の会話』を利用した会話教育——会話の文字化を組み込んだプロジェクトワークを通して」『筑波大学留学生センター日本語教育論集』第 25 号, 1-16.
52. 大工原勇人 (2008)「指示詞系フィラー『あの (ー)』・『その (ー)』』の用法」『日本語教育』第 138 号, 53-62.
53. 高梨克也・森本郁代 (2009)「発言権の構造」大坊郁夫・永瀬治郎（編）『講座社会言語科学 3 関係とコミュニケーション』ひつじ書房, pp. 100-119.
54. 龍城正明 (2000)「テーマ・レーマの解釈とスープラテーマ——プラーグ言語学派から選択体系機能言語学へ」小泉保（編）『言語研究における機能主義——誌上討論会』くろしお出版, pp. 49-73.
55. 田窪行則 (1992)「談話管理の標識について」文化言語学編集委員会（編）『文化言語学——その提言と建設』三省堂, pp. 1110-1097.
56. 田窪行則・金水敏 (1996a)「対話と共有知識: 談話管理理論の立場から」『月刊言語』第 25 巻 1 号, 30-39.
57. 田窪行則・金水敏 (1996b)「複数の心的領域による談話管理」『認知科学』第 3 巻第 3 号, 59-74.
58. 田窪行則・西山佑司・三藤博・亀山恵・片桐恭弘 (1999)『岩波講座 言語の科学 7 談話と文脈』岩波書店.
59. 田中春美・田中幸子（編・著）(1996)『社

会言語学への招待——社会・文化・コミュニケーション』ミネルヴァ書房.

60. 陳姿菁（2002）「日本語におけるあいづち研究の概観及びその展望」『言語文化と日本語教育』増刊特集号, 222-235.

61. 辻大介（1996）「若者におけるコミュニケーション様式変化——若者語のポストモダニティ」『東京大学社会情報研究所紀要』第 51 号, 42-61.

62. 辻大介（1999）「若者語と対人関係」『東京大学社会情報研究所紀要』第 57 号, 17-42.

63. 伝晴康（2008）「話し言葉の性質」『日本語学』第 27 巻 5 号, 34-43.

64. 伝康晴・渡辺美知子（2009）「音声コミュニケーションにおける非流暢性の機能」『音声研究』第 13 巻第 1 号, 53-64.

65. 外池滋生（1989）「『は，も，が』の論理形式——文文法と談話文法のインターフェイス」『明治學院論叢』第 446 号, 51-75.

66. 中田智子（1990）「発話の特徴記述について——単位としての move と分析の観点」『日本語学』第 11 巻 9 号, 112-118.

67. 西阪仰（2004）「電話の会話分析——日本語の電話の開始」山崎敬一（編）『実践エスノメソドロジー入門』第 8 章, 有斐閣, pp. 113-129.

68. ネウストプニー, J.V.（1994）「日本研究の方法論——データ収集の段階」『待兼山論叢日本学篇（日本学）』第 28 号, 1-24.

69. ネウストプニー, J.V.（2002）「データをどう集めるか」ネウストプニー, J.V.・宮崎里司（編）（2002）『言語研究の方法——言語学・日本語学・日本語教育学に携わる人のために』くろしお出版, pp. 15-34.

70. 野呂香代子・山下仁（編）（2001）『「正しさ」への問い——批判的社会言語学の試み』三元社.

71. 橋内武（1999）『ディスコース——談話の織りなす世界』くろしお出版, pp. 121-123.

72. 畑佐由紀子（編）（2008）『外国語としての日本語教育——多角的視野に基づく試み』くろしお出版.

73. 林宅男（2008）『談話分析のアプローチ——理論と実践』研究社.

74. 日向茂男・日比谷潤子（1988）『外国人のための日本語例文・問題シリーズ 16　談話の構造』荒竹出版.

75. 藤田朋世・野口美美・山下貴子・尾崎美美（2006）「自然会話データを用いた研究の文献報告」宇佐美まゆみ（編）『言語情報学研究報告 13　自然会話分析への言語社会心理学的アプローチ』東京外国語大学大学院地域文化研究科 21 世紀 COE プログラム言語運用を基盤とする言語情報学拠点, pp. 121-155.

76. ファン, S. K.（2002）「対象者の内省を調査する(1)：フォローアップ・インタビュー」ネウストプニー, J.V.・宮崎里司（編）『言語研究の方法——言語学・日本語学・日本語教育学に携わる人のために』くろしお出版, pp. 87-96.

77. ベケシュ, アンドレイ（1987）『テクストとシンタクス——日本語におけるコヒージョンの実験的研究』くろしお出版.

78. 坊農真弓・高梨克也（共編），人工知能学会（編）（2009）『多人数インタラクションの分析手法』オーム社.

79. 堀口純子（1988）「コミュニケーションにおける聞き手の言語行動」『日本語教育』第 64 号, 13-26.

80. 堀口純子（1991）「あいづち研究の現段階と課題」『日本語学』第 10 巻 10 号, 31-41.

81. 堀口純子（1997）『日本語教育と会話分析』くろしお出版.

82. 前川喜久雄（2008）「話し言葉と書き言葉」『日本語学』第 27 巻 5 号, 23-33.

83. 牧野成一（1980）『くりかえしの文法——

日・英語比較対照』大修館書店.
84. 丸井一郎（2006）『言語相互行為の理論のために――「当たり前」の分析』三元社.
85. 三上章（1960）『日本語文法入門　象は鼻が長い』くろしお出版.
86. 水谷修（編）（1983）『講座日本語の表現3　話しことばの表現』筑摩書房.
87. 水谷信子（1983）「あいづちと応答」水谷修（編）『講座日本語の表現3　話しことばの表現』筑摩書房, pp. 37-44.
88. 水谷信子（1984）「日本語教育と話しことばの実態――あいづちの分析」金田一春彦博士古稀記念論文集編集委員会（編）『金田一春彦博士古稀記念論文集　第二巻　言語学編』三省堂, pp. 261-279.
89. 水島梨紗（2009）「談話研究における『フレーム』の概念を再考する」『北海道大学大学院国際広報メディア・観光学院院生論集』第5号, 97-102.
90. 南不二男（1981）「日常会話の話題の推移――松江テクストを資料として」藤原与一先生古稀御健寿祝賀論集刊行委員会（編）『藤原与一先生古稀記念論集　方言論叢Ⅰ――方言研究の推進』三省堂, pp. 87-112.
91. 南不二男（1972）「日常会話の構造――とくにその単位について」『月刊言語』第1巻2号, 108-115.
92. 三牧陽子（1999）「初対面会話における話題選択スキーマとストラテジー――大学生会話の分析」『日本語教育』第103号, 49-58.
93. 村岡英裕（1999）『日本語教師の方法論――教室談話分析と教授ストラテジー』凡人社.
94. 村岡英裕（2004）「フォローアップ・インタビューにおける質問と応答」『接触場面の言語管理研究』第3号, 209-226.
95. 村上恵・熊取谷哲夫（1995）「談話トピックの結束性と展開構造」『表現研究』第62号, 101-111.
96. 村田美穂子（1994）「ぼかし表現の新方向」『国文学解釈と鑑賞』第59巻第7号, 119-126.
97. メイナード, 泉子・K（1993）『日英語対照研究シリーズ2　会話分析』くろしお出版.
98. メイナード, 泉子・K（1997）『談話分析の可能性――理論・方法・日本語の表現性』くろしお出版.
99. メイナード, 泉子・K（2005）『談話表現ハンドブック』くろしお出版.
100. 茂呂雄二（1997）「談話の認知科学への招待」茂呂雄二（編）『対話と知――談話の認知科学入門』序章, 新曜社, pp. 1-46.
101. 山岡政紀（2008）『発話機能論』くろしお出版.
102. 山根智恵（2002）『日本語の談話におけるフィラー』くろしお出版.
103. 山本冨美子（1991）「日本語学習者側のコミュニケーション・ストラテジーについて」『名古屋大学日本語学科日本語教育論集』第2号, 116-132.
104. 横林宙世・下村彰子（1988）『外国人のための日本語例文・問題シリーズ6　接続の表現』荒竹出版.
105. 好井裕明・山田富秋・西阪仰（1999）『会話分析への招待』世界思想社.
106. 李麗燕（2000）『日本語母語話者の雑談における「物語」の研究――会話管理の観点から』くろしお出版.
107. Blau, E. K. (1991) More on comprehensible input: The effect of pauses and hesitation markers on listening comprehension. San Juan, PR: *Annual Meeting of the Puerto Rico Teachers of English to Speakers of Other Languages*, University of Puerto Rico. Retrieved from the ERIC database.
〈http://www.eric.ed.gov/ERICWebPortal/detail?accno=ED340234〉［Accessed on October 1st, 2010］.

108. Brown, G. & Yule, G.（1983）*Discourse analysis*. Cambridge, UK: Cambridge University Press.
109. Celce-Murcia, M., Dőrnyei, Z. & Thurrell, S.（1995）Communicative competence: A pedagogically motivated model with content specifications. *Applied Linguistics*, 6（2）, 5-35.
110. Chafe, W. L.（1980）The deployment of consciousness. In W. L. Chafe（ed.）, *The pear stories: Cognitive, cultural, and linguistic aspects of narrative production*. New York: Ablex Publishing. pp. 9-50.
111. Chafe, W. L.（1982）Integration and involvement in speaking, writing, and oral literature. In D. Tannen（ed.）, *Spoken and written language: exploring orality and literacy*. New York: Ablex Publishing. pp. 35-53.
112. Chafe, W. L.（1987）Cognitive constrains on information flow. In R. Tomlin（ed.）, *Coherence and grounding in discourse*. Amsterdam/Philadelphia: John Benjamins. pp. 21-51.
113. Chafe, W. L.（1988）Linking intonation units in spoken English. In J. Haiman & S. A. Thompson（eds.）, *Clause combining in grammar and discourse*. Amsterdam/ Philadelphia: John Benjamins. pp. 1-27.
114. Clancy, P. M.（1986）The acquisition of communicative style in Japanese. In B. B. Schieffelin & E. Ochs（eds.）, *Language socialization across cultures: Studies in the social and cultural foundations of language*. Cambridge, UK/New York: Cambridge University Press. pp. 213-249.
115. Coulthard, M.（1985）*An introduction to discourse analysis*. London: Longman.
（クールタード, M.、吉村昭一・貫井孝典・鎌田修（訳）（1999）『談話分析を学ぶ人のために』世界思想社.）
116. Du Bio, J. W., Cumming, S., Schuetze-Coburn, S. & Paolino, D.（1992）Discourse transcription. *Santa Barbara Papers in Linguistics*, 4, 1-225.
117. Edelsky, C.（1981）Who's got the floor? *Language in Society*, 10, 383-421.
118. Erickson, F.（1982）Money tree, lasagna bush, salt and pepper: Social construction of topical cohesion in a conversation among Italian-Americans. In D. Tannen（ed.）, *Analyzing discourse: Text and talk*. Washington, DC: Georgetown University Press. pp. 43-70.
119. Fairclough, N.（1989）*Language and power*. London/New York: Longman.
120. Fitzgerald, H.（2002）*How different are we?: Spoken discourse in intercultural communication*. Bristol, UK: Multilingual Matters.
（フィッツジェラルド, H.、重光由加・大谷麻美・大塚容子（訳）（2010）『文化と会話スタイル——多文化社会・オーストラリアに見る異文化コミュニケーション』ひつじ書房.）
121. Fowler, R., Hodge, B., Kress, G. & Trew, T.（1979）*Language and control*. Oxford, UK/ Florence, KT: Routledge and Kegan Paul.
122. Fraser, B.（1990）An approach to discourse markers. *Journal of Pragmatics*, 14（3）, 383-398.
123. Goffman, E.（1974）*Frame analysis: An essay on the organization of experience*. Boston: Northeastern University Press.
124. Goffman, E.（1981）*Forms of talk*. Philadelphia: University of Pennsylvania Press.
125. Grosz, B. & Sidner, C.（1986）Attention, intention, and the structure of discourse. *Computational Linguistics*, 12（3）, 175-204.
126. Gumperz, J. J.（1982）*Discourse strategies*. Cambridge, UK: Cambridge University Press.

127. Halliday, M.A.K. & Hasan, R.（1976）*Cohesion in English*. Chelmsford, UK/ White Plains, NY: Longman.
（ハリティ，M.A.K. & ハサン，R.，安藤貞雄・多田保行・永田龍男・中川憲・高口圭轉（訳）（1997）『テクストはどのように構成されるか――言語の結束性』ひつじ書房．）
128. Hobbs, J. R.（1990）*Literature and cognition*. CSLI Lecture Notes 21. Stanford, CA: Center for the Study of Language and Information.
129. House, J. R. & Kasper, G.（1981）Politeness markers in English and German. In F. Coulmas（ed.）, *Conversational routine*. Berlin, Germany: De Gruyter Mouton.
130. Hymes, D.（1972）Models of the interaction of language and social life. In J. J. Gumperz & D. Hymes（eds.）, *Directions in sociolinguistics: The ethnography of communication*. New York: Holt, Rinehart and Winston. pp. 35–71.
131. Josh, A. & Weinstein, W.（1998）Formal systems for complexity and control of inference: A reprise and some hints. In M. A. Walker, A. K. Joshi & E. F. Prince（eds.）, *Centering theory in discourse*. Oxford: Clarendon Press. pp. 31–38.
132. Kasper, G. & Kellerman, E.（eds.）（1997）*Communication strategies: Psycholinguistic and sociolinguistic perspectives*. London/New York: Longman.
133. Kress, G. & Hodge, R.（1979）*Language as ideology*. London/Boston: Routledge & Kegan Paul.
134. Labov, W.（1972）*Language in the inner city: Studies in the black English vernacular*. Philadelphia: University of Pennsylvania Press.
135. Lakoff, G.（1973）Hedges: A study in meaning criteria and the logic of fuzzy concepts. *Journal of Philosophical Logic*, 2（4）, 458–508.
136. Lauwereyns, S.（2000）*Hedges in Japanese spoken discourse: A comparison between younger and older speakers*. Ph.D. dissertation. East Lansing, MI: Michigan State University.
137. Mann, W. & Thompson, S.（1988）Rhetorical structure theory: Toward a functional theory or text organization. *Text*, 8（3）, 243–281.
138. McCarthy, M.（1991）*Discourse analysis for language teachers*. Cambridge, UK; New York: Cambridge University Press.
（マッカーシー，M.，安藤貞雄・加藤克美（訳）（1995）『語学教師のための談話分析』大修館書店．）
139. Mehan, H.（1979）*Learning lessons: Social organization in the classroom*. Cambridge: Harvard University Press.
140. Ochs, E.（1979）Planned and unplanned discourse. In T. Givón（ed.）, *Syntax and semantics, Vol. 12: Discourse and syntax*. New York: Academic Press. pp. 51–80.
141. Polanyi, L.（1985）Conversational storytelling. In T. A. Van Dijk（ed.）, *Handbook of discourse Analysis, Vol. 3: Discourse and dialogue*. London/Tokyo: Academic Press. pp. 183–201.
142. Ryave, A. L.（1978）On the achievement of a series of stories. In J. Schenkein（ed.）, *Studies in the organization of conversational interaction*. New York: Academic Press. pp. 113–132.
143. Sacks, H.（1972）On the analyzability of stories by children. In J. J. Gumperz & D. Hymes（eds.）, *Directions in sociolinguistics: The ethnography of communication*. New York:

Holt, Rinehart and Winston. pp. 325–345.

144. Sacks, H., Schegloff, E. A. & Jefferson, G. (1974) A simplest systematics for the organization of turn-taking for conversation. *Language*, 50 (4), 696–735.
（サックス，H., シェグロフ，E. A. & ジェファソン，G., 西阪仰（訳）・サフト，S.（翻訳協力）(2010)「会話のための順番交替の組織――最も単純な体系的記述」『会話分析基本論集――順番交替と修復の組織』世界思想社，pp. 3–153.）

145. Savignon, S. J. (1997) *Communicative competence: Theory and classroom practice: texts and contexts in second language learning*. New York: The McGraw-Hill.
（サヴィニョン，S. J., 草野ハベル清子・佐藤一嘉・田中春美（訳）(2009)『コミュニケーション能力――理論と実践』法政大学出版局.）

146. Schegloff, E. A. (1968) Sequencing in conversational openings. *American Anthropologist*, 70 (6), 1075–1095.

147. Schegloff, E. A. (1979) Identification and recognition in telephone conversation openings. In G. Psathas (ed.), *Everyday language studies in ethnomethodology*. New York: Irvington Publishers: distributed by Halsted Press. pp. 23–78.

148. Schegloff, E. A., Jefferson, G. & Sacks, H. (1977) The preference for self-correction in the organization of repair in conversation. *Language*, 53 (2), 361–382.
（シェグロフ，E. A., ジェファソン，G. & サックス，H., 西阪仰（訳）・サフト，S.（翻訳協力）(2010)「会話における修復の組織――自己訂正の優先性」『会話分析基本論集――順番交替と修復の組織』世界思想社，pp. 157–264.）

149. Schegloff, E. A. & Sacks, H. (1973) Opening up closings. *Semiotica*, 8 (4), 289–327.
（シェグロフ，E. A. & サックス，H., 北澤裕・西沢仰（訳）(1989)「会話はどのように終了されるのか」『日常性の解剖学――知と会話』マルジュ社，pp. 175–241.）

150. Schiffrin, D. (1987) *Discourse markers*. Cambridge/New York: Cambridge University Press.

151. Schiffrin, D. (1994) *Approaches to discourse*. Cambridge, MA/Oxford, UK: Blackwell.

152. Schourup, L. (1999) Discourse markers. *Lingua*, 107, 227–265.

153. Sinclair, J. M. & Brazil, D. (1982) *Teacher talk*. Oxford: Oxford University Press.

154. Sinclair, J. M. & Coulthard, M. (1975) *Towards an analysis of discourse: The English used by teachers and pupils*. London: Oxford University Press.

155. Stubbs, M. (1983) *Discourse analysis: The sociolinguistic analysis of natural language*. Oxford: Blackwell.
（スタッブス，M., 南出康世・内田聖二（訳）(1989)『談話分析――自然言語の社会言語学的分析』研究社.）

156. Tannen, D. (1984) *Conversational style: Analyzing talk among friends*. Norwood, NJ: Ablex Pub. Corp.

157. Tannen, D. (1986) *That's not what I meant!: How conversational style makes or breaks relationships*. New York: Ballantine Books.

158. Tannen, D. (1993) What's in a frame? Surface evidence for underlying expectations. In D. Tannen (ed.), *Framing in discourse*. New York/Oxford: Oxford University Press. pp. 14–56.

159. Tannen, D. & Wallat, C. (1993) Interac-

tive frames and knowledge schemas in interaction: Examples from a medical examination/interviews. In D. Tannen (ed.), *Framing in discourse*. New York/Oxford: Oxford University Press. pp. 57–76.

160. Tarone, E. (1983) Some thoughts on the notion of communication strategy. In C. Faerch & G. Kasper (eds.), *Strategies in interlanguage communication*. London/New York: Longman. pp. 61–74.

161. Tsui, A.B.M. (1991) Sequencing rules and coherence in discourse. *Journal of Pragmatics*, 15 (2), 111–129.

162. Usami, M. (2002) *Discourse politeness in Japanese conversation: Some implications for a universal theory of politeness*. Tokyo: Hituzi Syobo.

163. Van Dijk, T. A. (1977) *Text and context: Explorations in the semantics and pragmatics of discourse*. London/New York: Longman.

164. Van Dijk, T. A. (1995) Aims of critical discourse analysis. *Japanese Discourse: An international journal for the study of Japanese text and talk*, 1 (1), 17–27.

165. Watanabe, M., Hirose, K., Den, Y. & Minematsu, N. (2008) Filled pauses as cues to the complexity of upcoming phrases for native and non-native listeners. *Speech Communication*, 50 (2), 81–94.

166. Wodak, R. & Meyer, M. (2001) *Methods of critical discourse analysis*. London: Sage.
（ヴォダック, R. & マイヤー, E. A., 野呂香代子（監訳）(2010)『批判的談話分析入門——クリティカル・ディスコース・アナリシスの方法』三元社.）

8 ポライトネス・待遇表現

1. 池上嘉彦・守屋三千代（編・著）(2009)『自然な日本語を教えるために——認知言語学をふまえて』ひつじ書房.
2. 石居圭(2005)『よくわかる文章表現の技術Ⅲ——文法編』明治書院.
3. 伊集院郁子(2004)「母語話者による場面に応じたスピーチスタイルの使い分け——母語場面と接触場面の相違」『社会言語科学』第6巻第2号, 12–26.
4. 井出祥子(2001)「国際化社会の中の敬意表現——その国際性と文化独自性」『日本語学』第20巻4号, 4–13.
5. 井出祥子(2006)『わきまえの語用論』大修館書店.
6. 伊藤恵美子(2002)「マレー語母語話者の語用的能力と滞日期間の関係について——勧誘に対する『断り』行為に見られる工学系ブミプトラのポライトネス」『日本語教育』115号, 61–70.
7. 井上史雄(1994)『方言学の新地平』明治書院.
8. 井上史雄(1999)『敬語はこわくない——最新用例と基礎知識』講談社.
9. 任炫樹(2004)「日韓断り談話におけるポジティブ・ポライトネス・ストラテジー」『社会言語科学』第6巻第2号, 27–43.
10. 宇佐美まゆみ(1995)「談話レベルから見た敬語使用——スピーチレベルシフト生起の条件と機能」『学苑』662号, 27–42.
11. 宇佐美まゆみ(2001a)「ポライトネス理論から見た〈敬意表現〉——どこが根本的に異なるか」『月刊言語』第30巻12号, 18–25.
12. 宇佐美まゆみ(2001b)「談話のポライトネス——ポライトネスの談話理論構想」国立国語研究所（編）『第7回国立国語研究所国際シ

ンポジウム第4専門部会　談話のポライトネス』，凡人社，pp. 9-58.
13. 宇佐美まゆみ (2008)「ポライトネス理論研究のフロンティア――ポライトネス理論研究の課題とディスコース・ポライトネス理論」『社会言語科学』第11巻第1号，4-22.
14. 岡本真一郎 (2009)「ポライトネス」大坊郁夫・永瀬治郎 (編)『講座社会言語科学第3巻関係とコミュニケーション』ひつじ書房，pp. 38-59.
15. 岡本真一郎・多門靖容 (1996)「『ごくろうさま』の使用の状況的規定因」『日本語教育』91号，96-107.
16. 岡本能里子 (1997)「教室談話における文体シフトの指標的機能――丁寧体と普通体の使い分け」『日本語学』第16巻3号，39-51.
17. 小川誉子美・前田直子 (2003)『日本語文法演習　敬語を中心とした対人関係の表現――待遇表現』スリーエーネットワーク.
18. 沖裕子 (2001)「地域社会に生きる敬意表現」『日本語学』第20巻4号，58-67.
19. 甲斐睦朗 (2008)「『敬語の指針』を読む」『日本語学』第27巻7号，10-16.
20. 蒲谷宏・川口義一・坂本恵・清ルミ・内海美也子 (2006)『敬語表現教育の方法』大修館書店.
21. 蒲谷宏・金東奎・髙木美嘉 (2009)『敬語表現ハンドブック』大修館書店.
22. 菊地康人 (1997)『敬語』講談社.
23. 北原保雄 (監修)・菊池康人 (編) (2003)『朝倉日本語講座8　敬語』朝倉書店.
24. 金庚芬 (2005)「会話に見られる『ほめ』の対象に関する日韓対照研究」『日本語教育』124号，13-22.
25. 国広哲弥 (1990)「『呼称』の諸問題」『日本語学』第9巻9号，4-7.
26. 国広哲弥 (2000)「人はなぜ言葉を言い換えるか」『月刊言語』第29巻10号，20-25.
27. 熊谷智子 (1995)「依頼の仕方――国研岡崎調査のデータから」『日本語学』第14巻11号，22-32.
28. 国語審議会 (2000)「現代社会における敬意表現」(国語審議会答申)
〈http://www.mext.go.jp/b_menu/shingi/12/kokugo/toushin/001216.htm〉(2011年9月9日)
29. 国立国語研究所 (1990)『日本語教育指導参考書17　敬語教育の基本問題 (上)』大蔵省印刷局.
30. 坂本恵 (2001)「『敬語』と『敬意表現』」『日本語学』第20巻4号，14-21.
31. 笹川洋子 (1994)「異文化間に見られる『丁寧さのルール』の比較――九言語比較調査データの再分析から」『異文化間教育』第8号，44-58.
32. 佐竹秀雄・西尾玲見 (2005)『(日本語を知る・磨く) 敬語の教科書』ベレ出版.
33. 鈴木孝夫 (1973)「人を表すことば」『ことばと文化』第6章，岩波書店，pp. 129-206.
34. 鈴木孝夫 (1975)『ことばと社会』中央公論社.
35. 鈴木睦 (1997)「日本語教育における丁寧体世界と普通体世界」田窪行則 (編)『視点と言語行動』くろしお出版，pp. 45-76.
36. 滝浦真人 (2001)「〈敬意〉の綻び――敬語論とポライトネスと『敬意表現』」『月刊言語』第30巻12号，26-33.
37. 滝浦真人 (2005)『日本の敬語論――ポライトネス理論からの再検討』大修館書店.
38. 滝浦真人 (2007)「呼称のポライトネス――"人を呼ぶこと"の語用論」『月刊言語』第36巻12号，32-39.
39. 西尾純二 (2001)「マイナスの敬意表現の諸相」『日本語学』第20巻4号，68-77.
40. 西田直敏 (1995)『『自敬表現』の歴史的研究』和泉書院.

41. 西田直敏（2003）「敬語史と現代敬語――付　敬語研究小史」北原保雄（監修）・菊池康人（編）『朝倉日本語講座8　敬語』第11章, 朝倉書店, pp. 225–251.
42. 日本語記述文法研究会（編）(2009)「待遇表現」『現代日本語文法7　第12部談話・第13部待遇表現』くろしお出版, pp. 227–299.
43. 野田尚史（1998）「『ていねいさ』からみた文章・談話の構造」『国語学』194集, 90–102.
44. 文化審議会（2007）「敬語の指針」（文化審議会答申）〈http://www.bunka.go.jp/bunkashingikai/soukai/pdf/keigo_tousin.pdf〉(2011年9月9日)
45. 文化庁（1971）『日本語教育指導参考書2　待遇表現』大蔵省印刷局.
46. 星野命（1989）「マイナス敬語としての軽卑語、罵語、悪口」『日本語教育』69号, 110–120.
47. 堀口純子（1997）『日本語教育と会話分析』くろしお出版.
48. 牧野成一（1996）『NAFL選書12　ウチとソトの言語文化学――文法を文化で切る』アルク.
49. 水谷信子（1980）「外国語の修得とコミュニケーション」『言語生活』344号, 28–36.
50. 水谷信子（1989）「待遇表現指導の方法」『日本語教育』69号, 24–35.
51. 南不二男（1974）『現代日本語の構造』大修館書店.
52. 三牧陽子（2007）「文体差と日本語教育」『日本語教育』134号, 58–67.
53. 三宅和子（1994）「『詫び』以外で使われる詫び表現――その多用化の実態とウチ・ソト・ヨソの関係」『日本語教育』82号, 134–146.
54. 宮地裕（2008）「『敬語の指針』について」『日本語学』第27巻7号, 4–9.
55. Brown, R. & Gilman, A.（1960）The pronouns of power and solidarity. In Sebeok, T. (ed.), *Style in language*. Cambridge: M.I.T. Press. pp. 253–276.
56. Brown, P. & Levinson, S.（1987）*Politeness: Some universals in language usage*. Cambridge: Cambridge University Press.
57. Goffman, E.（1967）*Interaction ritual: Essays on face behavior*. New York: Pantheon Books.
58. Grice, H. P.（1975）Logic and conversation. In Cole, P. & Morgan, J. L.（eds.）, *Syntax and semantics 3: Speech acts*. New York: Academic Press. pp. 41–58.
59. Ide, S.（1989）Formal forms and discernment: Two neglected aspects of universals of linguistic politeness. *Multilingua*, 8-2/3, 223–248.
60. Lakoff, R.（1973）The logic of politeness: or minding your p's and q's. *Papers from the ninth regional meeting of the Chicago Linguistic Society*, 292–305.
61. Lakoff, R.（1975）*Language and woman's place*. New York: Harper & Row.
62. Leech, G.（1983）*Principles of pragmatics*. London: Longman.
63. Maynard, S. K.（1992）Toward the pedagogy of style: Choosing between abrupt and formal verb forms in Japanese.『世界の日本語教育』2号, 27–43.
64. Maynard, S. K.（1997）*Japanese communication: Language and thought in context*. Honolulu: University of Hawaii Press.

9　日本語教育文法

1. 井上史雄（1986）「言葉の乱れの社会言語学」『日本語学』第5巻12号, 40–54.

参考文献

2. 井上優（1997）「『もしもし、切符を落とされましたよ』——終助詞『よ』を使うことの意味」『言語』第26巻7号, 62-67.
3. 尾上圭介（1999a）「南モデルの内部構造」『言語』第28巻11号, 95-102.［尾上圭介（2001）『文法と意味Ⅰ』（くろしお出版, pp. 334-343）に再録］
4. 尾上圭介（1999b）「南モデルの学史的意義」『言語』第28巻12号, 78-83.［尾上圭介（2001）『文法と意味Ⅰ』（くろしお出版, pp. 345-353）に再録］
5. 大谷博美（1995a）「ヲとヲとφ——ヲ格の助詞の省略」宮島達夫・仁田義雄（編）『日本語類義表現の文法（上）単文編』くろしお出版, pp. 62-66.
6. 大谷博美（1995b）「ハとガとφ——ハもガも使えない文」宮島達夫・仁田義雄（編）『日本語類義表現の文法（上）単文編』くろしお出版, pp. 287-295.
7. 奥田靖雄（布村政雄）（1977）「アスペクトの研究をめぐって——金田一的段階」『宮城教育大学　国語国文』8号, 51-63.［奥田靖雄（1985）『ことばの研究・序説』（むぎ書房, pp. 85-104）に再録］
8. 加藤重弘（2003）「第5章　ゼロ助詞の機能」『日本語修飾構造の語用論的研究』ひつじ書房, pp. 331-391.
9. 菊池康人（1997）「変わりゆく『させていただく』」『言語』第26巻6号, 40-47.
10. 菊池康人（2006）「主題のハと、いわゆる主題性の無助詞」益岡隆志・野田尚史・森山卓郎（編）『日本語文法の新地平2　文論編』くろしお出版, pp. 1-26.
11. 金水敏（1989）「代名詞と人称」北原保雄（編）『講座日本語と日本語教育4　日本語の文法・文体（上）』明治書院, pp. 98-116.
12. 金田一春彦（1950）「国語動詞の一分類」『言語研究』15号, 381-416.［金田一春彦（編）（1976）『日本語動詞のアスペクト』（むぎ書房, pp. 5-26）に再録］
13. 工藤真由美（1995）『アスペクト・テンス体系とテクスト——現代日本語の時間の表現』ひつじ書房.
14. 久野暲（1978）『談話の文法』大修館書店.
15. 久野暲（1973）『日本文法研究』大修館書店.
16. 国立国語研究所（1951）『国立国語研究所報告3　現代語の助詞・助動詞——用法と実例』秀英出版.
17. 国立国語研究所（1981）『日本語教育指導参考書8　日本語の指示詞』大蔵省印刷局.
18. 国立国語研究所（1991）『日本語教育指導参考書19　副詞の意味と用法』大蔵省印刷局.
19. 定延利之・田窪行則（1995）「談話における心的操作モニター機構——心的操作標識『ええと』と『あの（ー）』」『言語研究』108号, 74-93.
20. 柴谷方良（1985）「主語プロトタイプ論」『日本語学』第4巻10号, 4-16.
21. 清水康行（1999）「日本語の数表現」『言語』第28巻10号, 42-47.
22. 鈴木重幸（1972）『教育文庫3　日本語文法・形態論』むぎ書房.
23. 鈴木重幸（1992）「主語論をめぐって」言語学研究会（編）『ことばの科学5』むぎ書房, pp. 73-108.
24. 鈴木孝夫（1973）『ことばと文化』岩波新書.
25. 鈴木英夫（1984）「連体詞の諸問題——研究史的視点を含む」鈴木一彦・林巨樹（編）『研究資料日本文法4　修飾句・独立句編』明治書院, pp. 65-80.
26. 田窪行則（1987）「統語構造と文脈情報」『日本語学』第6巻5号, 37-48.
27. 田窪行則（1990）「ダイクシスと談話構造」近藤達夫（編）『講座日本語と日本語教育12

言語学要説（下）』明治書院，pp. 127-147.

28. 田窪行則（1997）「日本語の人称表現」田窪行則（編）『視点と言語行動』くろしお出版，pp. 13-44.

29. 田窪行則・金水敏（1997）「応答詞・感動詞の談話的機能」音声文法研究会（編）『文法と音声』くろしお出版，pp. 257-279.

30. 角田太作（1991）『世界の言語と日本語』くろしお出版.

31. 寺村秀夫（1982a）「日本語における単文，複文認定の問題」『講座日本語学 11　外国語との対照研究 I』明治書院，pp. 202-220.［寺村秀夫論文集刊行委員会（編）（1992）『寺村秀夫論文集 I——日本語文法編』（くろしお出版，pp. 97-111）に再録］

32. 寺村秀夫（1982b）『日本語のシンタクスと意味 I』くろしお出版.

33. 中右実（1980）「文副詞の比較」國廣哲彌（編）『日英語比較講座 2　文法』第 4 章，大修館書店，pp. 157-219.

34. 仁田義雄（1991）『日本語のモダリティと人称』ひつじ書房.

35. 仁田義雄（1997a）「述語・主題・補語」『日本語文法研究序説——日本語の記述文法を目指して』第 8 章，くろしお出版，pp. 144-181.

36. 仁田義雄（1997b）「主語の優位性」『日本語文法研究序説——日本語の記述文法を目指して』第 9 章，くろしお出版，pp. 182-201.

37. 仁田義雄（2000）「認識のモダリティとその周辺」仁田義雄・益岡隆志（編）『日本語の文法 3　モダリティ』岩波書店，pp. 81-159.

38. 仁田義雄（2002）『新日本語文法選書 3　副詞的表現の諸相』くろしお出版.

39. 仁田義雄（2009a）「日本語におけるモダリティのタイプをめぐって」『日本語のモダリティとその周辺』第 2 章，ひつじ書房，pp. 15-34.

40. 仁田義雄（2009b）「事態めあてのモダリティの体系化への覚え書」『日本語のモダリティとその周辺』第 6 章，ひつじ書房，pp. 79-96.

41. 日本語記述文法研究会（編）（2009）『現代日本語文法 7　第 12 部談話・第 13 部待遇表現』くろしお出版.

42. 日本語記述文法研究会（編）（2010）『現代日本語文法 1　第 1 部総論・第 2 部形態論』くろしお出版.

43. 丹羽哲也（1989）「無助詞格の機能——主題と格と語順」『国語国文』58 巻 10 号，38-57.

44. 沼田善子（2000）「とりたて」仁田義雄・益岡隆志（編）『日本語の文法 2　時・否定と取り立て』岩波書店，pp. 153-216.

45. 野田尚史（1996）『新日本語文法選書 1「は」と「が」』くろしお出版.

46. 長谷川ユリ（1993）「話しことばにおける『無助詞』の機能」『日本語教育』80 号，158-168.

47. 早津恵美子（2004）「使役表現」北原保雄（監修）尾上圭介（編）『朝倉日本語講座 6　文法 II』第 5 章，朝倉書店，pp. 128-150.

48. 前田直子（1995）「バ，ト，ナラ，タラ——仮定条件を表す形式」宮島達夫・仁田義雄（編）『日本語類義表現の文法（下）複文・連文編』くろしお出版，pp. 483-495.

49. 益岡隆志（1991）『モダリティの文法』くろしお出版.

50. 益岡隆志（1999）「命題との境界を求めて」『言語』第 28 巻 6 号，46-52.

51. 益岡隆志（2000a）「日本語主語論」『日本語文法の諸相』第 6 章，くろしお出版，pp. 71-85.

52. 益岡隆志（2000b）「モダリティ」中村明（編）『別冊國文學 No.53　現代日本語必携』pp. 140-143.

53. 三上章（1953）『現代語法序説』刀江書院.（1972 年，1999 年，くろしお出版復刊）

54. 南不二男（1974）『現代日本語の構造』大修館書店．

55. 南不二男（1993）『現代日本語文法の輪郭』大修館書店．

56. 宮崎和人・安達太郎・野田春美・高梨信乃（2002）『新日本語文法選書4　モダリティ』くろしお出版．

57. 山口堯二（1984）「感動詞・間投詞・応答詞」鈴木一彦・林巨樹（編）『研究資料日本文法4　修飾句・独立句編』明治書院．pp. 125-157．

58. 渡辺伸治（2007）「ダイクシスを捉える枠組み」『言語』第36巻2号，32-39．

10　表記・語彙

1. 石井正彦（2007）『現代日本語の複合語形成論』ひつじ書房．

2. 石綿敏雄（1985）『日本語の中の外国語』岩波書店．

3. 石綿敏雄（2001）『外来語の総合的研究』東京堂出版．

4. 伊藤芳照（1989）「漢字の音訓」武部良明（編）『講座日本語と日本語教育8　日本語の文字・表記（上）』明治書院．pp. 125-158．

5. 大島正二（2006）『漢字伝来』（岩波新書）岩波書店．

6. 大曽美恵子（1991）「英単語の音形の日本語化」『日本語教育』74号，34-47．

7. 甲斐睦朗（2002）「現代日本語の基本語彙」飛田良文・佐藤武義（編）『現代日本語講座4　語彙』明治書院．pp. 25-45．

8. 影山太郎（1993）『文法と語形成』ひつじ書房．

9. 加藤彰彦（編）（1989）『講座日本語と日本語教育9　日本語の文字・表記（下）』明治書院．

10. 樺島忠夫（1981）『日本語はどう変わるか』岩波書店．

11. 木坂基（1992）「近代文章の成立とカタカナ」木坂基先生退官記念論文集編集委員会（編）『日本語表現法論攷』溪水社．pp. 190-203．

12. 国広哲弥（1962）「日本語格助詞の意義素試論」『島根大学論集』12号，81-92．［川本茂雄（編）（1979）『日本の言語学5　意味・語彙』（大修館書店，pp. 214-234）に再録］

13. 国広哲弥（1982）『意味論の方法』大修館書店．

14. 国広哲弥（1997）『理想の国語辞典』大修館書店．

15. 国広哲弥（2002）「類義語・対義語の構造」飛田良文・佐藤武義（編）『現代日本語講座4　語彙』明治書院．pp. 152-171．

16. 国広哲弥（2006）『日本語の多義動詞　理想の国語辞典Ⅱ』大修館書店．

17. 小泉保（1978）『日本語の正書法』大修館書店．

18. 国立国語研究所（1962）『現代雑誌九十種の用語用字』秀英出版．

19. 国立国語研究所（1964）『分類語彙——増補改訂版』大日本図書．

20. 国立国語研究所（1980）『日本人知識階層における話しことばの実態——語彙表』国立国語研究所日本語教育センター．

21. 国立国語研究所（1988）『児童・生徒の常用漢字の習得（国立国語研究所報告95）』東京書籍．

22. 国立国語研究所（2000）『日本語基本語彙——文献解題と研究』明治書院．

23. 国立国語研究所（2007）「公共媒体の外来語——「外来語」言い換え提案を支える調査研究（国立国語研究所報告126）」
〈http://www.kokken.go.jp/public/gairaigo/Report126/report126.html〉（2011年9月28日）

24. 佐竹秀雄（2002）「符号の問題」飛田良文・

佐藤武義（編）『現代日本語講座6　文字・表記』明治書院, pp. 104-126.
25. 佐藤喜代治編（1996）『漢字百科大事典』明治書院.
26. 佐藤武義（2002）「語と語彙構造」飛田良文・佐藤武義（編）『現代日本語講座4　語彙』明治書院, pp. 1-24.
27. 佐藤武義（2002）「和語・漢語の表記」飛田良文・佐藤武義（編）『現代日本語講座6　文字・表記』明治書院, pp. 127-153.
28. 佐藤信夫（1992）『レトリック認識』講談社学術文庫.
29. 真田信治（1977）「基本語彙・基礎語彙」宮島達夫他（編）『岩波講座日本語9　語彙と意味』岩波書店, pp. 89-123.
30. 真田信治（1989）『日本語のバリエーション』アルク.
31. 真田信治・渋谷勝己・陣内正敬・杉戸清樹（1992）『社会言語学』おうふう.
32. 柴田武（編）（1976）『ことばの意味I——辞書に書いてないこと』平凡社.
33. 柴田武（編）（1979）『ことばの意味II——辞書に書いてないこと』平凡社.
34. シュテファン，カイザー（1995）「世界の文字・中国の文字・日本の文字——漢字の位置付け再考」『世界の日本語教育』第5号, 155-168.
35. 小学館辞典編集部（編）（2007）『句読点，記号・符号活用辞典』小学館.
36. 瀬戸賢一（1997）『認識のレトリック』海鳴社.
37. 髙木裕子（1996）『日本語の文字・表記入門』バベル・プレス.
38. 竹内美智子（1981）「和語の性格と特色」佐藤喜代治（編）『日本語の語彙の特色』明治書院, pp. 127-148.
39. 武部良明（1991）『文字表記と日本語教育』凡人社.

40. 武部良明（編）（1989）『講座日本語と日本語教育8　日本語の文字・表記（上）』明治書院.
41. 武部良明（編）（1992）『現代国語表記辞典（第二版）』三省堂.
42. 田中章夫（1999）『日本語の位相と位相差』明治書院.
43. 玉村文郎（1984）『語彙の研究と教育（上）』国立国語研究所.
44. 玉村文郎（1985）『語彙の研究と教育（下）』国立国語研究所.
45. 玉村文郎（1992）『日本語学を学ぶ人のために』世界思想社.
46. 玉村文郎（編）（1989）『講座日本語と日本語教育6　日本語の語彙・意味（上）』明治書院.
47. 玉村文郎（編）（1990）『講座日本語と日本語教育7　日本語の語彙・意味（下）』明治書院.
48. 田守育啓（2002）『オノマトペ　擬音・擬態語をたのしむ』岩波書店.
49. 築島裕（1987）『歴史的仮名遣い』中央公論社.
50. 西尾寅弥（1988）『現代語彙の研究』明治書院.
51. 日本エディタースクール編（2005）『日本語表記ルールブック』日本エディタースクール出版部.
52. 野村雅昭（1977）「造語法」宮島達夫他（編）『岩波講座日本語9　語彙と意味』岩波書店, pp. 247-284.
53. 野村雅昭（1984）「語種と造語力」『日本語学』第3巻9号, 40-54.
54. 服部四郎（1953）「意味に関する一考察」『言語研究』22・23合併号, 21-40.［川本茂雄（編）（1979）『日本の言語学5　意味・語彙』（大修館書店, pp. 12-33）に再録］
55. 服部四郎（1968）「意味の分析」『英語基礎

語彙の研究』三省堂, pp. 3-14.［川本茂雄（編）(1979)『日本の言語学 5　意味・語彙』（大修館書店, pp. 34-46）に再録］

56. 服部四郎 (1968)「意味」『岩波講座　哲学 11　言語』岩波書店, pp. 292-338.［川本茂雄（編）(1979)『日本の言語学 5　意味・語彙』（大修館書店, pp. 47-90）に再録］

57. 服部四郎 (1974)「意義素論における諸問題」『言語の科学』5 号, 1-38.［川本茂雄（編）(1979)『日本の言語学 5　意味・語彙』（大修館書店, pp. 91-129）に再録］

58. 姫野昌子 (1999)『複合動詞の構造と意味用法』ひつじ書房.

59. 日向茂雄 (1990)「擬音語・擬態語」玉村文郎（編）『講座日本語と日本語教育 7　日本語の語彙・意味（下）』明治書院, pp. 121-144.

60. 文化庁（編）(1974)『ことばシリーズ 1　敬語』大蔵省印刷局.

61. 文化庁（編）(1976)『ことばシリーズ 4　外来語』大蔵省印刷局.

62. 文化庁（編）(1978)『ことばシリーズ 8　和語漢語』大蔵省印刷局.

63. 文化庁（編）(1979)『ことばシリーズ 10　日本語の特色』大蔵省印刷局.

64. 文化庁（編）(1982)『ことばシリーズ 16　漢字』大蔵省印刷局.

65. 堀井令以知 (1994)『外来語語源事典』東京堂出版.

66. 彭飛 (2003)『外国人を悩ませる日本語の特徴』凡人社.

67. 松井栄一（編）(2005)『日本語新辞典』小学館.

68. 松井利彦 (1981)「漢語・外来語の性格と特色」佐藤喜代治（編）『日本語の語彙の特色』明治書院, pp. 149-178.

69. 松中完二 (2002)「現代の多義語の構造」飛田良文・佐藤武義（編）『現代日本語講座 4　語彙』明治書院, pp. 129-151.

70. 松村明（編）(1995)『大辞林』三省堂.

71. 松本曜（編）(2003)『認知意味論』大修館書店.

72. 宮地裕 (1982)「慣用句解説」宮地裕（編）『慣用句の意味と用法』明治書院, pp. 238-265.

73. 籾山洋介 (2010)『認知言語学入門』研究社.

74. 森岡健二 (1991)『改訂　近代語の成立——語彙編』明治書院.

75. 森田良行 (1989)『ケーススタディ　日本語の語彙』桜楓社.

76. 諸橋轍次, 鎌田正・米山寅太郎（修訂）(2000)『大漢和辞典』大修館書店.

77. 文部科学省 (1989)「小学校学習指導要領　第 2 章　各教科　第 1 節　国語　別表「学年別漢字配当表」
〈http://www.mext.go.jp/a_menu/shotou/new-cs/youryou/syo/koku/001.htm〉(2011 年 9 月 28 日)

78. 山口佳紀（編・著）(1998)『語源事典』講談社.

79. 山口仲美 (2006)『日本語の歴史』岩波書店.

80. 山崎誠 (2006)「国立国語研究所の語彙調査の歴史と課題」国立国語研究所.
〈http://www.p.u-tokyo.ac.jp/sokutei/pdf/vol06/p168-186.pdf〉(2011 年 9 月 28 日)

81. 山本清隆 (1995)「単純語・複合語・派生語」『日本語学』第 14 巻 5 号, 38-45.

82. 湯浅茂雄 (2002)「外来語の表記」飛田良文・佐藤武義（編）『現代日本語講座 6　文字・表記』明治書院, pp. 164-176.

83. 米川明彦 (2002)「現代日本語の位相」飛田良文・佐藤武義（編）『現代日本語講座 4　語彙』明治書院, pp. 46-69.

84. 渡辺実 (1996)『日本語概説』岩波書店.

85. Langacker, R. W. (1987) *Foundations of cognitive grammar I: Theoretical prerequisites.*

Stanford, CA: Stanford University Press.
86. Langacker, R. W. (1999) *Grammar and conceptualization.* Berlin/New York: Mouton de Gruyter.
87. Rosch, E. (1973) On the internal structure of perceptual and semantics categories. In T. E. Moore (ed.), *Cognitive development and the acquisition of language.* New York: Academic Press. pp. 111-144.

11 | 外国語教授法・コースデザイン

1. 池田玲子（1999a）「日本語作文推敲におけるピア・レスポンスの効果——中級学習者の場合」『言語文化と日本語教育』第17号, 36-47.
2. 池田玲子（1999b）「ピア・レスポンスが可能にすること——中級学習者の場合」『世界の日本語教育』第9号, 29-43.
3. 石田敏子（1995）『日本語教授法（改訂新版）』大修館書店.
4. 市川伸一（1995）『現代心理学入門3　学習と教育の心理学』岩波書店.
5. 岡崎敏雄・岡崎眸（1990）『日本語教育におけるコミュニカティブ・アプローチ』凡人社.
6. 鎌田修・川口義一・鈴木睦（2007）『日本語教授法ワークショップ（増補版）』凡人社.
7. 木村宗男・窪田富男・阪田雪子・川本喬（編）（1989）『日本語教授法』桜楓社.
8. 木村宗男（編）（1991）『講座日本語と日本語教育15　日本語教育の歴史』明治書院.
9. 倉地曉美（1991）「異文化間コミュニケーション能力開発のために——ジャーナル・アプローチの創出とその意味」『異文化間教育』第5号, 66-80.
10. 倉地曉美（1992）『対話からの異文化理解』勁草書房.
11. 小柳かおる（2004）『日本語教師のための新しい言語習得概論』スリーエーネットワーク.
12. 関正昭（1997）『日本語教育史研究序説』スリーエーネットワーク.
13. 舘岡洋子（2000）「読解過程における学習者間の相互作用——ピア・リーディングの可能性をめぐって」『アメリカ・カナダ大学連合日本語センター紀要』23, 25-50.
14. 寺村秀夫（編）（1989）『講座日本語と日本語教育13　日本語教育教授法（上）』明治書院.
15. 寺村秀夫（編）（1991）『講座日本語と日本語教育14　日本語教育教授法（下）』明治書院.
16. トムソン木下千尋（2007）「学習環境をデザインする——学習者コミュニティとしての日本語教師養成コース」『世界の日本語教育』第17号, 169-185.
17. 中島和子（1998）『バイリンガル教育の方法』アルク.
18. 名柄迪（監修）中西家栄子・茅野直子（1991）『日本語を教える3　実践日本語教授法』バベル・プレス.
19. 西口光一（1995）『日本語教師トレーニングマニュアル4　日本語教授法を理解する本 歴史と理論編』バベル・プレス.
20. 日本語教育学会（編）横溝紳一郎（2000）『日本語教師のためのアクション・リサーチ』凡人社.
21. 縫部義憲（1991）『日本語教育学入門』創拓社.
22. 村岡英裕（1999）『日本語教師の方法論』凡人社.
23. Altrichter, H., Posch, P., & Somekh, B. (1993) *Teachers investigate their work: An introduction to the methods of action research.* New York: Routledge.
24. Asher, J. (1977) *Learning another language*

through actions: The complete teacher's guidebook. California: Sky Oaks Productions.
25. Brown, G. & Yule, G. (1983) *Discourse analysis*. New York: Cambridge University Press.
26. Brown, G. & Yule, G. (1983) *Teaching the spoken language*. New York: Cambridge University Press.
27. Brown, H. D. (1980) *Principles of language learning and teaching*. White Plains, NY: Addison Wesley Longman.
（ブラウン，H.D.，阿部一・田中茂範（訳）(1983)『英語教授法の基礎理論』金星堂．）
28. Canale, M. (1983) From communicative competence to language pedagogy. In J. C. Richards & R. Schmidt (eds.), *Language and communication*. London: Longman. pp. 2–27.
29. Canale, M. & Swain, M. (1980) Theoretical bases of communicative approaches to second language teaching and testing. *Applied Linguistics*, 1, 1–47.
30. Carroll, J. B. (1971) Current Issues in Psycholinguistics and Second Language Teaching. *TESOL Quarterly*, 5, 101–114.
31. Carroll, J. B. (1990) Cognitive abilities in foreign language aptitude: Then and now. In T. S. Parry & C. W. Stanfield (eds.), *Language aptitude reconsidered*. Englewood Cliffs, NJ: Prentice Hall Regents. pp. 11–29.
32. Chomsky, N. (1965) *Aspects of the theory of syntax*. Cambridge, MA: MIT Press.
（チョムスキー，N., 安井稔（訳）(1970)『文法理論の諸相』研究社．）
33. Baker, C. (1993) *Foundations of bilingual education and bilingualism*. Clevedon, UK: Multilingual Matters.
（ベーカー，C., 岡秀夫（訳・編）(1996)『バイリンガル教育と第二言語習得』大修館書店．）

34. Cummins, J. (1976) The influence of bilingualism on cognitive growth: A synthesis of research findings and explanatory hypotheses. *Working Papers on Bilingualism*, 9, 1–43.
35. Cummins, J. (1980) The construct of language proficiency in bilingual education. In E. A. James (ed.), *Current issues in bilingual education*. Washington, D.C.: Georgetown University Press. pp. 81–103.
36. Cummins, J. (1984) *Bilingualism and special education: Issues in assessment and pedagogy*. Austin, TX: Pro-Ed.
37. Curran, C. A. (1982) Community Language Learning. In R. W. Blair (ed.), *Innovative approaches to language teaching*. Rowley, MA: Newbury House. pp. 118–133.
38. Fries, C. (1945) *Teaching and learning English as a foreign language*. Ann Arbor, MI: The University of Michigan Press.
39. Gattegno, C. (1973) *The universe of babies*. Rochelle Park, NJ: Educational Solutions.
（ガテーニョ，C., 土屋澄男（訳）(1988)『赤ん坊の宇宙』リーベル出版．）
40. Halliday, M.A.K. (1973) *Explorations in the functions of language*. London: Edward Arnold.
（ハリデー，M.A.K., 山口登・筧壽雄（訳）(2001)『機能文法概説──ハリデー理論への誘い』くろしお出版．）
41. Hymes, D. (1972) On Communication Competence. In J. B. Pride & J. Holms (eds.), *Sociolinguistics*. Harmondworth, UK: Penguin.
42. Johnson, K. & Morrow, K. (eds.), (1981) *Communication in the classroom*. London: Longman.
（ジョンソン，K. & モロウ，K.（編）小笠原八重（訳）(1984)『コミュニカティブ・アプローチと英語教育』桐原書店．）

43. Johnson, K. & Johnson, H. (eds.), (1998) *Encyclopedic dictionary of applied linguistics.* Oxford, UK: Blackwell.
（ジョンソン，K. & ジョンソン，H.（編）岡秀夫監（訳）(1999)『外国語教育大辞典』大修館書店.）

44. Jorden, E. H.（1974）*Beginning Japanese.* North Clarendon, VT: Charles E. Tuttle.

45. Krashen, S. (1980) The input hypothesis. In J. E. Alatis（ed.）, *Current issues in bilingual education.* Washington, D.C.: Georgetown University Press. pp. 168–180.

46. Krashen, S. & Terrell, T.（1983）*The Natural approach: Language teaching acquisition in the classroom.* Oxford, UK: Pergamon Press.
（クラッシェン，S. & テレル，T., 藤森和子（訳）(1986)『ナチュラル・アプローチのすすめ』大修館書店.）

47. La Forge, P. G.（1983）*Counseling and culture in second language acquisition.* Oxford, UK: Pergamon Press.

48. Long, M. H.（1981）Input, interaction and second language acquisition. In H. Winitz（ed.）, *Native language and foreign language acquisition: Annual of the New York Academy of Science,* 379, 259–278.

49. Long, M. H.（1983）Native speaker/non-native speaker conversation and the negotiation of comprehensible input. *Applied Linguistics,* 4, 126–141.

50. Long, M. H. & Sato, C.（1983）Classroom foreigner talk discourse: Forms and functions of teachers' questions. In H. Selinger & M. H. Long (eds.), *Classroom oriented research in second language acquisition.* Rowley, MA: Newbury House. pp. 268–286.

51. Long, M. H.（1996）The role of the linguistic environment in second language acquisition. In W. C. Ritchie. & T. K. Bhatia (eds.), *Handbook of second language acquisition.* San Diego, CA: Academic Press. pp. 413–468.

52. Lovanov, G.（1982）Suggestology and suggestopedy, In R. W. Blair（ed.）, *Innovative approaches to language teaching.* Rowley, MA: Newbury House. pp. 146–159.

53. Newmark, L. & Reibel, D. A.（1968）Necessity and sufficiency in language learning. *International Review of Applied Linguistics,* 6, 145–164.

54. Pica, T., Young, R., & Doughty, C.（1987）The impact of interaction on comprehension. *TESOL Quarterly,* 21, 737–758.

55. Polio, C. & Gass, S. M.（1993）The role of interaction in native speaker comprehension of non-native speaker speech. *Modern Language Journal,* 82, 308–319.

56. Porter, P. A.（1986）How learners talk to each other: Conversation in second language acquisition. In R. Day.（ed.）, *Talking to learn: Conversation in second language acquisition.* Rowley MA: Newbury House. pp. 200–222.

57. Postovsky, V. A.（1974）The effect of delay in oral practice at the beginning of second language learning. *Modern Language Journal,* 58, 229–239.

58. Palmer, H. E.（1934）Ten axioms governing the main principles to be observed in the teaching and learning of foreign languages, *IRET Bulletin,* 101, 1–14.

59. Rivers, W. M.（1981）*Teaching foreign-language skills.* Chicago: The University of Chicago Press.
（リヴァーズ，W. M., 天満美智子・田近裕子（訳）(1987)『外国語習得のスキル――その教え方』研究社.）

60. Stevick, E.（1976）*Memory, meaning and method*. Rowley, MA: Newbury House.
61. Stevick, E.（1980）*Teaching languages: A way and ways*. Rowley, MA: Newbury House.
62. Swain, M.（1985）Communicative competence: some roles of comprehensible input and comprehensible output in its development. In S. Gass & C. Madden（eds.）, *Input in second language acquisition*. Rowley, MA: Newbury House. pp. 235-253.
63. Swain, M.（1993）The output hypothesis: Just speaking and writing aren't enough. *Canadian Modern Language Review*, 50, 158-164.
64. Swain, M.（1995）Three functions of output in second language learning. In G. Cook & B. Seidlhofer（eds.）, *Principles & practice in applied linguistics*, Oxford, UK: Oxford University Press. pp. 125-144.
65. Terrell, D. T.（1977）A natural approach to second language acquisition and learning, *Modern Language Journal*, 61, 325-337.
66. Wilkins, D. A.（1976）*Notional syllabuses*. Oxford, UK: Oxford University Press.
（ウィルキンズ，D. A.，島岡丘（訳注）（1984）『ノーショナル・シラバス』桐原書店.）

12 教育工学・教材教具

1. 生田孝至（2000）「視聴覚教育」日本教育工学会（編）『教育工学事典』実教出版，pp. 252-253.
2. 大内茂男・中野照海（1982）『授業の設計と実施――授業に生かす教育工学』図書文化.
3. 大内茂男・中野照海（1982）『教育メディアの選択と利用――授業に生かす教育工学』図書文化.
4. 梶田叡一（1992）『教育評価（第2版）』有斐閣双書.
5. 子安増生（2000）「レディネス」日本教育工学会（編）『教育工学事典』実教出版，pp. 506-507.
6. 先進学習基盤協議会（ALIC）（編・著）（2003）『eラーニングが創る近未来教育――最新eラーニング実践事例集』オーム社.
7. 清水康敬（2003）「インストラクションデザインの重要性」リー，ウィリアム W. & オーエンズ，ダイアナ L.，清水康敬（監訳），日本イーラーニングコンソシアム（訳）『インストラクショナル・デザイン入門』第0章，東京電機大学出版社，pp. i-xiii.
8. 髙島英幸（編・著）（1995）『コミュニケーションにつながる文法指導』大修館書店.
9. 髙島英幸（1998）「コミュニケーションのための文法指導とタスクの重要性」茨山良夫監修『これからの英語教育――研究と実践』東京書籍，pp. 88-107.
10. 田中望（1988）『日本語教育の方法――コース・デザインの実際』大修館書店.
11. 田中博之（2000）「授業設計」日本教育工学会（編）『教育工学事典』実教出版，pp. 282-285.
12. トムソン木下千尋・舛見蘇弘美（1999）「海外における日本語教育活動に参加する日本人協力者」『世界の日本語教育』第9号，15-27.
13. 土持ゲーリー法一（2009）『ラーニング・ポートフォリオ――学習改善の秘訣』東信堂.
14. 名古屋大学高等教育研究センター（2000）『成長するティップス先生』玉川大学出版部.
15. 根津朋実（2006）『カリキュラム評価の方法』多賀出版.
16. 野島栄一郎（2000）「インストラクショナル・デザイン」日本教育工学会（編）『教育工学事典』実教出版，p. 28.
17. 文部科学省（編）（2009）『平成20年度　文部科学省白書』国立印刷局.

18. 平沢茂（編）(2006)『教育の方法と技術』図書文化社.
19. Bloom, B, S. (ed.) (1956) *Taxonomy of educational objectives: The classification of educational goals. Handbook I: Cognitive domain.* London: Longmans.
20. Gagne, R. M. & Brrigs, L. J. (1974) *The principles of instructional design.* (1st ed.). New York, NY: Holt.
21. Harmer, J.・斎藤英二・新里眞男（監訳）(2003)『実践的英語教育の指導法（21世紀の英語教育を考える）』ピアソン・エジュケーション.
22. Schramm, W. (1977) Big Media Little Media, Sage Publication

●インターネット
23. 総務省 u-Japan 計画〈http://www.soumu.go.jp/menu_seisaku/ict/u-japan/〉(2011年9月23日)

13 日本語教育政策・日本語教育史

1. 浅野慎一 (2007)『日本で学ぶアジア系外国人——研修生・留学生・就学生の生活と文化変容（増補版）』大学教育出版.
2. イ・ヨンスク (1996)『「国語」という思想』岩波書店.
3. 庵功雄・岩田一成・森篤嗣 (2011)「『やさしい日本語』を用いた公文書の書き換え——多文化共生と日本語教育文法の接点を求めて」『人文・自然研究』第5号, pp. 115-139.
4. 石井恵理子 (2008)「これからの日本語教育」西原鈴子・西郡仁朗（編）『講座社会言語科学4 教育・学習』ひつじ書房.
5. 井谷泰彦 (2006)『沖縄の方言札』ボーダーインク.
6. 井出孫六 (2008)『中国残留邦人——置き去られた六十余年』岩波新書.
7. 今西利之 (2011)「「公的医療保険」にかかわる語彙の分析——「やさしい日本語」による文書の作成に向けて」『熊本大学国際化推進センター紀要』第2号, pp. 1-11.
8. 梅森直之 (2007)『ベネディクト・アンダーソン、グローバリゼーションを語る』光文社新書.
9. 江口泰生 (2006)『ロシア資料による日本語研究』和泉書院.
10. 小熊英二 (1995)『単一民族神話の起源——〈日本人〉の自画像の系譜』新曜社.
11. 小熊英二 (1998)『〈日本人〉の境界——沖縄・アイヌ・台湾・朝鮮 植民地支配から復帰運動まで』新曜社.
12. 長志珠絵 (1998)『近代日本と国語ナショナリズム』吉川弘文館.
13. 小内透（編）(2003)『在日ブラジル人の教育と保育——群馬県太田・大泉地区を事例として』明石書店.
14. 小野原信善・大原始子（編）(2004)『ことばとアイデンティティ——ことばの選択と使用を通して見る現代人の自分探し』三元社.
15. 桂川甫周, 亀井高孝（校訂）(1990)『北槎聞略——大黒屋光太夫ロシア漂流記』岩波文庫.
16. 桂木隆夫 (2003)『ことばと共生——言語の多様性と市民社会の課題』三元社.
17. 神吉宇一 (2009-2010)「キーワードで読み解く日本語教育現代史 (1)-(12)」『月刊日本語』アルク.
18. 亀井孝・河野六郎・千野栄一（編）(1997)『言語学大辞典セレクション 日本列島の言語』三省堂.
19. 川上郁雄 (2003)「年少者日本語教育における「日本語能力測定」に関する観点と方法」『早稲田大学日本語教育研究』第2号, pp. 1-16.〈http://ci.nii.ac.jp/els/110004627829.pdf

参考文献

?id=ART0007339697&type=pdf&lang=jp&host=cinii&order_no=&ppv_type=0&lang_sw=&no=1317183866&cp=〉（2011 年 7 月 26 日）
20. 河原俊昭（編）（2002）『世界の言語政策――多言語社会と日本』くろしお出版.
21. 河原俊昭（編）（2002）『多言語社会と日本』くろしお出版.
22. 河原俊昭（編）（2004）『自治体の言語サービス――多言語社会への扉をひらく』春風社.
23. 河原俊昭・岡戸浩子（編）（2009）『国際結婚――多言語化する家族とアイデンティティー』明石書店.
24. 河原俊昭・野山広（編）（2007）『外国人住民への言語サービス――地域社会・地方自治体は多言語社会をどう捉えるか』明石書店.
25. 河原俊昭・山本忠行（編）（2004）『多言語社会がやってきた――世界の言語政策Q&A』くろしお出版.
26. 河原俊昭・山本忠行（編）『外国人と一緒に生きる社会がやってきた！――多言語・多文化・多民族の時代へ』くろしお出版.
27. 川村湊（2004）『海を渡った日本語――植民地の「国語」の時間（新装版）』青土社.
28. 木村護郎クリストフ（2010）「日本における「言語権」の受容と展開」『社会言語科学』第 13 巻 1 号, pp. 4-18.
29. 木村宗男（1991）『講座日本語と日本語教育 15　日本語教育の歴史』明治書院.
30. 清田淳子（2007）『母語を活用した内容重視の教科学習支援方法の構築に向けて』ひつじ書房.
31. 工藤真由美（1999）『児童生徒に対する日本語教育のための基本語彙調査』ひつじ書房.
32. 久保田優子（2005）『植民地朝鮮の日本語教育研究――日本語による「同化」教育の成立過程』九州大学出版会.
33. 月刊『イオ』編集部（編）（2006）『日本の中の外国人学校』明石書店.
34. 言語権研究会（編）（1999）『ことばへの権利――言語権とはなにか』三元社.
35. 髙贊侑（2010）『ルポ在日外国人』集英社新書.
36. 後藤斉（1999）「「世界言語権宣言」とは」『エスペラント』第 67 巻 1 月号, pp. 6-7.〈http://www.sal.tohoku.ac.jp/~gothit/ro9901.html〉（2011 年 1 月 14 日）
37. 小森陽一（2000a）『日本語の近代――日本の 50 年日本の 100 年』岩波書店.
38. 小森陽一（2000b）『小森陽一、ニホン語に出会う』大修館書店.
39. 近藤健一郎（2006）『近代沖縄における教育と国民統合』北海道大学出版会.
40. 斉藤くるみ（2007）『少数言語としての手話』東京大学出版会.
41. 齋藤ひろみ・佐藤郡衛（編）（2009）『文化間を移動する子どもとともに――教育コミュニティの創造に向けて』ひつじ書房.
42. 裁判所（2011）「ごぞんじですか　法廷通訳」〈www.courts.go.jp/about/pamphlet/pdf/houtei_tuuyaku.pdf〉（2011 年 8 月 31 日）
43. 佐久間孝正（2006）『外国人の子どもの不就学――異文化に開かれた教育とは』勁草書房.
44. 桜井隆（1993）「アイヌその他北方諸民族への日本語教育」『東京大学留学生センター紀要』3 号, pp. 135-158.
45. 佐藤和之（2009）「生活者としての外国人へ災害情報を伝えるとき――多言語か「やさしい日本語」か」『日本語学』第 28 巻 6 号, 173-185.
46. 佐藤郡衛・齋藤ひろみ・高木光太郎（2005）『外国人児童の「教科と日本語」シリーズ　小学校JSLカリキュラム「解説」』スリーエーネットワーク.
47. 佐藤郡衛（監修）（2005a）『外国人児童の「教科と日本語」シリーズ　小学校「JSL国語

科」の授業作り』スリーエーネットワーク.
48. 佐藤郡衛（監修）（2005b）『外国人児童の「教科と日本語」シリーズ　小学校「JSL算数科」の授業作り』スリーエーネットワーク.
49. 佐藤郡衛（監修）（2005c）『外国人児童の「教科と日本語」シリーズ　小学校「JSL理科」の授業作り』スリーエーネットワーク.
50. 佐藤郡衛（監修）（2005d）『外国人児童の「教科と日本語」シリーズ　小学校「JSL社会科」の授業作り』スリーエーネットワーク.
51. 真田信治（1987）『標準語の成立事情』PHP研究所.
52. 真田信治・生越直樹・任栄哲（編）（2005）『在日コリアンの言語相』和泉書院.
53. 真田信治・庄司博史（編）（2005）『事典日本の多言語社会』岩波書店.
54. 石剛（2003）『植民地支配と日本語（増補版）』三元社.
55. 石剛（2005）『日本の植民地言語政策研究』明石書店.
56. 渋谷謙次郎・小嶋勇（編）（2007）『言語権の理論と実践』三元社.
57. 嶋津拓（2010）『言語政策として「日本語の普及」はどうあったか——国際文化交流の周縁』ひつじ書房.
58. 志水宏吉・清水睦美（2001）『ニューカマーと教育——学校文化とエスニシティの葛藤をめぐって』明石書店.
59. シラネ，ハルオ・鈴木登美（編）（1999）『創造された古典——カノン形成・国民国家・日本文学』新曜社.
60. 杉本つとむ（2008）『西洋人の日本語発見——外国人の日本語研究史』講談社学術文庫.
61. 関正昭（1997）『日本語教育史研究序説』スリーエーネットワーク.
62. 関正昭・平高史也（編）（1997）『日本語教育史』アルク.
63. 関根政美（2000）『多文化主義社会の到来』朝日選書.
64. 総務省（2006）「多文化共生推進プログラム」〈http://warp.ndl.go.jp/info:ndljp/pid/286922/www.soumu.go.jp/menu_news/s-news/2006/060307_2.html〉（2011年1月6日）
65. 高見澤孟（2004）「日本語教育史（1）外国人と日本語」『学苑』767号，1-7.
〈http://ci.nii.ac.jp/els/110004688619.pdf?id=ART0007424244&type=pdf&lang=jp&host=cinii&order_no=&ppv_type=0&lang_sw=&no=1317104256&cp=〉（2010年8月6日）
66. 高見澤孟（2005a）「日本語教育史（2）西洋人と日本語の出会い」『学苑・日本文学紀要』771号，1-10.
〈http://ci.nii.ac.jp/els/110004688664.pdf?id=ART0007424313&type=pdf&lang=jp&host=cinii&order_no=&ppv_type=0&lang_sw=&no=1317104225&cp=〉（2010年8月6日）
67. 高見澤孟（2005b）「日本語教育史（3）江戸時代の外国人日本語学習熱」『学苑』779号，2-9.〈http://ci.nii.ac.jp/els/110004617699.pdf?id=ART0007330474&type=pdf&lang=jp&host=cinii&order_no=&ppv_type=0&lang_sw=&no=1317104167&cp=〉（2010年8月6日）
68. 高見澤孟（2005c）「日本語教育史（4）ヨーロッパにおける日本語研究」『学苑』780号，1-9.〈http://ci.nii.ac.jp/els/110004617231.pdf?id=ART0007329842&type=pdf&lang=jp&host=cinii&order_no=&ppv_type=0&lang_sw=&no=1317104122&cp=〉（2010年8月6日）
69. 高見澤孟（2005d）「日本語教育史（5）来日欧米人の日本語教育」『学苑』781号，1-9.〈http://ci.nii.ac.jp/els/110004617244.pdf?id=ART0007329861&type=pdf&lang=jp&host=cinii&order_no=&ppv_type=0&lang_sw=&no=1317104095&cp=〉（2010年8月6日）
70. 高見澤孟（2005e）「E. H. ジョーデン女史の日本語教育への貢献」『昭和女子大学女性文化

研究所紀要』32 号，1–13.
〈http://ci.nii.ac.jp/els/110004634567.pdf?id=ART0007349276&type=pdf&lang=jp&host=ciniiℴ_no=&ppv_type=0&lang_sw=&no=1317104195&cp=〉（2010 年 11 月 26 日）
71. 髙見澤孟（2006a）「日本語教育史（6）日本語研究専門家の登場」『学苑・日本文学紀要』783 号，1–12.
〈http://ci.nii.ac.jp/els/110004999345.pdf?id=ART0008073750&type=pdf&lang=jp&host=ciniiℴ_no=&ppv_type=0&lang_sw=&no=1317104064&cp=〉（2010 年 8 月 6 日）
72. 髙見澤孟（2006b）「日本語教育史（7）米国国内における日本語教育」『学苑・人間文化学科特集』785 号，77–87.
〈http://ci.nii.ac.jp/els/110004999374.pdf?id=ART0008073796&type=pdf&lang=jp&host=ciniiℴ_no=&ppv_type=0&lang_sw=&no=1317103966&cp=〉（2010 年 8 月 6 日）
73. 髙見澤孟（2006c）「日本語教育史（8）日本人主導の日本語教育の開始」『学苑』793 号，1–13.〈http://ci.nii.ac.jp/els/110006424415.pdf?id=ART0008430697&type=pdf&lang=jp&host=ciniiℴ_no=&ppv_type=0&lang_sw=&no=1317103798&cp=〉（2010 年 8 月 6 日）
74. 田尻英三・田中宏・吉野正・山西優二・山田泉（2007）『外国人の定住と日本語教育（増補版）』ひつじ書房．
75. 田尻英三（編）（2009）『日本語教育政策ウォッチ 2008――定住化する外国人施策をめぐって』ひつじ書房．
76. 田尻英三・大津由紀雄（編）（2010）『言語政策を問う！』ひつじ書房．
77. 田中英輝・美野秀弥（2010）「やさしい日本語によるニュースの書き換え実験」『研究報告自然言語処理』第 11 号，1–8.
78. 田中宏（1995）『在日外国人――法の壁、心の溝（新版）』岩波新書．
79. 田中宏（2002）『在日コリアン権利宣言』岩波ブックレット．
80. 多仁安代（2000）『大東亜共栄圏と日本語』勁草書房．
81. 多仁安代（2006）『日本語教育と近代日本』岩田書院．
82. 多文化共生キーワード事典編集委員会（編）（2010）『多文化共生キーワード事典（改訂版）』明石書店．
83. 土井忠生・森田武・長南実（訳）（1995）『邦訳　日葡辞書』岩波書店．
84. 東京都（2003）「外国人にもわかりやすいまちの表記に関するガイド」
〈http://www.seikatubunka.metro.tokyo.jp/index3files/gaikokujinhyouki.pdf〉（2011 年 1 月 6 日）
85. 内閣官房（2006）「「生活者としての外国人」に関する総合的対応策」〈http://www.cas.go.jp/jp/seisaku/gaikokujin/index.html〉（2011 年 1 月 18 日）
86. 内閣府（2005）「日本 21 世紀ビジョン」〈http://www5.cao.go.jp/keizai-shimon/special/vision/index.html〉（2011 年 1 月 6 日）
87. 日本経済団体連合会（2003）「活力と魅力溢れる日本をめざして（概要版）」
〈http://www.keidanren.or.jp/japanese/policy/vision2025.html〉（2011 年 8 月 31 日）
88. 日本経済団体連合会（2004）「外国人受け入れ問題に関する提言」
〈http://www.keidanren.or.jp/japanese/policy/2004/029/honbun.html〉（2011 年 1 月 6 日）
89. 日本経済団体連合会（2007）「外国人材受入問題に関する第二次提言」〈http://www.keidanren.or.jp/japanese/policy/2007/017.pdf〉（2011 年 8 月 31 日）
90. 日本語教育学会（編）（2005）『新版　日本語教育事典』大修館書店．
91. 日本語教育政策マスタープラン研究会

(2010)『日本語教育でつくる社会──私たちの見取り図』ココ出版.

92. 野村敏夫 (2006)『国語政策の戦後史』大修館書店.

93. 朴三石 (2008)『外国人学校──インターナショナル・スクールから民族学校まで』中公新書.

94. ハタノ, リリアン・テルミ (2009)『マイノリティの名前はどのように扱われているのか──日本の公立学校におけるニューカマーの場合』ひつじ書房.

95. 春原憲一郎 (編) (2009)『移動労働者とその家族のための言語政策──生活者のための日本語教育』ひつじ書房.

96. 樋口万喜子 (編) 中学・高校生の日本語支援を考える会 (2010)『JSL中学高校生のための教科につなげる学習語彙・漢字ドリル 中国語版』ココ出版.

97. 樋口万喜子・古屋恵子・頼田敦子 (編) 中学・高校生の日本語支援を考える会 (2011)『進学を目指す人のための教科につなげる学習語彙6000語 日中対訳』ココ出版.

98. 福田誠治・末藤美津子 (編) (2005)『世界の外国人学校』東信堂.

99. 文化庁 (2006)『国語施策百年史』ぎょうせい.

100. 文化庁 (2010)「「生活者としての外国人」に対する日本語教育の標準的なカリキュラム案について」
〈http://www.bunka.go.jp/kokugo_nihongo/kyouiku/nihongo_curriculum/pdf/curriculum_ver02.pdf〉(2011年1月23日)

101. 文化庁 (編) (2004)『地域日本語学習支援の充実──共に育む地域社会の構築へ向けて』国立印刷局.

102. 法務省 (2011)「平成22年末現在における外国人登録者統計について」
〈http://www.moj.go.jp/nyuukokukanri/kouhou/nyuukantourokusyatoukei110603.html〉(2011年7月14日)

103. 松田陽子 (2009)『多文化社会オーストラリアの言語教育政策』ひつじ書房.

104. 松田陽子・前田理佳子・佐藤和之 (2000)「災害時の外国人に対する情報提供のための日本語表現とその有効性に関する試論」『日本語科学』7号, 145-159.

105. 松永典子 (2002)『日本軍政下のマラヤにおける日本語教育』風間書房.

106. 馬淵仁 (2011)『「多文化共生」は可能か──教育における挑戦』勁草書房.

107. 水谷修 (監修) 野山広・石井恵理子 (編) (2009)『日本語教育の過去・現在・未来第1巻 社会』凡人社.

108. 宮島喬・太田晴雄 (編) (2005)『外国人の子どもと日本の教育──不就学問題と多文化共生の課題』東京大学出版会.

109. むさしの参加型学習実践研究会 (編) (2005)『やってみよう参加型学習──日本語教室のための4つの手法〜理念と実践〜』スリーエーネットワーク.

110. 村山七郎 (1965)『漂流民の言語』吉川弘文館.

111. 百瀬侑子 (2002)『知っておきたい戦争の歴史──日本占領下インドネシアの教育』つくばね舎.

112. 文部科学省 (2011)「学校基本調査」
〈http://www.mext.go.jp/b_menu/toukei/chousa01/kihon/1267995.htm〉(2011年1月17日)

113. 文部科学省 (2011)「日本語指導が必要な外国人児童生徒の受入れ状況等に関する調査 (平成22年度)」の結果について」
〈http://www.mext.go.jp/b_menu/houdou/23/08/__ics Files/afieldfile/2011/08/16/1309275.pdf〉(2011年9月1日)

114. 文部科学省 (2003)「学校教育における

参考文献

JSLカリキュラムの開発について（最終報告）小学校編」
〈http://www.mext.go.jp/a_menu/shotou/clarinet/003/001/008.htm〉（2011年1月9日）
115. 文部科学省（2007）「学校教育におけるJSLカリキュラム（中学校編）」
〈http://www.mext.go.jp/a_menu/shotou/clarinet/003/001/011.htm〉（2011年1月9日）
116. 文部省（1992）『にほんごをまなぼう』ぎょうせい．
117. 文部省（1993）『日本語を学ぼう（2）』ぎょうせい．
118. 文部省（1993）『日本語を学ぼう（3）』ぎょうせい．
119. 安田敏朗（2006）『「国語」の近代史――帝国日本と国語学者たち』中公新書．
120. 柳澤好昭（2008）「言語政策と言語計画と国語政策」西原鈴子・西郡仁朗（編）『講座社会言語科学4　教育・学習』ひつじ書房，pp. 234-250.
121. 矢野泉（編）（2007）『多文化共生と生涯学習』明石書店．
122. 山下恒夫（2004）『大黒屋光太夫――帝政ロシア漂流の物語』岩波新書．
123. 山本忠行・河原俊昭（編）（2007）『世界の言語政策第2集――多言語社会に備えて』くろしお出版．
124. 湯川笑子（2006）「年少者教育における母語保持・伸長を考える」『日本語教育』128号，13-23.
125. 米川明彦（1984）『手話言語の記述的研究』明治書院．
126. 米川明彦（2002）『手話ということば――もう一つの日本の言語』PHP新書．
127. 米川明彦（監修）日本手話研究所（編）（1997）『日本語――手話辞典』全日本ろうあ連盟．
128. 米瀬治子・ハヤシザキカズヒコ・松岡真理恵（編）（2011）『公開講座　多文化共生論』ひつじ書房．
129. ロドリゲス，土井忠生（訳）（1995）『日本大文典』三省堂．
130. ロドリゲス，池上岑夫（訳）（1993）『ロドリゲス日本小文典（上下）』岩波文庫．
131. Anderson, B. (1983) *Imagined communities: reflections on the origins and spread of nationalism.* London: Verso.
（アンダーソン，B.，白石さや・白石隆（訳）（2007）『定本　想像の共同体――ナショナリズムの起源と流行』書籍工房早山．）
132. Cooper, R. L. (1989) *Language planning and social change.* Cambridge, UK: Cambridge University Press.
133. Hobsbawm, E. & Ranger, T. (eds.) (1983) *The invention of tradition.* Cambridge, UK: Cambridge University Press.
（ホブズボウム，E. & レンジャー，T.，前川啓治・梶原景昭・長尾史郎・辻みどり・三宅良美・多和田裕司・中林伸浩・亀井哲也（訳）（1992）『創られた伝統』紀伊國屋書店．）
134. 『AJALT』（1999）第22号【特集】年少者への日本語教育――日本で学ぶ子どもたち）
135. 『AJALT』（2010）第33号【特集】ことばと文化をうけつぐ――越境時代の母語・継承語教育）
136. 『月刊日本語』（2009）8月号【特集】どうなる？　外国人をめぐる国の動き）
137. 『月刊日本語』（2009）11月号【特集】日本語を学ぶ人たち）
138. 『月刊日本語』（2010）11月号【特集】政治と日本語教育とわたし）
139. 『月刊言語』（2008）第37巻2号【特集】言語権とは何か）
140. 『日本語学』（2009）第28巻6号【特集】多言語社会・ニッポン――移民と多言語化）
141. 『日本語教育』（2006）128号【特集】年少

者日本語教育の現在——その課題と展望）
142.『日本語教育』(2008) 138号【特集】多文化共生と日本語教育）

●インターネット

143. アジア人財資金構想
⟨http://www.ajinzai-sc.jp⟩（2010年12月28日）

144. アジア福祉教育財団
⟨http://www.fweap.or.jp/⟩（2011年1月18日）

145. アジア福祉教育財団難民事業本部
⟨http://www.rhq.gr.jp/⟩（2011年1月18日）

146. 外務省「国際人権規約」
⟨http://www.mofa.go.jp/mofaj/gaiko/kiyaku/index.html⟩（2011年1月19日）

147. 外務省「経済連携協定（EPA）／自由貿易協定（FTA）」
⟨http://www.mofa.go.jp/mofaj/gaiko/fta/⟩（2011年8月1日）

148. 海外技術者研修協会
⟨http://www.aots.or.jp⟩（2010年12月28日）

149. 海外技術者研修協会「EPA看護・介護AOTS連絡会」
⟨http://www.aots.or.jp/jp/epa/renrakukai/elearning_kaigo.html⟩（2010年12月28日）

150. 外国人集住都市会議
⟨http://www.shujutoshi.jp/index.html⟩（2011年1月5日）

151. 川上郁雄「JSLバンドスケールQ&A」
⟨http://www.gsjal.jp/kawakami/jsl.html⟩（2011年1月9日）

152. 川崎市外国人市民代表者会議
⟨http://www.city.kawasaki.jp/25/25zinken/home/gaikoku/kaigi/index.htm⟩（2011年1月6日）

153. 厚生労働省「経済連携協定に基づく外国人看護師・介護福祉士候補者の受入れについて」
⟨http://www.mhlw.go.jp/bunya/koyou/other22/index.html⟩（2011年8月2日）

154. 厚生労働省「日系人就労準備研修事業の概要」
⟨http://www.mhlw.go.jp/stf/houdou/2r98520000018b02-img/163.2r98520000018b1j.pdf⟩（2011年8月31日）

155. 国際移住機関
⟨http://www.iomjapan.org/⟩（2011年8月31日）

156. 国際協力研修機構
⟨http://www.jitco.or.jp/⟩（2011年8月30日）

157. 国際厚生事業団⟨http://www.jicwels.or.jp⟩（2010年12月28日）

158. 裁判所法
⟨http://www.houko.com/00/01/S22/059.HTM⟩（2011年8月31日）

159. 佐藤郡衛「JSLカリキュラム」
⟨http://www.u-gakugei.ac.jp/~gsato/nenshoshanihongo/jsl.htm⟩（2011年1月9日）

160. 多文化共生推進協議会
⟨http://www.pref.aichi.jp/kokusai/kyogikai/kyogikai.html⟩（2011年8月31日）

161. 多文化共生センター
⟨http://www.tabunka.jp/⟩（2011年1月31日）

162. 中国帰国者定着促進センター
⟨http://www.kikokusha-center.or.jp/kikokusha/tokorozawa/tokocen_f.htm⟩（2011年1月18日）

163. 長岡科学技術大学
⟨http://twinning.nagaokaut.ac.jp/⟩（2010年12月28日）

164. 日本経済団体連合会
⟨http://www.keidanren.or.jp/indexj.html⟩（2011年1月18日）

165. 日本語教育学会
⟨http://www.nkg.or.jp/⟩（2011年9月8日）

166. 日本語教育学会「看護と介護の日本語教育ワーキンググループ」〈http://www.nkg.or.jp/kangokaigo/〉（2011年9月8日）

167. 日本語教育学会「日本語教育振興法制化ワーキンググループ」〈http://www.houseika2012.net/wordpress/〉（2011年9月8日）

168. 日本国際協力センター〈http://jice.org/〉（2011年8月31日）

169. 日本ユニセフ協会「子どもの権利条約」〈http://www.unicef.or.jp/about_unicef/about_rig.html〉（2011年8月31日）

170. 弘前大学人文学部社会言語学研究室〈http://human.cc.hirosaki-u.ac.jp/kokugo/Default.htm〉（2011年1月18日）

171. 文化庁「「生活者としての外国人」のための日本語教育事業」〈http://www.bunka.go.jp/kokugo_nihongo/kyouiku/seikatsusya/index.html〉（2011年1月22日）

172. 法務省「平成22年版「出入国管理」日本語版」〈http://www.moj.go.jp/nyuukokukanri/kouhou/nyuukokukanri01_00014.html〉（2011年8月31日）

173. 法務省入国管理局「平成21年入管法改正について」〈http://www.immi-moj.go.jp/newimmiact/newimmiact.html〉（2011年8月30日）

174. 母語・継承語・バイリンガル教育研究会〈http://www.mhb.jp/〉（2011年1月22日）

175. マルチメディア「にほんごをまなぼう」HTML版〈http://www.tokorozawa-stm.ed.jp/d_base/nihongo/〉（2011年9月2日）

176. 文部科学省「外国人の子どもの不就学実態調査の結果について」〈http://blog.canpan.info/tamurataro/img/184/mext_fushugakuchosa.pdf〉（2011年8月31日）

177. 文部科学省「CLARINETへようこそ」〈http://www.mext.go.jp/a_menu/shotou/clarinet/main7_a2.htm〉（2011年8月31日）

178. Universal Declaration of Linguistic Rights〈http://www.linguistic-declaration.org/index-gb.htm〉（2011年8月31日）

14 日本語史

1. 庵功雄（2003）『「象は鼻が長い」入門――日本語学の父　三上章』くろしお出版.
2. 沖森卓也（2010a）『はじめて読む日本語の歴史』ベレ出版.
3. 沖森卓也（2010b）『日本語史概説』朝倉書店.
4. 春日和男（1978）『新編　国語史概説』有精堂出版.
5. 金田一春彦・林大・柴田武（1995）『日本語百科大事典』（縮刷版）大修館書店.
6. 工藤浩他（1993）『日本語要説』ひつじ書房.
7. 小林一仁（2005）「国字問題と文字・書記の教育」林史典（編）『朝倉日本語講座2　文字・書記』第9章，朝倉書店，pp. 213–229.
8. 佐藤喜代治（編）（1977）『国語学研究事典』明治書院.
9. 築島裕（1964）『国語学』東京大学出版会.
10. 土井忠生（編）（1959）『改訂版　日本語の歴史』至文堂.
11. 飛田良文（編）（2007）『日本語学研究事典』明治書院.
12. 中田祝夫（編）（1972）『講座国語史第2巻　音韻史・文字史』大修館書店.
13. 中田祝夫・和田利政・北原保雄（編）（1983）『古語大辞典』小学館.
14. 中根勝（1999）『日本印刷技術史』八木書

店.
15. 西崎亨（編）(1995)『日本古辞書を学ぶ人のために』世界思想社.
16. 沼本克明 (1990)「半濁音符史上に於ける唐音資料の位置」『国語学』通巻162号, 1-12.
17. 根来司 (1988)『時枝誠記研究』明治書院.
18. 深井一郎 (1972)「半濁音符小考」『金沢大学教育学部紀要 人文・社会・教育科学編』通巻21号, 95-109.
19. 古田東朔 (1976)「文法研究の歴史 (2)」『岩波講座日本語6 文法Ⅰ』第8章, 岩波書店, pp. 299-356.
20. 古田東朔・築島裕 (1972)『国語学史』東京大学出版会.
21. 文化庁 (1985)「国語審議会仮名遣い委員会試案「改定現代仮名遣い（案）」について」〈http://www.mext.go.jp/b_menu/hakusho/nc/t19850222001/t19850222001.html〉(2011年8月27日)
22. 文化庁 (1954)「ローマ字のつづり方」〈http://www.mext.go.jp/b_menu/hakusho/nc/k19541209001/k19541209001.html〉(2011年8月27日)
23. 益岡隆志 (2003)『三上文法から寺村文法へ――日本語記述文法の世界』くろしお出版.
24. 松村明（編）(1971)『日本文法大辞典』明治書院.
25. 山口仲美 (2006)『日本語の歴史』岩波新書.
26. 渡辺実 (1976)「品詞分類」『岩波講座日本語6 文法Ⅰ』第3章, 岩波書店, pp. 83-128.

15 | コーパス

1. 益岡隆志・田窪行則 (1989)『基礎日本語文法』くろしお出版.
2. 石川慎一郎 (2008)『英語コーパスと言語教育』大修館書店.

●インターネット
3. 青空文庫
〈http://www.aozora.gr.jp/〉(2011年7月25日)
4. 京都大学テキストコーパス
〈http://nlp.kuee.kyoto-u.ac.jp/nl-resource/corpus.html〉(2011年7月25日)
5. 現代日本語書き言葉均衡コーパス
〈http://www.kotonoha.gr.jp/〉(2011年7月25日)
6. サクラエディター
〈http://sakura-editor.sourceforge.net/〉(2011年7月25日)
7. 新聞記事データベース
〈http://www.nichigai.co.jp/〉(2011年7月25日)
8. 日本語学習会話データ
〈http://dbms.kokken.go.jp/nknet/ndata/opi/〉(2011年7月25日)
9. 日本語学習者による日本語作文と, その母語訳との対訳データベース
〈http://jpforlife.jp/seika-taiyakudb.html〉(2011年7月25日)
10. 日本語語彙大系
〈http://www.kecl.ntt.co.jp/mtg/resources/GoiTaikei/〉(2011年7月25日)
11. 日本語話し言葉コーパス
〈http://www.ninjal.ac.jp/products-k/katsudo/seika/corpus/〉(2011年7月25日)
12. 分類語彙表
〈http://www.ninjal.ac.jp/products-k/kanko/goihyo/〉(2011年7月25日)
13. BNC
〈http://www.natcorp.ox.ac.uk/〉(2011年7月25日)
14. BTSによる多言語話し言葉コーパス
〈http://coelang.tufs.ac.jp/publications/database.html〉(2011年7月25日)

15. CaboCha
〈http://chasen.org/~taku/software/cabocha/〉
(2011年7月25日)
16. ChaSen
〈http://chasen.naist.jp/hiki/ChaSen/〉(2011年7月25日)
17. EDR概念体系辞書
〈http://www2.nict.go.jp/r/r312/EDR/J_index.html〉(2011年7月25日)
18. EmEditor
〈http://www.emurasoft.com/〉(2011年7月25日)
19. 秀丸エディター〈http://hide.maruo.co.jp/index.html〉(2011年7月25日)
20. IPADIC
〈http://sourceforge.jp/projects/ipadic/〉(2011年7月25日)
21. JUMAN
〈http://nlp.kuee.kyoto-u.ac.jp/nl-resource/juman.html〉(2011年7月25日)
22. KH Coder
〈http://khc.sourceforge.net/〉(2011年7月25日)
23. KNP
〈http://nlp.kuee.kyoto-u.ac.jp/nl-resource/knp.html〉(2011年7月25日)
24. KYコーパス
〈http://www.opi.jp/shiryo/ky_corp.html〉(2011年7月25日)
25. MeCab
〈http://mecab.sourceforge.net/〉(2011年7月25日)
26. R
〈http://www.r-project.org/〉(2011年7月25日)
27. TeraPad
〈http://www5f.biglobe.ne.jp/~t-susumu/library/tpad.html〉(2011年7月25日)

28. TTM
〈http://mtmr.jp/ttm/〉(2011年7月25日)
29. UniDic
〈http://www.tokuteicorpus.jp/dist/〉(2011年7月25日)
30. WordNet
〈http://nlpwww.nict.go.jp/wn-ja/〉(2011年7月25日)

16 統計

1. 木山幸子・玉岡賀津雄(2011)「自他両用の『―化する』における自動詞用法と他動詞用法の比較――新聞コーパスの用例に基づく多変量解析」『言語研究』139, 29–56.
2. 滝沢直宏(2002)「文末の接続助詞(＋終助詞)と不連続に共起し易い副詞――『から』の場合を中心に」In Makino, S. (ed.), *The Tenth Princeton Japanese Pedagogy Workshop: Proceedings*. Princeton, NJ: Princeton University. pp. 132–142.
3. 玉岡賀津雄・林炫情・池映任・柴崎秀子(2008)「韓国語母語話者による和製英語の理解」『レキシコンフォーラム』4, 195–222.
4. Kass, G. V. (1980) An exploratory technique for investigating large quantities of categorical data. *Applied Statistics*, 29, 119–127.
5. Tamaoka, K., Kiyama, S., & Chu, X. (in press). How do native Chinese speakers learning Japanese as a second language understand Japanese kanji homophones? *Writing Systems Research*.

17 テスティング・評価

1. 小林典子・山元啓史・フォード丹羽順子(1996)「日本語能力の新しい測定法［SPOT］」『世界の日本語教育』第6号, 201–218.

2. 静哲人（2007）『基礎から深く理解するラッシュモデリング』関西大学出版．
3. 芝祐順（1957）「読み易さの測り方――クローズ法の日本語への適用」『心理学研究』第28巻，67-73．
4. 島田めぐみ・三枝令子・野口裕之（2006）「日本語 Can-do-statements を利用した言語行動記述の試み――日本語能力試験受験者を対象として」『世界の日本語教育』第16号，79-92．
5. 庄司惠雄・野口裕之・金澤眞智子・青山眞子・伊東祐郎・迫田久美子・春原憲一郎・廣利正代・和田晃子（2004）「大規模口頭能力試験における分析的評価の試み」『日本語教育』122号，42-51．
6. 関崎友愛・古川嘉子・三原龍志（2011）「評価基準と評価シートによる口頭発表の評価」『国際交流基金日本語教育紀要』第7号，119-133．
7. 田中真理・長阪朱美・成田高宏・菅井英明（2009）「第二言語としての日本語ライティング評価ワークショップ――評価基準の検討」『世界の日本語教育』第19号，157-176．
8. 野口裕之・熊谷龍一・大隅敦子（2007）「日本語能力試験における級間共通尺度構成の試み」『日本語教育』135号，70-79．
9. 肥田野直（1972）『テストI』東京大学出版会．
10. 渡辺直登・野口裕之（2000）『組織心理測定論』白桃書房．
11. ALTE（2008）*The ALTE framework: Common European level system*. Cambridge: ALTE.
12. Bachman, L.（1990）*Fundamental considerations in language testing*. Oxford, UK: Oxford University Press.
（バックマン，L．，池田央・大友賢二（監訳）（1997）『言語テストの基礎』CSL 学習評価研究所．）
13. Bachman, L. & Palmer, A.（1996）*Language testing in practice*. Oxford, UK: Oxford University Press.
（バックマン，L. & パーマー，A．，大友賢二・ランドルフスラッシャー（訳）（2000）『実践言語テスト作成法』大修館書店．）
14. Bloom, B. S., Madaus, G. F., & Hastings, J. T.（1971）*Handbook of formative and summative evaluation of student learning*. New York: McGraw-Hill.
（梶田叡一・藤田恵璽（訳）（1973）『教育評価ハンドブック』，（1974）『学習評価ハンドブック（上・下）第一法規出版．）
15. Council of Europe（2001）*Common European Framework of Reference for Languages: Learning, teaching, assessment*. Strasbourg : Council of Europe.
16. Fulcher, G.（2003）*Testing second language speaking*. New York: Pearson Longman.
17. Lord, F. M.（1952）*A theory of test scores*, Psychometric Monograph（No. 7），Psychometric Society.
18. Lord, F. M. & Novick, M. R.（1968）*Statistical theories of mental test scores*, Reading: Addison-Wesley.
19. McNamara, T.（2000）*Language testing*. Oxford, UK: Oxford University Press.
20. North, B.（2002）Developing descriptor scales of language proficiency for the CEF common reference levels. In Council of Europe（ed.），*Common European Framework of Reference for Languages: Learning, teaching, assessment case studies*. Strasbourg: Council of Europe. pp. 87-105.
21. North, B. & Schneider, G.（1998）Scaling descriptors for language proficiency scales. *Language Testing*. 15, 217-262.

22. Oller, J. W. (1972) Scoring methods and difficulty levels for cloze tests of ESL proficiency. *Modern Language Journal*, 56, 151–158.

23. Oller, J. W. (1973) Cloze tests of second language proficiency and what they measure. *Language Learning*, 23 (1), 105–118.

24. Tannenbaum, R. J. & Wylie, E. C. (2008) Linking English-Language test scores onto the Common European Framework of Reference: An application of standard-setting methodology. *TOEFL iBT Research Report*. RR-08-34. Princeton NJ: Educational Testing Service.

25. Taylor, W. L. (1953) Cloze procedure: a new tool for measuring readability. *Journalism Quarterly*, 30, 414–438.

26. Taylor, W. L. (1956) Recent developments in the use of "cloze procedure." *Journalism Quarterly*, 33, 42–48.

27. Verhelst, N. D. (2009) Generalizability Theory. In S. Takala (ed.), *Reference supplement to the manual for relating language examinations to the Common European Framework of Reference for Languages: Learning, teaching, assessment* (Section E). Strasbourg: Council of Europe.

28. Weir, C. J. (2005) Limitations of the Common European Framework for developing comparable examinations and tests. *Language Testing*, 22, 281–300.

索引（日本語索引・英語索引）

日本語索引

ノンブルの後の L は左列、R は右列を表しています。

■■ あ行

アーミー・メソッド —— 232L
RHQ 支援センター —— 274R
RMSEA —— 324R
R^2 —— 318R
IRF —— 143L, 156R
IRF/IRE 連鎖 —— 142R
IELTS —— 350R
IOM（国際移住機関）—— 263L
アイカメラ —— 97L, 97R, 111L
愛国主義 —— 273L
挨拶 —— 162L, 162R, 172L, 184R
あいづち —— 136L, 174L
アイディア・ユニット —— 96L, 96R, 100R, 148R
あい手のうけみ —— 182R
アイデンティティ —— 124L, 260L, 260R, 265L, 265R
アイデンティティ・クライシス —— 260L
アイヌ語 —— 268R
アイヌ新法 —— 268R
『アイヌ神謡集』—— 268R
アイヌ民族 —— 268R, 272R
IPA —— 20L, 21L, 22R, 24R, 26R, 27R, 29R, 30L, 32L, 40L
曖昧さに対する寛容度 —— 92L
あいまい表現 —— 155R, 163L
IU —— 148L
アウェアネス —— 44L, 47L, 56L, 239R
アウトプット —— 45L, 54L, 70R
アウトプット仮説 —— 44R
ア行音とヤ行音とワ行音の合一 —— 284L
アクション・リサーチ —— 232R, 233L
アクセサリー（現代の方言使用）—— 131R
アクセント —— 20L, 20R, 21L, 22L, 22R, 27R, 36L, 37R, 38R
アクセント核 —— 20R, 21L, 21R, 22L, 35L, 37R, 38L, 40L
アクセント型 —— 20R, 21L, 22L, 37R, 38R

アクセントの滝 —— 20R
ACT-R 理論 —— 70L
「あげる」—— 163R, 172L
アコモデーション理論 —— 132R
脚 —— 215L
アジア協会 —— 264L
アジア人財資金構想 —— 278R
アジア福祉教育財団難民事業本部（RHQ）—— 274R
足場かけ —— 45L, 67R
アステリスク —— 218L
アストン —— 277L
アスペクト —— 2L, 2R, 9L, 13L, 14L, 14R, 185R, 194L, 201L, 203L, 204L, 206L, 207L
アセスメント —— 250R
頭高型 —— 20L, 20R, 21L, 38L
アチーブメント・テスト —— 348R
アッシャー —— 246L, 246R
アップテイク —— 45R, 79L
当て字 —— 223L, 228L
あて推量 —— 342L, 345L, 351R, 352L
「あなた」—— 163R, 170L, 172L
阿部謹也 —— 127R
『「甘え」の構造』—— 128L
天草版伊曽保物語 —— 287L
天草版平家物語 —— 287L
あめつちの詞 —— 284L, 284R
雨森芳州 —— 267R
誤り —— 63R
誤りの訂正 —— 75R
有坂秀世 —— 292L
ALTE —— 341L, 358L, 349L
α 係数 —— 345R, 346L, 356R
アルファ水準 —— 335L
アンカー・テストデザイン —— 354L
暗示 —— 240L, 240R
暗示学 —— 240L
暗示的学習 —— 46L, 55L
暗示的指導 —— 46L

暗示的知識 —— 46R, 49L, 68L
安定性 —— 345L, 345R
アンドレイ・タタリーノフ —— 279L
李御寧 —— 128L
ERP —— 82L, 86L, 86R
EEG —— 86L, 86R
EPA（経済連携協定）—— 280L, 280R
言いよどみ —— 152R, 184R
eラーニング —— 257L, 257R
イエズス会 —— 273R, 279L
異音 —— 21L, 21R, 24L, 35L
イ音便化 —— 287R
意義素 —— 210L
閾値 —— 89L, 92L, 93L, 98L, 100L
『「いき」の構造』—— 127L
育児語 —— 132R
異形態 —— 4L
イ形容詞 —— 186L, 194L, 202L, 287R
移行適格場所 —— 136R
イザヤ・ベンダサン —— 128L
伊沢修二 —— 269R
意識 —— 44L, 48L
意識化 —— 48L
石塚龍麿 —— 289L, 291R
意志動詞 —— 182L, 202L
維持リハーサル —— 55R
威信 —— 123L, 126R
位相 —— 210R
位相語 —— 210R
位相差 —— 185L
「～いたす」—— 164L, 168L
Ⅰ型動詞 —— 182L, 183R, 184R, 186L, 202L
一時運動野 —— 86L
一時的変化 —— 345L
一条校 —— 261L
1段活用 —— 183R
一人称 —— 188R, 192R, 205L
一方向性 —— 13R
一様性の検定 —— 319L
一貫性 —— 106L, 137L
一般化可能性係数 —— 338R
一般化可能性理論 —— 338L
一般条件 —— 190L
一方の性専用 —— 125R
糸魚川・浜名湖線 —— 130R

移動動詞 —— 202L
意図された意味 —— 120L, 121L, 124R
意図的学習 —— 86R
井上史雄 —— 131L
伊波普猷 —— 268L
違反 —— 120R, 121L, 125L
意符 —— 228L
異文化間コミュニケーション —— 121L
異文化間語用論 —— 127L
イマージョン・プログラム —— 233L
イマージョン教育 —— 79L
意味記憶 —— 55L, 88L
意味公式 —— 124R
意味交渉 —— 48L, 48R, 49L, 50L, 64R, 67R, 233L
意味成分 —— 220R
意味的処理 —— 87R
意味的なネットワーク —— 94L
意味特徴 —— 220L
意味ネットワーク —— 94L
意味の漂白化 —— 13L
意味役割 —— 2R, 3L, 5R, 12L, 13R, 17L
依頼 —— 121L, 124R, 127L, 128R, 129L, 129R, 138L
イレアリス・ムード —— 15L
入子型構造 —— 295R
『伊呂波』—— 267L
いろは歌 —— 284R, 284L
色葉字類抄 —— 285L
因果関係 —— 102R, 103L, 318R, 323R, 324L, 324R, 330R
隠語 —— 131R
因子 —— 318L, 318R
因子分析 —— 318L, 332L
インストラクショナル・デザイン —— 248L
陰性 —— 86L, 86R
院政・中世の辞書 —— 284R
陰性電位 —— 86R
インターアクション —— 45R, 48L, 54L, 67R, 70L, 137R, 233L, 234L, 236L, 236R, 244L
インターアクション仮説 —— 48R, 70R
インターネットによる言語学習 —— 248R
インターフェース仮説 —— 47L, 49L
インタラクション仮説 —— 48R
インテイク —— 45R, 49R, 51L, 56L

日本語索引

咽頭 —— 33L
インドシナ難民 —— 274R, 275L
イントネーション —— 21R, 22L, 38R, 195R
イントネーション・ユニット —— 148L
インドネシア賠償留学生制度 —— 278L
インフォメーション・ギャップ —— 49R, 65L, 236L, 236R, 238L
インプット —— 44L, 45L, 47L, 48L, 49R, 50R, 56L, 56R, 58L, 63L, 68L, 70R, 235R, 243L, 243R
インプット仮説 —— 45L, 49L, 78R
インプット強化 —— 48L, 50R
インプット処理 —— 51L
インプット処理指導 —— 51L
インプット処理の原則 —— 51L, 59R
インプット補強法 —— 50R
隠喩 —— 125L, 226L
隠喩的コード・スイッチング —— 124L
引用 —— 196L
引用符 —— 218L
韻律 —— 22L, 22R, 34R, 36L, 38L, 38R
韻律特徴 —— 152L
VRIP —— 357L
ウィルキンズ —— 237R, 241R
上田万年 —— 276R
ウェルニッケ失語症 —— 66L
ウェルニッケ野 —— 61L
ヴォイス —— 14L, 17L, 17R, 182R, 186R, 194L, 195R, 201R
ウォーミング・アップ —— 153R
受身 —— 17R
受身文 —— 149L, 182R, 188R, 208L
ウチ —— 162L, 162R, 163L, 171L, 192R
ウチナーグチ（沖縄口） —— 268R
ウチナーヤマトグチ（沖縄大和口） —— 268R
内の関係 —— 190R
内村鑑三 —— 127L
埋め込み構造 —— 105L
運動性失語 —— 65R
影響 —— 344R, 349L, 356R, 357L
英検 —— 358L
AIC —— 325L
AOTS（海外技術者研修協会） —— 264L, 264R
AGFI —— 324R
ABA型分布 —— 131L

赤楽書院 —— 277R
XML —— 304L
SVO型 —— 5L
エスノメソドロジー —— 141L
エズラ・ヴォーゲル —— 128L
nグラムモデル —— 304R
N400 —— 86R
エピソード記憶 —— 55L
fMRI —— 85R, 86L
F検定 —— 320R, 322R, 334L
FTA —— 175R, 176R, 177L, 177R, 178L, 179L
FTA（自由貿易協定） —— 280L
MIスコア —— 310L
絵文字 —— 133R
LSUII —— 84R, 85L
演繹的学習 —— 51L
婉曲表現 —— 155R, 163L, 163R
「お～」 —— 167L, 167R, 169L
「お～いたす」 —— 168L
「お～いただく」 —— 167L, 167R
「お～ください」 —— 167L
「お～くださる」 —— 166R
「お～する」 —— 167L, 167R
「お～だ」 —— 166R
「お～できる」 —— 167R
「お～になる」 —— 166R
欧州評議会 —— 355R, 358R, 359L
応答詞 —— 184R
応答ペア —— 158L
大泉（群馬県大泉町） —— 272L, 275L
大阪外国語大学 —— 278L
ODA（政府開発援助） —— 264L
オーディオ・ビジュアル・メソッド —— 232L
オーディオ・リンガル・メソッド —— 234L, 237L, 244R
オーディオリンガル —— 51R, 53L, 63L
オーバーラップ —— 142L
OPI —— 305R, 316L, 340R, 341L
大村一時レセプションセンター —— 274R
オーラル・メソッド —— 235L, 242L, 245R, 273L
オーラルスキル —— 110L
オールコック —— 277L
オールド・カマー —— 260L, 260R, 274L
岡倉天心 —— 127R

岡倉由三郎 —— 276L
小笠原諸島 —— 122R
奥田ビジョン —— 262L
オグデン —— 217L
小倉進平 —— 270L
送り仮名 —— 211L, 223R, 225R
尾高型 —— 20R, 21L, 38L
オ段開合 —— 287L
「お疲れさま」 —— 162R
男言葉 —— 125R
踊り字 —— 220L
オノマトペ —— 211R
オフ・レコード —— 178L
オフライン —— 103L
オフライン法 —— 82L
重みつき正答数得点 —— 353R
『おもろそうし』 —— 268L
『おろしや国酔夢譚』 —— 279R
音 —— 22R
音韻規則 —— 114L
音韻的処理 —— 87R
音韻認識 —— 100L
音韻変換 —— 97L, 106L
恩恵 —— 189L, 193L, 207L
恩恵の表現 —— 164L, 172L
音象徴語 —— 211R
音声的要因 —— 136R
音声波形 —— 23R
音節 —— 20L, 23R, 23L, 24L, 25L, 30L, 31L, 31R, 35L, 36L, 37L, 38L, 38R, 40R, 41L, 42L, 42R
音素 —— 21L, 22R, 23L, 24R, 25R, 27L, 27R, 31L, 32L, 34R, 35L, 35R, 38L, 39L, 39R, 110L, 113R
音脱落 —— 25L
音調 —— 15R, 21L, 22L
音読 —— 96R, 97L, 113L, 114L, 115L
音読課題 —— 92R
女言葉 —— 125R
音表象語 —— 211R
音符 —— 215L, 228L
音読み —— 215L
オンライン —— 103L
オンライン教材 —— 248R
オンライン法 —— 82L, 92L, 93R

■■■か行

会意 —— 227R, 228L
外延 —— 3L, 10L, 10R,
海外技術者研修協会（AOTS） —— 264L
海外子女教育 —— 275R
回帰木 —— 322R
回帰式 —— 116L
回帰分析 —— 98R, 102L, 318R, 319L, 327R
階級 —— 123L, 126L, 131R
下位群 —— 97L
外項 —— 12L, 14L
外国語環境 —— 52L
外国語教授法 —— 107R
外国語効果 —— 82L
外国語としての日本語（JFL） —— 269R, 275R
外国語能力試験 —— 359L
外国語副作用 —— 82R, 91R
外国人学校 —— 260R, 261L
外国人児童生徒 —— 262R
外国人市民代表者会議 —— 271R
外国人集住都市会議 —— 271R
外国人政策 —— 261L
外国人台帳制度 —— 261R
外国人登録 —— 260R, 261L
外国人登録証明書 —— 261R
外国人の子どもの不就学実態調査 —— 263L
外国人配偶者 —— 270R, 274L, 275L
外国人労働者 —— 262L, 271L
外国につながる子ども —— 261R, 262R, 263R, 265L, 271R, 272R, 275R
外国にルーツをもつ子ども —— 262R
外国はがし —— 276L
外在基準 —— 349R
開始 —— 156R
カイ二乗（χ^2）検定 —— 319L, 319R, 322R, 324R
カイ二乗（χ^2）分布 —— 319R, 322R
開始部 —— 138R
解釈基準 —— 351L, 358L
下位集団 —— 352R, 353L
解説 —— 150L, 193R
蓋然性 —— 15R
階層クラスタ分析 —— 321L
階層構造 —— 192L, 194L
改訂階層モデル —— 88L, 88R, 89L, 89R
改定常用漢字表 —— 224L

日本語索引

CHAID —— 322R
下位得点 —— 353L
概念・機能シラバス —— 237R, 242L
概念駆動型処理 —— 112L
概念シラバス —— 237R, 241R
概念媒介モデル —— 88L, 88R, 89L
外発的動機づけ —— 89R, 90L
回避 —— 52R
下位プロセス —— 96R
外務省 —— 278L
外来語 —— 212L, 212R, 214R, 220R, 221L, 221R, 223R, 224L, 224R
会話管理 —— 138L
会話構造 —— 138R
会話参加者 —— 139L
会話進行 —— 138R
会話スタイル —— 139R
会話ストラテジー —— 140R
会話的コード・スイッチング —— 124L
会話的調整 —— 48R
会話の格率 —— 120R
会話の含意 —— 120L, 121L, 123L, 125L, 127L, 178L
会話の公理 —— 120R, 178L
会話の主導権 —— 154R
会話の推意 —— 121L
会話のスタイル —— 125R
会話の分析 —— 141R
会話分析 —— 141L
会話物語 —— 150L
会話優先の原理 —— 110L
ガウス分布 —— 328R
カウンセラー —— 238L
カウンセリング —— 238L, 241L
カウンターバランス —— 319R, 320L, 334L
顔文字 —— 133R
係助詞 —— 287R
係り結び —— 285R
かかわり —— 152R
関わり度仮説 —— 83L, 87L, 87R, 88L
かぎかっこ —— 218L
書き下し文 —— 286R
書き言葉 —— 141R
書き言葉コーパス —— 305L
垣根表現 —— 155L

『蝸牛考』 —— 131L
カ行／サ行変格活用 —— 183R
カ行変格（カ変） —— 291L, 294R
格 —— 2R, 3L, 3R, 4R, 5L, 10L, 14L, 17L, 17R
角かっこ —— 218 L
学習課題 —— 339R, 355R
学習漢字 —— 213L
学習管理システム —— 248R, 249L
学習指導案 —— 250L, 250R
学習者言語 —— 72R
学習者コーパス —— 305R
学習者支援 —— 358R
学習者中心主義 —— 111L, 358R
学習スタイル —— 83L, 84L, 85L
学習ストラテジー —— 84L, 84R, 85L
学習リソース —— 235R
格助詞 —— 3L, 3R, 194R, 195L
格助詞「ガ」と「ノ」の置換 —— 191L
学生用語 —— 133
拡張練習 —— 244R
確認チェック —— 48R
確認的因子分析 —— 318L, 318R
学年別漢字配当表 —— 212R
隠れたカリキュラム —— 152R
加算的バイリンガル —— 74L
仮借 —— 227R, 228L
過剰一般化 —— 53L
過剰学習 —— 53L
過剰敬語 —— 173R
過剰般化 —— 53L, 64L
化石化 —— 53R
仮説 —— 99L, 99R, 100L, 100L, 107R, 113L
仮説検証 —— 45L, 49R, 53R, 62L
課題 —— 249R, 338R, 339L, 340L, 340R, 341L, 343R, 344L, 345L, 350L, 351L, 351R, 355L, 356L
片仮名 —— 211L, 212L, 212R, 213R, 215R, 285R, 286L
片仮名語 —— 212R
かたまり —— 71L
語り —— 150L
語り手 —— 150L
価値判断の副詞 —— 206L
括弧 —— 218L
学校基本調査 —— 261L, 262R, 276L

学校文法 —— 183R, 196R, 198L, 202L, 296L, 296R
活性化 —— 105L, 106R, 112L, 116R
活動動詞 —— 2L
活動領域 —— 132R
活用 —— 183L, 186L, 201R, 202L
活用（古代語）—— 290R, 291, 294L
活用形 —— 182L, 183L, 184L, 196R, 198R, 200L
活用語尾 —— 183R
活用の揺れ —— 184L
仮定条件 —— 190L
仮定法 —— 15L, 15R
ガテーニョ —— 239R
カテゴリー（カテゴリカル）データ —— 327L
カテゴリー（的）知覚 —— 25L, 25R
カテゴリー化 —— 226R
仮名遣い —— 213L
かなのくわい —— 289L
嘉納治五郎 —— 277R
可能性 —— 15R
可能を表すムード —— 15L
加配 —— 262R
かぶせ音素 —— 22R, 34R
可変性 —— 54L
構 —— 215L
上一段 —— 290R
上二段 —— 290R, 294L
カミンズ —— 233L
萱野茂 —— 268R
カラーチャート —— 240L
カラン —— 238L
カリキュラム —— 250L, 251R
CALP（認知学習能力）—— 126R, 263R, 276L
川上郁雄 —— 281R
川崎（神奈川県川崎市）—— 271L, 271R
漢音 —— 214L
『環海異聞』—— 279R
間隔尺度 —— 322R, 327R
感覚性失語 —— 66L
眼球運動 —— 11L, 82L, 97L, 97R
関係の公理 —— 120R, 121L
完結性 —— 2L
漢語 —— 214L, 214R, 215R, 220R, 221L, 221R, 225R, 229R
看護師・介護福祉士候補者 —— 280R

漢語水平考試 —— 359R
漢字 —— 211L, 212R, 213L, 213R, 214L, 214R, 215L, 215R, 216L, 227L, 228L, 228R, 229R
漢字片仮名交じり文 —— 211L, 215R
漢字仮名交じり —— 215L
漢字仮名まじり文 —— 97R
漢字圏 —— 215R
漢字平仮名交じり文 —— 215R
漢字文化圏 —— 215R
感謝 —— 121R, 124R, 127L, 129L
慣習的含意 —— 125L
感受期 —— 80L
干渉 —— 54L, 60R, 63L
感情形容詞 —— 186L, 205R
完成相 —— 203L
完成練習 —— 244R
間接受身 —— 183L
間接的表現 —— 163L
間接テスト —— 351L, 351R
間接発話行為 —— 128R, 129R
間接補語 —— 207L
完全習得学習 —— 344R
完全バイリンガル —— 74L
観測変数 —— 318L, 318R, 323R, 324L, 324R
簡体字 —— 216L
感嘆詞 —— 184R
間投詞 —— 184R
感動詞 —— 184R, 202L, 202R, 204R
間投助詞 —— 196L
漢文 —— 286L
漢文訓読文 —— 286R, 302L
願望のモダリティ —— 15R
冠 —— 215L
簡約日本語 —— 263R, 264L
換喩 —— 125L, 226L
勧誘 —— 121L, 121R
慣用音 —— 214R
慣用句 —— 216L
簡略化レジスター —— 132R
完了相 —— 2L
関連性 —— 226R
関連性理論 —— 120L, 125L
緩和表現 —— 155R
キーセンテンス —— 98R, 111L
キーワード —— 98R, 105L, 111L, 112L

日本語索引

キーワード法 —— 85L, 85R
既有知識 —— 105L, 112R
記憶 —— 44L, 54L, 72L, 109L, 109R, 110R, 111R, 112L, 113R, 115L, 116R, 117R, 118L, 118R
記憶ストラテジー —— 84L, 84R
擬音語 —— 211R
機械採点 —— 351L
機械翻訳 —— 306L
聞き返し —— 142L
聞き手敬語 —— 165R
聞き手行動 —— 142L
希求法 —— 15L
『菊と刀』 —— 127R
気配り表現 —— 155R
危険率 —— 334R, 335L
帰国児童生徒 —— 275R, 276L
帰国生 —— 276L
疑似分裂文 —— 14R
技能研修生 —— 262L, 264L
記述符号 —— 218L
基準関連妥当性 —— 349L
基準集団 —— 344R
基準変数 —— 332L
基数詞 —— 199L
擬声語 —— 206R, 211R
気息 —— 24R, 41L
帰属意識 —— 131L
基礎語彙 —— 217L
基礎段階の言語使用者 —— 358R
擬態語 —— 206R, 211R
期待度数 —— 322R
期待の構造 —— 154L
既知語率 —— 98L, 98R
既知性 —— 197L
気づかない方言 —— 131L
気づかれにくい方言 —— 131L
気づき —— 45L, 47R, 56L
気づき仮説 —— 56L, 72L
起点 —— 2R
技能実習制度 —— 261R, 262L, 264R
機能シラバス —— 241R
技能シラバス —— 242L
帰納的学習 —— 51L, 56L
機能的磁気共鳴画像 —— 61R
機能的磁気共鳴画像法 —— 85R

機能範疇 —— 3R, 10L
義符 —— 228L
起伏式 —— 20R, 21L
基本語彙 —— 217R
基本周波数 —— 23R, 26L, 31R, 36R, 37R, 38R, 41R
基本的対人伝達能力 —— 74L, 126R, 263R, 276L
基本母音 —— 26L, 26R, 39L
帰無仮説 —— 319R, 320R, 328L, 330R, 331L, 333R, 335L, 335R
義務的文脈 —— 53L
義務モダリティ —— 15R
疑問語 —— 187L
疑問節 —— 189R
逆条件文 —— 190R
逆成 —— 224R
規約的含意 —— 125L
逆向き推論 —— 103R
客観性 —— 345L, 348R, 352L
逆行 —— 97R
キャラ助詞 —— 132L
キャロル —— 236R
Can-do statements —— 339R, 357R, 358L
キャンパス用語 —— 133
吸収型 —— 83L, 84L
旧情報 —— 149L, 193R, 198R
教案 —— 250L, 250R
教育漢字 —— 212R
教育言語 —— 260R, 266R
教育評価 —— 250L
教育メディア —— 251L
業界用語 —— 123R
共感度 —— 188R
共起制限 —— 222R
競合モデル —— 56R
教示 —— 100R, 104L, 109R
凝視 —— 97R
教室活動 —— 236L, 236R, 243R, 244L, 245L, 245R
教室習得 —— 53L
教室習得環境 —— 57L
教室談話 —— 142R
凝視点 —— 94L, 94R
強弱アクセント —— 20L
教授可能性 —— 57R

教授可能性仮説 —— 58L, 68R
教授法 —— 358R
協調の原則 —— 120R, 121L, 125L, 175R
協調の原理 —— 120R
共通因子 —— 318L
共通基礎能力仮説 —— 100L
共通基底言語能力 —— 74R
共通語 —— 121L, 121R, 122R, 123R, 124L, 127R, 129R, 131L, 131R, 132L, 174R, 175L, 265R, 269R, 270R, 276R
共通項目デザイン —— 354L
共通参照レベル —— 358R
共通受験者デザイン —— 354L
協働的 —— 232R, 236R, 243R
共同発話 —— 174L, 174R
「京へ筑紫に坂東さ」—— 279R
共有基底言語能力モデル —— 233R
強要アウトプット —— 44R
共話 —— 136L, 139R, 174R
共話スタイル —— 137L, 140R
局所独立の仮定 —— 342R
極性 —— 14L
局部的な誤り —— 64L
虚再認 —— 101L
許慎 —— 214R, 227R
拠点校方式 —— 263L
キリシタン —— 273R, 279R
キリシタン資料 —— 286R, 296R
記録体 —— 298L, 300R
均衡コーパス —— 306R
均衡理論 —— 74R
金水敏 —— 132L
近世 —— 291R
近代 —— 291L, 291R
金田一京助 —— 268R
グアン —— 239L, 245R
グアン・メソッド —— 239L, 239R, 269R
KWIC —— 310R
空仮説 —— 320R
空所補充 —— 351R, 352L
偶然誤差 —— 338L, 345L
偶発学習 —— 87L
偶発的学習 —— 86R, 87L
具格 —— 3L
ク活用 —— 287R

九鬼周造 —— 127R
句構造標識 —— 9R
句構造文法 —— 9R, 10L
孔雀経音義 —— 290R
屈折 —— 3L, 3R, 4L, 4R, 6L, 6R, 11L, 11R, 15L, 15R, 16L
屈折形態素 —— 4L
屈折言語 —— 3L
屈折語 —— 4R
屈折接辞 —— 3L, 6R, 11L, 11R
「～くていらっしゃる」—— 167L
句点 —— 217R
句読点 —— 217R
組み合わせ法 —— 352L
クラスタ分析 —— 321L, 321R, 332R
クリティカル・リーディング —— 98R, 99L
グループ・ワーク —— 236L, 238L
クレオール —— 121R, 122R, 126R, 129, 130L
クローズ・テスト —— 108L, 111R, 338L
グローバル30 —— 278R
グローバル化 —— 262L, 273L, 280R
クロス集計 —— 322L
クロス集計表 —— 319L, 322L, 325R
訓点資料 —— 287R, 286L
訓令式ローマ字 —— 300R
敬意低減の法則 —— 163R, 170L, 173R
敬意逓減の法則 —— 163R
敬意表現 —— 164L, 165L, 171L
計画された談話 —— 141R
計画されない談話 —— 151R
継起発達バイリンガル —— 73R
経験主 —— 2R, 13R
敬語 —— 164L, 164R, 165L, 165R, 166L, 166R, 167L, 167R, 168L, 168R, 169L, 169R, 171L, 171R, 179L
傾向的性差 —— 125R
警告 —— 128R, 129L
経済産業省 —— 264L, 278R
経済連携協定（EPA）—— 280L
形式スキーマ —— 105L
形式発話 —— 58L, 71L
形式名詞 —— 185L, 189R, 195L, 196L, 198L, 203L
継承語 —— 265L, 272L, 275R
継承語としての日本語（JHL）—— 265L, 275R

係助詞 —— 196R
形成 —— 227R, 228L
形成的評価 —— 339L, 344L, 348L
継続相 —— 2L, 203L
継続動詞 —— 2L, 203L
敬体 —— 172R
形態音素交替 —— 27L
形態素 —— 3R, 4R, 6L, 10R, 11L, 14L, 210L
形態素解析 —— 307R
形態的処理 —— 87R
契沖 —— 288R, 291R, 299R
契沖仮名遣い —— 287R
軽卑表現 —— 171R, 179L
形容詞 —— 185R, 198L, 202L, 208R, 287R
形容詞型活用 —— 186L
形容詞述語文 —— 194L
形容動詞 —— 202L, 287R
計量言語学 —— 309L, 315L
ケータイ・メール —— 133R
結合度 —— 216R
結束性 —— 143R
決定木分析 —— 319L, 322R, 323R
決定係数 —— 318R
限界性 —— 2L
言外の意味 —— 121L
言語閾値仮説 —— 99L, 100L
言語維持 —— 58L, 59R
言語運用 —— 4L, 4R
言語学習 —— 355R, 358R, 360R
言語獲得装置 —— 4R, 12R, 237R,
言語間の誤り —— 58L, 64L
言語教育観 —— 358R
言語教育領域 —— 355R
言語共同体 —— 124L
言語計画 —— 266L
言語形式の焦点化 —— 76L
言語権 —— 260L, 265R
言語行為 —— 128L
言語行動 —— 62L, 121R, 122L, 133R, 136L,
　　343R, 344R, 350L, 351R, 357R, 359R, 360R
言語行動場面 —— 357R, 360R
言語サービス —— 265R, 267L, 271R
言語習得装置 —— 58R, 63L
言語使用 —— 4R
言語使用域 —— 132L

言語使用課題 —— 340L, 343R, 356L
言語情報 —— 100L, 115L
言語使用領域 —— 340L, 343R, 344L, 350R, 356L
言語処理 —— 59L, 68R
言語生活 —— 122L
言語政策 —— 266L, 266R
言語接触 —— 122L, 129L
言語相互依存仮説 —— 99R, 100L
言語喪失 —— 59L
言語的・画像的 —— 92L
言語適性 —— 60L
言語的つながり —— 137L
言語的変数 —— 123L
言語テストの構成概念 —— 339R, 340R, 341L,
　　349L, 349R, 350R, 351L, 356R
言語転移 —— 60R, 124R
言語内の誤り —— 61R, 64L
言語能力 —— 4L, 4R
言語能力水準 —— 351L, 358R
言語の類型論 —— 4R
言語バイオグラフィー —— 355R
言語パスポート —— 355R
言語不安 —— 61R, 90R
言語文化研究所 —— 273L
言語変異 —— 122R
言語変化 —— 133L
言語変種 —— 121L, 122L, 123L, 123R, 125R,
　　126L, 126R, 127L, 127R, 130L, 130R, 131R,
　　132L
顕在記憶 —— 55R, 100R, 101L
減算的バイリンガル —— 74L
原子命題 —— 109L
謙譲語Ⅰ —— 165L, 165R, 167L, 167R, 168L,
　　169L
謙譲語Ⅱ —— 163L, 165L, 165R, 167R, 168L,
　　169L
現象素 —— 224R
現象文 —— 197R, 198R
現代かなづかい —— 213R
現代仮名遣い —— 213R, 297L, 300R
現代テスト理論 —— 341L
現代日本語書き言葉コーパス —— 304R, 305L,
　　307L, 310L, 313R
検定仮説 —— 320R
限定コード —— 125R, 126L

限定詞 —— 10L
検定統計量 —— 319L, 319R, 320R, 328L, 331L, 331R, 333R, 334L, 335L
言語と脳 —— 61L
現場指示用法 —— 187L, 200R
言文一致 —— 288L
言文一致運動 —— 288R
原理 —— 58R
原理と原則 —— 12R
「ご〜」—— 167L, 167R, 169L
「ご〜いたす」—— 168L
「ご〜いただく」—— 167L, 167R
「ご〜ください」—— 167L
「ご〜くださる」—— 166R
「ご〜する」—— 167L, 167R
「ご〜だ」—— 166R
「ご〜できる」—— 167R
「ご〜なさる」—— 166R
「ご〜になる」—— 166R
語彙 —— 339L, 340L, 350L, 353L, 357L, 360L
語彙サイズ —— 98L
語彙性判断課題 —— 92R, 93R
語彙知識 —— 98L, 98R, 103L, 106L, 108R, 112R, 113L
語彙的アスペクト —— 2L
語彙的ヴォイス —— 17R
語彙的手段 —— 143R
コイネー —— 122R
語彙の広さ —— 98R
語彙の深さ —— 98R
語彙範疇 —— 5L, 10L, 13R
語彙連合モデル —— 88L, 88R, 89L
項 —— 2R, 5R, 12L, 12R, 14L, 16L, 96L, 117R, 118R
高位言語 —— 126R
行為拘束型 —— 128L
行為指示型 —— 128L
合一 —— 288R
構音 —— 32R, 33L
口蓋化 —— 27R, 27R, 42L
口蓋垂 —— 29L, 34L, 34R, 35L
交換構造 —— 156R
講義要綱 —— 251R
口腔 —— 33L, 34L, 37R
硬口蓋 —— 21R, 26R, 27L, 27R, 29L, 30L, 33L, 34L, 34R

硬口蓋化 —— 27L
後行シラバス —— 238L
項構造 —— 5R
交互作用 —— 333R, 334L
交差妥当化 —— 332R
恒常条件 —— 190L
向上目標 —— 339R
合成 —— 224L
構成概念 —— 318L, 339R, 340R, 341L, 349L, 349R, 350R, 351L, 356R
構成概念妥当性 —— 340L, 349L, 349R, 356R
合成語 —— 6L, 6R, 10R, 218R
厚生労働省 —— 262L
後舌 —— 26L, 26R, 27L
構造主義 —— 8R, 16L, 16R
構造主義言語学 —— 16L, 16R, 60R, 63L, 110R
構造シラバス —— 242L
構造方程式モデリング —— 318R, 319R, 323R, 324L, 324R, 325L
拘束型形態素 —— 4L
後置詞 —— 3L, 195L
膠着語 —— 4R
肯定／否定 —— 183L, 186L, 191R, 194L, 201L
高低アクセント —— 20L
肯定証拠 —— 54L, 62L
喉頭 —— 30R, 31L, 32R, 38L
行動系列 —— 105L, 106L
行動主義心理学 —— 58L, 60R, 62R
行動中心主義 —— 358R
口頭能力テスト —— 340R
行動目標 —— 339R
高度人材 —— 278L
高頻度語彙 —— 98L
構文解析 —— 309R
弘（宏）文学院 —— 277R
構文の要因 —— 136R
後方照応 —— 188R
項目応答理論 —— 341L, 353L, 354L, 359L
項目得点 —— 353L, 353R
項目特性曲線 —— 341R, 342L, 342R
項目の形式 —— 351L, 351R, 352R
項目反応理論 —— 341L
項目分析 —— 343L, 343R, 346R, 349R
公用語 —— 265R, 266R, 267L, 269L, 272L

日本語索引

甲類・乙類 ── 288R, 292L
コースデザイン ── 252R, 253L
コーディネーター ── 270R, 271L
コード ── 123R, 126L
コード切り替え ── 123R
コード・スイッチング ── 122R, 123R, 124L, 126R, 127R, 131R
コーパス ── 308L
コーパス基盤型研究 ── 309L
コーパス駆動型研究 ── 309L
コーパス言語学 ── 308R
コーホート語 ── 133
CALL ── 252L, 256L, 257L
呉音 ── 214L
語音コード ── 109L
誤概念 ── 107L
呼格 ── 3L
語学演習室 ── 251R, 252L
語幹 ── 5R, 6R, 11L, 11R, 183R, 184R, 186R, 218R, 219R, 224R, 225L, 225R
語基 ── 4R, 5L, 6L, 6R, 10R, 11L, 11R, 16L, 183R, 184R, 186R, 218R, 219R, 219R, 224L
語義 ── 220L, 225L
国学 ── 288R
国語 ── 266L, 266R, 269R, 270L, 270R, 273L, 276L, 123L
国語講習所 ── 269R
国語国字問題 ── 266R, 289L
国語常用家庭制度 ── 269R
国語常用全解運動 ── 270L
国語審議会 ── 289R, 290L, 292L, 295L, 297L
国語政策 ── 266R
国語調査委員会 ── 290L, 289R
国語普及運動 ── 269R
国際移住機関（IOM） ── 263L
国際音声記号 ── 20L, 22R, 24R, 26R, 27R, 39R
国際音声字母 ── 20L, 27R, 20L, 27R
国際化拠点整備事業 ── 278R
国際学友会 ── 264L, 270R, 277R, 278L
国際学校 ── 260R, 261L, 275L, 276L
国際共通語 ── 121L, 132L, 260R
国際協力機構（JICA） ── 264L
国際研修協力機構（JITCO） ── 264R
国際厚生事業団（JICWELS） ── 280R
国際交流基金 ── 359R

国際人権規約 ── 265R
国字 ── 228R
国内共通語 ── 121L, 121R, 122R, 130R, 131L, 275L
コグニティブ・アプローチ ── 236R
国費外国人留学生招致制度 ── 278L
国民国家 ── 272L, 273L, 276L
国立国語研究所 ── 121L, 122R, 123R, 124L, 130R, 131L, 264L
「ご苦労さま」 ── 162R
語形成 ── 218R
語構成 ── 4R, 5R, 6L, 6R, 11L, 11R, 218R, 224L
語根 ── 6R, 11R
誤差 ── 338L, 338R, 345L
「～（で）ございます」 ── 168R
古事記伝 ── 289R, 291L
語種 ── 220R
五十音図 ── 290R
呼称 ── 163R, 169R, 170L, 171R, 172R
個人差 ── 83R, 89R, 90L, 116R
個人式 ── 351L
こそ ── 285R
こそあ ── 187L, 208R
こそあど（詞） ── 208R
古代 ── 291L
古代～近代以前の日本語教育 ── 267L
五段 ── 294R
5段活用 ── 183R
国家語 ── 266R, 276L
古典的テスト理論 ── 338L, 338R, 341L, 345L
誤答率 ── 92R
語と語の関係 ── 221R
異なり語数 ── 98L, 309R, 315R
言葉への権利 ── 265R
子どもの権利条約 ── 262R
子ども向け発話 ── 132R
断り ── 121L, 123L, 124R, 127L
御奈良院御撰何曽 ── 295R
コネクショニズム ── 63L, 71R
子ノード ── 322R
語の共起関係 ── 222L
コピュラ ── 198L
誤文訂正 ── 351R, 352L
個別言語の文法 ── 4R, 6R, 13L
個別対応授業 ── 263R

古本節用集 —— 285L
コミュニカティブ・アプローチ —— 236L, 237R, 241R, 243R
コミュニカティブ・コンピテンス —— 237R
コミュニケーション —— 233R, 236L, 237R, 238L, 241R, 243L, 243R, 245R
コミュニケーション権 —— 265R
コミュニケーション・スタイル —— 140L
コミュニケーション・ストラテジー —— 48R, 52R, 141L, 158L
コミュニケーション能力 —— 127L
コミュニケーション不安 —— 90R
コミュニティ・ランゲージ・ラーニング —— 238L
米じるし —— 218L
コメント —— 150L, 193R
固有値 —— 318L
誤用分析 —— 60R, 63R
語用論 —— 120L, 123L, 127L
語用論的強化 —— 6R, 7L, 7R
語用論的知識 —— 124R
語用論的転移 —— 124R, 127L
語用論的能力 —— 127L
語用論的標識 —— 146L
語用論的富化 —— 7L, 7R
語用論的変異 —— 123L
語用論的要因 —— 136R
語用論における推論 —— 124R, 125L
孤立語 —— 5L
コルモゴロフ・スミルノフの検定 —— 328R
コレスポンデンス分析 —— 325L, 326L
コロケーション —— 71L
コロケーション分析 —— 310L
コロニア語 —— 122R
コロンボ・プラン —— 264L
混淆 —— 224R
混合環境 —— 57L
金光明最勝王経音義 —— 284R, 290R
コンコーダンス分析 —— 310R
ゴンザ —— 279L
コンサート —— 240R
混種語 —— 221L
混成語 —— 221L
困難度 —— 341L, 341R, 342L, 342R, 343L, 343R, 346R, 347L, 348L, 352R, 354R, 359L, 360R

困難度パラメータ —— 341R
コンプリヘンション・アプローチ —— 238R
コンペティション・モデル —— 56R

■■■ さ 行

サ（ン）ノスケ —— 279L
SARD —— 238R
再近接発達領域 —— 45R, 64L, 67R
再構築 —— 64R
サイコロジカル・メソッド —— 239L
最小対語 —— 39L
再生テスト —— 96L, 96R, 100R, 101L, 104R, 111R
再生率 —— 82R, 100R
最適な関連性 —— 120L, 125L
再テスト法 —— 345R
サイドドア（勝手口）—— 262L
再認テスト —— 100R, 101L, 101R, 111R
最頻値 —— 334R
在留カード —— 261R
在留資格 —— 260L, 261L, 261R, 262L, 275L, 278R
さ入れ言葉 —— 184L
サイレント・ウェイ —— 239R
探し読み —— 97R, 104L, 104R, 106R
作業仮説 —— 320L
サ行変格（サ変）—— 291L, 294R
作文 —— 345R, 350L, 351R, 355L, 360L
サジェストペディア —— 240L
「～させていただく」—— 164L
サッカード —— 97L, 97R
作動記憶 —— 44R, 55L, 60L, 72L
作動記憶容量 —— 97R, 108R, 114L, 115L, 116R
真田信治 —— 121R, 131L
サハリン帰国者 —— 274R
サビール語 —— 132L
作用域 —— 7R, 8L, 193L
3F —— 272R
参加型学習 —— 270R
3K —— 262L
残差 —— 318R
散住 —— 262R
参照型質問 —— 234L
三人称 —— 188R, 205L
散布図 —— 325R, 326L, 326R

日本語索引

散布度 —— 333L
参与観察法 —— 86L
参与枠組み —— 139R
CEFR —— 355R, 358L, 358R
CA —— 141L
GFI —— 324R
CLL —— 238L
CLT —— 237R
シークエンス学習 —— 63R
G 研究 —— 338L
恣意性 —— 8R
CDA —— 152L
G-P 分析 —— 343L, 346L
シーボルト —— 267R
CU —— 148R
子音 —— 21L, 21R, 22L, 22R, 23L, 23R, 24L, 25L, 27L, 27R, 29L, 29R, 30L, 31R, 32L, 33L, 33R, 34L, 34R, 35L, 35R, 36L, 36R, 38L, 39L, 39R, 40L, 40R, 41R, 42L, 42R
子音動詞 —— 11L, 11R, 182R, 183R, 184R, 186R, 202L
JF 日本語教育スタンダード —— 359R
JHL —— 265L, 275R
JSL —— 275R, 281L, 281R
JSL カリキュラム —— 263R, 281L
JSL バンドスケール —— 281L
JSL 児童生徒 —— 262R
JFL —— 275R
使役受動態 —— 17R
使役態 —— 17R
使役文 —— 186R
シェマ —— 104R
ジェンダー —— 125R
資格外就労 —— 262L
視覚情報 —— 108R, 113R
識字教育 —— 260R
識字率 —— 101R, 102L,
識別力 —— 339L, 342L, 343L, 343R, 346R, 347L
識別力パラメータ —— 342L
シク活用 —— 287R
歯茎 —— 21L, 23L, 27L, 29L, 30L, 33L, 33R, 34L, 34R, 35R
歯茎硬口蓋 —— 27R, 30L, 34L
自敬表現 —— 170L, 170R
刺激材料 —— 100R, 101L

刺激の貧困 —— 58R
自己決定理論 —— 90L
自己肯定感 —— 265L
自己修復 —— 157R
自己選択 —— 136R, 145L
自己同一性 —— 260L
事後比較 —— 334R
芝山巌 —— 269R
指示 —— 227R, 228L, 143R
指示語 —— 143R, 187L, 200L, 200R, 205R
指示詞 —— 124R, 147R
指示対象 —— 10L, 10R
事実確認文 —— 128L
事実条件 —— 190L
指示表現 —— 124R
辞書 —— 291L
事象関連電位 —— 86L
自称詞 —— 125R, 169R
時制 —— 4L, 4R, 6R, 9L, 11L, 14L
自然会話 —— 144L
自然言語処理 —— 304R, 309L, 309R, 314R
自然習得 —— 53L
自然習得環境 —— 57L, 65L
自然習得順序仮説 —— 65L, 78L
事前比較 —— 334R
シソーラス —— 311L
時代区分 —— 291L
視聴覚教材 —— 252L, 252R
視聴覚メディア —— 252L
JICWELS（国際厚生事業団）—— 280R
実験室研究 —— 46R
実験者 —— 100R
実験心理学 —— 100R
JITCO（国際研修協力機構）—— 264R
失語症 —— 65R
失書症 —— 66L
実生活領域 —— 355R, 356L
実体計画 —— 266R
質的変数 —— 319R, 322L, 322R, 325L, 325R, 326L, 326R
失読失書症 —— 66L
失読症 —— 66L
質の公理 —— 120R, 125L
ジップの法則 —— 311R
実用英語技能検定（英検）—— 358L

444

実用性 —— 344R, 349L, 356R, 357L
視点 —— 149L, 182R, 188R, 192R, 200R, 207R
自動化 —— 47L, 64R, 66L, 82L, 91R
自動詞 —— 189L, 201L, 202L
自動詞文 —— 186R
自動性 —— 66R
自動的処理 —— 67L, 66L, 72L
児童の権利に関する条約 —— 262R
品川国際救援センター —— 274R
シニフィアン —— 8L, 8R
シニフィエ —— 8L, 8R
シネクドキー —— 226L, 226R
自発 —— 183L
自発発話 —— 152R
私費外国人留学生統一試験 —— 278L
紙筆テスト —— 344R, 351L
司法通訳 —— 265R, 266R
下一段 —— 290R, 294L
下二段 —— 290R, 294L
ジャーナル —— 240R, 241L
ジャーナル・アプローチ —— 236R, 240R
JICA（国際協力機構）—— 264L
JICE（日本国際協力センター）—— 262L
社会・情意ストラテジー —— 84R
社会教育モデル —— 89R
社会言語学 —— 122L, 123L
社会的実践 —— 152R
社会的ストラテジー —— 84R
社会的バイリンガリズム —— 126R
社会的変数 —— 123L
社会統合 —— 261L, 267R, 272R
社会文化理論 —— 45R, 67L
社会方言 —— 123R, 130L, 131R, 133L
司訳院 —— 267L
尺度 —— 116L, 327L, 327R
尺度化 —— 351L, 354L, 358L, 360L
尺度得点 —— 338L, 353R
借用 —— 224R
JASSO（日本学生支援機構）—— 278L
「〜じゃないですか」—— 178R
『ジャパン・アズ・ナンバーワン』—— 128L
シャピロ・ウィルクスの検定 —— 328R
上海事件 —— 278R
ジョン・ダワー —— 128L
自由異音 —— 21L, 21R

重回帰分析 —— 318R, 327R, 328L, 331L
就学（在留資格）—— 261R, 278R
習慣形成 —— 62R
19世紀ヨーロッパにおける日本語教育 —— 267R
自由形態素 —— 4L, 6L
終結 —— 139L
終結的やりとり —— 139L
終結部 —— 138R
周圏分布 —— 131L
修辞関係 —— 137R
集住 —— 262R, 275L
習熟度 —— 97L, 99L, 99R, 100R, 108R, 111R, 113L, 114R, 338R, 339L, 354R
終助詞 —— 15R, 125R, 132L, 147R, 194R, 195R, 204R, 205L
習性不安 —— 62L
収束 —— 132R
収束型 —— 83R, 84L
従属節 —— 189L, 190L, 196L, 203R
従属度 —— 191L, 196R
従属変数 —— 99R, 103L, 113L, 116L, 318R, 319L, 322R, 323L, 327R, 328L, 332L, 333L
集団語 —— 123R, 131R
集団式 —— 351L
自由度 —— 319R, 320R, 331R, 334L
習得／学習仮説 —— 44L, 49L, 57L, 68L, 78L
重箱読み —— 221L
周波数 —— 23R, 25R, 26L, 31R, 36R, 37L, 37R, 38R, 41R
修復 —— 157R
周辺度数 —— 322R
自由貿易協定（FTA）—— 280L
受益者 —— 2R
主格 —— 3L, 183L, 192R, 195L
主格補語 —— 192L, 206R
主観化 —— 7R, 13L
主観テスト —— 340R, 351L, 351R
授業設計 —— 252R, 253L
縮合 —— 30L
熟字訓 —— 223L
熟達した言語使用者 —— 358R
熟達度 —— 340L, 351R, 355R
熟達度テスト —— 351L
縮約 —— 25L, 30L

縮約形 —— 30L, 152L
熟慮型 —— 92L
主語 —— 4R, 5L, 8R, 12L, 13R, 14L, 17L, 17R, 188R, 191R, 192L, 206R
主効果 —— 333R, 334L, 334R
主語廃止論 —— 299L
主語優勢言語 —— 5L
授受 —— 182R
授受動詞 —— 188R, 192R, 200R, 202L
主節 —— 189L, 191L, 196L
主体 —— 192L
主題 —— 3R, 4R, 5L, 150L, 191R, 193L
主体化 —— 7R
主題性 —— 197R
主体の動作をあらわす動詞 —— 203L
主体の変化をあらわす動詞 —— 203L
主題優勢言語 —— 5L
主張 —— 121L, 128L, 128R
述語 —— 185R, 194R, 201R
出入国管理及び難民認定法 —— 261L
述部 —— 150L
受動態 —— 17L, 17R
首尾一貫性 —— 137L
シュミレーション —— 236L, 236R, 238L
主名詞 —— 190R
手話 —— 269L
瞬間性 —— 2L
瞬間動詞 —— 2L, 203L
準畳語 —— 220L
順序尺度 —— 322R, 327R, 330L
順接の条件文 —— 190R
準体助詞 —— 194R
準備条件 —— 129L, 129R
上位概念 —— 113R
上位群 —— 97L
情意ストラテジー —— 84R
情意フィルター —— 243R
情意フィルター仮説 —— 61L, 68R, 78R
『捷解新語』 —— 267L
小学校令施行規則 —— 297R
状況的コード・スイッチング —— 124L
状況のコンテクスト —— 132R
状況モデル —— 102R, 103L, 109L, 109R, 113L
消極的フェイス —— 176R
象形 —— 227R, 228L

条件 —— 319R, 320L, 320R, 322R, 333L, 334L
条件異音 —— 21R
条件節 —— 190L, 191R
条件法 —— 15L
畳語 —— 219R
証拠性のモダリティ —— 15R
成実論 —— 286L
少数言語 —— 265R, 268L
少数者 —— 265R
承接 —— 194L, 197L
常体 —— 172R
上代 —— 291R
状態動詞 —— 2L, 194R, 201R, 203R
上代特殊仮名遣い —— 291R
状態不安 —— 62L
情態副詞 —— 206L
状態副詞 —— 206L
象徴的コード・スイッチング —— 124L
声点 —— 293L
焦点 —— 38R, 196R, 198R
衝動型 —— 92L
声符 —— 228L
情報管理 —— 138R
情報構造 —— 147L, 149L
情報処理 —— 112L, 113R, 116R
情報通信技術 —— 253L, 257L
譲歩文 —— 190R
消滅危機言語 —— 268R
抄物資料 —— 292L
条約難民 —— 274R, 275L
常用漢字 —— 292L, 295L
常用漢字表 —— 223L, 223R
省略 —— 125L, 143R, 148R
ジョーダン —— 234R, 269L
ショートサーキット仮説 —— 99R
処格 —— 3L, 195L
所記 —— 8R
書記素 —— 110L, 113R
植民地や占領地の日本語教育 —— 269R
助詞 —— 194R, 202L
助詞の省略 —— 196L, 197R
助数詞 —— 199L
序数詞 —— 199L
女性語 —— 125R
助動詞 —— 198L, 202L, 204R

所有 —— 208L
所有文 —— 208L
処理可能性理論 —— 68R, 59R
処理資源 —— 91L, 97R, 108L, 116R
処理水準説 —— 83L, 87L, 87R
処理水準モデル —— 87R, 88L
処理の深さ —— 87L, 87R
シラバス —— 251R, 252L, 253L, 255L
シラバスの種類 —— 241R
自立語 —— 296R
資料集 —— 355R
SILL —— 84R
真偽判断の副詞 —— 206R
真偽法 —— 352L
親近性 —— 109R
神経回路網 —— 63L
新言文一致体 —— 133R
新語 —— 133
進行相 —— 2L
清国留学生 —— 277R
新字体 —— 216L
新情報 —— 149L, 198R, 193R
真正性 —— 343R, 344R, 345L, 349L, 350L, 351L, 356L, 356R
新撰字鏡 —— 293L
親族名称 —— 205R
シンタグマティックな関係 —— 8R, 11R
シンタグム —— 8R, 9L
診断的評価 —— 339L, 344L, 344R, 348L
心的エネルギー —— 97L
心的辞書 —— 88L
心的態度 —— 15R, 184R, 185R, 204R, 206L
心的努力 —— 66L, 67L
心的表象 —— 69L, 71L
人的リソース —— 235R
心的リハーサル —— 44R
心内辞書 —— 55L, 88L, 88R, 89L, 92R, 108R, 109L, 110R, 113R
心内モデル —— 102R
『新日本語の基礎』 —— 264R
信念 —— 92L, 93L, 120L, 123L
真の得点 —— 345L
新方言 —— 131L, 133
新来外国人 —— 274L
信頼性 —— 338L, 338R, 344R, 345L, 345R, 349L, 350L, 351R, 356R, 357L, 360L
信頼性係数 —— 338R, 345L, 345R
心理尺度 —— 327L
心理的実在性 —— 61L, 71R
CAIC —— 325L
CFI —— 324R
遂行動詞 —— 128L
遂行文 —— 128L
水準 —— 334L, 334R
スイス・プロジェクト —— 359L
スイス国立科学研究機関 —— 359L
垂直尺度化 —— 354L
垂直的等化 —— 354L
水平的等化 —— 354L
推論 —— 96R, 101L, 103L, 103R, 106R, 108R, 109R, 111L, 112L, 115L, 117L
数 —— 4L, 4R, 14L
数詞 —— 199L
数量化III類 —— 325L
数量詞 —— 199L
数量詞遊離 —— 199R
スキーマ —— 104R, 105L, 106R, 112L
スキーマ理論 —— 104R, 105L, 105R, 106L, 110R, 112R, 113L, 114R
スキミング —— 103R, 104L
スキャニング —— 104L
スキル —— 104L, 104R, 111L
スキル習得論 —— 69R
すくい読み —— 103R
スクリプト —— 104R, 105L, 105R, 114R
スコープ —— 7R, 193R
スタイル —— 123L, 123R, 126L, 131R
ステレオタイプ —— 105L, 105R, 125R, 127R, 132L
ストラテジー —— 124L, 236R, 237R
スピアマンの順位相関係数 —— 330R
スピーチ・アクト —— 128L
スピーチスタイルシフト —— 170R
スピーチレベル —— 170R
スピーチレベルシフト —— 170R, 171L, 172R, 176L
スピード・テスト —— 347L, 351L, 355L
SPOT —— 339L
3パラメータ・ロジスティック・モデル —— 342L

日本語索引

性 —— 4R, 14L
「生活者としての外国人」に対する日本語教育の標準的なカリキュラム案 —— 271L
「生活者としての外国人」のための日本語教育 —— 270R, 272R
「生活者としての外国人」のための日本語教育事業 —— 271L
生活日本語 —— 261R, 270R, 271R, 272R, 275L
生活日本語支援 —— 130R
生起確率 —— 116L
正規性の検定 —— 328L, 329L, 336R
正規表現 —— 312R
正規分布 —— 328L, 328R, 329L, 329R, 331R, 333L, 334R, 335L
制限コード —— 125R, 126L
制限的バイリンガル —— 74L
制限的用法 —— 191L
整合性 —— 137L
正誤パタン —— 342L
正語法 —— 111R
性差 —— 123L, 125R, 131R
性差別的 —— 126L
誠実（性）条件 —— 129R
政治的公正さ —— 126L
正字法 —— 223R
正書法 —— 106L, 223R
生成文法 —— 2R, 3R, 4R, 5R, 12L, 12R, 13L
声帯 —— 22R, 25R, 29R, 30R, 31R, 34R, 36R, 37L, 39L, 39R, 41R
声帯振動 —— 22R, 25R, 29R, 34R, 39R, 41R
静態的 —— 2L
精緻化推論 —— 103L, 103R
精緻化リハーサル —— 55R, 87R
声調言語 —— 31L
静的述語 —— 194R
声道 —— 22R, 23R, 26L, 29R, 31R, 32R, 33L, 36R, 37L, 41R
正答数得点 —— 341L, 353L, 353R
正答率 —— 341L, 343L, 344L
精読 —— 106R
生得性 —— 12R
制度的談話 —— 142R, 152R
生徒の学習到達度調査 —— 98R
正の転移 —— 60R, 70L
政府開発援助（ODA）—— 264L

精密コード —— 125R, 126L
声門 —— 21R, 23L, 29L, 30R, 31L, 41R
世界言語権宣言 —— 265R
世界知識 —— 98R, 111L, 112L, 117L
世界同時不況 —— 261L, 275L
『「世間」とは何か』 —— 127R
世相語 —— 133
積極的フェイス —— 176R
接近音 —— 21L, 23L, 24L, 29L, 29R, 34R
接辞 —— 4R, 6L, 6R, 10R, 11L, 11R, 16L, 218R, 219L, 219R, 221R, 224L
接触言語 —— 122R, 129L
接続 —— 143R
接続語 —— 196R, 200L
接続詞 —— 202L
接続助詞 —— 194R, 196L
接続の表現 —— 144L
絶対敬語 —— 165R, 169L, 169R, 170R
絶対ゼロ —— 327R
絶対テンス —— 204R
絶対評価 —— 348L, 348L, 349L
節単位 —— 148R
接中辞 —— 6L, 6R
折衷法 —— 235R
接頭辞 —— 4L, 6L, 6R, 10R, 11L, 219R, 218R
z 値 —— 321L, 328R, 329L, 329R
Z 得点 —— 328R, 353R, 353R
折半法 —— 345R
接尾辞 —— 4L, 6L, 6R, 10R, 11L, 198L, 219R, 218R
説明変数 —— 318R, 322R, 332L
説明力 —— 103L
説文解字 —— 214R, 227R
狭母音 —— 24L, 26L, 26R, 27R, 34R, 40L
ゼロ代名詞 —— 125L
宣教師 —— 268R, 273R, 274L, 276R, 277R, 279R
線形回帰分析 —— 318R
宣言型 —— 129L
宣言的記憶 —— 55L
宣言的知識 —— 48L, 66R, 69R, 70L
選好応答体系 —— 157L
先行オーガナイザー —— 112R
先行知識 —— 105L, 112R
先行提示 —— 93R, 94R
全国共通語 —— 121L

潜在記憶 —— 55R
潜在能力 —— 100L, 240L, 240R
潜在変数 —— 318L, 318R, 323L, 324L, 324R
全身反応法 —— 246L
宣誓 —— 129L
前舌 —— 26L, 26R, 27L, 27R, 34R, 35R
センター校方式 —— 263L
全体的な誤り —— 64L
全体論的・分析的 —— 92L
選択制限 —— 222R
選択体系機能文法 —— 132L
選択（的）関係 —— 9L, 11R
前置詞 —— 3R, 10L
尖度 —— 329R, 330R, 336R
前方照応 —— 188R
専門用語 —— 123R, 131R, 132R
洗練コード —— 125R, 126L
相 —— 2L, 14L
総括（集成）的評価 —— 339L, 344R, 348L
草仮名 —— 293L, 297R, 299L
相関 —— 98L, 99L, 100L, 106L, 116L
相関関係 —— 319L, 324R, 325L, 326R, 328L, 330L
相関係数 —— 318L, 319L, 326R, 330L, 330R
想起 —— 101L, 108L, 110R, 111L, 112L, 117L, 117R, 118R
造語 —— 224L
総合的な学習 —— 355L
総合得点 —— 344R, 353L
総合練習 —— 244R
相互活性化モデル —— 89L
相互行為 —— 137R
相互行為分析 —— 138L
相互交渉 —— 233R, 240R
相互作用 —— 137R, 233L
相互作用性 —— 151R
相互作用モデル —— 106L, 112L, 112R
相互性 —— 344R, 349L, 356R
相互動詞 —— 202L
造語法 —— 224L
相互理解 —— 240R
操作的定義 —— 112R
創氏改名 —— 270L
草書 —— 297L, 299L
相対敬語 —— 165L, 169L, 169R

相対テンス —— 204L
相対評価 —— 348L, 348R, 349L
想定 —— 120L
相補（的）分布 —— 21L
総務省 —— 271R
促音 —— 31R, 32L, 35L, 40R
促進的不安 —— 62L
属性形形容詞 —— 186L
測定尺度 —— 327L
測定精度 —— 338R, 342R, 344R, 345L
速読 —— 97R, 104L, 104R, 106R, 107L
側面音 —— 34R
素材敬語 —— 165L, 165R, 166L
属格 —— 3L
素点（粗点） —— 353R
ソト —— 162L, 162R, 163L, 171L, 192R
外の関係 —— 191L
素朴概念 —— 107L, 107R
素朴理論 —— 107R
尊敬語 —— 163L, 165L, 165R, 166L, 166R, 167L, 167R, 168R, 169L, 172L, 174L
存在 —— 199L, 208R
存在文 —— 208R
尊大語 —— 170R, 171R, 179R

■■■た 行
だ・である体 —— 172R
ターゲット —— 82L, 92R, 93R, 94L, 94R, 101L, 117L
ターゲット語 —— 92R, 93L
ターン —— 144R
ターン・テーキング —— 145L
ターン・テーキング規則 —— 145L
態 —— 17L
第一言語 —— 265L, 269L, 275R
第1種の誤り（第1種の過誤） —— 322R, 330R, 331L, 331R, 334R, 335L
大意読み —— 103R
対格 —— 3L, 195L
対格型言語 —— 5L
大漢和辞典 —— 215L
対義語 —— 221R
大規模試験 —— 357L
待遇 —— 193L, 205R
待遇行動 —— 171R

449

日本語索引

待遇表現 —— 162R, 164R, 165L, 169R, 171L, 171R
待遇表現の指導 —— 172L
待遇レベルシフト —— 170R
ダイクシス —— 200R
ダイクシス語 —— 200R
ダイグロシア —— 126R
体験目標 —— 339R
大黒屋光(幸)太夫 —— 279R
第三国定住プログラム —— 275L
第三者のうけみ —— 182R
対事的モダリティ —— 15R, 183L, 205L
対者敬語 —— 165L, 165R, 166L
題述 —— 150L
対象 —— 2R, 3L, 5R, 10L, 12L, 13R, 14R, 17L
対称詞 —— 169R
対照分析 —— 60R, 63L, 64L
対照分析仮説 —— 63L
対人的モダリティ —— 15R, 205L
代替的評価法 —— 355L
大東亜共通語 —— 269R, 270R
態度表明型 —— 129L
第二言語 —— 263R, 269L
第二言語学習者 —— 97L, 99R, 100L, 112L, 114R
第二言語環境 —— 52L, 70R
第二言語コミュニケーション意欲 —— 90R
第二言語習得 —— 281
第二言語としての英語(ESL) —— 272L
第二言語としての日本語(JSL) —— 275R, 281L
第2種の誤り(第2種の過誤) —— 331L
たぬにの歌 —— 284L
代表性 —— 312R
題目 —— 150L, 193R
大問 —— 351L
代用表現 —— 124R
第四種の動詞 —— 2L, 203R
対立仮説 —— 320R, 328L, 330R, 331R, 335L
対立型 —— 187R
ダイレクト・メソッド —— 242R
対話 —— 174R
対話(の)敬語 —— 165R
台湾 —— 260L, 269R, 272R
多義語 —— 227L
濁音符 —— 293L
タグ付きコーパス —— 313L

卓立 —— 38L
夕形 —— 203R
多言語主義 —— 272L
多次元モデル —— 58L
多枝選択形式 —— 342L, 343R, 345L, 346L, 350L
他者修復 —— 157R
他者選択 —— 145L
多重共線性 —— 328L
多重比較 —— 331L, 334R
タスク —— 65L, 70R, 236L, 238L, 242L, 243R, 249R
タスク中心の教授法 —— 49R, 70R, 77L
多相ラッシュ・モデル —— 359L
多値型応答モデル —— 341R
奪格 —— 3L, 195L
達成基準 —— 344R
達成動詞 —— 2L
達成目標 —— 339R
脱定着化 —— 53R
『タテ社会の人間関係』 —— 128L
他動詞 —— 201L, 202L
他動詞文 —— 186R
妥当性 —— 340L, 344L, 344R, 349L, 350R, 351R, 356R, 357R, 358L, 360L
妥当性係数 —— 349R
多読 —— 107L, 108L
Dunnet 法 —— 334R
WTC —— 90R, 91L
WTC モデル —— 90R, 91L
WBT —— 257L, 257R
多文化教育 —— 272L
多文化共生 —— 271L, 271R, 272L
多文化共生推進協議会 —— 271R
多文化共生推進プログラム —— 271R
多文化共生センター —— 271R
多文化主義 —— 272L
多変量解析 —— 318L, 321L, 322R, 323R, 325L
TAM —— 2L, 9L, 14R
「たりして」 —— 133R
垂 —— 215L
単一文化主義 —— 272L
単音 —— 22L, 22R, 24L
単回帰分析 —— 318R
短期記憶 —— 44R, 54L, 87R
単語探知課題 —— 92R

単語認知 —— 96R, 106L
単語認知訓練 —— 107L
探索的因子分析 —— 318L, 324L
単純語 —— 218R
単純労働 —— 262L
男性語 —— 125R
断定 —— 128R, 129R, 130R, 133R
断定型 —— 128R
単文 —— 194L, 203R
短文解答 —— 351R, 352L
断片性 —— 151L
単方向性 —— 13R
談話 —— 145R
談話（分析の）単位 —— 148L
談話完成テスト（DCT）—— 124R
談話管理理論 —— 147L
談話辞 —— 146L
談話ストラテジー —— 141L
談話における省略の規則 —— 198R
談話標識 —— 146L, 200L
談話分析 —— 146R
談話文法 —— 148R
談話領域 —— 147R
地域共通語 —— 121L
地域内共通語 —— 121L
地域日本語活動 —— 270R
地域日本語教育 —— 270R, 271L, 271R, 272R
地域日本語教育推進事業 —— 271L
地域日本語習得支援 —— 270R
地域方言 —— 122R, 123R, 127L, 130L, 130R, 131L, 131R, 270L, 273R, 275L, 276R, 279L, 279R
地位計画 —— 266R
遅延再生 —— 101L, 111R
チェンバレン —— 268L
知覚コード —— 109L
知覚範囲 —— 97R
力 —— 123L, 125R
置換練習 —— 244R
逐語読み —— 104L, 108R
『縮み志向の日本人』—— 128L
地方共通語 —— 121L
地方参政権 —— 272R
着点 —— 2R
ChaSen —— 307R, 316L

『茶の本』—— 127R
チャンキング —— 71R
チャンク —— 63R, 71L
チャンスレベル —— 101R
注意 —— 44L, 48L, 50R, 51L, 66L, 72L, 87L, 91R
注意資源 —— 97L
中央処理仮説 —— 100L
中央値 —— 334R
中間言語 —— 53L, 53R, 72R, 122R, 127L
中間言語語用論 —— 124R, 127L
中間態 —— 17R
中古 —— 291R
中国 —— 261R, 267R, 270L, 274R, 275L, 277R, 278R
『中国からの帰国者のための生活日本語』—— 274R
中国帰国者 —— 262R, 274L
中国帰国者定着促進センター —— 274R
中国語 —— 20L, 24R, 31L, 31R, 41L, 41R
中国東北部 —— 270L
中古の辞書 —— 293L
抽出授業 —— 263R
中世 —— 291R
中等文法 —— 296L
中途終了型発話 —— 174L, 174R
調音 —— 22R, 23L, 24R, 27L, 27R, 29L, 29R, 30L, 31R, 32R, 33L, 33R, 34L, 34R, 35R, 36L, 36R, 37L, 38R, 39L, 41L, 41R, 42L
長音 —— 32L, 32R, 35L, 40R
調音位置 —— 24R, 27L, 27R, 29L, 29R, 30L, 31R, 33R, 34L, 34R, 35R, 39L, 41L, 41R
調音器官 —— 22R, 33L, 33R, 34L, 36L, 37L, 38R
調音点 —— 33R
長音符号 —— 223R
調音法 —— 34L, 36R
調音様式 —— 23L, 24R, 29L, 34L, 34R, 36L, 39L, 41R
聴解 —— 340L, 351L, 353L, 360L
超過滞在 —— 262L
長期記憶 —— 44R, 54R, 87L, 108L, 109L, 110R, 112R, 114L, 118R
調整平均 —— 334R
朝鮮資料 —— 267L
超然性 —— 141R
朝鮮半島 —— 260L, 267L, 267R, 269R, 272R

日本語索引

超分節素 —— 22R, 27R, 34R
長母音 —— 24L, 25L, 32L, 32R, 35L
直後再生 —— 101L, 111R
直示表現 —— 200R
直接受身 —— 183L
直接対象のうけみ —— 182R
直接テスト —— 351L, 351R
直接法 —— 235L, 237L, 239R, 242R
直説法 —— 15L, 15R
直接補語 —— 207L
直喩 —— 125L, 226L
知里真志保 —— 268R
知里幸恵 —— 268R
陳述 —— 128L, 128R
陳述表示型 —— 128R
陳述副詞 —— 204R, 206L
ツイニング・プログラム —— 278R
通過率 —— 341L, 343R, 343R, 344R, 348R, 349R
通事伴天連 —— 279R
2パラメータ・ロジスティック・モデル —— 341R, 351L
筑波大学 —— 277R, 278L
旁 —— 215L, 228L
ツブヤキ群 —— 96R
罪の文化 —— 127R
「〜であります」—— 168R
であります体 —— 172R
提案 —— 121R, 128R
TRP —— 136R
DA —— 146R
D研究 —— 338L
低位言語 —— 126R
t検定 —— 320R, 331L, 331R, 335R
ティーチャー・トーク —— 65L, 73L, 77L, 132R
T得点 —— 353R
TPR —— 246L
t分布 —— 331L, 331R, 333L, 333R, 334L, 334R
定家仮名遣い —— 293R
呈示 —— 101L, 101R, 111R, 116R
提示質問 —— 64R, 73L
定住外国人の子どもの就学支援事業 —— 263L
定住者 —— 261R, 275L
ディスクリート・ポイント・テスト —— 349R, 355L
tスコア —— 310L, 310R

ディスコース —— 145R
ディスコース・ポライトネス理論 —— 176L
ディスコース・マーカー —— 146L
ディスコース分析 —— 146R
ディストラクター —— 101L
訂正 —— 157R
訂正フィードバック —— 53R, 54L, 73R, 75R
「〜ていただく」—— 167R, 172L
定着化 —— 53R, 73L
丁重語 —— 163L, 165L, 165R, 167R, 168L
TTR —— 315L
程度副詞 —— 206L
丁寧語 —— 165L, 165R, 166L, 168R, 169L
丁寧語の変遷 —— 293R
丁寧さ —— 183L, 186L, 194L, 201R, 205L
丁寧体 —— 170R, 171L, 172L, 172R
底の名詞 —— 190R
DIF分析 —— 353L
提喩 —— 125L, 226L
「〜でいらっしゃる」—— 167L, 168R
停留 —— 97R
データマイニング —— 314R
テーマ —— 149R, 193R
適応型 —— 83R, 84L
適合度検定 —— 319L
適合度指標 —— 318R, 324R
適語法 —— 111R
テキストエディター —— 314L
テキストからの学習 —— 109R
テキスト内容 —— 96L, 98L, 105L, 106R, 108R, 111R, 112L, 113L, 118R
テキストの学習 —— 109R
テキストベース —— 102R, 103L, 109L, 109R, 113L
テキストマイニング —— 314R
テキスト要因 —— 109R, 110L, 114R
適性処遇交互作用 —— 60L
適切性条件 —— 128R, 129L, 129R
テクスト —— 145R
テクスト言語学 —— 146R
「〜てくださる」—— 166R, 172L
でございます体 —— 172R
「〜てさしあげる」—— 172L
「〜です」—— 168R
です・ます体 —— 172R

テスト課題 —— 343R, 344L, 351R, 356L
テストテイキングストラテジー —— 354R
テスト得点 —— 338L, 353L
テストの細目表 —— 344L, 350R, 354L, 354R, 357L
テストの仕様 —— 344L, 350R, 354L, 354R, 356L
テストの分類 —— 351L
手続き化 —— 66R, 69R, 73R
手続き的記憶 —— 55L
手続き的知識 —— 48L, 66R, 69R, 73R
デフォルト —— 105R
Tukey 法 —— 334R
テレル —— 243L
転移 —— 99L, 99R, 100L, 111L
転移適切性処理の原理 —— 55R
典型性 —— 226R
展示型質問 —— 234L
電子メディア（電子媒体）—— 253R
天井効果 —— 328L, 331R
テンス —— 2L, 9L, 9R, 14L, 14R, 183L, 186L, 191R, 194L, 201R, 203L, 204L, 206L
転成 —— 224R, 225L
転成名詞 —— 225R
点双列相関係数 —— 343L, 343R
伝達能力 —— 237R, 243L
伝達の関連性の原則 —— 120L
伝達様式 —— 132R
転注 —— 227R, 228L
デンドログラム —— 321R
デンベイ —— 279L
電話会話 —— 138R
土居光知 —— 217L
土居健郎 —— 128L
唐音 —— 214L
同音異義語 —— 225R
同音語 —— 221R
等化 —— 343L, 351L, 354L, 354R, 359L
同化 —— 34R, 35L, 39L, 267R, 268R, 269R, 270L, 272R
動機 —— 89R, 90L, 91L, 93L
同義語 —— 221R
動機づけ —— 84L, 89R, 90L
東京外国語大学 —— 278L
東京方言 —— 20R, 34R, 40L
道具 —— 2R

道具格 —— 195L
道具的志向 —— 89R
統計的仮説検定 —— 319L, 320R, 328L, 330R, 331L, 333L, 335L
統合（的）関係 —— 8R, 11R
統合性 —— 141R
統合的志向 —— 89R
統語機能 —— 20L
統語知識 —— 98R, 102R, 106L, 108R, 110L
統語範疇 —— 3R, 5L, 9R, 10L, 14L, 202L
動作主 —— 2R, 3L, 5R, 12L, 13R, 14R, 17R
動詞 —— 194L, 198L, 200R, 201R, 202L, 208L
動詞活用の変遷 —— 294L
動詞述語文 —— 194L
等質性 —— 345R, 346L
同時発達バイリンガル —— 73R
東条操 —— 130R
統制的処理 —— 66L, 67L, 72L, 73R
動態的 —— 2L
動態動詞 —— 201R, 203R
到達度 —— 339R, 340L, 348R, 351L, 357L
到達動詞 —— 2L
到達度テスト —— 351L
到達目標 —— 339R
動的述語 —— 194R
読点 —— 217R
東南アジア —— 270R, 277R
同の字点 —— 218 L
当用漢字 —— 292R, 294R
TOEFL —— 340R, 341R, 354R, 359R
TOEFL-iBT —— 340R, 354R
TOEFL-PBT —— 354R
「とか」—— 133R
時枝誠記 —— 270L, 295L
トク・ピシン —— 129, 130L
特異項目機能 —— 343L, 352R
読字障害 —— 66L
特殊拍 —— 24L, 31R, 35L, 35R, 38L, 39L
特殊拍音素 —— 31R, 35L, 35R
得点 —— 338L, 338R, 341L, 341R, 344R, 345L, 345R, 346L, 346R, 347L, 347R, 348R, 349R, 350L, 351L, 351R, 352R, 353L
得点化 —— 345R, 351L, 351R, 357L
特別永住者 —— 260L, 260R
独立した言語使用者 —— 358R

独立性の検定 —— 319L, 322R
独立変数 —— 98R, 99R, 103L, 113L, 116R, 318R, 319R, 320R, 322R, 323L, 323R, 327R, 328L, 331L, 331R, 332L, 333L, 333R
閉じたクラス —— 10L
読解 —— 340L, 351L, 353L, 360L
読解指導 —— 104L, 114L
読解ストラテジー —— 110R, 111L
読解の評価 —— 111R
読解方略 —— 110R
トップダウン処理 —— 106L, 106R, 112L, 112R, 114L, 115R
飛ばし読み —— 103R
トピック —— 150L, 159L, 193R
トピックシラバス —— 242L
トピックセンテンス —— 111R, 112L
ドメイン —— 127L, 127R
取り出し授業 —— 263L
取り立て助詞 —— 194L, 196R, 204R
トレードオフ —— 116R

な 行

内項 —— 12L, 14L
内言 —— 97L
内省的データ収集法 —— 153L
内的整合性 —— 345R
内的整合性による方法 —— 345R
内的プロセス —— 97L
内発的動機づけ —— 89R, 90L
内包 —— 3L, 10L, 10R
内容重視の言語教育 —— 263R
内容スキーマ —— 105L
内容的妥当性 —— 349L, 350R
内容理解 —— 97L, 99L
長岡科学技術大学 —— 278R
中黒 —— 218L
中島敦 —— 270R
中線 —— 218 L
中高型 —— 20R, 21L, 38L
中点 —— 218L
ナガヌマ・スクール —— 273L
ナガヌマ読本 —— 273L
長沼直兄 —— 242R, 245L, 272R
中根千枝 —— 128L
ナ行変格（ナ変）—— 291L, 294L

ナ形容詞 —— 186L, 194L, 202R, 287R
「〜なさる」—— 166R
ナショナリズム —— 273L, 273R, 276L
ナチュラル・アプローチ —— 51L, 68R, 78R, 241R, 243L
ナポリ東洋研究所 —— 268L
波形 —— 218 L
波ダッシュ —— 218 L
ナ名詞 —— 186R, 202R
ナラティブ —— 150L
並び替え法 —— 352L
難易度 —— 108R, 116L
軟口蓋 —— 21L, 29L, 29R, 30L, 33L, 34L, 34R, 35R
難読症 —— 66L
南方特別留学生 —— 270R
難民 —— 274L, 274R, 275L
難民条約 —— 274L
南洋群島 —— 270L
『南洋譚』—— 270L
南洋庁 —— 270R
ニーズ —— 236L, 237R, 241R, 242L, 243L
Ⅱ型動詞 —— 182R, 183R, 184L, 186R, 202L
二言語二文化教育 —— 269L
二言語並存 —— 126R
二次的調音 —— 33R
虹の架け橋教室 —— 263L
二重かぎかっこ —— 218L
二重敬語 —— 164L, 173L, 173R, 174L
二重調音 —— 33L
二重貯蔵モデル —— 87R
二段活用の一段化 —— 294L
2値型応答モデル —— 341R
2値型得点 —— 353L, 353R
日常知 —— 107R
『日仏辞典』—— 273R
日系人 —— 261R, 262L, 262R, 265L, 270R, 274L, 275L, 275R
日系人就労準備研修事業 —— 262L
日系ブラジル人 —— 122R
日振教（日本語教育振興協会）—— 278R
日葡辞書 —— 268L, 273R, 279R
日本経済団体連合会 —— 262L
新渡戸稲造 —— 127R
二人称 —— 188R, 192R, 205L

二風谷 ── 268R
二方言使用 ── 131R
日本学生支援機構（JASSO）── 278L
日本語会話の特徴 ── 174L
日本語学習者 ── 97L, 98L, 108L
日本語学習者の多様化 ── 273R, 274L
日本語学校 ── 274L, 278R
日本語教育主専攻課程 ── 278L
日本語教育振興会 ── 273L
日本語教育振興協会（日振教）── 278R
日本語教育振興法 ── 266R
日本語教育政策 ── 266R
日本語教育能力検定試験 ── 278L
日本語教育の品詞 ── 202L
日本国際教育協会 ── 278L
日本国際協力センター（JICE）── 262L
『日本語研究序説』── 268L
日本語指導が必要な外国人児童生徒の受入れ状況等に関する調査 ── 262L
日本語政策 ── 266R
日本語対応手話 ── 269L
日本語のアスペクト ── 202R
日本語能力試験 ── 111R, 278L, 340L, 343R, 346R, 353L, 354L, 356L, 358L
日本語の時制 ── 203R
日本語のテンス ── 203R
日本語のモダリティ ── 204R
日本語話し言葉コーパス ── 304R, 307R, 313R, 315R
日本語非母語話者 ── 266L, 266R, 267L, 277L
日本語母語話者 ── 266R, 273L, 281
日本語を母語としない子ども ── 262R
『にほんごをまなぼう』── 263R
日本式ローマ字 ── 300R
日本手話 ── 269L
『日本小文典』── 268L, 279R, 280L
『日本書誌』── 267R
日本人学校 ── 275R
『日本人とユダヤ人』── 128L
日本人論 ── 127R
『日本大文典』── 279R, 280L
日本21世紀ビジョン ── 262L
『日本の思想』── 127R
日本文化論 ── 127R
『日本文典』（ホフマン）── 267R

『日本文典』（ロドリゲス）── 280L
日本留学試験 ── 278L
ニュー・カマー ── 260L, 260R, 274L
入管法 ── 260L, 261L, 264R, 274L, 275L
ニュータウン ── 122R
繞 ── 215L
認識モダリティ ── 15R
認知言語学 ── 13L, 14L,
人称 ── 4L, 4R, 6R, 14L, 192L
人称詞 ── 143R, 169R, 170L, 205L, 200R
人称制限 ── 186L, 192L, 205L
認知学習能力 ── 126R, 263R, 276L
認知学習理論 ── 236R, 237L
認知過程 ── 236R, 237L
認知環境 ── 120L
認知資源 ── 82R, 91L, 91R
認知処理 ── 97L, 108R, 113L
認知心理学 ── 236R, 246R
認知スタイル ── 83R, 85R, 91R, 92L
認知ストラテジー ── 84L, 84R
認知的学習言語能力 ── 74L
認知による学習理論 ── 236R
認知能力 ── 90R, 100L, 109R, 114L, 114R
認知の関連性の原則 ── 120L
認知比較 ── 49R
任命 ── 129L
ネオ方言 ── 122R, 131L
ネガティブ・フェイス ── 164R, 176R, 178R
ネガティブ・ポライトネス ── 163R, 174L, 175R, 177R, 178L, 178R, 179L
年少者日本語教育 ── 274L, 275R
年齢 ── 123L, 131R, 133L
能格型言語 ── 5L
能記 ── 8R
脳機能イメージング ── 85R
能動態 ── 17L, 17R
能動文 ── 182R, 188R, 208L
脳波 ── 82L, 86L
能力記述文 ── 355R, 357R, 358L, 359L
ノーショナル・シラバス ── 237R, 241R
ノード ── 322R
ノダ ── 120R
延べ語数 ── 315L
野元菊雄 ── 263R
ノン・パラメトリック法 ── 353L

ノン・インターフェース仮説 —— 49R, 57L, 68L, 70L, 73R, 78R

は行

パーフェクト —— 203L, 204L
パーマー —— 235L, 242R, 245R, 273L
媒介語 —— 237L, 238L, 239L, 242R, 243L
排外主義 —— 272R
媒介変数 —— 12R, 13L
背景知識 —— 103L, 103R, 104L, 109L, 112L, 112R, 113L, 117L, 124R
背景脳波 —— 86R
場依存型 —— 91R
バイバイ教育 —— 269L
『敗北を抱きしめて』 —— 128L
ハイムズ —— 237R
入り込み —— 263R
バイリンガリズム —— 73R, 122R, 265L
バイリンガル —— 233L, 233R
バイリンガル・バイカルチュラル教育 —— 269L
配列法 —— 352L
波及効果 —— 354R, 356R
ハ行子音の変遷 —— 295R
ハ行転呼音 —— 295R
拍 —— 20R, 24L, 31R, 32R, 35L, 35R, 38L, 39R, 40L, 40R, 42L
白豪主義 —— 272L
破擦音 —— 27R, 29L, 30L, 40L
はじき音 —— 21L, 29L, 34L
恥の文化 —— 127R
橋本進吉 —— 292L, 295L, 296L
場所 —— 2R
走り読み —— 103L, 107L
パス図 —— 102R
外れ値 —— 332L, 334R
派生 —— 3R, 4L, 6L, 6R, 10R, 10L, 11R, 16L
派生形態素 —— 4L
派生語 —— 219L
派生接辞 —— 6R, 11R
パターン・プラクティス —— 234R, 244R
バチェラー —— 268R
撥音 —— 35L, 35R, 40R
バックチャンネル —— 136L, 150R
バックドア（裏口） —— 262L

発言権 —— 154R
発語行為 —— 128R
発語内行為 —— 128R, 129L
発語媒介行為 —— 128R
発散型 —— 83R
発達順序 —— 74R
発達相互依存仮説 —— 74R
発達段階 —— 75L
服部四郎 —— 268L, 292R
場つなぎ言葉 —— 152R
発問 —— 99L
発話 —— 97L, 150R
発話機能 —— 151L
発話権 —— 144R
発話行為 —— 124R, 127L, 128L, 129L
発話行為の副詞 —— 206R
発話思考法 —— 82L
発話順番 —— 125R, 144R
発話単位 —— 148L
発話文 —— 148L
発話連鎖 —— 158L
場独立型 —— 91R, 92L
話し言葉 —— 151R
話し言葉コーパス —— 315R
話す（表現） —— 359L
話す（やりとり） —— 359L
母親語 —— 132R
パフォーマンス・テスト —— 350L, 351L, 355L
パフォーマンス測定 —— 338L, 345R
浜松（静岡県浜松市） —— 271, 272L, 275L
浜松宣言 —— 272L
場面シラバス —— 242L
バラエティ —— 123L
パラ言語行動 —— 122L
パラ言語情報 —— 36L
パラ言語的側面 —— 136R
パラス —— 279R
パラダイグマティックな関係 —— 9L, 11R
パラメータ —— 12R, 52L, 58R, 62R
パラメトリック —— 334R
パラメトリック法 —— 353L
BALLI —— 93L
バリエーション —— 122R
ハリデー —— 237R
パリ東洋語学校 —— 268L

破裂音 —— 21L, 24R, 25R, 27R, 29R, 30R, 31R, 34L, 35L, 39L, 39R, 40L, 41L, 41R
パロール —— 11R, 16R, 17L
パワー・テスト —— 347L, 347R, 348L, 351L, 355L
反意語 —— 222L
反義語 —— 222L
ハングル —— 215R, 216L
判決 —— 129L
反事実仮想 —— 15L
反事実条件 —— 190L
反実仮想 —— 190L
阪神淡路大震災 —— 271R, 277L
反対語 —— 222L
繁体字 —— 216L
半濁音符 —— 296R
判断文 —— 197R
判定詞 —— 198L
反応 —— 156R
反応時間 —— 82L, 92R, 93L, 101L
反応時間パラダイム —— 82L, 92L
反復測定 —— 333R, 334L
反復要求 —— 48R
反復練習 —— 244R
判別関数 —— 332R
判別軸 —— 332R
判別分析 —— 322L, 332L, 323R
半母音 —— 36L, 36R
ピア・ラーニング —— 236R, 243R
ピア・リーディング —— 244L
ピア・レスポンス —— 243R, 244L
ピアソンの積率相関係数 —— 330L
BJT 日本語ビジネステスト —— 358L
p 値 —— 319R, 322R, 331R, 334L
BB 教育 —— 269L
PPU —— 148L
P600 —— 86R
POS タグ —— 316L
鼻音 —— 23R, 29R, 34L, 34R, 35R, 36R, 39L
非階層クラスタ分析 —— 321L
美化語 —— 163R, 165R, 169L
光トポグラフィ —— 61R, 86L
ピクトグラム —— 266L
非言語行動 —— 122L, 136L, 141L
非言語情報 —— 138L

非言語的要因 —— 136R
被験者間要因 —— 333R
被験者内要因 —— 333L, 334L
鼻腔 —— 33L, 34L
非識字 —— 101R, 102L,
ビジター・セッション —— 254R
非熟練労働 —— 262L
非情物 —— 206L, 207R
ピジン —— 121L, 122R, 129L, 130L, 270L
ピジン・クレオール —— 129, 130L
ピジン化仮説 —— 75L, 77R
非制限的用法 —— 191L
非線形回帰分析 —— 318R
非対格自動詞 —— 201L
非対格動詞 —— 11R, 12L, 12R, 17L
非対称度 —— 335R
BICS（基本的対人伝達能力）—— 126R, 263R, 276L
必須補語 —— 195L, 206R
ピッチ —— 26L, 31R, 36R, 40L
否定証拠 —— 54R, 62L, 75L
否定的フィードバック —— 62L, 75R, 79L
被動者 —— 2R, 3L, 17R,
非能格動詞 —— 11R, 12L, 12R,
批判的談話分析 —— 152L
批判的読書 —— 98R
非明示情報 —— 101L, 117L, 117R
姫路定住促進センター —— 274R
比喩 —— 13L, 125L, 226L, 226R
非優先的応答 —— 157L
表意文字 —— 227R
表音主義 —— 296R
表音文字 —— 227R
評価 —— 150L
評価規準 —— 357L
評価者間信頼性 —— 345R
評価者内信頼性 —— 345R
評価法 —— 355L, 358R
表語文字 —— 227R
標識 —— 16L
標準化 —— 329L
標準化された得点 —— 353R
標準語 —— 121L, 121R, 122R, 123L, 123R, 130R, 131L, 268R, 273L, 276L, 276R
標準正規分布 —— 328R, 329R, 330L

日本語索引

標準得点 —— 329R
『標準日本語読本』—— 273L
標準偏回帰係数 —— 327R
標準偏差 —— 328R, 329L, 329R, 330L, 332L, 353R
評定者 —— 338L, 338R, 340R, 345R, 346L
評定尺度 —— 338L, 341L
開いたクラス —— 10L
平仮名 —— 211L, 213R, 215R, 227R, 228R, 286L, 297L, 299L, 301R
ビリーフ —— 85L, 93L, 93R
比率尺度 —— 322R, 327R, 330L
比率の差の検定 —— 322R
弘前大学 —— 277L
広母音 —— 24L, 26L
敏感期 —— 80L
ファシリテーター —— 271L
ヴァリニャーノ —— 287L
フィードバック —— 75R, 142R, 243R, 244L
フィラー —— 152R, 184R
『風土』—— 127R
フェイス —— 175R, 176R
フェイス侵害行為 —— 176R, 177R
フォーカス —— 22L, 38R
フォーカス・オン・フォーム —— 76L
フォリナー・トーク —— 65L, 73L, 77L, 132R
フォルマント —— 25R, 37L, 37R, 39L
フォローアップ —— 156R
フォローアップ・インタビュー —— 153L
深い処理 —— 87R
付加部 —— 5R, 12R
不規則動詞 —— 182R, 183R, 184L, 186R, 202L
普及計画 —— 266R
複言語主義 —— 355R, 358R
複合 —— 6L
複合格助詞 —— 195R
複合形容詞 —— 219L
複合語 —— 27L, 35L, 37R, 38L, 42R, 218R
複合語アクセント規則 —— 37R
複合動詞 —— 203L, 218R, 219L
複合名詞 —— 218R, 219L
福沢諭吉 —— 294R
副詞 —— 200L, 203L, 206L
副詞節 —— 185R, 189R
副次補語 —— 206R

副助詞 —— 196R
複文 —— 194L, 203R
複文化主義 —— 355R
符号 —— 217R
符号化 —— 109L, 118L
布告 —— 129L
富士谷成章 —— 289L
部首 —— 215L
不就学 —— 263L
藤原定家 —— 288R, 299R
付随的学習 —— 83L, 86R, 87L, 87R
付随的語彙学習 —— 87L
付属語 —— 296R
普通体 —— 170R, 171L, 172R, 174R
物的リソース —— 235R, 236L
負の転移 —— 60R, 64L, 77R
部分的能力 —— 358R
部分的バイリンガル —— 74L
部分得点 —— 341R
普遍文法 —— 4R, 6R, 12R, 13L, 52L, 56L, 58R, 62R
不満表明 —— 127L
プライミング —— 79R
プライミング効果 —— 93R, 94L, 94R
プライミング実験 —— 93R, 94L, 94R
プライム —— 93L, 94L, 94R
プライム効果 —— 93R
ブラウン —— 277L
フリーズ —— 234R
ブルーノ・タウト —— 127R
ふるえ音 —— 34L
プレイスメント・テスト —— 344R, 348L
フレーズ読み —— 107L
フレーム —— 104R, 154L
プレゼンテーション・ソフトウェア —— 254L, 254R
プレゼンテーション・メディア —— 254L
プレリーディング活動 —— 112L, 113L
フロア —— 154R
ブローカ失語症 —— 65R
ブローカ野 —— 61L, 85R, 86L
プロジェクト・ワーク —— 236R, 236R, 238L
プロソディー —— 22L, 38R
ブロック —— 269L
プロトコル —— 100R, 101L, 111L

プロトタイプ —— 226R
プロトタイプ意味論 —— 226R, 227L
プロトタイプ理論 —— 227L
プロフィシェンシー —— 348R
プロミネンス —— 15R, 22L, 38L, 38R
フロントドア（正面玄関）—— 262L
文化相対主義 —— 272L
文化庁 —— 271L, 274R
分割表 —— 322L
文化変容モデル —— 77R
文完成 —— 351L, 352L
文型 —— 192R, 195L, 207L
文型練習 —— 234R, 235L, 236L, 237L, 244R
分散 —— 333L
分散説明率 —— 318R
分散分析 —— 331L, 331R, 333L, 333R, 334L, 334R
分散分析モデルによる方法 —— 345R
文章論 —— 146R
文正誤判断課題 —— 92R, 97L
分析的評価 —— 341L
分節 —— 22L, 22R, 27R, 34R, 36L, 38R
分節音 —— 22L, 22R, 36L, 38R
文体 —— 123L, 123R, 126L, 131R, 133R
文体シフト —— 170R
文段 —— 148R
文副詞 —— 206L
文文法 —— 148R
文法 —— 338R, 339L, 340L, 350L, 353L, 357L, 360L
文法化 —— 7L, 13L, 13R, 185R
文法関係 —— 12L, 13R, 17L
文法シラバス —— 242L
文法的アスペクト —— 2L
文法範疇 —— 2L, 3L, 9L, 14L, 14R, 15L, 17L
文法訳読 —— 99L
文法訳読法 —— 239L, 245L
文脈 —— 98L, 109L, 111L, 112L, 118L, 124R
文脈指示用法 —— 187R
分離 —— 142L
分離基底言語能力 —— 74R
分離基底言語能力モデル —— 233R
分類木 —— 322R
分類語彙表 —— 217R
分裂文 —— 14R

ペア・ワーク —— 236L
平均 —— 328R, 329L, 329R, 330L, 331L, 331R, 332L, 333L, 333R, 334L, 334R, 335R, 336L, 353R, 346L
平行テスト法 —— 345R
平板型 —— 20L, 20R, 21L, 22L, 38L
並立助詞 —— 194R
並列助詞 —— 194R, 196L
並列節 —— 189L
並列分散モデル —— 63L
β —— 327R
ヘッジ —— 155L, 163L, 179L
ベッテルハイム —— 277L
PET —— 86L
ペテルブルク大学 —— 268L
ベビー・トーク —— 132L
ヘボン —— 276R
ヘボン式ローマ字 —— 276R, 300R
ベル・カーブ —— 328R
ベルリン大学付属東洋学校 —— 268L
偏 —— 215L, 228L
変異形 —— 123L
変異体 —— 123L
変異理論 —— 123L
偏回帰係数 —— 327R, 328L, 331L
変形練習 —— 244R
変項 —— 123L
偏差 —— 335R
偏差値 —— 329R
変数 —— 123L, 127L
変体仮名 —— 297R
変体漢文 —— 298L
弁別機能 —— 20L
弁別的素性 —— 22L, 24R, 38R, 39L
弁別的特徴 —— 38R, 39L
母音 —— 21R, 22L, 22R, 23R, 24L, 25L, 26L, 26R, 27L, 27R, 32L, 32R, 33L, 34R, 35L, 35R, 36L, 36R, 37L, 37R, 38L, 39L, 39R, 40L, 40R, 41R, 42L
母音動詞 —— 11L, 11R, 182R, 183R, 184L, 186R, 202L
ポイント制 —— 261R
包括的評価 —— 341L
方言 —— 121L, 122R, 123L, 123R, 124L, 130L, 130R, 131L, 131R

方言教材 —— 130R
方言矯正 —— 276R
方言区画 —— 130R
方言敬語 —— 130R, 169R, 174R, 175L
方言語彙 —— 130R, 131L
方言周圏論 —— 130R
方言接触 —— 122R
方言談話 —— 130R
方言の東西対立 —— 130R
方言札 —— 268R
方言文法 —— 130R
方言撲滅 —— 130R, 268R, 276R
方向格 —— 195L
抱合語 —— 5L
法助動詞 —— 15R
法廷通訳 —— 266L
法副詞 —— 15R
法務省 —— 261R
方略 —— 84L, 84R
ポーズ —— 22L, 35L, 38L, 39L, 40L, 155R
ポートフォリオ評価 —— 355L
ポートフォリオ —— 255L, 255R
ボールド・オン・レコード —— 177R
ぼかし言葉 —— 163L
ぼかし表現 —— 133R, 155R
『北槎聞略』 —— 279R
補語 —— 189R, 192L, 194L, 202L, 206R
母語 —— 75L, 97L, 99L, 99R, 100L, 100R, 101R, 111R, 114R, 115R, 235R, 260L, 263L, 263R, 265L, 265R, 266L, 268L, 269L, 269R, 274L, 275R, 281R
母語教育 —— 265L, 265R
母語習得過程 —— 238R, 239L, 246L, 246R
母語保持 —— 265L, 265R
母語話者 —— 96R, 97R, 99R, 101R
保持 —— 83L, 87L, 87R, 107L, 113R, 114L, 116R
ポジティブ・フェイス —— 164R, 172R, 176R, 177R, 178R
ポジティブ・ポライトネス —— 174R, 175R, 177R, 178L, 178R
ポジトロン断層撮影法 —— 61L, 86R
補習（授業）校 —— 275R
補償ストラテジー —— 84R
補助動詞 —— 182L, 188R, 193L, 202L, 203L, 207L

ポストフスキー —— 238R
補足語 —— 206R
補足節 —— 189R
ボトムアップ処理 —— 106L, 106R, 112R, 113R
ホフマン —— 267R
補文標識 —— 10L
ほめ —— 121R, 127L, 129L
ポライトネス —— 123L, 124R, 127L, 128R, 164R, 175L, 175R, 176L, 176R, 177R
ポライトネス・ストラテジー —— 163L, 177L, 177R
ポライトネスの原則 —— 175R
ポライトネスのルール —— 175R
ポラリティ —— 14L
ボランティア —— 266L, 270R, 274L, 275L
ポリグロシア —— 126R
ホルマント —— 37L, 39L
本質条件 —— 129R
本数詞 —— 199L
本動詞 —— 193L, 202L, 207R
Bonferroni法 —— 322R, 334R

■■■ま行

間 —— 155R
マイナスの敬語 —— 164R, 170L, 170R, 171R, 179L, 179R
前置き表現 —— 150L, 164R, 171R, 174L, 179L
前島密 —— 289L
前終結 —— 139L
前向き推論 —— 103R
マクロ命題 —— 109L, 118L
マクロルール —— 109L, 118L
摩擦音 —— 21L, 21R, 26L, 27L, 29L, 30L, 31R, 34L, 35L, 40L
「～ます」 —— 168R
間違い —— 64L
松下大三郎 —— 277R, 298L
松本克己 —— 292L
松本亀次郎 —— 277R
まともの聞き手 —— 139R
マニュアル敬語 —— 179R
丸かっこ —— 218 L
マルチコ —— 328L
マルチメディア —— 248R, 254L
マルチモーダル性 —— 152L

丸山真男 —— 127R
マンガ・アニメ —— 274L
満州 —— 270L, 278L
万葉仮名 —— 211L, 213L, 213R, 227R, 293R, 297L, 297R, 298R
身内敬語 —— 169R, 174R
三上章 —— 299L
ミクロネシア —— 270L
ミクロ命題 —— 109L, 118L
ミシガン・メソッド —— 234R
未熟な読み手 —— 108L, 111L
「みたいな」 —— 133R
未知語 —— 98L, 111L
三矢重松 —— 277R
ミニマル・ペア —— 39L, 39R
ミニマルペア練習 —— 234R
ミムメム練習 —— 234R
名語記 —— 285L
民族学級 —— 260R
民族学校 —— 260R, 261L
民族主義 —— 273L
無意志動詞 —— 182L, 202L, 207R
ムード —— 14L, 14R, 15L, 15R
ムーブ —— 156L
無音区間 —— 155R
無気音 —— 39R, 41L
無助詞 —— 152L, 194L, 194R, 197L
無声音 —— 24L, 30R, 34R, 39R, 41R
無声化 —— 35L, 38L, 39L, 40L, 41R
無生物 —— 207R
無生物主語 —— 208L
無題文 —— 193R
無標 —— 14L, 15L, 16L, 16R, 17L, 125R
明確化要求 —— 48R
名義尺度 —— 322R, 326L, 327L
名詞 —— 198L, 202L, 205L
名詞句の階層 —— 208L
名詞述語文 —— 194L
明示情報 —— 101L, 102L, 116L, 117R
名詞節 —— 189R
明示的学習 —— 46R, 55R, 78L
明示的指導 —— 46L
明示的知識 —— 47L, 49L, 68L, 78L
命題 —— 96L, 100R, 101R, 102L, 103R, 108R, 109L, 109R, 110L, 117L, 118l, 118R, 128R, 129L, 204R
命題外副詞 —— 206L
命題内副詞 —— 206L
命題内容条件 —— 129L
命題表象 —— 102R, 108L, 117L, 118L, 118R
命名 —— 128R, 129L
命令 —— 128R, 130R
命令法 —— 15L
メール文体 —— 133R
MeCab —— 307R
メタ言語的知識 —— 69R, 78L
メタ認知 —— 109R, 114R, 115L
メタ認知ストラテジー —— 84R
メタファー —— 226L, 226R
メトニミー —— 226L, 226R
メンタルレキシコン —— 88L
申し出 —— 129L
モーラ —— 20L, 20R, 21L, 24L, 31R, 35L, 38L, 40L, 40R, 41L, 42L
目的語 —— 5L, 12L, 13L, 14L, 17R
目的変数 —— 318L, 332L
目標言語 —— 100R, 111R, 114L, 124R
目標言語使用領域 —— 340L, 343R, 344L, 355L, 356L
文字 —— 227L
文字化 —— 156R
文字化の原則 —— 157L
文字コード —— 316L
文字通りの意味 —— 120L, 121L, 129R
文字認知訓練 —— 107L
モジュール —— 13R, 255R, 256L
文字列 —— 97L, 97R, 108L
モダリティ —— 2L, 7L, 7R, 9L, 14R, 15L, 15R, 183L, 185R, 186L, 191R, 192L, 194L, 195R, 197L, 198L, 200L, 201R, 205R, 206L
モダリティの文末制約 —— 190L
もちぬしのうけみ —— 182R, 208R
本居宣長 —— 288R, 289L, 291R
本居春庭 —— 289L
モニター仮説 —— 78L, 79L
モニターモデル —— 78R
モニター理論 —— 78R
物語 —— 150L
物語文法 —— 104R, 114L, 114R
森有礼 —— 288L

諸橋轍次 —— 215L
問題解決課題 —— 103L
問答 —— 235R, 239L
文部科学省 —— 261L, 262R, 263L, 276L, 278R, 281L

■■■や行

夜間中学校 —— 260R
約束 —— 128L, 128R
役割 —— 125R
役割関係 —— 132R
役割語 —— 131R, 132L
やさしい日本語 —— 264L, 266L, 277L, 277R
柳田国男 —— 131L
山口喜一郎 —— 239R, 269R
山口式直接法 —— 269R
ヤマトグチ（大和口）—— 268R
大和ことば —— 220L, 228R
大和定住促進センター —— 274R
やわらげの表現 —— 155R
有意水準 —— 319R, 320R, 322R, 328L, 330R, 331R, 333R, 334R, 335L
ユーカラ —— 268R
有気音 —— 24R, 39R, 41L
融合型 —— 187R
有効視野 —— 97R, 107L
U字型発達 —— 64L, 80L
有情物 —— 207R
有声音 —— 23L, 24L, 30R, 31R, 33L, 34R, 36L, 37R, 39R, 41R
有生性 —— 207R
有生物 —— 207R
優先的応答体系 —— 157L
有題文 —— 193R
有対自動詞 —— 201R
有対他動詞 —— 201R
有標 —— 15L, 16L, 16R, 17L, 17R, 126L
有標性 —— 16R
有用性 —— 356R
床効果 —— 331R, 335L
湯桶読み —— 221L
UniDic —— 307R
良い言語学習者 —— 84L
良い読み手 —— 103L, 111R
要因 —— 323L, 323R, 327L, 333L, 333R, 334L, 334R
拗音 —— 36R, 39R, 40R, 42L
幼児語 —— 131R
陽性 —— 86L
陽性電位 —— 86R
様態の公理 —— 120R
様態副詞 —— 206L
陽電子断層撮影法 —— 86L
要約 —— 108L
ヨーロッパ言語ポートフォリオ —— 355R
与格 —— 3L, 192R, 195L
抑制的不安 —— 62L
予測 —— 97R, 99R, 111L, 112L, 113L, 114L, 115L, 115R
予測変数 —— 318R, 322R, 332L
四段 —— 290R
四つ仮名 —— 213R
呼びかけ詞 —— 184R
予備テスト —— 343L, 343R, 346R
読み誤り分析 —— 115L
読み書き —— 100L, 101R, 102L
読み手 —— 96R, 96R, 97L, 97R, 98L, 98R, 100L, 102R, 103L, 103R, 104L, 104R, 106L, 106R, 107R, 108R, 109L, 109R, 110L, 110R, 111L, 111R, 112R, 113L, 113R, 114R, 115L, 115R, 116R, 117L, 117R, 118L
読み手要因 —— 109R, 114R, 115L
読みの予測修正モデル —— 110R, 112L, 115L, 115R
読みやすさ —— 115R
4技能 —— 237L, 242L, 245R

■■■ら行

ライデン大学 —— 267R
ラ行変格（ラ変）—— 291L, 294L
ラクスマン —— 279R
『落葉集』—— 273R
ラッシュ・モデル —— 342L, 359L
ラテン方格法 —— 320L
ら抜き言葉 —— 123L, 133L, 184L
ラフカディオ・ハーン —— 127R
ラポート・トーク —— 125R
ラポール —— 241L
羅葡日対訳辞典 —— 273R
「〜（ら）れる」—— 166R

ランガージュ —— 16R
ラング —— 11R, 16R, 17L
リーダー —— 218L, 218L
リーダビリティ —— 115R, 116L
リーディングスパンテスト —— 100L, 115L, 116R, 117L
理解可能なアウトプット —— 44R, 48R
理解可能なインプット —— 44R, 48R, 49L, 49R, 68R
利害関係の大きいテスト —— 354R
理解チェック —— 48R
リキャスト —— 76L, 79L
六書 —— 214R , 227R
俚言 —— 131L
リズム —— 22L, 38R, 40R, 42L
リソース —— 235R, 236L
リテラシー —— 101R
リハーサル —— 55R, 56R
リペア —— 157R
略語 —— 224R
留学（在留資格）—— 261R, 278R
留学生30万人計画 —— 278L
留学生10万人計画 —— 278L
留学生の受け入れ —— 277R, 278L
琉球語 —— 123R, 268L
琉球方言 —— 123R, 130L, 268L
流行語 —— 133
領域指定の副詞 —— 206R
両唇 —— 21L, 29L, 29R, 30L, 33L, 33R, 34L, 34R, 35R, 39L
量の公理 —— 120R
リンガ・フランカ —— 121L, 132L
臨界期 —— 79R
臨界期仮説 —— 79R
リンキング —— 354R
『隣語大方』—— 267L, 267R
臨時国語調査会 —— 289R
隣接性 —— 226R
隣接ペア —— 158L
類義語 —— 221R
類似性 —— 226L
類聚名義抄 —— 284R, 299R
ルース・ベネディクト —— 127R
ルーブリック —— 357L
ル形 —— 203R

レアリス・ムード —— 15L
レーマ —— 150L, 159R, 193R
歴史的仮名遣い —— 213R, 299R, 288R, 297L
レジスター —— 123L, 123R, 132L, 132R
レディネス —— 241R, 243R, 250R, 253L, 256L
レポート・トーク —— 125R
連関 —— 319R, 322L, 322R
連関表 —— 322L
連語 —— 216L, 216R
連想 —— 103R
連続体 —— 130L
連続法 —— 239L
連帯感 —— 124L, 131L
連体詞 —— 200R, 202L, 202R, 208L
連体修飾節 —— 189R, 190R
連体助詞 —— 194R
連濁 —— 27L, 35L, 42R, 219L, 219R
老人語 —— 131R
ローマ字 —— 228R, 287L, 300L
羅馬字会 —— 289L
ロールプレイ —— 236L, 238L, 340R
ロゴジェンモデル —— 89L
ロザノフ —— 240L
ロシア漂着者による日本語教育 —— 279L
ロッド —— 240L

■■■ わ行

歪度 —— 329R, 335R, 336L, 336R
分かち書き —— 228R
若者語 —— 133L
若者言葉 —— 124L, 131R, 133L, 155R, 163R, 178R
若者世代語 —— 133L
和漢混淆文 —— 300R
脇の開き手 —— 139R
わきまえのポライトネス —— 176L
和語 —— 214R, 220R, 221L, 221R, 223L, 228R, 229R
話者交替 —— 136R, 145L
和製漢語 —— 214R, 298L, 301L
話題 —— 159R
話題（の）敬語 —— 165R
話題シラバス —— 242L
話題展開 —— 138R
わたり音 —— 36R, 42L

日本語索引

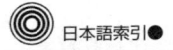

話段 —— 148R
和辻哲郎 —— 127R
詫び —— 121R, 124R, 127L, 128L, 129L
和文 —— 301R
倭名類聚抄 —— 293R, 299R

割り込み —— 125R, 142R
1パラメータ・ロジスティック・モデル —— 342L
ヲコト点 —— 211L, 286R

英語索引

A

A Japanese and English Dictionary with an English and Japanese Index —— 276R
a priori comparison —— 334R
ablative case —— 3L
absolute zero —— 327R
absolute evaluation —— 348L, 348R, 349L
absolute honorifics —— 165R, 169L
accent —— 20L, 20R, 21R, 22L, 22R, 27R, 36L, 37R, 38R
accent fall —— 20R
accent nucleus —— 20R, 21L, 21R, 22L, 35L, 37R, 38L, 40L
accent type —— 20R, 21L, 22L, 37R, 38R
accented —— 20R, 21L
accommodation theory —— 132L
accommodator —— 83R
Accomplishment —— 2L
Acculturation Model —— 77R
accusative case —— 3L
accusative language —— 5L
Achievement —— 2L
Acquisition/Learning Hypothesis —— 68L
acquisition planning —— 266R
ACT* Theory —— 69R
ACTFL —— 340L
Action Research —— 232R
active —— 2L
active voice —— 17L
Activity —— 2L
Adaptive Control of Thought* Theory —— 69R
address terms —— 169R
addressee honorifics —— 165R, 166L
additive bilingualism —— 74L
adjacency pair —— 158L
adjective —— 185R, 198L, 202L, 208R
adjunct —— 5R, 12R
adjusted mean —— 334R
adverb —— 200L, 203L, 206L

Affective Filter Hypothesis —— 68R
affective strategies —— 84R
affix —— 6L, 218R, 219L, 219R, 221R, 224L
affricate —— 27R, 29L, 30L, 40L
agent —— 2R, 5R, 12L, 12R, 13R
AGFI (adjusted goodness of fit index) —— 324R
agglutinative language —— 4R
agraphia —— 66L
AIC (Akaike's information criterion) —— 325L
Ainu —— 268R
Alcock, R. —— 277L
alexia —— 66L
allomorph —— 4L
allophone —— 21L, 21R, 24R, 35R
alpha level —— 335L
ALTE framework —— 359L
ALTE levels, the —— 358L
alternative assessment —— 355L
alternative hypothesis —— 320R, 328L, 330R, 331R, 335L
alveolar —— 21L, 23L, 27R, 29L, 30L, 33L, 33R, 34L, 34R, 35R
alveolopalatal —— 27R, 30L, 34L
AMTB (Attitude/Motivation Test Battery) —— 90L
analysis of variance —— 331L, 331R, 333L, 333R, 334L, 334R
anaphoric use —— 187R
anchor test design —— 354L
animate —— 207R
ANOVA (analysis of variance) —— 331L, 331R, 333L, 333R, 334L, 334R
antonym —— 221R, 222L
AOTS (The Association for Overseas Technical Scholarship) —— 264L, 264R
aphasia —— 65R
approximant —— 21L, 23L, 24L, 29L, 29R, 34L
approximative systems —— 72R

Aptitude-Treatment Interaction —— 60L
arbitrariness —— 8R
argument —— 5R, 12R
argument structure —— 5R
Army Method —— 232L
Army Specialized Training Program, the —— 269L
Arte Breue da Lingoa Iapoa —— 279R
Arte da Lingoa de Iapam —— 279R
articulation —— 22R, 23L, 24R, 27L, 27R, 29L, 29R, 30L, 31R, 32R, 33L, 33R, 34L, 34R, 35R, 36L, 36R, 37L, 38R, 39L, 41L, 41R, 42L
articulator —— 22R, 33L, 33R, 34L, 36L, 37L, 38R
articulatory organ —— 22R, 33L, 33R, 34L, 36L, 37L, 38R
Asher, J. —— 246L
aspect —— 2L, 9L, 14L, 14R, 185R, 194L, 201R, 202R, 203L, 204L, 206L, 207L
aspirate —— 24R, 39R, 41L
aspiration —— 24R, 41L
assertives —— 128R
assessment —— 250R
assimilation —— 34R, 35L, 39R, 267R, 272R
assimilator —— 83R
association —— 319R, 322L, 323R
Association of Language Testers in Europe —— 341L, 368L, 369L
association table —— 322L
assumption —— 120L
Aston, W. G. —— 277L
ASTP (the Army Specialized Training Program) —— 269L
attention —— 72L, 91R
Attitude/Motivation Test Battery —— 90L
audio visual educational materials —— 252L
audio visual media —— 252L
Audio-lingual Method —— 234L, 237L, 244R
Audio-visual Method —— 232L
Austin, J. L. —— 128L
authenticity —— 343R, 344R, 345R, 349L, 350L, 351R, 356L, 356R
automatic processing —— 67L, 66R
automaticity —— 66R
automatization —— 66L, 64R, 82R, 91R

auxiliary —— 198L, 202L, 204R
auxiliary verb —— 188R, 193L, 202L, 203L, 207L
avoidance —— 52L
awareness —— 44L, 239R

B

baby talk —— 132R
back channel —— 136L, 150R
back of the tongue —— 26L, 26R, 27L
background EEG —— 86R
background knowledge —— 103L
backward inference —— 103R
Bahasa Malay —— 121L
Balance Theory —— 74L
Balanced Corpus —— 306R
bald on-record —— 175R, 177R
BALLI (Beliefs About Language Learning Inventory) —— 93L
basic human right —— 265R
basic interpersonal communicative skills —— 74L, 126R, 263R, 276L
basic user —— 358R
basic vocabulary —— 217R
Batchelor, J. —— 268R
BCCWJ (Balanced Corpus of Contemporary Written Japanese) —— 304R, 305L, 307L, 310L, 313R
Beginning Japanese I & II —— 269L
Behaviorism —— 62L
beliefs —— 85L, 93L
Beliefs About Language Learning Inventory —— 93L
Bell Curve —— 328R
benefactive —— 2R
Bernstein, B. —— 126L, 126R
β (beta) —— 327R
Bettelheim, B. J. —— 277L
between-participant factor —— 333R
Bibliotheca Japonica —— 267R
BICS (basic interpersonal communicative skills) —— 74L, 126R, 263R, 276L
bilabial —— 21L, 29L, 29R, 30L, 33L, 33R, 34L, 34R, 35R, 39L
bilingualism —— 73R, 122R, 265L
Block, B. —— 269L

body language —— 122L
Bonferroni method —— 322R, 334R
bottom-up processing —— 106L
bouletic modality —— 15R
bound morpheme —— 4L
breadth of vocabulary —— 98R
Breakthrough —— 358R
Brown, P. & Levinson, S. —— 163L, 175L, 175R
Brown, R. & Gilman, A. —— 170L
Brown, S. R. —— 277L

C

CA (Conversation Analysis) —— 141L
CAIC (consistent Akaike's information criterion) —— 325L
CALL —— 256R
CALP (cognitive academic language proficiency) —— 74L, 126R, 263R, 276L
Can-do statements —— 339R, 357R, 358L
cardinal vowels —— 26L, 26R, 39L
Career Development Program for Foreign Students in Japan —— 278R
careful speech —— 54L
caretaker speech —— 77L
caretaker talk —— 132R
Carrol, J. B. —— 236R
case —— 3L, 3R, 10L, 14L
categorical data —— 327L
categorical perception —— 25L, 25R
categorization —— 226R
causal relation —— 318R, 323R, 324L, 324R, 330R
causative sentence —— 186R
causative voice —— 17R
CBI (content-based instruction) —— 263R
CDA (critical discourse analysis) —— 152R
CDS (child-directed speech) —— 132R
CEFR (Common European Framework of Reference for Languages: Learning, teaching, assessment) —— 355R, 358L, 358R
ceiling effect —— 328L, 331R
Central Processing Hypothesis, the —— 100L
CFI (comparative fit index) —— 324R
CHAID (chi-squared automatic interaction detector) —— 322R
Chamberlain, B. H. —— 268L

Character Encoding —— 316L
characters —— 227L
ChaSen —— 307R, 316L
child node —— 322R
child-directed speech —— 77L
children with international backgrounds —— 262R
Chinese —— 20L, 24R, 31L, 31R, 41L, 41R
Chinese characters —— 211L, 212R, 213L, 213R, 214L, 214R, 215L, 215R, 216L, 227R, 228L, 228R, 229R
chi-square (χ^2) distribution —— 319L, 322R
chi-square (χ^2) test —— 319L, 319R, 322R, 324R
chi-square goodness of fit test —— 319L
chi-square test of homogeneity —— 319L
chi-square test of independence —— 319L, 322R
chunk —— 71L
clarification request —— 48R
classical test theory —— 341L
classification of tests —— 351L
classification tree —— 322R
classroom acquisition environment —— 57L
classroom activities —— 236L
classroom discourse —— 142R
classroom second language acquisition —— 57R
classroom-oriented research —— 46L
Clause Unit —— 148R
cleft sentence —— 14L
CLL —— 238L
close vowel —— 24L, 26L, 26R, 27R, 34R, 40L
closed class —— 10L
closing —— 138R
cloze test —— 338R
cluster analysis —— 321L, 321R, 332R
CMS (Content Management System) —— 249L
code —— 123R, 126L
code-switching —— 122R, 123R, 126R, 127R, 131R
coefficient of determination —— 318R
cognitive academic language proficiency —— 74L, 126R, 263R, 276L
Cognitive Approach —— 236R
Cognitive Code-Learning Theory —— 236R, 237L
cognitive environment —— 120L
cognitive principle of relevance —— 120L

cognitive resources —— 82R, 91L
cognitive strategies —— 84L, 84R
cognitive styles —— 83R, 85R, 91R
coherence —— 137L
cohesion —— 143R
coinage —— 224L
collocation —— 71L
Collocation Analysis —— 310L
comlex word —— 6L
commissives —— 128R
common underlying proficiency model —— 233R
common factor —— 318L
common items design —— 354L
common language —— 121L, 132L
common subjects design —— 354L
Common Underlying Proficiency Model —— 74R
communication strategy —— 141L
communication apprehension —— 90R
Communicative Approach —— 236L, 237R, 241R
communicative competence —— 127L, 237R, 243L
Communicative Language Teaching —— 237R
communicative principle of relevance —— 120L
Community Language Learning —— 238L
community-based Japanese language education —— 272R
compensatory strategies —— 84R
competence —— 4L, 4R
Competition Model —— 56R
Common Underlying Proficiency Hypothesis, the —— 100L
complementary distribution —— 21L
compound accent rule —— 37R
compound word —— 27L, 35L, 37R, 38L, 42R, 218R
compounding —— 6L
Comprehension Approach —— 238R
comprehension check —— 48R
Computer Assisted Language Laboratory —— 256R
Computer Assisted Language Leaning —— 256R
concept mediation model —— 88L, 88R, 89L

concert —— 240R
Concordance Analysis —— 310R
condition —— 319R, 320L, 320R, 322R, 333L, 334L
conditional clause —— 190L, 191R
conditional mood —— 15L
conditioned allophone —— 21R
confirmation check —— 48R
confirmatory factor analysis —— 318L, 318R
conjugation —— 183L, 186L, 201R, 202L
conjunction —— 196R, 200L
Connectionism —— 63L
connective particle —— 194R, 196L
consciousness raising —— 48L
consonant —— 21L, 21R, 22L, 22R, 23L, 23R, 24L, 25L, 27L, 27R, 29L, 29R, 30L, 31R, 32L, 33L, 33R, 34L, 34R, 35L, 35R, 36L, 36R, 38L, 39L, 39R, 40L, 40R, 41R, 42L, 42R
constatives —— 128L
construct —— 318L, 339R, 340R, 341L, 349L, 349R, 350R, 351L, 356R
contact language —— 122R, 129R, 268R
Content Management System —— 249L
content-based instruction —— 263R
context of situation —— 132R
contiguity —— 125L, 226R
contingency table —— 322L
continuum —— 130L
contracted form —— 30L
contraction —— 25L, 30L
Contrastive Analysis Hypothesis —— 63L
controlled processing —— 66L, 67L, 73R
conventional implicature —— 125L
convergence —— 132R
converger —— 83R
conversion —— 224R, 225L
Conversation Analysis —— 141L
conversation management —— 138L
conversation participants —— 139L
conversation strategy —— 140R
conversation structure —— 138R
conversational adjustment —— 48R
conversational code-switching —— 124L
conversational implicature —— 121L
conversational maxims —— 120R, 178L

conversational style —— 125R, 139R
converted noun —— 225R
co-occurrence relation of words —— 222L
cooperative principle —— 120R, 175R
coordinator —— 270R
copula —— 198L
Corpus —— 308L
Corpus Linguistics —— 308R
corpus planning —— 266R
Corpus-based Approach —— 309L
Corpus-driven Approach —— 309L
correction —— 157R
correlation —— 319L, 324R, 325R, 326R, 328L, 330L
correlation coefficient —— 318L, 319L, 326R, 330L, 330R
correspondence analysis —— 325L, 326L
corrective feedback —— 73R, 75R
Council of Europe —— 355R, 358L, 358R, 359L
counterbalancing —— 319R, 320L, 334L
course design —— 252R
CP (cooperative principle) —— 120R
creole —— 121R, 122R, 130L
criterion variable —— 332L
critical discourse analysis —— 152L
critical period —— 79R
Critical Period Hypothesis —— 79R
critical reading —— 98R
cross table —— 319L, 322L, 325R
cross tabluation —— 322L
cross-cultural communication —— 121L
cross-cultural pragmatics —— 127L
cross-validation —— 332R
CSJ (Corpus of Spontaneous Japanese) —— 304R, 307L, 313R, 315R
CTT (classical test theory) —— 341L
CU (Clause Unit) —— 148R
cultural relativism —— 272L
Cummins, J. —— 233L, 233R
Curran, C. A. —— 238L
curriculum —— 250L

■■■ D

DA (Discourse Analysis) —— 146R
Data Mining —— 314R

dative case —— 3L
DCT (discourse completion test) —— 124R
de Rosny, L. —— 268L
debilitative anxiety —— 62L
decision studies —— 338L
decision tree analysis —— 319L, 322R, 323R
declarative knowledge —— 66R, 70L
declarative memory —— 55L
declarative mood —— 15L
declaratives —— 129L
deductive learning —— 51L
degree distribution —— 333L
degree of asymmetry —— 335R
degree of freedom —— 319R, 320R, 331R, 334L
degree of subordination —— 191L, 196R
deictic use —— 187L, 200R
deintensifier —— 155L
deixis —— 200R
demonstrative —— 187L, 200L, 200R, 205R
dendrogram —— 321R
deontic modality —— 15R
dependent noun —— 185L, 189R, 195L, 196L, 198L, 203L
dependent variable —— 318R, 319L, 322R, 323L, 327R, 328L, 332L, 333L
depth of vocabulary —— 98R
derivation —— 3R, 4L, 6L, 6R, 10R
derivational affix —— 6R
derivational morpheme —— 4L
derived word —— 219L
destabilization —— 53R
detachment —— 142L
Developmental Interdependence Hypothesis —— 74R
developmental order —— 74R
developmental sequence —— 74R
developmental stages —— 75L
deviation —— 335R
deviation score —— 329R
devocalization —— 35L, 38L, 39R, 40L, 41R
devoicing —— 35L, 38L, 39R, 40L, 41R
df (degree of freedom) —— 319R, 320R, 331R, 334L
diagnostic evaluation —— 339L, 344L, 344R, 348L

DIALANG —— 359R
dialect —— 130L
Dictionarium Latino Lusitanicum ac Japonicum —— 273R
DIF（differential item functioning）—— 343L, 352R
differential item functioning —— 343L, 352R
difficulty —— 341L, 341R, 342L, 342R, 343L, 343R, 346R, 348L, 352R, 354L, 359L, 360R
diglossia —— 126R
Direct Method —— 242R
direct style —— 172R, 174R
directives —— 128R
discourse —— 145R
Discourse Analysis —— 146R
discourse completion test —— 124R
discourse domain —— 147R
discourse grammar —— 148R
discourse management theory —— 147L
discourse marker —— 146R
discourse particle —— 146L
discourse strategy —— 141L
discrete point grammar —— 55R
discrete point test —— 349R, 355L
discriminant analysis —— 322L, 332L, 332R
discriminant axis —— 332R
discriminant function —— 332R
discrimination power —— 339L, 342L, 343L, 343R, 346R, 347L
display question —— 64R, 73L, 234L
dispreferred responses —— 157L
distal media —— 253R
distal style —— 172R
distinctive feature —— 22L, 24L, 38L, 39L
distinctive function —— 20L
distractor —— 101L
diverger —— 83R
domain —— 127L
Dossier —— 355R
double articulation —— 33L
Downgraders —— 155L
Dunnet method —— 334R
durative —— 2L
dynamic —— 2L, 126R
dyslexia —— 66L

E

Economic Partnership Agreement —— 280L
education for children living abroad —— 275R
educational media —— 251L
Educational Testing Service —— 341R
EEG（electroencephalogram）—— 86L, 86R
Effective Operational Proficiency —— 358R
eigenvalue —— 318L
EJ（Easy Japanese）—— 264L, 266L, 277L
elaborated code —— 126L
elaborative inferences —— 103L
elaborative rehearsal —— 55R, 87R
e-Learning —— 257L
electroencephalogram —— 86L
ellipsis —— 125L, 148R
emblematic code-switching —— 124L
emoticon —— 133R
empathy —— 188R
endangered language —— 268R
English as a Second Language —— 272L
EPA（Economic Partnership Agreement）—— 280L
episodic memory —— 55L
epistemic modality —— 15R
equating —— 343L, 364L
ergative language —— 5L
ERP（event related potentials）—— 82L, 86L, 86R
error —— 63R
error analysis —— 63R
error correction —— 75R
error rate —— 92R
ESL —— 100L, 116L, 272L
essential condition —— 129R
ethnomethodology —— 141L
euphemism —— 163L
European Language Portfolio —— 355R
evaluation —— 150L
evaluation of reading comprehension —— 111R
event related potentials —— 86L
evidential modality —— 15R
evidentiality —— 15R
exclamation —— 184R
expected frequency —— 322R
experiencer —— 2R, 13R

explanatory variable —— 318R, 322R, 332L
exploratory factor analysis —— 318L, 324L
explicit information —— 101L
explicit knowledge —— 78L
explicit learning —— 78L
explicit memory —— 55R
expressives —— 129L
extension —— 3L, 10L
extensive reading —— 107L
extrinsic —— 89R, 90L
eye movement —— 82L, 97L

F

face —— 175R, 176R
facilitative anxiety —— 62L
facilitator —— 271L
factor —— 323L, 323R, 327R, 333L, 333R, 334L, 334R
factor (in factor analysis) —— 318L, 318R
factor analysis —— 318L, 332L
false alarm —— 101L
feedback —— 73L, 75R
felicity condition —— 129L
Ferguson, C. —— 126R
FFI —— 76R
field —— 132R
field-dependent —— 91R
field-independent —— 91R
filled pause —— 152R
filler —— 152R, 184R
final-accented —— 20R, 21L, 38L
first half of a geminate consonant, the —— 31R, 32L, 35L, 40R
Fishman, J. A. —— 127L
flap —— 21L, 29L, 34L
floor —— 154R
floor effect —— 331R, 335L
flouting —— 120R
fMRI —— 61R, 85R, 86L
focus —— 22L, 38R
Focus on Form —— 50R, 59R, 72L, 76L, 79R
Focus on FormS —— 59R, 76R
Focus on Meaning —— 59L, 76R
Follow-Up —— 156R
follow-up interview —— 153L

FonF —— 50R
FonFS —— 76R
FonM —— 76R
foreign language environment —— 52L
foreign language side effect —— 82R, 91R
foreign school —— 260R
foreign spouses —— 275L
foreign workers —— 262L
foreigner talk —— 77L, 132R
formant —— 25R, 37L, 37R, 39L
formative evaluation —— 339L, 344L, 348L
Form-Focused Instruction —— 76R
formulaic expressions —— 58L, 71L
formulaic language —— 71L
formulaic sequence —— 58L, 71L
formulaic speech —— 71L
forward inference —— 103R,
fossilization —— 53L
four skills —— 245R
frame —— 154L
free morpheme —— 4L
Free Trade Agreement —— 280L
free variant —— 21L, 21R
frequency —— 23R, 25R, 26L, 31R, 36R, 37L, 37R, 38R, 41R
fricative —— 21L, 21R, 26L, 27R, 29L, 30L, 31R, 34L, 35L, 40L
Fries, C. —— 234R
front of the tongue —— 26L, 26R, 27L, 27R, 34R, 35R
FTA (face threatening act) —— 175R, 176R, 177L, 177R, 178L, 179L
FTA (Free Trade Agreement) —— 280L
F-test —— 320R, 322R, 334L
functional category —— 3R, 10L
functional concept —— 121R
functional magnetic resonance imaging —— 85R
functional syllabus —— 241R
fundamental frequency —— 23R, 26L, 31R, 36R, 37L, 38R, 41R

G

Gattegno, C. —— 239R
Gaussian distribution —— 328R
geminate word —— 219R

gender —— 14L, 123L, 125R, 131R
gender-exclusive —— 125R
gender-preferential —— 125R
generalizability studies —— 338L
Generalizability Theory —— 338L
Generative Grammar —— 2R, 3L, 4R, 5R, 12L, 12R, 13R
genitive case —— 3L
gesture —— 122L
GFI (goodness of fit index) —— 324R
giving and receiving verb —— 188R, 192R, 200R, 202L
glide —— 36R, 42L
Global 30 —— 278R
global error —— 64L
globalization —— 273L
glottis —— 21R, 23L, 29L, 30R, 31L, 41R
goal —— 2R
Goffman, E. —— 176R
good language learner —— 84L
good reader —— 103L, 111L
goodness-of-fit indices —— 318R, 324R
good-poor analysis —— 343L, 346L
Gouin, F. —— 239L
G-P analysis (good-poor analysis) —— 343L, 346L
graded reader —— 108L
grammatical category —— 2L, 3L, 14L, 14R, 17L
grammatical relation —— 13R, 17L
grammatical syllabus —— 242L
grammaticalization —— 13L
greetings —— 162L
Grice, P. —— 120R, 175R, 178L
Guin Method —— 269R

H

habit formation —— 62R
Halliday, M. A. K. —— 237R
Halliday, M. A. K. & Hasan, R. —— 132R
hazard ratio —— 334R, 335L
hearer behavior —— 142L
hedge —— 155L, 163L, 179L
Hepburn, J. C. —— 276R
heritage language —— 265L, 272L
hesitation —— 152R

hidden curriculum —— 152R
high stakes test —— 349R, 352R, 354R
hit —— 101L
Hoffmann, J. J. —— 267R
homonym —— 221R
homophone —— 225R
honorific expressions —— 165L
hybrid word —— 221L
Hymes, D. —— 237R
hypothesis testing —— 53R, 62L, 320R

I

i + 1 —— 50L
ICT (Information Communication(s) Technology) —— 253L
idea unit —— 96L, 148R
identity —— 124L, 260L, 260R, 265L, 265R
identity crisis —— 260L
ideogram —— 227R
idiomatic phrases —— 216L
idioms —— 216L
idiosyncratic dialects —— 72R
IELTS academic format —— 350R
IELTS general training format —— 350R
illocutionary act —— 128R
immediate constituent analysis —— 9L
Immersion Program —— 233L
impact —— 357L
imperative mood —— 15L
implicit knowledge —— 46R
implicit learning —— 46L
implicit memory —— 55R
impulsivity —— 92L
inanimate —— 206L, 207R
incidental learning —— 83L, 86R, 87R
incorporating language —— 5L
independent user —— 358R
independent variable —— 318R, 319L, 320R, 322R, 323L, 323R, 327R, 328L, 331L, 331R, 332L, 333L, 333R
indicative mood —— 15L, 15R
indirect expressions —— 163L
indirect speech act —— 129R
individual differences —— 83R, 89R
inductive learning —— 51R, 56R

inference —— 96R, 120L, 121L
infix —— 6L
inflection —— 3L, 3R, 6L
inflectional affix —— 6R
inflectional language —— 3L, 4R
inflectional morpheme —— 4L
Information Communication(s) Technology —— 253L
information gap —— 236L
information structure —— 149L
in-group —— 162L, 162R
interaction model, the —— 106L
initial-accented —— 20L, 20R, 21L, 38L
Initiate —— 73L
Initiation —— 156R
innateness —— 12R
inner speech —— 97L
input enhancement —— 50R
Input Hypothesis —— 49R
input processing —— 51L
instance —— 66R
instance theory —— 66R
institutional discourse —— 152R
instructed second language acquisition —— 57R
instructional design —— 248L
instrument —— 2R
instrumental —— 89R
instrumental case —— 3L
intake —— 49R, 45R
integration —— 141R
integrative —— 89R
intended meaning —— 124R
intensifier —— 155L
intension —— 3L, 10L
intensive reading —— 106R
intentional learning —— 86R
interactional adjustment —— 48R
interaction —— 137R, 233R, 234L, 236L, 236R, 240R, 244L , 333R, 334L
Interaction Hypothesis —— 48R
Interactionist —— 67R
interactive activation model —— 89L
interdependence hypothesis, the —— 99R
Interface Hypothesis —— 49L
interference —— 54R, 60R

interjection —— 184R
interlanguage —— 72R, 122R, 127L
interlanguage pragmatics —— 124R, 127L
interlingual error —— 58L, 64L
International Organization for Migration —— 263L
International Phonetic Alphabet —— 20L, 22R, 24R, 26R, 27R, 39R
international school —— 260R
interruption —— 125R
interval scale —— 322R, 327R
intonation —— 21R, 22L, 38R
Intonation Unit —— 148L
intralingual error —— 61R, 64L
intransitive verb —— 189L, 201L, 202L
intrinsic —— 89R, 90L
Introduction à l'étude de la langue japonaise —— 268L
involvement —— 152L
involvement load hypothesis —— 83L, 87L, 87R, 88L
IOM (International Organization for Migration) —— 263L
IPA —— 20L, 21L, 22R, 24R, 26R, 27R, 29R, 30L, 32L, 40L
IPA (International Phonetic Alphabet) —— 20L, 22R, 24R, 26R, 27R, 39R
IRF —— 143L, 156R
IRF/IRE sequence —— 142R
irrealis mood —— 15L
IRT (item response theory) —— 341L, 353L, 354L, 359L
isolating language —— 5L
item analysis —— 343L, 343R, 346R, 349R
item response theory —— 341L, 353L, 354L, 359L
IU (idia unit) —— 96L
IU (Intonation Unit) —— 148L

J

Japanese as a foreign language —— 52L, 275R
Japanese as a heritage language —— 265L, 275R
Japanese as a second language —— 52L, 275R, 281L
Japanese language education for young learners

―― 275R
Japanese language learners' diversification ―― 273R
Japanese: the Spoken Language I & II ―― 269L
Japansche Spraakleer ―― 267R
JASSO (Japan Student Services Organization) ―― 278L
JFL ―― 52L, 275R
JHL (Japanese as a heritage language) ―― 265L, 275R
JICA (Japan International Cooperation Agency) ―― 264L
JICE (Japan International Cooperation Center) ―― 262L
JICWELS (Japan International Corporation of Welfare Services) ―― 280R
JITCO (Japan International Training Cooperation Organization) ―― 264R
Jorden, E. H. ―― 234R, 269L
Journal Approach ―― 240R
JSL ―― 52L, 275R, 281L
JSL Bandscales ―― 281L
JSL curriculum ―― 281L

■■■ K

kana suffixed to a Chinese character ―― 211L, 223R, 225R
keigo ―― 165L
keigo in dialect ―― 174R
keyword method ―― 85L
koiné ―― 122R
Kolmogorov-Smirnov test ―― 328R
kurtosis ―― 329R, 330L, 336R
KWIC (Key Word In Context) ―― 310R

■■■ L

la langue ―― 11R, 16R
la parole ―― 11R, 16R
laboratory studies ―― 46R
Labov, W. ―― 123L
LAD (Language Acquisition Device) ―― 4R, 12R, 58R
Lakoff, R. ―― 175L
Laksman, A. K ―― 279R
langage ―― 16R

Language Acquisition Device ―― 4R, 12R, 58R, 237R
language anxiety ―― 61R, 90R
language aptitude ―― 60L
language attrition ―― 59L
language behavior ―― 121R, 122L
Language Biography ―― 355R
language contact ―― 122L, 129R
Language Laboratory ―― 251R, 252L
language learning on the internet ―― 248R
language life ―― 122L
language maintenance ―― 58L, 59R
Language Other Than English ―― 272L
Language Passport ―― 355R
language planning ―― 266L
language policy ―― 266L
language processing ―― 59L
language rights ―― 260L, 265R
Language Strategy Use Inventory and Index ―― 84R
language threshold hypothesis, the ―― 99L
language variation ―― 122R
language varieties ―― 276L, 123L
language and the brain ―― 61L
larynx ―― 30R, 31L, 32R, 38R
latent variable ―― 318L, 318R, 323R, 324L, 324R
lateral ―― 34R
lateralized readiness potential ―― 86R
Latin square design ―― 320L
law interpretation ―― 266L
law of diminishing honorification ―― 163R
Leaning Management System ―― 249L
Learner Corpus ―― 305R
learner language ―― 72R
learner strategies ―― 84L, 84R, 85L
learning resource ―― 235R
learning strategies ―― 84L
Learning Style Inventory ―― 84L
Learning Style Questionnaire ―― 84L
learning styles ―― 83R, 85L
Leech, G. ―― 175R
left anterior negativity ―― 86R
lemma ―― 88R
lesson plan ―― 250L
letters ―― 227L

level —— 334L, 334R
level-of-processing model —— 87R
level-of-processing theory —— 83L, 87L
lexeme —— 88R
lexical category —— 5L, 10L
lexical decision task —— 92R, 93R
limited bilingual —— 74L
linear cluster analysis —— 321L
linear regression analysis —— 318R
Lingua Franca —— 121L, 132L
linguistic performance —— 4R
linguistic rights —— 260L, 265R
linguistic services —— 265R
linguistic transfer —— 60R, 124R
linguistic typology —— 4R
linguistic use —— 4R
linking —— 354R
literacy education —— 260R
literacy rate —— 101R
literal meaning —— 121L
LL (Language Laboratory) —— 251R, 252L
LMS (Leaning Management System) —— 249L
local error —— 64L
location —— 2R
locative case —— 3L
locutionary act —— 128R
logogen model —— 89L
logograph —— 227R
long sound —— 32L, 32R, 35L, 40R
long vowel —— 24L, 25L, 32L, 32R, 35L
long-term memory —— 54R
loss —— 25L
LOTE (Language Other Than English) —— 272L
Lozanov, G. —— 240L
LSUII (Language Strategy Use Inventory and Index) —— 84R, 85L

■■■ M

Machine Translation —— 306L
macro proposition —— 109L
main effect —— 333R, 334L, 334R
maintenance —— 265L
maintenance rehearsal —— 55R
manner of articulation —— 23L, 24L, 29R, 34L, 34R, 36R, 39L, 41R
manual keigo —— 179R
marginal frequency —— 322R
marked —— 15L, 16L, 126L
markedness —— 16R
marking —— 16L
Mastery —— 358R
Mathematical Linguistics —— 309L, 315L
multiple comparison —— 331L, 334R
maxim of manner —— 120L
maxim of quality —— 120R
maxim of quantity —— 120R
maxim of relation —— 120R
mean —— 328R, 329L, 329R, 330L, 331L, 331R, 332L, 333L, 333R, 334L, 334R, 335R, 336L
MeCab —— 307R
median —— 334R
memory —— 54R
mental effort —— 66L
mental lexicon —— 55R, 88L, 92R
mental representation —— 69L
metacognitive strategies —— 84R
metalinguistic knowledge —— 78L, 69R
metaphor —— 13L, 125L, 226L, 226R
metaphorical code-switching —— 124L
metonymy —— 125L, 226L, 226R
micro proposition —— 109L
middle voice —— 17R
middle-accented —— 20R, 21L, 38L
mimesis —— 211R
mimicry and memorization —— 234R
mim-mem (mimicry and memorization) —— 234R
minimal pair —— 39L, 39R
minimal pair practice —— 234R
minorities —— 265R
minority language —— 268L
minus keigo —— 179L
MI-score —— 310L
miscue analysis —— 115L
mistake —— 64L
mixed environment —— 57L
MLAT (Modern Language Aptitude Test) —— 60L
mnemonic strategies —— 84L, 84R

modal adverb —— 15R
modal verb —— 15R
modality —— 183L, 185R, 186L, 191R, 192L, 194L, 195R, 197L, 198L, 200L, 201R, 204R, 205R, 206L
modality —— 2L, 9L, 15L, 15R
mode —— 132R, 334R
Modern Language Aptitude Test —— 60L
module —— 255R
Monitor Hypothesis —— 78L
Monitor Model —— 78R
Monitor Theory —— 78R
monoculturalism —— 272L
mood —— 14L, 14R, 15L
mora —— 20L, 20R, 21L, 24L, 31R, 32R, 35L, 35R, 38L, 39R, 40L, 40R, 41L, 42L
moraic nasal —— 35L, 35R, 40R
moraic obstruent —— 31R, 32L, 35L, 40R
moraic phonemes —— 31R, 35L, 35R
morpheme —— 3R, 6L, 210L
Morphological Analysis —— 307R
morphophonemic alternation —— 27L
mother tongue —— 75L
motherese —— 77L, 132R
motivation —— 89R
move —— 156L
multicollinearity —— 328L
multicultural coexistence —— 271L
multicultural education —— 272L
multiculturalism —— 272L
Multi-dimensional Model —— 58L
multilingualism —— 272L
multimedia —— 254L
multiple regression analysis —— 318R, 327R, 328L, 331L
multivariate analysis —— 318L, 321L, 322L, 323R, 325L

■■■ N

N400 —— 86R
naive conception —— 107L
naming task —— 92R
narrative —— 150L
nasal —— 23R, 29L, 34L, 34R, 35R, 36R, 39L
nasal cavity —— 33L, 34L

nation —— 273L
nation state —— 272L, 273L, 276L
national language —— 123L, 266R, 273L, 276L
national school —— 260R
nationalism —— 273L, 276L
native language —— 75L
natural acquisition environment —— 65L
Natural Approach —— 241R, 243L
natural conversation —— 144L
Natural Language Processing —— 304R, 309L, 309R, 314R
Natural Order Hypothesis —— 65L
naturalistic acquisition environment —— 57L, 65L
negative evidence —— 54L, 62L, 75R
negative face —— 164R, 176R
negative feedback —— 62L, 75R
negative politeness —— 163L, 175R, 177R, 178L, 178R
negative transfer —— 60R, 77R
negativity —— 86R
negotiation of meaning —— 48L
Neural Network —— 63L
new information —— 193R, 198R
new-comer —— 274L
n-gram model —— 304R
node —— 322R
nominal scale —— 322R, 326L, 327L
nominative case —— 3L
Non-Interface Hypothesis —— 69L, 73R
non-linear cluster analysis —— 321L
non-linear regression analysis —— 318R
nonverbal behavior —— 122L
non-volitional verb —— 182L, 202L, 207R
normal distribution —— 328L, 328R, 329L, 329R, 331R, 333L, 334R, 335L
noticing —— 56L
Noticing Hypothesis —— 56L, 72L
notional syllabus —— 237R, 241R
notional-functional syllabus —— 237R, 242L
null hypothesis —— 319R, 320R, 328R, 330R, 331L, 333R, 335L, 335R
number —— 14L
number right score —— 353L
numeral —— 199L

O

object —— 13R
obligatory context —— 53L
observed variable —— 318L, 318R, 323R, 324L, 324R
ODA (Official Development Assistance) —— 264L
Official Development Assistance —— 264L
official language —— 266R
off-line method —— 82L
off-record —— 175R, 178L
Ogden, C. K. —— 217L
old information —— 193R, 198R
old-comer —— 260L, 274L
on line content —— 248R
on-line method —— 82L, 92L, 93R
onomatopoeia —— 211R
open class —— 10L
open vowel —— 24L, 26L
opening —— 138R
OPI (Oral Proficiency Interview) —— 305R, 316L, 340R
optative mood —— 15L
optical topography —— 86L
optimal relevance —— 120L
oral cavity —— 33L, 34L, 37R
Oral Method —— 235L, 242R, 245R, 273L
oral proficiency test —— 340R
oral reading —— 96R
ordinal scale —— 322R, 327R, 330L
origin —— 2R
orthography —— 223R
out-group —— 162L, 162R, 171L
outlier —— 332L, 334R
Output Hypothesis —— 44R
overgeneralization —— 53L, 64L
overlearning —— 53L

P

P600 —— 86R
palatal —— 21R, 26L, 27L, 27R, 29L, 30L, 33L, 34L, 34R
palatalization —— 27L, 27R, 42L
palatalized sound —— 36L, 39R, 40R, 42L
Pallas, P. S. —— 279R

Palmer, H. E. —— 235L, 242R, 273L
paper-and-pencil test —— 344R
paradigmatic relation —— 9L, 11R
paralinguistic behavior —— 122L
paralinguistic information —— 36L
Parallel Distribution Processing Model —— 63L
parameters —— 12R
parametric —— 334R
parsing —— 309R
partial bilingual —— 74L
partial regression coefficient —— 327R, 328L, 331L
participant observation method —— 86L
participation framework —— 139R
particle —— 194R, 202L
particular grammar —— 6R,
Part-of-Speech tags —— 316L
parts of speech —— 202L
passive-causative voice —— 17R
passive sentence —— 182R, 188R, 208L
passive voice —— 17L
patient —— 2R
pattern practice —— 234R, 244R
pause —— 22L, 35L, 38L, 39R, 40L, 155R
Pause-bounded Phrasal Unit —— 148L
PC (political correctness) —— 126L
PDP —— 63L
Pearson's product-moment correlation coefficient —— 330L
peer learning —— 243R
peer reading —— 243R, 244L
peer response —— 243R
perceived competence —— 90R
Perceptual Learning Style Preference —— 84L
perfect —— 2L
perfectiveness —— 2L
performance —— 4L, 4R
performance test —— 350L, 351L, 355L
performative verb —— 128L
performatives —— 128L
perlocutionary act —— 128R
person —— 14L
person noun —— 200R, 205L
PET —— 61R, 86L
pharyngeal cavity —— 33L

pharynx —— 33L
phase —— 210R
phone —— 22L, 22R, 24R
phoneme —— 21L, 22R, 23L, 24R, 25R, 27L, 27R, 31R, 32L, 34R, 35L, 35R, 38R, 39L, 39R
phonogram —— 227R
phrase particle —— 194R, 195L
phrase structure grammar —— 9L
phrase structure marker —— 9L
pictogram —— 266L
pidgin —— 121R, 122R, 129R, 130L, 270R
Pidginization Hypothesis —— 75L
PISA —— 98R, 99L
pitch —— 26L, 31R, 36R, 40L
pitch accent —— 20L
place of articulation —— 24R, 27L, 27R, 29L, 29R, 30L, 31R, 33R, 34L, 34R, 35R, 39L, 41L, 41R
plain style —— 172R, 174R
planned discourse —— 141R
plosive —— 21L, 24R, 25R, 27R, 29R, 30L, 31R, 34L, 35L, 39L, 39R, 40L, 41L, 41R
point of articulation —— 33R
polarity —— 14L
policy for foreigners —— 261L
polite style —— 172R
politeness —— 164R, 175L
politeness principle —— 175R
politeness strategy —— 163L, 177L, 177R
political correctness —— 126L
polyglossia —— 126R
polysemy —— 227L
poor reader —— 109L, 111L
Portfolio —— 255L
portfolio evaluation —— 355L
Pose-bounded Phrasal Unit —— 148L
position emission tomography —— 86L
positive evidence —— 54L, 62L
positive face —— 164R, 172R, 176R
positive politeness —— 174R, 175R, 177R, 178L
positive transfer —— 60R, 70L
positivity —— 86L
possibility —— 15R
post hoc comparison —— 334R
Postovsky, V. A. —— 238R

posture —— 122L
potential mood —— 15L
poverty of stimulus —— 58R
power —— 123L, 125R
power of expectation —— 154L
power test —— 347L, 347R, 348L, 351L, 355L
PPU (Pose-bounded Phrasal Unit) —— 148L
practicality —— 357L
pragmatic competence —— 127L
pragmatic enrichment —— 7L, 7R
pragmatic inference —— 124R
pragmatic knowledge —— 124R
pragmatic marker —— 146L
pragmatic strengthening —— 6R, 7R
pragmatic transfer —— 124R
pragmatics —— 120L, 123L
pre-closing —— 139L
predicate —— 185R, 194L, 201R
predictor variable —— 318R, 322R, 332L
preference organization —— 157L
prefix —— 4L, 6L, 218R, 219R
preparatory condition —— 129L
pre-reading activity —— 112L
presentation media —— 254L
presentation software —— 254L
prestige —— 123L, 126R, 276L
Principle of Transfer Appropriate Processing —— 55R
prime —— 93R, 94L, 94R
priming effect —— 93R
priming experiment —— 93R, 94L, 94R
principles —— 12R
Principles of Input Processing —— 51L
probability —— 15R
procedural knowledge —— 66R, 73R
procedural memory —— 55L
proceduralization —— 66R, 69R, 73R
Processability Theory —— 59R, 68R
Processing Instruction —— 51L
processing resources —— 91L
proficient bilingual —— 74L
proficient user —— 358R
progressive —— 2L
project work —— 236L, 236R
prominence —— 22L, 38L, 38R

proportion correct —— 341L, 343L, 343R, 344R, 348R, 349R
propositional content condition —— 129L
propositional representation —— 102R
prosody —— 22L, 22R, 34R, 36L, 38L, 38R
prototype —— 226R
prototypical semantics —— 226R, 227L
proximity —— 122L
pseudo-cleft sentence —— 14R
Psycholinguistic Guessing Game Model, the —— 110R
Psychological Method —— 239L
psychological scale —— 327L
punctuality —— 2L
pushed output —— 45L
p-value —— 319R, 322R, 331R, 334L

Q
quality —— 122L
quantification method of the third type —— 325L
quantifier floating —— 199R
quantitative variable —— 319R, 322L, 322R, 325L, 325R, 326L, 326R
quasi-synonym —— 221R

R
R^2 —— 318R
Racuyoxu —— 273R
random guessing —— 345L
rapport —— 241L
rapport talk —— 125R
ratio of familiar words in a text —— 98L
ratio scale —— 322R, 327R, 330L
raw score —— 353R
Reaction —— 73L
reaction time —— 92R
reaction time paradigm —— 82L, 92L
readability —— 115R
reader factors —— 109R
readiness —— 241R, 243R, 256L
reading comprehension —— 96R
Reading Ease Score —— 108R
reading span test —— 100L
reading strategy —— 110R

realis mood —— 15L
recall rate —— 82R
recall test —— 96L
recast —— 76L, 79L
recognition test —— 100R
reconstruction —— 101L
redundant *keigo* —— 173L
referent honorifics —— 165R
referential question —— 64R, 234L
reflectivity —— 92L
refugee —— 274R
Refugee Assistance Headquarters —— 274R
regional dialect —— 130R
register —— 132L
regression analysis —— 318R, 319L, 327R
regression tree —— 322R
Regular Expression —— 312R
relative evaluation —— 348L, 348R, 349L
relative honorifics —— 165R, 169L, 169R
relevance theory —— 120L
reliability —— 338L, 338R, 344R, 345L, 345R, 349L, 350L, 351R, 356R, 357L, 360L
reliability coefficient —— 345L
repair —— 157R
repeated measurement —— 333R, 334L
repetition request —— 48R
report talk —— 125R
Representativeness —— 312R
representatives —— 128R
reproduction —— 101L
resemblance —— 226L
reserve capacities —— 240L, 240R
residual —— 318R
resource —— 235R, 236L
Response —— 156R
response variable —— 318R, 332L
restricted code —— 125R, 126L
restructuring —— 64R
retention —— 83L, 87L
returnee —— 276L
revised hierarchy model —— 88L, 88R, 89L
Revised Model, the —— 110R
rheme —— 159L, 193R
rhetorical relation —— 137R
RHQ (Refugee Assistance Headquarters) ——

274R
rhythm —— 22L, 38R, 40R, 42L
RMSEA (root mean square error of variance)
　—— 324R
rod —— 240L
Rodriguez, J. —— 273R, 279R
role language —— 131R
role play —— 236L
root modality —— 15R
rublic —— 357L
rules of politeness —— 175L
ru-verb —— 183R, 202L
Ryukyuan —— 268L

■■■ S
SARD —— 238R
scaffolding —— 45L
scale —— 327L, 327R
scale of measurement —— 327L
scanning —— 104L, 106R
scatter plot —— 325R, 326L, 326R
schema —— 104R
schemata —— 104R
scope —— 7R
score —— 338L, 338R, 341L, 341R, 344R, 345L, 345R, 346L, 346R, 347L, 347R, 348R, 349R, 350L, 351L, 351R, 352R, 353L
script —— 105L
Searle, J. R. —— 128L, 128R, 129L, 129R
second language environment —— 70R
secondary articulation —— 33R
segment —— 22L, 22R, 27L, 34R, 36L, 38R
self-determination theory —— 90L
self-esteem —— 265L
self-respect expressions —— 170L
SEM (structural equation modeling) —— 318R, 319R, 323R, 324L, 324R, 325R
semantic attenuation —— 13L
semantic bleaching —— 13L
semantic formula —— 124R
semantic network —— 93R, 94R
semantic role —— 2R, 5R, 13R
sememe —— 210L
semivowel —— 36L, 36R
sensitive period —— 80L

sentence correctness decision task —— 92R
sentence grammar —— 148R
sentence modifier —— 189R, 190R
sentence-final particle —— 194R, 195R, 204R, 205L
Separate Underlying Proficiency Model —— 74R, 233R
sequence —— 158R
sequential bilingualism —— 73R
sequential voicing —— 27L, 35L, 42R
Series Method —— 239L
sex —— 125R
sexist —— 126L
SFG (systemic functional grammar) —— 132R
Shapiro-Wilks test —— 328R
shift —— 265L
short-term memory —— 54R
sign language —— 269L
signifiant —— 8L, 8R
significance level —— 319R, 320R, 322R, 328L, 330R, 331R, 333R, 334L, 335L
signifié —— 8L, 8R
Silent Way —— 239R
SILL (Strategy Inventory for Language Learning) —— 84R
similarity —— 226L
simile —— 125L, 226L
simple performance-oriented test —— 339L
simplex word —— 218R
Simplified Japanese, the —— 263R
simplified register —— 132R
simulation —— 236L
simultaneous bilingualism —— 73R
sincerity condition —— 129R
single regression analysis —— 318R
situation —— 132L
situation model —— 102R,
situational code-switching —— 124L
situational syllabus —— 242L
skewness —— 329R, 335R, 336L, 336R
skill —— 111L
Skill Acquisition Theory —— 69R
skill syllabus —— 242L
skimming —— 103R, 107L
smiley —— 133R

social class —— 126L
social dialect —— 131R, 133L
social integration —— 267R, 272R
social practice —— 152R
social strategies —— 84R
Sociocultural Theory —— 64L, 67L
sociolinguistics —— 122L, 123L
soto —— 162L, 162R, 171L
sound symbolism —— 211R
source —— 2R
speaker —— 144R
Spearman's Rank correlation coefficient —— 330R
special moras —— 24L, 31R, 35L, 35R, 38L, 39R
speech act —— 128L
speech community —— 124L
Speech Corpus —— 315R
speech function —— 151L
speech level shift —— 170R, 172R
speech primacy —— 110L
speech waveform —— 23R
speed reading —— 97R,
speed test —— 347L, 351L, 355L
Sperber, D. & Wilson, D. —— 120L
Spoken Japanese I & II —— 269L
spoken language —— 151R
stabilization —— 53R, 73L
standard deviation —— 328R, 329L, 329R, 330L, 332L
standard language —— 121L, 273L, 276L
standard normal distribution —— 328R, 329R, 330L
standard score —— 329R
standardization —— 329L
standardized partial regression coefficient —— 327R
standardized score —— 353R
State —— 2L
state anxiety —— 62L
state language —— 266R, 276L
static —— 126R
statistical test —— 319L, 320L, 328L, 330R, 331L, 333L, 335L
stative —— 2L
status planning —— 266R

stereotype —— 125R, 127R, 132L
story —— 150L
story grammar —— 104R
story round —— 150L
strategy —— 124L, 281R
Strategy Inventory for Language Learning —— 84R
stress accent —— 20L
structural concept —— 121R
structural equation modeling —— 318R, 319R, 323R, 324L, 324R, 325L
structural syllabus —— 242L
subject —— 188R, 191R, 192L, 206R
subject —— 5L, 13R
subjectification —— 7R, 13L
Subject-prominent language —— 5L
subjunctive mood —— 15L
subordinate clause —— 189L, 190L, 196L, 203R
subtractive bilingualism —— 74L
suffix —— 4L, 6L, 218R, 219R
suggestology —— 240L
Suggestopedia —— 240L
summative evaluation —— 339L, 344R, 348L
suprasegmental —— 22R, 27R, 34R
Swiss National Science Research Council —— 359L
syllable —— 20L, 23R, 23L, 24L, 25L, 30L, 31L, 31R, 35L, 36L, 37R, 38L, 38R, 40R, 41L, 42L, 42R
syllabus —— 241R, 251L
synecdoche —— 125L, 226L, 226R
synonym —— 221R
syntactic category —— 3R, 5L, 9R, 14L
syntactic function —— 20L
syntagm —— 9L
syntagmatic relation —— 8R, 11R
systemic functional grammar —— 132R

■■■ T

Tagged Corpus / Annotated Corpus —— 313L
TAM —— 2L, 9L, 14R
tap —— 21L, 29L, 34L
target —— 82L, 93R, 94L, 94R, 101L
target language —— 124R
target language use domain —— 340L, 343R,

344L, 355R, 356L
task —— 70R, 236L, 238L, 242L, 243R, 249R
Task-Based Language Teaching —— 49L, 70R
TBLT —— 49L, 71L, 77L
t-distribution —— 331L, 331R, 333L, 333R, 334L, 334R
teachability —— 57R
Teachability Hypothesis —— 58L
teacher talk —— 73L, 132R
Technical Intern Training Program —— 264R
technical trainee —— 264L
telicity —— 2L
tenor —— 132R
tense —— 2L, 9L, 14L, 14R, 183L, 186L, 191R, 194L, 201R, 203L, 203R, 204L, 206L
terminal exchange —— 139L
Terrell, D. T. —— 243L
test for difference in proportions —— 322R
test of normality —— 328L, 329R, 336L
test score —— 338L, 338R, 341L, 341R, 344L, 345L, 345R, 346L, 346R, 347L, 347R, 348L, 349R, 350L, 351L, 351R, 352R, 353L
test specifications —— 344L, 350R, 354L, 354R, 356L
test statistic —— 319L, 319R, 320R, 328L, 331L, 331R, 333R, 334L, 335L
Text Corpus —— 305L
Text Editor —— 314L
text factors —— 109R
Text Mining —— 314R
textbase —— 102R
theme —— 2R, 5R, 12L, 12R, 149R, 193R, 193L, 193R
3F (food, festival, fashion) —— 272R
Thesaurus —— 311L
theta-role (θ-role) —— 2R, 5R
think-aloud method —— 82L
threshold —— 89L, 92R, 358R
TL (target language) —— 124R
to say something is to do something —— 128L
TOEFL —— 98L
Tok Pisin —— 130L
Token Frequency —— 315L
Tokyo dialect —— 20R, 34R, 40L
tolerance/intolerance of ambiguity —— 92L

tone language —— 31L
top-down processing —— 106L
topic —— 159L, 193L
topic syllabus —— 242L
Topic-prominent language —— 5L
Total Physical Response —— 246L
trait anxiety —— 62L
transcription —— 156R
transition relevance place —— 136R
transitive verb —— 201L, 202L
trill —— 34L
TRP (transition relevance place) —— 136R
t-score —— 310L, 310R
t-test —— 320R, 331L, 331R, 335R
TTR (Type-Token Ration) —— 315L
Tukey method —— 334R
turn —— 125R, 144R
Twinning Program —— 278R
Type Frequency —— 309R, 315R
type I error —— 322R, 330R, 331L, 331R, 334R, 335R
type II error —— 331L
type of word —— 220R

■■■ U
uchi —— 162L, 162R
UG (Universal Grammar) —— 4R, 6R, 12R, 58R
unaccented —— 20L, 20R, 21L, 22R, 38L
unaccusative verb —— 11R, 12R
unaspirated —— 39R, 41L
unergative verb —— 11R, 12R
UniDic —— 307R
unidirectionality —— 13R
unit for discourse analysis —— 148L
Universal Declaration of Linguistic Rights —— 265R
Universal Grammar —— 4R, 6R, 12R, 56L, 58L
unmarked —— 15L, 16L, 125R
unplanned discourse —— 151R
unsaid meaning —— 121L
Upgraders —— 155L
uptake —— 45R
usefulness —— 356R
U-shaped behavior —— 80L
U-shaped development —— 80L

utterance —— 150R
u-verb —— 183R, 202L
uvular —— 29L, 34L, 34R, 35R

V

validity —— 340L, 344L, 344R, 349L, 350R, 351R, 356R, 357R, 358L, 360L
valorization —— 265L
Vantage —— 358R
variability —— 54L
variable —— 123L, 127L
variance —— 333L
variant —— 123L
variation theory —— 123L
velar —— 21L, 29L, 29R, 30L, 33L, 34L, 34R, 35R
verb —— 194L, 198L, 200R, 201R, 202L, 208R
Verbal Behavior —— 62R, 121R
verbal-imagery dimension —— 92L
vernacular speech —— 54L
viewpoint —— 149L, 182R, 188R, 192R, 200R, 207R
visitor session —— 254R
Vocabulario da Lingoa de Japam —— 273R
vocal c(h)ord vibration —— 22R, 25R, 29R, 34R, 39L, 41R
vocal c(h)ords —— 22R, 25R, 29R, 30R, 31L, 34R, 36R, 37L, 39L, 39R, 41R
vocal folds —— 22R, 25R, 29R, 30R, 31L, 34R, 36R, 37L, 39L, 39R, 41R
vocal tract —— 22R, 23R, 26L, 29R, 31L, 32R, 33L, 36L, 37L, 41R
vocative case —— 3L
voice —— 14L, 17L, 17R
voiced —— 23L, 24L, 30R, 31L, 33L, 34R, 36L, 37L, 39R, 41R
voiceless —— 24L, 30R, 34R, 39R, 41R
volitional verb —— 182L, 202L
von Siebold, P. F. B. —— 267R
vowel —— 21R, 22L, 22R, 23R, 24L, 25L, 26L, 26R, 27L, 27R, 32L, 32R, 33L, 34R, 35L, 35R, 36L, 36R, 37L, 37R, 38L, 39L, 39R, 40L, 40R, 41R, 42L

W

washback —— 354R, 356R
Waystage —— 358R
Web Based Training —— 257R
whispering-to-oneself —— 96R
White Australia policy —— 272L
wholist-analytic dimension —— 92L
Wilkins, D. A. —— 237R, 241R
willingness to communicate in a L2 —— 90R
within-participant factor —— 333L, 334L
word association model —— 88L, 88R, 89L
word base —— 4R, 6L, 6R, 218R, 219L, 219R, 224L
word formation —— 6L, 6R, 224L
word meaning —— 220L, 225L
word root —— 6R
word search task —— 92R
word stem —— 5R, 6R
word-to-word reading —— 104L
working hypothesis —— 320R
working memory —— 55L
written language —— 141R
WTC —— 90R, 91L

X

XML (Extensible Markup Language) —— 304L

Y

youth dialect —— 133L
yukar —— 268R

Z

zero hypothesis —— 320R
zero pronoun —— 125L
Zipf's law —— 311R
zone of proximal development —— 45R, 64L, 67R
ZPD —— 64L, 67R
z-score —— 328R
z-value —— 321L, 328R, 329L, 329R

研究社 日本語教育事典

● 2012年8月1日 初版発行 ●

● 編者 ●

近藤 安月子 ＋ 小森 和子

© Kondoh Atsuko + Komori Kazuko, 2012

発行者 ● 関戸 雅男
発行所 ● 株式会社 研究社
〒102-8152 東京都千代田区富士見2-11-3
電話 営業 03-3288-7777（代） 編集 03-3288-7711（代）
振替 00150-9-26710
http://www.kenkyusha.co.jp/

表紙デザイン・本文レイアウト ● 寺澤 彰二
印刷所 ● 研究社印刷株式会社
ISBN978-4-7674-9109-7 C1581 Printed in Japan

価格はカバーに表示してあります。
本書の無断複写（コピー）は著作権法上での例外を除き、禁じられています。
落丁本、乱丁本はお取り替え致します。
ただし、古書店で購入したものについてはお取り替えできません。